（第2版）

特殊儿童心理评估

PSYCHOLOGICAL ASSESSMENT OF CHILDREN WITH SPECIAL NEEDS(SECOND EDITION)

韦小满 蔡雅娟 / 编著

华夏出版社
HUAXIA PUBLISHING HOUSE

修订说明

《特殊儿童心理评估》自 2006 年出版以来，不仅成为高等院校特殊教育及相关专业的教学用书，还为实践中评估特殊儿童的心理提供了富有价值的参考信息，广泛应用于教育研究机构、特殊教育学校、康复中心、福利院等场所。尤其是本书的评估篇，详细介绍了国内外评估智力、学业成就、言语和语言障碍、知觉—动作、适应行为和问题行为六大领域的经典和流行的评估工具，为实践中选择适合特殊儿童的评估工具提供了重要依据。

近年来，心理评估越发受到重视，国际上评估测验工具层出不穷，更新迅速。随着相关研究的不断发展，编制者的思想也在不断调整与更新，有对已有测验进行结构调整以及常模更新的，如韦克斯勒儿童智力量表第四版改变了以往言语量表和操作量表的分类模式，提供了 4 个因素指数；考夫曼儿童成套评估测验第二版在鲁利亚神经心理学模式上加入了智力层次结构模式，具有双重理论基础。也有新测验的编制与出版，如韦克斯勒为那些因语言能力缺陷影响到智力评估成绩的受测者专门设计了韦克斯勒非言语智力量表；桑德伯格为孤独症及其他发展障碍儿童编制了语言行为里程碑评估和安置计划等。

作为一本介绍国内外经典流行评估理论及工具的教学用书，本书也需要与时俱进，不断更新。因此，我们在保持原书结构不变的基础上，对第一版进行了修订，以期为读者提供最新、最有效的信息。我们主要进行了以下 4 方面的工作。

第一，针对特殊需要儿童的特殊性，新增了一些测验。比如，在智力评估中，由于许多特殊需要儿童不具备相应的语言能力，使用智力测验对儿童进行评估时常常得不到有效分数或分数受到影响，因此，本书补充了非言语智力测验，如韦克斯勒非言语智力量表、托尼非言语智力测验第四版、雷特国际通用操作量表修订版等，以期更加准确地评估特殊儿童的智力发展。

再如，评估言语与语言障碍时，我们从两个维度来思考所涵盖的评估工具：接受性语言与表达性语言，这两个维度交叉还可得到听力理解、阅读理解、口头表达和书面表达四个领域，以期覆盖言语语言障碍的可能评估领域，为读者提供全面的参考信息。因此，在更新皮博迪图片词汇测验第四版（接受性语言）的基础上增加了表达性词汇测验第二版（表达性语言）。此外，还新增了语言发展测验第四版、口语和书面语言量表等。

第二，补充了原书中已有测验的最新修订本，如斯坦福—比内智力量表第五版、考夫曼教育成就测验第二版与第三版、韦克斯勒个人成就测验第三版、班达视觉动作完形测验第二版、文兰适应行为量表第二版等。对于部分测验，如韦克斯勒儿童智力量表第五版于 2014 年秋季出版，而目前所收集的信息较少，留待下次修订再进行补充。

第三，通读全书，修改错别字、调整个别含糊语句、补充部分缺失信息等，完善本书的质量，方便读者学习使用。

第四，补充参考文献。我们在搜集资料的过程中，查阅了大量的参考资料，希望能与读者们一起分享，以方便读者进一步搜索有关的信息。同时，参考资料也反映了近年来测验及评估的新进展，有助于读者把握国际测验及评估领域的最新发展动态。

鉴于评估测验的迅速发展，本书也将紧跟国际评估测验的步伐，定期修订更新，以准确把握国际评估测验的发展动态，更好地为读者提供可靠有效的理论和工具。

韦小满

2015 年 11 月于北京师范大学

前 言

近一二十年来,特殊儿童心理评估在特殊教育中的作用越来越受到特殊教育工作者的重视。由于它不仅能为特殊儿童的鉴别、安置提供依据,而且还被广泛应用于个别化教育计划的制订、教育效果的评价,以及教育质量的监控中。目前,它已成为我国高等师范院校特殊教育专业学生必修的一门专业基础课。

本书是我根据多年来在北京师范大学教育学院从事本课程的教学工作中积累的知识和经验编写而成的。全书分为四篇:绪论篇由第1、2章组成,主要阐述了特殊儿童心理评估的对象和特殊儿童心理评估中的一些基本问题;测量篇由第3、4、5、6、7章组成,系统地介绍了测量和测验的基本概念、基本原理、测验的编制、选择和使用方法;评估篇由第8、9、10、11、12、13章组成,分别论述了智力、学业成就、言语和语言障碍、知觉、动作和知觉-动作、适应行为、问题行为的概念和研究动向,并介绍了各领域目前最常用的评估工具和评估方法;应用篇由第14、15、16章组成,用一些实例说明在特殊教育中如何将各种评估工具和评估方法进行综合的应用。本书可用作高等师范院校特殊教育专业本科生的教科书,也可以用作高等院校心理学、教育学、社会学、康复医学专业本科生或研究生的教学参考书。

本书的编写过程犹如绘制一幅工程巨大且内容丰富的画卷,既需要精心的构思,又需要辛苦的劳作。经过一个艰苦的写作过程,如今书稿即将付印出版,我有一种如释重负的感觉,同时很想表达对我的两位导师心存已久的崇敬和感激之情。作为1977年恢复高考后的北京师范大学心理系的第二届毕业生,我先后投入我国著名心理学家张厚粲教授、林崇德教授门下做硕士研究生和博士研究生。由于得到两位先生的悉心教导,我不仅在学业上有所成就,而且还学会了许多做人、做学问的道理。虽然我已经毕业多年,但是两位先生对事业的热爱,严谨治学、勤奋工作的作风仍然在精神上指引着我,使我能够认真地对待自己的工作,遇到困难时能坚持不懈。

在这里,我还要感谢北京市教委批准将本书的编写列为高等教育精品教材建设立项项目并提供经费支持。如果没有北京市教委的大力支持,本书稿不会那么快就编写完成。

在本书的编写过程中,我参阅了国内外大量的文献资料。虽然在参考文献中列出了一部分作者的名字,但由于时间仓促,难免挂一漏万。在此我对所有本书引用过的文献资料的作者深表感谢。在本书的审校和出版过程中,华夏出版社的周国芳副编审提出了许多宝贵的意见并付出了辛劳,在此也表示衷心的感谢。

由于我的水平、时间和精力有限,书中一定存在某些不足和错误,欢迎读者批评指正。

韦小满

2006年2月于北京师范大学

目 录

绪论篇

第1章 特殊儿童的定义、分类和鉴别标准 (2)
第一节 特殊儿童的定义、与普通儿童的共性和差异 (2)
一、特殊儿童的定义 (2)
二、与普通儿童的共性和差异 (2)
第二节 特殊儿童的分类 (5)
一、关于特殊儿童分类的争论 (5)
二、国外特殊儿童的分类 (7)
三、我国对特殊儿童的分类 (7)
第三节 各类特殊儿童的鉴别标准 (8)
一、发展性障碍儿童的鉴别标准 (8)
二、身体功能障碍儿童的鉴别标准 (11)
三、天才儿童的鉴别标准 (14)

第2章 特殊儿童心理评估概述 (15)
第一节 心理评估的概念 (15)
一、心理评估的定义 (15)
二、与心理测量的关系 (26)
第二节 心理评估的类型 (27)
一、常模参照评估与标准参照评估 (27)
二、正式评估与非正式评估 (29)
三、筛查性评估、诊断性评估和治疗性评估 (30)
第三节 心理评估的过程 (31)
一、确定评估目的和评估对象 (31)
二、设计评估方案 (32)
三、实施评估 (34)
四、评估结果的应用 (34)
第四节 心理评估的注意事项 (35)
一、目的要明确 (35)

二、从多条途径、用多种指标来收集资料 ………………………………………… (35)
　　三、灵活地运用各种方法来收集资料 …………………………………………… (35)
　　四、注意静态评估与动态评估的结合 …………………………………………… (35)
　　五、将评估与教育、训练结合 …………………………………………………… (36)
　　六、遵守职业道德 ………………………………………………………………… (36)
第五节　特殊儿童心理评估的意义 ……………………………………………… (36)
　　一、落实特殊教育有关法律法规的需要 ………………………………………… (36)
　　二、充分体现因材施教的原则 …………………………………………………… (38)
　　三、有助于提高特殊教育的管理水平和质量 …………………………………… (38)

测量篇

第3章　测量与测验的基本问题 …………………………………………………… (42)
第一节　测量和量表 ……………………………………………………………… (42)
　　一、测量 …………………………………………………………………………… (42)
　　二、量表 …………………………………………………………………………… (43)
第二节　心理测量的性质 ………………………………………………………… (46)
　　一、心理测量的含义 ……………………………………………………………… (46)
　　二、心理测量的特性 ……………………………………………………………… (46)
第三节　测验的定义和分类 ……………………………………………………… (47)
　　一、测验的定义 …………………………………………………………………… (47)
　　二、测验的分类 …………………………………………………………………… (48)

第4章　测验的编制 ………………………………………………………………… (52)
第一节　测验计划的制订 ………………………………………………………… (52)
　　一、确定测验目的和对象 ………………………………………………………… (52)
　　二、制订编题计划 ………………………………………………………………… (53)
第二节　题目编写 ………………………………………………………………… (54)
　　一、题型的种类 …………………………………………………………………… (55)
　　二、编题的基本原则 ……………………………………………………………… (55)
　　三、各类题目的编写要领 ………………………………………………………… (56)
第三节　题目分析 ………………………………………………………………… (64)
　　一、难度分析 ……………………………………………………………………… (64)
　　二、区分度分析 …………………………………………………………………… (66)
　　三、题目分析的特殊问题 ………………………………………………………… (70)
第四节　测验的标准化 …………………………………………………………… (74)
　　一、题目的编排 …………………………………………………………………… (74)

二、施测过程的标准化 …………………………………………………………… (74)
三、测验质量的鉴定 ……………………………………………………………… (77)
四、测验使用手册的编写 ………………………………………………………… (77)

第5章　信度与效度 …………………………………………………………………… (78)
第一节　测量误差 ……………………………………………………………………… (78)
一、测量误差的定义 ……………………………………………………………… (78)
二、常见的误差来源 ……………………………………………………………… (80)
第二节　信度 …………………………………………………………………………… (81)
一、信度的定义 …………………………………………………………………… (81)
二、信度的种类及估计方法 ……………………………………………………… (82)
三、测量标准误 …………………………………………………………………… (90)
第三节　效度 …………………………………………………………………………… (91)
一、效度的定义 …………………………………………………………………… (91)
二、效度的种类及估计方法 ……………………………………………………… (91)
第四节　提高信度和效度的方法 ……………………………………………………… (100)
一、适当地加大题量 ……………………………………………………………… (100)
二、注意编题的方式和方法 ……………………………………………………… (101)
三、控制各种环境因素的影响 …………………………………………………… (101)
四、调节好受测者的身心状态 …………………………………………………… (102)
五、选择恰当的检验方法 ………………………………………………………… (102)

第6章　常模及分数的解释 …………………………………………………………… (103)
第一节　常模团体的确定 ……………………………………………………………… (103)
一、原始分数和导出分数 ………………………………………………………… (103)
二、确定常模团体的方法 ………………………………………………………… (104)
第二节　常模量表的制订 ……………………………………………………………… (106)
一、百分等级量表 ………………………………………………………………… (106)
二、发展量表 ……………………………………………………………………… (109)
三、商数 …………………………………………………………………………… (110)
四、标准分数量表 ………………………………………………………………… (112)
第三节　呈现常模量表的方法 ………………………………………………………… (117)
一、转化表 ………………………………………………………………………… (118)
二、剖析图 ………………………………………………………………………… (120)

第7章　测验的选择与使用 …………………………………………………………… (123)
第一节　测验的选择 …………………………………………………………………… (123)

一、所选的测验必须符合测量目的 …………………………………………（123）
　　二、所选的测验应适用于特殊儿童 …………………………………………（124）
　　三、所选的测验必须具有良好的心理测量学性能 …………………………（124）
第二节　测验的使用 ……………………………………………………………（125）
　　一、测验人员应具备的条件 …………………………………………………（125）
　　二、施测过程中的一些注意事项 ……………………………………………（126）
第三节　测验的管理 ……………………………………………………………（128）
　　一、测验的登记注册 …………………………………………………………（128）
　　二、测验的控制使用与保管 …………………………………………………（129）
　　三、测验的出版与发行 ………………………………………………………（129）

评估篇

第8章　智力的评估 ……………………………………………………………（132）
第一节　概述 ……………………………………………………………………（132）
　　一、智力的定义 ………………………………………………………………（132）
　　二、智力的结构 ………………………………………………………………（133）
　　三、智力评估的新进展 ………………………………………………………（138）
第二节　个别智力测验 …………………………………………………………（139）
　　一、比内智力量表 ……………………………………………………………（140）
　　二、韦克斯勒智力量表 ………………………………………………………（148）
　　三、考夫曼儿童成套评估测验 ………………………………………………（161）
　　四、希—内学习能力倾向测验 ………………………………………………（167）
　　五、盲人学习能力倾向测验 …………………………………………………（170）
　　六、托尼非言语智力测验 ……………………………………………………（170）
　　七、雷特国际通用操作量表修订本 …………………………………………（172）
　　八、戴斯—纳格利尔里认知评估系统 ………………………………………（174）
　　九、中国3~6岁儿童发展量表 ………………………………………………（175）
第三节　团体智力测验 …………………………………………………………（178）
　　一、瑞文推理测验 ……………………………………………………………（178）
　　二、古迪纳夫—哈里斯绘人测验 ……………………………………………（180）
　　三、团体儿童智力测验 ………………………………………………………（184）

第9章　学业成就的评估 ………………………………………………………（186）
第一节　成就测验的性质、种类与作用 ………………………………………（186）
　　一、成就测验的性质 …………………………………………………………（186）
　　二、成就测验的种类 …………………………………………………………（187）

三、成就测验的作用 ·· (189)
第二节 综合成就测验 ·· (191)
  一、皮博迪个人成就测验修订本 ·· (191)
  二、斯坦福系列成就测验第十版 ·· (192)
  三、加里福尼亚成就测验第五版 ·· (194)
  四、韦克斯勒个人成就测验第二版和第三版 ······································ (196)
  五、考夫曼教育成就测验第二版和第三版 ·· (199)
  六、都市成就测验第七版和第八版 ··· (203)
  七、布里根斯诊断性检测表 ··· (205)
  八、伍德科克—詹森成就测验 ··· (207)
第三节 单科成就测验 ·· (208)
  一、基玛斯诊断性数学测验 ··· (209)
  二、斯坦福诊断性数学测验 ··· (212)
  三、斯坦福诊断性阅读测验 ··· (214)
  四、伍德科克阅读掌握测验 ··· (215)
  五、书面语言测验第三版和第四版 ··· (218)
  六、小学国语默读诊断测验 ··· (220)

第10章 言语和语言障碍的评估 ··· (222)
第一节 语言与言语 ·· (222)
第二节 言语和语言障碍的定义及其分类 ·· (223)
  一、定义 ··· (223)
  二、分类 ··· (223)
第三节 言语和语言障碍的评估方法简介 ·· (227)
  一、皮博迪图片词汇测验 ·· (227)
  二、表达性词汇测验 ·· (230)
  三、伊利诺伊心理语言能力测验 ·· (231)
  四、语言发展测验 ·· (234)
  五、口语和书面语言量表 ·· (237)
  六、语言行为里程碑评估和安置计划 ·· (238)
  七、学前儿童语言障碍评量表 ··· (246)
  八、语言障碍儿童诊断测验 ··· (249)
  九、聋儿听力语言康复评估系统 ·· (250)
  十、儿童语言发育迟缓检查法 ··· (253)
  十一、汉语言语流畅度诊断测验 ·· (254)

第11章 知觉和动作的评估 ··· (256)
第一节 知觉、动作和知觉—动作概述 ·· (256)

一、定义 ………………………………………………………………………… (256)
　　二、评估的意义 ………………………………………………………………… (256)
　第二节　常用知觉、动作和知觉—动作测验简介 ………………………………… (257)
　　一、班达视觉动作完形测验及其修订本 ……………………………………… (257)
　　二、南加利福尼亚感觉统合测验 ……………………………………………… (260)
　　三、视觉—动作统合发展测验及其修订本 …………………………………… (261)
　　四、视知觉发展测验及其修订本 ……………………………………………… (263)
　　五、听觉辨别测验 ……………………………………………………………… (265)
　　六、戈德曼—弗里斯托—伍德科克成套听觉技能测验 ……………………… (266)
　　七、布鲁因宁克斯—奥泽里特斯基动作熟练度测验及其修订本 …………… (267)
　　八、普度钉板测验 ……………………………………………………………… (269)

第12章　适应行为的评估 …………………………………………………………… (272)
　第一节　适应行为的一般概念 ……………………………………………………… (272)
　　一、适应行为的定义 …………………………………………………………… (272)
　　二、适应行为与智力的关系 …………………………………………………… (273)
　第二节　常见适应行为量表简介 …………………………………………………… (274)
　　一、AAMR适应行为量表及其修订本 ………………………………………… (274)
　　二、文兰社会成熟量表及其修订本 …………………………………………… (288)
　　三、适应行为评估系统及其修订本 …………………………………………… (297)
　　四、独立行为量表及其修订本 ………………………………………………… (299)
　　五、适应行为调查表 …………………………………………………………… (302)
　　六、生活适应能力检核手册 …………………………………………………… (303)
　　七、社会适应能力评定量表 …………………………………………………… (304)

第13章　问题行为的评估 …………………………………………………………… (312)
　第一节　问题行为的概念 …………………………………………………………… (312)
　　一、问题行为的定义 …………………………………………………………… (312)
　　二、问题行为的分类 …………………………………………………………… (312)
　第二节　几种常用的儿童行为评定量表简介 ……………………………………… (314)
　　一、康纳斯行为评定量表及其修订本 ………………………………………… (315)
　　二、阿肯巴克实证评估系统 …………………………………………………… (317)
　　三、儿童行为评估系统第二版 ………………………………………………… (327)
　　四、儿童期孤独症评定量表 …………………………………………………… (331)
　　五、儿童孤独症筛查量表 ……………………………………………………… (333)
　　六、孤独症儿童行为量表 ……………………………………………………… (334)
　第三节　功能性行为评估方法简介 ………………………………………………… (337)
　　一、功能性行为评估的定义 …………………………………………………… (337)

二、功能性行为评估的程序 ……………………………………………………… (337)

应用篇

第14章　特殊儿童的鉴别 …………………………………………………………… (342)
第一节　智力障碍儿童的鉴别 …………………………………………………… (342)
　　一、原则 ……………………………………………………………………… (342)
　　二、内容和步骤 ……………………………………………………………… (344)
　　三、个案报告 ………………………………………………………………… (346)
第二节　学习障碍儿童的鉴别 …………………………………………………… (349)
　　一、原则 ……………………………………………………………………… (349)
　　二、内容和方法 ……………………………………………………………… (350)
　　三、个案报告 ………………………………………………………………… (351)
第三节　孤独症儿童的鉴别 ……………………………………………………… (352)
　　一、原则 ……………………………………………………………………… (352)
　　二、早期鉴别的内容和方法 ………………………………………………… (353)
　　三、个案报告 ………………………………………………………………… (356)

第15章　个别化教育计划的制订 …………………………………………………… (359)
第一节　个别化教育计划概述 …………………………………………………… (359)
　　一、定义 ……………………………………………………………………… (359)
　　二、基本构成 ………………………………………………………………… (360)
第二节　个别化教育计划的制订过程 …………………………………………… (361)
　　一、确定个别化教育计划委员会组成人员 ………………………………… (361)
　　二、编写个别化教育计划草案 ……………………………………………… (361)
　　三、形成正式文件 …………………………………………………………… (367)
第三节　个别化教育计划举例 …………………………………………………… (367)
　　一、背景情况 ………………………………………………………………… (368)
　　二、目前的心理发展和成就水平 …………………………………………… (368)
　　三、长期教育目标、短期教学目标和评价标准 …………………………… (368)
　　四、相关服务和辅助性设施 ………………………………………………… (371)
　　五、转衔服务 ………………………………………………………………… (372)
　　六、计划实施的起讫日期及委员会成员的签名 …………………………… (372)

第16章　教育评价 …………………………………………………………………… (373)
第一节　教育评价概述 …………………………………………………………… (373)
　　一、概念 ……………………………………………………………………… (373)

二、主要类型 …………………………………………………………（374）
　　三、基本模式 …………………………………………………………（375）
第二节　教育评价的一般过程 ……………………………………………（376）
　　一、准备阶段 …………………………………………………………（376）
　　二、实施阶段 …………………………………………………………（380）
　　三、分析和总结阶段 …………………………………………………（380）
第三节　教育评价举例 ……………………………………………………（381）
　　一、课程本位评价 ……………………………………………………（381）
　　二、教育项目评价 ……………………………………………………（383）

附录一　中国实用残疾人评定标准（试用）……………………………（385）
附录二　心理测验管理条例 ………………………………………………（394）
附录三　心理测验工作者职业道德规范 …………………………………（398）
附录四　正态分布表 ………………………………………………………（400）
主要参考文献 ………………………………………………………………（406）

Ⅰ 绪论篇

第1章 特殊儿童的定义、分类和鉴别标准

第一节 特殊儿童的定义、与普通儿童的共性和差异

一、特殊儿童的定义

我们在观察一群儿童时不难发现,即使年龄相同,个体之间的差异仍然是十分明显的。有的健壮,有的瘦弱;有的动作灵巧,有的笨拙;有的聪明伶俐,有的反应迟钝;有些善于交际,而有些很不合群。那么,什么样的特征或表现属于常态,什么样的特征或表现属于非常态呢?哪些儿童属于普通儿童,哪些儿童是特殊儿童?要回答这些问题就涉及特殊儿童的界定问题。

美国特殊教育专家柯克和加拉赫(S. A. Kirk & J. J. Gallagher)认为,特殊儿童通常既包括残疾儿童又包括天才儿童,是指在以下几方面偏离常态的儿童:①智力特征;②感觉能力;③神经运动或身体特征;④社会行为;⑤交际能力;⑥多种缺陷(汤盛钦、银春铭等,1989)。这个定义强调了特殊儿童在生理、心理和行为方面具有偏离常态的特征。

台湾特殊教育专家郭为藩等人(1975)指出,特殊儿童与青少年乃是在教育情境中较为特殊(个别差异特别显著)、可能有特别的学习困难(尤其在普通班级中)、需要特殊教育方案的学生。他们主张应该从教育的角度来界定特殊儿童,并认为生理缺陷不能构成特殊儿童的充分条件。

中国大陆特殊教育专家朴永馨(1995)提出,特殊儿童可以有两种理解:一种是广义的,即把正常发展的普通儿童之外的各类儿童都包括在内;另一种是狭义的,专指生理或心理发展上有缺陷的残疾儿童。

上述这几个定义对我们有很好的启发作用。本书将采用广义的概念,即把特殊儿童定义为一群在生理和心理发展的某一方面或多个方面明显地偏离普通儿童的发展水平、有特别的学习或适应困难、只有接受了特殊教育才能充分发展的儿童。

首先,特殊儿童表现为在生理和心理发展的一个或多个方面与普通儿童有明显的差异。例如,有些特殊儿童可能表现为智力发展障碍,有些表现为智力发展优异,有些有视觉或听觉障碍,有些有情绪和行为障碍,而有些有语言或肢体的缺陷。不过,有明显差异不等于就是特殊儿童。例如,有些儿童个子矮小,有些长得肥胖,光看这些特征,还不能确定他们是特殊儿童。只有当这

些特征严重地影响了他们的学习或适应,他们才属于特殊儿童。

其次,为了获得最大限度的发展,特殊儿童需要特别设计的课程、教材、教法、组织形式或设备。例如,视障儿童需要借助盲文来学习文化知识;听力障碍者要用手语来与老师和同学们交流思想;智力障碍、脑瘫、孤独症儿童需要增加康复训练课程,以提高生活自理能力。

把握特殊儿童定义中的这两层意思,就比较容易判断哪些是普通儿童,哪些是特殊儿童了。

二、与普通儿童的共性和差异

特殊儿童与普通儿童之间既有共性,又存在差异,且共性远大于差异,这是目前国内外大多数特殊教育专家和学者已经达成的共识。

(一) 共性

特殊儿童与普通儿童有哪些共性呢?陈政见认为,特殊儿童与普通儿童的共性主要体现在以下五个方面:①发展历程模式相似;②生理组织结构相似;③心理需求要素相似;④人格结构发展相似;⑤社会适应内容相似(王亦荣等,2000)。的确,特殊儿童具有很多人类所共有的属性。特殊儿童无论在生理上还是在心理上,都和普通儿童存在很大的相似性。

特殊儿童与普通儿童一样,也是正在生长、发育着的儿童,随着年龄的增长,其身高、体重、身体的形态、结构、功能等都在自然地生长和变化着。他们同样要经历乳儿期、婴儿期、幼儿期、儿童期、少年期、青年期等重要的发育阶段。在青春期,特殊儿童的身体也会发生急剧的变化。比如,女孩的乳房开始发育,月经来潮,身体变得丰满;男孩的喉结开始增大,声调变粗,胡须逐渐长出。到性成熟时,两性之间出现明显不同的性别特征。

在心理方面,特殊儿童同样遵循儿童心理发展的基本规律。

第一,遗传为特殊儿童的心理发展提供了可能性,而环境和教育则规定了现实性。

遗传是特殊儿童心理发展的基础。遗传给特殊儿童带来与生俱来的解剖生理的特征,特别是中枢神经系统的特征,决定了特殊儿童心理发展的可能性。例如,一个生下来就是全盲的儿童是不可能成为画家的,一个唐氏综合征儿童很难成为科学家,孤独症患者可能终身都会带有这种病症所特有的某些特征,从而限定了其未来的发展方向。

不过,不是所有的残疾都是由遗传决定的,不应夸大遗传对特殊儿童心理发展的作用。如果家长和老师因某个儿童有残疾而低估了他的发展潜力,没有给他提供适当的教育,会使这个儿童的心理发展受到很大的限制。天才儿童的遗传素质非常优异,但如果家长和老师不提供有助于他们发展的环境和教育,其发展的可能性也不会成为现实。

第二,教育在特殊儿童的心理发展上起主导作用。

教育对儿童施加的是一种有目的、有计划、系统的影响。无论在普通教育还是在特殊教育中,教育者都要根据一定的教育目的来组织教育内容,并且采取适当的教育方法,对儿童心理发展施加系统的影响。这种影响目标明确,方向性强,产生的效果无疑比环境中其他无目的的影响要大得多。目前,我国的盲人、聋人、培智学校正在实施课程改革,目的就是要进一步明确新时期特殊学校的教育目标和任务,探讨各种切实有效的教育教学方法,从而更好地发挥教育在特殊儿童的心理发展上的主导作用。

第三,环境和教育的作用虽然巨大,但这只是儿童心理发展的外因,外因必须通过内因才起作用。

什么是特殊儿童心理发展的内因呢？根据我国著名儿童心理学家朱智贤（2003）的观点，在儿童不断积极活动的过程中，社会和教育向儿童提出的要求所引起的新的需要和儿童已有的心理水平或心理状态之间的矛盾，就是儿童心理发展的内因。这个内因是儿童心理不断向前发展的动力。

在社会和教育的要求下，特殊儿童也会产生需要。特殊儿童的需要有物质方面的，如对食物、水、漂亮衣服等的需求；也有精神方面的，如，学习某种知识或技能，完成一件手工作品，将来找到一份工作等。特殊儿童的新需要与他们已有的心理水平或心理状态之间的矛盾是特殊儿童心理发展的内因。

特殊儿童的新需要和他们已有的心理水平或状态是矛盾的双方。这两方面既是互相对立、互相否定的，又是相互统一、互相依存的。说它们相互依存、相互统一是因为特殊儿童的需要总是在一定的心理水平上产生。例如，智力障碍儿童中没有想当科学家的，因为社会不会对他们提出这样的要求；即使社会对他们提出了这样的要求，也很难转化为他们内心的需要。反过来说，某种心理水平的形成，也有赖于是否有相应的需要。如果一个儿童没有表达语言的需求，如不需要使用话语即可获得他所想要的东西，那么他的词汇知识和说话技能就很难达到所要求的水平。

新需要和已有心理水平又是互相斗争，互相否定的。新需要总是比较超前的，与已有水平之间有一段距离。例如，儿童学会了一些简单的词，父母及周围的人就会向他提出用句子交际的要求，这种要求被儿童所认识，就会产生学习用句子表达想法的需要。当儿童掌握了一定数量的口语，成人又提出学习书面语言的要求，并成为他学习语言文字的愿望；这些愿望又推动他进一步学习，提高已有的心理水平。

新的发展水平一旦形成，就意味着对原来需要的否定。需要满足了就不再成为需要，或不再成为主导的需要。在新的心理发展水平上就会产生更新的需要，新需要和已有的水平又会处于矛盾的状态。这种矛盾由对立到统一，再在新的水平上形成对立和统一，推动儿童心理不断地发展。

由此可见，对特殊儿童的教育和训练一定要从儿童的实际出发，否则就难以取得良好的效果。

第四，特殊儿童的心理发展基本上也是遵照由低到高、由简单到复杂的顺序发展的。例如，视障儿童、听障儿童、天才儿童等特殊儿童的思维发展首先要经历感知运动阶段，然后是前运算阶段和具体运算阶段，最后才达到形式运算阶段。

（二）差异

特殊儿童与普通儿童之间的差异是客观存在的，主要表现在以下三个方面。

第一，大部分特殊儿童有生理和心理的缺陷，这些缺陷妨碍了他们以正常的方式或速度学习和发展。例如，视障儿童的视觉器官有缺陷，他们不得不靠耳朵、手指等感官来感知外界事物。由于失去接收外界信息的一条非常重要的感觉通道，视障儿童对一些事物的认识往往是不全面的。听障儿童听觉器官的缺陷，对语言学习产生不利的影响，而语言发展的局限性又会妨碍其抽象思维的发展。肢体残疾儿童在动作技能的发展上会受到很大的限制，甚至影响其生活自理。智力障碍儿童的智力有缺陷，因此，他们学习某些知识和技能的时间比普通儿童晚，起点低，速度慢，所能达到的水平也极其有限。

第二，特殊儿童的个体间差异和个体内差异都明显大于普通儿童。

个体间差异既包括不同类型的特殊儿童之间的差异,又包括同类型特殊儿童之间的差异。无论属于哪一种,特殊儿童个体之间的差异都是非常大的。例如,天才儿童与智力障碍儿童分别代表了智力水平较高和智力水平较低的两类儿童,这两类儿童之间有着巨大的差异。又如,视障儿童接收外界信息的方式明显不同于听障儿童及其他儿童。即使同属于一类儿童,因造成心理发展异常的原因不同,每个个体的特征也是十分不同的。正是由于特殊儿童之间存在着巨大的差异,所以,在实施教育教学之前应该对他们进行鉴别和分类。

个体内差异通常是指个体内部不同能力之间的差异。特殊儿童个体内部各种能力的发展是不平衡的,个体内差异特别大。例如,有些孤独症儿童的记忆力非常好,而语言理解力、人际交往能力特别差。又如,有些听障儿童虽然听不见声音,但手眼协调能力却非常好。因此,在制订教学计划之前要对特殊儿童的能力结构进行评估,以便根据其特点安排教学活动。

第三,特殊儿童难以适应普通学校中的常规教学内容、教学手段或教学组织方式,需要接受特殊教育。

普通学校的教学内容对于智力发展优异的天才儿童可能过于容易,而对于智力低下的智力障碍儿童则可能太难。普通学校的教学通常以教师的口头讲授为主,直观的演示为辅,对大多数听障儿童来说这种教学方式是难以适应的,对视障儿童来说则可能因无法阅读普通课本而跟不上教学的进度。

目前普通学校基本上都采取大班级授课制,这种教学组织方式虽然在教育资源有限的情况下能为社会多培养一些人才,但它却不能使全体儿童都得到充分的发展。在这种班级里,特殊儿童可能因教学进度太慢或太快而对学习失去兴趣,并表现出各种各样的学习或适应的问题。只有根据特殊儿童独特的教育需要设计出适宜的课程和教材,采取个别化教学,特殊儿童才可能获得最大限度的发展。

第二节　特殊儿童的分类

一、关于特殊儿童分类的争论

特殊儿童产生的原因是极其复杂的,其外在表现也千差万别。为了便于医疗、看护或教育,早在18世纪,人们就已经开始对特殊儿童进行分类,并根据其特点进行安置。不过,早期的分类十分粗略。缺陷严重、生活不能自理的儿童,一般被送到医院或救济院里;有违法乱纪行为的儿童,被送进监狱;缺陷比较轻的儿童,可能被安置在学校里。

分类虽有助于实际工作,但分类也会带来一些负面效应。例如,一个儿童一旦被归为智力障碍,就等于被贴上了一个"智力障碍"的标签。这个标签会和这个儿童变得密不可分,让很多人忽略他首先是个儿童,有许多和普通儿童一样的品质和特征,智力障碍只是其所具有的某种特殊性。

自20世纪中叶以来,特殊教育界的专家学者对特殊儿童要不要分类、如何进行分类等问题展开了热烈的讨论。

(一)分类还是不分类

关于特殊儿童要不要分类的问题,有赞成的,也有反对的。持不同观点的人都阐述了各自的理由。

1. 赞成分类的人所提出的理由主要是:

- 通过分类,可以将特殊儿童加以区分,有助于对特殊儿童进行恰当的安置,并提供相应的特殊教育与服务。例如,一个听力有问题的儿童,经过评估被确定为听障儿童,就可以到聋校去上学,接受聋教育。
- 分类有助于对特殊儿童做进一步的诊断和治疗。例如,通过进一步的评估,可以确定一个听障儿童需要进行哪一种听力和语言康复的训练。
- 分类有助于对特殊儿童因材施教。在美国,法律规定当一个儿童被诊断为特殊儿童时,学校要为其制订个别化教育计划,针对他的发展水平及特点开展教学。
- 分类便于行政管理。行政管理部门可以根据学校中特殊儿童的人数和种类发放特殊教育经费及各项额外的补贴。
- 大量有关特殊儿童医学、心理学和教育学的研究是在分类的基础上进行的。只有借助于分类体系,对特殊儿童的病因、预防和治疗的研究才能逐步深入下去。
- 分类有助于与特殊儿童教育有关的各个领域的专家之间的交流,也便于非专业人士与专业人士之间的交流。
- 分类容易引起立法者对特殊儿童问题的关注,因此也有助于通过立法来帮助和保护特殊儿童。

2. 反对分类的人则认为:

- 现行的分类方法仍然是很粗糙的,容易导致错误地分类和乱贴标签。例如,一些表面上有异常的少数民族儿童很容易被误诊为智力障碍。
- 分类强化了特殊儿童与普通儿童的区别,同时又掩盖了同类儿童之间的个体差异。一些医生或老师喜欢用固定的模式去对待同一类儿童。
- 分类与教育和服务之间没有必然的联系,如果仅停留在分类上而不提供相应的教育和服务,那么这样的分类是毫无意义的。
- 一旦一个个体获得了某个分类名称,这个名称的标签作用是有害且难以消除的。有些儿童后来的情况已经有了变化,但由于标签的作用,家长和老师还让他继续学习已不适于他的课程。
- 分类使一些被标记为残疾儿童的个体形成消极的自我概念。这些儿童往往感到自卑,各方面都不如他人。
- 分类使教师对某些儿童的期望水平降低,不利于特殊儿童的潜能得到充分的发展。

尽管近20年来,一些国家取消了对特殊儿童的分类,如瑞典和英国(刘颂,1998),但越来越多的人认为对特殊儿童进行分类是有必要的。目前,人们关注的焦点已不再是要不要分类的问题,而是如何找到一种比较好的分类方法,尽可能地减少分类带来的消极影响。

(二)如何分类

随着特殊教育的发展,特殊儿童的分类方法也发生了一些变化。过去人们关注的是残疾或障碍,一般以医学诊断作为分类的基础。从20世纪70年代起,人们开始尝试根据特殊儿童当前的表现以及所需要的教育和服务进行分类。例如,1972年伊斯科和培恩(Iscoe & Payne)提出,从基本状况、调节状况和教育状况三个方面共九个维度对特殊儿童进行评估和分类(孙锋,2002):

基本状况	调节状况	教育状况
• 可见的生理偏差	• 同伴接受	• 动机
• 运动能力及局限	• 家庭干预	• 学业状况
• 沟通能力及问题	• 自我尊重	• 教育潜能

美国智力落后协会(American Association on Mental Retardation,AAMR)[①]在1992年的最新的分类系统中也提出,应依照需要支持和辅助的程度对特殊儿童进行分类。该学会根据智力障碍儿童需要的支持辅助将其分成间歇的、有限的、广泛的和全面的四类(肖非,2002)。

如今,人们更多地是从学习者的角度来看待特殊儿童,在分类上表现为:一方面,人们越来越倾向于采用与教育有关联的分类体系;另一方面,随着特殊教育对象的日益扩大,一些与学习或适应困难有关的类别,如学习障碍、情绪和行为障碍等也包括在新的分类体系当中。

二、国外特殊儿童的分类

各个国家或一个国家的不同地区在不同时期对特殊儿童的分类不完全一致。受篇幅所限,在这里我们无法对各种情况展开讨论,下面仅介绍美国和日本有关特殊儿童分类的情况,以便读者窥豹一斑。

1975年,美国第94届国会通过了第142号法令,即《所有残疾儿童教育法》(*Education for All Handicapped Children Act*,PL94-142)。在该法令中规定,残疾儿童(狭义的特殊儿童)分为学习障碍、言语和语言障碍、智力障碍、重听、聋、视觉障碍、情感严重紊乱、肢体障碍、其他健康损害、聋盲、多种残疾共十一类。1990年,美国在新颁布的《残疾人教育法》(*Individuals with Disabilities Education Act*,IDEA)中将重听和聋合并为听觉障碍一类,并增加了孤独症和脑外伤两类(朴永馨,1998;汤盛钦,1998)。另外,在1973年颁布的《职业康复法》和1978年颁布的《天才儿童教育法》中还分别把注意缺陷多动障碍、天才和有特殊才能学生确定为特殊儿童。因此,美国由法律确定的特殊儿童共有十四类。

在日本,特殊儿童指的是身心有障碍的儿童,分为以下七类(山口熏、金了健,1996):

视觉障碍(盲、弱视);听觉障碍(聋、重听);精神薄弱;肢残;病弱、身体虚弱;言语障碍;情绪障碍。

三、我国对特殊儿童的分类

1997年,台湾省颁布了《特殊教育法》。根据这项法令,特殊儿童包括身心障碍和资赋优异两大类。其中,身心障碍儿童又分为智力障碍、视觉障碍、听觉障碍、语言障碍、肢体障碍、身体病

[①]该组织成立于1876年,最早名为"美国白痴和低能者教养院医务人员联合会",后曾改名为"美国低能研究会"(1906)"美国智力缺陷协会"(1933)"美国智力落后协会"(1987),2007年更名为"美国智力与发展障碍协会"(American Association on Intellectual and Development Disability,AAIDD),官网为 aaidd.org。

弱、严重情绪障碍、学习障碍、多重障碍、自闭症、发育迟缓及其他显著障碍等类别;资赋优异分为一般智能、学术性向、艺术才能、创造能力、领导才能及其他才能等类别(王亦荣等,2000)。

中国大陆至今尚未在法律中对特殊儿童的分类做出明确规定,不过,在一些与特殊教育有关的法令或文件中提到过几类特殊儿童。例如,在1986年颁布的《中华人民共和国义务教育法》中提到了盲、聋哑和智力障碍三类特殊儿童;在1989年国务院转发的《关于发展特殊教育的若干意见》的文件中提到了盲、聋、智力障碍、肢体残疾、学习障碍、语言障碍、情绪障碍共七类特殊儿童。

另外,在一些学者的著作或文章中,如朴永馨(1991)主编的《特殊教育概论》、汤盛钦(1998)主编的《特殊教育概论》,把病弱儿童、轻微违法和犯罪儿童、天才儿童等也包括在特殊儿童的范畴里。

在这本书里,我们参照国内外已有的分类系统,将特殊儿童分为十二类:
- 智力障碍
- 听觉障碍(聋、重听)
- 视觉障碍(盲、低视力)
- 学习障碍
- 言语和语言障碍
- 情绪和行为障碍
- 肢体障碍
- 病弱
- 孤独症
- 多重障碍
- 天才
- 轻微违法和犯罪

第三节　各类特殊儿童的鉴别标准

特殊儿童有不同的类别,每类儿童都有各自的鉴别标准。本书中,我们把特殊儿童分成发展性障碍、身体功能障碍、天才儿童三大类,并分别介绍每一大类中几个主要类别的特殊儿童的鉴别标准。

一、发展性障碍儿童的鉴别标准

发展性障碍儿童指的是在心理发展上存在某些显著障碍的儿童,具体包括智力障碍儿童、学习障碍儿童、言语和语言障碍儿童、情绪和行为障碍儿童、孤独症儿童等。

(一)智力障碍儿童的鉴别标准

智力障碍儿童是指在发育期间智力发展显著地落后于同龄儿童的平均水平,同时在适应行为方面存在明显缺陷的儿童。

对智力障碍儿童的鉴别,目前一般采取以下三条标准:

- 智力功能显著低下,在个别施测的标准化智力测验中,智商(IQ)在70分以下。
- 有适应行为方面的缺损或障碍,即在概念性技能、社会性技能和实践性技能上存在缺损或障碍。
- 在18岁之前发病。

1987年4月,我国全国残疾人抽样调查领导小组在参照世界卫生组织和美国智力落后协会标准的基础上制定了智力残疾(智力障碍)的分级标准,内容如表1-1(顾明远,1990)。

表1-1 中国智力残疾的分级标准

智力残疾级别	分度	与平均水平差距(-SD)	IQ值	适应能力
一级	极重度	≥5.01	20~25以下	极重适应缺陷
二级	重度	4.01~5.00	20~35或25~40	重度适应缺陷
三级	中度	3.01~4.00	35~50或40~55	中度适应缺陷
四级	轻度	2.01~3.00	50~70或55~75	轻度适应缺陷

除了在智力和适应行为两方面有明显的缺陷外,智力障碍儿童在认知、个性和社会性等方面还存在一定的缺陷。

(1)认知方面 智力障碍儿童的注意力是很容易分散的;注意的持续时间非常短暂;选择性注意和注意的分配均很差。由于注意力是学习活动的基本条件之一,注意力的缺陷必然会影响智力障碍儿童对知识的掌握。

感知觉速度十分缓慢,容量比同龄儿童小得多;视知觉、空间知觉和时间知觉等都不够分化。因此,所获得的信息不仅数量少,而且质量很差。

短时记忆有困难;识记的速度很缓慢,保持不牢固,再现不准确。这些缺陷与他们记忆材料缺乏目的性,不善于运用记忆策略有一定的关系。

思维发展停留在前运算或具体运算阶段,抽象概括能力非常薄弱;思维刻板,缺乏独立性和批判性。

语言发展迟缓,与同龄儿童相比,句法简单,词汇贫乏;不仅言语理解有困难,而且在言语表达上还经常出现构音、声音和语流等方面的障碍。

(2)个性和社会性方面 智力障碍儿童在学习和活动中缺乏主动性和坚持性;兴趣范围狭窄且不易持久;对环境变化缺乏随机应变的能力;情感发展长期处于较低水平,情感体验不深刻,情绪不稳定,缺乏自我控制能力;处理日常事务的能力比同龄儿童差很多。

(二)学习障碍儿童的鉴别标准

学习障碍是一组异质性障碍的统称,指的是因注意、记忆、知觉、推理、感觉运动协调等基本心理过程中存在一种或多种障碍,从而导致在获得和运用听、说、读、写、推理或数学运算能力方面出现明显的困难。这些障碍的原因在个体内部,可能是由中枢神经系统功能失调所致。虽然学习障碍可能伴随着其他障碍(如感觉、智能、情绪障碍等)一同出现或受环境因素(如文化差异、教学不当等)的影响,但这些因素并不是学习障碍的直接原因。

学习障碍一般分为学业性学习障碍和发展性学习障碍两大类。学业性学习障碍包括阅读障碍、书写障碍、计算困难等;发展性学习障碍包括注意障碍、知觉障碍、记忆障碍、思维障碍、语言障碍等。

学业性学习障碍儿童最显著的特征是潜在能力和学业成就之间存在较大的不一致性,各科成绩或某一学科的各部分成绩之间存在很大的差异。例如,有的儿童在语文、英语、物理等科目上表现很好,而在数学方面成绩落后;有的儿童在阅读方面表现很好,但在书写或拼写方面成绩落后。

发展性学习障碍儿童因基本心理过程的障碍不同而有不同的特征。注意障碍型儿童表现为不能把注意分配到比较多的事情上;不能专注于有意义的事情,容易被周围的无关刺激所吸引;不能按学习的要求转移注意力;注意持续的时间比较短等。

在知觉障碍型儿童中有些有视知觉障碍,表现为阅读时易跳字、漏字,书写时易左右或上下颠倒;有些有听知觉障碍,无法分辨音调和相似的声音,对声音的知觉速度比一般儿童慢;有些有触知觉障碍,辨认物体的形状有困难,还有一些表现为运动迟缓、缺乏空间感和平衡感。

记忆障碍型儿童表现为在记忆广度、记忆速度、记忆准确性等方面都比普通儿童差;无法背诵课文,记不住电话号码,交代的事情立刻就忘;由于不善于运用记忆策略,在长时记忆方面也存在缺陷。

思维障碍型儿童主要是不善于进行分析和综合等高级的认知操作,导致在概念形成、问题解决等方面的困难。

对学习障碍儿童的鉴别一般采取以下三条标准:

- 个体的智力正常或在一般水平以上,但其潜力与学业成就(如口头表达、听力理解、书面表达、基本阅读技能、阅读理解、数学运算、数学推理等)之间存在着显著性差异。
- 学习障碍主要不是由于视觉障碍、听觉障碍、智力障碍、情感障碍或环境、文化、经济不利等因素导致的。
- 用对于大多数儿童都有效的教学方法和教材来对他们进行教学,无法取得显著效果,需要提供特殊教育服务。

(三)言语和语言障碍儿童的鉴别标准

言语和语言障碍儿童是指语言理解或语言表达能力与同龄普通儿童相比,有明显的异常或发展迟缓现象,因而导致交流困难的儿童。

说话时如果出现构音、声音或语流障碍,这个儿童就可以鉴别为言语障碍儿童。由于运用语言与他人进行交流时出现的障碍有多种形式,因此,不同类型的言语和语言障碍儿童有不同的鉴别标准。

一般来说,构音障碍是指说话的语音有省略、替代、添加、歪曲、声调错误或含糊不清等现象,以致影响到听话人对说话内容的理解。

嗓音障碍是指说话的音调、音量或音质与个人的性别或年龄不相符。

语流障碍是指言语不流畅,在某些音、音节、词或词组上有重复、延长、停顿、急促不清或首语难发等现象。

如果语言发展迟缓或有失语症,这个儿童就可以鉴别为语言障碍儿童。其中,语言发展迟缓主要表现为在词汇量、字形辨认、语义理解、语法使用以及语言运用方面,其发展水平明显落后于同龄普通儿童。

失语症则是指由于中枢神经系统损伤或功能失调而造成的语言丧失。

(四)孤独症儿童的鉴别标准

孤独症又叫作自闭症或广泛性发育障碍,是一种因神经心理功能异常而导致社会交往和行为同时出现严重问题的综合征。

美国精神医学学会在其编写的《精神疾病诊断与统计手册》(DSM-5,2013)中提出的有关孤独症儿童的鉴别标准是:

A. 在多种场合下,社交沟通和社交互动方面存在持续性的缺陷,表现为目前或曾经出现下列情况(以下为示范性举例,并非全部情况):

1. 社交与情感互动的缺陷,例如,异常的社交行为模式、不能正常地进行轮流的对话,较少与人分享兴趣、情感和感受,以及无法发起或回应社会交往。

2. 社交中非言语沟通行为的缺陷,例如,语言和非言语沟通之间缺乏协调,眼神交流和肢体语言异常,在理解和使用手势方面存在缺陷,完全缺乏面部表情和非言语沟通。

3. 发展、维持和理解人际关系存在缺陷,例如,难以根据不同的社交场景调节行为,难以参与想象游戏或交友困难,对同龄伙伴缺乏兴趣。

B. 受限、重复的行为、兴趣或活动,包括在现在或过去有以下表现中的至少两项(以下为示范性举例,并非全部情况):

1. 动作、使用物品或说话方式表现得刻板或重复(例如,刻板的简单动作,排列玩具,翻动物品,仿说,措辞怪异等)。

2. 坚持单调无变化,僵化地坚守常规,或言语及非言语行为方式仪式化(例如,对微小变化极度苦恼,难以适应转变,思维模式僵化,仪式化的打招呼方式,每天必须走相同路线或吃相同的食物)。

3. 高度受限、执着的兴趣,且兴趣强度和兴趣点异常(例如,对不寻常物品的强烈迷恋或专注,过度受限或固执的兴趣)。

4. 对感觉刺激反应过度或不足,或对环境中的某些感觉刺激有不寻常的兴趣(例如,对疼痛或温度不敏感,对某些特定的声音或质感反应不适,过多地嗅或触摸物品,视觉上痴迷于光亮或运动)。

C. 这些症状必须在发育早期就已出现(但症状可能直到其社交需求超过其有限的能力时才完全显示,也可能被后天学习的策略所掩盖)。

D. 这些症状在社交、职业或目前其他的重要功能方面导致显著的障碍。

E. 这些症状无法用智力障碍(智力发育障碍)或全面性发育迟缓更好地解释。智力障碍和孤独症谱系障碍常常并发,但只有当其社会交往水平低于其整体发育水平时,才能做出孤独症谱系障碍和智力障碍合并症的诊断。

二、身体功能障碍儿童的鉴别标准

身体功能障碍儿童指的是感觉或身体的其他功能存在显著障碍的儿童,具体类别包括视觉障碍儿童、听觉障碍儿童、肢体障碍儿童和病弱儿童等。

(一)视觉障碍儿童的鉴别标准

视觉障碍儿童是指由于先天或后天原因导致双眼的视野缩小,或造成部分或全部功能丧失,经治疗或矫正后视觉功能仍不能达到正常水平的儿童。

在1987年第一次全国残疾人的抽样调查中,视力残疾(视觉障碍)分为盲和低视力两大类,每一类又分为两级水平,见附表一。各类和各级的鉴别标准如表1-2:

表1-2 中国视力残疾的鉴别标准

类别	级别	最佳矫正视力
盲	一级	低于0.02;或视野半径小于5度
	二级	等于或优于0.02,而低于0.05;或视野半径小于10度
低视力	一级	等于或优于0.05,而低于0.1
	二级	等于或优于0.1,而低于0.3

视觉是人类获取外界信息的一条非常重要的渠道,是儿童心理发展的基础。由于视力丧失或功能低下,视觉障碍儿童在心理发展的许多方面都存在一定的局限性。

- 在感知觉方面 视觉障碍儿童主要靠手的触觉来认识周围的世界,由于触觉需要直接触及所要观察的事物,因此,他们对于无法直接触及的东西(如太阳、云彩、闪电等),太大或太小的东西(如大海、电视发射塔、细菌等),易损坏或危险的东西(如眼球、滚烫的开水等)就认识不准确、不完全。部分儿童还无法获得物体的色彩、明暗及动态变化的感觉。

- 在思维方面 视觉障碍儿童很难形成空间概念。许多概念的形成是建立在不完整、不准确的表象基础之上的,因此,概念不准确是他们的另一个特点。

- 在个性和社会性方面 一部分视觉障碍儿童性格内向,不易与别人相处;大部分视觉障碍儿童的自我概念都非常消极,容易产生自卑心理。

(二)听觉障碍儿童的鉴别标准

听觉障碍儿童是指由于先天或后天原因,导致双耳不同程度的听力损失,因而听不到或听不清周围的环境声音及言语声音的儿童。

根据1987年全国残疾人抽样调查中制定的标准,听力残疾(听觉障碍)分为聋和重听两大类,每一类又分为两级水平。各类和各级的鉴别标准如表1-3:

表1-3 中国听力残疾的鉴别标准

类别	级别	平均听力损失(dB)
聋	一级	>90(好耳)
	二级	71~90(好耳)
重听	一级	56~70(好耳)
	二级	41~55(好耳)

听觉是人类获取外界信息的另一条重要渠道,听力损失也会使听觉障碍儿童表现出与普通儿童不同的心理特征。

- 在记忆方面 听觉障碍儿童对直观形象的东西比较容易记住,保持和再现也比较好,而对抽象的文字材料的记忆就困难得多,并且很容易出错。

- 在语言方面 由于缺乏听觉经验和口语的支持,听觉障碍儿童往往不知道怎样才能把想表达的意思表达清楚,说出的话或写出的句子经常是不通顺、不完整的。

- 在思维方面　听觉障碍儿童的一个显著特点就是思维发展水平长时间地停留在前运算阶段或具体运算阶段。即使到了高中,听觉障碍儿童中也没有多少人能达到形式运算阶段。这个特点可能与听觉障碍儿童的语言发展比较迟缓、概念形成困难有关。
- 在个性方面　听觉障碍儿童之间存在很大的个体差异。有不少听觉障碍儿童性格乐观、开朗、积极主动、意志坚强。不过,也有研究显示,有些听觉障碍儿童自制力很差、脾气倔强、猜忌心强、容易对人怀有敌意、胆怯、退缩、自我封闭和自我中心。

(三)肢体障碍儿童的鉴别标准

肢体障碍儿童是指因肢体残缺、畸形或麻痹而在身体运动方面有不同程度的功能丧失或功能障碍的儿童。

1987年,全国残疾人抽样调查领导小组从人体运动系统有几处残疾、致残部位高低及功能障碍程度三个方面进行综合考虑,把肢体残疾(障碍)分为四级,并制定每一级的标准如下。

1. 一级肢体残疾

(1)四肢瘫;下肢截瘫,双髋关节无主动活动能力;偏瘫,单侧肢体功能全部丧失。

(2)四肢在不同部位截肢或先天性缺肢;单全臂(或全腿)和双小腿(或前臂)截肢或缺肢;双上臂和单大腿(或小腿)截肢或缺肢;双全臂(或双全腿)截肢或缺肢。

(3)双上肢功能极度障碍;三肢功能重度障碍。

2. 二级肢体残疾

(1)偏瘫或双下肢截瘫,残肢仅保留少许功能。

(2)双上肢(上臂或前臂)或双大腿截肢或缺肢;单全腿(或全臂)和单上肢(或大腿)截肢或缺肢;三肢在不同部位截肢或缺肢。

(3)两肢功能重度障碍;三肢功能中度障碍。

3. 三级肢体残疾

(1)双小腿截肢或缺肢,单肢在前臂、大腿及其上部截肢或缺肢。

(2)一肢功能重度障碍;两肢功能中度障碍。

(3)双拇指伴有食指(或中指)缺损。

4. 四级肢体残疾

(1)单小腿截肢或缺肢。

(2)一肢功能中度障碍;两肢功能轻度障碍。

(3)脊椎(包括颈椎)强直;驼背畸形大于70度;脊椎侧凸大于45度。

(4)双下肢不等长,差距大于5厘米。

(5)单侧拇指伴有食指(或中指)缺损;单侧保留拇指,其余四指截除或缺损。

肢体障碍儿童虽然肢体有残疾,但其平均智商与普通儿童并没有什么差异。他们与普通儿童的差异主要体现在知识和经验上。由于活动范围受到比较大的限制,肢体障碍儿童的知识、经验不如普通儿童广博。例如,他们缺乏爬山、野炊、骑自行车到野外郊游的经验等。

在性格方面,普通儿童所具有的性格特征,在肢体障碍儿童身上基本都具有。不过,肢体障碍儿童在日常生活中遇到的困难一般都比较多,有时还受到歧视,因此,更容易形成不良的性格。

例如,肢体障碍儿童常常表现出缺乏自信、猜疑心重、抱负水平很低、消极自卑、内向害羞、情绪不稳、粗暴、过于敏感、神经质、挫折耐受力差等特征。这些不良的性格特征会直接影响肢体障碍儿童的社会适应。

三、天才儿童的鉴别标准

天才儿童,又叫作超常儿童,指的是智力高度发展或具有某方面特殊才能的儿童。这类儿童在智能发展的正态分布中处于水平最高的一端,是特殊儿童中唯一的一类具有优异智力和才能的儿童。

对天才儿童的鉴别,目前我国一般采取以下五项指标(刘玉华、朱源,2001):

- 认知(智力):主要包括感知、记忆和思维三方面的能力;
- 创造力:包括创造性思维、创造性想象和创造性解决问题;
- 学习能力:即掌握知识的速度、方式、深度及巩固性;
- 特殊能力:包括数学能力、领导能力、绘画、书法、音乐及外语等才能;
- 个性特征:包括求知欲、自信心、坚持性等。

一般来说,天才儿童在一般能力、学术能力倾向、创造力、艺术才能、领导能力或某些特殊技能上会有杰出的表现。因此,按照在各方面的非凡表现,天才儿童分为六种类型,每一类天才儿童有如下一些特征:

- 一般能力优异的天才儿童在观察力、记忆力、理解力、分析、综合、推理、评价等方面比同龄儿童有更杰出的表现,在标准化的智力测验中能够获得很高的分数。
- 学术能力倾向优异的天才儿童在语文、数学、英语、物理或化学等科目的学习上比同龄儿童取得更优异的成绩。
- 创造力优异的天才儿童具有很强的发散性思维能力,能够产生大量新异、独特的想法,善于发明和创造,并产生有价值的成果。
- 艺术才能优异的天才儿童在音乐、舞蹈、绘画、书法、雕塑、戏剧创作和表演等方面有杰出的表现。
- 领导能力优异的天才儿童通常表现出很强的计划、组织、沟通、协调、决策能力和自信、可靠、坚持不懈等良好的品质,以及有很强的合作性和适应性。
- 特殊技能优异的天才儿童在田径、球类、体操、机械操作技能、计算机程序设计或棋艺等方面有卓越的表现。

第 2 章　特殊儿童心理评估概述

心理评估是特殊教育和教学中一个非常重要的环节。通过心理评估,教育工作者不仅可以对特殊儿童进行鉴别、诊断和安置,还可以全面地了解特殊儿童的心理发展状况及有关情况,为教学计划的制订、教育效果的评估,以及教育管理等提供依据。

第一节　心理评估的概念

一、心理评估的定义

教育领域的心理评估,指的是为了搞好教育教学,评估者根据心理测量的结果和其他多方面的资料(如医学检查、日常的观察记录、个人的生长发育史、个人病史、家族病史、个人受教育的经历等),对被评估者的心理特征、发展水平及存在问题做出判断、解释的过程。这个定义表明,心理评估包含以下三层含义。

(一)心理评估是一个收集资料的过程

评估中所收集的资料是多种多样的,按获得的时间不同,可以分为现有的资料和新收集的资料两大类。

1. 现有的资料

儿童在生长发育的过程中几乎都接受过各种各样的检查,有过许许多多的记录。例如,一出生就被测量身高和体重;出生后的头几年一般都要定期做身体检查;去医院看病,大夫要做治疗记录;入学时,学校通常会登记学生及家庭的基本情况(如姓名、性别、出生日期、家庭住址、父母职业、父母文化程度等);入学后,学生要参加各种考试和考查,有各种分数记录;每学期期末要做个人评定等等。这些记录通常作为档案性资料保留在学校、医院或家里。如果能以某种适当的方式收集到这些资料,就可以为评估提供大量的信息。

学生以前做过的作业或作品,如课堂练习、作文、绘画、手工作品等也可以作为评估的资料。随着时间的推移,有些作业或作品可能丢失了,不过有些老师或家长仍会保留学生的一部分作业或作品。这些资料也能提供一些有用的信息。

有些教师对班里每天发生的特别事件有做笔记的习惯,这些记录也是非常有价值的。一方面,借助教师平常的观察记录,评估人员可以判断学生是否有行为问题,如攻击行为、违纪行为等。如果有问题行为,这些行为是在什么情况下发生的。另一方面,通过一些具体的事例,评估者可以了解教师以前所采取的方法策略是否恰当,可以为教师提供更有效的指导。

利用现有的资料做评估时,一定要注意这类资料的局限性。例如,有些资料看起来比较重要,评估时一般都会被采用,而有些资料似乎不那么重要,往往容易被忽略。又如,由于评估者无法控制以前收集的资料,儿童的某些重要方面可能没有记录或保留,如果只利用现有的资料去做评估有时可能是不全面的,还要用新的资料作补充。另外,评估者常常不知道现有的资料是在什么情况下收集到的,因此,使用这类资料做评估时一定要非常慎重。

2. 新收集的资料

通常包括最近刚做或即将做的观察、访谈、课堂考试、行为评定、智力测验、标准化成就测验及医学检查等。

新收集的资料有三大优点:这些资料说明的是被评估者目前的特征和发展水平,有助于评估者或教师根据评估结果设定目前的教学目标和内容;评估者可以按照自己的目的收集所需的各种资料,因此可以保证所收集的评估资料是全面的;新收集的资料清晰可见,而且比较容易核实,所以一般来说比较可靠。

不过,由于评估者的时间、精力有限,往往不能在短时间内收集被评估者各个方面的资料,所以,在做评估时还应该充分利用已有的资料。另外,评估者有时还需要了解儿童过去的情况,了解发展的过程,也要收集一些以前保留下来的资料。

按评估内容的不同,所收集的资料还可分为以下几个方面:有关身体健康的、感觉的(包括视觉、听觉、触觉、味觉、平衡觉等)、运动能力的(包括粗大动作和精细动作)、记忆、思维、语言、智力、学业技能(包括拼音、阅读理解、书面表达、数学运算等)、人际交往技能、劳动技能、情感、个性、家庭和学校的基本情况、社会环境及资源等。

(二)评估资料的收集方法多种多样

目前常用的方法有观察、访谈、问卷调查、教师自编测验、标准化测验、医学检查等。下面简要地介绍观察、访谈、成长记录袋和测验四种最主要的方法。

1. 观察法

观察法是指观察者运用自己的感觉器官或借助一定的科学仪器能动地对特殊儿童的心理特征或行为表现进行感知和描述,从而获得有关事实材料的方法。观察法是一种认识特殊儿童最基本的途径和方法。通过观察,观察者可以收集到大量丰富的资料,达到对特殊儿童较全面的了解。

(1)观察法的类型 观察法可以根据不同的标准划分为不同的类型。为了方便起见,在这里我们把观察法分为非系统观察和系统观察两大类。

1)非系统观察 观察者只需注意被观察者在自然情境中的表现,对其重要的行为、特征及背景做一些记录即可。最常见的形式是轶事记录。

轶事记录是观察法中最简单的一种,属于定性的观察。它不受观察计划的约束,只要观察者感兴趣的事情发生了,记录下来就可以。轶事记录并非观察固定的儿童或固定的行为,也不受时间和地点的限制,只要观察者认为值得记录的,都可以记录,因此,运用起来非常方便灵活。

不过,和系统观察相比较,轶事记录缺乏客观性和精确性。为了发挥轶事记录在评估中的作用,在使用这种方法收集资料时应注意以下几点:①记录要及时;②记录的内容应包括事件发生的时间、地点、当时的情境及事件发生的过程;③尽可能用准确的文字把事件中重要人物的基本动作和说过的话记录下来。

2) 系统观察　观察者有目的、有计划地观察和记录被观察者在自然情境中的一个或多个已经准确定义了的行为。

系统观察一般采取定量的方式,其步骤是:

第一步,确定观察的目标行为的操作性定义并设定具体的观察指标。特殊儿童心理评估的目的之一是了解他们有没有要发展或改变的行为,因此,我们一定要清楚地描述行为的操作性定义,哪些算是目标行为,哪些不是目标行为。所要观察的行为一般有以下几方面:①有用的行为:如动作、言语、生活自理、社会交往等;②有害的行为:如拿头去撞硬物、打自己脑袋、咬指甲等自伤行为或打人、推倒其他同学、用语言侮辱别人等对他人造成伤害的行为;③无害但也无用的行为:如摇晃脑袋、摇晃身体、鹦鹉学舌等刻板行为;④有缺陷的行为:如注意力缺陷、记忆力缺陷等;⑤正常但在不适当的场合出现的行为:如在游乐场里打闹、喊叫属于正常行为,而上课时大声喧哗属于破坏课堂纪律的行为。评估者可根据研究目的,对上述行为中的某一个方面进行重点观察。

确定了目标行为之后,还要用一些具体的指标来定义行为特征。不管是个别行为还是一组行为,都可以从持续时间、潜伏期、频数和强度四个方面来进行观察和记录。对有明显的开始和结束的行为一般要记录每次的持续时间,然后计算该行为的平均持续时间。例如,陈斌在一节课里看窗外5次,时间分别为1、1、3、2和3分钟,平均每次看窗外的时间为2分钟。对某些行为,有时要记录潜伏期。潜伏期指的是从发出做某件事的指令到行为开始相隔的时间。例如,数学老师让同学们做作业,张静做这件事的潜伏期是从老师发出指令到她开始做作业的时间间隔。对于较容易观察到开始和结束的行为,一般要计算出现的频数。例如,李刚在一节课里下座位3次。在许多情况下,观察者还可以测量行为的强度。例如,把自伤行为分为严重、中等、很轻三个等级,可记录赵丽每次自伤行为发生时的强度。

第二步,选择观察的背景。儿童在不同的背景下常常有不同的行为表现。例如,儿童在学校和在家里的表现常常是不同的,在数学课上和在音乐课、体育课上或在课间休息时的表现也会有所不同。观察儿童在不同背景下的行为表现有助于了解问题行为产生的原因,从而找到有效的教学策略,因此,应该在多个不同的背景下进行观察。不过,选择什么样的观察背景要经过慎重考虑,并且要有计划。

第三步,确定观察日程。首先,要确定对儿童观察多长时间,1个月、3个月,还是半年。每周观察几天,是每天都观察,还是进行时间取样,如只在每周的周二和周五上午实施观察。其次,要确定每次观察的时间长短。在学校里进行观察,每次观察一般不超过儿童每天在校的时间,通常以一节课为一个观察单元,然后,要确定是连续观察还是间隔观察。连续观察就是在每个观察单元里不能有停顿,而间隔观察则可以有停顿。采取哪一种观察策略要依具体的行为而定。如果所观察的行为发生的频率很低,采取连续观察的方法效果可能比较好。

第四步,设计观察记录表。对行为的记录也必须有计划,最好采用记录表的形式。记录表中应该包括观察者姓名、观察对象姓名、观察日期、时间、方法、内容及儿童的行为表现等项目(表2-1)。

第五步,选择观察工具。观察中用纸笔记录还是用电子仪器(如摄像机)记录要根据具体情况而定。有条件的话,最好用电子设备做连续的观察和记录;如果没有条件,就要由人来进行观察。观察人员若首次做观察记录,事先必须经过培训。

表2-1 观察某个学生不专心听课行为的简单记录表

观察对象姓名:陈斌　　　　观察者姓名:杨新
观察日期:2013年9月15日
观察时间:上午10:10至10:50
背景:数学课
观察方法:从上课开始,每隔5分钟观察一次,每次5分钟,记录不专心听讲的频数和持续时间。

	频　　数	持续时间
1		
2		
3		
4		
5		
6		

(2)观察法的优点和缺点　　观察法是评估资料收集过程中一种很重要的方法。通过观察,评估者不仅可以获得儿童某种行为非常全面的资料,而且可以分析该行为产生的原因及发展变化过程。这一方面弥补了用其他方法(如评定法、测验法等)收集资料的不足,另一方面也可以检验由其他方法所获得的评估结果的可靠性。

但是,观察法也有局限性。对儿童的观察一般是很费时间的,观察越细致,花的时间就越多。观察结果有时可能是不准确或不全面的。例如,有些观察者把自己的主观感受当成事实记录下来;有些观察者只关注自己期望看到的东西,对自己没有估计到的行为则注意不够。再有,由于观察者在场,儿童的行为可能会有所改变,有时客观记录下来的东西未必真实。例如,当有陌生人在教室里的时候,原来调皮捣蛋的学生就变得守纪律了。因此,对观察法的使用要考虑这些因素。

2. 访谈法

是指评估者通过有目的的交谈来收集有关特殊儿童心理特征和行为表现资料的一种方法,它也是收集评估资料最基本的途径和方法。与观察法相比,访谈法有两点主要的不同:一是采用观察法时评估者主要用眼睛看,而用访谈法时评估者主要用口问,用耳朵听;二是前者直接考察和收集特殊儿童的资料,而后者往往通过与家长和老师的交谈间接地了解特殊儿童。

(1)访谈法的类型　　按照提问和回答的结构特点不同,访谈法可以划分为以下四种类型(表2-2):

表2-2 访谈法的四种类型

		提问的特点	
		有结构	无结构
回答的特点	有结构	有结构访谈	半结构访谈(B)
	无结构	半结构访谈(A)	无结构访谈

有结构访谈又称标准化访谈,指访谈者根据事先设计好的访谈表和统一的要求进行询问,被访谈者根据问题进行回答,访谈者根据统一的标准对被访谈者的回答进行记录或评分的一种比

较正式的访谈。有结构访谈的优点是：实施程序统一、规范，访谈结果便于统计分析，对于不同的访谈对象的回答易于进行定量分析。其缺点是：缺乏灵活性，不能根据访谈时的具体情况变换问题，调整提问方式和程序，不利于获得问题以外的其他信息。

无结构访谈又称非标准化访谈，指访谈者只根据一个粗略的访谈提纲而进行的非正式的访谈。该方法对于提问方式和顺序、被访谈者回答的方式、访谈记录的方式和访谈的时间、地点等都没有严格的规定，访谈者可以根据具体情况灵活处理。无结构访谈的优点是：实施程序机动、灵活，有利于拓宽和加深访谈的内容，了解原访谈计划中没有预料到的新情况、新问题。其缺点是：访谈结果难以进行定量分析，该方法对访谈者的要求比较高。

半结构访谈包括 A、B 两种类型。A 型的访谈问题是有结构的，但被访谈者的回答方式比较自由。B 型的访谈问题没有一定的结构，但要求被访谈者按有结构的方式进行回答。

上述四种访谈方法各有所长，评估者可根据访谈的目的、被访谈者的特点以及对访谈结果如何分析而灵活地选用。

(2) 访谈法的实施　主要包括访谈设计、访谈人员的选择与培训、访谈的实施三个环节。

在访谈设计这个环节中，评估者首先要确定访谈的对象。被访谈者必须是知情者，能提供评估所需的信息。在特殊儿童的心理评估中，被访谈者通常不是儿童本人，而是他的老师、家长、邻居、医生等。其次，要确定访谈的内容。每次访谈都应围绕一个中心来进行，事先需拟定一份访谈提纲，编制访谈记录表，并制定访谈工作细则。访谈的内容大致可包括被访谈者的个人情况、评估对象的健康状况、教育状况、良好的行为表现和不良的行为表现等。

在访谈人员的选择和培训中，首先要选择基本素质良好的人来担当访谈人员，这是访谈能否成功的关键。以往的经验表明，一名合格的访谈人员应具备以下一些基本条件：仪表整洁，举止大方，知识面广，表达能力强，善于与人相处，有责任心，有一定的实际访谈经验等。因此，评估者应当根据这些条件来选择访谈人员。其次，要对访谈人员进行培训。培训的内容一般包括：说明访谈的目的、意义和时间安排；讲解访谈表的内容、访谈的技巧、被访谈者的特点、访谈过程中的一些注意事项等。如果可能的话，还应当安排他们到实地实习访谈。

在访谈的实施中，访谈人员要按计划一步一步地进行。一般来说，访谈人员要先和访谈对象建立融洽的关系，消除他们紧张、戒备的心理，通过仪表、行为语言等确定访谈对象是否处于可接受访谈的状态；然后，提出一些简单的、容易引起兴趣的问题，再逐步深入到复杂的问题；最后，提出一些比较敏感的问题。在访谈过程中还要善于控制谈话的方向和节奏，掌握一定的提问技巧、追问技巧和处理拒绝的技巧，做好访谈记录，使每次访谈都能收集到全面、真实和可靠的资料。

(3) 访谈法的优点和缺点　访谈法是一种适用范围很广的收集资料的方法。它是口头进行的，因此适用于一切具有口头表达能力和正常判断力（无论文化程度如何）的访谈对象。访谈法实施程序灵活，可以根据访谈对象和访谈过程的具体情况，有针对性和有效地开展资料收集工作。它既可以收集有关特殊儿童心理特征和行为表现的资料，又可以收集有关家长和老师的教育方式和教育态度的资料；既可以了解某些事实，又可以了解态度和意见；既可以收集现时的资料，又可以收集过去的资料。因此，和其他收集资料的方法相比，访谈法可以获得更为丰富、更深层次的资料。

不过，和观察法一样，访谈法也存在某些局限性。

第一，让被访谈者回忆过去发生的事情，如果时间间隔比较长，回忆起来有可能出差错。例如，一些重要的细节忘掉了，或者记得不清楚了，更有甚者记错了。

第二,被访谈者可能不愿说真话,不愿暴露痛苦或尴尬的细节。他们可能只告诉访谈人员他们认为便于开口或者对方想听到的东西。有时为了达到目的,只告诉访谈人员符合自己目的的情况。例如,家长不想让孩子安置在特殊学校里,他可能对孩子在普通学校里出现的问题避而不谈。

第三,报告的情况可能是真实的,但由于访谈人员有某种预期,所以对访谈对象报告的东西会有选择地记录下来。

此外,访谈人员的素质、访谈时间和地点、访谈对象当时的情绪状态等都会影响访谈的结果。

3. 成长记录袋法

成长记录袋(portfolio)的本意是"文件夹""公事包"或"代表作选辑"等,最早是指画家、摄影师等汇集自己有代表性的作品的方法,后来这种方法被作家、建筑师、时装设计师等用来汇集并展示自己的艺术创作历程和个人成就。目前这个词已被广泛应用于教育和心理学界,指根据教育目标和计划来收集一连串能够显示儿童学业成就或持续进步的作品、表现、评价结果以及其他相关记录和资料的方法。

(1)成长记录袋的类型　根据使用目的的不同,成长记录袋可以有不同的类型,每一种类型在构成上有各自的特点。下面就按入选材料性质的不同,把成长记录袋分为最佳成果型、精选型和过程型三类,分别予以介绍(周卫勇,2002)。

最佳成果型成长记录袋所收集的材料是儿童在某一学科或领域的最佳成果。选入这种成长记录袋的材料可以不拘泥于形式,但一定要反映儿童在这一学科或领域已达到的最高水平,像最佳的绘画、最佳的手工作品、最佳的家庭作业、最佳的测验成绩等,都可以入选。

精选型成长记录袋要求广泛地收集与儿童成长有关的材料。选入这种成长记录袋的材料不只是反映儿童已经达到的最高水平,而且还包括能反映他们在成长过程中遇到的最大困难以及为之付出的努力。收集这种成长记录袋材料的时间一般比较长,往往要持续一年以上。

过程型成长记录袋要求所收集的材料能够反映儿童在某个领域从开始学习到完全掌握各阶段所取得的进步。例如,某位音乐教师在教学生们唱一首新歌,她从第一次课开始,每次上课都给他们录音。等到学生们能够完整、流畅、富有感情地唱这首歌时,再把以前的录音带拿出来重放,就能了解学生是如何取得进步的。

(2)成长记录袋法的实施　用成长记录袋法收集特殊儿童心理和行为的资料一般采取以下步骤:

第一步:确定成长记录袋法的应用对象。即所收集的材料将用于评估哪一类儿童、哪个年龄或年级儿童,所涉及的学科或领域是什么。应用对象不同,所收集的材料类型和要求也是不同的。

第二步:明确制作成长记录袋的目的。不同类型的成长记录袋与不同的评估目的相联系。例如,最佳成果型成长记录袋主要是用来评估特殊儿童在某一领域所能达到的最高水平,而过程型成长记录袋主要用来反映儿童在某一领域的成长变化过程。目的不同,所需收集的材料也不同。

第三步:选择要收集的材料类型并确定收集的时间和次数。首先要根据评估目的选择要收集的材料类型。例如,如果制作成长记录袋的目的是展示最高水平,那么就要收集最好的作品,如写得最好的一篇作文,做得最好的一次作业;如果目的是反映儿童学习的进步,那么就应该收集那些能表明进步的材料,如每周的观察记录、作业样本、单元测验的成绩等。其次,还要考虑所评估的内容。如果评估的内容是音乐技能,那么收集的材料最好是录音带;如果评估的内容是运动技能,那么所收集的材料最好是录像带。

收集材料的时间和次数也要依评估目的而定。如果目的是展示最优秀的作品,那么一旦发现有更好的作品出现就把它收集起来;如果目的是对儿童做全面的评估,就要有计划、长时间不间断地收集能反映儿童各方面成长变化的材料。

第四步:定期整理成长记录袋里的材料。每隔一段时间整理一下成长记录袋里的材料,一方面可以发现哪些材料没有用了,应该清除掉,哪些材料收集得不够,需要补充;另一方面还有助于发挥成长记录袋的反思和激励功能。

(3)成长记录袋法的优点和缺点　成长记录袋法是近年来教育界比较受推崇的一种收集评估资料的方法。其优点是:①能够展示儿童的成长历程;②能够提供丰富多样的评估资料,特别是儿童真实表现的资料;③能够关注儿童之间的个别差异,促进儿童的个性化发展;④能够让儿童参与资料的收集过程,让他们感受到自己的成长与进步,并从中受到激励。

成长记录袋法的缺点是:①需要投入大量的时间和精力,容易使评估人员的负担过重;②需要使用比较多的器具和材料,如录音机、摄像机、照相机、制作手工作品的原材料等,评估时可能并不具备这些条件;③收集来的材料太多,难以整理和分析;④标准化程度太低,不便于进行个体之间的比较分析。

4. 测验法

是评估者通过使用各种心理和教育测验收集有关特殊儿童心理特征和行为表现资料的一种方法。关于测验的含义、种类、编制方法以及测验法的实施等,将放到以后的章节里再作详细的讨论。

(三)心理评估是一个有目的的过程

特殊儿童的心理评估不是把收集来的各种资料简单地堆积在一起,而是要在综合分析的基础上作各种教育决策。在特殊教育领域里,根据评估结果作的教育决策一般有五种类型,即筛查、转介、鉴别、制订教育计划和教育评价。

1. 筛查(screening)

筛查是指用一些简单易行的测试工具对儿童进行大范围、快速地测查,从而把潜在学习、行为或心理障碍的个体从群体中区别出来。例如,一些学校和幼儿园在新学年开始时对刚入学(或入园)的新生进行听力、视力、智力及心理健康等方面的测查,以便了解哪些儿童可能有特殊需要。表2-3就是一份用来探测学龄前儿童是否存在智力障碍的筛查量表。

表2-3　学龄前儿童50项智能筛查量表

请儿童回答下列问题,按要求执行:
1. 指给我看,你的眼睛在哪儿?
2. 指给我看,你的耳朵在哪儿?
3. 指给我看,你的脖子在哪儿?
4. 告诉我,你叫什么名字?
5. 你的手指在哪?
6. 请把衣服上的扣子扣好。
7. 有一双鞋(鞋尖对着儿童)你穿穿看。
8. 请把裤子重新穿一下。
9. 指给我看,你的眉毛在哪儿?
10. 请你学我的样子,倒退走路(2米)。
11. 你双脚并拢,往前跳一下(20厘米)。

(续表)

12. 你今年几岁(虚岁和实岁都可)?
13. 你自己会穿上衣服吗? 穿给我看看。
14. 你知道哪些东西是动物吗,请你说两种。
15. 指给我看,你的脚跟在哪儿?
16. 重复说一个数目 4213(61976)。
17. 给孩子看一张未画腿的人物画像。
    请孩子指出哪些部分未画完,或请他补画上。
18. 指给我看,你的肩在哪儿?
19. 正确地说出下面的图形。3/3*

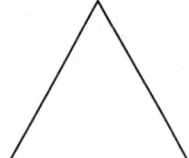 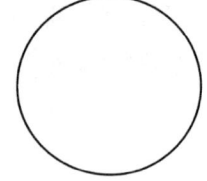 

20. 从30厘米高处跳下,脚尖着地(示教)。
21. 请你按我说的顺序做这三件事:
    (1)把门打开。　(2)将那小椅子搬过来。　(3)用那抹布擦擦这桌子。(连说两遍)
22. 你能用筷子夹起这豆子(或花生米)吗? 做做看。
23. 你说5个反义词(用相反事物提问):5/5
    (1)火是热的——冰是(冷)的。
    (2)大象鼻子是长的——小白兔尾巴是(短)的。
    (3)老虎是大的——蚂蚁是(小)的。
    (4)头发是黑的——牙齿是(白)的。
    (5)棉花是软的——木头是(硬)的。
24. 你会单脚站立吗? 试试看(10秒)。
25. 脚跟对着脚尖直线向前走(2米)(示教)。
26. 你知道你自己属什么吗? (生肖)
27. 让孩子抓住弹跳到胸前的球(测试者和孩子相距1米,示教一次)。
28. 说出红、黄、蓝、绿四种颜色(图形或实物)。
29. 用拼板照样拼出椭圆形。
30. 看图,说出有什么不对的地方(鸡在水中游)。
31. 告诉我你姓什么?
32. 学我的样子,脚尖对着脚跟倒退走(2米)(示教)。
33. 请描绘下面的图形:

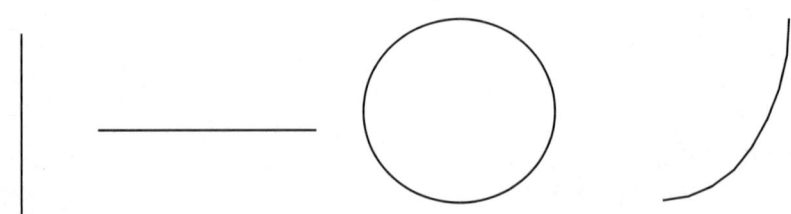

34. 看图说出有什么不对的地方(雨下看书)。

(续表)

35. 看牛、兔的图画说三处错误(牛尾、腿、兔耳)。3/3
36. 你住在哪儿(要有路名、门牌号)?
37. 请用线绳捆住这双筷子,并打一个活结。
38. 用拼板拼图:圆形、正方形、长方形。
39. 指给我看你的膝盖在哪儿?
40. 你知道吃的蛋是从哪里来的吗?吃的青菜(或白菜)是从哪里来的?
41. 你知道吃的肉是从哪里来的吗?
42. 你想一想回答我:鸟、蝴蝶、蜜蜂与苍蝇有什么相同之处?
43. 你想一想后回答我:毛线衣、长裤、鞋子有什么共同之处?
44. 请你用左手摸摸右耳朵,用右手摸左耳朵,用右手摸右腿(三试三对)。
45. 今天是星期几(说出星期几)?请告诉我后天是星期几。明天呢?昨天呢? 4/4
46. 工作人员讲一个短故事给孩子听,听完后要他回答:5/5
  (1) 小兔子借篮子干什么?
  (2) 小鸭子请公鸡干什么?
  (3) 小松鼠请公鸡干什么?
  (4) 公鸡为什么又叫又跳?
  (5) 都谁帮助公鸡修房子了?
47. 倒说三位数:238(倒说832)、619(倒说916)、596(倒说695),要求三试二对,可以换其他数。
48. 我说一句话,你仔细听着,并照样说给我听:妈妈叫我一定不要和小朋友打架。(连说两遍)
49. 你想一想然后回答我:口罩、帽子、手套有什么共同之处?
50. 听故事后回答——小公鸡为什么脸红了?

* :3/3 指 3 道题,每题 1 分,共 3 分。引自:陈云英,《残疾儿童的教育诊断》,北京:科学出版社,1996 年,第 98 页。

在教育研究或实践中,有时为了找到合适的研究对象或提供特殊教育及相关的服务,要对儿童进行筛查。在筛查时,某个学校或地区的所有学生都要参加一项或几项测试,评估人员可以根据测试结果来识别哪些学生与同龄人有显著性的差异。如果发现某些学生的分数显著地低于或高于同龄人,就应让他们去做进一步的评估。经过严格的评估之后,如果某个学生被证实有视觉障碍、听觉障碍、智力障碍、智力超常、学习障碍或情绪行为障碍等,他就可以接受特殊教育。

筛查是把可能有某种残疾、障碍、心理或行为异常的儿童从普通儿童中初步地分离出来。在筛查中,成绩差的受测者一般称为"高危儿童";在筛查中成绩差但在以后的评估中却成绩优良,这种情况称为"假阳性";在筛查中没发现有什么问题但在后来的评估中却出现了问题,这种情况称为"假阴性";若筛查成绩和以后的评估成绩一致,这种情况就称为"命中"。

尽管对筛查工作不要求像鉴别诊断工作那么细致严谨,但也要尽量减少误差。一方面,应尽量减少"假阳性",以免给那些实际上不存在问题的儿童留下心理上的阴影;另一方面,也要尽量减少"假阴性",以免使那些看起来没有问题而实际上确实有问题的儿童失去获得补救的机会。

2. 转介(referral)

转介是指把怀疑有生理、心理、行为或学习问题的儿童介绍到专业机构那里,请有关的专家作更细致、严格的评估。

美国的一项调查表明,在公立学校中每年有 3% ~ 5% 的学生被介绍到专业机构做心理和教育评估,其中92%的学生接受了测验,这些做过测验的学生中大约73%最后被确认为特殊儿童(Salvia,1995)。由此可见,在美国,被转介的学生当中仍有一定比例的人属于假阳性。为了识别"高危儿童"是不是属于假阳性,向专业机构转介是很有必要的。

对于学龄儿童,一般由班主任作要不要转介的决定。班主任平常跟学生接触比较多,对学生比较了解,因此,所做的决定具有比较大的可靠性。不过,教师在做决定时会因个人喜好和忍耐度的不同而受一定的影响。比如,有的教师喜欢调皮一点的学生,认为这样的学生聪明,他们违反课堂纪律是可以原谅的,不必做转介;而有的教师认为调皮捣蛋的学生给班级制造了太多的麻烦,应该请专家帮助,给予专业的评估和矫治。

为了减少转介的盲目性,自20世纪80年代以来,教师在做转介决定之前,先要从各种渠道收集评估资料,例如,用教师自编测验、检核表、评定量表等来收集资料,到学生家里访谈,或通过观察来收集资料等等。然后,对这个学生进行一些尝试性的教育干预。只有在经过一段时间的干预仍未取得满意的效果之后,教师才向某个专业机构提交转介表及有关的材料(包括干预情况的介绍),申请转介。转介表的格式如表2-4所示。

表2-4 转介表

学生资料	姓名		性别		出生日期		年 月 日	
	学校		班级	年 班		导师		
家庭状况	家长姓名		教育程度			职业		
	住址					电话		
转介者姓名				与被转介者之关系				
电话				填写日期		年 月 日		
转介理由								
学习困难领域(请在勾选处打√,可复选)	项目	勾选处	问题叙述		项目	勾选处	问题叙述	
	阅读能力				自理			
	口语能力				知动			
	书写能力				行为问题			
	数学能力				人际关系			
	理解能力				学习习惯			
	其他							
备注								

引自:陈丽如,《特殊儿童鉴定与评量》,台北:心理出版社,2001年,第17页。

3. 鉴别(identification)

鉴别是指根据法定的标准对儿童进行区分和归类。在特殊教育领域里,对特殊儿童的鉴别一般先要确定这个儿童是不是特殊儿童。如果是,他就获得了特殊教育及相关服务(如个别化教育、运动功能康复、言语矫治等)的资格。然后,要对其进行归类,以便进行适当的安置。例如,鉴别某个儿童是不是智力障碍,先要对他实施智力测验和适应行为的评定,如果分数符合智力障碍的鉴别标准,就被确定为智力障碍。然后,还要根据分数的高低把他归入轻、中、重和极重度中的某一类中。按照目前习惯的做法,如果一个儿童被确认为中度以上的智力障碍,可能被安置在培智学校里;如果属于轻度智力障碍,可能被安置到普通学校随班就读。

对特殊儿童的鉴别一般提倡采用个别施测的标准化测验。不过,现阶段已经编制出来的标准化测验无论在数量上还是在种类上都有很大的不足,因此,还需要使用其他的工具和方法。

西方特殊教育发达的国家在特殊儿童鉴别方面积累了许多宝贵的经验值得借鉴,一些测量工具修订以后也可以为我国所用。下面所列出的是国外在检测学习障碍时常用的测量工具(邓猛,1998)。

韦克斯勒儿童智力量表 — 修订版(WISC-R)

韦克斯勒学前与小学儿童智力量表(WPPSI)

韦克斯勒成人智力量表 — 修订版(WAIS-R)

斯坦福—比内智力量表 — 第四版(Stanford-Binet Intelligence Scale-IV)

底特律学习倾向测验(Detroit Test of Learning Aptitude)

希—内学习倾向测验(Hiskey-Nebraska test of Learning Aptitude)

古迪纳夫—哈里斯绘人测验(Goodenough-Harris Drawing Test)

哥伦比亚智力成熟量表(Columbia Mental Maturity Scale)

考夫曼教育成就测验(Kaufman test of Educational Achievement)

皮博迪个人成就测验(Peabody Individual Achievement Test)

布莱克基本概念量表(Bracken Basic Concept Scale)

伊利诺伊心理语言能力测验(Illinois Test of Psychological Abilities)

班达视觉动作完形测验(Bender Visual Motor Gestalt Test)

视觉运作整合发展测验(Developmental Test of Visual – Motor Integration)

林德姆听觉概念形成测验(Lindamond Auditory Conceptualization Test)

戈德曼—弗里斯托—伍德科克听觉辨别测验(Goldman-Fristone-Woodcock Test of Auditory Discrimination)

4. 制订个别化教育计划

个别化教育计划(Individualized Educational Program,IEP)是指根据特殊儿童的身心发展状况以及对各种教学途径、方法和服务的了解,为单个儿童设计符合其需要的教育方案。

制订IEP时,一般要先系统地评估儿童目前的身心状况及教育成就水平;然后确定期望达到的长期目标(通常指年度目标)和短期目标;再确定每个教学单元教什么内容、用什么方法来教、提供什么相关服务和设施、在什么时间内完成整个教育计划;最后确定教育效果评价的标准、手段和时间。

IEP最早是在1975年美国颁布的《所有残疾儿童教育法》(即PL94-142公法)中明确提出

的。该法令规定,各州必须为每一个接受特殊教育和相关服务的残疾人制订一份书面形式的 IEP,这有力地推动了 IEP 的推广和实施。多年的实践经验表明,通过 IEP 的制订,确实能够使教育教学满足特殊儿童的需要,从而提高特殊教育的目的性和有效性。

我国早在 20 世纪 90 年代初就已引进 IEP 的基本理念,但由于 IEP 的操作难度比较大,另外,中美两国的社会文化背景、法律体系等存在比较大的差异,对 IEP 的实践基本上仍停留在探索阶段。为了加快 IEP 实践的步伐,本书将从评估方法应用的角度介绍一些 IEP 的具体制订方法,详细内容见第 15 章。

5. 教育评价

教育评价(educational evaluation)是指在系统地收集、整理和分析与教育教学有关资料的基础上,对教育的价值做出判断。

教育评价也要收集资料,不过,一般来说它不仅需要收集有关教育对象心理和行为变化的资料(属于心理评估的范畴),而且还要收集有关教育政策、教育条件、教学计划、教育活动等的资料。由此可见,它收集资料的范围比心理评估宽很多。另外,教育评价还要根据一定的标准来判断教育活动的价值,为教育教学工作的改进提供依据,其目的和心理评估也有区别。

在特殊教育领域,最常进行的教育评价是对 IEP 实施效果的评价。IEP 实施一年后,一般要利用测验和考试来考察各项教育目标的完成情况,以评价其有效性。在评价 IEP 的实施效果时,评价者最关心的问题通常有两个:①特殊儿童的缺陷是否得到了补偿? ②在实现教育目标的过程中本教学计划起了多大的作用? 为了能比较好地回答这两个问题,在教学计划实施之前就应该对儿童进行前测,等教学计划实施一段时间之后再进行后测。后测的成绩提高得越明显,说明儿童的进步就越大。至于如何具体地进行教育评价,将在第 16 章里进行详细的讨论。

二、与心理测量的关系

心理评估与心理测量是两个不同的概念,二者之间既有区别又有联系。

(一)心理评估与心理测量的区别

心理测量是根据一定的法则对人的心理属性进行定量描述的过程,它基本上只涉及数字的收集,比如,给儿童的语言表达能力打一个分数;而心理评估涉及测量之后对测验结果的解释,比如,儿童获得了某个分数,评估者要解释,这个分数表明他能力强还是弱? 是不是有缺陷? 跟过去相比,他进步了还是退步了? 如何给他制订个别化教育计划? 等等。

心理评估是收集材料的过程,有些材料可能是测量数据,而大多数材料可能是其他类型的材料,如观察、访谈、档案资料、平时的作业或手工作品等。进行心理评估时,评估者必须了解被评估者在各种情境下完成任务的方式。除了充分考虑任务本身会对个体产生什么影响外,还要考虑个体的成长经历、个性特征,以及评估时各种背景因素可能产生的影响。

心理测量很强调客观性,而心理评估很强调合理性和目的性。心理测量强调要控制各种误差,以便收集到准确、可靠的数据,心理评估则强调利用收集来的各种资料,做出合理的判断,以便更好地为教育决策服务。表 2-5 列举了心理测量与心理评估的几个主要区别。

表 2-5 心理测量与心理评估的区别

心理测量	心理评估
• 测验的实施 • 受测者的反应 • 记分	• 测验分数的解释 • 多个来源的资料和测验分数的合并和解释 • 各种测量结果的综合 • 诊断和(或)解释

(二)心理评估与心理测量的联系

心理评估与心理测量虽然有区别,但从本质上说,心理评估并不排斥和否定心理测量,而是包容着心理测量,是比心理测量更高层次的复杂活动,心理测量只是评估过程的一个基本阶段或部分。如果说心理测量是对人的心理发展状况的客观、量化的描述,那么心理评估就是利用各种资料,对心理测量的结果进行解释和判断,并将其作为指导教育教学的依据。

从学科发展的角度来看,心理测量是心理评估的基础,心理评估是心理测量发展的必然产物。当心理测量的结果不像人们想象的那么可靠,人们逐渐意识到如果不对心理测量的结果做出适当的解释,心理测量就没有什么意义,甚至可能有害时,心理评估就逐步地发展起来。随着心理评估理论和技术的发展,心理测量的方法技术也在不断地发展,可见二者又相辅相成。

第二节 心理评估的类型

心理评估的应用范围很广,内容和形式十分多样繁杂。为了便于研究和应用,有必要根据一定的标准进行分类。

一、常模参照评估与标准参照评估

按照评估时所参照的标准不同,可将心理评估分为常模参照评估和标准参照评估两大类。

(一)常模参照评估

所谓常模参照评估,就是把被评估者所得的分数与常模进行比较,从而判断被评估者在团体中的相对地位。在这里,常模是指事先选取的具有代表性的被试样本(即常模团体)在某项测验上的分数分布。

常模参照评估最关心的是个体之间的差异。实施常模参照评估的目的主要是将个人的表现与其他人的表现进行比较,重点放在个体所处的相对地位上,而不是掌握所学内容的情况。这类评估的结果直接与常模团体的水平有关,会随着常模团体的变化而变化。例如,某个儿童的阅读能力与水平差的常模团体相比可能被认为很高,而与水平高的常模团体相比可能被认为比较差。因此,为了准确判断和解释儿童的阅读能力,评估者还必须了解常模团体实际的阅读水平。

常模参照评估一般用于对特殊儿童的大规模筛查、鉴别和教育安置,当然也可用于评价某个教学计划的实施效果。

(二)标准参照评估

标准参照评估,又称效标参照评估,是指将被评估者所得的分数与某个标准进行比较,从而判断他是否通过了这个标准。这里的标准指的是评估前预先设定的某个学习内容的掌握标准。课程本位评估、目标参照评估、直接评估、形成性评估等都属于标准参照评估。

课程本位评估是根据课程的要求来确定标准并实施评估。

目标参照评估是参照特定的教学目标来解释测验结果。

直接评估是对学生是否掌握了某些具体的教学目标所做的直接判断。

形成性评估是在教学活动进行的过程中为了了解学生对教学内容的掌握程度而进行的评估。

总之,标准参照评估最关心的是个体对特定学习内容的掌握与标准之间的差异程度。它按绝对掌握水平来测量个人的某些技能的发展,即相对于一定的标准个人所达到的水平。评估者不将被评估者与其他人进行比较。因标准参照评估中的标准常常直接来自教学目标,又是比较固定的,所以,这类评估的结果不像常模参照评估那样容易变化。

标准参照评估常用于诊断个别学生在哪些具体的学习领域里比较强,哪些领域里比较弱,为制订补救计划提供参考依据。

(三)常模参照评估与标准参照评估的比较

常模参照评估与标准参照评估都有各自的优缺点。在进行筛查、鉴别、教育安置或教育评价时,常模参照评估优于标准参照评估,因为它提供了一个将被评估者与他人进行比较的机会。但是,在制订教学计划时,标准参照评估优于常模参照评估,因为标准参照评估的内容与具体的教学目标有直接的联系。对这两类评估更细致的比较见表 2-6 和表 2-7。

表 2-6　常模参照评估与标准参照评估的比较

	常模参照评估	标准参照评估
优点	1. 能对儿童进行分类。 2. 按一定的比例筛选某类儿童。 3. 显示该儿童与其他儿童相比所处的地位。	1. 能对儿童进行个别评估。 2. 能诊断儿童的学习困难。 3. 能显示儿童对教材的掌握情况。 4. 可证明所达到的掌握水平。 5. 各等级的儿童没有固定比例。
缺点	1. 只能表明与其他儿童相比该儿童的相对水平。 2. 由于分数不说明掌握知识的情况,所以难以对分数做出明确的解释。 3. 会削弱学习动机,对那些一和别人比较就感到痛苦的儿童尤其如此。 4. 所花的时间一般比较长。	1. 能表明儿童学会什么,但不知道他在同伴中的相对地位。 2. 对教师来说,期望所有的学生都掌握所学内容是不现实的。 3. 有时难以用简短的方式解释测验结果。

表2-7 两类评估报告格式的比较

常模参照评估

姓名:林芳　　　　　　年级:二　　　　　　　　学年:2012~2013年

科目	成就水平	努力程度
数学	3	2
阅读	2	2
体育	F	3
音乐	P	1
美术	P	2

成就水平的编码:　　　　　　　　　努力程度的编码:
1 = 高于年级水平　　　　　　　　　1 = 高于平均水平
2 = 处于年级水平　　　　　　　　　2 = 平均水平
3 = 低于年级水平　　　　　　　　　3 = 低于平均水平
P = 合格,F = 不合格

标准参照评估

数学概念	通过日期(85%的精熟度)
A. 加法的性质	9/24
B. 十位数	10/1
计算技能	
A. 加法	
两位数加法	10/5
懂得数10~19	10/5
B. 测量	
会看钟表	10/1
理解币值	10/7

二、正式评估与非正式评估

按照是否使用了标准化测验来收集资料,可将心理评估分为正式评估与非正式评估两大类。

(一)正式评估

所谓正式评估,是指运用标准化测验及其他辅助的方法来收集资料,从而对特殊儿童的心理特征、发展水平及存在问题做出判断和解释。

正式评估一般要按照标准化的程序来实施,其基本步骤如下:

第一步,编制或选取符合评估目的的标准化测验。

第二步,对特定的被试进行施测。

第三步,将被试的分数与常模进行比较,以了解他在群体中的相对位置。

第四步,收集其他来源的资料(如观察和访谈的资料)并结合测验的信度、效度,了解测验结果的可靠性和准确程度。

第五步,根据评估目的做有关的教育决策,如安置、教育评价等。

(二)非正式评估

所谓非正式评估,是指运用标准化测验以外的其他方法来收集资料,从而对特殊儿童的心理特征、发展水平及存在问题做出判断和解释。非正式评估常用的方法有观察、检核表、评定量表、问卷、访谈、调查表和教师自编测验等七种。

非正式评估一般在施测、记分和分数解释方面没有严格或标准化的程序。不过,熟悉课堂教学和教育实际的人都知道,教师每天用各种不怎么标准却非常实用的方式来评估学生。比如,教师听学生朗读课文,然后请他回答几个问题,看他是否理解了他所读的课文。再如,教师进行课堂小测验,检查学生对新学的知识哪些方面掌握得比较好,哪些方面还比较薄弱,哪些地方完全没有理解。这些评估方式都属于非正式评估。大量的实践经验表明,非正式评估可以为教师提供许多有价值的信息,有助于教师搞好教育教学。近年来,教育界十分提倡对学生进行非正式评估。

(三)正式评估与非正式评估的比较

正式评估与非正式评估有许多不同的特点,主要表现在以下几方面。

1. 在实施评估的情境方面

一般来说,正式评估是在比较结构化、严格控制的情境中进行的。对评估情境实行标准化,其目的是保证评估时不受情境因素的干扰。而非正式评估通常在比较自然、较少控制的情境中进行,例如,在儿童所在的班级、家里或娱乐场所等实施评估。虽然非正式评估的情境不如正式评估那么标准化,但是,在这种情境中评估人员可以观察儿童在比较自然、无控制的环境中所表现出来的行为。

2. 在评估技术方面

正式评估以标准化测验作为收集资料的主要工具,这类测验是运用一系列的测量技术编制而成的。这些技术涉及题目的取样、试测、信度和效度的检验、常模的制订、标准化等问题。而非正式评估很少有关于信度和效度方面的检验,通常也没有常模。不是所有的非正式评估的信度、效度都差,而是没有人做有关的检验,因此,和正式评估相比,非正式评估的结果就不那么可靠。

3. 在灵活性方面

正式评估的各项活动通常是按规定的程序进行的,非正式评估则显得比较灵活、开放。在非正式评估中,评估人员可以根据需要对评估活动进行调整或修改,如果有更合适的内容,随时可以加进来。

4. 在报告结果的格式方面

在正式评估中,通常要用一些统计量(如平均数、标准差、标准分数等)来报告结果。在非正式评估中,一般不用统计量来报告结果;格式也不讲究,非常具有个人独特的风格;评估人员可以用他们认为最有意义、最贴切的方式来报告评估信息。另外,在正式评估中经常用一些表格来报告结果,而非正式评估更多地采用描述的方式。

三、筛查性评估、诊断性评估和治疗性评估

按照心理评估的功用不同,可分为筛查性评估、诊断性评估和治疗性评估。

(一)筛查性评估

筛查性评估是以特殊儿童的筛查为目的的,一般用于确定某个学校或地区有没有与总体相

比存在心理发展显著偏常或迟滞的儿童。如果筛查出"高危儿童",家长和老师就要对他们进行密切的关注,适当的时候,把他们转介到专家那里做进一步的评估。

(二)诊断性评估

诊断性评估主要用于对已经被确认是发展偏常或迟滞的特殊儿童进行心理或行为问题的诊断。例如,某个儿童已经被鉴别为学习障碍儿童,通过诊断性评估,可以了解该儿童在哪些心理过程和学业技能方面存在缺陷。

(三)治疗或处方性评估

治疗或处方性评估是以制订特殊儿童的治疗和矫正方案为目的的评估,通常用于为特殊儿童制订适合其心理或行为技能发展的干预策略。这类评估大多数属于标准参照评估。例如,教师可以对本班的某个孤独症儿童实施一项社会性技能的评估,然后根据评估的结果为他设计社会技能训练的方案。

此外,按照内容的不同,心理评估还可以分为智力评估、特殊能力评估、言语和语言评估、学业成就评估、情绪和行为评估、适应行为评估等。有关详细的介绍见第8~13章。

第三节 心理评估的过程

在上一节里,我们简要介绍了心理评估几种常见的分类方法,其实心理评估的分类方法远远不只这些。心理评估的种类虽然很多,具体的做法又各有不同,然而,不论哪一种心理评估一般都包含以下四个基本步骤或环节。

一、确定评估目的和评估对象

(一)确定评估目的

评估目的,即通过评估想要获得的结果或想要解决的问题。在特殊教育领域,特殊儿童心理评估有着广泛的应用,其目的主要有筛查、转介、鉴别、制订教育计划和教育评价等。在做心理评估之前,要先明确本次评估的目的是什么,以便于确定评估的内容,选择恰当的评估工具和方法。

例如,某所普通小学一年级有位学生,班主任反映他的学习成绩很差,语言、动作、社会交往等方面的发展都比较迟缓。家长很想知道这个孩子是不是智力障碍,于是把他带到某所大学的特殊教育系,请专家给他做心理评估。很显然,这次评估的目的是鉴别。因为要判断他是不是智力障碍,所以要用智力测验和适应行为评定量表(都属于常模参照评估)来确定这个孩子在同龄儿童中的相对位置,然后依据他的智力和适应行为分数来判断他是不是智力障碍,如果是,他的智力水平怎样。

又如,开学初,某所聋校的教师给本班的某个学生制订了一份个别化教育计划。这个计划实施半个月后,他很想通过评估了解该计划的实施效果,以便决定下一步该怎么办。他的评估目的就是教育评价。这次评估最好采用非正式的、标准参照评估的方式来进行。

(二)了解评估对象

在确定评估目的时,评估者已大致了解将对什么人实施评估。不过,在设计评估方案之前还应该多了解一点评估对象,因为评估对象的类别、年龄和阅读水平等不同会影响评估工具的选择和方法的使用。例如,某所盲校想给本校学生做一次行为评估,评估者就要考虑,对这些视障学生用盲文问卷做行为评定好(需要有一定的阅读能力),还是用观察或访谈法比较好?又如,某评估者要给某位孤独症儿童做心理评估,除了要了解这个孩子的年龄、智力水平、言语水平之外,还要了解这个孩子怕不怕陌生人,做测验时配不配合等等。

总之,在设计评估方案之前,对评估对象了解得越多,设计出的评估方案就越具有合理性和可行性。

二、设计评估方案

确定评估目的和对象之后,就要考虑评估的具体内容。有些评估可能非常简单,只需对被评估者心理发展的某些特定领域进行评估;有些评估可能比较复杂,需要对心理发展的整体状况进行评估;而有些评估还需要结合有关资料进行综合评估。无论评估是简单的还是复杂的,事先都应拟订一份评估计划。

一份完整的评估方案通常包括以下三方面的内容。

(一)确定评估的指标体系

所谓心理评估的指标体系,是指表征评估对象心理及相关属性发展状况的各级各类因素的集群及量化方法。例如,要鉴别某个儿童是不是智力障碍,根据智力障碍的鉴别标准及智力障碍的有关研究,可以确定心理评估的指标体系如下。

1. 智力测查

智力障碍鉴定中的一项基本内容。一般要用标准化智力测验来测查智力。目前国际上流行的智力测验有不少,像斯坦福—比内智力量表、韦氏儿童智力量表、瑞文推理测验、绘人测验、丹佛发展筛选测验都是非常著名的。在智力障碍儿童的鉴定中,要根据儿童的年龄及认知水平选择适宜的测验。

2. 适应行为评定

智力障碍鉴定中的另一项基本内容。一般要用标准化的适应行为评定量表来衡量儿童的适应行为水平。目前国际上流行的适应行为量表有文兰适应行为量表、AAMR适应行为量表、巴尔萨泽适应行为量表等。要根据评估目的和评估对象的特点选择不同的量表。

3. 儿童生长发育史

在智力障碍儿童的鉴别中,应该了解该儿童主要由谁抚养,出生后几个月时断奶,几个月时开始用奶瓶喂奶,几个月时自己进食,何时会独坐、自己站立、走路、跑、跳,什么时候能对声音做出反应,发第一声、牙牙学语、说出第一个词、第一句话各在什么时候,什么时候能控制大小便,与其他儿童相比这些情况是慢、一般还是快?另外,工作人员还要了解儿童是否曾接受过早期干预,上过什么学校(包括一些特殊的训练机构),是否留过级,老师或训练人员对他的评价如何等等。

4. 儿童疾病史

主要包括:出生时是否用过产钳助产或出现过窒息,是否为早产儿、过期产儿或低体重儿?是否用过麻醉剂出现麻醉剂中毒等?出生后有没有得过脑膜炎、脑炎、脑脓肿和脑震荡?是否有过一氧化碳或铅、汞中毒?有没有甲状腺功能低下或严重营养不良?在幼年时期是否生过大病,如曾经发高烧至40℃久久不退？这些情况都可能造成脑损伤，最终导致智力障碍。

5. 儿童家族病史

对儿童家族病史材料的收集，有助于诊断某些属于遗传性的智力障碍。在收集这方面材料的过程中需要了解的情况有：近亲中是否有人患过癫痫、脑瘫、先天性脑积水、原发性小脑畸形、结节性硬化症、唐氏综合征、18-三体综合征、13-三体综合征、苯丙酮尿症、猫叫综合征、黑蒙性痴呆等。

6. 体检

即体格检查，具体内容包括对儿童的头围、面容、毛发、眼、耳、口、四肢、皮肤、身高、体重等的检查。儿童在某些方面的异常可以为诊断智力障碍及其产生的原因提供依据。

7. 学业成就

如果评估对象是正在上学的学生，通常还要了解他的学业成就。这方面的情况一般包括：该儿童最近一段时间的语文成绩、数学成绩和其他科目的成绩；他做过的手工作品、绘画作品、书法作品等；他对上学的态度如何，是否喜欢上学读书；班主任及科任教师对他学习上的总体评价等。

8. 家庭和学校

关于家庭的情况包括：父母亲的年龄、父母亲的职业、父母亲的文化程度、家庭经济状况等；该儿童是否有兄弟姐妹；是否与祖父母、外祖父母或其他亲人同住；父母、祖父母或外祖父母对儿童的态度、教养方式如何；家庭对孩子的抚养态度、教育观念是否一致；家庭是否和睦；家庭对儿童的教育投入多大的时间和精力；等等。

有关学校的情况包括：学校领导对智力障碍儿童教育教学的重视程度；班主任的性别、年龄、教龄、教学态度、教学能力和水平等；学校的课程计划及教学的基本情况；学生课外活动、实践活动开展得如何；学校里有关专业人员，如心理学工作者、语言治疗师、物理治疗师等的配备情况，辅助教学的情况；学校与家庭、社会联系的密切程度等。

(二) 选择收集资料的方法、途径和工具，并设计收集资料的程序

确定了心理评估的指标体系以后，应该根据指标体系中所包含的内容选择收集资料的方法、途径和工具，并设计出评估的程序。

首先，选择收集评估资料的方法。收集评估资料的方法有很多，如心理测量、生理测量、观察法、问卷调查法、访谈法、心理实验法、作品分析法、医学检查等，要根据每项指标的具体要求选择最适合的方法。例如，测查智力最适合的方法是做智力测验，了解儿童的家族病史最好用访谈法，而体检最好去医院。

其次，要选择适当的工具和途径。例如，目前国内比较有名的智力测验有一二十种，明确在本次智力障碍儿童的鉴别中选择哪一种。对学业成就的评估也是这样，学生在学校里参加过无数次考试，有许多成绩记录，在本次评估中，用哪些成绩来代表他的学业成就水平？若打算让评估对象去医院做身体检查，那么去哪家医院做检查结果比较可靠？为了了解儿童的疾病史、家族病史和家庭情况，是对父亲做访谈，还是对母亲做访谈？所有这些都应该在评估前做出决定。

最后，设计评估的程度。收集资料的程序设计就是为收集资料制订一个时间表。哪种资料先收集，哪种后收集，要看收集资料的难易程度。一般来说，容易的先收集，难度大的后收集。当然，还要考虑各种客观条件。例如，让孩子去医院做检查，要看近期能不能挂上号；对家长做访

谈,应该了解一下家长最近有没有时间;去学校了解情况,也应该根据学校的工作安排选择适当的时间。为了使资料收集工作能够有序地进行,评估者应该先了解各方面的情况,然后通过和家长、老师、校长、医院的大夫等协商,最好制订出一个相对合适的资料收集的时间表来。

(三)评估人员的选择与训练

由上面的例子可见,在特殊儿童的心理评估中,所要收集的资料往往是多种多样的,有时评估组织者一人难以承担全部工作,需要组成一个评估小组共同来完成资料的收集工作。

评估小组成员一定要经过筛选,应该符合专业人员的标准,否则,他们收集来的资料就难以保证准确、可靠。不过,有时很难找到非常合适的人选,评估的组织者就应该选择一些大致符合条件的人,然后对他们进行培训,直到都成为合格的评估人员为止。

三、实施评估

在此阶段主要做两件事情。

(一)根据评估方案收集多方面的资料

在上一环节里,已经设计出评估的指标体系、收集各种资料的方法、途径和工具,并确定了收集资料的时间表。在这一环节里,就要一步一步地实施这个计划。

在收集资料的过程中常常会遇到这样或那样的问题和困难,例如,家长突然有急事,不能接受访谈了;孩子生病,不能接受测试了;医院临时停止门诊等等。评估人员要灵活地处理各种突发事件,对原计划可以做一些适当的调整,但不能降低所收集资料的数量和质量。

(二)对各种资料进行分析与综合整理

把可靠的资料与需要证实的资料分开。有些用间接方式获得的资料,如通过访谈收集来的资料可能会出现误差。即使是直接观察,由于观察者的介入也会引起评估对象行为的改变。因此,在对资料进行综合整理之前必须确定哪些资料是准确的,哪些需要进一步证实。

分析所收集的各种评估资料之间是否有矛盾。如果有矛盾,还要分析为什么会出现这样的矛盾,哪种资料更准确一些。

剔除对评估和制订教学计划无用的资料。有些资料虽然是准确的,但没有什么用,评估者应该果断地去除这些资料,一定要用有关的资料。

运用专业知识以合理的方式比较和解释各种资料,根据评估的目的对评估对象的心理发展状况及存在问题得出结论。

四、评估结果的应用

得出结论之后,一般要向家长、老师或校长报告评估结果。有些家长、老师或校长知道结果以后,就把它们锁进抽屉了,或者不恰当地使用了这些信息,例如,给特殊儿童贴标签,这种评估是毫无用处的,甚至可能会伤害儿童。因此,评估结果必须以积极的方式加以利用,以促使儿童最大限度地发展。

特殊儿童心理评估的结果可应用于:

- 教育行政方面　如招生、学生的教育安置、教师的任用等。
- 教学方面　如教育和心理问题的诊断、教学计划的制订、教学效果评价等。

- 咨询和指导方面　如给家长提供心理和教育咨询,指导教师和家长的教育、训练工作。
- 科学研究　如通过前后两次评估结果的对比,了解某种课程设置、教材、教法等的实际效果,根据评估资料检验某种理论假设或提出某种新的学说等。

第四节　心理评估的注意事项

一、目的要明确

如前所述,心理评估是一种有目的的活动,因此,在做心理评估之前,评估者应该问一问自己,本次评估的目的是什么。

明确评估的目的,一方面可以避免盲目评估给儿童造成过重的精神压力,给评估人员带来过多的工作负担。例如,有些人动不动就给学生做智力测验,让学生感觉很紧张,有些学生还产生了自卑感,评估人员也觉得累,感到浪费时间。如果评估结果对教育教学没有多大的帮助,这样的评估是没有意义的。

另一方面,可以减少不当的评估可能给儿童及其家庭造成的伤害。随随便便就做评估,往往容易得出错误的结论,而一些错误的结论对儿童及其家庭产生的消极影响是巨大的,这种做法应坚决予以杜绝。

二、从多条途径、用多种指标收集资料

心理评估的一个最大特点就是通过广泛地收集资料,从而准确地判断和解释儿童目前的心理发展状况及存在的问题。因此,从多条途径、用多种指标收集资料非常必要。

评估者可以请心理测量专家给儿童做各种标准化的心理测验;请语言病理学家或听力学专家做听力及言语障碍的检查;请眼科专家做视觉功能的检查;请临床医生做身体和各项生化指标的检查;请校长和老师提供有关教学情况的资料;请家长提供日常生活的观察资料等等。

在资料收集的过程中,尤其要重视家长的参与。一方面,这是家长的民主权利的体现;另一方面,家长非常了解孩子,而且还要参与 IEP 的制订和实施,因此,家长的积极参与将有助于提高评估以及教育的质量。

三、灵活地运用各种方法收集资料

迄今为止,还没有一种方法能把特殊儿童心理评估所需要的信息全部都收集起来。目前常用的几种方法如观察法、访谈法、成长记录袋法和测验法等各有优点和局限性,所以,在特殊儿童的心理评估中,一般要用多种方法互相补充、互相印证。评估者要根据评估的目的和具体要求将各种方法灵活地加以应用。

目前,在评估资料的收集过程中比较强调以测验法为主,其他方法为辅。不过,这不是绝对的,用什么方法收集资料,还应该根据实际情况来定。

四、注意静态评估与动态评估的结合

近年来,一种新的评估方式——动态评估越来越受到人们的关注。所谓动态评估,就是通过

测定儿童在评估者的提示、反馈、引导下其行为发生改变的情况，从而了解儿童的学习潜能。与动态评估相对的是静态评估。静态评估一般是指传统的评估方式，即通过测定儿童已经掌握的知识和技能，从而了解儿童目前的发展水平和状况。

静态评估通常只评估一次，而动态评估需要以"评估—训练—再评估—再训练……"的方式，对儿童反复地进行评估和训练。最近，不少学者提倡用动态评估法来评估特殊儿童，理由是通过反复评估，会比较准确地把握特殊儿童的心理发展状况，将评估与训练结合起来又有助于儿童的发展。不过，我们认为，静态评估也是很有用的，因为有时确实想了解一下在现阶段儿童比较稳定的状态是什么。在实际的评估中，最好是把静态评估和动态评估结合起来。

五、将评估与教育、训练结合

评估是手段而不是最终的目的，因此，评估者不应该只关注在评估结果，而应该通过评估，了解教师的教学和儿童学习的情况，把评估结果应用于对特殊儿童做适当的教育和训练安排。只有将评估与教育、训练结合起来，不断进行反馈矫正，才能提高教学质量，最终实现教育目标。

六、遵守职业道德

评估者必须遵守职业道德，具体来说，必须做到以下几点。

（一）对自己的工作后果负责

评估是一种社会行为，肯定会产生某种社会后果。当评估者根据评估结果做决策时，一定要意识到这些决策可能会影响一个人的一生，因此，必须小心谨慎，一定要对自己的工作后果负责。

（二）认识本学科和自己能力的局限性

作为一门较新的学科，特殊儿童心理评估发展到今天仍不成熟，在技术上有相当多的局限性。评估者不仅要认识到所用技术的局限性，还应该经常通过自我评估意识到自己的局限性。评估者不要做自己不能胜任的工作。

（三）注意对资料保密

在评估过程中一般会获得评估对象大量的个人资料，为了保护当事人的利益，评估者应该对这些资料严格保密，不要把他们的测验成绩拿到非正式的场合与教师们讨论。未经评估对象及其家长或监护人允许，不要对外公布他们的测验成绩。

（四）坚持评估的专业标准

测验编制者应遵循教育与心理测验的标准来编制测验，评估人员则要按照测验使用手册中的有关规定来实施测验，评估中所运用的其他方法和程序也必须达到专业标准，只有这样，才能尽可能地减少误差，很好地发挥评估的作用。

第五节　特殊儿童心理评估的意义

一、落实特殊教育有关法律法规的需要

自 20 世纪 60 年代末 70 年代初以来，美国的一些家长组织利用一系列诉讼案迫使教育部门

为特殊儿童提供恰当的评估和特殊教育服务。例如,1971年宾夕法尼亚智力障碍者协会向法院提出诉讼,指责当地的学校将智力障碍儿童拒之门外是违法的。经过庭外调解,宾夕法尼亚州教育局最后同意,为所有被学校拒之门外的残疾儿童提供医学和心理学的评估,以便对他们进行适当的教育安置,并提供免费的教育。1975年,美国国会颁布了《所有残疾儿童教育法》,第一次在法律中明确规定,各州的教育部门要负责找到并对本州所有残疾儿童进行鉴别和评估。

1990年,美国国会颁布了《残疾人教育法》(即 PL101-476)。在这个法令中对特殊儿童心理评估又有了一些具体的规定,见表2-8。

几十年来,美国人遵照法律的有关规定,广泛地开展了特殊儿童心理评估,使特殊儿童得到较公平合理的对待,特殊教育的质量也得到了很大的保障。

1994年,我国国务院颁布了《残疾人教育条例》。第2条中明确规定:实施残疾人教育,应当贯彻国家的教育方针,根据残疾人的身心特性和需要,全面提高其素质,为残疾人平等地参与社会生活创造条件。第3条规定:应当根据残疾人的残疾类别和接受能力开展残疾人教育。第20条规定:残疾儿童、少年特殊教育学校(班)的课程计划、教学大纲和教材,应当适合残疾儿童、少年的特点。1998年,我国教育部颁布了《特殊教育学校暂行规程》。在第28条中规定:特殊教育学校要把学生的身心康复作为教育教学的重要内容,根据学生的残疾类别和程度,有针对性地进行康复训练,提高训练质量。在上述法规中虽然没有明确提到特殊儿童的心理评估问题,但是,开展特殊儿童心理评估的确有助于这些法规的落实。

表2-8 《残疾人教育法》的主要条款

● 免费和适当的公立教育
无论残疾的性质和严重程度,所有儿童都有资格获得免费和适当的公立教育。
● 无歧视的评估
必须规定某些程序,以确保测验、评估材料及用于残疾儿童评估和安置的方法在选择和实施时无文化或种族歧视。
● 制订个别化教育计划(IEP)
必须为每个残疾儿童制订一个书面的IEP,说明目前的教育成就水平、学年目标和短期目标、所要提供的具体教育服务、服务的开始日期和持续时间、评估目标达到的标准。
● 正当程序
让人们有机会发表对儿童鉴别、评估或安置等的看法。这个正当程序包括以下环节:(1)评估之前向家长发出书面通知;(2)当打算改变或不打算改变目前的教育安置时,应有一个书面通知;(3)为儿童提供单独评估的机会;(4)召开由各方人员参加的听证会。
● 隐私与记录
与儿童教育和心理评估有关的记录要保密。除非直接参与儿童教育或有特别的理由,否则不得查阅儿童的有关记录。家长和监护人有权查阅有关儿童鉴别、评估和教育安置的记录。
● 最少受限制的环境
尽量让残疾儿童在正常的环境中和普通儿童一起受教育。
● 相关服务
必须提供各种支持服务(如心理学、听力学、职业治疗、音乐治疗等),让残疾儿童在接受特殊教育之后能够取得进步。

引自:J. C. Witt et al.,(1995),Assessment of children,Iowa:Wm. C. Brown Communication,Inc.,P47.

二、充分体现因材施教的原则

自 20 世纪 80 年代以来,我国的特殊教育发展十分迅猛,不仅使大多数特殊儿童能够上学读书,而且教育质量也在不断提高。如今,我国特殊教育已进入了一个新的发展时期。在这种新的历史条件下,将心理评估运用于特殊教育实践中是很有意义的,具体体现在以下几个方面。

(一) 使教育安置及课程设置更符合特殊儿童的发展需要

对儿童做适当的教育安置非常重要,一方面可以避免因提出过高的要求而使各项教育措施收效甚微,另一方面,也可以避免因期望过低而延误儿童良好的发展时机。目前,特殊儿童在接受特殊教育之前都要接受各种测验和检查,这是特殊教育学校招生工作的一个重要环节。根据评估结果,学校可以对特殊儿童做出比较妥当的安置。

把儿童安置在适当的班级以后,接下来就要为他提供适宜的课程。什么样的课程是适宜的,这要以儿童身心发展的特点为判断的依据。特殊教育学校之所以特殊就在于它的教育对象是特殊的。因为教育对象特殊,因此,所设置的课程、教材及教法也应该是特殊的,不能照搬普通学校的课程。就拿智力障碍教育来说,1991 年国家教委曾组织一批专家和老师为培智学校编写语文、数学、常识、音乐、美术等五门课程的教材,填补了我国智力障碍教育课程的空白。不过,随着特殊教育的发展,越来越多的中、重度智力障碍学生进入培智学校,而越来越多的轻度智力障碍学生到普通学校随班就读,这套教材已不能适应教育发展的需要。培智学校的教育对象发生了变化,其课程设置、教材和教法也要有相应的变化,以满足学生学习的需要。特殊学校的课程如何调整才能符合学生的需要,应该以科学的评估为基础。

(二) 使教学更能体现因材施教的教育原则

近年来,普教系统的一些专家学者提倡对学生实施分类教学或分层教学,理由很简单,就因为学生之间存在着较大的个体差异,大班级统一步调的教学方法很难使所有学生都能取得应有的进步。已有的研究表明,特殊教育学校里学生之间的个体差异更大,因此,特殊教育学校的教师更应该遵循因材施教的原则。

目前,许多特殊教育专家都提倡对特殊儿童实施个别化教育,实际上就是要贯彻因材施教的教育思想。所谓个别化教育并不是一对一教学,而是教师根据学生的生理、心理特点,社会对个体发展的需要开展教学。教师如何全面、准确地把握学生的特点,当然需要对儿童进行全面、系统的心理评估。

三、有助于提高特殊教育的管理水平和质量

通过建立心理评估制度,学校可以获得大量有关特殊儿童及教学情况的资料,用这些资料可以建立教学管理的数据库。分析这些数据和资料有助于发现课程及教学中的闪光点和存在的问题,为学校的科学化管理提供依据。

经常性地评估有助于形成一种自我监督和激励的机制。教师会不断地反思,自己在教学中哪些做得比较成功,哪些做得不成功。看到成绩,教师会产生更大的工作热情;而看到不足,教师会想办法解决工作中存在的问题,把工作做得更好。

科学的评估是一项非常专业化的活动,需要评估者具有比较全面的素质。既要对国家的教

育方针、政策等非常熟悉,又要有关于特殊儿童教育、心理等方面的理论知识;既要懂得教学,又要掌握一定的科研方法。这项工作对特殊学校的教师来说是一种挑战。只有敢于面对挑战,才能有所进步。因此,特殊教育学校的教师应该积极地开展或参加各种评估活动,通过这些活动提高自己的理论水平、科研能力和创新能力。广大教师的素质提高了,毫无疑问,教育教学的质量就会有根本性的提高。

总之,特殊儿童心理评估是特殊教育教学中一个必不可少的环节。只有做好心理评估工作,才能使特殊教育的对象更明确,使教育教学的内容和方法更符合教育对象的特点,使管理更科学,使教育教学取得更好的效果。

II 测量篇

第3章　测量与测验的基本问题

第一节　测量和量表

一、测量

在日常的生活、学习和工作中，运用测量的现象随处可见。例如，买蔬菜水果要用秤称一称分量，做衣服要用皮尺量一量肩宽和胸围，学生去学校上课要看钟表指示的时间，感冒发烧了要用体温计测体温等等。

现代科学的研究和发展更是离不开测量。测量不仅是物理、化学、生物、地理等自然科学最基本、最重要的研究方法，而且这种方法正越来越广泛地应用于社会、经济和教育等领域，促进这些学科的发展。如今，心理测量也在特殊教育领域中发挥越来越重要的作用。

为了更好地将心理测量应用于特殊儿童的心理评估，我们先来讨论一个最基本的问题——什么是测量(measurement)？

一谈到测量，人们很容易就会想到各种仪器。例如，测量重量用的秤，测量大气压用的气压计，测量时间用的钟表，体检时常用的听诊器、血压计、X光透视仪等。由此令人联想到，特殊儿童的心理测量是不是也要使用仪器？只有使用了仪器，才能称得上测量吗？什么是测量的本质特征？

观察一下周围的人平时如何进行测量，我们发现，其实有些时候不用仪器也可以进行测量。例如，人们通过目测，可以了解楼层的高低；用手掂一掂物品，就知道物品的轻重等等。由此可见，仪器的使用并不是测量的本质特征。我们认为测量的本质特征是对事物进行区分，并用数字表示区分的结果。

美国测量学家斯蒂文斯(S. S. Stevens, 1951)曾经说过："就其广义而言，测量是根据法则给事物指派数字。"这个观点目前已被国内的大多数学者所接受。目前国内学者给测量下的定义一般为：所谓测量，就是依据一定的法则(有时需使用量具)对事物属性进行定量描述的过程。

从这个定义不难看出，测量包含以下三个要素：

（1）测量的对象　即事物的属性或特征。根据所测量事物的属性不同，测量分成若干个分支，包括物理测量、化学测量、生物测量、心理测量和教育测量等。物理测量的对象是事物的各种物理属性，如长度、温度、时间、速度等；化学测量的对象是事物的各种化学特性，如化合物的酸碱度、溶液的导电性等；心理测量的对象是人的各种心理属性，如知识、能力、性格、兴趣、动机等。

虽然心理属性既看不见又摸不着，显得非常抽象，但是它们一般都会在具体的活动和行为中表现出来。只要给所要测量的某种心理属性下一个明确的操作定义（即说明如果具有某种心理属性，就一定有什么行为表现），就可以创设一定的条件来引起这些行为，通过对这些行为的观察和测定，可以推断受测者是否具有这种心理属性。

(2) 测量的结果　即描述事物属性的数字。在物理、化学、生物、地理等自然科学中，测量所获得的数字基本上都有量的含义。例如，通过测量得知，某张桌子的高度是 80 厘米，某种溶液的 pH 是 6 等等。然而，在心理测量中，测量所获得的数字有时有量的含义，如智商分数、记忆测验分数、数学测验分数等；有时却没有量的含义，例如，用数字表示不同的民族（如 1 代表汉族，2 代表回族，3 代表壮族……）、不同的性别、不同的残疾类型等，这些数字只是一些用来区分的符号。由此可见，心理测量中的数字具有多层含义。

(3) 测量的法则　就是测量的规则或方法，即测量时给事物的属性指派数字的依据。例如，测量房间的高度是有一定规则的，必须先把皮尺的零点对准地面，把皮尺拉直并垂直于地面，看皮尺刚到达房顶时的刻度，即可测得房间的高度。皮尺悬空，不把皮尺拉直，皮尺不垂直于地面，或不看皮尺刚达到房顶的刻度，都属于不遵守测量规则，不可能得到表明房间高度的准确数字。

在测量过程中，制定法则是一件最难的事情。法则制定得好，就可以得到准确的测量结果；法则制定得不好，测量结果就会有偏差。例如，物理特性（重量、长度、体积等）是比较简单、稳定的，人们对物理特性及其规律的了解相对来说也比较透彻，因此，测量法则的制定就比较完善，也易于执行，测量结果一般会比较准确。而心理特性是复杂、多变的，目前人们对心理特性的了解还远远不够深入，所以还很难制定出比较完善且易于操作的法则，测量结果就容易出现比较大的误差。当然，随着心理学的不断发展，测量法则会不断地完善，心理测量结果也会越来越准确。

任何测量都包括测量对象、测量法则和数字三个要素。例如，要测量儿童的智力水平，测量对象就是儿童目前已达到的智力水平；测量法则包括为量表的编制、实施、记分及分数的解释等环节制定的各种操作规则；数字就是受测者最后获得的智商分数。这三个要素若缺少任何一个都不能构成一个完整的测量。

二、量表

(一) 量表的定义

从根本上说，测量就是根据一定的法则给事物的某种属性指派数字的过程。不过，这些数字不是随便分派的，给不同的属性指派数字时要参照不同的数量体系，而同一种属性只有用同一个数量体系的数字表示出来才有意义。在测量学中把定有参照点和单位的数量连续体叫作量表（scale）。

进行测量时，先要把事物的某种属性与能够衡量这种属性的数量连续体相对照，看它处于数量连续体的什么位置上，然后根据这个位置与参照点的距离确定其测量值。例如，皮尺就是一个能测量高度的数量连续体，要测量某个儿童的身高，就让他赤脚站立，足底对应着皮尺的零点，看身体的最高点对应着皮尺的什么位置，从该点到零点的距离就可以测出他的身高。期末考试用的语文试卷也是一个量表，从 0 分到 100 分构成一个数量连续体，每个学生的成绩如何，要看他答对几道题，得了多少分，从得分的高低就可以判断他的语文水平。

任何量表都包含两个基本要素,即参照点和单位。

(1)参照点　就是计量的起点,也叫零点。要使测量结果能够相互比较,必须让所有的测量都建立在同一个参照点上。如果参照点不同,测量结果的意义就完全不同,也就失去了可以比较的共同基础。例如,摄氏温度计和华氏温度计的参照点是不同的,同样是100度,在不同的温度计上有不同的含义,所以不能等同;又如,一个二年级学生在语文考试中得了80分和一个五年级学生在语文考试中得了80分意义是不同的,也是这个道理。

参照点有两种:一种是绝对零点,即以要测量的那种属性绝对没有的那一点作为测量的起点。例如,对长度、重量等的测量,其参照点都是绝对零点。另一种是人为确定的参照点,叫作相对零点。我们平常一般用摄氏温度计来测量温度。摄氏温度计是以水刚刚能够结为冰的温度作为测量的起点,这是人为确定的,而真正的零点是 –273 摄氏度,所以,摄氏温度计的参照点是相对零点;再如,对地势高度的测量,是以海平面为测量的起点,其参照点也是相对零点。一座山的高度实际上是指山顶与海平面的垂直距离,这只是它的陆地高度。

理想的参照点当然是绝对零点,因为它意义明确,而且固定不变,易于比较,但在心理测量中很难找到绝对零点。例如,对某儿童实施了一项思维能力的测验,他得了零分,我们一般很难就此说他完全没有思维能力,而只能说,在本次测试中他什么都不会做。又如,我们对某儿童进行一项智力测验,这个儿童在所有测查的项目上都得了0分,我们只能说对于所测的内容他什么都不会,而不能说他的智力为0。因为心理测量中所用的参照点基本上都是人为确定的,不同的编制者有不同的标准,所以,各个测量的结果一般不能直接比较。无绝对零点是心理测量一个最重要的局限性。

(2)单位　就是计量事物的某种属性的标准量名称。单位有许多种类,不同的测量所用的单位是不同的。测量长度有长度单位,如毫米、厘米、分米、米、千米等;测量重量有重量单位,如毫克、克、千克、吨等;测量时间有时间单位,如秒、分、时、日、月、年等。没有单位,数量的大小、多少就无法比较。例如,测量两个物品的重量,一个是10千克,另一个是100克,如果不写出单位,就不知道10是指10千克还是10克,100是指100千克还是100吨。如果单位都是千克或克,前者比后者轻;如果10是指10千克,100是指100克,则结论正好相反。

理想的单位应当具备两个条件:①有确定的意义,即对同一单位,所有人的理解都是相同的,也就是说有一个公认的标准;②每个单位是等值,即相邻的两个单位之间的距离是相等的,比如,第一个单位与第二个单位之间的距离等于第二个单位与第三个单位之间的距离,依此类推。自然科学中许多测量的单位都符合这两个条件,例如,测量长度以米为单位。1米有多长,全世界有一个公认的标准;2米到3米之间的距离与6米到7米之间的距离是相等的,与9米到10米之间的距离也相等。所以说,米是一个很好的长度单位。然而,在心理测量中却很难找到能够满足这两个条件的单位。首先,在心理测量中没有一个有确定意义的单位。有些心理测量学家喜欢以分为单位,但1分的价值是多少谁也说不清楚。其次,两个相邻单位之间的距离也不相等。例如,在数学能力测验中以分为单位,根据经验我们知道,每道题的难度不等,或者说每1分是不等值的,从85分提高到86分比由39分提高40分的难度要大很多。单位不等值是心理测量又一个重要的局限性。把心理测量的结果运用于特殊儿童心理评估时,应当认识到这种方法的局限性。

(二)量表的分类

对于不同的测量对象,编制量表时所采用的参照点和单位是不同的。参照点和单位不同,其测量水平和精确度也不同。斯蒂文斯根据不同的测量水平以及测量中使用的不同参照点和单位将量表分为四类。不同水平的量表各有其特点，下面分别予以介绍。

1. 命名量表（nominal scale）

又叫名称量表或类别量表，指的是根据事物的某种属性对事物进行分类，并用数字表示不同类别的数量连续体。例如，用"1"表示学业性学习障碍，"2"表示发展性学习障碍；又如，用"1"表示构音障碍，"2"表示声音障碍，"3"表示语流障碍。

命名量表是一种最简单、测量水平最低的量表，主要用于分类和符号化。量表中用来描述事物的数字只起标记和区分的作用，不能用于数量化分析。例如，由表示类别的数字1、2、3，可以知道言语障碍分为几类，但不能根据这些数字的大小推断语流障碍比构音障碍和声音障碍都严重；也不能用这些数字进行加、减、乘、除运算，如构音障碍与声音障碍之和等于语流障碍。由于命名量表中的数字没有数量的意义，因此，有人认为运用这类量表进行的测量不能算作真正意义上的测量。

对这类量表只能统计各类事物的频数和百分比。

2. 顺序量表（ordinal scale）

又称等级量表，指的是根据事物具有某种属性的程度，对事物进行分类，并用数字表示不同类别的大小或等级的数量连续体。例如，将视障儿童的社会适应能力分成优、良、中、差四个等级，优用"1"表示，良用"2"表示，中用"3"表示，差用"4"表示；又如，根据智力测验分数和适应行为评定的结果，将智力障碍儿童分成四类，轻度智力障碍用"1"表示，中度智力障碍用"2"表示，重度智力障碍用"3"表示，极重度智力障碍用"4"表示。

顺序量表的测量水平比命名量表高一级，它不仅区分出不同的类别，而且还指明不同类别的大小或等级关系。例如，由智力障碍儿童的分类结果可知，第1类儿童的缺陷程度比第2类轻，第2类儿童的缺陷程度比第3类轻，依此类推。在顺序量表中，既无绝对零点，又无相等的单位，数字只表示等级或大小顺序，并不表示某种属性的真正量值，因此，这类量表的数字也不能进行加、减、乘、除运算。

对这类量表除了可以统计各类事物的频数和百分比之外，还可以计算中位数、百分位数、等级相关系数等。

3. 等距量表（equal interval scale）

指的是有相对零点和等值的单位的数量连续体。例如，摄氏温度计就是一个等距量表。它有一个相对零点，而且，当两个温度之差相等时（如10°C与20°C之差对于20°C与30°C之差），温度升高或下降的幅度是相等的。又如，日历也是一个等距量表，它有等值的单位和一个人为确定的参照点。

等距量表的测量水平比顺序量表又提高了一步。这类量表的数字是一个真正的数量且单位是等值的，所以，量表上的数字之间可以进行加、减运算。两个数字的差距只要数量相同，就具有同样的意义和价值。不过，由于没有绝对零点，这类量表的数字不能进行乘、除运算。

对这类量表可以统计算术平均数、标准差、积差相关系数等。

4. 比率量表（ratio scale）

又称等比量表，指的是有等值的单位和绝对零点的数量连续体。这类量表在心理测量中很难找到，而在物理测量中十分常见。例如，磅秤就是一个比率量表。它有相等的单位，当测得物品 A 是 15 千克,物品 B 是 5 千克时,就可以知道 A 比 B 重 10 千克。它还有一个绝对零点,因此,由这两个物品的重量就可以推算 A 的重量是 B 的 3 倍;又如,尺子也是一个比率量表,当测得甲、乙两个物品的长度分别是 2 米和 4 米时,不仅可以知道甲比乙短 2 米,而且还可以知道甲的长度是乙的一半。

比率量表是测量水平最高的量表。由这类量表上的数字,不仅可以了解一个事物与另一个事物的差距是多少,还可以了解它们之间的倍数关系。这类量表的数字不仅可以进行加、减运算,还可以进行乘、除运算。

对这类量表,除了可以运用前面几类量表使用的统计方法外,还可以计算几何平均数、偏态量、差异系数等。

第二节 心理测量的性质

在上一节里,我们讨论了什么是一般意义的测量,那么作为特殊儿童心理评估中运用的心理测量又有什么含义和特性呢?下面我们就来探讨这两个问题。

一、心理测量的含义

所谓心理测量,就是依据一定的心理学理论,使用测验对儿童的心理特质进行定量描述的过程。

和其他领域的测量一样,心理测量也要依据一定的法则给事物的属性指派数字。不过,在心理测量中,测量的对象是儿童的各种心理特质,所遵循的法则基本上都体现在测验的编制、实施和测验结果的应用上,因此,心理测量具有和其他测量不同的特性。

二、心理测量的特性

1. 间接性

心理测量的对象主要是个体所具有的相对稳定的心理特征,如智力、学习能力、感觉运动能力、创造力、兴趣、爱好、适应性等。这些特征在心理学中又叫作心理特质。心理特质本身是一些非常抽象的概念,不可能像物质实态,如物体的长度、重量、体积等那样,可以直接测量。只能从与这些心理特质有密切关联的外显行为入手,通过观察受测者的行为,推断受测者是否具有某种心理特质或具有某种心理特质的程度,所以心理测量具有间接性。

其实,在物理测量中有时也进行间接的测量。比如,测量温度用的就是间接测量法,即根据热胀冷缩的原理,通过观察水银柱的涨落来判断温度的高低。不过,在物理测量中一般不需要进行间接的测量,而在心理测量中,由于测量对象的内隐性和复杂性,这种方法则被广泛地运用。

为什么心理特质可以进行间接的测量呢?这里依据的是心理学的特质理论。特质理论认为,每个人身上都会表现出许许多多的行为和特点,这些行为和特点不是孤立存在的,而是组成一群一群的行为,每一群行为都比较相似,而且有内在联系。心理学中就把每一群相似的、有内在联系的行为叫作一种特质,并用一个概括性的术语来称呼它。例如,有些人喜欢唱歌、听音乐、参加各种音乐活动等,这些行为是有内在联系的,它们构成了一种特质,可以用"音乐爱好"这个词来称呼它;又如,有些人对数学知识学得快,领悟得深,记得牢,并能灵活地运用,我们可以把这组行为后面的那个内在特质叫作"数学学习能力";我们可以用智力、创造力等术语去称呼另外一些类似的行为。这样,我们就可以通过观测受测者表现出来的行为,间接地测量他们的这些特质。

2. 相对性

斯蒂文斯根据测量的精确度不同,由低到高把量表划分成四级水平。严格地说,心理测量属于第二级即顺序量表水平。心理测量的对象是诸如智力、言语能力、学术能力倾向、动机、兴趣、品德之类的心理特质,对这些心理特质的测量很难找到绝对零点,它们的参照点几乎都是人为确定的,也就是说只有相对零点,所以,它们不可能属于最高水平的比率量表。心理测量的量表也没有等值的单位,虽然有些测验以分为单位,似乎是等值的,但实际上每一分的价值是不相等的。例如,60 分与 65 分的差距与 85 分与 90 分的差距看似相等,而实际上后者的差距比前者大,因为分数越高,每一分的"含金量"就越高,提高一分的难度就越大,所以,心理测量也不属于等距量表。经过心理测量之后,一般来说只能给人排列个顺序,分出个等级高低来。由此可见,心理测量具有相对性。

3. 多元性

和自然科学中的测量相比,心理测量的对象要复杂得多。一方面,各种心理特质之间有千丝万缕的联系,很难将不同的特质截然分开,只对其中的一种特质进行测量;另一方面,即使测量了单一特质,这个特质很可能有多个维度,形成一定的结构,也需要从多个侧面进行测量并予以组合。所以说,心理测量具有多元性。例如,到目前为止,人们还很难编制出一种"纯粹的"能力测验,只测量了能力,而没有测量知识或其他的东西。又如,一些号称为文化公平的智力测验,其实仍然受某种主流文化的影响,只是相对于其他测验而言,这种影响比较小罢了。

4. 随机性

包括变异性和规律性这两方面的特性。心理测量不可能完全排除无关因素的影响,诸如情绪、健康状况、应试动机、周围的环境以及主试的干扰等都会引起测量结果的波动,表现出变异性来。不过,这些波动并不是杂乱无章的,总是有一定的规律性。因此,心理测量还具有随机性。

第三节 测验的定义和分类

测验是心理测量的工具。出于各种不同的目的,每年有成千上万的人使用或参加各式各样的测验和考试,然而,很少有人能准确地说出测验的定义,能对测验做适当的分类。

为了更好地把测验运用于特殊儿童的心理测量和评估,有必要对测验的概念进行严格的界定。

一、测验的定义

对于什么是测验这个问题,每个人根据自己的经验会有不同的解释。这个看似简单的问题,在学术界至今也没有取得一致的意见,不过目前大多数心理测量学家赞同美国心理与教育测量学家布朗(F. G. Brown)和安娜斯塔西(A. Anastasi)提出的定义。

布朗认为:"测验是指对一个行为样本进行测量的系统程序。"在这个定义中,测验包含了三层意思。

(1)测验测量的是人的行为。因为心理特质不能直接测量,所以,需要通过对与之密切相关的外显行为的测量来做出推断。

怎样测量人的行为呢？这需要用测验项目作为刺激,引起受测者一定的反应,通过观察受测者对测验项目的反应情况,就可以推断他是否具有某种心理特质。在这个过程中,编制什么样的测验项目作为标准刺激来引出受测者的反应是非常关键的。如果测验项目不能引出要观察的行为,或者所引出的行为与所要测量的心理特质无关,都会造成测量结果的偏差。

(2) 测验测量的是一个行为样本,而不是所要测量的某个行为领域的所有可能的行为。每一个心理特质都包含许许多多的行为,一个测验不可能包罗万象,测量所有的行为。一次测量只能就所要测量的心理特质设计一组测验项目,这组测验项目假定能引出一群有内在联系的行为,这群有内在联系的行为假定与所要测量的心理特质密切相关并代表了要测量的心理特质,受测者在测验题目上的表现能够反映他是否具有这种心理特质或具有这种心理特质的程度。既然心理测量是以这种方式进行,那么测验项目的覆盖面是否全面,是否具有代表性等就会影响测量结果的准确性。比如,我们打算测量儿童的智力,首先要论证什么是智力,智力的高低应该从哪些方面表现出来,然后编制一些测验项目来测定这些行为。由于每次测验的时间是非常有限的,不可能把所有与智力有关的测验项目都放在一个测验中,就需要对这些项目进行筛选,选择那些与智力直接有关并且质量很高、有代表性的测验项目,经过适当的搭配构成一个测验。这样编制出的测验测得的结果才能反映受测者的智力水平。再比如,要测量普通小学四年级学生的数学能力,测验编制者应该从整数、小数、分数、几何初步知识、统计初步知识、量与计算等内容中挑选有代表性的测验项目进行测量,而不应当把代数的内容包括进来,也不应当只包含整数运算的内容。

(3) 测验不仅仅指一份试卷,而是指一个系统的程序,包括测验的编制、实施、评分和分数解释等环节,编制试卷只是其中的一个环节。在编制和使用标准化测验的过程中,每一个环节都有严格的操作规则,只有按照这些规则去做了,测得的结果才是客观、准确的。

安娜斯塔西的定义与布朗的定义基本上是相同的,只是侧重点有所不同。布朗的定义比较强调测验是一个系统程序,而安娜斯塔西的定义强调测验的客观性和标准化。

安娜斯塔西给测验下的定义是:"心理测验实质上是对行为样本的客观和标准化的测量。"所谓客观的测量,是指测量过程中无主观随意性。它是衡量测验或测量是否科学的根本标志。标准化的测量,是指在测验的编制、实施、记分以及分数解释等环节都控制无关因素的干扰,使测量条件对所有受测者都相同。

另外,美国心理学会(APA)、美国教育研究会(AERA)和全美教育测量委员会(NCME)的联合委员会还对测验和施测做了区分,认为测验(test)是"在标准化条件下呈现的一组任务或项目,目的是引出某些行为,以便给出符合心理测量学要求的分数",而施测(testing)是"向某个人或团体实施一组测验项目,分数就是施测的最后结果"。

二、测验的分类

自 20 世纪初以来,为了满足测量工作的需要,心理测量学家已编制了大量的测验。由于测验的用途十分广泛,根据目的及应用情境的不同,测验就有了不同的名称和类别。到目前为止,还没有一种分类方法能把所有的测验都归纳进去,并能概括测验的全貌。目前对测验的分类是多种方法并存,各具特色,有时多种分类方法还交叉使用。一般来说,每一种分类方法都突出了测验的一种或几种特征。下面就介绍几种常见的分类方法。

(一)按测量对象不同来分类

按照所测量的心理特质的不同,可以分为智力测验、能力倾向测验、学业成就测验和人格测验四大类。

1. 智力测验

目的在于测量个人一般能力的高低,测量结果一般用智商(IQ)来表示。由于智力有各种各样的定义,所以各个智力测验的内容和形式也不一致。若按适用的年龄范围来分类,又可以分为以下三种。

(1)婴幼儿智力测验　在这类测验中,目前比较常用的有格赛尔发展量表、丹佛发展筛选测验、韦克斯勒学前儿童智力量表、贝利婴儿发展量表等。

(2)儿童智力测验　常用的儿童智力测验有斯坦福—比内智力量表、韦克斯勒儿童智力量表、瑞文彩色推理测验等。

(3)成人智力测验　常用的成人智力测验有韦克斯勒成人智力量表、瑞文标准推理测验、瑞文高级推理测验等。

2. 能力倾向测验

目的在于测量个人的潜在才能,预测个人在未来的教育或训练中发展的可能性。能力倾向测验又可以分为两种。

(1)一般能力倾向测验　用来测量个人多方面的潜在能力。测验结果一般用剖面图来表示,通过分析剖面图中各项分数的高低,可以进行个体内和个体间的比较。目前比较著名的一般能力倾向测验有学术能力倾向测验、区分能力倾向测验、一般能力倾向成套测验等。

(2)特殊能力倾向测验　用来测量个人在某一方面是否具有特殊的发展潜能,为升学或就业指导提供依据。在这类测验中,比较著名的有西肖尔音乐才能倾向测验、梅尔艺术鉴赏测验、明尼苏达空间关系测验、本纳特机械理解测验等。

3. 学业成就测验

主要用于测量个人经过正规教育或训练之后对知识和技能掌握的程度。成就测验又可以分为两类。

(1)单科成就测验　如语文测验、数学测验、常识测验等。在学校里经常会进行这类测验。

(2)综合成就测验　测量受测者在各学科上的综合成绩。常见的综合成就测验有斯坦福成就测验、都市成就测验、加里福尼亚成就测验等。

学业成就测验是教育领域里用得最多、最广泛的一类测验。

4. 人格测验

主要用来测量个人在诸如兴趣、态度、动机、气质、性格、价值观、品德等方面的个性心理特征。人格测验可以分为以下四类。

(1)自陈量表　常见的自陈量表有明尼苏达多相人格调查表、爱德华个人偏好量表、艾森克人格问卷、卡特尔16种人格因素问卷等。

(2)评定量表　常见的评定量表有勒氏内外倾评定量表、文兰适应行为量表、阿肯巴切儿童行为量表等。

(3)情境测验　这类测验包括哈特逊—梅诚实测验、情境压力测验等。

(4）投射测验　比较著名的投射测验有罗夏克墨迹测验、主题统觉测验、完成句子测验、画树测验等。

(二) 按编制测验的材料不同来分类

根据编制测验时使用的是文字材料还是其他材料，可以分为文字测验和非文字测验两大类。

1. 文字测验

其项目是用文字材料编成的，一般也要求用文字做书面回答。这类测验也叫作纸笔测验。

这类测验的优点在于实施方便、可以团体施测，所以学校里经常使用的成就测验、人格测验等通常都以这种形式来编制。其缺点是容易受受测者的文化水平及是否认识测验的文字所限制。例如，对不识字的文盲、幼儿、外国人或认知水平很低的智力障碍儿童不适用。

2. 非文字测验

其项目是用图片、模型、实物等材料编制而成的，一般要求受测者通过实际的操作来应答。这类测验有时也叫作操作测验，像瑞文标准推理测验、绘人测验、明尼苏达空间关系测验等均属于这一类。

非文字测验的优点是受测者不需要阅读文字，也不用写字，因此，受文化因素的影响较小，适用的人群非常广。其缺点是不宜做团体施测，在时间上也不经济。

另外，还有一些测验属于混合型的，即测验中既有用文字材料编制的项目，又有用非文字材料编制的项目，如丹佛发展筛选测验、韦克斯勒儿童智力量表等。

(三) 按测验人数的多少来分类

1. 个别测验

是指在某一段时间里由一位主试与一位受测者面对面进行的测验。像斯坦福—比内智力量表、韦克斯勒儿童智力量表、韦克斯勒成人智力量表、罗夏克墨迹测验等均属于这一类测验。

此类测验的优点很多，例如，在施测过程中主试能仔细地观察受测者的反应，为心理评估提供许多有用的信息；若发现受测者不按要求去做，可以及时地予以纠正；能代替受测者记录其行为反应等。这类测验非常适合于年幼的儿童、不会写字的人，以及自我控制能力很差的特殊儿童。其缺点是对主试的要求比较高，若以前没有受过适当的培训，主试很难胜任此项工作。另外，这类测验一般比较费时间。例如，用韦克斯勒儿童智力量表来测查儿童的智力，每测查一位儿童大约需要1.5小时。假若一天工作9小时，那么测查40个儿童，大约需要7天才能完成测查工作。若用它来做普查，工作效率可能就太低了。

2. 团体测验

是指在某一段时间里由一位主试(受测者比较多时可以配备助手)对多位受测者同时进行的测验。像瑞文标准推理测验、艾森克人格问卷、卡特尔16种人格因素问卷等都属于这一类测验。

这类测验的优点是比较省时，例如，对某班40名学生实施某项语文能力测验，用团体测验的方式进行，总共只需2个小时。其缺点是不能观察和监控每个受测者的应答过程，因此，收集的信息一般比较少，产生的测量误差可能比较大。

(四) 按测验的功能不同来分类

1. 描述性测验

是指用来对个人或团体的能力、知识水平、个性特征等进行描述的测验。例如，学期快结束时,学校举行的各种学业成就测验就属于这一类。

2. 诊断性测验

是指用来发现个人或团体在某些能力上的优势,以及诊断学习或行为问题的测验。例如,诊断学习障碍时经常会用到的伊利诺伊心理语言能力测验、数学诊断测验等就属于这一类测验。

3. 预测性测验

是指用来推测一个人将来在某方面是否能够获得成功的测验。例如,在超常儿童教育班或一些特长班的招生中经常会用一些特殊能力倾向测验来做预测,这些测验就属于预测性测验。

(五)按对受测者的要求不同来分类

1. 最高表现测验

要求受测者尽可能地表现出最好的状态,以测量他们的能力、学识等的最高水平。像韦克斯勒儿童智力量表、瑞文标准推理测验,以及各种学业成就测验等均属于这一类测验。

2. 典型表现测验

要求受测者按照平常习惯的方式来做出反应,以测量他们一些有代表性的行为特征。像明尼苏达多相人格调查表、爱德华个人偏好量表、主题统觉测验等都属于这一类测验。

(六)按对编制的要求不同来分类

1. 标准化测验

是指依照严格的程序和要求来进行测验的设计、编题、预测、实施、记分及分数解释的测验。像斯坦福—比内智力量表、韦克斯勒儿童智力量表、艾森克人格问卷、皮博迪个人成就测验等都属于这一类测验。

这类测验的优点是:①通常是由专业人员用了大量时间编制的,因此测验的质量比较有保障,一般可以使用很长时间;②在内容取样上通常都围绕着某个已被普遍接受的理论或教学大纲来进行,因此,一般能得到广泛的应用;③在测验编制和使用过程中对因各种无关因素的影响而产生的误差进行了严格的控制,并有数据资料证明其信度和效度;④为测验使用者提供了常模,这样分数的意义就比较明确,不同个体之间就能够进行比较。

其缺点是:①编制的时间比较长,不能及时地满足教育教学的需要;②对编制技术的要求比较高,一般人难以掌握;③费用比较高。所以,这类测验一般只在正式的评估中才编制和使用。

2. 非标准化测验

又称教师自编测验,是指教师根据自己的经验,对所教的某个单元学生的掌握程度或对某个学科所规定的课程目标已取得的进展等进行评估时自行编制的测验。像课堂中经常进行的单元测验、期中或期末考试等均属于这一类测验。

这类测验的优点是:①通常由教师根据教学的需要自己来编制,因此,可以非常灵活且及时地为教学提供反馈信息;②在内容取样上一般是根据本地区的课程要求和本人所使用的教材来进行,所以,测验结果有助于教师对教学内容和进度做适当的调整;③对各种无关因素的控制没有很严格的要求,因此,这类测验的编制相对容易,使用方法也比较简便。

不过,这类测验的设计不如标准化测验周密,对信度和效度也没有进行过检验,而且没有常模,因此,在正式的评估中不宜使用这一类测验。

第4章 测验的编制

在心理测量和评估中一般都要使用测验。测量人员既可以使用别人已经编制好的测验,也可以自己编制测验进行测试。无论属于哪一种情况,了解测验的编制原理和方法都是很有必要的,因为只有了解了测验的编制原理和方法,在选择测验时,才能做到心中有数,避开质量低劣或过时的测验;在自己编制测验时,能够按照科学的原理和方法去做,从而保证测量结果的可靠性和有效性。

虽然测验的种类很多,对于不同类型的测验具体的编制方法各有不同,但由于测验的基本原理是相同的,所以各类测验的编制都遵循一个一般程序,即都要经过测验计划的制订、题目编写、题目分析和测验标准化四个阶段。下面介绍测验编制的一般程序。

第一节 测验计划的制订

制订测验计划是测验编制工作的第一个环节,也是非常重要的一个环节。测验编制工作若无计划或计划制订得不好,测量的内容就会出现偏差。在这个环节中,编制者首先要问一问自己,编制这个测验的目的和对象是什么,然后再根据测验目的制订一份详细的编题计划。

一、确定测验目的和对象

(一)确定测量目的

确定测量目的,就是要明确这个测验是用来干什么的。编制测验可以有多种不同的目的,例如,用来说明受测者目前的心理发展水平和特征,对受测者某个方面的问题进行诊断,用来对某类儿童进行筛选或预测等等。目的不同,编制测验时取材的范围、题目的形式和难度等都有可能是不同的。比如,编制一份综合性数学能力测验和编制一份诊断性数学能力测验在取材范围上就有很大的不同。综合性数学能力测验是一种总结性或描述性的测验,测查的范围一般比较广;而诊断性数学能力测验是一种诊断性的测验,测查的范围通常会比较窄。可见,它们的选材范围受测量目的的不同所限制。

再比如,用来测量能力的测验和用来测量情绪和行为的测验,在编制方法上也有不同。能力测验属于最高表现测验,所以编制的题目要有一定的难度,这样才能测出受测者的最高水平;而情绪和行为的测验属于典型表现测验,在这种测验中每一道题描述一种行为,受测者需要根据自己的日常表现来回答问题,所以这种测验的题目难度一定要低,受测者在回答这类问题时对题目不应该有理解上的障碍。

凡属优良的测验，都有明确的测量目的。例如，韦克斯勒儿童智力量表是用来测智商的，美国智力与发展障碍协会编制的适应行为量表是用来测适应能力的，这些量表在其使用手册中都阐明了自己的测量目的。

(二) 确定测量对象

确定测量目的后，要确定测验将用于哪些人群。例如，若某测验用于儿童，要明确是用于哪个年龄段的儿童；若用于特殊儿童，要确认是用于听障儿童、视障儿童、学习障碍儿童还是天才儿童等。除了年龄和特殊儿童类别外，用于界定人群的变量还有性别、民族、所在地区、父母职业、父母文化程度、家庭经济状况、班级或学校类型等。明确了测验将在什么人群中使用以后，就可以选择适当的测验形式。例如，对于肢体障碍儿童、视障儿童或认知水平很低的儿童，最好采用口试；对于听障儿童或言语有障碍的儿童，最好采用操作测验等等。

二、制订编题计划

实践证明，要想编制一个高质量的测验，最稳妥的办法就是事先制订一个明确而且具体的编题计划。

不同的测验，编题计划的格式有所不同。一般来说，智力测验、能力倾向测验和人格测验的编题计划是一份根据某种心理学理论拟定的编题提纲。例如，编制智力测验时，测验编制者可根据美国心理学家弗农(P. A. Vernon)的智力层次理论把智力分为言语能力和操作能力两方面，言语能力又包括数学、语文等次一级的能力，操作能力又包括空间知觉、机械能力等次一级的能力，测验的题目就从这几个维度来取样；也可以根据斯皮尔曼(C. Spearman)的智力二因素论或斯腾伯格(R. J. Sternberg)的三元智力理论来编制智力测验。又如，编制适应行为量表时，可根据美国智力与发展障碍协会提出的有关适应行为的最新理论，从概念性、社会性和实践性适应技能三个方面来编制测验；也可以根据斯帕罗(S. S. Sparrow)等人的理论来编制适应行为量表。

成就测验编题计划的格式与上述三类测验的格式不太一样，它通常要指明测验应包括的教学内容、所要测量的行为目标、每一项内容和行为目标在整个测验中所占的比重，以及采用什么题型等。成就测验的编题计划通常用双向细目表的形式表示出来（表4-1）。表格中的横标目为行为目标，纵标目为内容，这种双向细目表又叫作"测验的蓝图"。下面就以表4-1为例，简要地介绍双向细目表的编制方法。

表4-1 小学四年级数学测验的双向细目表

内容		知道与理解概念	运算技能	解决问题	总　分
数与计算	整数	12	28	5	45
	小数	10	18	5	33
	分数	3	2	0	5
几何初步知识	线	4	0	0	4
	角	5	2	0	7
	面	2	0	0	2
量与计量		4	0	0	4
总　分		40	50	10	100

(一) 确定测量的内容

成就测验的测量内容通常是指教材所包含的各个章节的内容,因此,双向细目表的内容必须紧扣某本教材或某个教学大纲来编制。内容的分类可按教材的自然章节来划分,也可以对某些章节进行合并,或对某些重要的章节再进一步地细分。在本例中,测量内容被划分为数与计算、几何初步知识和量与计量三大块,其中数与计算又分为整数、小数和分数三个细目,几何初步知识又分为线、角和面三个细目。

(二) 确定测量的行为目标

所谓行为目标,是指教学中要求学生掌握的知识和技能,也叫作教育目标。从20世纪50年代至70年代,美国学者布鲁姆(B. S. Bloom)等人对教育目标的分类问题进行了深入的研究,出版了《教育目标分类学:认知领域》《教育目标分类学:情感领域》《教育目标分类学:动作技能领域》三本专著。这个分类系统为行为目标的分类提供了一个基本的框架。目前我国的测验编制者在编制成就测验时,一般都会参考布鲁姆对认知领域教育目标的分类,即将行为目标分为知识、领会、运用、分析、综合和评价六个层次。不过,测验编制者通常也会根据受测者的认知水平及各学科的特点对行为目标的分类进行适当的调整。在本例中,行为目标被划分为知道与理解概念(知识和领会)、运算技能(运用)、解决问题(分析和综合)三个细目。

(三) 确定题型、题量和分值

一份测验采用哪些题型主要由测验内容决定。如果测验内容属于对知识的记忆、理解和判断等,那么应当采用像多项选择题、是非题、匹配题之类的客观性测题。如果测验的内容是对知识的综合运用及语言表达能力等,那么就应当采用像问答题、作文之类的主观性测题。

一份测验包括多少题目为宜,与测验所用的题型及施测时间有很大关系。如果采用客观性测题,那么测验的题量可以大一些;采用主观性测题,测验的题量就不可能太大。施测的时间比较长,题目的数量可以多些;施测的时间比较短,题目的数量就不能太多。

每项内容和每个行为目标赋予多少分值,通常由教学大纲中规定的教学时数的多少来决定。教学大纲中规定的教学时数比较多,就表明这部分内容和行为目标很重要,测验中赋予的分值就应该比较多;若教学大纲中规定的教学时数比较少,测验中这部分内容和行为目标所赋予的分值就应该比较少。当然,在确定各项内容和行为目标的分值时,教学经验也很重要。为了确保每个部分的分值分配得合理,测验编制者最好与教学经验丰富的教师进行充分的讨论后再做决定。表4-1中的数字是各项内容和行为目标应赋予的分值,它们反映了每项内容和行为目标在测验中的相对重要性。

第二节 题目编写

测验计划制订好以后,接下来就要按照计划进行命题。命题是测验编制工作的核心环节,因为题目是测验构成的基本元素。如果没有性能优良的题目,测量就不可能准确。因此,测验编制者必须了解各种题型的特点,熟练地掌握题目的编制方法和技术。

一、题型的种类

题目的形式是多种多样的,目前常见的分类方法有以下三种。

1. 根据应答方式不同分类

可以分为备择式测题和自由应答式测题两大类。

备择式测题是指要求受测者从测验编制者提供的多个备选答案中选择一项或几项来回答问题的题型,包括多项选择题、是非题、匹配题等。

自由应答式测题是指要求受测者用自己的语言或行动来回答问题的题型,包括简答题、填充题、论述题、操作题等。

2. 根据评分是否客观分类

可以分为客观性测题和主观性测题两大类。

客观性测题是指要求受测者只作简短的回答,因而评分能够比较客观的题型,像多项选择题、是非题、匹配题、简答题、填充题等都属于这一类题型。

主观性测题是指受测者可以自由应答,因而评分较难客观的题型,包括论述题、作文题、证明题、操作题等。

3. 根据题目的格式不同分类

可以分为多项选择题、是非题、匹配题、填充题、简答题、论述题、联想题、操作题、计算题、排序题等类型。

二、编题的基本原则

测验编制者无论采用哪一种题型,为了确保题目的质量,在编题时都应该遵守以下几条最基本的原则。

- 题目的内容和形式都要符合测验目的。例如,测量手指的灵巧性,应该采用操作题;测量创造力,最好采用联想题。
- 题目的取样应恰当地代表所要测量的领域,没有漏掉重要的内容,也没有超出所要测量的范围。
- 测验中若有受测者不熟悉的题型,一定要举例说明。例如,某些智力测验中包含了受测者一般不常见到的类比推理题,如"手巾—洗脸,相当于牙刷—? a. 茶杯,b. 刷牙,c. 牙膏,d. 讲卫生"。在受测者回答问题之前,应该让他做一两道练习题。
- 题目的文字语句力求简明扼要,既排除与答题无关的因素,又不可遗漏答题所依据的必要条件,要避免使用生僻的字词。例如,有一道计算题为:一个圆的半径是 5 厘米,直径是 10 厘米,周长是 31.4 厘米,问它的面积是多少? 在这道题中,"直径是 10 厘米"和"周长是 31.4 厘米"都是多余的条件,应删除,以使题目的文字简练一些。
- 各个题目必须彼此独立,不要互相牵扯。比如,某道题包含了两个小问题,这两个小题的回答不应该相互影响,不能把第一小题的答案作为解答第二个小题的条件。
- 题目中不可含有暗示本题或其他题目正确答案的线索。比如,某道题中把另一道题的答案写出来了。
- 题目内容不要超出受测群体的知识水平和能力范围。

- 施测与评分尽量做到省时、省力。

三、各类题目的编写要领

(一) 多项选择题

1. 基本格式和特点

多项选择题在结构上包含两个部分：一部分叫作题干，即呈现一个问题的情境，可以由问句或不完全的陈述句构成；另一部分叫作选项，即该问题的可能回答，包括一个正确答案和几个错误答案（也叫作干扰答案或迷惑答案）。设置错误答案的目的是让受测者在选择和确定答案时受到一些迷惑。典型的多项选择题一般有4~5个选项。安排这么多选项，一方面可以减少受测者凭猜测就能正确回答的概率；另一方面选项不是很多，编写的难度不至于太大。

例如，问句式多项选择题：

一年中天数最少的是哪一个月份？

(1)二月 (2)五月 (3)八月 (4)十一月

不完全陈述句式多项选择题：

玻璃的主要成分是：

(1)石灰 (2)碳酸钠 (3)跬石 (4)云母 (5)长石

上述两种格式均可用于测验的编制中，不过，和问句式相比，不完全陈述句的格式显得更为简明。

多项选择题一般都按0或1记分，即回答正确可记1分，回答不正确则记0分。因为多项选择题有猜测的可能性，所以，在某些测验中需对测验分数进行矫正。矫正公式为：$Y = R - W/(N-1)$，其中，Y是矫正后的得分，R是答对的题目数，W是答错的题目数，N是选项的数目。

例如，某份测验由50道四择一的多项选择题构成，某位受测者答对了38题，答错了9题，有3题未答。他的校正后的分数为：$Y = 38 - 9 \div (4-1) = 35$（分）。

多项选择题的优点是：①在一份试卷中可包含的题目非常多，因此，测量面很广，从而保证了题目取样的广泛性和代表性；②答案固定，所以评分客观、准确，不受阅卷者的主观、偏见等因素的影响，可以保证测验结果的可靠性；③阅卷方便迅速，有时还可以用计算机来阅卷，节省了大量的人力和物力，另外，用机器评分错误率极低；④具有诊断功能，可以将测验内容分解为较单一的测量项目，便于分析错误，及时发现受测者在学习中存在的问题，并予以纠正；⑤保密性好，性能优良的题目可以存入题库中反复使用。

其缺点是：①不容易测量出受测者对知识的综合应用能力和表达能力，以及人的某些特质，如创造力等；②无法测量受测者的思维过程，而只能得到思维的结果；③编制良好的多项选择题难度一般比较大，花费时间也比较多。多项选择题的编制需要一些技巧，如果缺乏技巧，就很难编出优良的题目。例如，如果迷惑答案和正确答案之间缺乏似真性和迷惑性，受测者猜对答案的概率就会很高；④有猜对的可能性，猜对的概率视选项的多少而定。例如，如果有4个选项，那么选中正确答案的概率为25%。

2. 编题要领

(1) 每个题目的题干应明确地提出一个问题。在题干中必须把问题交代清楚，尽量不用复

杂的或难以理解的字句,否则,受测者可能无法按要求做出正确的回答。例如,有这样一道题:

北京:

A. 位于我国的西南地区　　B. 是我国的政治、文化中心

C. 是一座沿海城市　　　　D. 是我国人口最多的城市

这道题的题干意义不明确,受测者看后往往不知道如何回答。

(2)题干不能太长、太啰唆,尽量把各选项中共同的字句放在题干里,避免反复出现。

大多数南美国家的居民是来自西班牙的殖民者,你如何解释为什么大量的西班牙殖民者要定居在南美洲呢?

A. 因为他们具有冒险精神　　B. 因为他们在寻找财富

C. 因为他们希望交的税低一些　D. 因为他们寻求宗教自由

这道题可以修改为:

很多西班牙人到南美洲定居是为了寻求:

A. 冒险　　B. 财富　　C. 低税　　D. 宗教自由

(3)错误答案与题干应有一定的逻辑联系,即具有似真性,并且错误答案不能错得太明显,应与正确答案有很大的相似性和同质性。例如,下面这道题的三个选项与题干不具有逻辑联系:

玉米长在:

A. 电视机　　B. 2002 年　　C. 地里　　D. 火车

这道题可以修改为:

玉米长在:

A. 水田里　　B. 旱地里　　C. 树上　　D. 地下

(4)题干尽量用肯定句式而不用否定句式来叙述,这样一方面可以避免受测者回答问题时因忽略题目中的否定词而造成错误的回答,另一方面也可以避免由此带来理解上的困难。

下面这些动物都不会抓老鼠,除了:

A. 老虎　　B. 猪　　C. 豹子　　D. 猫

这道题可以修改为:

下面这些动物中会抓老鼠的是:

A. 老虎　　B. 猪　　C. 豹子　　D. 猫

(5)选项之间应避免意义相同或重叠的现象。

$5 + 8 = ?$

A. 大于 10　　B. 13　　C. 小于 15　　D. 17

这道题可以修改为:

$5 + 8 = ?$

A. 8　　B. 11　　C. 13　　D. 15

(6)各个选项在形式上应该协调一致,或为数字,或为图形,或为人名、地名等等,应取一律,文字长短也应大体相当,以免为正确回答提供线索。

家里用电时,若保险丝经常被烧断,正确的处理方法是:

A. 换更粗的保险丝　　　　B. 换接铜丝

C. 换一个开关　　　　　　D. 检查用电是否超过电线负荷量或是否有短路

这道题的选项 D 很长,提示它是正确答案,因此,应把这个选项修改为和前面几个选项差不多的长度。

(7)尽量不用"以上皆对"和"以上皆错"的选项。比如,使用"以上皆对"作为选项时,受测者只要发现有两个选项是正确的,就会选择这个选项;而只要发现有一个选项是错误的,就会排除这个选项,这些都会增大猜对答案的概率。

(8)各个选项最好按逻辑顺序(如按数值大小、时间顺序等)排列或随机排列。正确答案在每个位置出现的次数大致相等,而且注意不要形成一个固定的形式,以免让受测者从答案的位置猜对答案。

(二)是非题

1. 基本格式和特点

是非题是一种要求受测者对一个陈述句或问句做出正误判断的题型,又叫作正误题。它可以看作多项选择题的一种特殊形式,选项只有两个,即"是"和"否"、"对"和"错"或"正确"和"错误"。

例如,问句式是非题:

我国的国庆节是在每年的 10 月 1 日吗?　　　　　　　　对　错

你常常觉得心里烦恼吗?　　　　　　　　　　　　　　是　否

例如,陈述句式是非题:

每年的春季以后是夏季。　　　　　　　　　　　　　　是　否

油的密度比水大。　　　　　　　　　　　　　　　　　对　错

是非题通常是以 0 或 1 记分,即答对一道题记 1 分,答错记 0 分。有时也可以用矫正公式 $Y = R - W$ 对猜测现象进行控制。

是非题的优点是:①编题比较容易;②评分容易且非常客观;③答题简便,特别适合于年幼儿童或阅读和表达能力比较差的儿童;④题目的涵盖面可以非常广;⑤非常适于测量人对某种事物的看法,所以在情绪行为测验和人格测验中多采用这种题型。

其缺点是:①受猜测因素的影响很大,在每道题上猜对的概率为 50%;②容易作弊;③受测者容易形成答"是"或答"否"的倾向;④其诊断效果不如多项选择题;⑤只能测量较低层次的行为目标,因此,在应用上受到一定的限制。

2. 编题要领

(1)应以重要的事实、概念或原理为基础进行编题,避免提出无关紧要的问题或仅考查琐碎的细节。

(2)文字叙述力求简明扼要,避免冗长繁杂。

例如,不佳的题目:尽管夏天人们喜欢穿浅色衣服是因为浅色衣服漂亮、便宜,感觉舒服,看上去凉快一些,但是,其原因主要是它吸收太阳光的热量较少,因而较凉快。

这道题应修改为:夏天人们喜欢穿浅色衣服的原因主要是它吸收太阳光的热量较少,因而较凉快。

(3)每题只能包含一个核心概念,应避免在同一道题中出现两个以上的概念,尤其不能一个概念是对的,而另一个概念是错的。

例如,不佳的题目:我国的第一大淡水湖是江西的鄱阳湖,第一大咸水湖是西藏的纳木错。

这道题的前半句是正确的,后半句是错误的,受测者不知如何回答。此题可以改成:我国的第一大淡水湖是江西的鄱阳湖。或是:我国的第一大咸水湖是西藏的纳木错。

又如,不佳的题目:我国有 56 个民族,人口最多的是回族。

此题可以拆分成两道题:我国有 56 个民族。

我国人口最多的民族是回族。

(4)用词要准确,避免使用模棱两可的语句,否则会对正确答案产生争议。

例如,北方人的个子比南方人高。

这道题的答案很不明确,应删除。

(5)尽量不用否定句式,尤其是双重否定的句式。

例如,不佳的题目:蝙蝠不是哺乳动物。

应修改为:蝙蝠是哺乳动物。

又如,不佳的题目:艾滋病不是一种不会传染的疾病。

应修改为:艾滋病是一种会传染的疾病。

(6)避免使用一些含有暗示性的特殊字词,如"通常""一般而言""有时""可能""绝不""所有……都""只有……才"等。

例如,不佳的题目:一般而言,刀具使用的时间长了会变钝。

铁被水浸泡后通常会生锈。

所有学习成绩好的同学,品德也都是好的。

这些题目都应该删除。带有"通常""一般而言""有时""可能"等字词的题目一般提示答"对",而带有"绝不""所有……都""只有……才"等字词的题目提示答"错",受测者若按提示去答题,得分的概率就会比较高。

(7)题目的语句应避免照搬课本或仅仅加一个否定词就构成错误题目,而应对课本中的句子重新组织,以便测量受测者对知识的理解,而不仅仅是记忆。

(8)答案为"是"和"否"的题目数量应大致相当,而且应按随机的方式排列,以免使受测者猜中的可能性增大。

(9)题目的数量不能太少。

(三)匹配题

1. 基本格式和特点

匹配题是由多项选择题变化而来的一种题型。匹配题由两部分构成:一部分是一组题干(问题项目),另一部分为一组选项(反应项目),受测者的任务是从反应项目中选出适当的项目分别与各问题项目相匹配。问题项目数可以与反应项目数相等(完全匹配),也可以不相等(不完全匹配)。

将左边所描述的动物特性与右边的动物名称用直线连接起来:

① 能在水里游　　　A. 驴

② 能在天上飞　　　B. 公鸡

③ 会拉磨　　　　　C. 狮子

④ 会打鸣　　　　　D. 喜鹊

　　　　　　　　　E. 鲤鱼

用直线将左边的节日名称与右边的日期连接起来：

① 国庆节　　　　　　　A. 1 月 1 日

② 国际儿童节　　　　　B. 5 月 1 日

③ 国际劳动节　　　　　C. 6 月 1 日

④ 元宵节　　　　　　　D. 10 月 1 日

⑤ 中秋节　　　　　　　E. 农历正月初一

⑥ 元旦　　　　　　　　F. 农历正月十五

⑦ 春节　　　　　　　　G. 农历八月十五

匹配题通常是以 0 或 1 记分，即每一个正确的匹配记 1 分，每一个错误的匹配记 0 分。该题得分即为该题上做出正确匹配的数目。

匹配题的优点是：①能在较短的时间内测量大量关联性的知识；②可以用较小的篇幅测量许多内容；③评分容易而且客观。

其缺点是：①只能测量一些机械记忆的知识，不适合测量高层次的行为目标；②收集同质性的材料编题有一定的难度；③受猜测因素的影响。

2. 编题要领

(1) 各问题项目或各反应项目之间必须是同质或性质相似的，否则会降低题目的难度。

把左边的问题和右边的选项用直线连接起来：

① 新中国成立于　　　　A. 长江

② 美国的首都是　　　　B. 1949 年

③ 中国的第一长河是　　C. 45

④ 15×3 等于　　　　　 D. 华盛顿

这道题编得不好，应该使问题项目和反应项目都具有同质性。

在动物类别名称前的括号中填上代表各种动物的字母（每个括号中可以填写多个字母）：

(　　) ① 两栖类　　　　A. 蝴蝶

(　　) ② 哺乳类　　　　B. 海豚

(　　) ③ 鸟类　　　　　C. 青蛙

(　　) ④ 鱼类　　　　　D. 孔雀

(　　) ⑤ 昆虫类　　　　E. 蝙蝠

　　　　　　　　　　　　F. 娃娃鱼

　　　　　　　　　　　　G. 金枪鱼

(2) 一般情况下反应项目的数目应多于问题项目的数目，否则会增加受测者答题时猜对的概率。

(3) 问题项目安排 5~8 个为宜，而反应项目以超过问题项目 1~3 个为宜。

(4) 在指导语中要讲明答题方式，告诉受测者每个反应项目可选用几次。

(5) 每个问题项目至少有一个正确的反应项目与之相匹配。

(6) 各问题项目和各反应项目都按逻辑顺序（如字母顺序、数字大小、时间先后等）排列或随机排列。

(7) 同一道题目的问题项目与反应项目应该印在同一页纸上，以减少答题时的不便。

(四)填充题

1. 基本格式和特点

填充题就是在一个句子里面缺少一个或几个关键的字词,要求受测者填补上去的题型。

"八一"南昌起义发生在_____年。

电话的发明者是_____。

填充题一般采取多分值记分法,在评分时需要事先制定标准答案及记分规则。

填充题的优点是:①可以考察受测者对知识的记忆和理解的程度;②比多项选择题容易编写;③要求受测者自己写出答案,因此可以避免受测者完全凭猜测做出正确回答。

其缺点:①评分不如多项选择题和是非题方便、客观;②所测量的能力一般只是对某些事实的记忆,难以测量较高层次的行为目标。

2. 编题要领

(1)每句话中空缺的部分一定是关键的字词,并且要和上下文有密切的联系,否则受测者不知如何填写答案。

例如,这道题编写得不佳:中国的两条最长的河流是长江_____黄河。

应修改为:中国的两条最长的河流是长江和_____。

(2)题目中的空格不能太多,否则无法把握题意。

不佳的题目:_____的计算是用_____除以_____。

应修改为:运动速度的计算是用运动距离除以所用的_____。

(3)每个空白处应该只有一个正确答案。

例如,这道题编写得不佳:我国的_____发源于青海省。受测者可以填写长江、黄河等不同的答案。

应修改为:我国的黄河发源于_____省。

又如,_____是我国古典文学名著《水浒传》中的一个人物,他的许多故事妇孺皆知。此题有多种不同的答案。

应修改为:武松是我国古典文学名著《_____》中的一个人物,他的许多故事妇孺皆知。

(4)每题的空白处最好放在句子的中间或末尾,不要放在句子的开头。

不佳的题目:_____写了《西游记》。

应修改为:《西游记》的作者是_____。

不佳的题目:_____新中国诞生了。

应修改为:新中国诞生于_____年。

(5)为了避免暗示,空白处线段的长度要大致相同。

(6)所用的句子不要从课本中直接抄录下来,避免学生只知道背诵,而不努力去理解课本中的知识。

(五)简答题

1. 基本格式和特点

简答题是要求受测者对所提出的问题用几个字或几句话来回答的题型。

用砖或石头盖的房子比用木头建成的房子有哪些好处？

请解释"一寸光阴一寸金"这句短语的意思。

简答题一般采用多分值记分法，评分时也需要事先制定标准答案及记分规则。

简答题的优缺点与填充题很相似。

2. 编题要领

（1）问题要具体，范围要确定，应该让受测者知道回答的长度和确切程度。

不佳的题目：以植物作为食物的动物有哪些？

应修改为：写出五个食草动物的名字。

（2）问题的答案应该明确，并且答案要简短而具体。

不佳的题目：某同学牙龈经常出血，他平时应注意常吃什么？

应修改为：某同学牙龈经常出血，他平时应注意常吃哪一种维生素含量比较高的蔬菜？

（3）注重知识的应用，尽量不编写只考机械记忆的题目。

不佳的题目：写出三角形面积的计算公式。

可以修改为：某个三角形的底边为5厘米，高为2厘米，它的面积是多少？

但有时候让受测者直接写出某个定义也是有必要的，这种考试的目的是要受测者记住某个定义的准确表达。

例如，什么是摩擦力？什么是光合作用？

（4）每道简答题下面，给受测者写答案留出的空白处应保持长短一致，以避免提供正确答案的线索。

（六）论述题

1. 基本格式和特点

论述题又叫作论文题，是指受测者按照题目的要求用自己的话写出较长答案的题型。

论述题有两种形式：一种是限制反应式（对受测者的回答有所限制，如限定回答的字数或限定答题的范围等），另一种是扩展反应式（受测者可以任意发挥，不对受测者的回答提出什么限制）。

限制反应式：试述细胞膜的四个基本功能（字数在200字以内）。

扩展反应式：请论述生物与环境的相互关系。

论述题需要事先制定标准答案及评分规则。

论述题的优点是：①可以测量较高层次的、复杂的行为，最适于测量综合概括能力、文字组织和表达能力，有时还可以测量评价能力和创造力；②容易编写；③在很大程度上避免了凭猜测或背诵来回答问题；④可以反映受测者对某些问题理解的深度；⑤有助于让受测者从整体上把握事物之间的内在联系，培养受测者的文字表达及写作能力等。

其缺点是：①题量一般较少，题目对所测内容领域的覆盖面较窄，所以往往缺乏代表性；②容易受评分者主观因素及其他无关因素的影响，如评分者对某种答题格式或写作风格的偏好，对字迹、卷面是否整洁等的要求不同会影响受测者的得分，评分者的身体和心理状态也会影响评分；③评分费时费力，不能用机器评分，当受测者人数太多时，评分还容易出错。

2. 编题要领

（1）用论述题来测量较高层次的学习结果，以便发挥这种题型的优势。例如，根据学过的地理知识,比较东北平原与内蒙古高原在自然条件和经济发展方面的差异。这道题可以测量受测者的分析和综合能力。

(2)明确界定所欲测量的行为目标,即用论述题来测量受测者的理解力,还是文字的组织能力或评价能力,施测前就要确定下来。

(3)明确地陈述问题,最好让受测者知道答题的范围和方向。

不佳的题目:试论述光合作用的意义。

最好改为:试论述光合作用的三大意义。(不超过300字)

(4)题目不能太少或太大,题目的数量应该多一些,内容要具体一些。

(5)最好要求受测者在新的情境下应用知识去解决新问题。

(6)题目应有较明确的答案,最好不用仍有争议的问题。如果答案有争议,那么评分者往往会依照自己的观点来给分。

(7)施测前,应对每个题目编制一个或几个"理想"的答案,并尽可能具体地规定部分正确的回答如何记分。

(8)最好不要设任选题,因为所设的几个任选题之间很难做到等值,而选择不同题目来做的受测者所得的分数不具有可比性。

3. 评分要领

论述题存在的最主要的问题是评分主观。为了克服这个缺点,论述题在评分时应注意以下几点。

(1)遮盖测验上能辨认出受测者的所有标记,只有编号,使评分者尽可能地只按照答题的情况判分。

(2)用分析评分法评分。分析评分法又叫作要素评分法,是根据确定的记分标准来记分。这种方法和综合评分法(又叫作印象评分法)不同,用分析评分法评分,首先要确定标准答案是什么,其他方面如书写潦草、错别字等是否要记分。然后,要确定答对每个要点给多少分。评分时答对要点的要给一定分数,没有答对的就不给分,不会随便扣分。受测者在题目上的分数是他答对各要点的得分的总和。而综合评分法是评分者根据一个笼统印象来评分,主观性比较大。

(3)评分结束后,最好复评一次。

(七)其他题型

1. 操作题

操作题是指要求受测者进行实际操作的题型,包括画图、安装零件、操作模具或实物等。

在某些测验中操作题是一种必不可少的题型。操作题可以用来测量某些独特的能力,如手的灵巧性、手眼协调能力、非文字的智力等。不过,操作题的评分标准往往难以制定,其测试结果也很难客观、稳定。

2. 联想题

联想题是指要求受测者通过联想来回答问题的题型。例如,给出一系列的圆形,让受测者在这些圆形上画出各种各样的图案,或者让受测者在规定的时间里尽可能多地列举一块砖头的用途。

这种题型可以测量思维的流畅性、灵活性和独创性,因此常用来测量人的创造力。不过,这种题型很难制定客观、统一的标准,所以用它评估时,往往不够客观、稳定。

总之，每一种题型既有优点及独特的作用，又有某些局限性。在编制测验时，最好根据测验的目的和性质选择适当的题型。一般来说，在一份测验中应使用几种题型，以便各种题型能取长补短。另外，在题目的编制过程中一定要遵守编题的原则及要领，从而保证题目的质量。

第三节　题目分析

题目编好后就要对每一道题进行质量分析，称为题目分析或项目分析，这是测验编制过程中的一个非常重要的环节。测验编制者编写了大量的题目，有些是合用的，有些可能不合用，通过题目分析可以对题目的质量做一个科学的评价。质量差的或不合用的题目要剔除掉，合用的题目就保留下来。有些题目虽然可以使用，但还需要做进一步的修改，题目分析的结果还可以为有针对性地修改题目提供依据。事实证明，题目分析的确能够提高测验编制的效率，同时为提高测验的信度和效度提供一定的保障。

题目分析包括两个方面：一方面是定性分析，另一方面是定量分析。定性分析主要是对题目内容、格式、各类题目所占比例等的分析。看题目所测量的内容与测验目的是否一致，所采用的题型是否合适，题目的编制是否符合命题原则，各类题目的比例是否和编题提纲或双向细目表的要求一致。例如，测验编制者打算测量受测者的文字表达能力，采用多项选择题的题型就不合适了，应该用论述题的题型。再比如，受测者不识字，采取论文题的题型也不合适，应该用操作题的题型。这种分析主要是通过编题人员在一起讨论，听取各方面的意见，反复推敲进行的。因为这种分析通常只对题目的质量做定性的描述，没有数量化的指标，所以叫作定性分析。通过定性分析，测验编制者就能及时地发现问题并予以改正。

不过，通常所说的题目分析主要是指定量分析，即题目的难度和区分度分析。下面，就来介绍难度和区分度的概念及计算方法。

一、难度分析

（一）定义

所谓难度（difficulty），就是指题目的难易程度。一道题目，如果大多数受测者都能答对，这道题的难度就小；如果大多数受测者都回答不正确，这道题的难度就大。难度指数一般用 P 表示，指的是题目的通过率。P 值越大，表示题目的难度越小；P 值越小，则表示题目的难度越大。

（二）方法计算

根据样本大小的不同，难度指数有两种算法：一种是不分组计算法，通常用于样本比较小的情况；另一种是分组计算法，通常用于样本比较大的情况。

1. 不分组计算法

各种题型的记分方法是不同的，难度指数的计算公式也会有所不同。主要有以下两种情况：

（1）当题目以 0 或 1 记分时，难度指数的计算公式为：$P = \dfrac{R}{N}$

在这里，P 为难度指数，R 为答对或通过该题的人数，N 为受测者总人数。

例如，受测者在瑞文标准推理测验 C 组第 5 题（多项选择题）的得分如下，试计算该题的难度值。

表 4-2 瑞文标准推理测验的题目难度分析表

受测者编号	1	2	3	4	5	6	7	8	9	10	11	12
得分	1	1	0	0	1	1	1	1	0	1	0	1

解：根据表中的数据计算得：

$N = 12, R = 8$,

$$P = \frac{R}{N} = \frac{8}{12} = 0.67$$

（2）当题目不以 0 或 1 记分时，难度指数的计算公式为：$P = \frac{\bar{X}}{X_{max}}$

式中 $\bar{X}$ 为受测者在该题上的平均分，X_{max} 为该题的满分。

例如，受测者样本在某道题上的得分为：3,4,7,9,5,6,8,4,6,8,10,5,9,7,5,6,8,2,8,6。该题的满分为 10，试计算该题的难度值。

解：因为 $\bar{X} = \frac{3+4+\cdots\cdots+6}{20} = 6.3$，根据难度指数的公式计算得，

$$P = \frac{\bar{X}}{X_{max}} = \frac{6.3}{10} = 0.63$$

2. 分组计算法

首先，要进行分组。分组的方法是：

（1）将受测者依照测验总分由高到低排列一个顺序。
（2）从最高分开始往下抽取 27% 的受测者作为高分组。
（3）从最低分开始往上抽取 27% 的受测者作为低分组。

然后，计算难度指数，也分两种情况：

（1）当题目以 0 或 1 记分时，$P = \frac{R_H + R_L}{2n} = \frac{1}{2}(P_H + P_L)$

式中 R_H 为高分组答对或通过该题的人数，R_L 为低分组答对或通过该题的人数，P_H 为对于高分组该题的难度值，P_L 为对于低分组该题的难度值，n 为高分组或低分组的人数。

例如，已知某次测验的受测者总人数为 200 人，高分组在第二大题的第 5 小题（是非题）上的答对人数为 43 人，低分组在同一道题上的答对人数为 17 人，试计算该题的难度值。

解：根据已知条件，得 $n = 200 \times 27\% = 54, R_H = 43, R_L = 17$

$$P = \frac{43 + 17}{2 \times 54} = 0.56$$

（2）当题目不以 0 或 1 记分时，$P = \frac{X_H + X_L - 2nL}{2n(H - L)}$

其中，X_H 为高分组（由最高分往下取 27% 的受测者组成）的总得分，X_L 为低分组（由最低分往上取 27% 的受测者组成）的总得分，n 为高分组或低分组人数（在这里，$n = N \times 27\%$），H、L 分别为该题的最高得分和最低得分。

例如，已知某次测验的受测者总人数为 200 人，高分组在第 3 大题第 1 小题（问答题）上的分数的总和为 346，低分组在同一道题上的分数的总和为 267，受测者在该题的最高得分为 10，最低得分为 2，试计算该题的难度值。

解：根据已知条件，得 $n = 200 \times 27\% = 54, X_H = 346, X_L = 267, H = 10, L = 2$

$$P = \frac{346 + 267 - 2 \times 54 \times 2}{2 \times 54 \times (10 - 2)} = 0.50$$

3. 题目的筛选

在测验编制过程中，分析题目的难度主要是为了筛选题目。题目的难度水平定为多高合适，没有一个绝对的标准，主要看测验的目的。

如果测验是用来考察受测者对某些知识和技能是否已经掌握，筛选题目时可以不考虑难度。只要测验编制者认为是重要的内容，就可以编入测验中，不管 P 值接近于 0，还是接近于 1。

如果测验是用来给受测者排列名次，P 值最好在 0.50 左右，因为中等难度的题目会使分数呈正态分布，对全体受测者的区分效果最佳。太难或太容易的题目都会导致分数分布出现偏态，使一部分人的分数拉不开距离。

如果测验用于筛选发展优异的儿童，那么 P 值就应该接近筛出率（P'）。例如，通过某项智力测验，筛选出 10% 的受测者，给他们提供超常儿童教育，那么题目的 P 值最好在 0.10 左右。若打算用于筛选发展迟滞的儿童，例如，筛选出 3% 的受测者，为他们提供智力障碍儿童教育，那么题目的 P 值最好在 $1 - P'$，即 0.97 左右。

不过，如果整个测验只选取一个难度水平的题目（比如，P 值都是 0.50），测验所覆盖的内容范围就会变窄，这样会降低测验的信度和效度。为了解决这个矛盾，筛选题目时应该把测验的难度水平（即平均的题目难度）调整到所需的难度水平，同时让各题目的难度有一定的差异。

二、区分度分析

（一）定义

所谓区分度（discrimination），是指测验题目对受测者的心理特质的区分程度或鉴别力。它是分析题目质量的另一个重要指标。

一个区分度高的题目，分数高低能反映受测者的水平，也就是说，在这些题目上，水平高的受测者得高分，水平低的受测者得低分。而区分度低的题目，分数高低不能反映受测者的水平，即水平高的受测者可能得高分，也可能得低分；同样，水平低的受测者可能得高分，也可能得低分。

（二）计算方法

和难度指数的计算一样，区分度的计算也有分组计算法和不分组计算法两种。

1. 不分组计算法

区分度表示测验题目能够区分受测者实际水平的程度。从这个概念出发可以推断，区分度问题实际上是一个相关问题，即题目分数高低与实际水平高低的一致程度，因此，可以用相关系数来表示。

计算相关系数时通常需要 X 和 Y 两列变量。在这里，一列变量自然是一组受测者在某道题目上的得分；另一列变量是表明受测者实际水平的分数，也是用来衡量题目有效性的标准，因此在测量学中称为效标。区分度实质上是受测者在某道题目上的得分与效标分数之间的相关程度。

用什么作为效标呢？通常有两种做法。一种是用题目所在测验的总分作为效标，称为内部效标。总分高，就表明受测者的水平高；总分低，表明受测者的水平低。另一种是用其他测量数据作为效标，称为外部效标。

由于外部效标与所分析的题目之间彼此独立，因此，从理论上说，这样获得的相关系数更有意义。然而，在项目分析时一般不容易找到合适的外部效标，所以在实际计算时，人们更多地使用内部效标。大量的经验表明，用题目所在测验的总分作为效标是可行的。

根据 X 和 Y 这两列变量的特点，可选用不同的相关公式。

(1) 积差相关法 当题目用多分值记分法记分时，该变量一般为正态连续变量，若效标分数也是正态连续变量，区分度的计算可以采用积差相关法，公式为：

$$r = \frac{\sum XY/n - \bar{X}\bar{Y}}{\sigma_X \sigma_Y}$$

在这里，r 表示题目的区分度，$\bar{X}$ 表示题目的平均分，$\bar{Y}$ 表示效标的平均分，σ_X 表示题目分数的标准差，σ_Y 表示效标分数的标准差，$\sum XY$ 表示题目分数与效标分数乘积之和，n 表示受测者总人数。

关于积差相关系数的显著性检验，可以通过查一般统计学教科书后面的附表来进行。如果计算得的相关系数大于相关系数界值表中的临界值，即表明相关达到了显著性水平，该题的区分度高；反之，则表明题目不具有鉴别力。除此之外，还可以用 t 检验或 Z 检验法来进行积差相关系数的显著性检验。

例如，将 15 个受测者在某次化学测验第 6 题的分数记录在表 4-3 中，试计算该题的区分度。

表 4-3 化学测验的题目区分度分析表

受测者编号	1	2	3	4	5	6	7	8	9	10	11	12	13	14	15
测验得分	65	70	71	79	80	50	75	80	81	69	78	85	77	90	72
题目得分	5	7	4	9	8	4	2	1	9	7	6	5	5	10	3

解：根据上表中的数据计算得，$\bar{X} = 5.73, \sigma_X = 2.57, \bar{Y} = 74.80, \sigma_Y = 9.13$，
$\sum XY = 6563, n = 15$

因此，$r = \dfrac{\sum XY/n - \bar{X}\bar{Y}}{\sigma_X \sigma_Y} = \dfrac{6563/15 - 5.73 \times 74.80}{2.57 \times 9.13} = 0.38$

经查教育统计学教科书中的积差相关系数界值表得知，相关系数未达到显著性水平，即表明该题不具有鉴别力。

(2) 二列相关法 当题目用多分值记分法记分，但由于某种原因，该变量被人为地分成通过和未通过两组，变成了二分变量，假若效标分数还是正态连续变量，区分度的计算可采用二列相关法，其公式为：

$$r_b = \frac{\bar{X}_p - \bar{X}_q}{\sigma_t} \cdot \frac{pq}{y}$$

式中 r_b 为题目的区分度，$\bar{X}_p$ 为由二分变量划分的通过组受测者的效标分数的平均数，$\bar{X}_q$ 为

未通过组受测者的效标分数的平均数，σ_t 为全体受测者的效标分数的标准差，p 为通过组的人数比率，q 为未通过组的人数比率，y 为 p 值所对应的正态曲线的高度。

二列相关系数的显著性检验公式为：$Z = \dfrac{r_b}{\dfrac{1}{y}\sqrt{\dfrac{pq}{n}}}$

当 $|Z| \geq 1.96$ 时，表明已达到了显著性水平，即题目具有鉴别力。

例如：13 个受测者在某次数学测验的分数和第 5 题的分数记录在下表中，假如把第 5 题的分数在 7 分及 7 分以上定为通过，试计算该题的区分度。

表 4-4　数学测验的题目区分度分析表

受测者	1	2	3	4	5	6	7	8	9	10	11	12	13
测验得分	65	70	71	69	80	50	85	90	81	69	78	75	77
题目得分	5	7	3	6	8	4	8	10	5	7	9	5	6
	0	1	0	0	1	0	1	1	0	1	1	0	0

解：根据表中的数据计算得，$\bar{X}_p = 78.67$，$\bar{X}_q = 69.71$，$\sigma_t = 9.69$，
$p = 0.46$，$q = 0.54$

查正态分布表（见附表四）得，$y = 0.39695$

因此，$r_b = \dfrac{78.67 - 69.71}{9.69} \times \dfrac{0.46 \times 0.54}{0.39695} = 0.58$

$Z = \dfrac{r_b}{\dfrac{1}{y}\sqrt{\dfrac{pq}{n}}} = \dfrac{0.58}{\dfrac{1}{0.39695} \times \sqrt{\dfrac{0.46 \times 0.54}{13}}} = 1.66 < 1.96$

因二列相关系数未达到显著性水平，所以该题不具有鉴别力。

(3) 点二列相关法　当题目用 0 或 1 记分法记时，该变量为真正的二分变量，若效标分数为正态连续变量，区分度的计算可采用点二分相关法，公式为：

$$r_{pb} = \dfrac{\bar{X}_p - \bar{X}_q}{\sigma_t}\sqrt{pq}$$

式中 r_{pb} 为题目的区分度，$\bar{X}_p$ 为由二分变量划分的通过组受测者的效标分数的平均数，$\bar{X}_q$ 为未通过组受测者的效标分数的平均数，σ_t 为全体受测者的效标分数的标准差，p 为通过组的人数比率，q 为未通过组的人数比率。

例如：将 14 个 10 岁儿童在中国比内测验的分数和第 8 题的分数记录在下表中，试计算该题的区分度。

表 4-5　中国比内测验的题目区分度分析表

受测者	1	2	3	4	5	6	7	8	9	10	11	12	13	14
测验得分	25	35	31	29	30	20	36	32	28	27	28	34	22	33
题目得分	0	1	0	1	1	0	1	1	0	0	1	1	0	1

解：根据表中的数据计算得，$\bar{X}_p = 32.12$，$\bar{X}_q = 25.50$，$\sigma_t = 4.56$，

$$p = 0.57, q = 0.43$$

$$r_{pb} = \frac{32.12 - 25.50}{4.56} \times \sqrt{0.57 \times 0.43} = 0.72$$

经查表得知,相关系数达到了显著性水平,即表明该题具有较高的区分度。

(4) φ 相关法 当题目用 0(未通过)或 1(通过)记分法记分,效标分数分为及格和不及格(或合格和不合格)两类,区分度的计算可采用 φ 相关法,公式为:

$$r_\varphi = \frac{ad - bc}{\sqrt{(a+b)(a+c)(b+d)(c+d)}}$$

式中 r_φ 表示区分度,a、b、c、d 分别表示下面四格表中各类的人数。

		效标分数	
		及格	不及格
题目分数	通过	a	b
	未通过	c	d

对 φ 相关系数的显著性检验,可以转换为 χ^2 检验,公式为 $\chi^2 = Nr_\varphi^2$。当 $\chi^2 \geq 3.84$ 时,表明 r_φ 已达到了显著性水平,即题目具有鉴别力。

例如,将 45 位受测者在某项操作技能测验的分数和第 4 题的分数进行整理,结果如下,试计算该题的区分度。

		效标成绩	
		及格	不及格
题目分数	通过	24	5
	未通过	7	9

解:将上表中的数据代入 φ 相关公式,得

$$r_\varphi = \frac{24 \times 9 - 7 \times 5}{\sqrt{(24+5)(24+7)(5+9)(7+9)}} = 0.40$$

因为 $\chi^2 = Nr_\varphi^2 = 45 \times 0.40^2 = 7.2 > 3.84$

相关系数达到了显著性水平,所以,该题具有鉴别力。

2. 分组计算法

用分组法进行区分度的计算时,首先要进行分组,具体做法与难度相同。然后用下面这个公式来计算。

$$D = \frac{R_H - R_L}{n} = P_H - P_L$$

式中 D 为鉴别指数,R_H 为高分组(由最高分往下取 27% 的受测者组成)答对或通过该题的人数,R_L 为低分组(由最低分往上取 27% 的受测者组成)答对或通过该题的人数,P_H 为对于高分组该题的难度值,P_L 为对于低分组该题的难度值,n 为高分组或低分组的人数。

例如,已知某次测验的受测者总人数为 200 人,高分组在第 2 大题的第 7 小题(是非题)上的

答对人数为 39 人,低分组在同一道题上的答对人数为 22 人,试计算该题的区分度。

解:该题的区分度为: $D = \dfrac{39-22}{54} = 0.31$

3. 题目的筛选

对题目进行区分度分析,主要也是为了筛选题目。题目的区分度达到多高才合乎质量要求,这取决于测验的目的。如果测验是用来考察受测者对某些知识和技能是否已经掌握,只要题目测量了重要的内容,就可以编入测验中,可以不考虑它的区分度。如果测验是用来筛选特殊儿童或给受测者排列名次,那么区分度的高低就显得非常重要。一般来说,区分度越高越好,因为区分度越高,题目分数越能把受测者的真实水平区分开来。不过,对于不同的计算方法,筛选题目的标准还有所不同。

(1)相关法的筛选标准 相关系数的高低受样本大小的影响,因此,用相关法来分析区分度时一般不从绝对量值判断题目是否具有鉴别力,而是看相关系数是不是已经达到了显著性水平。如果达到了显著性水平,就表明题目已经具有鉴别力了;反之,则表明题目不具有鉴别力。

(2)鉴别指数的筛选标准 1965 年,美国教育测量学家伊贝尔(L. Ebel)根据长期以来自己编制测验的实践经验,提出了一套用鉴别指数来评价题目区分度的标准,见表 4-6。这套标准的提出为题目的筛选和修改提供了很大的便利。

表 4-6 题目的鉴别指数与评价标准

鉴别指数	题目评价
0.40 以上	很好
0.30~0.39	良好,若修改会更好
0.20~0.29	尚可,通常还需要修改
0.19 以下	差,必须淘汰

三、题目分析的特殊问题

(一)目标参照测验的题目分析

目标参照测验是一种和常模参照测验不同的测验形式。常模参照测验的目的主要在于考察受测者的相对位置或排列名次,因此,题目的区分度对这类测验就非常重要。而目标参照测验最关心的是受测者对所学知识和技能的掌握情况,不注重受测者之间的比较,因此,传统的题目分析方法对这类测验就不太适用。例如,有些测验测量受测者经过一段时间的学习之后掌握了哪些知识和技能,若所有的题目受测者都会做,难度自然就很低,区分度也很低,如果把这些题目都删除了,这个测验就不能用来检查该领域的学习效果了。如果所有的题目受测者都不会做,区分度也很低,把这些题目都删除了,这个测验同样不能用来检查学习效果,诊断学习问题。而有些测验的题目虽然难度适中,区分度很高,但与受测者所学的知识和技能没有多大关系,测验中若都是这样的题目,也不能用来检查学习效果。因此,目标参照测验的题目分析需要使用一些特别的方法。

下面就介绍对目标参照测验进行题目分析时常用的几种方法。

(1)前测—后测比较法 随机抽取一组受测者,在让其接受与测验内容有关的教学前后各实施一次测验,然后分析前后两次测验结果的差异。如果有差异,表明题目能反映教学效果,这个题目是性能优良的题目;如果没有差异,则说明题目不能反映受测者的学习进步,这个题目就不是优良的题目。

计算前后两次测验结果差异的方法是:先用 1 和 0 把每个受测者在每个题目上前后两次测验的成绩表示出来(答对了,用 1 表示;答错了,用 0 表示);然后计算每道题教学前和教学后的难度值,或教学前和教学后的答对人数;将这些数据代入下面的公式中就可以计算教学效果敏感指数和个人获得指数。

教学效果敏感指数 $D = P_A - P_B = \dfrac{R_A - R_B}{N}$

式中 P_A 为教学后某一题目的难度,P_B 为教学前该题的题目难度,R_A 为教学后某一题目的答对人数,R_B 为教学前该题的答对人数,N 为受测者总人数。

个人获得指数 $D_{IG} = \dfrac{K}{N}$

式中 K 为前测时答错而后测时答对的人数,N 为受测者总人数。

教学效果敏感指数的取值范围在 -1~1 之间,个人获得指数的取值范围在 0~1 之间。这两种指数的值越接近于 1,表示前后两次测试结果的差异越大,题目的性能就越好。

例如,随机抽取了 8 名受测者,在教学前后对他们各实施了一次测验,结果如表 4-7,试分析每道题的教学效果敏感指数和个人获得指数。

表 4-7 目标参照测验的题目分析表

受测者	题目							
	1		2		3		4	
	前测	后测	前测	后测	前测	后测	前测	后测
1	0	1	1	1	0	1	1	1
2	0	0	1	0	0	1	1	1
3	0	1	0	1	0	1	1	1
4	1	1	0	0	0	1	1	1
5	0	1	1	0	0	1	1	1
6	0	0	1	0	0	0	1	1
7	0	1	1	1	1	1	1	1
8	0	0	0	0	0	1	1	1
R	1	5	5	3	1	7	8	8
K		4		1		6		0

解:根据教学效果敏感指数的公式,计算得:

$D_1 = \dfrac{5-1}{8} = 0.50$; $D_2 = \dfrac{3-5}{8} = -0.25$; $D_3 = \dfrac{7-1}{8} = 0.75$; $D_4 = \dfrac{8-8}{8} = 0.00$

根据个人获得指数的公式,计算得:

$D_{IG1} = \dfrac{4}{8} = 0.50$; $D_{IG2} = \dfrac{1}{8} = 0.125$; $D_{IG3} = \dfrac{6}{8} = 0.75$; $D_{IG4} = \dfrac{0}{8} = 0.00$;

上述计算结果表明,第 3 题的质量最高,第 1 题次之,而第 2 和第 4 题的质量很差,需修改或删除。

(2)教学组—未经教学组比较法 选取两组各方面条件相近的受测者,对其中一组进行与测验内容有关的教学,而另一组不实施与测验内容有关的教学,经过一段时间之后,对这两组受测者实施同一测验,然后用公式 $D = \dfrac{R_S - R_U}{N}$ 计算教学效果敏感指数并进行分析。其中 R_S、R_U 分别为教学组和未经教学组在某一道题上的答对人数。

(3)掌握组—未掌握组比较法　　选取两组受测者,其中一组被老师评定为已经掌握了有关教学内容,而另一组被老师评定为未掌握有关教学内容,对这两组受测者实施同一测验,然后用公式 $D = \dfrac{R_M - R_N}{N}$ 计算教学效果敏感指数并进行分析。其中 R_M、R_N 分别为掌握组和未掌握组在某一道题上的答对人数。

上述三种方法虽然都可以用来对目标参照测验进行题目分析,但它们都存在一定的局限性,在运用时需根据具体情况灵活处理。

(二)题目反应模式的分析

一组受测者选择多项选择题的各个备选答案的频数分布,叫作题目反应模式。题目反应模式的分析主要用于对常模参照测验中的多项选择题的分析。

1. 题目反应模式分析的意义

通过题目反应模式的分析,有助于把优良的题目选择出来。例如,分析不同的受测者对标准答案的选择情况,可以了解题目的难度和区分度,因此,可以把符合筛选标准的题目挑选出来。

通过题目反应模式的分析,可以给教师提供许多有用的信息。例如,在某一道题上大多数受测者都选择了某个错误答案,这提示教师的教学可能出现问题了。又如,在某些题目上许多受测者都不会做,教师就要修改或调整原来的教学计划,同时要制订相应的补课计划。

通过题目反应模式的分析,有助于改进和提高题目的质量。例如,有些题目的错误答案很少有人选,表明它们错得太明显了,不具有迷惑性,因此通过提高它们的似真性,可以提高题目的区分度。

2. 题目反应模式分析的方法

题目反应模式分析的具体步骤为:

(1)将试卷按测验总分从高到低排列一个顺序。

(2)从最高分开始往下取全部试卷的27%作为高分组。

(3)从最低分开始往上取全部试卷的27%作为低分组。

(4)统计高分组和低分组选中每道题各选项的人数,并登记在一张表上。

(5)根据登记结果进行题目的质量分析,并进行题目的修改。

例如,在某次测验中共有受测者500人,按上述方法分组,高分组和低分组各由分数两端的135人组成。将高分组和低分组在每道题上选择各选项的人数进行统计,并登记在表4-8中。对题目反应模式的分析就可以从以下几方面来进行。

1. 分析正确答案的选择情况

(1)计算难度值　　例如,第1题的难度值 $P = \dfrac{122 + 89}{2 \times 135} = 0.78$。这道题的难度值大于0.50,表明这道题偏容易。

表4-8 题目反应模式

题号	组别	正确答案	选择各选项的人数				
			A	B	C	D	未选
1	高分组 低分组	C	6 18	7 25	122 89	0 0	0 3
2	高分组 低分组	A	45 53	28 29	36 33	21 14	5 6
3	高分组 低分组	B	16 23	47 39	21 28	50 43	1 2
4	高分组 低分组	D	27 33	58 42	32 35	18 22	0 3
5	高分组 低分组	A	39 33	25 28	30 27	27 29	14 18
6	高分组 低分组	D	15 31	18 44	4 6	98 50	0 4

(2)计算鉴别指数 例如,第2题的鉴别指数 $D = \frac{45-53}{135} = -0.06$。这道题的鉴别指数为负数,表明这道题目的鉴别力很差,应予以删除。

测验中的每道题目都要进行这两方面的分析。

2. 分析各错误答案的选择情况

如果某个错误答案没有一个受测者选择,如第1题的选项D,说明该选项不具有迷惑性,错得过于明显了,应该用另一个具有迷惑性的选项来代替它。

如果高分组受测者的选择集中在两个答案上,选择二者的人数又很相近,说明该题目可能有两个正确答案,或者选择两个选项都有一定的道理,如第3题。在这种情况下,一般要修改其中的一个选项,使它成为错误答案,而该题变成答案唯一的题目。

如果大多数受测者都选择了某一个错误答案,很可能原定的正确答案为错误答案,而大多数受测者选择的答案为正确答案,如第4题。当然,也可能原定的正确答案没有错,而是教师教学时教给学生错误的知识,所以学生考试时把错误答案当作正确答案来回答。

如果选择各备选答案的人数几乎是平均分配的,如第5题,说明这道题太难了,也可能是题目编制不当,造成受测者很难回答,只好凭猜测来回答。

表4-8中的第6题编写得比较符合心理测量学的要求。试分析如下:

这一道题的难度值: $P = \frac{98+50}{2 \times 135} = 0.55$,难度适中。

鉴别指数: $D = \frac{98-50}{135} = 0.36$,按照伊贝尔的评价标准,题目评价属于良好。

不过,在此题的C选项上高分组和低分组选择的人数都不多,说明该选项还缺乏似真性,若将这个选项加以修改,这道题的质量会更好。从对这道题目的分析可以看出,即使题目的难度、区分度都已经比较理想了,有时进行题目反应模式的分析也是有必要的,因为通过题目反应模式的分析,可以使题目变得更优良。

第四节 测验的标准化

编制了一组优良的题目,不等于编成了一份高质量的测验。如果题目的编排、施测条件、评分、分数的解释等对不同的受测者不统一,测验结果就不具有可比性,测验分数也就失去了意义。在心理测量中,通过控制无关因素的干扰,使题目的编排、施测条件、评分、分数的解释等对受测者都统一的过程叫作测验的标准化,是标准化测验编制过程中的一个必要环节。一般通过以下几个方面来实现。

一、题目的编排

按编题计划编写或选出所需的题目以后,要根据测验目的与性质,并考虑受测者作答时的心理反应,对题目进行适当的编排。

人格测验通常包含了测量不同特质的题目。一般来说,这类测验的题目应该混合编排,以免让受测者了解测验的意图。例如,艾森克人格问卷中包含了测量内外倾性、情绪稳定性和精神质的三个分量表和一个效度量表,这四个分量表的题目是混合在一起的,受测者从题目的编排上看不出每道题都测量了什么特质。

成就测验通常是按题型来编排题目的,即把选择题、是非题、简答题、论述题等不同类型的题目分别集中在一起。每种类型的题目按由易到难的顺序排列,而各类题目又按作答的简便程度来排序。用这种方式编排题目,可以减少由于题型的变换对受测者造成的干扰。

对于智力测验和能力倾向测验,题目编排的原则是由易到难。不过,在具体的做法上可以有不同的方式。

这两类测验最常见的题目编排方式有两种:一种是混合螺旋式,另一种是并列直进式。所谓混合螺旋式,就是将各类题目依难度分成若干不同的层次,再将不同性质的题目予以组合,在整个测验中各类题目的难度是螺旋式上升的。例如,中国比内测验就采用了这种编排方式。该测验由51道不同类型的题目组成,题目一律按由易到难的顺序排列,各类题目交叉地排列。用这种方式来编排题目,可以让受测者一直对测验保持较高的兴趣。

所谓并列直进式,就是依题目材料的性质不同把测验分成若干分测验,同一分测验的题目再按由易到难的顺序排列。例如,韦氏儿童智力量表就采用了这种题目编排方式,整个测验由常识、填图、类同、算术、积木、词汇等12个分测验组成,每个分测验的题目都按难易程度排列。

题目的编排方式一旦确定下来,以后对所有受测者都必须按固定方式呈现测验题目。

二、施测过程的标准化

施测过程的标准化包括施测条件标准化、评分标准化和分数解释标准化三个方面。

(一)施测条件的标准化

为了使测验条件对所有受测者都相同,在测验编制过程中还要设计统一的指导语并规定作答的时限。

1. 指导语

标准化测验一般有两种指导语：一种是对受测者的指导语，另一种是对主试的指导语。

对受测者的指导语通常印在测验的开始部分，或者在测验刚开始时就予以口头说明，其内容主要包括对测验意图的说明以及对如何回答问题的指示。例如，在艾森克人格问卷第一页上印有这样一段话："在这张问卷上印有1~88共88个问题，在另一张答卷上印有1~88共88个对'是'和'不是'。请你依次回答这些问题，回答不要写字，只将答卷上的'是'或'不是'圈一个圈。这些问题要求你按自己的实际情况回答，不要去猜测怎样才是正确的回答，因为这里不存在正确或错误的问题，也没有捉弄人的问题。将问题的意思看懂了就快点回答，不要花很多时间去想。"又如，在瑞文标准推理测验中，一开始主试就向受测者说明如何解题和如何写答案等。

为了让受测者都能按测验要求去做，指导语一定要简单明了。如果受测者对某种题型不熟悉，还应该举一两个例子来说明。

对主试的指导语通常印在测验使用手册中，用来指导主试进行测验场地的安排、测验材料的分发和回收、计时、记分、对受测者提出的各种问题的回答，以及处理测验中的各种突发事件等等。由于主试的言行举止会对受测者产生较大的影响，因此，主试还要严格地按照测验使用手册中的有关规定去做，以确保对所有受测者的态度和言行都是一致的。

2. 时限

确定测验的时限是测验标准化的一个重要方面。虽然在很多情况下测验的时限受施测条件（如只允许用一节课的时间）、受测者的特点（如对幼儿、老人、残疾儿童等测验时间不宜太长）等的制约，然而，更重要的，测验的时限受测量目标的制约。

大多数人格测验在施测时不受时间限制，因为这类测验的答题速度一般不会影响测验结果。然而，在成就测验、能力倾向测验和智力测验中，作答时间的长短与测验分数有很大的关联性，因此施测时要严格地控制作答时间。例如，某些语文测验规定，受测者必须在一个半小时内交卷。又如，韦氏儿童智力量表的填图分测验规定，如果儿童在20秒钟内未能说出图中缺少部分的名称或指出缺少部分的准确点，这个图就算不能通过。

测验的时限一般通过预测来确定。在预测中，如果大约90%的受测者能在规定的时间内完成全部测验，这个时间就可以定为测验的时限。时限一旦确定，就要严格执行，以保证测验的公平性。

(二) 评分的标准化

评分标准化是指为了使各评分者对同一份答卷所评的分数是一致的，在测验编制过程中制定一套客观统一的评分规则和标准。只有当评分是客观的时候，分数的差异才能真正地反映受测者之间的差异。

评分标准化的基本要求是：

(1) 及时而准确地记录受测者的反应，以避免因时间过长记不清楚原来的反应情况而造成评分的偏差。

(2) 制作一份含有标准答案的表格，即记分键。对于用多项选择题编成的测验，如瑞文标准推理测验，记分键是每道题的序号对应着一个代表正确答案所在位置的选项号码或数字。对于用简答题或填充题编成的测验，记分键是一系列正确答案和另外一些可以接受的答案。例如，韦氏儿童智力量表常识分测验中的第6题为："会捉老鼠的动物是什么？"答案为"猫"，"答蛇或猫头鹰也算对"。对于用论述题编成的测验,记分键是所有答题的要点。对于个性或行为量表来说,记分键指明了具有某种个性或行为问题的人所应具有的典型特征。

(3) 制定评分规则,并提供一定数量的样例。例如,在韦氏儿童智力量表(中国修订本)的手册中就提供了一套详细的评分规则。现以类同分测验为例,说明这个量表的评分规则。

记分:最高总分:30分

1~4题,每一正确回答给1分。答案举例如下:

(1) 蜡烛—电灯

1分——都发光。都形成影子。都发热。都在晚上用。如果用手摸,会烫。天黑的时候用。

0分——都有火。都有电。它们要(熔)化。

(2) 轮子—球

⋮

5~17题记分原则和答案举例:

原则:A. 对两物做出基本上合适的归类(如"汽水和冰棍都是解渴的冷食","苹果和香蕉都是水果"),给2分。

B. 指出两物共有的特殊性能或功用,而且二者构成恰当的相似性,给1分。这两物做出不太恰当的但属于正确的归类(如"汽水和冰棍都有甜味,都含水","苹果和香蕉都是食物")也给1分。

C. 指出两物各自的特性,两物的不同点,或对两物做出不正确的或不合适的归类或做出显然错误的反应,给0分。

实例:

(5) 苹果—香蕉

2分——指明二者都是水果。

1分——都是食物,都可以吃。使你有劲。都是甜的。都带着皮。长在树上。带着把儿。有热量(维生素)。好的东西在里面。可以做成果饼或果糕。

0分——两个东西对你都有好处。味道差不多。都很小。一样的皮,都是圆的。它们都很软,都有汁,都是黄色的。

(6) 汽水—冰棍

⋮

把各题的分数加起来可以获得分测验的原始分数,再用公式 $T = 10 + 3 \times \dfrac{X_i - \bar{X}}{SD_X}$ 将分测验的原始分数转换成 T 分数。各分测验的 T 分数加起来就可以获得整个测验的总分数。

(三) 分数解释的标准化

为了使分数的意义更明确,并且分数的解释方法统一,在编制测验时还要制定常模。这是标准化测验的显著特征之一。

所谓常模,指的是显示分数意义的标准。目前大多数标准化测验以具有代表性的受测者样本的分数分布作为常模。例如,韦氏儿童智力量表(中国修订本)的常模就是根据从全国某个年龄段儿童中抽取的代表性样本的平均分($\bar{Y}$)和标准差(SD_Y)计算得出的分数分布。通过将某个受测者的分数和这个分数分布相对照,了解该分数的相对地位,就可以知道他在群体中的发展水平。

三、测验质量的鉴定

对施测过程进行标准化以后,接下来就要对测验的质量进行鉴定。这是标准化测验的又一显著特征。在这个环节中,通常要分析两个重要指标:一个叫信度;另一个叫效度。

(一)信度

信度是指一个测验对同一批受测者反复实施了多次测量,其结果的一致程度。一个性能优良的测验,每次测得的结果应该是比较稳定一致的,如果每次测得的结果都不同,用分数来说明受测者某个方面的特征或水平就不可靠,也就不可信了。

(二)效度

效度是指一个测验测量了它欲测量的特质的程度。一个质量高的测验,应该能测量它要测量的东西。如果不能测出想要测量的东西,这个测验就无效了。比如,用一个记忆测验去测量记忆力是有效的,用它去测量创造力或推理能力就无效了。考察测验分数的真正意义非常重要,考察测验的效度有助于了解分数的意义。

有关信度、效度的详细知识,将在本书的第五章里介绍,这里就不再赘述。

四、测验使用手册的编写

为了使测验能够合理地使用,做完测验质量鉴定之后,还要编写一份使用手册,对测验的用途、编制过程、有关的统计分析数据及使用方法等做一些说明。下面,就以瑞文标准推理测验(中国城市修订版)为例,说明一份完整的测验使用手册应包含哪些内容。

瑞文标准推理测验(中国城市修订版)(张厚粲、王晓平,1985)的手册中包含以下五个部分的内容。

1. 绪论

在这一部分里,测验编制者阐述了该测验的目的和用途、理论背景、适用范围及特点。

2. 测验的标准化

测验编制者首先介绍受测者样本的抽取方法,然后报告有关信度和效度检验的方法和结果。

3. 测验构成与施测方法

关于测验的构成,主要介绍了整个测验的题目构成,以及每道题目的结构特点。

关于施测方法,在手册中首先写明对主试的指导语,包括对主试的条件、测验前的准备工作、受测者人数的限制、测验场地的要求、时限等的说明,然后给出对受测者的指导语。

4. 测验的记分方法

测验编制者提供了一份标准答案,并写明每道题及整个测验的评分方法。

5. 分数解释的方法

在最后这一部分里,测验编制者提供了一套常模换算表,受测者的测验分数可以直接转换成百分等级,据此可以确定他在受测者群体中的相对地位,并了解他的发展水平。

编写完测验使用手册,这个测验就可以拿去实际应用了。至此,标准化测验的编制工作才算完成。

第5章 信度与效度

在特殊儿童的心理评估中,常常需要编制和使用各种各样的测验,如智力测验、注意力测验、记忆力测验、感觉运动能力测验、阅读能力测验、情绪稳定性测验、适应行为量表等。为了使测验所测量的结果准确和可靠,在编制和使用测验时,必须检验其信度和效度,因为信度和效度从不同的侧面反映了测验的质量,是衡量测量准确性和可靠性的两个非常重要的指标。

信度和效度的高低与测量误差的大小有密切的关系。测量误差越大,测验的信度和效度越低;测量误差越小,测验的信度和效度就越高。因此,在介绍信度、效度的概念及检验方法之前,有必要先来讨论测量误差的两个基本问题:①什么是测量误差?②在特殊儿童的心理测量和评估中,常见的误差来源有哪些?

第一节 测量误差

一、测量误差的定义

测量误差是指测量中由与测量目的无关的因素引起的测量结果的偏差。对这个定义,应该从两个方面来理解。

一是测量误差是由与测量目的无关的因素引起的。例如,要测量某个儿童的身高,因测量时没有把皮尺拉直,所得的测量值并不代表他的真正身高。又如,某个数学能力测验主要由文字应用题构成。因这些文字应用题里包含了许多生僻的词汇,一些受测者理解不了题意,就凭猜测来回答,结果测验分数的高低受偶然因素影响非常大。受测者若猜对了题意,会得到比较高的分数;若猜错了题意,就不得分或得到比较低的分数。本来打算测量数学能力的,但由于题目没有编好,题目里的生词起了干扰作用,测验分数在很大程度上反映了受测者的猜测能力或运气。

二是测量误差指的是测量结果偏离了所测特质的真正水平。例如,假定某个受测者在某项数学能力测验上的真实水平是85分,由于他凭运气猜题多得了7分,实际得分为92,测量误差指的是他在该测验上多得的7分。

在心理测量中,测量误差几乎随处可见。例如,测验的指导语写得不清楚,受测者对测验的要求会有各种不同的理解,做出的回答就有可能不同。又如,主试没有安排好测验场地,施测时周围的环境很嘈杂,外界的干扰会影响受测者的应答。再比如,施测时受测者的身体状况、精神状况都很糟糕,也会影响测量的结果。这些因素都不是测验要测量的东西,都属于无关变量,然而,由于测验人员没有控制好这些因素,它们对测验产生了干扰作用,使测量结果出现了偏差,这些偏差都是测量误差。

测量误差一般分为两种类型:一种叫作随机误差,另一种叫作系统误差。

随机误差是指由与测量目的无关的偶然因素引起的,又不易控制的误差。像测验时受测者的身体状况、精神状况,评分者对某些评分标准的把握等所引起的测量误差都属于这一类误差。

随机误差的特点是:大小和方向的变化是随机的,无规律可循。例如,用一套数字卡片测量智力障碍儿童的短时记忆,多次测量的结果可能不完全一致。又如,用绘人测验来测量听障儿童的智力,多次测量的结果也可能是不一致的。造成用同一个测验进行多次测量的结果不稳定、不一致的原因就是测量中存在随机误差。这些随机误差直接影响了测验的信度。

系统误差是指由与测量目的无关的因素引起的一种恒定而有规律的误差。系统误差也是由无关因素引起的测量结果的偏差,但和随机误差不同,它在每一次测量中的大小和方向是稳定、一致的。比如,有人把一只手表的分针拨快了 5 分钟,如果其他人拿这只手表来看时间,那么每次读出的时间都快 5 分钟,即存在系统误差。再比如,测验中某道题的标准答案有误,若按照这个记分键来评分,就存在系统误差,因为受测者答对了反而不得分。这种在每次测量中都出现,而且大小和方向都一致的误差就是系统误差。系统误差是造成测量结果不准确的主要原因,直接影响测验的效度。

根据经典测量理论,一个受测者在某个测验上的实得分数等于真分数加上随机误差,用公式表示就是:

$$X = T + E \tag{①}$$

式中 X 为实得分数,T 为真分数,E 为随机误差。

实得分数即实际观测到的分数。那么,什么是真分数呢?所谓真分数,就是在测量中没有随机误差时所得到的稳定值。因为到目前为止,无论一个测量工具制作得多么精密,用于测量时总会出现随机误差,所以真分数只是一个从理论上构想出来的概念。

公式中的 E 为随机误差,它可能是正的,也可能是负的,总是变化不定。当随机误差是正的时,实得分数大于真分数;当随机误差是负的时,实得分数小于真分数。实得分数总是围绕着真分数在上下波动。当测量的次数很多时,真分数就可以用实得分数的平均数近似地计算出来,即 $T = \bar{X}$。

证明:根据 $X = T + E$,移项得 $T = X - E$

$$\bar{T} = \frac{\sum(X-E)}{n}$$

等式左边:$\bar{T} = \frac{\sum T}{n} = \frac{nT}{n} = T$

等式右边:$\frac{\sum(X-E)}{n} = \frac{\sum X}{n} - \frac{\sum E}{n}$

∵ 当测量次数很多时,$\frac{\sum E}{n} = 0$

∴ $\frac{\sum X}{n} - \frac{\sum E}{n} = \frac{\sum X}{n} - 0 = \bar{X}$,即 $T = \bar{X}$

真分数是实得分数中的稳定部分,从理论上说,它还可以进行分解,分成反映受测者真正水平的有效分数(V)和系统误差(I)两部分,即 $T = V + I$。系统误差就是由无关因素引起的稳定和

一致的偏差。这样,实得分数又可以表示为:

$$X = V + I + E \qquad ②$$

在统计学中,当某个变量等于另外两个变量之和,即 $X = X_1 + X_2$,且 X_1、X_2 均为正态分布时,这个变量的方差可表示为:

$$\sigma_X^2 = \sigma_{X1}^2 + \sigma_{X2}^2 + 2r\sigma_{X1}\sigma_{X2}$$

当 X_1、X_2 之间的相关系数为 0,即 $r = 0$ 时,$\sigma_X^2 = \sigma_{X1}^2 + \sigma_{X2}^2$。

把这些统计学的原理应用于对一组受测者的实得分数、真分数和随机误差关系的分析,可以得:

$$\sigma_X^2 = \sigma_T^2 + \sigma_E^2 + 2r\sigma_T\sigma_E$$

由于真分数是稳定的,不随随机误差的变化而变化,即真分数与随机误差之间的相关系数为 0,因此:

$$\sigma_X^2 = \sigma_T^2 + \sigma_E^2 \qquad ③$$

式中,σ_X^2 为实得分数的方差,σ_T^2 为真分数的方差,σ_E^2 为随机误差的方差。

又因为 $T = V + I$,所以可以把 σ_T^2 做进一步的分解,得 $\sigma_T^2 = \sigma_V^2 + \sigma_I^2$,代入③式中得:

$$\sigma_X^2 = \sigma_V^2 + \sigma_I^2 + \sigma_E^2 \qquad ④$$

上式中,σ_V^2 为有效分数的方差,σ_I^2 为系统误差的方差,其他符号的意义与③式同。

由上面四个误差公式可以看出,任何一个实得分数或实得分数的方差都可以从理论上分解为几个部分。从实得分数或实得分数方差的分解式中还可以清楚地看到,测量误差是普遍存在的。因此,在编制和使用测验时一定要采取一些有效的措施使各种误差减少到最低的限度,从而使实得分数最大限度地接近有效分数,达到准确测量的目的。

二、常见的误差来源

在心理测量中,能引起测量误差的因素有许许多多,要把所有引起测量误差的因素都一一列举出来是十分困难的,不过,我们可以把常见的误差来源做一下分类。通过分析不同来源的测量误差,有助于对它们进行有效的控制。

常见的误差来源主要有测验本身、施测过程和受测者三个方面。

(一)来自测验本身的误差

许多测量误差是由测验本身质量不高引起的。例如,有些测验的题目太少,对所测量的内容或行为领域缺乏代表性,受测者的分数高低受押题、复习准备等因素的影响比较大;有些测验的题目太多,容易引起厌烦或疲劳;有些测验的难度太大或题意不清,会引起猜测;有些题目太容易,受测者不认真对待;有些题型受测者不熟悉,不知如何回答;有些测验的题目编排不当,受测者作答时的时间安排容易出现问题;有些测验材料不便于对某类儿童施测;有些测验的内容超出受测者的知识和能力范围。另外,像是非题、多项选择题、匹配题等题型容易引起猜测,论述题、作文题、操作题、联想题等题型的评分比较主观,所有这些因素都会带来测量误差。

(二)来自施测过程的误差

有些测量误差是由于主试不严格执行施测过程中的有关规定或意外事件的干扰造成的。例如,测验人员没有按要求把测验安排在一个安静、明亮、宽敞、通风的房间里进行;测验用的桌子桌面不够平整,或者桌椅的高度让受测者感到不舒服;没有把测验材料准备齐全,如缺少记录纸、某张图片、秒表等;测验人员对测验方法、程序、指导语等不熟悉,导致操作频频失误;测验人员对受测者的语言和态度生硬,让受测者感到恐惧;测验人员提供暗示或帮助;测验人员有厌烦的表情;测验时间安排不当(如在受测者饥饿或疲倦时进行);测验人员没有严格遵守时限;没有按记分规则来记分;有外人(如家长)在场产生干扰;气氛过于紧张或松懈;受测者突然发病;测验场所有外人闯入或突然停电等。

(三)来自受测者的误差

还有一些测量误差是由受测者的特点、受测者测试时的身体和心理状况造成的。例如,在智力测验或学业成就测验中,如果受测者的情绪不高或不予以配合,就难以测出他的最好表现;有些测验已给受测者反复做过多次,再给他施测会产生练习效应;受测者在一个陌生的环境里接受测试有时会产生恐慌;受测者在施测过程中出现生病、饥饿、疲倦、情绪低落或亢奋等情况都会引起误差。

总之,一切与测量目的无关的影响因素都可能产生误差,因此,测验编制者和使用者在了解误差来源的同时,要尽可能地控制各种误差,以便使测量结果更稳定、更有效。

第二节 信 度

在测验的编制过程中,当已经采取必要的措施对测量误差予以控制后,接下来就要对误差控制的效果进行检验。对测验质量的鉴定首先需要考虑的问题就是测量的信度。

一、信度的定义

信度(reliability),又叫作可靠性,通常是指同一群受测者在同一个测验上多次测量结果的一致性。一个性能优良的测量工具必须是稳定、可靠的,也就是说,多次测量的结果要保持一致,否则不知该相信哪一次测量的结果。

由误差公式 $X = T + E$ 得知,每一个实得分数(X)都由稳定的真分数(T)和不稳定的随机误差(E)两部分组成。实得分数的稳定性受随机误差大小的影响,随机误差越大,结果越不稳定,信度越低;随机误差越小,真分数相对比较大,信度就越高。对于一组受测者的得分情况要用公式 $\sigma_X^2 = \sigma_T^2 + \sigma_E^2$ 来表示,即实得分数的方差(σ_X^2)可以分解为真分数的方差(σ_T^2)和随机误差的方差(σ_E^2)两部分。真分数的方差是实得分数方差中的稳定部分,其值越高,信度越高;其值越低,信度就越低。因此,在心理测量中,信度被定义为真分数的方差与实得分数方差的比率,即:

$$r_{xx} = \frac{\sigma_T^2}{\sigma_X^2}$$

上式中,r_{xx}表示测量的信度。

由于 $\sigma_T^2 = \sigma_X^2 - \sigma_E^2$,因此,信度还可以表示为:$r_{xx} = 1 - \frac{\sigma_E^2}{\sigma_X^2}$

不过,对信度进行实际估算时一般不用这个定义公式,原因是这个公式应用起来非常麻烦。如前所述,真分数是一个理论构想值,可以用同一个测验对同一个受测者多次测量所得分数的平均值近似地表示出来。对一个或一组受测者进行反复测量是很麻烦的,工作量非常大。即使不怕麻烦,把测验分数的平均值计算出来,它也只是真分数的近似估计值,所以一般不用这种方法来估计信度。

大部分信度都用一组特定的受测者在某个特定测验上所取得的一组分数,与该组受测者在一个相等的测验上所得的另一组分数之间的相关系数来表示。这个相关系数称为信度系数。

信度系数应该达到多高的水平,这个测验才可以称为优良的测验呢?最理想的情况当然是信度系数等于1.00,即测量中没有任何随机误差,实得分数就等于真分数。然而,这种情况出现的可能性是极小的,在大多数情况下,信度系数会小于1.00。一般来说,标准化智力测验和学业成就测验的信度系数应该达到0.90以上;性能比较优良的能力倾向测验和人格测验的信度系数也应该在0.80以上。

由于测量误差的来源不同,估计信度的方法也有多种。在估计信度时,要根据具体情况选择恰当的方法及公式。

二、信度的种类及估计方法

(一)稳定性系数

又叫作再测信度或重测信度,指的是测量结果跨时间的稳定性。

其求法是:用同一个测验,对同一群受测者在一段时间的前后各施测一次,求这两组分数的相关系数,即得稳定性系数。

两次测验相隔的时间一般为半个月、1个月、3个月、6个月或1年。对于相关系数的计算,要根据两列变量的特点来选择恰当的公式。计算稳定性系数时通常采用积差相关公式,即:

$$r_{xx} = \frac{\sum X_1 X_2 - n\bar{X}_1\bar{X}_2}{n\sigma_{X1}\sigma_{X2}}$$

式中 X_1、X_2 为同一个受测者两次测验的分数,$\bar{X}_1$、$\bar{X}_2$ 为全体受测者两次测验的平均数,σ_{X1}、σ_{X2} 为全体受测者两次测验的标准差,n 为受测者人数。

例如:有研究者在去年的9月20日对随机抽取来的18位受测者实施了某项记忆力测验,今年3月18日,又对同一组受测者实施了同一个测验,结果如表5-1,问这个测验的稳定性如何?

表5-1 记忆力测验的稳定性系数计算表

受测者	1	2	3	4	5	6	7	8	9	10	11	12	13	14	15	16	17	18
前测	22	23	30	21	25	19	11	18	14	21	26	16	11	13	20	17	15	24
后测	24	21	28	24	22	20	12	22	20	17	17	23	12	24	19	16	18	25

解:根据表5-1中的数据计算得,

$\bar{X}_1 = 19.22$,$\sigma_{X1} = 5.18$,$\bar{X}_2 = 20.28$,$\sigma_{X2} = 4.19$,$\sum X_1 X_2 = 7247$,$n = 18$

因此,这个测验的稳定性系数为:

$$r_{xx} = \frac{\sum X_1 X_2 - n\bar{X}_1\bar{X}_2}{n\sigma_{X1}\sigma_{X2}}$$

$$= \frac{7247 - 18 \times 19.22 \times 20.28}{18 \times 5.18 \times 4.19} = 0.59$$

稳定性系数的优点是能够反映测量结果随时间而变化的情况。不过,在下面三种情况下,用这种方法估计测量的信度可能是不准确的:①两次测验的时间间隔太短,受测者在第二次测验时还能记住第一次测验的内容;②两次测验的时间间隔太长,在第二次测验时受测者的身心都有了不同程度的发展和变化;③两次测验的环境、受测者的身体状况、心境等存在较大的差异。另外,在第二次施测时测验的性质若发生了改变,也会低估首次测量的信度。

(二) 等值性系数

有时测验人员需要编制两个或两个以上的测验复本。编制测验复本的目的主要有三个:一是施测前若发现已漏题,可以用另一个测验来替代;二是在施测过程中发现题目有问题,也可以用另一个测验来替换;三是有些教育干预研究需要通过前测与后测的比较来检验实验效果,为了减少同一份测验再使用时出现练习效应,或测验的性质发生改变,往往也要编制一些等值的复本。

什么是等值的复本?等值的复本首先应该是平行的测验。所谓平行的测验,就是除了文字表述不一样外,题目所测查的内容、题型、数量、难度、区分度、指导语、时限、测验的平均分、标准差等都相同的测验。在编制了若干平行的测验以后,如何证明这些测验是等值的复本呢?这就需要计算等值性系数。

等值性系数又叫作无间隔的复本信度,指的是测量结果跨测验的一致性。

其求法是:给一组受测者连续施测两个平行的测验,计算所得的两组分数的相关系数,即为等值性系数。

为了消除两个平行测验(测验 A 和测验 B)前测和后测所产生的顺序效应,可以让一半受测者先做测验 A 再做测验 B,另一半受测者先做测验 B 再做测验 A,这样两个测验都有一半的机会先测和后测,其顺序效应就被抵消了。

等值性系数一般也用积差相关法计算,其公式为:

$$r_{xx} = \frac{\sum X_A X_B - n\bar{X}_A \bar{X}_B}{n\sigma_{XA}\sigma_{XB}}$$

或 $r_{xx} = \dfrac{\sum X_A X_B - (\sum X_A)(\sum X_B)/n}{\sqrt{\sum X_A^2 - (\sum X_A)^2/n}\sqrt{\sum X_B^2 - (\sum X_B)^2/n}}$

式中 X_A、X_B 分别为两个复本的分数,$\bar{X}_A$、$\bar{X}_B$ 为两个复本的平均分,σ_{XA}、σ_{XB} 为两个复本的标准差,n 为受测者人数。

例如:2013 年 6 月 12 日某研究者给一组受测者连续施测了两个平行的智力测验(A 型和 B 型),结果如表 5-2,试计算 A 型的等值性系数。

表 5-2　A 型的等值性系数计算表

受测者	1	2	3	4	5	6	7	8	9	10	11	12	13	14	15	16	17
A 型	54	53	50	52	51	59	51	48	49	41	38	40	51	43	30	44	53
B 型	55	51	52	54	53	55	57	52	50	48	35	43	52	48	39	37	50

解:根据表 5-2 中的数据计算得,

$\sum X_A = 807, \sum X_A^2 = 39137, \sum X_A X_B = 40064$

$\sum X_B = 831$, $\sum X_B^2 = 41309$, $n = 17$

因此,这个测验的等值性系数为:

$$r_{xx} = \frac{\sum X_A X_B - (\sum X_A)(\sum X_B)/n}{\sqrt{\sum X_A^2 - (\sum X_A)^2/n}\sqrt{\sum X_B^2 - (\sum X_B)^2/n}}$$

$$= \frac{40064 - 807 \times 831 \div 17}{\sqrt{39137 - 807^2 \div 17} \times \sqrt{41309 - 831^2 \div 17}} = 0.82$$

等值性系数反映了两个平行测验的等值程度。如果等值性系数高,说明两个测验是等值的,可以互相替换;反之,两个测验不等值,测验之间不能互相替换。另外,如果等值性系数低,还表明这两个测验的题目取样都缺乏代表性,或者其中一个测验的代表性比较差,测验的题目构成情况需要重新审查。

等值性系数是用无时间间隔的方法获得的,这种方法避免了在测法中由于两次施测时间不同可能带来的误差。例如,两次测验的情景不同,情景中的不一致因素会造成受测者前后分数的变化。施测时间不同,受测者心智发展的速度和水平也会不同,也能引起分数的波动。另外,由于受测者做过一次测验,熟悉了测验的内容和方法,第二次测验时,往往会把已获得的经验和结果迁移过来,从而提高测验分数。而用无间隔的复本法来估计信度时,两个测验几乎是同时进行的,因此受这些因素的影响较少。

不过,这种信度的估计方法也有一定的局限性。首先,测验复本很难编制,要使两个或多个测验在所测查的内容、难度、测验的平均分、标准差等方面都相同是很难的,而且编制两个复本的工作量比编制单个测验所需的工作量多得多。所以,在一般情况下都不编制测验复本,对这些测验也就无法计算等值性系数。其次,从一个测验到另一个平行的测验,虽然题目的表述改变了,但如果受测者掌握了解题的方法,照样可以把这些方法迁移到对同类问题的解决上,所以,用复本法估算信度虽然减少了练习效应,但不能完全消除练习效应。

(三)稳定与等值性系数

又叫作有间隔的复本信度,指的是测量结果跨时间和跨测验的稳定性及一致性。

其求法是:给一组受测者在一段时间的前后各实施一个平行的测验,计算所得的两组分数的相关系数,即稳定与等值性系数。

稳定与等值性系数的计算方法与等值性系数相同。

稳定与等值性系数的求法是复本法与再测法的结合,因此,影响这两种估计方法的因素对稳定与等值性系数都有影响。可以说,稳定与等值性系数是一种比上述两种方法都严格的估计法,它反映误差的控制情况是比较全面的,既反映了测量结果跨时间稳定性的一面,又反映了跨测验一致性的一面。如果用这种方法获得的信度系数很高,就有比较大的把握说该测验是可靠的。

(四)分半信度系数

分半信度系数指的是两半测验的测量结果之间的一致性。

其求法是:在施测后,将测验题目分成对等的两半,分别计算每半测验的总分,计算这两组分数的相关系数,即得分半信度系数。

如果把两半测验看成两个平行的测验,那么,分半信度系数与等值性系数是很相似的。不过,等值性系数是用两个完整的测验求得的,而分半信度是用一个测验分成两半后求得的,所以,两种方法之间又有区别。

如何将一个测验分为两半,方法有很多种。不管采用哪一种方法,其原则是所分成的两半测验要尽可能的相似。怎样把一个测验分成相似的两半呢?当题量很大,所有的题目一律按由易到难的顺序排列,题型都属于客观题时,通常将奇数题号的题和偶数题号的题分别归类来分成两半,即把题号为1、3、5、7、9等单数题号的题目归为一类,把题号为2、4、6、8、10等双数题号的题归为另一类。实践证明,用这种方法通常能够获得大致相等的两半测验。如果题量比较小,题目又多为主观题,用这种方法来分半,所获得的两半测验差异就比较大,此时不宜采用这种方法来分半并计算分半信度系数。

将测验分成两半以后,就可以用积差相关公式计算这两半测验的相关。

不过,用积差相关公式计算得的相关系数不能作为分半信度系数,因为一些研究表明,测验长度会影响测量的信度。在其他条件保持不变的情况下,测验的题量越大,其信度越高。因此,用分半法计算得到的信度系数实际上只是半个测验的信度,它低估了整个测验的信度。为了求得整个测验的信度,斯皮尔曼和布朗(Spearman & Brown)提出了分半信度系数的校正公式:

$$r_{xx} = \frac{2r_{hh}}{1+r_{hh}}$$

式中r_{hh}为两半测验分数的相关系数,r_{xx}为测验恢复到原长度时的信度系数。分半信度系数通常指校正后的值,即r_{xx},而不是两半测验的相关r_{hh}。

例如:某研究者对一组受测者实施了一项推理能力测验,然后按奇偶题号分半并统计各项分数如表5-3,试估计该测验的分半信度系数。

表5-3 推理能力测验的分半信度系数计算表

受测者	奇数题 (a)	偶数题 (b)	测验分数 (a+b)	d (a-b)
1	24	23	47	1
2	25	26	51	-1
3	20	22	42	-2
4	19	19	38	0
5	20	23	43	-3
6	18	21	39	-3
7	21	25	46	-4
8	17	20	37	-3
9	23	25	48	-2
10	26	24	50	2
11	22	23	45	-1
12	16	18	34	-2
合计	251	269	520	-18

解:根据表5-3中的数据计算得,

$$r_{hh} = \frac{\sum X_a X_b - (\sum X_a)(\sum X_b)/n}{\sqrt{\sum X_a^2 - (\sum X_a)^2/n}\sqrt{\sum X_b^2 - (\sum X_b)^2/n}}$$

$$= \frac{5699 - 251 \times 269 \div 12}{\sqrt{5361 - 251^2 \div 12} \times \sqrt{6099 - 269^2 \div 12}} = 0.83$$

所以,这个测验的分半信度系数为:

$$r_{xx} = \frac{2r_{hh}}{1 + r_{hh}} = \frac{2 \times 0.83}{1 + 0.83} = 0.91$$

用斯皮尔曼—布朗公式对两半测验的相关进行校正时应注意它的使用条件,即两半测验的平均数和标准差差异不大。如果两组数据不满足这个条件,计算得到的信度系数就会有一定的偏差。

当两组数据的平均数、标准差差异较大时,一般用弗拉那根(S. C. Flanagan)或卢隆(P. J. Rulon)提出的公式计算分半信度系数。

弗拉那根的公式为: $r_{xx} = 2(1 - \frac{\sigma_a^2 + \sigma_b^2}{\sigma_X^2})$

式中, σ_a^2、σ_b^2 分别为两半测验的方差, σ_X^2 为测验总分的方差。

例如:根据表5-3的数据计算得, $\sigma_a^2 = 9.24, \sigma_b^2 = 5.74, \sigma_X^2 = 27.06$

因此,该测验的分半信度系数为: $r_{xx} = 2(1 - \frac{\sigma_a^2 + \sigma_b^2}{\sigma_X^2}) = 2 \times (1 - \frac{9.24 + 5.74}{27.06}) = 0.89$

用弗拉那根公式估计信度时既不用计算相关系数,也不需要校正,而是直接用两半测验的方差及总分方差求得。

卢隆公式与弗拉那根公式很相似,其使用条件也比较宽松,不要求两半测验的平均数、标准差比较接近。

卢隆的公式为: $r_{xx} = 1 - \frac{\sigma_d^2}{\sigma_X^2}$

式中 σ_d^2 为两半测验分数之差的方差, σ_X^2 为测验总分的方差。

例如:根据表5-3的数据计算得, $\sigma_d^2 = 2.92, \sigma_X^2 = 27.06$

将数据代入公式中,该测验的分半信度系数为:

$$r_{xx} = 1 - \frac{\sigma_d^2}{\sigma_X^2} = 1 - \frac{2.92}{27.06} = 0.89$$

分半信度系数与等值性系数的求法非常相似,两半测验交替进行,没有时间间隔,因而减少了由于有时间间隔可能带来的误差。这种方法还有一个很大的优点,就是只需编制一个测验,仅实施一次测验,因此可以节省时间、人力和物力,所以这种检验测量信度的方法被广泛地应用。

不过,这种方法也存在一定的局限性。它最大的缺点就是至今没有找到一种合适的方法,能将各种测验进行恰当地分半。

(五)内部一致性系数

又叫作同质性信度,指的是测验内部所有题目间分数的一致性。

内部一致性系数也是估计信度的常用方法之一。它的基本逻辑是:如果某个测验企图测量单一特质,那么测验中的每一道题都应该在不同程度上测量这个特质,在各题目上的得分应该呈正相关;如果在各题目上的分数不呈正相关,就说明测验内部不稳定,这个测验也可能测量了多个不同的特质。

内部一致性系数的估算方法主要有以下两种:

(1) 库德—理查逊公式　库德和理查逊(G. F. Kuder & M. W. Lichardson)曾提出一系列估算测验内部一致性的公式,其中最著名的是库德和理查逊的第20号公式:

$$r_{KR20} = \frac{K}{K-1}(1 - \frac{\sum pq}{\sigma_X^2})$$

式中K为整个测验的题目数,σ_X^2为测验总分的方差,p为各题的难度值,$q = 1 - p$。

例如:有一个由8道多项选择题构成的词汇测验,10个受测者在该测验上的得分见表5-4,试计算该测验的内部一致性系数。

表5-4　词汇测验的内部一致性系数计算表

受测者	题目								测验分数
	1	2	3	4	5	6	7	8	
1	1	0	1	0	0	1	0	0	3
2	1	1	0	1	1	0	0	0	4
3	1	0	1	1	0	1	1	0	5
4	1	1	1	0	1	1	0	0	5
5	1	1	1	0	1	1	0	1	6
6	1	1	1	1	0	0	1	1	6
7	1	0	1	1	1	1	1	0	6
8	1	1	1	1	1	1	0	1	7
9	1	1	1	0	1	1	1	1	7
10	1	1	1	1	1	1	1	1	8
$\sum X$	10	7	9	6	7	8	5	5	
p	1.0	0.7	0.9	0.6	0.7	0.8	0.5	0.5	
q	0.0	0.3	0.1	0.4	0.3	0.2	0.5	0.5	
pq	0.0	0.21	0.09	0.24	0.21	0.16	0.25	0.25	

解:根据表5-4的数据计算得,

$K = 8$，　$\sum pq = 1.41$，　$\sigma_X^2 = 2.01$

$$r_{KR20} = \frac{K}{K-1}(1 - \frac{\sum pq}{\sigma_X^2})$$

$$= \frac{8}{8-1}(1 - \frac{1.41}{2.01}) = 0.34$$

即该测验的内部一致性系数为0.34。

库德—理查逊公式只适用于测验中所有的题目都按0或1记分的情况。若题目不按0或1记分,就要用另一个公式来计算。

(2) 克伦巴赫α系数　当题目不以0或1记分,可用克伦巴赫(L. J. Cronbach)提出的公式计算内部一致性系数。该公式为:

$$\alpha = \frac{K}{K-1}(1 - \frac{\sum \sigma_i^2}{\sigma_X^2})$$

式中K为整个测验的题目数,σ_i^2为第i道题得分的方差,σ_X^2为测验总分的方差。

例如:有一个由5道论述题组成的阅读理解测验,8个受测者在该测验上的得分见表5-5,

试计算该测验的内部一致性系数。

表 5-5　阅读理解测验的内部一致性系数计算表

受测者	题目					测验分数
	1	2	3	4	5	
1	15	10	12	8	12	57
2	17	15	13	12	9	66
3	18	11	16	15	10	70
4	14	10	9	7	8	48
5	16	13	15	10	7	61
6	13	14	10	9	6	52
7	19	15	12	14	13	73
8	11	16	7	11	10	55

解：根据表 5-5 中的数据计算得，

$K=5$，$\sigma_1^2=6.23$，$\sigma_2^2=5.00$，
$\sigma_3^2=7.94$，$\sigma_4^2=6.94$，$\sigma_5^2=4.98$，$\sigma_X^2=68.44$

$$\alpha = \frac{K}{K-1}\left(1-\frac{\sum\sigma_i^2}{\sigma_X^2}\right)$$

$$= \frac{5}{5-1}\left(1-\frac{6.23+5.00+7.94+6.94+4.98}{68.44}\right) = 0.68$$

这个测验的内部一致性系数为 0.68。

克伦巴赫 α 系数的计算公式也适用于测验题目以 0 或 1 记分的情况。当这个公式用于测验题目以 0 或 1 记分的情况时，克伦巴赫 α 系数公式与库德—理查逊公式相同。

如何根据内部一致性系数的高低来评价测验的质量，目前还没有一个统一的标准。不过，近年来不少学者认为，一个性能优良的测验其内部一致性系数至少应该在 0.70 以上。

(六) 评分者信度系数

如前所述，测量中的一部分误差是由题目特点引起的。有些题型像多项选择题、是非题、匹配题、简答题、填充题等，评分是比较客观的，而有些题型像论述题、作文题、联想题、操作题等，其评分很容易受主观因素的影响。如果一份测验中包含了许多主观性测题，那么就应该估计它的评分者信度，以便于分析和判断该测验对评分方面的误差控制得如何。

评分者信度系数指的是测量结果跨评分者的一致性。其求法是：由两位或多位评分者按评分规则独立地对受测者进行评分，然后根据两组或多组分数计算相关系数，即得评分者信度系数。

当估计两位评分者评分的一致性时，通常采用斯皮尔曼等级相关公式：

$$r_R = 1 - \frac{6\sum D^2}{n(n^2-1)}$$

式中，r_R 为评分者信度系数，D 为两位评分者对同一位受测者所给予的等级之差，n 为受测人数。

例如：由两位评分者对 15 名听障儿童在手指灵巧性测验上的表现分别进行评分，结果如表 5-6，试计算该测验的评分者信度系数。

表5-6 手指灵巧性测验的评分者信度系数计算表

受测者序号	评分者 A	评分者 B	D	D²
1	8	9	-1	1
2	11	12	-1	1
3	10	11	-1	1
4	1	3	-2	4
5	5	6	-1	1
6	2	1	1	1
7	9	7	2	4
8	14	15	-1	1
9	12	10	2	4
10	7	8	-1	1
11	3	4	-1	1
12	15	14	1	1
13	4	5	-1	1
14	13	13	0	0
15	6	2	4	16
总和				38

解:将表5-6中的数据代入斯皮尔曼等级相关公式得,

$$r_R = 1 - \frac{6\sum D^2}{n(n^2-1)}$$

$$= 1 - \frac{6 \times 38}{15 \times (15^2-1)} = 0.93$$

即该测验的评分者信度系数为0.93。

当分析三个或三个以上评分者之间评分一致性时,要计算肯德尔和谐系数,其公式为:

$$r_w = \frac{SS_R}{\frac{1}{12}K^2(n^3-n)}$$

式中r_w为肯德尔和谐系数,K为评定者人数,n为受测人数,R为所有评定者所给予的等级之和,SS_R表示R的离差平方和,即$SS_R = \sum R^2 - (\sum R)^2/n$。

例如:让4位评分者对8位智力障碍儿童的手工作品独立地进行评分,结果如表5-7,试计算这个测验的评分者信度系数。

表5-7 肯德尔和谐系数计算表

学生	评定者				R	R²
	A	B	C	D		
1	7	8	6	7	28	784
2	2	1	1	2	6	36
3	6	5	7	8	26	676
4	4	3	5	5	17	289
5	1	4	2	1	8	64
6	5	6	4	4	19	361
7	8	7	8	6	29	841
8	3	2	3	3	11	121
总和					144	3172

解:根据表中的数据计算得,
$$SS_R = \sum R^2 - (\sum R)^2/n。$$
$$= 3172 - 144^2 \div 8 = 580$$

因此,该测验的评分者信度系数为:
$$r_w = \frac{SS_R}{\frac{1}{12}K^2(n^3-n)} = \frac{580}{\frac{1}{12} \times 4^2 \times (8^3-8)} = 0.86$$

如果评分者判给受测者的是分数,而不是等级,那么,要先把分数转化为等级,再用上面的公式进行计算。所获得的信度系数达到 0.90 以上时,才可以认为测验的评分是客观的。

三、测量标准误

信度系数显示了测验分数的稳定性。如果信度系数接近于 1,就表明每次测得的结果是稳定、一致的;如果接近于 0,则表明每次测得的结果会有很大的波动性。有时,评估人员不仅希望了解测验分数的稳定性,而且还想知道真分数的变化范围,以便对分数的解释更准确一些。如何确定真分数的变化范围呢?

理论上可以对某个受测者施测无限多次,然后根据实得分数(X)计算他的真分数(T)。然而,这种方法实际上是行不通的,因为评估人员不可能用同一个测验对同一个受测者施测无限多次。要估计真分数的变化范围,一般首要计算测量误差分布的标准差(σ_E),然后根据统计学原理估算真分数的置信区间,即真分数有 95% 的可能性落在某个实得分数上下 $1.96\sigma_E$ 之间,有 99% 的可能性落在某个实得分数上下 $2.58\sigma_E$ 之间。为了与实得分数的标准差(σ_X)区别开来,测量误差分布的标准差叫作测量标准误,其计算公式为:

$$\sigma_E = \sigma_X \sqrt{1-r_{XX}}$$

证明:由误差公式得,$\sigma_X^2 = \sigma_T^2 + \sigma_E^2$ ①

又由信度的定义公式 $r_{XX} = \frac{\sigma_T^2}{\sigma_X^2}$,得 $\sigma_T^2 = r_{XX}\sigma_X^2$ ②

将②代入①,得 $\sigma_X^2 = r_{XX}\sigma_X^2 + \sigma_E^2$

所以,
$$\sigma_E^2 = \sigma_X^2(1-r_{XX})$$
$$\sigma_E = \sigma_X \sqrt{1-r_{XX}}$$

例如:已知某项智力测验的标准差为 16,信度系数为 0.95,问该测验的测量标准误是多少?

解:根据标准误的计算公式得,
$$\sigma_E = \sigma_X \sqrt{1-r_{XX}}$$
$$= 16 \times \sqrt{1-0.95} = 3.58$$

有了测量标准误,评估人员就可以估算真分数的置信区间。

例如,已知某个受测者在该测验上的分数为 73,其真分数的 0.95 置信区间是多少?

解:真分数的 0.95 置信区间是:
$$P(X - 1.96\sigma_E < T < X + 1.96\sigma_E) = 0.95$$
$$P(73 - 1.96 \times 3.58 < T < 73 + 1.96 \times 3.58) = 0.95$$

$P(66 < T < 80) = 0.95$

即其真分数有95%的可能性落在66至80分之间。

如今,在一些标准化测验的使用手册中不仅报告了测验的信度系数,而且还报告了测量标准误,这样测验使用者就可以用一段分数来表示受测者真分数的取值范围,更准确地判断受测者的真实水平。另外,在比较不同的受测者之间的差异时,可以忽略由于随机误差带来的微小差异,更注重个体之间存在的实质性差异。

第三节 效 度

一、效度的定义

检验测验质量时,信度是一个重要的指标。如果信度高,就表明测验人员对随机误差控制得好,该测验反复测量的结果是稳定、一致的。然而,光有信度指标是不够的,有大量的实例证明,信度高的测验所测得的结果不一定准确。例如,用一个不标准的容器量水,用准心没调好的枪进行射击比赛,用制作不标准的尺子量身高等等。虽然有时每次测得的结果都是一样的,但由于存在系统误差,测量结果并不代表受测者的真正水平或真实情况。要使测量结果反映受测者的真实情况就要控制系统误差,而系统误差控制的效果如何,需要从另一个方面来证明。由此可见,除了信度外,还有一个很重要的指标,就是效度。

效度(validity),又叫作准确性,是指一个测验能够测量到所要测量的心理特质的程度。这个定义包括了两层含义:①效度是与一定的测量目的有关的,离开测量目的,效度无从谈起。例如,一个测量创造力有效的测验,用于测量记忆力就变得无效。反过来,一个测量记忆力有效的测验用于测量创造力也会变得无效。因此,评价一个测验的质量时不能泛泛地说它有效还是无效。②效度指的是某种程度,其取值范围在0~1之间。效度系数越接近于1,表明测验对所要测量的心理特质测得越准确;效度系数越接近于0,表明测验对所要测量的心理特质测得越不准确。

在心理测量学中,效度定义为:与测量目的有关的有效分数的方差与实得分数方差的比率。其公式为:

$$r_{xy}^2 = \frac{\sigma_V^2}{\sigma_X^2}$$

上式中,r_{xy}^2 为效度系数,σ_V^2 为有效分数的方差,σ_X^2 为实得分数的方差。

效度全面地反映了对系统误差和随机误差的控制效果,因此,与信度相比,它是一个更重要的指标。因效度涉及的面非常广,对测验效度的检验一般需要收集多方面的资料,从多个不同的角度来进行。

二、效度的种类及估计方法

(一)内容效度

1. 定义

内容效度(content validity)是指测验中的题目对所要测量的整个内容领域的代表程度。例如,测验编制者打算编制一份小学四年级的数学测验。通过对所要测量的章节内容和行为目标的分析得知,在章节内容方面,应该包括整数、小数、分数、线、角、面、统计初步知识、量与计量等内容;在行为目标方面,应该包括知道与理解概念、运算技能、解决问题等内容。如果时间允许,该测验应该包括与这些内容有关的所有题目。然而,实际上这是行不通的,编制者必须从所有可能编制的题目中抽取一个样本,构成一个测验。这个测验所包含的题目的代表性就反映了该测验的内容效度。

如何检验测验的内容效度呢？对内容效度进行检验,首先需要了解内容效度高的测验应该具备哪些条件。

2. 内容效度高的测验应该具备的条件

（1）所要测量的内容领域界定要明确　测验所要测量的内容可以是简单的知识（如10以内的加减法运算）,可以是复杂的心理属性（如数学推理能力）;可以是有限的总体（如某册语文课本中出现的所有生词）,也可以是无限的总体（如中学语文的内容）。无论属于哪一种情况,所要测量的领域界定一定要清楚。例如,中学语文的内容虽然难以枚举穷尽,但是,如果把它定义为某个教学大纲或某本教材规定的范围,其内容领域就变得明确了。

（2）测验中的题目应该是所测内容领域的代表性样本,而不是随机取样的样本　随机取样一般是指等概率取样,即不管内容重要不重要,一律按机会相等的原则来抽取题目。这样获得的样本不能反映各部分内容的重要性。代表性取样则是根据内容的重要性来抽取题目。这种样本不一定包罗所测内容的所有方面,但是,它一定涵盖了所测内容的主要方面,并且各部分内容的题目比例一定与它的重要程度相符。

另外,在检验内容效度时还要注意,不能把内容效度和表面效度相混。所谓表面效度（surface validity）,是指受测者能从题目的文字表述中看出测验企图测量什么的程度。表面效度高的测验,受测者一般比较容易看出测验的目的;表面效度低的测验,受测者则很难猜出测验的意图。严格地说,表面效度不属于效度,它只是表明测验中的题目暴露其测量目的的程度。它与内容效度是两个不同的概念,表面效度高的测验,其内容效度不一定高;而表面效度低的测验,内容效度也不一定低。若想了解测验是否具有很高的内容效度,必须进行实际的检验。

3. 检验内容效度的方法

检验测验是否具有很高的内容效度,最常用的方法是专家判断法,即把有关的专家都请来,通过分析和讨论,判断该测验的题目与所要测量的内容在多大程度上是吻合的。

检验内容效度,一般采取以下步骤：

第一步,对所要测量的内容范围进行明确的界定,这是确保测验具有较高内容效度所必须具备的条件之一。

第二步,编制一份双向细目表,把代表性取样的要求（如包括哪些细目,每一个细目编制多少题目,分值是多少等）用双向细目表的形式体现出来。

第三步,分析测验中的每一道题,看它测量了双向细目表中哪一个方面的内容。将测验题目在每一个细目中的比例与标准取样的比例相对照,如果二者的吻合程度高,就表明测验的内容效度高;反之,则表明测验的内容效度低。

第四步,写出鉴定报告,说明测验所包含的各类题目的数量及分数比例,以及它对所要测量的内容领域的覆盖率如何。

内容效度的检验方法主要为逻辑分析法。虽然有人曾做过其他的尝试,但是到目前为止,还没有一种成熟的统计方法可以用于估计测验的内容效度。

4. 内容效度的应用与评价

内容效度是大多数测验必须具备的基本条件之一。它尤其适于评价成就测验的质量,因为这类测验所测量的内容范围一般比较明确且易于界定。不过,内容效度还存在一定的局限性。首先,内容效度缺乏可靠的数量指标,因而妨碍了各测验间的相互比较。其次,内容效度主要由专家做出判断,往往带有很大的主观性。不同的专家对同一内容领域的重点、取样要求有不同的认识,对内容效度的判断可能会不一致。另外,双向细目表一般比较难编制,这也给内容效度的检验带来一定的困难。因此,和后面两种效度相比,内容效度的检验方法应用并不十分广泛。

(二)效标关联效度

1. 定义与分类

效标关联效度(criterion-related validity),又叫作实证效度,是指一个测验对处于特定情境中的个体行为进行诊断或预测时的有效程度。效标关联效度越高,测验对某些行为的诊断或预测就越准确。

有时测验使用者对某个测验究竟测量了什么并不感兴趣,而感兴趣的是这个测验用来诊断或预测受测者的某些行为时能有多准确。例如,在某些有天才儿童教育班的学校里,每年都用一些智力测验和能力倾向测验来招生。其实,这些学校的老师对测验究竟测量了什么并不关心,他们关心的是这些测验能不能把天才儿童诊断出来,能否把招收进来的学生培养成为杰出的人才。在这里,要诊断或要预测的行为称为效标(criterion),测验与效标之间的关联程度即为效标关联效度,有时简称为效标效度。

根据效标资料收集的时间不同,效标关联效度分为两种:一种叫作同时效度,另一种叫作预测效度。

(1)同时效度(concurrent validity) 是指在实施测验的同时收集效标资料所求得的效标关联效度。它主要用于检验测验对受测者的某些行为做诊断时的有效程度。例如,有人新编制了一个数学学习障碍诊断测验,在实施该测验的同时收集了近一周内受测者的数学考试成绩作为效标,通过确定二者之间的关联程度即可判断该测验用于诊断的有效性。

(2)预测效度(predictive validity) 是指在实施测验一段时间之后收集效标资料所求得的效标关联效度。它主要用于检验测验对个体的某些行为做预测时的准确程度。在这里,用来预测个体未来某些行为的测验叫作预测源。例如,有人编制了一套音乐能力倾向测验,在实施该测验五年后收集受测者在音乐方面的成就作为效标,确定该测验与效标之间的关联程度即可判断该测验用于预测的有效性。

在考察测验的效度时,预测效度被关注的程度远远超过同时效度,所以效标关联效度一般指的是预测效度。

2. 效标

检验效标关联效度时首先要确定效标。由于效标是衡量测验有效性的标准,因此选择好效标是非常重要的。效标有两种形式:一种是观念效标,另一种是效标测量。

(1)所谓观念效标,是指以一种抽象概念存在于头脑中的效标。例如,用音乐能力倾向测验预测一个人未来的音乐成就,那么在音乐事业上获得成功就是一种观念效标。

(2)体现观念效标的一些具体指标就是效标测量。例如,受测者进入著名的音乐团体、参加音乐比赛并获奖、发表音乐作品或专辑等都可以作为个人音乐事业上成功的效标测量。

效标测量可以是多种多样的,常见的效标测量有以下几类:

- 其他标准化测验的分数　如韦克斯勒儿童智力量表、瑞文标准推理测验、斯坦福—比内智力量表、康纳斯儿童行为问卷、AAMR 适应行为量表、卡特尔 16 种人格因素问卷等测验的分数。
- 学习成绩　如语文、数学、常识、音乐、美术、体育、劳动等学科期末或平时的考试成绩。
- 教师评定　如班主任对本班学生的智力、学习成绩、行为问题、品德、个性、特殊才能等的评定。
- 专门的训练成绩　如感觉统合能力、记忆力、注意力、分类能力、计算能力、推理能力、口语表达能力、书面表达能力、创造力、学习策略、社会技能等训练后的成绩。
- 实际的生活状况或工作表现　如自理水平、社区生活的参与程度、所从事的职业、用人单位的评价、工资水平等。

效标测量的种类那么多,在选择时应注意以下几点:

(1)效标测量本身必须是有效的,也就是说,效标测量必须能真正反映观念效标。例如,用数学考试成绩作为数学学业成就的效标测量是有效的,而用相貌作为数学学习是否成功的效标测量就无效了。又如,用绘画作品作为美术成就的效标测量是有效的,而用数学成绩作为效标测量就无效了。

(2)效标测量还必须具有较高的信度。如果效标测量本身就不稳定、不可靠,那么预测源与效标之间的关系就不稳定和不可靠,很难判断预测源测验是否有效。

(3)效标测量必须排除主观偏见的影响。有时测验编制者以教师对受测者的等级评定作为效标测量,由于教师事先已经知道受测者的预测源分数,他所做的评定会受一定的影响。因此,应该在教师做完等级评定之后才让他知道预测源分数。

3. 检验效标关联效度的方法

(1)计算效度系数　计算效度系数是效标关联效度各种检验方法中最常用的一种。具体的求法是:首先实施作为预测源的测验,与此同时或经过一段时间之后收集效标资料,然后计算预测源分数与效标测量的相关系数,即可得到效度系数。

若两列变量均为连续变量,通常用下列公式计算效度系数:

$$r_{xy} = \frac{\sum XY - n\overline{X}\overline{Y}}{n\sigma_X \sigma_Y}$$

或 $r_{xy} = \dfrac{\sum XY - (\sum X)(\sum Y)/n}{\sqrt{\sum X^2 - (\sum X)^2/n}\sqrt{\sum Y^2 - (\sum Y)^2/n}}$

例如:2013 年 10 月 15 日测验编制者给 22 名小学六年级学生实施了一项智力测验,半年后收集他们的数学毕业考试的成绩作为效标,两次测验的结果如表 5-8,试计算智力测验对数学毕业考试成绩的预测效度。

表5-8 22名小学六年级学生的智力测验分数与数学毕业考试成绩

受测者	1	2	3	4	5	6	7	8	9	10	11	12	13	14	15	16	17	18	19	20	21	22
智力测验分数	42	53	50	44	51	49	51	38	39	54	52	50	41	43	40	49	46	52	45	47	48	45
数学考试成绩	74	81	85	79	85	80	78	73	60	84	70	83	75	64	56	79	77	74	81	76	72	82

解:根据表5-8数据计算得,

$\sum X = 1029$, $\sum X^2 = 48611$, $\sum XY = 78491$

$\sum Y = 1668$, $\sum Y^2 = 127734$, $n = 22$

$$r_{xy} = \frac{\sum XY - (\sum X)(\sum Y)/n}{\sqrt{\sum X^2 - (\sum X)^2/n} \sqrt{\sum Y^2 - (\sum Y)^2/n}}$$

$$= \frac{78491 - 1029 \times 1668 \div 22}{\sqrt{48611 - 1029^2 \div 22} \times \sqrt{127734 - 1668^2 \div 22}} = 0.61$$

若两列变量中有一列不是正态连续变量,或两列变量都不是正态连续变量,就要根据变量的特点选用其他相关公式。例如,当效标是等级评定时,要用斯皮尔曼等级相关公式;当效标是二分变量(如分为合格和不合格两类)时,要用二列相关或点二列相关公式;当预测源和效标都是二分变量时,要用 φ 相关等等。

效度系数表明了预测源与效标的相关程度。如果效度系数高,则表明预测源与效标之间的相关很高,也就是说,在预测源上得分高的人,在效标测量上分数也高;在预测源上得分低的人,在效标上分数也低。测验编制及使用者可以根据效度系数来评价和选择测验。

效度系数达到多高就可以认为它是一个有效的测验呢?目前还没有一个统一的标准。一般来说,所求得的相关系数至少要达到统计上的显著性水平。如果相关系数达到统计上的显著性水平,就表明该测验用来做预测是准确的;如果相关系数未达到显著性水平,那么这个测验就不能用来做预测。在本例中,经统计检验,相关系数已达到0.01的显著性水平,所以,该测验对小学六年级学生的数学毕业考试成绩具有预测效度。

(2)区分法 除了计算效度系数外,还可以用其他一些方法来检验效标关联效度。区分法就是其中的一种。

具体的做法是:先根据效标分数把受测者分成两组或多组,然后对这两组或多组受测者在预测源上的平均数进行差异的显著性检验。如果差异显著,则表明预测源对效标分数能做区分,有预测效度;反之,则表明从预测源分数上不能判断受测者将会出现什么情况,即不具有预测效度。

如果受测者只被分成两组,那么检验两组受测者在预测源上平均数差异的显著性要用 Z 检验(大样本)或 t 检验(小样本且总体方差齐性)。如果受测者被分成三组或三组以上,要检验各组平均数之间差异的显著性,则要进行方差分析。

例如:为了考察某个新编制的智力测验的效标关联效度,研究者先用这个测验对一群受测者施测,然后按医生的临床诊断把这群受测者分成两类,一类为普通儿童,另一类为智力障碍儿童,将受测者的智力测验分数登记如表5-9,试计算该测验的效标关联效度。

表 5-9　普通儿童与智力障碍儿童在新编智力测验上的分数

普通儿童	101	110	98	87	105	103	96	97	112	128	96	88	79	114	100	81	85
智力障碍儿童	67	65	40	58	48	72	66	42	48	71	50	53	49	64	71	69	57
普通儿童	97	99	105	96	83	108	104	87	86	95	94	107	77	89	87	93	
智力障碍儿童	55	43	42	63	76	62	38	51	40	76	62						

解：首先，根据表 5-9 数据做方差齐性检验：

$$F = \frac{S_1^2}{S_2^2} = \frac{139.99}{125.63} = 1.11$$

∵　$F = 1.11 < F(27,32)_{0.05} = 1.84$

∴　方差齐性

然后，进行独立小样本的 t 检验：

$$t = \frac{\bar{X}_1 - \bar{X}_2}{\sqrt{\frac{n_1 \cdot \sigma_{X_1}^2 + n_2 \cdot \sigma_{X_2}^2}{n_1 + n_2 - 2} \cdot \frac{n_1 + n_2}{n_1 \cdot n_2}}}$$

$$= \frac{96.58 - 57.07}{\sqrt{\frac{33 \times 121.82 + 28 \times 134.99}{33 + 28 - 2} \times \frac{33 + 28}{33 \times 28}}} = 13.37$$

根据 $df = 33 + 28 - 2 = 59$，查 t 值表得，$t_{(59)0.01} = 2.660$

∵　$t = 13.37 > t_{(59)0.01} = 2.660$，$p < 0.01$

∴　两组平均数的差异极其显著，即这个测验用于诊断智力障碍儿童非常有效。

用这种方法检验测验的效标关联效度时一定要注意：当各组人数很多时，t 检验公式中的分母会变得很小，此时两组平均数（$\bar{X}_1 - \bar{X}_2$）间的一点点差异就会产生很大的 t 值，使差异容易达到显著性水平。所以，当样本比较大时，除了报告平均数差异的显著性检验结果外，还要说明两组平均数之间实际的差异，即 $\bar{X}_1 - \bar{X}_2 = ?$，以免在判断测验的有效性时，夸大实际的效度。在本例中，两组平均数的差异达到了 0.01 的显著性水平，$\bar{X}_1 - \bar{X}_2 = 39.51$。

（3）确定取舍的正确性　当用测验来选拔某类儿童时，可以通过计算总命中率和正命中率来检验测验的效标关联效度。

① 总命中率　是指根据测验分数正确录取和正确淘汰的人数之和（命中）与总人数之比。一般用 P_T 表示。其计算公式为：

$$P_T = \frac{A + D}{n}$$

上式中 A 为正确录取的人数，D 为正确淘汰的人数，n 为受测者总人数。

总命中率越高，说明用测验来选拔越准确；反之，失误就越多。

例如：某中学打算办一个天才儿童教育班，需要对前来报名的 200 名儿童进行筛选。假定经过测试达到录取分数线的有 46 名儿童。后来由于条件许可，该校决定把这 200 名儿童都安排到天才儿童教育班里接受培训。培训结束时对他们进行统一测试，结果在选拔测验中达到录取线的儿童中有 41 人合格，5 人不合格，未达到录取线的儿童中有 23 人合格，131 人不合格。用四格

表表示结果如表 5-10:

表 5-10 天才儿童教育班选拔和培训结束时的测试结果

		效标测量	
		合格	不合格
预测源	成功(录取)	41(A)	5(B)
	失败(不录取)	23(C)	131(D)

解:总命中率为:$P_T = \dfrac{A+D}{n}$

$= \dfrac{41+131}{200} = 0.86$

②正命中率 是指根据测验分数录取的受测者当中合格者所占的比例。一般用 P_P 表示。其计算公式为:

$P_P = \dfrac{A}{A+B}$

例如,根据上例中的数据计算得,

正命中率为:$P_P = \dfrac{A}{A+B}$

$= \dfrac{41}{41+5} = 0.89$

如果不用测验来选拔,其培训的合格率称为基础率(P_B),其计算公式为:

$P_B = \dfrac{A+C}{n}$

上例中,将数据代入公式得,$P_B = \dfrac{A+C}{n} = 0.32$

将总命中率、正命中率分别与基础率比较,因为 P_T、P_P 均明显高于 P_B,因此可以认为,该测验用于选拔是有效的。

(三)构想效度

1. 定义

为了给构想效度下一个明确的定义,在这里先要说明什么是构想。

所谓构想,是指心理学理论中提出的人假定具有的某种心理属性或特质,如智力、适应行为、兴趣、爱好、言语、创造力等都是构想。在理论著作中构想是一些抽象的概念和术语,但是,它们可以通过人的外显行为进行描述和测量。例如,一些人有爱好音乐的特质,这种特质可以从他们经常听电视、收音机或随身听里播放的音乐、喜欢唱歌、购买音乐书籍、磁带或 CD、参加音乐会或演出活动等方面进行推断和测量。

什么是构想效度呢? 构想效度(construct validity)又称结构效度,是指一个测验测量到它要测量的心理特质的程度。例如,有人编制了一个适应行为量表,要检验它的构想效度,他首先要系统地分析适应行为的组成结构,确定共包括几个维度,每一维度会表现出哪些行为,然后从这些行为中抽取一个样本组成量表。如果对适应行为的结构分析合理,所测量的行为与各维度有内在的关联性,行为的取样有代表性,那么,这个量表就测量了它要测量的特质,即构想效度高;反之,这个量表的构想效度就很低。

2. 检验构想效度的方法

(1)逻辑验证法　对构想效度的检验有时需要根据已有的理论做一些逻辑分析,然后看测验数据是否符合某种逻辑推论。如果符合,就可以认为这个测验具有很高的构想效度,否则,就认为该测验的构想效度不高。例如,几乎所有的智力理论都认为儿童的智力会随着年龄的增长而增长,据此推论,年龄大的受测者在测验上的平均得分应该比年龄小的受测者高。如果在某个智力测验上受测者的分数没有随年龄的增长而系统地提高,那么这个智力测验就缺乏构想效度。又如,大多数理论认为,儿童的适应行为与他的智商既有联系又有区别,因此,两个分数之间应该存在中度相关。如果某个适应行为量表分数与 IQ 分数呈中度相关,就表明这个适应行为量表具有较高的构想效度。

(2)考察测验的内部一致性　内部一致性又叫作同质性,它反映了测验内部各题目得分的倾向性。一般来说,如果测验的题目都测量了同一特质,各题目的分数会比较一致,即内部一致性比较高;如果测量了多个特质,各题目的分数会参差不齐,内部一致性会比较低。反过来,如果测验的内部一致性很高,就说明测验测量了单一的特质;如果内部一致性很低,则说明测验测量了多个特质。

测验编制者和使用者可以根据内部一致性系数来评价某个测验构想效度的高低。一般先假定测验或分测验要测量某个单一的特质,然后看内部一致性系数高不高。如果内部一致性系数很高,就表明测验或分测验具有构想效度;如果不高,则表明测验可能除了测量所要测量的特质外,还测量了其他的特质,该测验的分数不能真正地反映所测特质的量值。

内部一致性系数的计算方法主要有两种:①当题目以 0 或 1 记分时,用库德—理查逊公式计算;②当题目不以 0 或 1 记分时,用克伦巴赫 α 系数公式来计算(详见本章第二节)。

(3)计算相关系数　即通过相关分析来检验测验的构想效度。具体做法有以下两种:

相容效度(congruent validity)　给一组受测者实施两个测验,一个是新编制的测验,另一个是已经证明过、确知有很高效度的测验,计算两组分数的相关系数即可得相容效度。相关系数若很高,就说明这两个测验测量了相同的特质。例如,经过多次修订,斯坦福—比内智力量表已证明具有很高的效度,一般新编制的智力测验都要与之求相关,这样就可以了解新测验与斯坦福—比内智力量表是否测量了相同的特质。

会聚效度(convergent validity)与区分效度(discriminating validity)　将两个或多个企图测量同一特质的测验(无论形式是否相同)求相关,所得的相关系数称为会聚效度。将两个或多个企图测量不同特质的测验求相关,所得的相关系数称为区分效度。一个测验只有当会聚效度很高(相关系数高),而且区分效度也很高(相关系数低)时,才可能具有很高的构想效度。

(4)因素分析法　因素分析法(factor analysis)是一种多元统计法,其目的在于把决定多个项目或分测验分数高低的共同因素找出来,并以此作为测验所测量的特质对测验分数做出解释。将这种方法用于检验测验的构想效度,其步骤如下(以某个智力测验为例)。

第一步,给一群受测者实施某个智力测验,该测验共包含以下 13 个分测验:词汇、常识、类同、理解、积木、图片排列、填图、拼图、迷津、算术、背数、译码和符号搜索。

第二步,根据分测验分数计算彼此间的相关系数,列出相关矩阵(表 5-11)。

表 5-11 分测验分数的相关矩阵

测验	A	B	C	D	E	F	G	H	I	J	K	L	M
A. 词汇	—												
B. 常识	0.76	—											
C. 类同	0.65	0.71	—										
D. 理解	0.69	0.63	0.65	—									
E. 积木	0.18	0.09	0.06	0.18	—								
F. 图片排列	0.21	0.28	0.14	0.29	0.47	—							
G. 填图	0.13	0.16	0.08	0.16	0.74	0.63	—						
H. 拼图	0.04	0.27	0.17	0.25	0.71	0.68	0.66	—					
I. 迷津	0.07	0.13	0.02	0.14	0.42	0.52	0.49	0.54	—				
J. 算术	0.22	0.20	0.28	0.23	0.25	0.12	0.18	0.06	0.19	—			
K. 背数	0.15	0.09	0.11	0.08	0.17	0.14	0.13	0.21	0.10	0.67	—		
L. 译码	0.07	0.03	0.14	0.05	0.12	0.16	0.11	0.18	0.21	0.23	0.18	—	
M. 符号搜索	0.14	0.08	0.13	0.10	0.29	0.23	0.27	0.25	0.14	0.17	0.19	0.59	—

第三步：通过一系列复杂的数学运算，从相关矩阵中抽出一定数目的共同因素，列出因素矩阵（表 5-12）。

表 5-12 分测验所测共同因素的因素矩阵

测验	负荷量				共同度（h^2）
	因素 I	因素 II	因素 III	因素 IV	
A. 词汇	0.79	0.22	0.16	0.18	0.7305
B. 常识	0.72	0.29	0.09	0.25	0.6731
C. 类同	0.72	0.29	0.09	0.23	0.6635
D. 理解	0.65	0.19	0.19	0.17	0.5236
E. 积木	0.29	0.70	0.17	0.24	0.6606
F. 图片排列	0.33	0.37	0.25	0.08	0.3147
G. 填图	0.38	0.53	0.08	0.10	0.4417
H. 拼图	0.26	0.69	0.14	0.11	0.5754
I. 迷津	0.06	0.36	0.12	0.11	0.1597
J. 算术	0.41	0.27	0.15	0.73	0.7964
K. 背数	0.26	0.19	0.18	0.51	0.3962
L. 译码	0.11	0.13	0.79	0.09	0.6612
M. 符号搜索	0.20	0.35	0.56	0.19	0.5122
特征值（λ）	2.7798	2.0146	1.2023	1.1121	7.1088
占总变异的百分比（%）	21.4	15.5	9.2	8.5	54.6

从上述 13 个分测验中共抽取出 4 个共同因素。表中位于中央的数字显示了每个分测验在这 4 个共同因素上的负荷量，即每个分测验与每个共同因素的相关。例如，词汇分测验与第一个因素的相关为 0.79。最右边一列数字显示了每个分测验的共同度，即每个分测验的变异数能被 4 个共同因素解释的百分比，其数值等于各分测验在每个共同因素上负荷量的平方和。例如，词汇分测验的共同度 $= 0.79^2 + 0.22^2 + 0.16^2 + 0.18^2 = 0.7305$。最下边的两行数字为特征值（即各分测验在每一个共同因素上负荷量的平方和）及每个共同因素所能解释总变异的百分比。例如，因素 I 的特征值 $= 0.79^2 + 0.72^2 + \cdots\cdots + 0.20^2 = 2.7798$。因原相关矩阵的总变异数为 13 个单

位(每个分测验的变异数为1个单位),第一个因素能解释的变异数为2.7798个单位,所以该因素占总变异的百分比为21.4%。

第四步,对因素进行辨认和命名。因为词汇、常识、类同和理解分测验在因素Ⅰ上负荷量最高,因此,该因素可命名为言语理解;积木、排列、填图、图片拼图和迷津分测验在因素Ⅱ上负荷量最高,这个因素可命名为知觉组织;译码、符号搜索在因素Ⅲ上负荷量最高,这个因素可命名为加工速度;算术、背数分测验在因素Ⅳ上负荷量最高,这个因素可命名为抗分心或工作记忆。

第五步,将测验的因素构成与测验欲测量的构想相对照,就可以判断该测验是否具有构想效度。

3. 构想效度的应用与评价

大多数心理测验所测量的东西是人身上假定具有的心理属性或特质。这些心理属性或特质一般为某种理论构想,没有具体而明确的范围,因此,需要通过对构想的界定及构想效度的检验来判断测验的质量。

构想效度虽然是评价智力测验、能力倾向测验和个性测验的最好方法,然而,它也存在某些局限性:首先,许多构想概念缺乏一致的定义,因此,不同的人对同一个测验会做出不同的评价;其次,构想效度的检验方法种类繁多,究竟该选择哪一种却没有统一的标准,这也给测验质量的评价带来一定的随意性。

第四节 提高信度和效度的方法

影响信度和效度的因素非常多,凡是能引起随机误差和系统误差的因素都会降低测验的信度和效度。下面就从几个影响比较大的方面讨论提高信度和效度的方法。

一、适当地加大题量

在其他条件不变的情况下(如新增题目的难度、区分度,所测量的内容与原测验题目相同,没有出现疲劳效应等),题量的增加,不仅可以提高测验的信度,而且还可以提高测验的效度。题量增加以后,新测验的信度系数可以用下面这个公式计算:

$$r'_{xx} = \frac{K \cdot r_{xx}}{1+(K-1)r_{xx}}$$

式中,r'_{xx}为加大题量后新测验的信度系数,r_{xx}为原测验的信度系数,K为新测验的题量是原测验题量的倍数。

例如:有一个测验由50道题组成,其信度系数为0.70,现在把测验的题量增加到100道题,问加大题量以后,新测验的信度系数是多少?

解:因为$r_{xx}=0.70, K=100/50=2$

所以,$r'_{xx} = \frac{K \cdot r_{xx}}{1+(K-1)r_{xx}}$

$= \frac{2 \times 0.70}{1+(2-1) \times 0.70} = 0.82$

题量增加以后,新测验的效度系数可以用下面这个公式计算:

$$r_{(Kx)y} = \frac{K \cdot r_{xy}}{\sqrt{K(1 - r_{xx} + K \cdot r_{xx})}}$$

式中，$r_{(Kx)y}$ 为新测验的效度系数，r_{xx} 为原测验的信度系数，r_{xy} 为原测验的效度系数，K 为新测验的题量是原测验题量的倍数。

例如：有一个测验由 50 道题组成，其信度系数为 0.70，效度系数为 0.53。现在把测验的题量增加到 100 道题，问加大题量以后，新测验的效度系数是多少？

解：因为 $r_{xx} = 0.70, r_{xy} = 0.53, K = 100/50 = 2$

所以，$r_{(Kx)y} = \dfrac{K \cdot r_{xy}}{\sqrt{K(1 - r_{xx} + K \cdot r_{xx})}}$

$= \dfrac{2 \times 0.53}{\sqrt{2 \times (1 - 0.70 + 2 \times 0.70)}} = 0.57$

应当指出的是，虽然用加大题量的办法能在一定程度上提高测验的信度和效度，但是提高的幅度是十分有限的，而为增加题目所需投入的工作量非常大，所以，这不是一个很好的办法。要提高测验的信度和效度，最好还是从改善题目的质量入手。

二、注意编题的方式和方法

为了改善题目的质量，编题时应注意以下几点。

（一）目的要明确，所编的题目应与测量目的相符

有些测验的效度之所以不高，是因为编题时已偏离了测量的目的。测验编制者本来打算测量推理能力的，可无意中把大量的常识内容包括在题目中，于是就编成了一个常识测验。分数的高低反映的是受测者的常识水平，而不是推理水平。用这样的测验测量推理能力肯定是无效的。

（二）题意要清楚，题目中尽量避免使用生僻的词汇和复杂句型

题目是用来向受测者陈述问题的，一定要让受测者了解题意。如果题目中使用了生僻的词汇或复杂句型，受测者看不懂或听不懂题意，他就无法按要求作答。如果仅凭自己的理解或猜测来回答问题，分数的随机性就非常大，测验的信度一定会受到影响。

（三）题目的难度要适当，取样必须具有代表性

构成测验的题目不能太难或太容易了。如果太难了，受测者会完全凭猜测来回答；如果太容易了，受测者不会认真回答。这两种情况都会导致分数出现较大的波动性，从而使测验的信度降低。

题目取样的代表性会影响测验的效度。如果题目缺乏代表性，测验测量不到所要测量的东西，那么测验的效度必然会降低。

三、控制各种环境因素的影响

各种环境因素包括物理环境、主试的穿着打扮、言语和行为等都会影响测验的信度和效度，因此，施测时应当注意以下两点：

（一）安排适宜的测验环境

测验环境必须安静，否则受测者的注意力容易受到干扰。测验室应该有良好照明和通风条件，以免受测者在测验时感到不舒服，影响其水平的发挥。墙壁的布置应尽可能单调一些，防止

受测者分心。

(二) 主试的仪表和言行要得当

主试的穿着打扮不能过于花哨,以免分散受测者的注意力。在施测过程中,主试的言语和态度要亲切、自然,以便取得受测者的信任和配合。不要给予任何提示和帮助,否则会降低测验的难度,使受测者的分数高于他的真实水平。

四、调节好受测者的身心状态

(一) 调节身体状态

身体感觉不舒服会使受测者在智力、能力倾向或成就测验上的分数低于他的真实水平,因此,在施测前,要观察受测者是否有身体不舒服的迹象。如果受测者因疲劳、困倦、饥饿、口渴、想上厕所等感觉不舒服,可以让他先休息一会儿,吃点东西或上一趟厕所,以便消除身体的不适感。如果受测者生病了,短时间内难以康复,就应该停止测验,换个时间再进行测试。

(二) 调节心理状态

在施测过程中对受测者要多给予鼓励,以便测量他的最佳状态。如果受测者焦虑、注意力不集中、情绪低落、亢奋或起伏非常大等,应立即停止测验,等他的注意力比较集中、情绪较稳定时再继续施测。如果受测者的情绪在短时间内难以平静下来,那么只好换个时间再进行测试。

五、选择恰当的检验方法

有时方法选择不当,也会低估测验的信度和效度。为了正确地评价测验的质量,在检验信度和效度时都有一些注意事项。

(一) 检验信度时的注意事项

估算稳定性系数时,测验所测量的特质不能随时间的变化而变化。如果随着时间的推移变化很大,那么所获得的稳定性系数肯定会非常低。这时稳定性系数既反映了测验的性能,又反映了所测特质的特点,二者难以区分,所以不适合用来反映测验的质量。

估算分半信度系数时,怎样把测验分成对等两半十分重要。如果分得的两半不对等,那么测验的信度也会很低。有些测验本身不具备分成对等两半的条件,这样的测验就不宜估算分半信度系数。

(二) 检验效度时的注意事项

检验内容效度时,专家组成员必须具有权威性和代表性,因为内容取样的标准是由他们制定的。如果专家组成员制定的内容取样标准不正确,那么,对测验质量的判断就会有偏差。

检验效标关联效度时,必须选择适当的效标。因为效标是判断测验质量的标准,如果效标选择不当,那么对测验质量的判断就会出现偏差。

由于预测效度通常用预测源与效标分数之间的相关来衡量,二者相隔时间的长短也会影响效度系数,所以,在分析测验的预测效度时,不仅要看效度系数的大小,还要看该系数反映的是多长一段时间内的有效性。

第6章 常模及分数的解释

在测验标准化的过程中,有一个重要的环节即分数解释的标准化。所谓分数解释的标准化,是指按照统一的标准和方法来解释测验分数,这样,对同一个分数就能做出相同的解释和推论。如果分数的解释不进行标准化,那么对同一个分数可能有各种不同的解释和推论,对测验编制和实施过程中各种误差的控制就失去了意义。分数解释的标准化一般包括常模团体的确定、常模量表的编制、常模量表的呈现等环节,分别介绍如下。

第一节 常模团体的确定

一、原始分数和导出分数

什么是原始分数(raw score)？测验实施以后,按照标准答案对受测者的反应逐项评分所得的分数即为原始分数。

目前,我国学校中进行的大多数课堂测验,如语文、数学、常识测验等基本上都用原始分数来表示测验结果。按照我国的记分习惯,满分一般定为 100 分,90 分以上为优秀,80～89 分之间为良好,70～79 分之间为中等,60～69 分之间为及格,60 分以下为不及格。如果一个学生在某项测验中得了 95 分,就认为他的学习成绩优秀;如果他只得了 53 分,就认为他的学习成绩很差。这种表示测验结果的方法最大的优点是简便易行。

然而,用原始分数表示测验结果存在两大局限性。首先,原始分数的意义是不明确的。由于各个测验或分测验的长度、满分及难度不同,同样的分数可能有不同的含义。例如,在韦克斯勒儿童智力量表中,常识分测验的满分是 30,而词汇分测验的满分是 64,假定某个受测者在这两个分测验上都得了 25 分,并不表明他在这两个分测验上的水平相同。又如,假定语文和数学测验的难度不同,受测者在这两个测验上都得了 80 分,这个分数在较难的测验上价值高,而在较容易的测验上价值低。由此可见,不同测验的分数是不能直接比较的。

其次,原始分数的单位不等值。在我国,大多数学科测验的记分都采用百分制,然而,相同的分数差距往往对应不同的真实差距,例如,45～55 分的差距与 85～95 分的差距是不相等的。其他非标准化测验的情况基本上也如此。一般来说,分数越高,每提高一分的难度越大,真实的差距就越大;分数越低,真实的差距就越小。由于单位不等值,所以,各种测验的原始分数不能直接进行加减乘除运算。

为了使不同的测验分数可以相互比较,并且能进行一定的算术运算,就需要将原始分数转换为一种意义明确的分数。根据统计学的原理及常模团体的分数,将原始分数转换到具有一定参照点和单位的数量连续体上的分数,这种转换而来的分数称为导出分数(derived score),又称为量表分数(scaled score)。

二、确定常模团体的方法

(一)什么是常模团体和常模

所谓常模团体(norm group),指的是具有某些重要特征的受测者群体,或者是该群体的一个样本。当受测者人数很少时,常模团体一般由全体受测者组成;当受测者人数比较多时,从受测者总体中抽取一个具有代表性的样本也可以建立一个常模团体。以全体受测者或者某个具有代表性的受测者群体在测验上的分数分布为依据建立起来的,有一定参照点和单位的数量连续体叫作常模(norm),有时也叫作常模量表。有了常模,将每个原始分数与常模做对照,转换为量表分数,就可以判断受测者在团体中所达到的水平。

(二)为什么常模团体需要标准化

测验实施以后,一般可以将受测者组合成多种不同的常模团体。例如,将10岁儿童组合起来,构成10岁组;将12岁儿童组合起来,构成12岁组;男童组合成男童组;女童组合成女童组;听障儿童组合成听障儿童组;视障儿童组合成视障儿童组;等等。由于不同的常模团体在同一个测验上的分数分布是不同的,会获得不同的常模,而依照不同的常模来解释分数,往往得出不同的结论,因此,在解释分数时,一定要考虑常模团体的代表性,即常模团体的标准化问题。例如,一位10岁儿童参加了某项智力测验,得了一个分数。要分析他的智力发展水平如何,应该将他的分数和10岁组的得分情况做比较。拿他的分数与其他年龄组,比如12岁组或7岁组的得分情况做比较都是不恰当的,因为这样会低估或高估他的智力。不过,将这个儿童的分数和同龄儿童做比较还不一定能得出正确的结论。当受测者人数很多时,如果将他的分数和同龄儿童中较聪明的那部分人的分数做比较,他的智力会显得很普通;而和一群智力发展水平较差的儿童做比较,则显得很优秀。因此,常模团体还应该是一个具有某些共同特征的受测者群体的代表性样本。

(三)怎样获得标准化的常模团体

为了获得标准化的常模团体,在确定常模团体时要注意以下几个问题:

1. 常模团体的组成必须明确界定

可以用来区分受测者群体的特征或变量是很多的,在确定常模团体时,必须对测验所要测量的群体的特征予以清楚的说明。例如,在某些行为上不同地区的受测者有不同的表现方式,在确定常模团体时需要考虑受测者所来自的地区,对地区的界定要非常清楚。又如,各类特殊儿童的能力表现往往是不同的,在为各类儿童制订常模时,也需要对每个常模团体的特征做明确说明。

除了地区和障碍类型外,目前常用于区分和限定受测者群体的变量还有性别、年龄、年级、智力水平、民族、学校类型、父母职业、父母文化程度等。

2. 常模团体必须具有代表性

当受测者总体比较大时,为了节省时间、人力和物力,可以从总体中抽取一个样本作为常模团体,这就要求所抽取的样本必须具有代表性。

为了使样本具有代表性,一般要用下面的方法进行抽样。

（1）简单随机抽样　先将总体中的每一个个体都编上号码，再把每个号码写在一张小纸条上并揉成团，将所有的纸团充分混合后，从中抽取 n 个（即样本的容量）纸团，与被抽到的纸团上所写号码相对应的个体就进入样本。例如，从某市 220 名 8 岁的智力障碍儿童中随机抽取 50 名儿童组成一个常模团体，就可以采用这种抽样方法。

（2）等距抽样　先计算总体中个体的数目与样本容量之比（用 K 表示），然后将总体中的每一个个体都按一定的顺序编上号码，在头 K 个号码中任意选定一个号码作为起点，再每隔 K 个号码抽取一个号码，与被抽到的号码相对应的个体就进入样本。例如，从某市 150 名三年级的听障学生中抽取 25 名学生组成一个样本，应该先计算出 K（K = 150/25 = 6），然后将这 150 名学生从 1～150 编号，再从头 6 个号码中任意选定一个号码比如"2"作为起点，按 2、8、14、20……号抽取学生即可获得一个有代表性的常模团体。

（3）分层随机抽样　先根据受测者的某些重要特征将总体划分成几部分（亦称为层），然后在各部分（层）中进行简单随机抽样或等距抽样即可获得一个标准化的常模团体。瑞文标准推理测验（中国城市修订版）就是用这种方法来抽样的。该测验先将全国划分为东北、华北、华东、西南、中南和西北六大行政区，然后根据人口分布将城市划分为大、中、小三类，再根据 1982 年全国人口普查的资料计算各地区和各类城市的人口比例，并按这些比例进行抽样。此外，抽样中还考虑到受测者的年龄、性别、文化程度、职业和民族等。这样抽样，就保证了常模团体的代表性。

（4）整群抽样　这是一种不以个体为单位，而以整群为单位的抽样方法。例如，为了调查小学阶段学习障碍儿童的发生率，可以从某市 265 所小学中随机抽出 10 所小学。这 10 所小学里的所有学生就组成了一个样本。用这种方法抽取的样本也是具有代表性的。

3. 常模团体的大小要适当

一般来说，抽样误差与样本大小成反比，即在其他条件相同的情况下，样本越大，抽样误差越小；样本越小，抽样误差越大。为了控制抽样误差，使常模团体具有代表性和稳定性，所抽取的样本应该尽可能地大一些。然而，由于人力、物力及时间的限制，样本又不可能太大，因此，要在二者之间找到一个平衡点。

其实常模团体多大合适并没有一个严格的标准。在确定常模团体规模时，最好先根据期望达到的可信度和允许的误差大小推算一下，再参考自己以及他人的经验，最后做出决定。

4. 注意常模制订的时间

社会在飞速地发展，教育也在不断地进步，10 年前制订的常模现在可能不再适用，因此，必须重新修订。随着时间的推移，受测者在一些学业成就测验、能力倾向测验、智力测验上的平均得分有逐渐抬高的趋势，如果不对常模进行修订，容易出现高估受测者水平的倾向。

常模应该定期修订，每次修订都需要重新确定常模团体，对受测者施测，制成常模量表。而测验使用者在选择测验时应该选用那些新近做过修订的测验，以便准确地估计受测者的水平。

5. 除提供一般常模外，还应制订一些特殊常模

许多测验的手册中都提供了适用范围很广的一般常模。这种常模的优点是能将特殊儿童与普通人群做比较，从而了解特殊儿童在普通人群中的相对位置，为特殊儿童的鉴别和安置提供依据。然而，在特殊儿童的心理评估中，仅仅将特殊儿童与普通儿童做比较是不够的，有时还需要了解特殊儿童在同类儿童中的相对位置，以便更准确地判断他发展的可能性以及教育教学的效果，这就需要测验编制者制订一些特殊的常模。例如，在编制智力测验时，除了制订一般常模外，

还要为听障儿童、视障儿童、肢体障碍儿童等分别制订常模。将一般常模与特殊常模结合起来，测验使用者就可以获得更多、更有用的信息，对分数的解释会更准确和精细，所做的教育教学决策就能产生更大的实效。

第二节　常模量表的制订

常模量表的制作方法有多种，大致可以分为百分等级量表、发展量表、商数和标准分数量表四类，分别介绍如下。

一、百分等级量表

将某一常模团体的水平由低到高分成 100 个等级，每提高一个等级受测者人数增加 1%，每位受测者所处的等级数就是他的水平达到的百分等级（percentile rank）。换句话说，百分等级是指常模团体中低于某个分数的人数百分比。例如，在一次测验中，某位受测者得了 90 分，经过换算，该分数所对应的百分等级是 85，就表示在常模团体中，低于 90 分的人数占 85%，等于或高于 90 分的人数占 15%。百分等级表明了个体在常模团体中的相对位置，百分等级越高，个体所处的地位就越高。百分等级的求法主要有以下四种。

（一）数据未分组的计算法

当数据没有分组时，求一个原始分数的百分等级，可以先把全部受测者的原始分数由大到小顺序排列，然后用下面的公式计算：

$$P_R = 100 - \frac{100R - 50}{N}$$

式中 P_R 为百分等级，R 为某个受测者在受测者群体中的排列名次，N 为受测者总人数。

例如：某市有 80 名听障学生参加了今年的中考。已知某位听障学生在此次考试中总分为 170 分，排名为第 26，问该生的百分等级是多少？

解：根据百分等级的计算公式，得

$$P_R = 100 - \frac{100R - 50}{N}$$

$$= 100 - \frac{100 \times 26 - 50}{80}$$

$$= 68$$

即该生的百分等级为 68，也就是说，在这次考试中有 68% 的考生不如他，有 32% 的考生等于或超过他。

（二）数据已分组的计算法

如果数据已经分组，并用频数分布表的形式呈现出来，此时，可以用下面的公式求百分等级。

$$P_R = \frac{100}{N}\left[F_b + \frac{f(X - L_b)}{i}\right]$$

式中 X 为要转换为百分等级的那个原始分数，L_b 为该分数所在组的下限，f 为该分数所在组的频数，i 为组距，F_b 为低于该分数所在组的各组频数之和，N 为受测者总人数。

例如：有 50 名学生参加了期末的数学测验，其原始分数的分布如表 6-1，试求 67 分所对应的百分等级。

表 6-1 数学测验百分等级计算表

分　数	频　数	至各组上限的累积频数	至各组上限的累积百分比
80 -	2	50	100
75 -	3	48	96
70 -	7	45	90
65 -	10	38	76
60 -	13	28	56
55 -	8	15	30
50 -	4	7	14
45 -	2	3	6
40 -	1	1	2

解：根据表 6-1 的数据得知：$N=50, X=67, f=10, i=5, L_b=65, F_b=28$，将这些数据代入百分等级的计算公式中，得

$$P_R = \frac{100}{N}\left[F_b + \frac{f(X-L_b)}{i}\right]$$

$$= \frac{100}{50}\left[28 + \frac{10 \times (67-65)}{5}\right]$$

$$= 64$$

即与 67 分相应的百分等级为 64，这表明 64% 的受测者的分数在 67 分以下，36% 的受测者的分数等于或超过 67 分。

（三）查表法

当原始分数呈正态分布时，还可以通过查正态分布表，将原始分数转换为百分等级。其做法是：先计算 Z 值，公式为：$Z=(X-\bar{X})/\sigma_X$，然后查正态分布表，求 Z 值所对应的左端面积 P。将 P 乘以 100 所得的积（取整数）即为原始分数所对应的百分等级。

例如：已知上学期期末语文测验呈正态分布，平均分为 82.7，标准差为 9.3，某位学生得了 65 分，试求该生在这次测验中所处的百分等级。

解：因为，$\bar{X}=82.7$， $\sigma_X=9.3$， $X=65$

所以，$Z=\dfrac{X-\bar{X}}{\sigma_X}=\dfrac{65-82.7}{9.3}=-1.90$

根据 $Z=-1.90$ 查正态分布表，得 Z 所对应的左端面积 $P=0.03$，即该生在这次测验中的百分等级是 3，表明 3% 的受测者分数在 65 分以下，97% 的受测者的分数等于或超过 65 分。

（四）作图法

用作图法求百分等级一般采取以下步骤：

(1) 列出各组的取值区间和频数（见表 6-1 左边两列）。

(2)计算各组上限的百分等级。首先,计算各组至上限的累积频数,即本组频数与以下各组频数之和。例如,"40-"这一组的频数是1,累积频数还是1(因为是最低组);"45-"这一组的频数是2,累积频数是3;其余各组依次类推(见表6-1第3列)。然后计算至各组上限的累积百分比,即累积频数除以总频数,再乘以100。例如,"40-"这一组至上限的累积百分比是2;"45-"这一组至上限的累积百分比是6(见表6-1第4列)。各组至上限的累积百分比就是该组上限的百分等级。

(3)将表6-1第1列各组的上限依次标在横轴上,将第10、20、30……100百分等级分别标在纵轴上,然后以各组的上限为横坐标,各组上限的百分等级为纵坐标描点,依次连接相邻的两点,并使之修匀成一条平滑的曲线,这条曲线就是百分等级曲线(图6-1)。

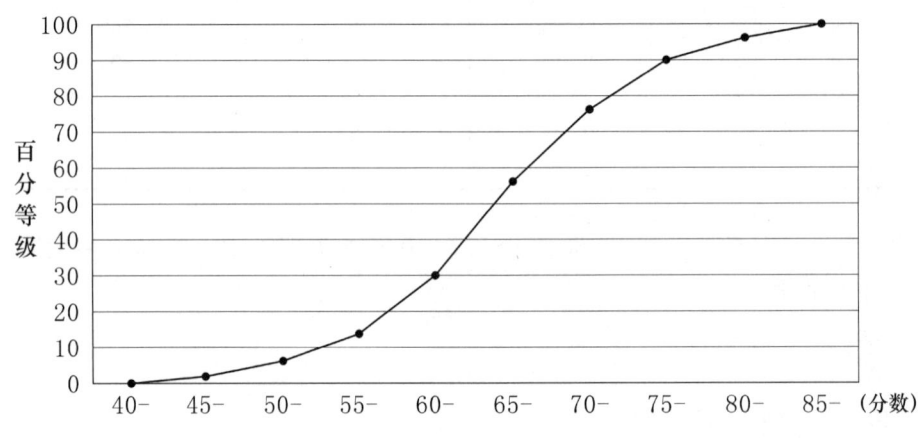

图6-1 数学测验百分等级曲线图

(4)求某个分数的百分等级,可以先在横轴上找到这一点,然后从这一点向上做横轴的垂线与曲线相交于一点,再从此交点向左做纵轴的垂线,与纵轴的交点所指示的百分等级就是这个分数的百分等级。

瑞文标准推理测验(中国城市修订版)是用百分等级量表来转换和解释分数的。在这个测验的手册中除了给出原始分数与百分等级的对照表外,还提供了一套智力评价的标准(表6-2)。根据这套标准就可以评价受测者在施测时已达到的智力发展水平。

表6-2 智力水平分级标准

级别	评价标准
一级	百分等级分等于或超过同年龄常模组的95%,为高水平智力
二级	百分等级分在75%与95%之间,智力水平良好
三级	百分等级分在25%与75%之间,智力水平中等
四级	百分等级分在5%与25%之间,智力水平中下
五级	百分等级分低于5%,智力有缺陷

百分等级量表是目前最常用的分数解释的方法之一。它的优点主要是容易被人所理解,适用于各种受测者和各类测验。不过,它也存在一些缺点。它的缺点主要是:①单位不等距。在分

数分布中央的一个较小区域里通常包含了许多受测者,而在分数分布两端的一个较大区域里只包含少量的受测者。因此,相对于两端来说,靠近分数分布中间的部分,同样的百分等级差异往往对应于很小的原始分数差异。在解释分数时,人们往往夸大了处于中间位置的那部分人的原始分数的差异,而忽视了位于两端的那部分人的差异。②百分等级量表属于顺序量表,量表上的分数只表明受测者所处的相对地位,因此,百分等级分数不能进行加减乘除运算,也不能做其他更复杂的统计运算。

二、发展量表

人的许多心理特质如智力、语言能力、社会适应能力等总会随年龄的增长而有规律地发展变化。如果把每个年龄的平均值计算出来,并连接在一起,形成一个数量连续体,就可以制成一个量表。这种量表就叫作发展量表。有了发展量表,个人的分数可以与之比较,从而评估他的发展水平。目前常用的发展量表有年龄量表和年级量表两种。

(一)年龄量表

年龄量表最早是由比内和西蒙(A. Binet & T. Simon)发明和使用的。比内和西蒙在编制比内—西蒙智力量表时就决定把受测儿童的智力与各年龄儿童的一般水平做比较,以确定该儿童的智力发展水平。他们首先编制出能区分各年龄智力发展水平的题目,即随着年龄的增长,儿童的得分会系统提高的智力题。例如,大部分9岁及9岁以上的儿童能通过,而大部分8岁儿童不能通过的题目就代表了9岁儿童的智力水平;大部分10岁及10岁以上的儿童能通过,而大部分9岁儿童不能通过的题目就代表了10岁儿童的智力水平;依此类推。在每个年龄水平都编制了适当的题目,就可以得到一个测量儿童智力发展水平的年龄量表。把某个儿童在测验上的分数与这个量表相对照,就可以推算出他已达到的智力年龄。这个智力年龄就是人们常说的智龄(mental age)。

智龄是年龄量表中用来度量智力的单位。将受测者的原始分数转换为智龄的方法并不复杂,其做法是:首先,确定基础年龄,即受测者将全部题目都答对的最高年龄组的年龄。例如,受测者将7岁及以下各组的题目都答对了,他的基础年龄就是7岁。其他年龄组的题目只答对一部分,这部分题目的得分必须先换算成月,累加起来后,加上基础年龄,再换算为智龄。例如,在斯坦福—比内智力量表中,每个年龄组的题目一般由6道题组成,每道题代表两个月的智龄,满12个月相当于增长了1岁。假设某位儿童完成这个测验的情况如图6-2所示,那么,这个儿童的基础年龄便是6岁,其他年龄组的得分总和为14个月,他的智龄就是7岁2个月,他的智力就相当于这个年龄儿童的一般水平。

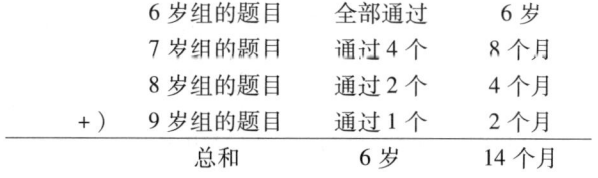

图6-2 智龄的求法示例

年龄量表虽然容易理解和解释,但必须注意,对于生理年龄不同的受测者,由于生理的成熟度以及经验不同,相同的智龄并不意味着心智能力完全相同。

(二) 年级量表

在学校里经常要实施各种各样的学业成就测验,如语文测验、数学测验、常识测验、劳动技能测验等。大多数标准化的学业成就测验不用年龄量表,而用年级量表来转换和解释测验分数,因为在一个年级里通常包含了不同年龄的学生,这种量表更适于反映受测者的学业成就水平。

年级量表的制作方法是这样的,先将受测者按年级分组,然后计算各年级组在某个测验上的平均分,将各年级组的平均分连接起来,就制成了一个年级量表。以后,将受测者在该测验上的得分与年级量表做对照,就可以判断他的学业成就水平相当于几年级。与某个学业成就水平相对应的年级叫作年级当量(grade equivalence)。例如,一个受测者在语文测验上的得分与小学三年级学生的平均分数相同,他在语文测验上的年级当量就是小学三年级,即他的语文水平相当于小学三年级。

年级量表的单位为年级当量,可以用年级加月数来表示。例如,受测者的学业成就已达到六年级学生学完两个月时的平均水平,可以表示为6.2。由于一年当中学生在校的时间为10个月,所以,满10个月就要提高1个年级,月数则归0。

年级量表的概念和制作方法是在年龄量表的启发下提出来的,因此,与年龄量表有许多相似之处。不过,二者之间又有一些区别,例如,年级量表将受测者群体按年级分组而不是按年龄分组,测验结果用年级当量而不用智龄表示,年级当量表明受测者达到的年级水平而不是年龄水平,等等。

年级量表的优点在于容易制作和应用,但它也存在一些不足。首先,年级当量有时容易被误解。例如,某位三年级的受测者在某项测验上的年级当量为4.5,这表明他对这个测验所测量的知识的掌握程度已达到了四年级中期学生的平均水平,而不是他已经学了四年级一半的内容并达到了相应的水平。其次,年级量表仅适用于在课程设置上有较大连续性的学科如语文和数学。如果测验所测量的学科只开设一学期或一学年,制作年级量表就没有什么意义了。

三、商数

(一) 比率智商

早期的智力测验基本上都用智龄来表示和解释测验结果,这种方法比用原始分数来解释测验结果有了一定的进步。然而,在测验的使用过程中人们发现,用智龄说明受测者的智力发展状况存在某些局限性。例如,智龄相同,假定都是10岁,而实际年龄不同,比如一个是7岁,另一个是12岁,智龄的意义是不相同的。前者的智龄高于他的实际年龄,表明他聪明;后者正好相反,智龄低于实际年龄,表明他的智力发展比较迟缓。仅从智龄是看不出二者差异的。

为了用单一指标表示智力发展的水平和速度,便于不同年龄的受测者之间进行比较,1912年,德国学者斯腾(W. Stern)提出了心理商数的概念及计算方法,即心理商数 = $\frac{智龄}{实足年龄}$。1916年,推孟(L. M. Terman)在修订比内—西蒙智力量表时采用了斯腾的分数换算方法,并做了适当的改进,提出了智商(IQ)的概念及公式。智商的计算公式为:

$$智商(IQ) = \frac{智龄}{实足年龄} \times 100$$

上式中,关于智龄的求法在前面已经讨论过了,下面就来介绍实足年龄的计算方法。

实足年龄等于测验日期减去受测者的出生日期。在计算中如果需要借位,每月都按 30 天计,每年按 12 个月计。有些测验在计算实足年龄时只需精确到月,那么,满 15 天的一律按一个月计,不满 15 天的一律不计。例如,2004 年 6 月 10 日对某位出生于 1995 年 11 月 25 日的儿童实施了某项智力测验,他的实足年龄就是 8 岁 6 个月零 15 天或 8 岁 7 个月(计算过程见图 6-3)。

```
    测验日期    2004 年    6 月    10 日
               (2003 年    17 月    40 日)
  - 出生日期    1995 年   11 月    25 日
  ─────────────────────────────────────
    实足年龄     8 岁      6 个月   15 天 ≈ 8 岁 7 个月
```

图 6-3　实足年龄的求法示例

推孟的公式实际上计算的是一种比率,所以又叫作比率智商。比率智商公式与心理商数公式十分相似,不同的是在比率智商公式中增加了"×100"一项,目的是消除小数。

如果一个儿童的智龄等于他的实足年龄,他的 IQ 就是 100。也就是说,100 代表了正常和平均的智力,高于 100 表明智力发展迅速,而低于 100 表明智力发展比较迟缓。

例如:给某位 8 岁 3 个月的儿童实施斯坦福—比内智力量表,经计算他的智龄为 6 岁 10 个月,问他的智商是多少?

解:根据智商公式,得

$$IQ = \frac{6 \times 12 + 10}{8 \times 12 + 3} \times 100 = 83$$

即他的智商为 83,智力发展比较迟缓。

为了更精确地评价智力的高低,推孟把智力由低到高分成了九类(表 6-3),这也是目前人们常用于评价儿童智力水平的两套标准之一。

表 6-3　智力的分类

智　商	类　别
140 以上	天才(genius)
120~140	上智(very superior)
110~120	聪颖(superior)
90~110	中材(average intelligence)
80~90	迟钝(dull)
70~80	近愚(borderline case)
50~70	低能(moron)
25~50	无能(imbecile)
25 以下	白痴(idiot)

引自:戴忠恒,《心理与教育测量》,上海:华东师范大学出版社,1987 年,第 63 页。

按照推孟的评价标准,该儿童的智力属于迟钝。

(二)教育商数

教育商数(educational quotient, EQ)是在参考比率智商的概念和计算方法的基础上提出来

的,所以与比率智商有许多类似之处。教育商数的公式为:

$$教育商数(EQ) = \frac{教育年龄}{实足年龄} \times 100$$

在这里,所谓教育年龄不是指受测者实际受教育的年限,而是指受测者已取得的学业成就相当于哪个年龄的平均水平。不管受测者的实际年龄是多少,上过几年学,是否留级或跳级,只要他在学业成就测验上所得的分数与某个年龄(如8岁)的平均分数相等,他的教育年龄就是这个年龄(8岁)。

教育商数的解释与智商的解释十分相似,都表示发展的水平和速度。如果教育商数大于100,表示他的学业成就水平高于他的同龄人;反之,则表示他的学业成就水平较同龄人差。

(三)成就商数(努力商数)

成就商数(accomplishment quotient,AQ)也是一个类似于智商的概念,其计算公式为:

$$AQ = \frac{教育年龄}{智龄} \times 100$$

或者,$AQ = \frac{教育商数}{智商} \times 100$

成就商数是将受测者的学业成就与他的智龄做比较。如果AQ大于100,即教育年龄大于智龄,就表明他很努力,他的学业成就高于在他的智力条件下应该达到的水平;如果AQ小于100,即教育年龄小于智龄,则表明他不够努力,他的学业成就没有达到在他的智力条件下应该达到的水平。有时成就商数也可以用来评价教师的教育效果和质量。不过,应当注意,一个人学业成就的高低除了受智力及教材教法的影响外,有时还受学生的学习兴趣、健康状况、家庭环境、教育条件等诸多因素的影响。因此,用成就商数来反映受测者学习是否努力或教育的效果和质量有时不一定准确。

四、标准分数量表

标准分数量表是第四类分数转换和解释系统,计算方法主要有以下几种。

(一)Z分数

以常模团体的平均分为参照点,标准差为单位制成的量表叫作Z分数量表。将原始分数用处于平均分之上或之下几个标准差来表示,这种导出分数叫作Z分数(Z score)。其转换公式为:

$$Z = \frac{X - \bar{X}}{\sigma_X}$$

其中,X为原始分数,$\bar{X}$为常模团体的平均分,σ_X为常模团体的标准差,Z为与X相对应的标准分数。

通过上式将原始分数直接转换成Z分数,所得的Z分数的分布与原始分数的分布形态相同,各分数之间的相对地位也没有改变,因此,这是一种线性转换。

当原始分数呈正态分布时,由上式导出的Z分数也呈正态分布,并具有以下几个性质:

- Z分数分布的平均数为0,标准差为1。
- Z分数的绝对值表示受测者所处的位置偏离常模团体平均值的程度,Z分数的正负号则表示受测者是处于平均数之上还是平均数之下。

- Z分数的取值范围大致是从 -3 到 3 之间,几乎为 6 个标准差。
- Z分数量表属于等距量表,因此,不仅可以比较 Z 分数的高低,而且还可以进行某些简单的算术运算。

例如:从某市随机抽取了一个 10 岁儿童的代表性样本,对其实施了一项短时记忆测验,经计算,平均值为 23,标准差为 6.7。若某位同龄的智力障碍儿童在此项测验中得了 15 分,问他的 Z 分数是多少?

解:根据 Z 分数的计算公式得,

$$Z = \frac{X - \bar{X}}{\sigma_X} = \frac{15 - 23}{6.7} = -1.19$$

即 Z 分数为 -1.19,这表明这个儿童的短时记忆测验的成绩比同龄儿童的平均分低 1.19 个标准差。

又如:某市对小学六年级学生举行了一项数学推理能力和一项言语推理能力测验。已知数学推理能力测验的平均分为 36 分,标准差为 6 分;言语推理能力测验的平均分为 25 分,标准差为 7。某位视障学生在数学推理能力和言语推理能力测验上得分分别为 45 分和 33 分,问他的哪一种推理能力更强一些?

解:根据 Z 分数的计算公式,得

$$Z_{数学推理} = \frac{45 - 36}{6} = 1.50$$

$$Z_{言语推理} = \frac{33 - 25}{7} = 1.14$$

这位视障学生在两种推理能力测验上的得分分别高于平均分 1.50 和 1.14 个标准差,他的数学推理能力更强一些。

当原始分数不是正态分布时,由上式直接转换来的 Z 分数也不是正态分布。如果两个分数分布差异很大,那么相同的 Z 分数会对应于不同的百分等级,这样的分数不能进行比较。为了使来源于不同分布形态的分数能够比较,可对原始分数进行非线性转换,使偏态分布变成正态分布(图 6-4)。其做法是:先将原始分数转换为百分等级,然后把偏态分布的百分等级当成正态分布的百分等级查正态分布表,找到与该百分等级相对应的 Z 分数。这样转换得来的 Z 分数就叫

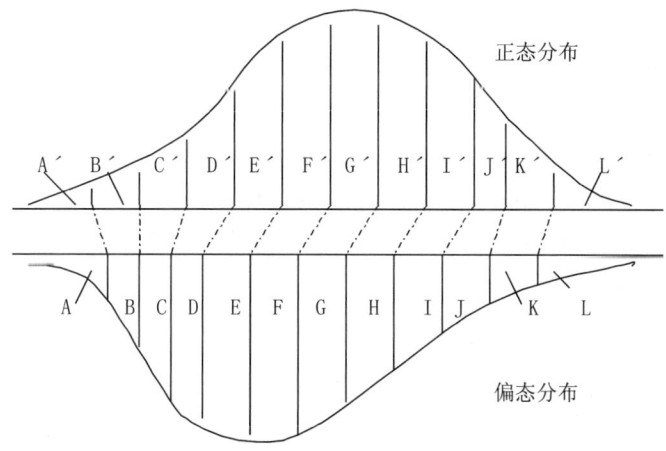

图 6-4 偏态分布的正态化示意图

作正态化或常态化的标准分数。

对偏态分布进行正态化处理必须满足一个前提条件,即测验所测量的特质的分数分布实际上是正态的,只是由于在测验编制上存在某些缺陷使分数分布出现了一定程度的偏斜。用这种方法可以使偏态分布得到某种程度的校正。不过,如果测验所测量的特质不具有正态分布的特性,用上述方法对分数分布进行正态化处理,则会扭曲事实。

无论用线性转换的还是用正态化的 Z 分数表示测验结果,都可以对多个测验的分数进行比较、求和及计算均值等。然而,由于 Z 分数的取值范围很小,而且常常会出现小数和负数,使用起来不太方便,在实际应用时,还要对它做进一步的转换,以便拉开分数的距离,消除小数和负数。

转换的方法有多种,用一个通式来表示就是:$Z' = A + BZ$(其中,A、B 为人为设定的两个常数,Z'为转换后的标准分数)。

目前最常用的转换方法是将 Z 分数转换为 T 分数或标准九分数。

(二)T 分数

当将 Z 分数乘以 10(一个常数),再加上 50(另一个常数)时,所得的新的分数就叫作 T 分数(T score)。用公式表示就是:

$$T = 50 + 10Z$$

T 分数主要用于说明受测者水平的高低,通常只保留一位小数,均值为 50,几乎所有的 T 分数都分布在 20 至 80 之间。

例如:从某市随机抽取了一个 8 岁儿童的代表性样本,对其实施了一项阅读理解测验,经计算,平均值为 47,标准差为 9.3。若某位同龄的学习障碍儿童在此项测验中得了 31 分,问他在此项测验中的 T 分数是多少?

解:根据 T 分数的计算公式,得

$$T = 50 + 10Z$$
$$= 50 + 10 \times \frac{31 - 47}{9.3}$$
$$= 32.8$$

即他在此项测验中的 T 分数是 32.8。因为 32.8 很靠近 20,所以,这个学习障碍儿童的阅读理解力是非常差的。

此外,T 分数还可用于多个测验分数的相互比较、求和、计算均值等。

例如:上学期末某市举行了语文、数学和英语的统一测验,经统计,语文的平均分为 88.1,标准差为 7.9;数学的平均分为 90.4,标准差为 11.3;英语的平均分为 92.3,标准差为 8.6。已知某位肢体残疾学生也参加了此次测验,他的语文、数学和英语成绩分别为 90、95 和 94,问他的哪一门课程考得最好,哪一门课程考得最差?T 分数的总分及均值各是多少?

解:根据 T 分数的计算公式,得

$$T_{语文} = 50 + 10 \times \frac{90 - 88.1}{7.9} = 52.4$$

$$T_{数学} = 50 + 10 \times \frac{95 - 90.4}{11.3} = 54.1$$

$$T_{英语} = 50 + 10 \times \frac{94 - 92.3}{8.6} = 52.0$$

$T_{数学} > T_{语文} > T_{英语}$

$T_{总} = 52.4 + 54.1 + 52.0 = 158.5$

$\bar{T} = 52.8$

即这位肢体残疾学生的数学考得最好,英语最差,T分数的总分为158.5,均值为52.8。

由于T分数是由Z分数转换而来的,所以,T分数也分为两类:一类是用线性转换的Z分数计算的,称为线性转换的T分数;另一类是用正态化的Z分数计算得来的,称为正态化的T分数。目前,最常用的是正态化的T分数。

(三)标准九分数

当将Z分数乘以2(一个常数),再加上5(另一个常数)时,所得的新的分数称为标准九分数(stanine score)。用公式表示就是:

$S = 5 + 2Z$

例如:某小学对三年级学生进行了一项识字量测验,经计算,全年级的平均分为62.7,标准差为4.6。若某个学生在此次测验中得了55分,问他的标准九分数是多少?

解:根据标准九分数的计算公式,得

$S = 5 + 2 \times \dfrac{55 - 62.7}{4.6}$

$\quad = 1.6$

$\quad \approx 2 (四舍五入)$

所以,他的标准九分数为2分。

标准九分数只用一位数字表示受测者水平的高低,其最低分为1,最高分为9,平均分为5。除1和9分外,其余的分数都是等距的,都有半个标准差的宽度。标准九分数也分为线性转换的和正态化的两类。当分数为正态分布时,每个标准九分数所占的位置及与Z分数的对应关系如图6-5所示。

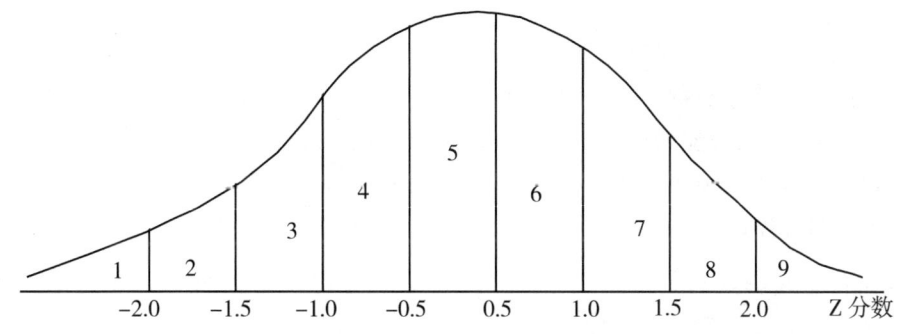

图6-5 标准九分数与Z分数对应关系示意图

(四)离差智商

在智力测验中用比率智商表示智力水平虽然使不同年龄的儿童之间可以相互比较,但这种方法也存在某些问题。首先,智力的生长与生理年龄的增长不是同步调的,智力一般按先快后慢的速度发展着,而生理年龄的增长却是匀速的,用二者的比率来表示各年龄儿童的智力发展状况不是一个合适的指标。其次,当人发育到一定年龄之后智力就不再生长了,而生理年龄还在不断地增长,如何确定个体成熟以后的智商也是一个很难解决的问题。针对这些问题,美国心理学家韦克斯勒(D. Wechsler)提出,用离差智商(deviation intelligence quotient, IQ_D)来解释智力测验的分数。其理论依据是每个年龄段的儿童的智力分布都是正态的,因此,个体智力的高低可以通过与同龄儿童的常模比较,根据与平均数的离差的大小来确定。这样对测验结果进行解释,就避开了不同年龄儿童发展速度不同的问题,也解决了如何评估年龄较大的受测者的智力水平的问题。目前,离差智商的概念和方法已被广泛应用于各类智力测验中。下面就以韦克斯勒儿童智力量表为例,说明离差智商的求法。

施测完毕,受测者在每个分测验上都有一个原始分数。由于各分测验的长度和难度不同,这些分数是不能直接相加的,必须转换为量表分数以后才能求和。

将各分测验的原始分数转化为量表分数的做法是:先根据各年龄组的分数分布求正态化的Z分数,然后用下面的公式计算量表分数:

$$T_i = 10 + 3Z$$

或者,$T_i = 10 + 3 \times \dfrac{X_i - \bar{X}_i}{\sigma_{Xi}}$(如果原始分数分布呈正态)

其中,X_i为受测者在第i个分测验上所得的原始分数,$\bar{X}_i$、σ_{Xi}分别为某个常模团体在该分测验上的平均分和标准差,T_i为由原始分数转换来的量表分数。

例如:已知10岁的常模团体在常识分测验上的平均分为16,标准差为4.3,原始分数呈正态分布,某位同龄的受测者在该分测验上的原始分数为13,问他的常识分测验的量表分数是多少?

解:根据量表分数的计算公式,得

$$T_i = 10 + 3 \times \dfrac{X_i - \bar{X}_i}{\sigma_{Xi}}$$

$$= 10 + 3 \times \dfrac{13 - 16}{4.3}$$

$$= 7.9$$

$$\approx 8$$

所以,他的常识分测验的量表分数是8。

有了各分测验的量表分数,就可以把受测者的五个言语分测验的量表分数加起来获得言语量表分数,把五个操作分测验的量表分数加起来获得操作量表分数,把言语和操作共十个分测验的量表分数加起来获得全量表分数。将这三个分数分别代入下式中,就可以获得受测者的言语智商、操作智商和总智商。

$$IQ_{Dj} = 100 + 15 \times \dfrac{Y_j - \bar{Y}_j}{\sigma_{Yj}}$$

其中,Y_j为受测者的言语量表分数、操作量表分数或全量表分数,$\bar{Y}_j$为常模团体的言语量表、操作量表或全量表的平均分,σ_{Yj}为常模团体的言语量表、操作量表或全量表的标准差,IQ_{Dj}为受测者的言语智商、操作智商或总智商。

例如:已知某位受测者在五个言语分测验和五个操作分测验的量表分数,以及言语量表、操作量表、全量表的平均分和标准差(见表6-4),试计算他的言语智商、操作智商和总智商。

表 6-4　某位受测者在韦克斯勒儿童智力量表上的得分情况

言语量表		操作量表			平均分	标准差
分测验	量表分数	分测验	量表分数			
常识	5	填图	9	言语量表	50	12.3
类同	4	排列	10	操作量表	50	10.7
算术	8	积木	12	全量表	100	20.8
词汇	9	拼图	8			
理解	7	译码	13			

解：首先，计算这位受测者的言语量表分数、操作量表分数和全量表分数。

$Y_{言语} = 5 + 4 + 8 + 9 + 7 = 33$

$Y_{操作} = 9 + 10 + 12 + 8 + 13 = 52$

$Y_{全量表} = Y_{言语} + Y_{操作} = 33 + 52 = 85$

然后，计算智商分数。

$IQ_{言语} = 100 + 15 \times \dfrac{33 - 50}{12.3} = 79$

$IQ_{操作} = 100 + 15 \times \dfrac{52 - 50}{10.7} = 103$

$IQ_{总} = 100 + 15 \times \dfrac{85 - 100}{20.8} = 89$

即这位受测者的言语智商为79，操作智商为103，总智商为89。

为了较精确地评价智力水平的高低，韦克斯勒还将智力分成了七级，各级标准如表6-5。

表 6-5　智力的分级标准

智商	等级	理论百分数(%)
130 以上	非常优秀	2.2
120~129	优秀	6.7
110~119	中上（聪明）	16.1
90~109	中等	50.0
80~89	中下（迟钝）	16.1
70~79	临界状态	6.7
70 以下	智力缺陷	2.2

引自：林传鼎、张厚粲，《韦克斯勒儿童智力量表》（内部资料），第63页。

根据韦克斯勒的评价标准，该儿童的智力总体水平属于中下，言语智商处于临界状态，操作智商属于中等。

第三节　呈现常模量表的方法

常模量表制订出来以后，为了便于使用，通常要用表格或图形来呈现。转化表和剖析图就是两种最常用的呈现常模资料的方法。

一、转化表

转化表,又称为常模表,是呈现常模资料的一种最基本的方法。转化表一般包括以下三个基本要素:①原始分数;②与每个原始分数相对应的导出分数;③对常模团体构成及特征的说明。

有了常模表,测验使用者就可以将受测者的原始分数直接查表得到导出分数。也可以根据需要,由所给的导出分数查到相应的原始分数。

常用的转化表有简单转化表和复杂转化表两种。

(一)简单转化表

将单项测验的原始分数转换为一种或几种导出分数的转化表称为简单转化表。表6-6、表6-7和表6-8都属于简单转化表。假如某位受测者的实足年龄为4岁5个月,在中国比内测验中获得了12分,通过查表6-6可知,他的智商为116。假如某位受测者的实足年龄为8岁6个月,在瑞文标准推理测验中获得了40分,通过查表6-7可知,他的百分等级为90。假如,某位受测者在操作速度测验中获得了23分,通过查表6-8可知他的T分数是53.7,同时还能了解他的百分等级是64。

表6-6 中国比内测验智商换算表

原始分数	2-3			4			5			6		
	0-3	4-7	8-11	0-3	4-7	8-11	0-3	4-7	8-11	0-3	4-7	8-11
1	75	72	69	66	63	61	59	58	57	57	56	54
2	85	81	77	72	68	67	64	62	61	60	59	57
3	90	86	82	77	86	82	68	66	65	63	62	60
4	96	92	86	81	78	75	73	70	69	67	66	64
5	102	97	92	88	83	80	77	74	73	72	70	68
6	108	103	98	93	88	85	81	78	76	74	73	71
7	113	108	103	97	92	89	86	83	81	78	76	74
8	119	114	112	99	97	94	90	87	85	82	80	78
9	126	120	114	108	102	99	95	91	89	86	83	81
10	132	126	120	113	107	103	99	95	92	86	86	84
11	137	131	125	118	112	107	102	98	95	92	90	87
12	144	137	130	123	116	112	107	103	100	96	93	91
13	150	143	136	128	121	117	112	107	104	100	97	94

表6-7 瑞文标准推理测验(中国城市修订版)百分等级换算表

百分等级	年龄												
	5½	6	6½	7	7½	8	8½	9	9½	10	10½	11	11½	12	12½
95	34	36	37	43	44	44	45	47	50	50	50	52	53	53	53
90	29	31	31	36	38	39	40	43	47	48	49	50	50	50	52
75	25	25	25	25	31	31	33	37	39	42	42	43	45	46	50
50	16	17	18	19	21	23	29	33	35	35	39	39	42	42	45
25	13	13	13	13	13	15	20	25	27	27	32	33	35	37	40
10	12	12	12	12	12	13	14	14	17	17	25	25	25	27	33
5	9	9	10	10	10	10	12	12	13	13	18	19	19	21	28

表6-8 操作速度测验的T分数和百分等级换算表

原始分数	T分数	百分等级
28	80.0	100
27	74.7	99
26	69.5	97
25	64.2	92
24	58.9	81
23	53.7	64
22	48.4	44
21	43.2	25
20	37.9	11
19	32.6	4
18	27.4	1
17	22.1	0

(二) 复杂转化表

将若干测验、分测验常模团体的原始分数与相应的导出分数呈现在一张表格上,这张表格叫作复杂转化表。表6-9和表6-10就属于这种转化表。假如某位10岁的儿童在韦克斯勒儿童

表6-9 韦克斯勒儿童智力量表各分测验原始分数与量表分数的对照表

量表分	言 语(10岁组)					
	常识	类同	算术	词汇	理解	背数(备用)
0	1-2	-	7	1-2	3-4	5-6
1	3	-	8	3-6	5	7
2	4-5	-	9	7-11	6-7	8
3	6	1-2	10	12-15	8-9	9-10
4	7	3-4	-	16-19	10	11
5	8-9	5	11	20-23	11-12	12
6	10	6-7	12	24-27	13-14	13-14
7	11-12	8-9	13	28-31	15	15
8	13	10	14	32-35	16-17	16
9	14-15	11-12	-	36-39	18	17
10	16	13-14	15	40-43	19-20	18-19
11	17	15	16	44-47	21-22	20
12	18-19	16-17	17	48-51	23-25	21
13	20	18-19	18	52-55	26-27	22-23
14	21-22	20	-	56-60	28 30	24
15	23	21-22	19	61-64	31-32	25-26
16	24-25	23-24	-	-	33-34	27-28
17	26	25	-	-	-	29
18	27	26-27	-	-	-	30
19	28-29	28-29	-	-	-	-

智力量表的常识分测验和类同分测验上都得了15分,那么,他在这两个分测验上的量表分数分别为9和11。假如某位视觉障碍儿童、某位听力障碍儿童和某位智力障碍儿童在适应能力测验上都得了41分,他们在各自的常模团体中所处的地位是不同的,其百分等级分别为92、91和99。

表6-10 特殊儿童适应能力测验百分等级转化表

原始分数	视觉障碍儿童	听觉障碍儿童	智力障碍儿童
53		100	
52		99	
51	100		
50	99	98	
49	98	97	
48		96	
47	97	95	
46	96		
45	95	94	
44		93	
43	94		100
42	93	92	
41	92	91	99
40		90	98
⋮	⋮	⋮	⋮

二、剖析图

依照某种事先规定的画法把一套测验中的几个分测验的分数用图表示出来,这种图称为剖析图(profile)。有了剖析图,就可以很直观地了解受测者在各个分测验上的表现和相对的水平。

图6-6是某位受测者在韦克斯勒儿童智力量表上得分的剖析图。由该图可见,受测者在言语量表的各分测验上的得分都在平均分以下,其中常识分测验和类同分测验的得分最低,词汇分测验的得分接近于平均分;在操作量表的各分测验上的得分都在平均分附近,其中积木和译码分测验的得分略高于平均分。

图6-7是某位受测者在儿童适应行为量表上得分的剖析图。该图显示,受测者在动作发展、言语发展、生活自理能力、居家与工作能力、自我管理和社会化这六个分测验上的得分都低于平均水平(50),其中,在动作发展和生活自理能力两方面发展得较好,在言语发展、社会化、自我管理等方面发展得很差。

图6-8是某位受测者在艾森克个性问卷上得分的剖析图。由该图可见,受测者在P(精神质)、N(神经质)和L(效度)量表上的分数都比较接近于均值50分,而在E(内外向)量表上的分数明显高于平均水平,说明这个受测者的外向性特点比较突出。根据测验使用手册中提供的解释标准可以推测,该受测者可能好交际,平时喜欢做一些刺激和冒险的事情,情感易波动等。

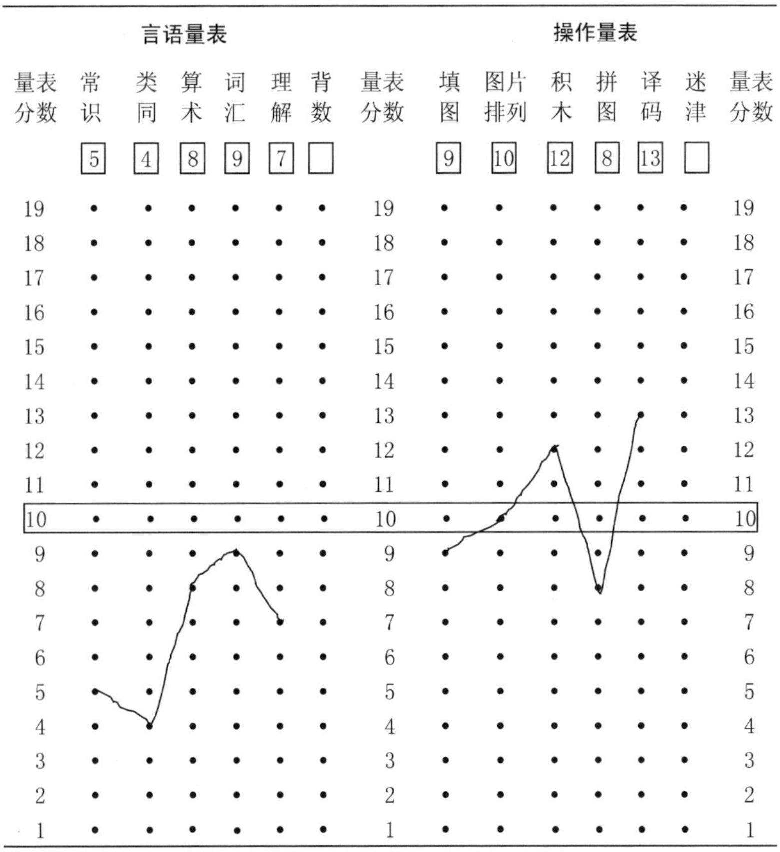

量表分数	常识	类同	算术	词汇	理解	背数	量表分数	填图	图片排列	积木	拼图	译码	迷津	量表分数
	5	4	8	9	7			9	10	12	8	13		

图 6-6 韦克斯勒儿童智力量表的剖析图示例

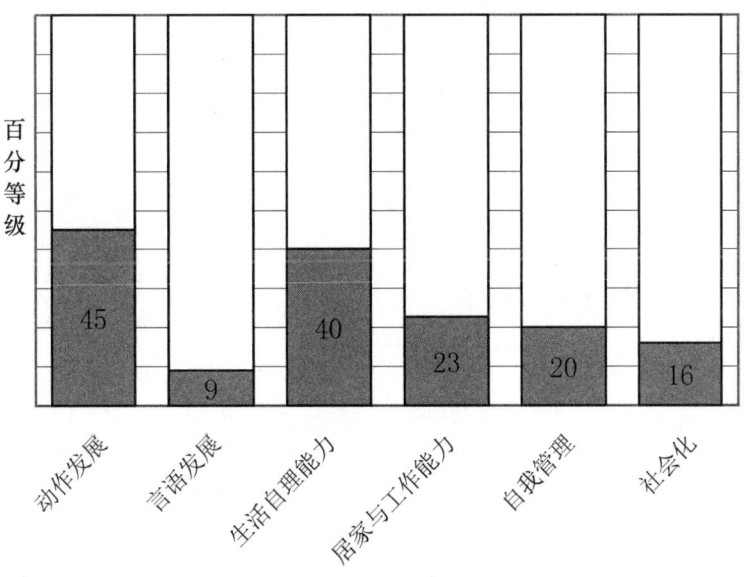

图 6-7 儿童适应行为量表百分等级剖析图

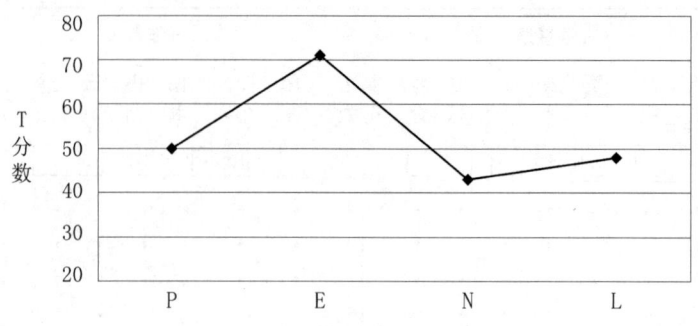

图6-8 艾森克个性问卷剖析图示例

第 7 章 测验的选择与使用

编制测验的目的是使用。不过,并非所有的测验都只归编制者个人使用,或者所有的测验使用者都需要自己编制测验。本章讨论的是如何选择、使用和管理已有的标准化测验的问题。

第一节 测验的选择

自 20 世纪初以来,已有大量的标准化测验被编制出来。如今可供选择的测验无论在数量上还是在种类上都非常多。为了避免测验的误用和滥用,测验的组织者和使用者在选择测验时应该注意以下三点。

一、所选的测验必须符合测量目的

每一个测验都有特殊的用途和适用范围,因此,在选择测验时,首先要考虑所选测验的适用范围是什么,能够达到什么测量目的。例如,有的测验可以测量范围很广的一般能力或多种能力,有的测验只能测量范围很窄的某种特殊的技能,有的测验可用来测量个性品质;有的测验可以对受测者目前的学习或发展状况进行较全面的描述,有的测验只能用来诊断某些特殊的学习或发展障碍,而有的测验可用来预测未来;有的测验可以测量语文、数学等学科知识和能力,有的测验可以测量音乐和美术才能,有的测验可以测量劳动态度和技能;有的测验可以评定适应行为,有的测验可以诊断情绪或行为问题等等。测验的用途和适用范围不同,对于特定的测量目的来说,它所产生的功效就不同。为此,测验的组织者和使用者在选用测验之前一定要仔细地阅读每份测验的使用手册,以便了解这方面的确实情况。

然后,要分析和判断哪个测验最符合自己的测量目的。例如,虽然瑞文推理测验、绘人测验和韦克斯勒儿童智力量表都可以用来测量儿童的智力,但是如果要鉴别智力障碍儿童并对其进行分类,选用瑞文推理测验和绘人测验是不太合适的,因为它们只适合于对智力障碍儿童进行筛查,不能对智力障碍儿童做细致的分类,因此,要选用韦克斯勒儿童智力量表。又如,为了考查儿童的数学学习情况,既可以选用某个标准化测验,又可以使用自编测验。如果打算将受测者的学业水平与常模做一比较,选用标准化测验是比较合适的,因为这类测验提供常模;如果只想了解受测者对近期所学内容的掌握情况,选用自编测验可能更合适,因为这类测验的内容与教学目标更贴近。

二、所选的测验应适用于特殊儿童

目前,大多数标准化测验是为普通儿童编制的,只有少量的测验,如希—内学习能力测验、孤独症儿童行为量表等专门为特殊儿童而设计。在特殊儿童的心理测量和评估中,用专门为特殊儿童设计的测验是最理想的,因为这类测验除了提供特殊儿童常模外,在编制过程中还考虑到特殊儿童的特殊性。然而,这类测验的数量是非常少的,目前人们用得最多的还是在内容或测验方式上经过精心选择或做了适当改变的普通测验。

对于不同类型的特殊儿童,在测验内容或测验方式的选择上应该采取不同的策略。一般来说,对于智力水平比较低的特殊儿童,如中、重度智力障碍或年幼的特殊儿童,要尽量使用评定量表,即通过家长、老师或其他人的观察来了解受测者的发展状况及存在的问题。对于有听力和语言障碍、多动症、孤独症、智力障碍的儿童等,要少用文字测验,多用一些像图片、积木、拼板之类的非言语测验。对于肢体障碍儿童,尽量用应答方式简单的测验。对于视觉障碍儿童,在测验中不能出现视觉材料,而应使用一些能用盲文呈现的或者可以念出声来的材料。

在特殊儿童的心理测量和评估中,有时还需要改变测验方式。最常见的做法有两种:①改变测验的呈现方式或程序,以适于某类特殊儿童。例如,用手语向听觉障碍儿童说明题意及应答要求;将题目念给视觉障碍儿童听。又如,对于有运动障碍的儿童,在他们回答问题时不予计时。②改变受测者的应答方式。例如,对有听力及严重语言障碍的儿童,只要求他们用手指指出多项选择题中哪个选项是正确的;对于视觉障碍儿童,只让他们口头回答问题。

测验方式的改变加大了特殊儿童心理测量和评估的可能性,但同时也带来一些问题。呈现方式、程序及应答方式的改变必然导致测验情境的改变。测验情境的改变,会使测验不再是以前的那个标准化测验了。在这种情况下,如果还用原来的常模解释分数就不合适了,最好用其他方法解释分数,比如,同类儿童之间的比较,受测者本人前测与后测分数的比较等等。

三、所选的测验必须具有良好的心理测量学性能

一个性能良好的测验应该具备以下几个特点。

(一)题目有适当的难度和区分度

如果题目太容易了,几乎所有的受测者都能获得很高的分数,或者题目太难了,几乎所有的受测者都通不过,这两种情况都不利于对受测者做区分。如果测验使用的目的就是要对特殊儿童做鉴别和分类,这样的测验就不太适宜了,应该找到难度适中、区分度很高的测验。

有些测验在编制时可能有适宜的难度和区分度,但由于难度和区分度具有相对性,将它们用于特殊儿童可能不太合适。因此,在选择测验时还要考虑受测者的特殊性,事先估计一下测验对特殊儿童的相对难度。

(二)测验结果具有很高的可靠性和有效性

也就是说,在不同的时间、情境、由不同的人来施测,测验结果都是稳定、一致的,测验的题目取样对所要测量的内容领域有很好的代表性,测验确实测量了想要测量的东西。

测验的可靠性和有效性可以从测验手册提供的各种信度和效度资料中了解到。在选择测验时要仔细查看这些资料,并根据心理测量学的标准来判断测验的质量。不过,有些测验虽然没有

提供信度和效度的资料,但实践证明它们确实能够准确地反映教学的效果,这样的测验也是可以选用的。

(三)测验手册中提供了标准答案、记分规则和适宜的常模

有标准答案、记分规则和常模的测验,不仅使用起来方便,而且可以控制由于记分标准和规则不统一而引起的误差,还能将受测者与他人进行比较,说明受测者目前的学习和发展水平以及存在的问题。

有些测验有标准答案和记分规则,但没有提供适宜的常模(比如,常模已经过时了,或者受测者与常模团体的背景相距很远等等),只要这些测验能够反映最近一段时间以来的教学效果,这样的测验也是可以选用的。

(四)施测、记分及分数的解释方法简便易行

在测验质量相同的情况下,施测、记分及分数的解释方法越简便,就越能节省时间且省力和省钱。在选择测验时,除了要考虑测验的质量外,有时也需要考虑测验的成本以及是否易于操作等。

如果有多种测验可供选择,具有上述特点的测验应该作为首选。

第二节　测验的使用

一、测验人员应具备的条件

对特殊儿童实施心理测量和评估是一项复杂且专业性很强的工作。为了使这项工作能够顺利、有效地进行,在特殊教育事业的发展中发挥积极的作用,在培训和选用测验人员时应当认识到,作为一名合格的测验工作者必须具备以下几方面的条件。

(一)知识和技能

在知识结构方面,测验人员首先应该具备普通心理学、儿童心理学、教育心理学、教育学原理、课程与教学论、教育管理学等广泛的心理学和教育学基本知识;其次,要掌握心理与教育统计学、心理与教育测量学等基本知识;再有,应具备特殊儿童心理学、特殊教育学、语言病理学、变态心理学等专业知识。此外,还应该熟悉语文、数学等学科知识,了解特殊儿童的医学基础、盲文、手语以及我国有关残疾人教育、福利等各方面的政策和法规等。

在技能方面,测验人员应该掌握测验的操作技能并有丰富的主试经验,包括善于观察受测者的情绪变化,迅速调整好受测者的情绪,有较强的语言表达能力,熟练地操作各种测验用具,快速而准确地记录受测者的各种反应,妥当地回答受测者提出的各种疑问,掌握测验时间,处理好各种偶发事件,正确记分和解释测验分数,恰当地报告测验结果等。

(二)职业道德

测验人员必须遵守职业道德,具体来说,至少要做到以下几条:

1. 对自己的工作后果负责

心理测量和评估是一种社会行为,会引起一定的教育及社会后果。测验人员根据测验结果对儿童进行筛查、鉴别、分类、安置、教学等,可能会改变一个人的生活轨道。例如,据国外的报

道,有人被误诊为"智力障碍"以后,受到了歧视和不公正的待遇,受测者本人对自己也失去了信心。因此,测验人员必须对自己的工作及其后果负责,采取严肃、认真、谦虚的态度,谨慎地对待测量和评估中的每一个细小环节,按照心理测量学的标准来实施测验并进行评估。

2. 认识自己能力的局限性

在特殊儿童的心理测量和评估中,常常需要使用各种各样的测验。测验人员对一些测验可能是非常熟悉的,而对另一些测验,可能不太熟悉或不能熟练地操作。每个人的能力有大有小,工作经验也各有不同,测验人员应该通过经常性的反思,正确地估计自己的能力,认识自己能力的局限性。当遇到自己不能胜任的工作时,要学会拒绝,或与他人合作,共同完成测验工作,这样,就能防止对测验的不恰当使用。

3. 认识测验的局限性

测验发展到今天,无论在理论上还是在技术上都还很不成熟。几乎所有的测验都是对某个行为样本的测量,没有绝对零点和等值的单位,存在抽样误差或测量误差,做推断时都可能出现错误,因此,测验人员不应夸大测验的作用。对测验应当采取的态度是:不把测验看成绝对可靠和准确的。虽然在教育决策中测验是一种能起重要辅助作用的工具,但是,它目前还很不完善。

4. 注意对测验结果保密

测验结束后,测验人员会收集到大量有关受测者个人及其家庭的资料,有些资料涉及到个人及家庭的隐私,如某方面的缺陷、内心冲突、家庭关系和矛盾等。在一般情况下,受测者不会把这些情况透露给外人,只有在寻求帮助时或为了配合测验才可能把它们说出来。这就要求测验人员尊重受测者的人格,严格为他们保密,以保护受测者的利益。在未经允许的情况下,受测者的个人资料不能随便让外人查阅,不得在书刊和杂志上发表,也不能拿到非正式的场合中讨论。只有经过受测者、家长或监护人同意,才可以对外公布个人资料及测验结果。

5. 不要滥用测验

测验不像尺子、磅秤等物理测量工具那样可以反复使用。测验使用的次数多了会产生练习效应,使测验失效。因此,不要随便地使用测验,更不能把测验当作平时的训练内容,反复地进行练习。只有在必要时才使用测验。一旦决定使用某个测验,就应该做好充分的准备,争取一次成功。

目前还有相当多的测验其信度和效度都不够理想,滥用测验容易让人忽视测量误差的存在,导致错误的决策,使受测者受到伤害。一些人为了追求经济利益而大肆推销或滥用测验,有职业道德的测验人员应该自觉地抵制这种行为。

二、施测过程中的一些注意事项

选择完测验并确定了测验人员以后,接下来就要对受测者实施测验。测验的种类很多,每一种测验的具体操作方法是不同的。一般来说,团体测验的操作方法简单一些,对测验人员的要求不太高,而个别测验的操作方法比较复杂,对测验人员的要求非常严格。下面就以韦克斯勒儿童智力量表为例,说明个别测验在施测过程中的一些注意事项。

(一) 做好测验前的准备工作

做好测验前的准备工作是确保测验有效实施的一个重要环节。测验人员首先要阅读测验手册,熟悉测验的结构、特点、内容以及使用方法。例如,在施测韦克斯勒儿童智力量表之前,通过阅读测验手册可以熟悉这个量表的结构和使用方法。韦克斯勒儿童智力量表由六个言语分测验和六个操作分测验构成,为了使整个测验过程更加有趣和富于变化,言语分测验和操作分测验交替地进行。对每位受测者实施整套测验需要 55~80 分钟。每个分测验都有不同的起测点、停测点、指导语和记分方法。例如,常识分测验共有 30 道题;8~10 岁的儿童从第 5 题开始做,连续 5 道题都不能通过即停测;每一正确回答得 1 分,错误回答不得分,最高分数为 30 分。又如,图片排列分测验共有 12 道题;8 岁以上的儿童从例题开始做,接着进行第 3 题,连续 3 道题都不能通过即停测;第 1~4 题的时限是 45 秒,第一次试验通过得 2 分,第一次试验未通过但第二次试验通过得 1 分;第 5~12 题的时限是 45~60 秒,在规定的时间内完成得 3 分,若提前完成再得 1~2 分的速度加分,该分测验的最高分数为 48 分。

把测验用具和材料准备好。在韦克斯勒儿童智力量表的工具箱中应该备有一盒填图卡片(共 26 张)、一盒图片排列卡片(共 13 套)、一盒积木(共 9 块积木)、一套积木图案(共 11 张)、五盒图像组合板、一盒词汇卡片(共 32 张)、一张印有 12 棵树的图片和一张空白卡片、一个小屏风,以及记分纸、译码测验纸、迷津测验纸、秒表、铅笔和测验手册。测验前应该把所有这些用具和材料都准备齐全。

背熟指导语,并做适量的练习。韦克斯勒儿童智力量表的指导语是比较复杂的,每个分测验甚至每道题都有不同的指导语。例如,算术分测验第 1 题的指导语是:在儿童的面前出示 12 棵树的图片,并且说:"用你的手指数一数这些树。数出声音来,使我能够听见。"第 2 题的指导语是:儿童的面前仍然放着一排树的图片,交给他一张空白卡片,说:"在这一排树里留出 4 棵树,用这张卡片把其他几棵树都盖上,剩下看得见的 4 棵。"又如,理解分测验第 6 题的指导语是:"如果你看到邻居房间的窗户冒出浓烟着火,你将怎么办?"第 7 题的指导语是:"用砖或石头盖的房子比用木头建成的房子有哪些好处?"为了在施测过程中能流利地说出每道题的指导语,施测前,测验人员必须背熟这些指导语。

当受测者来到测验室时,测验人员应该先和他聊聊天或做一两个小游戏,以便消除受测者的陌生感、恐惧感或紧张不安的情绪。在聊天或做游戏的过程中可以观察受测者的精神状态,看他的精神是否饱满,情绪稳不稳定。如果他精神不振,要了解是因为什么。是累了,饿了? 昨晚没有睡好? 对测验没有兴趣? 或者生病了? 然后根据具体情况让他适当地休息或吃一点东西。如果受测者的精神状态还是调整不过来,那么只好改期再进行测验了。如果受测者的情绪很亢奋,则要通过谈话或游戏把情绪安定下来,把注意力集中在测验任务上来。

(二)严格按指导语的要求去操作

在测验手册中一般都用较大的篇幅详细地说明如何施测,测验人员不仅要理解并背熟这些指导语,而且还要严格执行。例如,在韦克斯勒儿童智力量表的"施测须知"中规定:主试绝对不能改变任一测题所规定的语句;不得超出允许的范围给儿童提供帮助;要按手册规定的程序施测;必须严格遵守时间限制;用自然的谈话语调来表达;必要时可插入恰当的评语(如"做得很好")来提高受测者的兴趣。在各分测验中还有更具体的规定。例如,积木分测验的施测说明是:儿童直接按照示范的积木样板去摆第 1 图和第 2 图,再按照图案卡片进行第 3~11 图的测验。在摆放样板图和出示图案时,主试必须明确图形处于规定的方向,即图案的底边要对准儿童。当为第 1 图和第 2 图示范时,样板的底边要和卡片的底边相对应,即都向着儿童。每道题的时限写在记分纸第3页上,要严格执行。每道题的计时从指导语的最后一个词说完时开始。对于第1~3题,如果让儿童试做第二次,要重新计时。如果儿童在时限之内完成,要记下他完成每一个图案所使用的确切时间。第4~11题的准确计时极为重要,因为在这几道题上提前完成作业可获得速度加分。凡是摆出错误图形或不能在规定时间内完成作业的都算不能通过。图案的方向偏转了30度以上的,也算不能通过。只有严格按这些指导语去操作,才能有效地控制各种测量误差。

(三)测验结果的报告和解释要有分寸

分数计算出来之后,一般要向受测者本人、家长、老师或其他有关人员报告和解释。测验结果的报告方式有两种,一种是把分数直接告诉受测者或有关人员。例如,在实施了韦克斯勒儿童智力量表以后,可以报告受测者的总智商、言语智商、操作智商、各分测验的原始分数和量表分数等。另一种是不报告具体的分数,而只用受测者或有关人员容易理解的话语对测验结果进行描述和解释。例如,根据在韦克斯勒儿童智力量表上的得分,只说明受测者的智力处于高、中或低水平,智力发展优异,还是普通或者比较缓慢,言语智商比操作智商高还是低,哪些能力比较强,哪些能力比较弱等等。目前许多心理测量和评估专家提倡第二种做法。

除了报告和解释测验结果外,测验人员还应该给受测者、家长或老师提供有益的帮助和建议。可以鼓励受测者继续努力,加强优势领域;针对不足可以提出一些补救措施;对于不确定的方面,要建议做进一步的评估;根据受测者的特点调整教学的难度和速度等。所提的建议可能并不多,但对受测者来说是很有意义的,因此,要予以重视。

第三节　测验的管理

在西方发达国家,心理测验的发展曾走过一段曲折的道路。心理测验运动从20世纪初兴起,40年代达到顶峰,随后,由于测验的滥用和误用,测验运动跌入低谷。通过对测验运动的反思,人们逐渐认识到,心理测验是一种有用的测量工具,但其发展还很不成熟,对心理测验的使用需要加强管理。随着一系列管理措施的制定和实施,20世纪50年代以后,心理测验又转向平稳发展。

美国是最早颁布测验管理条例的国家,此后,法国等国家也颁布了类似的管理条例(郑日昌等,1999)。中国心理学会于1993年颁布了由张厚粲教授主持制定的《心理测验管理条例(试行)》和《心理测验工作者的道德准则》,2015年在《心理学报》上颁布了新版(见附录二和附录三)。这些管理条例的颁布和实施,对本行业内的行为起到了重要的约束作用。下面就简要地介绍我国心理测验管理条例中的主要内容。

一、测验的登记注册

我国的《心理测验管理条例》规定,凡个人或机构所编制、修订、发行与出售的心理测验,都必须到中国心理学会申请登记(申请登记者要确保所登记的测验不存在版权争议),并只对登记内容齐备、能够有效使用、没有版权争议的心理测验提供登记及鉴定。如果所有新编制或修订的测验在发行和出售之前都经过科学程序审核、鉴定,并进行了登记注册,所有人只能购买那些登记注册过的测验,那么就可以杜绝劣质的测验在市面上出售和广泛地使用。

二、测验的控制使用与保管

《心理测验管理条例》中还规定,具有测验使用资格者,可凭测验使用资格认定书购买和使用相应的心理测验器材,并负责妥善保管测验器材。这就是说,购买和使用心理测验器材的人必须具有一定的资格。反过来说,只有具有测验使用资格的人才能购买和使用那些登记注册过的心理测验器材。这条规定若能严格执行,那么就能极大地减少由于测验人员操作不当而带来的误差。另外,该管理条例还强调测验的购买者和使用者对心理测验器材要妥善保管,防止心理测验器材流入没有测验使用资格的人手中,造成测验的滥用和误用。

三、测验使用人员的资格认定及培训

当使用心理测验从事职业性的或商业性的服务,其要用于教育、培训、咨询、诊断、矫治、干预、选拔、安置、任免、指导等用途时,测验使用人员应当取得测验的使用资格。中国心理学会对获得心理测验使用资格的人颁发相应的证书。为取得心理测验使用资格证书举办的培训,必须包括有关测验的理论基础、操作方法、记分、结果解释和防止其滥用或误用的注意事项等内容,安排必要的操作练习,并进行严格的考核。培训内容应包括中国心理学会颁布的《心理测验管理条例》与《心理测验工作者职业道德规范》。

Ⅲ 评估篇

第8章 智力的评估

在特殊儿童的心理评估中,智力评估是人们关注最多、应用最广泛的领域之一。尽管在智力的概念、影响智力发展的因素以及智力测量等方面还存在许多不一致的观点,但是智力评估作为教育教学中的重要环节,已被广泛地应用于特殊儿童的鉴别、诊断、教学计划的制订及教育教学的科研中。

第一节 概 述

一、智力的定义

早在19世纪末,心理学家如高尔顿(F. Galton)等就已开始积极地探讨什么是智力(intelligence)这个问题,然而直到今天,对智力的本质仍有不同的理解和解释。下面列出的就是一百多年来心理学家对这个问题提出的一些比较有代表性的观点。

(1)智力是抽象思维能力 1890年,比内在尝试用新的途径来测量智力时曾经说过:"智力就是推理、判断、记忆和抽象能力。"推孟也说过:"一个人的聪明程度与抽象思维能力成正比。"我国的许多学者也持这种观点。

(2)智力是适应环境的能力 受达尔文进化论思想的影响,一些学者把智力看成是人类适应环境的能力。斯腾伯格(R. J. Sternberg)曾说过:"普通智力就是有机体对于新环境充分适应的能力。"桑代克(E. L. Thorndike)也说过:"智力是一种适当的反应能力。"持这一观点的学者还有平特纳(R. Pintner)、威尔斯(F. L. Wells)、皮亚杰(J. Piaget)等。

(3)智力是学习的能力 通过日常的观察不难发现,有些人能够学习较难的材料,不仅学得迅速,而且成绩优异;而一些人即使学习较容易的材料也感到很吃力。于是,一些学者提出,智力就是学习的能力。汉蒙(V. A. Henmon)曾说过:"智力就是获得知识的能力。"持这种观点的学者还有伯金汉(B. R. Buckingham)、科尔文(S. S. Colvin)等。

(4)智力是各种能力的综合 学者们首先从不同的层面、不同的角度阐述了各自对智力的看法,这些观点之间并不矛盾,因此,一些学者在这些观点的基础上提出了综合的观点。例如,在20世纪70年代韦克斯勒曾明确指出,智力是一个人有目的地行动,合理地思维,并有效地处理周围事物的整体能力。如今,无论在国外还是在国内,越来越多的学者赞同这种观点。

自20世纪80年代以来,出现了一个明显的趋势,即把智力看成与个体所处的环境和文化息息相关。1983年,加德纳(H. Gardner)在《智力的结构》一书中把智力定义为人类在解决问题和创造产品的过程中所表现出来的,为一种或数种文化所珍视的那种能力。1985年,斯腾伯格提出了智力的三元理论,其中包括一个情境亚理论。

综观一个多世纪以来心理学家提出的各种有关智力本质的观点,我们认为,智力首先属于认知能力的范畴,超出这个范围就不应该称为智力,否则容易造成概念上的混乱。其次,在智力结构中包含了多种成分,这些成分是有主次之分的,思维能力是其核心成分。另外,智力最主要的功能是学习和适应。智力越高,个体越容易掌握各种知识和技能,适应能力就越强。反过来,在学习和适应过程中又促进了个体智力的发展。

二、智力的结构

在探讨什么是智力的同时,心理学家也试图了解智力是由哪些因素构成的。受心理测量学和统计学的影响,早期有关智力结构的研究基本上走的是一条因素分析的路线。20世纪60年代以后,随着认知及神经心理学的发展,学者们开始重视从心理过程来分析研究智力的内部机制。

(一)因素分析路线

1. 二因素论与多因素论

1904年,英国心理学家斯皮尔曼(C. E. Spearman)首先用统计学方法分析了心理测量的数据,发现各种能力测验之间或多或少都存在正相关。于是,他将这一现象归结为在人的能力结构中存在一种一般因素(亦称g因素)。后来,他又提出还存在一种或几种特殊因素(亦称s因素),由此构成了他的智力二因素论。他认为,对同一个体而言,g因素是稳定的,会渗透到所有与智力活动有关的任务当中,而s因素只渗透到一种单一的任务当中,因此,g因素的心理学意义更大一些。由于斯皮尔曼强调g因素的重要性,所以,有人也把他的智力结构理论称为单因素论。与斯皮尔曼同时代的心理测量学家深受g因素理论的影响,一些人依此编制IQ测验来测量g因素。

不过,从20世纪20年代起,开始出现一些不同的声音。1921年美国心理学家桑代克提出,智力有三种,分别为社会智力(如处理人际关系)、具体智力(如处理日常事务)和抽象智力(如处理语言和数学符号等)。所以,他的理论被称为多因素论。在他之后提出的智力结构理论大多属于多因素论,不过,在因素数目上及名称上有所不同。

瑟斯顿(L. L. Thurstone)也认为智力包含多种因素。1938年,他用因素分析法对测量数据进行系统分析后提出,在人类的智力结构中包含以下七种最基本的心理能力:

- 言语理解——理解文字和语义的能力。
- 言语流畅性——流畅地使用词汇的能力。
- 推理——从一组材料中发现规律、原理的能力,包括归纳和演绎。
- 空间表象——想象物体或图形的二维或三维空间关系的能力。
- 数字——迅速和正确地计算和处理数字的能力。
- 记忆——快速记忆的能力。
- 知觉速度——迅速且正确地辨别物体、图形和符号的细微差异的能力。

基于上述理论构想,瑟斯顿于1941年编制了著名的基本心理能力测验(Primary Mental Abilities Test)。

1967年,吉尔福特(J. P. Guilford)根据20多年的因素分析研究提出了一种立方体状的智力结构模型。该模型所包含的因素多达一百多种,被视为瑟斯顿理论的扩展。吉尔福特用操作、内容和结果三个维度来组织已发现的一系列智力因素。

(1) 操作维度指的是智力活动的方式和心理过程,可以细分为五种:①认知(知觉或直接发现);②记忆(保持已学过的东西);③发散性思维(以不同的思维方式求得新的答案);④辐合性思维(通过逻辑演绎得出一个客观正确的答案);⑤评价(按照一定的标准判断知识的合理性)。

(2) 内容维度指的是智力活动过程中所用材料或信息的性质,可以细分为四种:①图形(通过感官看到的具体信息,如物体的形状、大小);②符号(事物的象征标志,如数字、单词);③语义(言语的含义或概念);④行为(各种行为模式)。

(3) 结果维度指的是把某种操作运用于某种内容所得的产物,可以细分为六种:①单元(最基本的生成形式,如一个单词、一个数字或一个概念等);②类别(将具有共同特征的单元抽象概括成一类);③关系(了解单元与类别之间的关系);④系统(推断系统内部各种事物之间的关系);⑤转换(对形态、结构、关系和意义等认识的改变);⑥蕴涵(从已知的信息中观察到某些结果)。

上述三个维度的变化组合共构成 $5 \times 4 \times 6 = 120$ 个因素。后来,吉尔福特在 1982 年又将内容改变为视觉、听觉、语义、符号和行为五种。这样,原来的 120 个因素就变成了 150 个($5 \times 5 \times 6 = 150$)。1988 年,他又将操作维度中的记忆细分为短时记忆和长时记忆两种,这样,操作维度就变成了六种,智力结构模型由原来的 150 个因素增加到了 180 个($6 \times 5 \times 6 = 180$)。

1983 年加德纳提出了多元智力理论。在他的智力结构理论中最初只包括七种智力,后来他又增加了一种。这八种智力分别是:

- 语言:运用语言描述事物、表达思想并与人交流的能力。
- 逻辑—数学:进行数理运算、逻辑推理以及科学分析的能力。
- 空间:对形状、色彩和空间关系等敏感以及通过平面图形和立体造型将事物表现出来的能力。
- 音乐:对节奏、音调和旋律的敏感以及通过音乐表达自己思想和情感的能力。
- 身体运动:操纵整个身体或身体的一部分来制造产品以及运用肢体语言表达思想和情感的能力。
- 人际关系:觉察他人的情绪、欲望和意图并能据此做出适宜反应的能力。
- 自我认识:了解自己的个性、优势和弱点等的能力。
- 认识自然:对自己所处环境中的植物和动物进行辨别和分类的能力。

沿着因素分析的路线,研究者们找到了数目不等的因素。由于研究结果不一致,20 世纪上半叶,智力研究领域还有过二因素论与多因素论之争,不过到了 20 世纪下半叶,人们越来越倾向于采取一种调和的观点,即用层次结构理论来整合已有的各种学说。

2. 层次结构论

1941 年,卡特尔(R. B. Cattell)首先提出了一个层次结构的理论构想,后来该理论为霍恩(J. L. Horn)所修订和发展。卡特尔和霍恩用因素分析的方法提取出了五个因素,即流体智力、晶体智力、视觉能力、记忆提取和执行速度,其中流体智力和晶体智力是两个主要的因素。流体智力与人的生物学特征有关,指的是非言语的和较少受文化影响的心理能力;晶体智力则反映了通过系统学习所获得的知识技能,与人的文化背景、教育和经验密切相关。另外三个因素为次要因素。由于流体智力和晶体智力之间存在很高的相关,他们认为,这暗示了在它们之上有一个一般因素(g)存在。

英国心理学家弗农(P. E. Vernon)于1961年提出了另一种层次结构模型(见图8-1)。他认为:智力的最高层次为一般因素(g);第二层包括两大因素群:言语和教育方面的因素与实践和机械方面的因素,叫作大因素群;第三层由一些主要的心理能力构成,如数学能力、言语能力、空间知觉能力、心理动作能力等,叫作小因素群;第四层则包括各种各样的特殊能力。

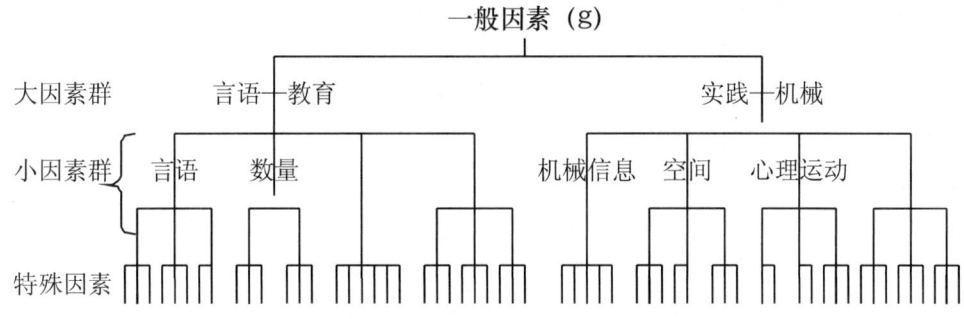

图8-1 弗农的智力层次结构模型

引自:A. Anastasi,1988,*Psychological testing*(6th ed),Newyork:Macmillillan Publishing Company. p387.

弗农的层次结构模型比卡特尔和霍恩的模型复杂得多,它把斯皮尔曼、瑟斯顿及吉尔福特等人的智力结构理论巧妙地整合在一起并予以适当的解释,因而,被越来越多的心理学家所接受。该理论对20世纪60年代以后发表的智力测验产生了很大的影响。

(二)认知和神经心理学路线

随着认知心理学的崛起以及神经心理学的发展,心理学家已不满足于寻找智力这个"化合物"中的组成元素和描绘智力结构的静态画面,而要探讨智力活动的过程和内部机制。在所有沿着这条道路孜孜不倦探索并已取得显著成就的心理学家当中,斯腾伯格和戴斯(J. P. Das)是最杰出的代表。

1. 斯腾伯格的智力三元理论

1985年,美国心理学家斯腾伯格提出了人类智力的三元理论。该理论从主体的内部世界、人赖以生存的客观外部世界以及联系主客体的经验世界这三个方面来阐释智力的本质和内部机制,提出了三个紧密关联的亚理论,即成分亚理论、经验亚理论和情境亚理论(图8-2)。

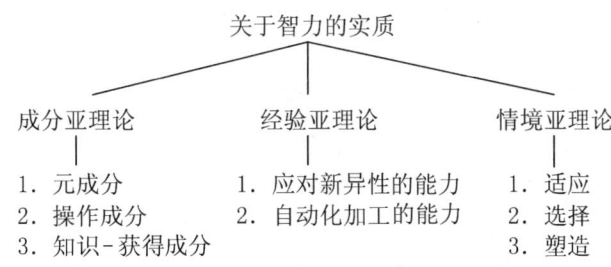

图8-2 斯腾伯格的人类智力三元理论

情境亚理论从本质上揭示了智力就是指向于有目的地适应、选择和塑造与人生活有关的现实世界的心理活动。一般来说,个体总是努力适应他所处的环境,力图使自己与环境之间达到一种和谐。例如,儿童到某所学校上学,他首先要适应学校的教学内容、教学方法和进度。当他不可能或不愿意适应时,就会尝试选择他能够或有可能达到的一种和谐环境,如跳级、留级或转学。如果个人不能很好地适应他的环境,又不能选择一个新环境,在这种情况下,他只能改变环境了,比如,要求换老师,修改教学进度,增加或减少教学内容等等。

经验亚理论试图说明智力是个体处理新事物的能力和信息加工过程自动化的能力。斯腾伯格认为,一个能力强的人比能力弱的人能够更有效地处理各种新事物,适应新环境。而且,处理事物的次数多了,有能力的人还善于积累经验,自动地启动相应的程序来解决类似的问题,从而把心理资源节省下来用于处理其他问题。

成分亚理论着重刻画智力活动的内部机制。所谓成分,指的是对物体或符号的心理表征进行操作的基本信息加工过程。成分可以分为元成分、操作成分和知识—获得成分三类。元成分(meta components)具有高级控制功能,用于对其他成分进行计划、监控和决策。具体来说,它要确定所要解决问题的性质,选择解决问题的策略,分配心理资源,监控解决问题的过程,接受外部反馈等。操作成分(performance components)是执行具体认知加工任务的过程,包括信息的编码、信息的组合或比较,以及反应等。知识—获得成分(knowledge - acquisition components)是用于获得新知识的过程,包括从无关信息中挑选出相关信息,将经过选择的信息组合成一个完整而适当的整体,建立新获得信息与过去获得信息之间的联系等。

斯腾伯格的智力三元理论不仅拓展了智力的内涵,而且较详细地阐述了智力活动的内部机制,为智力评估提供了一个有力的理论支撑。

2. 戴斯等人的PASS模型理论

戴斯、纳格利尔里和柯尔比(Das, Naglieri, Kirby)通过广泛地收集和研究与认知过程有关的实验及神经心理学的证据,于1994年提出了一种与传统的因素构成论完全不同的智力理论,即PASS模型理论(图8-3)。

在PASS模型理论中,P、A、S和S四个字母分别代表计划(planning)、注意(attention)、同时性加工(simultaneous processing)和继时性加工(successive processing)。把四个字母组合在一起,即表示该模型包含了上述四个认知过程,其中注意/唤醒过程构成第一机能单元,同时加工过程和继时性加工过程构成第二机能单元,计划过程构成第三机能单元。

第一机能单元是PASS模型的基础部分,其主要功能是使大脑维持在一种合适的唤醒状态,使个体对某些刺激有敏感性,能够有选择地接收和加工信息,保持心理活动的稳定性,有效地分配心理资源等。

第二机能单元是该模型的关键部分,主要负责对信息进行接收、编码、贮存、提取、再编码等。它有两种编码方式,一种是同时性编码,其特点主要有五个:①信息的片段(单词、数字、线条)之间必须具有某种关系;②这种关系或发现这一关系的基础知识必须存在于长时记忆中;③编码的结果是一个整体单元,只占工作记忆的一个空间;④最初引起编码的信息在同时性编码之后不必保留其原来的顺序;⑤一些最初编码得来的信息可能会丢失。另一种是继时性编码,其特点主要有三个:①知觉序列性关系;②最初产生的继时性编码与编码中的各单元在工作记忆中所占据的空间一样多;③随着练习与过度学习,编码中的序列联系可达到自动化程度,此时,可以毫不费力地产生一个整体序列,于是占据工作记忆的空间就比较小了。通过这两种编码,个体原有的知识库会变得越来越丰富。

第三机能单元是该模型的高级部分,主要负责行为的规划、评价和调控等。具体来说,这部分要确定行为的目标,制定或选择一组策略和方法,将行为结果与最初的目标进行比较和评价,根据评价结果对行为进行调控。

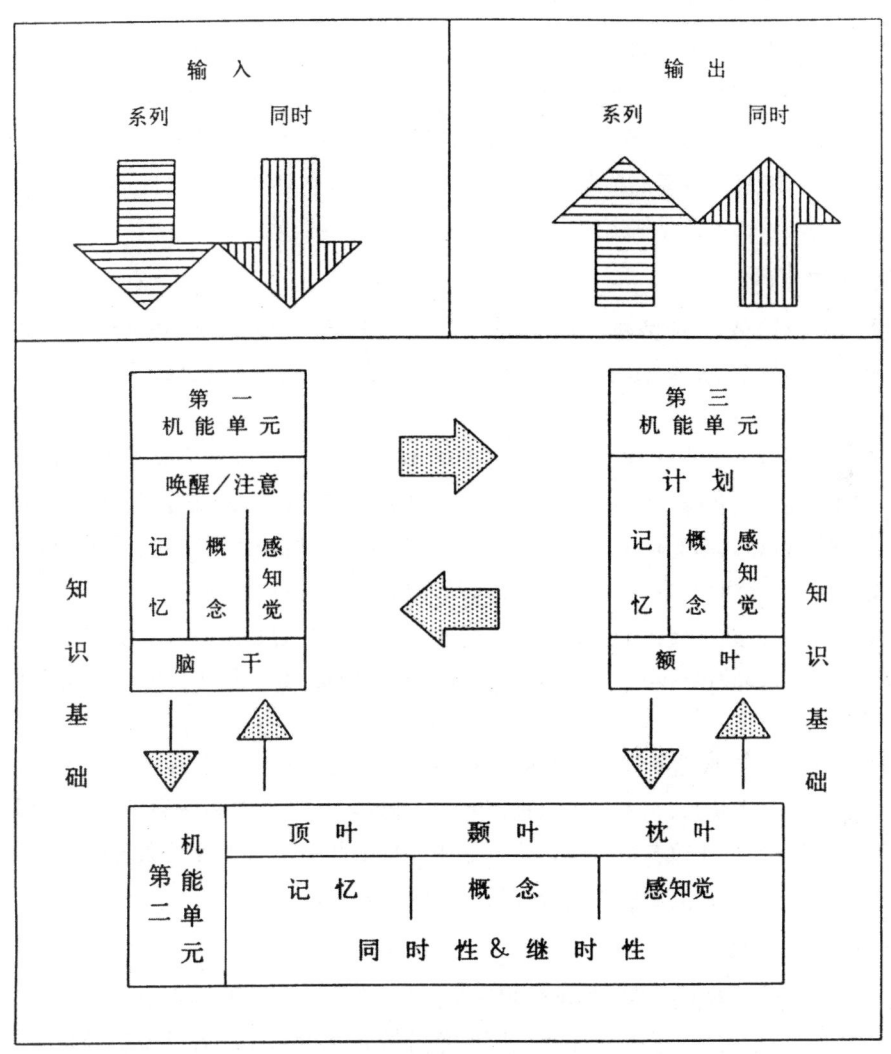

图 8-3 能力的 PASS 模型

引自:戴斯等著,杨艳云等译,《认知过程的评估——智力的 PASS 理论》,上海:华东师范大学出版社,1999 年,第 19 页。

上述三个机能单元都是在知识的基础上运行的。第一与第三机能单元之间的联系最为紧密,它们与第二机能单元之间也存在相互作用。整个系统的任何一个环节出现了问题或不协调都会导致智力机能的障碍。

PASS 模型理论是建立在鲁利亚(A. R. Luria)大脑机能模型理论基础上的,并有大量的实验数据支持,因此,它是一个比较可靠的理论。该理论从信息加工的角度来阐释智力活动的心理机制,使智力研究由外部向内部又推进了一步。不过,相对于人类复杂的智力而言,该理论显得过于简单。由目前智力研究的现状来看,要想把智力这只"黑箱子"看清楚,心理学家还有相当长的路要走。

三、智力评估的新进展

智力理论是智力评估的基础,以什么样的理论为指导,就会有什么样的智力评估实践。

20世纪初至60年代,占统治地位的智力理论是因素构成论,所以,这个时期的智力评估主要以因素构成论为依据,通过编制和实施IQ测验来进行。这是一种基于心理活动结果的评估。20世纪70年代以后,随着认知理论越来越占主导地位,智力评估逐步转向对内部过程的评估。近年来,在特殊教育领域,智力评估出现了以下几个明显的特点和趋势。

(一)强调过程评估

20世纪90年代,戴斯、纳格利尔里和柯尔比在提出PASS模型的同时还将这个理论操作化,创建了一套智力评估系统,称为戴斯—纳格利尔里认知评估系统(Das – Naglieri Cognitive Assessment System,DN – CAS)。

DN – CAS由四个分测验组成,既有用文字材料编成的,又有用非文字材料编成的,分别测量计划、注意、同时性加工和继时性加工过程。其中,计划分测验包括视觉搜索、计划连接、数字匹配等项目,主要测量高效率地解决问题的能力;注意分测验包括表达性注意、寻找数字和听觉选择性注意等项目,主要测量注意选择和分配;同时加工分测验包括图形记忆、矩阵和同时性言语加工等项目,主要测量根据各个组成部分之间的关系将所有的刺激组合成某种完整的模式或观念;继时性加工分测验包括句子重复、句子提问和字词回忆等项目,主要测量察觉并记住刺激的系列特征的能力。

DN – CAS是建立在成熟的理论和大量实验基础之上的,因此,从发表之日起就受到广泛的关注和好评。一些学者认为,它不仅可以提高对学习障碍、注意力缺陷障碍、智力障碍儿童等诊断的有效性,而且还有助于改善对特殊儿童训练干预的效果。随着该评估系统的优势逐步显示出来,它必将引领更多的研究者朝着过程评估的方向努力。

(二)强调动态评估

传统的智力评估通常依照某种标准化程序来进行,在实施测验的过程中一般不给予任何提示和帮助,而且只注重用数字呈现的结果(比如IQ分数),不考虑受测者原先是否有同样的获取所测知识和技能的机会。这样的评估有时对教学的帮助不大,却容易导致文化上的不公平,产生标签效应。

从20世纪70年代起,一些心理学家如福尔斯坦(R. Feuerstein)、古思克(J. Guthke)等积极倡导动态评估,他们在维果斯基(L. S. Vygotsky)最近发展区理论指导下制订了一系列的动态评估系统。

维果斯基认为,每个儿童都有一个最近发展区,即在有指导的情况下,凭借成人的帮助所能达到的解决问题的水平(较高)与在独立活动中所达到的解决问题的水平(较低)之间存在一定的差异,教育教学的目的就是要促使儿童在独立活动中由较低水平达到较高水平。基于这种理念,1979年福尔斯坦编制了一套学习潜能评估工具(Learning Potential Assessment Device,LPAD)。

LPAD 着重评估个体的中介学习能力(mediated learning abilities),力图通过中介学习能力的评估与训练,促进儿童智能的发展。

古思克也提出了一种动态评估模式,内容由初测、训练和复测三部分组成。初测与复测部分为两个难度相当、可对调的平行测验。初测后,立即对受测者进行个人或小组训练。首先教给他们一些思维的规则、解决问题的策略及元认知技能等,然后通过大量的练习,训练他们思维的灵活性与可变性。训练阶段完成后,进行复测。由初测与复测成绩的差异即可显示出经过严密控制和标准化的教育干预之后,受测者智能的发展变化。

动态评估的优点主要有以下三方面:①它的目的不在于分类,而在于发现学习的潜能,因此,可以在很大程度上避免标签效应;②它以成功为导向,在评估过程中给被评估者提供实质的帮助,有助于促进儿童的发展;③它给所有的被评估者都提供学习机会,由进步的大小来判断智能水平的高低,可以避免因文化和教育不公平导致对智力的低估。

动态评估作为传统智力评估方法的重要补充和发展已引起不少研究者的关注。不过,到目前为止这种评估方法仍有许多问题需要解决,例如,在初测和复测中应该编制和使用什么样的测验,如何保证所编测验的信度和效度,如何简化评估程序,提高训练和干预的有效性等等。这些问题如果不解决,这种方法就不能称得上是一种成熟的方法。由此可见,要使动态评估方法得到广泛的应用,还有大量的研究工作要做。

(三)评估的范围在扩大

从20世纪80年代以来提出的几个著名的智力理论中可以看出,智力的外延有扩大的趋势。例如,在加德纳的多元智力理论中,音乐能力、身体运动能力、处理人际关系的能力等被看成是智力;在斯腾伯格的智力三元理论中,适应、选择和塑造环境的能力也被看成是智力;沙洛维和梅耶(Salovey & Mayer)于1990年提出的情绪智力(emotional intelligence)的概念,更把智力概念扩大到包括认知、调节和运用情绪的能力等。

智力概念的扩大必然使智力的评估及教学范围扩大,这无疑有利于儿童智能的全面发展。然而,如果智力概念无限地扩大,以至于模糊了智力与其他心理特质的界限,就可能造成概念使用上的混乱。

总之,智力评估是以智力理论为基础的,近二三十年来智力评估之所以取得较大的发展,它得益于智力理论的重大发展。当然,智力评估与智力理论之间有时并不完全同步,智力理论发展了不等于智力评估就一定发展。因此,评估者应该密切关注智力理论的研究进展,及时把最新的成果应用于评估实践中,从而使评估实践跟上理论的发展。

第二节 个别智力测验

在智力的评估中,最常使用的方法是测验法。智力测验发展到今天,不仅数量巨大,而且种类繁多。在这里,我们只按测验的方式把智力测验分为个别智力测验和团体智力测验两大类。

个别智力测验是由一个主试在同一时间内只对一个受测者实施智力测量的测验。目前这类测验的数量很多,像著名的斯坦福—比内智力量表、韦克斯勒儿童智力量表、希—内学习能力倾向测验、考夫曼儿童成套评估测验等均属于这一类测验。本节仅介绍几个最有影响、最具代表性的个别智力测验,团体智力测验将在下一节讨论。

一、比内智力量表

(一)比内—西蒙智力量表

受法国教育部的委托,法国心理学家比内和助手西蒙从1904年开始着手研究公立学校中智力障碍儿童的诊断和学习问题。1905年,他们联名发表了比内—西蒙智力量表(Binet – Simon Intelligence Scale, B – S),1908年和1911年又先后两次对该量表进行了修订。目前,这个量表被公认为世界上第一个标准化的智力测验。

1905年发表的B – S共包括30道题,以言语材料为主,大部分内容与学校中的学习能力有关,如观察、记忆、理解、推理、比较、概括、语言能力等。题目按由易到难的顺序排列,根据通过题目的数量评估受测者的智力水平。虽然这个量表没有用年龄作为测量单位,但是它已具有年龄量表的雏形。

1908年修订的B – S将题目增至59个,题目按年龄分组(从3~13岁,每岁一组),首次用智龄表示受测者的智力水平。

1911年,比内和西蒙对B – S又做了一次修订,将一些不适用的题目删去了,增加了若干新的题目,对题目的顺序也重新进行了编排。调整后的量表共包括54道题。

虽然和现在常用的智力测验相比,比内—西蒙智力量表显得比较简单和粗糙,但是,这个量表中所包含的心理测量的思想,以及所遵循的测验编制原则和方法,为当代心理测量的发展打下了良好的基础。

(二)斯坦福—比内智力量表

B – S发表以后,很快就引起世界各国心理和教育工作者的关注,被翻译成许多国家的文字并修订成多种版本。在美国,B – S就有多个修订本,其中斯坦福大学心理学教授推孟所做的修订最为出色。他的修订本最早发表于1916年,称为斯坦福—比内智力量表(Stanford – Binet Intelligence Scale, S – B)。后来,在1937、1960、1973、1986和2003年,又经过五次修订,目前这个量表已成为世界上最广泛使用的智力测验之一。

1916年发表的S – B共包括90道题,其中39道为新增的题目,其余的题目来自原来的B – S量表。在这个量表中,推孟提出比率智商(IQ)的概念和计算方法,并用IQ分数来评估受测者的智力水平。

1937年修订的S – B有L型和M型两个等值的复本。该量表适用的年龄范围扩大了,施测过程和常模团体的抽样被进一步标准化。

1960年,推孟对S – B做了第二次修订。他将原有的两个测验复本中最好的题目合起来,组成一个新的量表,叫作L – M型。在这个新量表中,用离差IQ取代了比率IQ,作为智力评估的指标。

1973年的修订本只对常模进行了修订,使常模团体更具有代表性,对量表的题目没有进行改动。

1986年,美国著名心理测量学家桑代克、哈根和沙特勒(Thorndike, Hagen, Sattler)发表了由他们主持修订的S – B第4版(SB – 4)。SB – 4保持了与以前几个旧版本的连续性,同时又有比较大的变化。

2003年,罗伊德(G. Roid)修订并发表了S-B第5次修订本(SB-5),这也是S-B的最新版本。S-B系列一直被认为是标准化测验的典范,这里就对SB-4和SB-5做一个较详细的介绍。

1. SB-4

(1)理论框架　SB-4的编制是以一定的理论为依据的。桑代克等人在修订S-B时,首先把斯皮尔曼的二因素论、瑟斯顿的群因论、卡特尔的流体智力和晶体智力理论、弗农的层次结构论,以及认知心理学关于智力的理论(如信息加工、策略运用)等综合起来,提出了一套自己的智力结构理论模式(图8-4)。

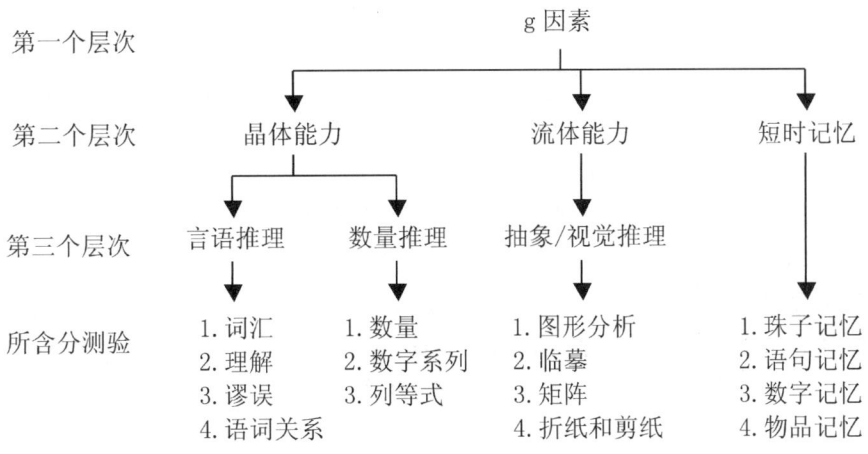

图8-4　SB-4的理论框架

如图8-4所示,这是一个含有三个层次的阶梯模式。最高一层为g因素,桑代克称之为一般认知能力,指的是个人组织适当的策略来解决新情境中遇到的各种问题的能力。

第二个层次由晶体能力、流体能力和短时记忆三部分组成。晶体能力指的是学术或学业能力,主要通过系统的学校教育而获得。流体能力指的是发展新的认知策略或灵活地重组已有的认知策略以解决新问题(包括图形、非言语问题)的能力。这种能力来源于一般经验,而不仅仅是从学校教育中获得的经验。短时记忆具有暂时保存新接受的信息直到它转入长时记忆中和从长时记忆中提取出来的正在工作的信息两种功能。由于短时记忆与复杂的学习及问题解决有密切的联系,所以,桑代克等人把它作为智力结构理论模式中的一个重要成分。

第三个层次由言语推理、数量推理、抽象/视觉推理等因素组成。这些因素比较具体,与特定的内容有关。对这些因素的测量和评估有助于认知技能发展障碍的诊断和干预。

(2)测验的构成　SB-4分为言语推理、数量推理、抽象/视觉推理和短时记忆四大领域,每个领域有3~4个分测验,共包括15个分测验。

①言语推理

- 词汇分测验:共有46个词。前14个词采用图画词汇的形式,要求受测者辨认图中的物品并说出名称;后面32个词采用口头提问或者书面的形式,要求受测者解释词的意义。
- 理解分测验:共有42题。前6题为图片题,让受测者指认身体的各部位;后36题为文字题,让受测者解释为什么要做某些事情(如为什么人们要打雨伞)。

- 谬误分测验:共有32题。让受测者指出图片中存在哪些不合理的地方(如鱼在陆地上走)。
- 语词关系分测验:共有18题。每次向受测者呈现4个词,让他解释哪三个词是相似的,它们与第四个词有什么区别。

②数量推理
- 数量分测验:共有40题。主要测量受测者的数概念和运算能力(与韦克斯勒儿童智力量表的算术分测验类似)。
- 数字系列分测验:共有26题。受测者需从给出的数字系列(如"20,16,12,8,____,____")中发现规律,然后根据规律将最后两个空缺的数字填补上。
- 列等式分测验:共有18题。根据给出的数字和数学符号列等式。

③抽象/视觉推理
- 图形分析分测验:共有42题。对年幼儿童用含有3个凹槽的形板进行测试,受测者需把碎木片拼成几何图案放在相应的凹槽里。年龄较大儿童用方木块组合成复杂的图形(与韦克斯勒儿童智力量表的积木分测验类似)。
- 临摹分测验:共有28题,分为两大类:一类是仿造某种积木造型(如"一座桥");另一种是仿画某种图形(如菱形)。
- 矩阵分测验:共有26题。前22题用于年幼儿童,最后4题用于年龄较大儿童。主试出示一张不完整的2×2或3×3的矩阵图,让受测者根据图形间的关系,从备选答案中选出最适当的一项填补上去,使矩阵图变得完整(与瑞文推理测验类似)。
- 折纸和剪纸分测验:共有18题。每次呈现一种折纸方式和剪去的部位,要求受测者从若干备选的答案中选出一个相对应的摊开后的图形。

④短时记忆
- 珠子记忆分测验:共有42题,用两种方式测试:一种是呈现不同颜色和形状的珠子若干秒,然后让受测者从卡片中辨认;另一种是让受测者看印有不同颜色和形状的珠子的卡片若干秒,然后凭记忆按一定的模式来穿珠。
- 语句记忆分测验:共有42个句子。主试把长度不等的句子一个一个地念出来,受测者每听完一个句子要进行复述。
- 数字记忆分测验:共有26题,分为两大类:一类是听完一串数字后,受测者按原来的顺序复述,有14题;另一类是受测者按倒序背诵,有12题(与韦克斯勒儿童智力量表的背数分测验类似)。
- 物品记忆分测验:共有14题。主试依一定顺序呈现一些常用物品,要求受测者按同样的顺序从图片中指认刚刚呈现过的物品。

(3)适用年龄范围和施测方法 SB-4的适用年龄范围是2岁至成人。施测分两个阶段进行。第一阶段施测词汇分测验。根据这个分测验的得分和受测者的实足年龄查"起点点表",便可确定其他14个分测验从哪一题开始施测。第二阶段施测其他的分测验,根据受测者的应答情况确定他在每一个分测验上的基本水平和上限水平。所谓基本水平,是指受测者对两个相邻难度水平的题目(共四道题)都能做出正确回答的那个最高水平。如果从起测点开始,两个相邻难度水平的题目都能通过,受测者就不必再做难度更低的题目。如果从起测点开始,在两个相邻难度水平的题目中有不能通过的题目,受测者就要往难度更低的方向做题,直到两个相邻难度水平的题目都能通过为止。当两个相邻难度水平的题目中有三道或四道题不能通过时,这两个水平的最低点就是受测者的上限水平。找到某个分测验的上限水平之后就应该停做这个分测验,开始做下一个分测验。当所有的分测验都找到基本水平和上限水平,就可以进行记分和分数的解释。

SB-4的大多数题目都是按0或1记分的,即答对得1分,答错得0分。将每一题的得分加起来,就可以得到分测验的原始分数。分测验的原始分数先要转换为标准年龄分数(stardard age score,SAS),即平均分为50,标准差为8的标准分数。然后,将每个领域各分测验的标准年龄分数相加以后,对照常模表可以转换成领域分数,即平均分为100、标准差为16的标准分数。再将领域分数相加,对照常模表可转化为平均分=100,标准差=16的全量表标准分数(离差IQ)。因此,该测验施测完毕,至少可以获得四种形式的分数:①各分测验的原始分数;②各分测验的标准年龄分数;③领域分数;④离差IQ。一个受测者完成整套测验需要30~90分钟。

(4)常模团体的抽样 桑代克等人用分层随机抽样的方法,严格按照1980年美国人口普查时获得的人口分布资料来抽取受测者样本。分层变量包括地域、社区大小、性别、种族及社会经济地位等。常模团体最终由5013名2~23岁的受测者组成,他们来自美国的47个州(包括阿拉斯加和夏威夷)和哥伦比亚地区。

(5)信度 SB-4的修订者主要用库德—理查逊法和再测法来检验测验的信度。对不同年龄组的受测者分别用库德—理查逊第20号公式(KL-20)计算整个测验的内部一致性系数,结果在0.95~0.99之间;各个领域的内部一致性系数在0.80~0.97之间。各分测验的内部一致性系数虽低于整个测验和四个领域,不过基本上也在0.80以上,只有物品记忆分测验(题量较小)的内部一致性系数在0.66~0.78之间。再测信度系数是根据57名5岁儿童和55名8岁儿童相隔2~8个月前后两次施测所获得的数据计算的。结果是:整个测验的稳定性比较好,5岁组和8岁组的稳定性系数分别为0.91和0.90;各领域和各分测验的波动性比较大,各领域的再测信度系数在0.51~0.87之间,而8岁组在数量和临摹分测验上的再测信度系数只有0.28和0.46。

(6)效度 测验修订者以及其他研究者已从三个方面对SB-4的效度进行了检验。首先,以普通儿童为被试,计算SB-4与其他性能优良的智力测验的相关系数即效标关联效度。SB-4与韦克斯勒儿童智力量表的相关系数在0.77~0.91之间,与S-B(L-M型)的相关系数在0.72~0.81之间,与考夫曼儿童成套评估测验的相关系数为0.89。其次,进行了因素分析。桑代克等人的研究结果表明,15个分测验在g因素上的负荷量从物品记忆的0.51到数字系列的0.79不等,这说明所有的分测验都在较大程度上测量了一般认知能力。一些研究者对测验的四个领域分别做了因素分析,所得的结果比较复杂。言语推理和抽象/视觉推理两个领域一般被证明有较好的构想效度,而数量推理领域中的某些分测验在数量因素上的负荷量太低,短时记忆领域的研究结果不太一致。此外,研究者们还将天才儿童、学习障碍儿童和智力障碍儿童在SB-4上的平均分拿来与常模团体比较,结果发现,天才儿童的平均分显著地高于常模团体,学习障碍儿童和智力障碍儿童的平均分显著地低于常模团体,而智力障碍儿童的平均分又显著低于学习障碍儿童。这些研究结果证明了这个量表有很好的效标关联效度。

(7)评价 SB-4是根据一种新的智力结构理论编制的。该理论吸收了自斯皮尔曼以来各种智力理论的精华及最新的研究成果,因此,比以往的智力理论更具有综合性和全面性,反映了该领域新的研究进展。在这种理论指导下编制测验,必然会在内容和方法上有所创新。它还加大了题量,采取并列直进式的编排方式,因而获得分测验分数、领域分数及离差IQ等多种分数,为儿童认知能力的诊断和评估提供了许多有用的信息。在施测程序上,它采用了适应性测验的做法,使整个测验看起来内容很多,而实际上每个受测者只需做适合他做的题目,大大提高了测验的效率。不过,个别领域和分测验的信度和效度还不够理想,需要进一步修改和完善。

2. SB-5

相比于 SB-4,SB-5 做出了三方面的调整:①SB-5 增加了第五个因素,全量表共包含 5 大因素:流体推理、知识、数量推理、视觉—空间加工和工作记忆。②SB-5 减少了受测者的言语回应,增加了非言语回应的题目。每个因素下均包含 1 个言语分测验和 1 个非言语分测验,共计 10 个分测验。5 个言语分测验可组成言语领域,5 个非言语分测验可组成非言语领域。③SB-5 包含了一些测验题目,这些题目可用于评估非常低或非常高的功能水平,适用年龄范围也扩展为 2~85 岁。

(1)测验的构成 SB-5 共包括 5 个因素,10 个分测验。使用 SB-5 时,先从流体推理因素中的非言语分测验和知识因素中的言语分测验两个常规分测验开始。这两个分测验是不具有等级的,而其他分测验均有等级水平,从 1 到 6,级别越高难度越大。根据两个常规分测验的结果可以决定其他非言语分测验和言语分测验开始施测的等级水平。主试也可以根据受测者的能力选择更适合个体的测验方式,如只使用非言语测验。

①流体推理:评估受测者使用归纳推理和演绎推理解决问题的能力
- 矩阵(非言语分测验,常规测验,无等级水平):开始的题目比较简单,要求受测者识别几何图形并完成简单的矩阵,即将几何图形拼成一定的形状或动物。后面的题目则是矩阵完型的多项选择题,要求受测者根据一定的规则或图形间的关系来完成 2×2 或 3×3 的矩阵。
- 早期推理(言语分测验,水平 2-3):主试出示一张图片,要求受测者描述图片中发生了什么,尤其注意描述事件发生的原因和结果。在后面的题目中,要求受测者在 5 分钟内将 30 张图片进行分类,最多分成 3 组。
- 言语谬误(言语分测验,水平 4):要求受测者指出陈述中存在哪些不合理的地方。
- 言语类比(言语分测验,水平 5-6):主试呈现一定关系的言语类比,如 A:B=C:D。题目中缺少两个关键词,如__:B=C:__,要求受测者填空。

② 知识:评估受测者从学校、家庭、工作或其他生活经验中积累的一般常识
- 程序性知识(非言语分测验,水平 2-3):要求受测者根据一定的指令做出相应的动作,如"演示你如何扔球",或是呈现一张冰淇淋的图片,要求"演示你会怎么做"。
- 图片谬误(非言语分测验,水平 4-6):主试呈现一些图片,要求受测者解释图片中存在哪些不合理的地方(如美国没有佛罗里达州)。
- 词汇(言语分测验,常规测验,无等级水平):前半部分要求受测者辨认图片中的物体或动作,并说出名称。后半部分要求受测者解释词的意义,词可用图片呈现或由主试说出,难度逐渐增大。

③ 数量推理:评估受测者解决数值问题的能力,侧重评估受测者的问题解决技能
- 数量推理(非言语分测验,水平 2-6):前面的题目用于评估受测者对初级数学概念的理解,如大、多、数数、识数等。后面的题目用于评估受测者的算数、代数、几何、数量模式等技能。有些题目还要求受测者识别出图片中的功能概念或关系,并将其应用在问题解决中。
- 数量推理(言语分测验,水平 2-6):要求受测者完成一定的数学任务,如识数、数数、简单加减法,或是主试用口语或图片呈现问题,要求受测者解决数学问题。题目难度逐渐递增。

④ 视觉—空间加工:评估受测者辨别模式、物体间关系、空间方位以及通过视觉呈现的不同图像来形成完整图形(完形)的能力。

- 形板(非言语分测验,水平1-2):用含有3个凹槽的形板进行测试,要求受测者将几何图案放到相应的凹槽里。难度增大时,要求受测者先将零散的木片拼成几何图案,再放入相应的凹槽内。
- 形板(非言语分测验,水平3-6):主试呈现越来越复杂的几何图案,可以拼成人物或动物。受测者要在有限的时间内将零散的木片重组拼成人物或动物。
- 位置和方向(言语分测验,水平2-6):要求受测者根据指令将木块放在图片的正确位置上,如"上面""下面""前面""南边"等;使用方位短语为图片中的人物指路,如往"南"、向"右"等;受测者想象他们经过多次转弯后,说出最终面朝的方向;解决视觉空间故事的问题。

⑤ 工作记忆:评估短期记忆能力

- 延迟反应(非言语分测验,水平1):桌上有2~3只杯子,主试将一只玩具鸭或玩具车藏在其中一个杯子里。根据题目的难度,这些杯子可能保持原位,或变成相反位置,或藏在一个屏幕后。经过延迟3秒后,受测者要指出玩具鸭或车藏在哪个杯子里。
- 木块范围(非言语分测验,水平2-6):主试在桌上铺开一排绿色的木块,然后用另一个绿色木块敲击。测验要求受测者重复主试的敲击顺序。随着难度的增加,可以增加另外一排4个木块。
- 语句记忆(言语分测验,水平2-3):主试读出一个句子,要求受测者逐字重复该句子。句子越长,难度越大。
- 句末词汇(言语分测验,水平4-6):主试提问一系列问题,受测者回答,并记下每个句子的最后一个词汇。当问完问题后,要求受测者按顺序说出每个句子的最后一个词汇。随着难度的增加,问题会越来越复杂,句子也会越来越长。

(2)记分和施测方法　SB-5每个分测验的原始分均可以转化为平均分为10,标准差为3的标准分数。这些分数通过合并还可以转化为9个合成标准分数(平均分=100,标准差=15),包括5大因素分数和4个IQ分数:言语IQ(VIQ)、非言语IQ(NVIQ)、全量表IQ(FSIQ)和简易量表IQ(ABIQ)。简易量表IQ是两个常规分测验分数的合成,可用于对认知水平做简单筛查,但不可作为诊断决策的唯一标准。此外,分数还可转换为置信区间、年龄当量、百分等级和变化敏感度分数。

(3)常模团体的抽取　常模团体由4800名2~85岁的受测者组成,严格按照美国2001年人口普查数据进行抽样,分层变量包括年龄、性别、种族、地域、社会经济水平(小于18岁,用受教育水平代表社会经济水平)。很遗憾的是,常模团体排除了患有严重疾病、英语水平极其有限、严重感觉失调、严重沟通障碍、严重情绪行为障碍以及一天内超过50%时间接受特殊教育的人群。

(4)信度　测验编制者报告了每个分测验、每个因素和IQ分数在每一年龄水平上的α系数。分测验的α系数分布在0.72~0.96之间,其中有近1/4的值大于等于0.90。5个因素的信度高于分测验信度,α系数分布在0.84~0.96之间,其中超过一半的值大于等于0.90。非言语IQ的信度系数值分布在0.93~0.97之间,言语IQ的信度系数值分布在0.94~0.97之间,全量表IQ和简易量表IQ的信度系数值分别分布在0.97~0.98和0.85~0.96之间。

测验还提供了每个分测验、每个因素和IQ分数在4个年龄组的再测信度/稳定性系数,年龄组分别为2~5岁(n=96)、6~20岁(n=87)、21~59岁(n=81)和60岁及以上(n=92)。全量表IQ在这4个年龄组的稳定性系数分布在0.93~0.95之间,言语IQ和非言语IQ的稳定性系数均在0.89~0.95之间,简易量表IQ的稳定性系数在0.84~0.88之间。因素的稳定性系数最低是0.79(工作记忆,21~59岁组),最高是0.95(知识,60岁及以上组)。分测验的稳定性系数分布在0.66~0.93,最低为工作记忆的非言语分测验(21~59岁组),最高为知识的言语分测验(21~59岁组)。

(5)效度 SB-5提供了内容效度、效标关联效度和构想效度的有关信息。在内容效度方面,首先,许多研究者、评估专家和施测者都提供了对测验题目适宜度和潜在偏差的反馈意见。其次,专家们根据SB-5所依据的卡特尔、霍恩和卡洛尔(Cattel-Horn-Carroll)智力层次结构理论对测验的内容进行评价。根据专家们的意见和因素分析的结果,得到了两个领域和五个因素的框架结构,这也作为SB-5编制的模版。最后,根据实证分析,将一些带有偏差、质量不符合要求的题目剔除。

在效标关联效度方面,SB-5的全量表IQ与SB-4的标准年龄分数的相关系数为0.90,与早期的L-M版本的相关系数为0.85。编制者还提供了SB-5与韦克斯勒学龄前和学龄初期儿童智力量表修订本、韦克斯勒儿童智力量表第三版、韦克斯勒成人智力量表第三版的相关系数,分别为0.83、0.84和0.82。SB-5与伍德科克—詹森认知能力测验第三版的相关系数为0.78。

测验编制者还提供了SB-5与一些成就测验之间的相关系数。SB-5与伍德科克—詹森成就测验第三版的相关系数分布在0.50~0.84之间。SB-5的全量表IQ与韦克斯勒个人成就测验总分的相关系数为0.80。测验还提供了一些特殊样本的数据。在一项针对听觉障碍学生样本的研究中(n=29),SB-5的非言语IQ与通用非言语智力测验(Universal Nonverbal Intelligence Test,UNIT)的全量表IQ的相关系数为0.57。在对患有发展障碍或智力障碍的学前儿童的研究中,独立行为量表修订本(Scales of Independent Behavior-Revised)的总分和SB-5全量表IQ的相关系数为0.59。此外,研究还表明,超常儿童在SB-5的全量表IQ高于平均值,学习障碍儿童的全量表IQ低于平均值,智障儿童的全量表IQ最低。

在构想效度方面,研究发现SB-5在年龄上的分值变化符合智力的发展规律:随着年龄的增大,SB-5分值开始增大,直到青少年晚期或中年时期,然后老年时逐渐下降。编制者提出,大多数分测验在g因素上的负荷量大于0.70,说明这些分测验可以很好地测量出g因素,而且通过验证性因素分析,确认了两大领域和五个因素。

(6)评价 SB-5在延续前面版本的基础上,发挥了心理测量学的优势,发展成具有两大领域和五个因素的标准化测验。言语测验和非言语测验的划分,有利于帮助受测者选择适合自己的测验,更好地展现能力。常模进行了更新,且将适宜年龄范围扩展为2~85岁,但遗憾的是,常模剔除了部分特殊群体样本。测验的信度和效度较好,非言语IQ、言语IQ和全量表IQ的信度均高于0.90,但仍有个别分测验的信度和效度还不够理想,有待提高,因此在解释分数时需要注意,不能将其作为决策的唯一依据。

(三)中国比内测验

20世纪20年代初,比内智力量表被介绍到我国。1924年,陆志伟对S-B进行了首次修订,取名为中国比内—西蒙智力测验。1936年,陆志伟和吴天敏合作,对该量表做了第二次修订。1979年,吴天敏对这个量表做了第三次修订,取名为中国比内测验,这个修订本发表于1982年,这里主要对该修订进行详细介绍。

中国比内测验适用于2~18岁的儿童。由51道题目构成(表8-1),每一岁有3道题。这些题目按由易到难的顺序排列。施测时,首先,要计算受测者的实足年龄,然后,根据他的实足年龄从测验手册的附表一中查找开始作答的题号。例如,已知某位受测者6岁,经查表得知,他应该从第7题开始作答,然后,根据指导语逐题地进行测试。每题的内容和指导语都印在同一页纸上,有下划线的句子为对受测者的指导语,每一页的下方有答题时间要求、参考答案及通过标准(图8-5)。每通过一题记1分,未通过记0分,通过的题目数即为测验的原始分数。根据受测者的实足年龄和原始分数查测验手册后面的附表三,就可以获得受测者的离差智商。受测者完成整个测验需要30分钟到1个小时。

表8-1 中国比内测验的题目构成

1. 比圆形	27. 数学巧术
2. 说出物名	28. 方形分析(一)
3. 比长短线	29. 心算(三)
4. 拼长方形	30. 迷津
5. 辨别图形	31. 时间计算
6. 数纽扣13个	32. 填字
7. 问手指数	33. 盒子计算
8. 判断上午和下午	34. 对比关系
9. 走简单迷津	35. 方形分析(二)
10. 解说图画	36. 记故事
11. 找寻失物	37. 说出共同点
12. 倒数20至1	38. 语句重组(一)
13. 心算(一)	39. 倒背数目
14. 说反义词(一)	40. 说反义词(二)
15. 推断情景	41. 拼字
16. 指出缺点	42. 评判语句
17. 心算(二)	43. 数立方体
18. 找寻数目	44. 几何图形分析
19. 找寻图样	45. 说明含义
20. 对比	46. 填数
21. 造句	47. 语句重组(二)
22. 找正确答案	48. 校正错数
23. 对答问句	49. 解释成语
24. 描画图样	50. 明确对比关系
25. 剪纸	51. 区别词义
26. 指出谬误	

试题40： 说反义词(二)

对受试说:现在我说一个词,你也说一个词,你说的要跟我说的相反,比如我说大,你就说小。好,你听我说。每说一个词,把事前写在纸片上的同一个词放在他面前。

(1)爱 (2)残暴 (3)光荣 (4)狡猾 (5)隆重

录受试答案。
时限:半分钟不答往下问。
答案:(略)

成绩:对四问或五问通过。

图8-5 中国比内测验的题目样例

评价:中国比内测验的优点是操作方法简单,易于掌握。在测验手册中,修订者为使用者提供了详细的指导语,有利于对各种测量误差的控制,但该测验的测试结果仅为单一的 IQ 分数,不便于对受测者的智力发展状况做细致的分析。测验手册中也没有提供有关信度和效度的资料,其测量性能无法考察。另外,该测验从出版发行到现在已有30多年,常模已经过时了,需要重新修订。使用者用这个测验做评估时应当谨慎。

中国比内测验可以和其他测验组合起来,对智力障碍儿童、天才儿童和学习障碍儿童进行诊断和评估。

二、韦克斯勒智力量表

美国心理学家韦克斯勒(D. Wechsler)在多年的临床实践中发现,将斯坦福—比内智力量表用于评估成人的智力有不少缺陷。首先,斯坦福—比内智力量表的题目是专门为儿童设计的,对成人来说过于简单,不能引起成人的兴趣;其次,用比率智商表示成人的智力不够准确。另外,常模资料来自学校儿童,参照这样的常模来评估成人的智力也不太合适。于是,他从1934年开始致力于成人智力测验的研制工作,1939年他发表了韦克斯勒—贝尔韦量表Ⅰ型(Wechsler - Bellevue Scale Form Ⅰ, W - BⅠ),这是世界上第一个成人智力量表。几年后,他又编制了该量表的一个复本,称为 W - BⅡ。随后,他将这两个量表修订成适合于更小和更大年龄的受测者。几十年来,他陆续发表了一系列韦克斯勒智力量表,如今这些量表已成为世界上应用范围最广的智力量表。

(一)韦克斯勒智力量表系列版本概述

韦克斯勒智力量表包括成人量表、儿童量表、学龄前和学龄初期儿童量表以及一系列修订本(表8-2)。

表 8-2 韦克斯勒智力量表的系列版本

时间	名称	简称	适用年龄范围
1939	韦克斯勒—贝尔韦智力量表 I 型	W-B I	7~69 岁
1942	韦克斯勒—贝尔韦智力量表 II 型	W-B II	10~79 岁
1949	韦克斯勒儿童智力量表	WISC	5 岁~15 岁 11 个月
1955	韦克斯勒成人智力量表	WAIS	16~64 岁*
1967	韦克斯勒学龄前和学龄初期儿童智力量表	WPPSI	4 岁~6 岁 6 个月
1974	韦克斯勒儿童智力量表修订本	WISC-R	6 岁~16 岁 11 个月
1981	韦克斯勒成人智力量表修订本	WAIS-R	16~74 岁
1989	韦克斯勒学龄前和学龄初期儿童智力量表修订本	WPPSI-R	3 岁~7 岁 3 个月
1991	韦克斯勒儿童智力量表第三版	WISC-III	6 岁~16 岁 11 个月
1997	韦克斯勒成人智力量表第三版	WAIS-III	16~89 岁
2002	韦克斯勒学龄前和学龄初期儿童智力量表第三版	WPPSI-III	2 岁 6 个月~7 岁 3 个月
2003	韦克斯勒儿童智力量表第四版	WISC-IV	6 岁~16 岁 11 个月
2006	韦克斯勒非言语智力量表	WNV	4 岁~21 岁 11 个月
2008	韦克斯勒成人智力量表第四版	WAIS-IV	16~90 岁
2012	韦克斯勒学龄前和学龄初期儿童智力量表第四版	WPPSI-IV	2 岁 6 个月~7 岁 7 个月
2014	韦克斯勒儿童智力量表第五版	WISC-V	6 岁~16 岁 11 个月

* 常模团体中的老年组为另加的样本。

1. 韦克斯勒成人智力量表

1955 年,韦克斯勒将 W-BI 修订为韦克斯勒成人智力量表(Wechsler Adult Intelligence Scale, WAIS),适用于 16~69 岁的成人。1981 年,韦克斯勒发表了 WAIS 的修订本(WAIS-R),适用于 16~74 岁的成人。后来,在 WAIS-R 的基础上又对成人智力量表做过两次修订,于 1997 年发表了韦克斯勒成人智力量表第三版(WAIS-III),适用于 16~89 岁的成人;2008 年发表了韦克斯勒成人智力量表第四版(WAIS-IV),适用于 16~90 岁的成人。我国湖南医学院的龚耀先教授也对 WAIS-R 进行了修订,于 1982 年发表了韦氏成人智力量表中国修订本(WAIS-RC)。

2000 年以前,韦克斯勒成人智力量表是由言语量表和操作量表两部分组成的,其中言语量表包括常识、理解、算术、类同、数字广度、词汇等几个分测验,操作量表包括填图、图片排列、拼图、积木、译码等分测验(表 8-3)。不过,WAIS-III 中的分测验数目略有增加,言语量表增加了一个字母——数字顺序分测验,操作量表增加了符号检索和矩阵推理两个分测验。

表 8-3　韦克斯勒智力量表系列版本的分测验组成

	言语量表	操作量表
W-BI	常识、理解、算术、类同、数字广度、词汇（备用）	填图、图片排列、拼图、积木、译码
WAIS	常识、理解、算术、类同、词汇、数字广度	填图、图片排列、拼图、积木、译码
WAIS-R	常识、理解、算术、类同、词汇、数字广度	填图、图片排列、拼图、积木、译码
WAIS-Ⅲ	常识、理解、算术、类同、词汇、数字广度、字母—数字顺序（备用）	填图、图片排列、积木、译码、矩阵推理、符号检索（备用）、拼图（备用）
WISC	常识、理解、算术、类同、词汇、数字广度（备用）	填图、图片排列、拼图、积木、译码、迷津（备用）
WISC-R	常识、理解、算术、类同、词汇、数字广度（备用）	填图、图片排列、拼图、积木、译码、迷津（备用）
WISC-Ⅲ	常识、理解、算术、类同、词汇、数字广度（备用）	填图、图片排列、拼图、积木、译码、迷津（备用）、符号搜索（备用）
WPPSI	常识、理解、算术、类同、词汇、语句（备用）	填图、积木、迷津、动物房子、几何图形
WPPSI-R	常识、理解、算术、类同、词汇、语句（备用）	填图、积木、拼图、矩阵推理、几何图形、动物木钉（备用）

2000 年以后,韦克斯勒成人智力量表以及其他系列版本的结构有了较大调整,其所包含的量表及分测验见表 8-4。

表 8-4　2000 年以后韦克斯勒智力量表系列版本的量表及分测验组成

量表		分测验
WAIS-Ⅳ	言语理解	常识、词汇、理解、类同
	知觉推理	积木、矩阵推理、视觉迷津、数字权重、填图
	工作记忆	数字广度、算术、字母—数字排序
	加工速度	符号检索、译码、划消
WISC-Ⅳ	言语理解	常识、词汇、词汇推理、理解、类同
	知觉推理	积木、图画概念、矩阵推理、填图
	工作记忆	背数、算术、字母—数字排序
	加工速度	符号检索、译码、划消
WPPSI-Ⅲ	言语量表	常识、词汇、词汇推理、听词选图、命名、理解、类同
	操作量表	积木、拼图、矩阵推理、图画概念、填图
	加工速度	译码、符号检索
WPPSI-Ⅳ	言语理解	听词选图、常识、图片命名、词汇、类同、理解
	视觉空间能力	积木、拼图
	工作记忆	图片记忆、寻找动物园
	流体推理	矩阵推理、图画概念
	加工速度	搜索错误、划消、动物译码

2. 韦克斯勒儿童智力量表

1949年,韦克斯勒发表了一套儿童智力量表,称为韦克斯勒儿童智力量表(Wechsler Intelligence Scale for Children, WISC)。这套量表是在W-BⅡ的基础上编制而成的,适用于5岁~15岁11个月的儿童。1974年,发表了儿童智力量表的修订本(WISC-R);1991年,发表了韦克斯勒儿童智力量表的第三版(WISC-Ⅲ);2003年,发表了韦克斯勒儿童智力量表的第四版(WISC-Ⅳ);2014年,发表了韦克斯勒儿童智力量表第五版(WISC-V)。各个修订本的适用年龄范围都是6岁~16岁11个月。我国的林传鼎和张厚粲教授对WISC-R进行了修订,于1986年发表了韦氏儿童智力量表中国修订本(WISC-CR)。有关这几套量表的结构、内容及修订情况稍后详述。

3. 学龄前和学龄初期儿童智力量表

1967年,韦克斯勒发表了学龄前和学龄初期儿童智力量表(Wechsler Preschool and Primary Scale of Intelligence, WPPSI),该量表适用于4岁~6岁6个月的幼儿。1989年,韦克斯勒对WPPSI做了第一次修订,将适用年龄范围扩大到3岁~7岁3个月,这个修订本简称WPPSI-R。之后又做过两次修订,2002年发表了WPPSI-Ⅲ,适用年龄范围扩大为2岁6个月~7岁3个月;2012年发表了WPPSI-Ⅳ,适用年龄范围扩大为2岁6个月~7岁7个月。我国湖南医学院的龚耀先教授对WPPSI进行了修订,1986年将修订本以中国修订韦氏幼儿智力量表(C-WYCSI)的名称对外发表。

2000年以前,学龄前和学龄初期儿童智力量表的结构与韦克斯勒成人智力量表十分相似,也由言语量表和操作量表两部分组成。在言语量表中,同样有常识、理解、算术、类同、词汇这五个分测验,不过,都用语句分测验取代了数字广度分测验。在操作量表中,WPPSI也有填图、积木这两个分测验,另外三个分测验是迷津、动物房子和几何图形;WPPSI-R也有填图、积木这两个分测验,另外四个分测验是拼图、矩阵推理、几何图形和动物木钉。2000年以后,学龄前和学龄初期儿童智力量表的结构有了较大变化,WPPSI-Ⅲ由言语量表、操作量表和加工速度三部分组成,WPPSI-Ⅳ由言语理解、视觉空间能力、工作记忆、流体推理和加工速度五部分组成。

(二)韦克斯勒儿童智力量表修订本

1. WISC-R

和韦克斯勒的其他智力量表一样,WISC-R也由言语量表和操作量表两部分组成。言语量表包括常识、理解、算术、类同、词汇、数字广度6个分测验,其中数字广度是备用的分测验;操作量表包括填图、图片排列、拼图、积木、译码、迷津6个分测验,迷津也是备用的分测验。这两个备用分测验一般只在同一量表的某个分测验失效时才替代使用。

下面是一些有关WISC-R的心理测量性能的数据。

(1)常模团体的抽样　WISC-R的常模团体用分层随机抽样方法确定。分层变量包括地域、居住地(城市或农村)、户主职业、种族等。各部分的人数比率基本符合1970年美国人口普查的资料。从6.5~16.5岁共分成11组,每组抽取男女儿童各100名,总共有2 200名受测者。

(2)信度　在WISC-R的手册中报告了分测验、言语量表、操作量表和全量表的分半信度系数和再测信度系数。对11个年龄组分别计算言语量表、操作量表和全量表的分半信度系数,所得的均值为0.94、0.90和0.96。以一个月为间隔,用三个年龄组(6.5~7.5岁、10.5~11.5岁、

14.5~15.5岁)的数据计算言语量表、操作量表和全量表的再测信度系数,所得的均值为0.93、0.90和0.95。分测验的分半信度系数的均值分布在0.70~0.86之间,再测信度系数的均值在0.65~0.88之间。

(3)效度　将分测验分数、言语IQ、操作IQ和全量表IQ分别与斯坦福—比内智力量表IQ计算相关系数,在不同的年龄组中用全量表IQ获得的平均相关系数为0.73,用言语IQ和操作IQ获得的平均相关系数为0.71和0.60,各分测验的平均相关系数分布在0.26~0.69之间,其中词汇分测验最高,译码分测验最低。另外,一些研究者对WISC-R做了因素分析,结果表明,在不同年龄水平的受测者群体中都能识别出三个因素,即言语理解(verbal comprehension)、知觉组织(perceptual organization)和抗分心能力(freedom from distractibility)。

评价:与早先的版本相比,WISC-R无论在常模团体的抽样上,还是在信度和效度上都有了较大的改进。不过,有些分测验的稳定性偏低,该量表对智力极高者和极低者的打分有趋中倾向。

2. WISC-CR

1979年,林传鼎、张厚粲等人将韦克斯勒儿童智力量表翻译成中文,即韦氏儿童智力量表中国修订版,并组织全国22家协作单位对该量表的部分题目内容、图像、指导语及施测方法等进行修订,最后,根据由全国11个省市的2237名受测者组成的代表性样本的测试数据制订了常模。

WISC-CR的适用年龄范围是6~16岁。各分测验的题目构成及所测量的主要方面如下:

(1)常识　由30道简答题组成。例如,第5题是"一星期有几天?"题目所涉及的范围极广,包括历史、地理、物理、化学等。不过,大多数为儿童在日常学习和生活中经常遇到的问题。每答对一题记1分,答错记0分,最高分为30分。这个分测验主要测量受测者常识性知识的广度,分数高低反映了个人的言语理解、长时记忆、课外阅读、兴趣、在校学习情况,以及家庭文化背景等。

(2)填图　由26张图片组成,要求受测者在规定的时间内指出图片中缺失的某个重要部分。例如第2题,要求受测者指出图片中的狐狸缺少了什么(图8-6)。每答对一题记1分,最高分为26分。该分测验主要测量视觉再认和辨别能力、知觉组织、区分基本要素与非基本要素的能力,以及在有时间压力的情况下完成任务的能力。

图8-6　WISC-CR填图分测验的题目样例

(3)类同　由17对名词组成,例如,第1题是"蜡烛—电灯",要求受测者回答二者有什么相像的地方。前4题,每答对一题记1分,后13题,根据受测者的抽象概括水平记0、1或2分,最高分数为 30 分。这个分测验主要测量抽象思维能力、概念形成、言语理解和表达、区分基本要素与非基本要素的能力等。此外，分数高低还与个人兴趣、课外阅读等情况有关。

(4) 图片排列　由 13 套图片组成，其中有一套图片用于练习。每套包含 3~5 张图片，均有一定的情节，以打乱的顺序呈现给受测者，要求受测者在规定的时间内重新排列顺序，以组成一个合乎常理的故事。前 4 题以 0、1 或 2 记分，后 8 题以 0、2、3、4 或 5 记分，最高分数为 48 分。这个分测验主要测量理解常规的能力、时间概念、知觉组织、推理和判断能力、大脑整合机能等。该分测验分数的高低还与个体接触连环画的数量有关。

(5) 算术　由 19 道算术题组成。前 4 题，主试要出示一张画有一排树的图片。第 1~15 题，主试口述题目，例如，口述第 6 题："小红有 5 根小辫绳，她丢掉了 1 根，还剩下几根？"第 16~19 题，则呈现题卡由受测者朗读作答。受测者必须心算，并在规定的时间内口头回答。每答对一题记 1 分，最高分为 19 分。这个分测验主要测量数概念、运算技巧、推理、抗分心能力、长时记忆等。该分测验分数的高低还与在校学习的情况、在有时间压力的情况下完成任务的能力等有关。

(6) 积木　共有 11 张印有由红白两色几何图形组合成图案的卡片，每次呈现一张，要求受测者在规定的时间内用 4 或 9 块积木（长、宽、高约为 2.5 厘米，两面为红色，两面为白色，还有两面按对角线分成红白各半的立方体）拼摆出卡片中的图案。前 3 题以 0、1 或 2 记分，第 4~11 题以 0、4、5、6 或 7 记分，最高分为 62 分。积木分测验主要测量知觉组织、分析与综合能力、空间想象力、视觉—运动协调能力等。

(7) 词汇　共有 32 个词汇，印在一张大卡片上，主试每次按顺序呈现一个词汇，同时念出这个词，要求受测者解释它的词义。例如，向受测者呈现"勇敢"一词，并提问："什么是勇敢？"对受测者的回答以 0、1 或 2 记分，最高分为 64 分。这个分测验主要测量言语理解和表达、抽象概括能力、概念形成、长时记忆力等。该分测验分数的高低与个人的课外阅读量、兴趣爱好、在校学习情况、生活经验等有关。

(8) 拼图　由 5 套常见物体（如苹果、马、汽车等）的图形拼板组成，其中有一套用于练习。每次主试按预先设计的摆放方式呈现一套零散的拼板，要求受测者在规定的时间内拼成一个完整的画面。每套拼图的时限为 2 分钟、2.5 分钟和 3 分钟不等，记分方法也各有不同。整个分测验的最高分为 33 分。这个分测验主要测量知觉组织、大脑的整体加工能力、视觉—运动协调能力、灵活性等。此外，该分测验的得分还与认知方式、拼板的经验、在有时间压力的情况下完成任务的能力等有关。

(9) 理解　由 17 道简答题组成。例如，第 3 题是"当你割破了手指的时候你应该怎么办？"受测者必须说出解决问题的办法或说明日常生活中人们采取某些做法的原因。结果以 0、1 或 2 记分，最高分为 34 分。这个分测验主要测量理解日常生活中各种行为规范的能力、推理和判断能力、解决实际问题的能力、言语理解和表达等。

(10) 译码　有两套表，第一套用于 8 岁以下儿童，第二套用于 8 岁或更大的儿童。首先向儿童呈现一些图形或数字与符号相对应的样例（如在第一套表中圆形与等号相对应，在第二套表中 3 与加号相对应）。然后，要求受测者根据样例在规定的时间内将一系列图形或数字转换成相应的符号。第一套表的每一个正确译码记 1 分，最高分为 50 分。第二套表的每一个正确译码也记 1 分，最高分为 93 分。这个分测验主要测量抗分心能力、短时记忆力、视觉—运动协调能力、抄写速度与精确性、学习能力等。

(11) 背数　由顺背和倒背两部分组成。顺背时从随机排列的 3 位数字开始,最多是 10 位数字,主试以每秒一个数字的速度念出数字,要求受测者按顺序复述。倒背从 2 位数字开始,最多是 9 位数字,在主试念完一串数字后,要求受测者以相反的顺序说出这些数字。每种背数都有二试,二试皆通过记 2 分,只有一试通过记 1 分,二试皆未通过记 0 分并停测。整个分测验最高分为 30 分。背数分测验主要测量抗分心能力和短时记忆力。

(12) 迷津　共有 10 个迷津,其中有一个是用于练习的。受测者必须从位于中心的人像开始,在规定的时间内用铅笔画出走出迷津的路线来。每个迷津的时限和记分方法不完全相同。该分测验的最高分为 30 分。这个分测验主要测量知觉组织、大脑整合机能、计划能力、视觉—运动协调能力等。

上述 12 个分测验中常识、类同、算术、词汇、理解和背数(备用)属于言语量表,填图、图片排列、积木、拼图、译码和迷津(备用)属于操作量表。施测时,首先按指导语对受测者逐条进行测试,然后把各分测验的原始分数转化成平均数为 10、标准差为 3 的标准分数,再分别把前 5 个言语分测验和前 5 个操作分测验的标准分数相加求得言语量表分数和操作量表分数,及二者相加求得的全量表分数,最后,通过查测验手册中的常模表,便得到言语 IQ、操作 IQ 和总 IQ。整套测验全部做完需要 1 到 1 个半小时。

评价:WISC – CR 是目前国内使用频率最高的儿童智力量表,因其便于测量各种智力因素及比较优良的性能,一直受到广大心理、教育及临床工作者的欢迎。不过,这套量表中的有些内容如今已经过时了,需要重新修订。

3. 韦克斯勒儿童智力量表分数的解释

最初编制和实施韦克斯勒儿童智力量表是为了准确地评估儿童的一般智力水平。然而,随着教育事业的发展和研究的不断深入,人们已不满足于只了解儿童的智商,而希望通过对量表中各个分测验分数以及各种组合模式的分析和解释,从不同的侧面或层面来评估儿童的智力,为教育教学提供更多有用的信息。

目前,对韦克斯勒儿童智力量表分数的解释主要从以下几方面来进行:

(1)分析总 IQ,判断受测者的智力处于哪一级水平。

(2)将言语智商(VIQ)与操作智商(PIQ)做比较,看二者的关系属于 VIQ = PIQ、VIQ > PIQ,还是 VIQ < PIQ。VIQ = PIQ 是指 VIQ 与 PIQ 的差异无统计学意义,VIQ > PIQ 或 VIQ < PIQ 是指二者的差异有统计学意义。研究表明,在 WISC – R 中 VIQ 与 PIQ 的差异大于 12 分时达到 0.05 的显著性水平,大于 15 分时达到 0.01 的显著性水平。通过 VIQ 与 PIQ 的比较,可以了解受测者的言语智商是强于、等于还是弱于非言语智商。

(3)计算言语理解、知觉组织和抗分心能力三个因素的量表分并比较高低。言语理解的量表分即常识、类同、词汇和理解 4 个分测验量表分的总和,知觉组织的量表分即填图、图片排列、积木、拼图和迷津 5 个分测验量表分的总和,抗分心能力的量表分即算术、背数和译码 3 个分测验量表分的总和。因素量表分之间的差异大于 3 分时有统计学意义。通过对因素量表分的比较,可以了解受测者的哪方面能力比较强,哪方面能力比较差。

(4)比较各言语分测验量表分与言语量表的平均量表分的差异。若某个分测验的量表分高于言语量表的平均量表分 3 分以上,就表明相对于其他言语分测验,受测者在这个分测验所测的能力方面比较强;若低于平均量表分 3 分以上,就表明受测者在这个分测验所测的能力方面比较弱。

(5)比较各操作分测验量表分与操作量表的平均量表分的差异。方法同上。

(6)比较各分测验量表分与所有分测验的平均量表分的差异。若某个分测验的量表分高于所有量表的平均量表分3分以上,就表明总体而言,受测者在这个分测验所测的能力方面比较强;若低于平均量表分3分以上,就表明受测者在这个分测验所测的能力方面比较弱。

(7)比较各分测验量表分之间的差异。差异大于4分时有统计学意义。通过两两比较,也能了解受测者能力结构中的强项和弱项。

此外,还可以从与平均量表分有同一差异方向的几个分测验所共同测量的能力或因素中发现受测者的优势和弱点。

(三)WISC-Ⅲ

美国心理公司在WISC-R的基础上,对韦克斯勒儿童智力量表再次做了修订,于1991年发表了WISC-Ⅲ。新的量表保持了WISC-R的基本结构,仍由言语量表和操作量表两部分组成。不过,该量表在以下几方面做了较大的改动:①操作量表中增加了一个符号检索分测验(备用);②通过补充一些较容易和较难的题目,扩大了测验的难度跨度;③将填图、图片排列和拼图等分测验的材料全部改成彩色的;④重新制订了常模,以提高常模团体的代表性。通过这次修订,韦克斯勒儿童智力量表的标准化程度得到进一步提高。以下是本次修订的一些测量性能指标。

1. 常模团体的抽样

WISC-Ⅲ采用分层随机抽样的方法抽取常模团体。分层变量包括年龄、性别、种族、地域、户主职业及居住地(城市或农村)等。从6岁~16岁分成11个年龄组,每组有200名儿童,常模团体总共有2 200名儿童。各层的人数比例基本符合1990年美国人口普查的统计数据。

本次抽样做法更细致,范围更广。在WISC-R中种族只分白人和非白人两种,而在WISC-Ⅲ中分为白人、黑人、西班牙人和其他人四种。此外,在常模团体中还包括了一些特殊儿童如学习障碍儿童、天才儿童等。

2. 信度

WISC-Ⅲ的内部一致性系数是非常高的。修订后,总IQ、言语IQ和操作IQ的内部一致性系数的均值为0.96、0.95和0.91;分测验内部一致性系数的均值分布在0.69(拼图)至0.87(词汇、积木)之间。

再测信度系数的均值与内部一致性系数十分接近,不过,有些分测验的再测信度系数比较低,如图片排列、拼图和迷津的均值只有0.64、0.66和0.57。

3. 效度

测验手册中报告了WISC-Ⅲ的效标关联效度。该量表总IQ与WISC-R、WAIS-R和WPPSI-R总IQ的相关系数分别为0.89、0.86和0.85。

在量表的修订过程中修订者检验了这套量表对学业成就的预测效度。将若干学业成就测验的受测者组合成一个由358人组成的新样本,计算学业成就测验分数与WISC-Ⅲ分数的相关,结果是,总IQ、言语IQ和操作IQ与学业成就测验分数的相关系数分别为0.74、0.74和0.57。

此外,修订者还对WISC-Ⅲ进行了因素分析,共抽取出四个因素——言语理解、知觉组织、抗分心能力和加工速度。其中词汇、常识、类同和理解4个分测验在言语理解因素上负荷量最高,依次为0.79、0.72、0.72和0.65;积木、图片排列、填图、拼图和迷津5个分测验在知觉组织因素上负荷量最高,依次为 0.70、0.69、0.53、0.37 和 0.36;算术、背数两个分测验在抗分心/工作记忆因素上负荷量最高,依次为 0.73 和 0.34;译码、符号检索在加工速度因素上负荷量最高,依次为 0.79 和 0.56。另外,13 个分测验在 g 因素上的负荷量为从 0.30 到 0.80 不等,迷津分测验最低,词汇分测验最高。

评价:WISC-Ⅲ的优点是十分突出的。首先,整套量表分为言语量表和操作量表两部分,有利于将其中的一部分题目用于评估视觉障碍、听觉障碍、肢体残疾、言语障碍、情绪障碍和学习障碍儿童的智力,因而可以扩大量表的适用范围。其次,大量的研究数据已经表明,这套量表有很高的信度和效度,因此,它的测量结果是比较可靠的。最后,大多数分测验在 g 因素上有很高的负荷量,这表明它能够用来测量一般智力水平。

不过,这套量表的某些分测验信度还不够高,不能单独使用。另外,由因素分析抽取出的四个因素究竟是什么,它们是否反映了智力结构中最重要的成分还有待于研究证明。

(四) WISC-Ⅳ

韦克斯勒儿童智力量表第四版(WISC-Ⅳ)于 2003 年出版。新量表改变了以往言语量表和操作量表的分类模式,提供了 4 个因素指数,即言语理解指数(verbal comprehension index, VCI)、知觉推理指数(perceptual reasoning index, PRI)、工作记忆指数(working memory index, WMI)和加工速度指数(processing speed index, PSI)。每个因素指数下有若干核心分测验和补充分测验,共有 15 个分测验。

1. 测验的构成

WISC-Ⅳ所包含的因素指数和分测验如下:

(1)言语理解指数:评估受测者语言学习、概念形成、抽象思维和分析概括的能力。其中类同、词汇、理解为核心分测验,常识和词汇推理为补充分测验。

- 类同分测验:共 23 题,要求受测者确认不相关的语言刺激之间的相似性或共性。
- 词汇分测验:共 36 题,前 4 题要求受测者命名图片中的物体,后 32 题由主试读出词汇,要求受测者解释词汇的意思。
- 理解分测验:共 21 题,评估受测者对一般社会习俗、语言指令等的理解。比如提问"为什么在暴风雨天里穿靴子很重要?"
- 常识分测验:共 33 题,评估受测者掌握特定事实的程度。这些特定事实是受测者在正式或非正式教育环境下都要掌握的内容,可通过学习获得。比如"金色拱门是哪一家速食经营权的标志?"
- 词汇推理分测验:共 24 题,评估受测者理解、归纳、类比、言语抽象的能力。呈现给受测者一个线索或一系列线索,要求受测者根据线索推理出恰当的词汇。比如"这个物体有一个很长的手柄,如果加水使用可以用来清洁地板"(拖把)。如果受测者正确回答出部分内容,又可获得额外的线索。

(2)知觉推理指数:评估受测者的流体推理、空间知觉、视觉组织的能力。其中积木、图画概念、矩阵推理为核心分测验,填图为补充分测验。

- 积木分测验:共 14 题,要求受测者在一定时间内将木块搭建成图片中的样式。这个测验提供了计时与非计时两种标准。

- 图画概念分测验:共 28 题,呈现 2~3 行图片,要求受测者从每一行中选出一张图片,组成具有共同特征的一组图片。比如,受测者从第一行选出"马",从第二行选出"老鼠",因为它们都是动物。这实际上就是图片分类任务。
- 矩阵推理分测验:共 35 题,呈现 2×2 到 3×3 的不完整矩阵,要求受测者从 5 个选项中选择最适合空缺部分的选项。
- 填图分测验:共 38 题,要求受测者在有限时间内指出或说出图片缺少的部分。测验手册还提供了对于言语表达不佳但能识别图片缺少部分的受测者的记分方法。

(3)工作记忆指数:其中背数、字母—数字排序为核心分测验,算术为补充分测验。
- 背数分测验:共 34 题,评估受测者对主试念出的数字及时回忆的能力。在正序测验里,受测者按顺序复述主试念出的数字。在倒序测验里,受测者按相反顺序复述主试念出的数字。
- 字母—数字排序分测验:共 10 题,评估受测者回忆和处理口头呈现的一系列数字和字母的能力。主试随机念出一系列数字和字母,要求受测者按照从小到大的顺序复述数字,按照字母表顺序复述出字母。
- 算术分测验:共 34 题,评估受测者应用算术技能解决问题的能力。主试读出算术问题,要求受测者在有限的时间内心算解决问题。

(4)加工速度指数:评估受测者对信息的理解速度、记忆速度和准确度以及注意力和书写能力,其中译码、符号检索为核心分测验,划消为补充分测验。
- 译码分测验:评估受测者联系符号和几何图形或数字的能力,要求受测者在有限的时间内在纸上复写这些符号。
- 符号检索分测验:测验由一系列成对的符号组构成,每一对符号组包括一个目标组和搜索组。要求受测者在有限的时间内浏览两个群组,确认在搜索组里是否出现目标符号。
- 划消分测验:主试先随机呈现一组图片,再按结构顺序呈现同一组图片,要求受测者分别在有限的时间内标记出目标图片。

2. 记分方法

WISC-Ⅳ每个分测验的原始分可以转化为年龄当量和平均分为 10、标准差为 3 的量表分。10 个核心分测验的量表分通过不同分测验之间的组合还可以转化为言语理解 IQ、知觉推理 IQ、工作记忆 IQ、加工速度 IQ 和全量表 IQ 5 个合成分数(平均分 = 100,标准差 = 15)。依据量表手册,还可以将分测验量表分和合成分数转化为百分等级和置信区间。

WISC-Ⅳ还提供了一个特殊指数:一般能力指数(general ability index,GAI),它是由 3 个言语理解必做分测验分数(类同、词汇、理解)和 3 个知觉推理必做分测验分数(积木、图画概念、矩阵推理)转化而成。相比于全量表 IQ,GAI 不包括工作记忆和加工速度这两大指数,这对于一些存在注意力缺陷、加工速度缺陷的受测者来说,GAI 更能反映出他们的真实智力水平,减少了能力与成就之间的差异,但 GAI 不能代替全量表 IQ,因为工作记忆和加工速度对于认知过程同样重要。一般可以同时报告 GAI 和全量表 IQ,以便更好地制订安置策略以及教育干预计划。

WISC-Ⅳ的特别之处还在于它为一些分测验提供了不同的记分方法。比如,在常识、词汇推理、图画概念、矩阵推理、填图、背数和字母—数字排序分测验中,可以用"通过"或"不通过"来记分。在类同、词汇、理解分测验中,可以采用权重分数来记分,不正确记 0 分,部分答对记 1 分,优选答案记 2 分。另外,还可以用计时来记分:用时越长,分数越低;用时越短,分数越高。使用中要慎重选取这些记分方法,需要考虑这些方法对于受测者是否适用,比如计时记分可能不适用于存在运动障碍的受测者。

3. 常模团体的抽样

常模团体由2200名6岁~16岁11个月的儿童组成,分成11个年龄组,其中每一岁为1个年龄组,如6岁~6岁11个月为1组,每一组有200名受测者。根据2000年美国人口普查数据进行抽样,分层变量包括年龄、性别、种族、地域(东北部、南部、中西部和西部)、父母受教育程度(受教育年限和最高学历)。常模团体中还增加了特殊需要儿童样本,比如具有学习障碍、注意力缺陷多动障碍或超常儿童等,大约占总样本数量的5.7%。

4. 信度

WISC-Ⅳ报告了分半信度和再测信度系数。由于译码、符号检索和划消分测验是计时记分,因此只报告了再测信度系数。对于其他分测验和因素指数均报告了分半信度系数:分测验的分半信度系数分布在0.79~0.90之间,在年龄水平上介于0.72~0.94之间;因素指数的分半信度系数高于分测验,分布在0.88~0.94之间,在年龄水平上介于0.81~0.95之间;全量表IQ的信度非常好,信度系数分布在0.96~0.97之间。

检验再测信度时所用的样本为243名儿童,分为5个年龄组(6~7岁、8~9岁、10~11岁、12~13岁、14~16岁)。这5个年龄组的全量表IQ稳定性系数分布在0.91~0.96之间;因素指数稳定性系数分布在0.84(工作记忆,8~9岁组)至0.95(语言理解,14~16岁组);分测验稳定性系数分布在0.71(图画概念,6~7岁组)到0.95(词汇,14~16岁组)之间。

5. 效度

WISC-Ⅳ提供了内容效度、构想效度和效标关联效度的有关信息。在内容效度方面,编制者强调,在修订过程中通过全面地对文献进行解读和大量专家评论来决定量表中的分测验和具体的题目,以便题目在测量智力功能上具有代表性。

在构想效度方面,有研究表明,同一因素指数内的不同分测验之间相关性高。所有分测验之间也具有显著的相关性,表明这些分测验符合测量一般智力g因子的假设。还有研究者运用结构方程建模验证了WISC-Ⅳ的四因素模型。

在效标关联效度方面,WISC-Ⅳ与WISC-Ⅲ、WPPSI-Ⅲ、WAIS-Ⅲ的相关系数均为0.89,与WASI的相关系数为0.83,与WIAT-Ⅱ的相关系数为0.87。

6. 评价

WISC-Ⅳ有别于以往的分类模式,创新性地采用了4个因素指数,改进了对流体智力、工作记忆和加工速度的评估。全量表IQ和各因素指数IQ的信度和效度较高,可以为重要的教育决策提供依据,但部分分测验的信度还有待提高。

(五) WISC-CⅣ

自2006年起,北京师范大学张厚粲教授主持修订了WISC-Ⅳ的中文版(WISC-CⅣ),该量表于2008年正式出版。下面简要介绍这套量表。

1. 测验的构成

WISC-CⅣ保持原版WISC-Ⅳ的结构不变,即全量表IQ由言语理解、知觉推理、工作记忆和加工速度4个因素指数组成,每个因素指数下包含若干核心分测验和补充分测验。

除了删除词汇推理分测验外,WISC-CⅣ保留原量表其余14个分测验。各分测验的题目数及施测方法与原测验基本相同,分别是:积木14题,类同23题,背数38题,图画概念28题,译码有A、B两套,词汇36题,字母—数字排序10题,矩阵推理35题,理解21题,符号检索有A、B两套,填图38题,划消2题,常识33题,算术34题。

2. 常模团体的抽样

WISC-CⅣ采用分层随机抽样的方法抽取常模团体,常模团体由1100名6岁~16岁11个月的儿童组成,分成11个年龄组,其中每一岁为1个年龄组,每一组有100名受测者。根据2000年全国人口普查数据进行抽样,分层变量包括地域(中国大陆七大行政区)、年龄、性别、学习成绩、民族(大约占总样本数量的5%)、父母受教育程度。常模团体中还包括了3个特殊样本组(超常儿童、学习障碍儿童和智力障碍儿童各抽取了60人)。

3. 信度

测验修订者从多个方面检验了WISC-CⅣ的信度。由于译码、符号检索和划消是三个不适合使用分半法的分测验,因此使用再测法来估计信度,所获得的稳定性系数的均值分别是0.75、0.78和0.82。其余分测验使用分半法来估计信度,所获得的分半信度系数的均值分布在0.82~0.92之间。所有分测验的评分者一致性系数分布在0.96~0.99之间。四个指数合成分数的内部一致性系数的均值分布在0.87~0.94之间。总智商的信度系数均值为0.97。

4. 效度

在内容效度方面,WISC-CⅣ在与中国语言及文化兼容的前提下,尽量与WISC-Ⅳ原版的分测验和题目的内容保持相等。在效标关联效度方面,测验修订者计算了WISC-CⅣ与WISC-CR的相关,各分测验的相关系数分布在0.51~0.76之间,两个测验总IQ的相关系数为0.71。将超常儿童、智力障碍和学习困难儿童样本与普通儿童样本做比较,结果发现,在14个分测验、4个因素指数和总IQ分数上超常儿童的平均数均极其显著地高于普通儿童;在所有分数上智力障碍儿童的平均数都极其显著地低于普通儿童;在积木、划消2个分测验上学习困难儿童与普通儿童无显著性差异,但在其余12个分测验、4个因素指数和总智商上学习困难儿童均显著低于普通儿童。在构想效度方面,测验修订者计算了所有分测验分数、因素指数和总智商彼此之间的相关,结果是,所有分测验之间的相关都是显著的,功能相近的分测验之间的相关高于测量了不同功能的分测验之间的相关。另外,探索性因素分析和验证性因素分析的结果均证明,修订后的WISC-CⅣ与原版WISC-Ⅳ的结构非常吻合。

5. 评价

WISC-Ⅳ是以最先进的智力理论为依据,运用最新的测验编制技术编制的,因此,是目前儿童智力评估领域最优秀的量表之一。WISC-CⅣ的编制者在保留WISC-Ⅳ原有结构和题目形式的基础上对测验进行中国本土化,经检验,其信度和效度与原版相当,由此可见,WISC-CⅣ是我国目前最优秀的儿童智力量表之一。

(六)韦克斯勒非言语智力量表

韦克斯勒非言语智力量表(Wechsler Nonverbal Scale of Ability,WNV)发表于2006年,是专门为那些受语言能力影响智力评估成绩的受测者而设计的,可应用于来自不同文化和语言背景,语言能力有限或存在障碍的群体,包括具有听力障碍、语言障碍、孤独症谱系障碍、肢体障碍等特殊需要的儿童。量表全部采用新颖的图片指令,施测更加容易,适用年龄范围为4岁到21岁11个月;量表考察受测者的语言能力和知识储备,注重对流体智力的评估,可以更公平与准确地测量特殊需要人群的智力水平。

1. 测验的构成

WNV 包括矩阵、译码、拼图、再认、空间跨度和图片排列6个分测验。分测验的编制参考了韦克斯勒智力量表系列版本(WISC-Ⅲ、WISC-Ⅳ、WPPSI-Ⅲ、WAIS-Ⅲ)、韦克斯勒记忆量表第四版(WMS-Ⅳ)和纳格利亚非言语能力测验—个别施测版(Naglieri Nonverbal Ability Test-Individual Administration,NNAT-Ⅰ)。WNV 有两个版本:完整版和简易版,施测者可根据情况灵活选择。按照受测者的年龄可分为两个年龄组:4岁~7岁11个月组,8岁~21岁11个月组。4岁~7岁11个月组的完整版量表包括矩阵、译码、拼图和再认4个分测验,简易版量表包括矩阵和再认2个分测验。8岁~21岁11个月组的完整版量表包括矩阵、译码、空间跨度和图片排列4个分测验,简易版量表包括矩阵和空间跨度2个分测验。

- 矩阵分测验:受测者观察一个不完整的图形矩阵,从4~5个备选项中选择正确的答案填补在矩阵的空缺部分。
- 译码分测验:向儿童呈现一些图形或数字与符号相对应的样例,要求受测者在有限的时间内将一系列图形或数字转换为相应的符号。译码分为两个版本,A 版本用于4岁~7岁11个月组,B 版本用于8岁~21岁11个月组。
- 拼图分测验:主试按照预先设计的摆放方式呈现一套零散的拼图,要求受测者在有限的时间内拼成一个完整、有意义的画面。
- 再认分测验:向儿童呈现一个几何图形3秒,要求受测者从4~5个备选项中选出刚才看到的图形。
- 空间跨度分测验:在正序测验中,要求受测者按照主试敲打不同积木的顺序重复敲打积木。在反序测验中,要求受测者按照主试敲打积木的相反顺序敲打积木。
- 图片排列分测验:主试按照事先安排的顺序呈现一套凌乱的图片,要求受测者在有限的时间内重新排列图片顺序,以组成一个合乎逻辑的故事。

2. 施测和记分方法

WNV 可不采用言语指令,但如果有需要,也可以采用言语指令进行施测。一般情况下,完整版量表施测需要45分钟,简易版量表需要15~20分钟。对于不同的分测验,不同年龄段儿童的起测题也有所不同。

对于4岁~7岁11个月的受测者,要实施矩阵、拼图和再认分测验,每个年龄段的儿童开始施测的题目都不相同;采用译码 A 测验。

对于8岁~21岁11个月的受测者,除了矩阵分测验外(不同年龄段的儿童开始的题目有所不同),还要施测空间跨度和图片排列分测验,所有受测者都从第一题开始;采用译码 B 测验。

开始测验后,如果受测者不能正确完成前两题,那么就要返回做起始点之前的题目,直到有连续两题做对为止。在矩阵和再认测验中,如果连续5道题中有4题得0分,则停止该测验;在图片排列测验中,如果连续4题得0分,则停止该测验;在拼图测验中,如果连续2题得0分,则停止该测验;在译码测验中,如果超过120秒则停止该测验;在空间跨度测验中,当正序和反序各有一题得0分时,则停止该测验。

分测验主要依据准确性和时间来记分,用时短可以获得额外的奖励分数。比如拼图第8题,正确拼完记6分,在65秒内完成可加1分;如果受测者在65秒内完成拼图,记7分。

获得分测验的原始分数后,可将其转化为T分数(平均分=50,标准差=10)、百分等级、年龄当量等,通过分析分测验的得分情况可以评估受测者的优势与不足。实施WNV之后,还可获得完整版量表和简易版量表的合成分数(平均分=100,标准差=15)。

3. 常模团体的抽样

WNV采用分层随机抽样的方法抽取常模团体,常模团体由1350名美国受测者和875名加拿大受测者组成,于2005~2006年完成收集数据工作。每个年龄跨度大概有50~100名受测者,基本符合美国和加拿大的人口普查数据,分层变量包括年龄、性别、地域、种族和父母的受教育水平。

4. 信度和效度

无论是美国常模还是加拿大常模,WNV完整版和简易版量表的信度系数均超过0.90,但有一些分测验的信度低于0.80,有待提高。测验手册提供了关于效标关联效度和内容效度的有关信息。WNV简易版与WISC-Ⅳ之间的相关系数为0.58,而完整版与WISC-Ⅳ的相关系数为0.76。对于以英语为第二外语的受测者和听障儿童(全聋和听力损失)来说,WNV可以更准确地测量出这些群体的能力水平,其量表分数与普通儿童分数基本一致,减少了语言障碍的干扰,而且可以很好地区分出超常儿童,超常儿童的量表分数明显高于普通儿童。每个分测验在测量g因素上的负荷量较高,说明WNV是以非言语测验的方式测量一般智力,可以作为智力测验使用。

5. 评价

WNV以非言语的方式测量一般智力,对于语言能力有限或存在障碍的受测者来说更加公平,也更能准确反映其智力水平。完整版量表和简易版量表的信度较高,但个别分测验的信度有待改进,关于效度的信息也比较有限。

三、考夫曼儿童成套评估测验

考夫曼儿童成套评估测验(Kaufman Assessment Battery for Children,K-ABC)发表于1983年,是美国心理学家考夫曼夫妇(A. S. Kaufman & N. L. Kaufman)根据认知心理学、神经心理学以及临床研究的最新成果编制而成的。它反映了当代智力理论和测验编制方法的最新进展,目前已成为美国三大最受欢迎的儿童智力测验之一。

由于受认知主义思潮的影响,考夫曼夫妇力图从信息加工过程来评估智力。在测验的编制过程中,他们参考了鲁利亚提出的有关大脑机能的神经心理学模式。鲁利亚认为,人类的认知加工包括三个相互协调的机能系统:一是唤醒与注意系统,使大脑皮层处于警觉状态;二是同时性—继时性加工系统,负责接收、加工和存储信息;三是计划系统,负责制定、调节和控制心理活动。考夫曼夫妇认为智力就是个体解决问题和信息加工的方式,所以,他们编制的智力测验着重测量鲁利亚理论中的第二机能系统,即同时性加工和继时性加工。此外,他们还将解决问题的能力与获得的知识和经验加以区分,前者用心理加工量表来测评,后者则需单独编制一套成就量表来进行测评。K-ABC就是在这些理论指导下编制出来的,因此具有一些不同于传统智力测验的新特点。

(一) K – ABC

1. 测验的构成

K – ABC 由继时性加工量表、同时性加工量表和成就量表三个基本部分构成,共有 16 个分测验。每个量表所包含的分测验,每个分测验适用的年龄范围和题目量,以及所测量的主要内容如下:

(1)继时性加工量表

- 手部动作分测验(适用于 2 岁 6 个月 ~ 12 岁 5 个月) 共有 21 题。要求受测者按照同样的顺序做出主试先前示范过的一系列手部动作。
- 数字记忆分测验(适用于 2 岁 6 个月 ~ 12 岁 5 个月) 共有 19 题。要求受测者按照同样的顺序重述主试念过的由 2 ~ 8 位数字组成的一串数字。
- 字词顺序分测验(适用于 4 岁 0 个月 ~ 12 岁 5 个月) 共有 20 题。主试说出一串常见物品的名称后,受测者要按同样的顺序从图片中指认出来。

(2)同时性加工量表

- 魔术窗分测验(适用于 2 岁 6 个月 ~ 4 岁 11 个月) 共有 15 题。主试转动一轮盘,轮盘上开着的一个狭小窗口连续显露出一幅图片的不同部分,要求受测者说出所见物品的名称。
- 辨认面孔分测验(适用于 2 岁 6 个月 ~ 4 岁 11 个月) 共有 15 题。要求受测者从一张团体照片中认出在上一页中刚见过的一两张面孔来。
- 完形组合分测验(适用于 2 岁 6 个月 ~ 12 岁 5 个月) 共有 25 题。受测者看过一张未画完的墨迹画后,要说出要画物品的名称。
- 三角形分测验(适用于 4 岁 0 个月 ~ 12 岁 5 个月) 共有 18 题。要求受测者用若干个三角板拼成某种规定的图案。
- 图形类推分测验(适用于 5 岁 0 个月 ~ 12 岁 5 个月) 共有 20 题。要求受测者通过类比推理选择一幅小图案来填补大图案中的缺失部分。
- 空间记忆分测验(适用于 5 岁 0 个月 ~ 12 岁 5 个月) 共有 21 题。要求受测者回忆在上一页看过的图片处在什么位置上。
- 照片系列分测验(适用于 6 岁 0 个月 ~ 12 岁 5 个月) 共有 17 题。要求受测者按照事情发生的先后顺序来排列一组照片。

(3)成就量表

- 词语表达分测验(适用于 2 岁 6 个月 ~ 4 岁 11 个月) 共有 14 题。要求受测者说出图片中物品的名称。
- 人物与地方分测验(适用于 3 岁 0 个月 ~ 12 岁 5 个月) 共有 35 题。要求受测者说出图片中的著名人物或地点。
- 算术分测验(适用于 3 岁 0 个月 ~ 12 岁 5 个月) 共有 38 题。要求受测者认识数字,会做乘、除等算术运算。
- 猜谜语分测验(适用于 3 岁 0 个月 ~ 12 岁 5 个月) 共有 32 题。受测者要根据主试所描述事物的具体或抽象的特征,说出其名称。
- 阅读/解码分测验(适用于 5 岁 0 个月 ~ 12 岁 5 个月) 共有 38 题。要求受测者读出字母和单词。

- 阅读/理解分测验（适用于 7 岁 0 个月 ~ 12 岁 5 个月） 共有 24 题。受测者看完题本中的指示语后，按要求做出相应的动作或表情。

2. 施测方法

主试先要根据受测者的年龄从上述 16 个分测验中选择 7 ~ 13 个分测验进行测试。年龄越大需要测试的分测验越多，不过，每个受测者最多只做 13 个分测验。一般来说，学前儿童平均需用 45 分钟，学龄儿童平均需用 70 ~ 75 分钟就能完成测试。

等受测者接受完测试，就要根据他所在常模团体的平均分和标准差将每个分测验的原始分数转换成 Z 分数，再由 Z 分数转换成平均数为 10、标准差为 3 的量表分数。然后，将继时性加工量表、同时性加工量表、成就量表和心理加工量表（等于继时性加工 + 同时性加工）所包含的分测验的量表分分别求和，再转换成平均数为 100、标准差为 15 的标准分数和百分等级（为了消除标签效应，这里不用 IQ 表示），就可以对受测者的智力发展状况做出分析和判断。

对于听觉障碍、言语障碍或孤独症儿童，一般只需施测手部动作、辨认面孔、三角形、图形类推、空间记忆和照片系列 6 个分测验。测验编制者已将这几个分测验组成了一个非言语量表并制订了常模，非常适合于不会说英语或言语有缺陷的受测者。

3. 常模团体的抽样

K - ABC 具有优良的测量性能，具体表现为：常模团体具有很好的代表性；几个量表都有高信度和高效度。

在制订常模时，测验编制者采用分层随机抽取的方法，在全国范围内抽取了一个由 2 000 名年龄在 2 岁 6 个月 ~ 12 岁 6 个月之间的受测者组成的代表性样本。每半岁为一个年龄组，共划分了 20 个年龄组。除年龄外，分层抽样时还考虑了性别、区域、种族、社区大小、父母文化程度、教育安置类型（普通班，还是特殊班）等变量。各层的人数比例基本符合 1980 年美国人口普查的统计数据。另外，在样本中还包括了人口比例相当的学习障碍儿童、智力障碍儿童和天才儿童。

4. 信度和效度

(1) 信度 测验编制者将测验分学前和学龄两个年龄段，分别检验了 4 个量表、16 个分测验的内部一致性。结果是：学前和学龄儿童在继时性加工量表上的内部一致性系数分别为 0.90 和 0.89；在同时性加工量表上的内部一致性系数分别为 0.86 和 0.93；在心理加工量表上的内部一致性系数分别为 0.91 和 0.84；在成就量表上的内部一致性系数分别为 0.93 和 0.97；在分测验上的内部一致性系数的均值分别在 0.72 ~ 0.86 和 0.71 ~ 0.92 之间。

此外，测验编制者还从常模团体中抽取了三个小样本（年龄分别在 2 岁 6 个月 ~ 4 岁 11 个月、5 岁 0 个月 ~ 8 岁 11 个月、9 岁 0 个月 ~ 12 岁 5 个月之间，人数分别为 84、92 和 70），分别检验了量表和分测验的再测信度。结果是：在三个小样本中心理加工量表的稳定性系数分别为 0.83、0.88 和 0.93，成就量表的稳定性系数分别为 0.95、0.95 和 0.97；分测验的稳定性系数分别在 0.62 ~ 0.87、0.61 ~ 0.98 和 0.59 ~ 0.94 之间。由此可见，该测验总体而言是可靠的。

(2) 效度 在 K - ABC 的手册中报告了 43 项有关该测验的效标关联效度、预测效度和构想效度的研究。在一项用 182 名普通班学生做的效标关联效度的研究中，心理加工量表分数与 WISC - R 总 IQ 的相关系数为 0.70。在其他用普通班和特殊班学生做的研究中，K - ABC 各量表分数与 WISC - R 总 IQ 的相关系数分布在 0.57 ~ 0.74 之间。这些数据表明，两个测验测量的特质相似度较高。

实施 K-ABC 之后相隔 6~12 个月再收集受测者的各种成就测验分数,分别计算继时性加工量表、同时性加工量表与各种成就测验之间的相关系数,所得结果一般在 0.30~0.50 之间;心理加工量表、成就量表与各种成就测验之间的相关系数一般在 0.40~0.80 之间。这些数据表明该测验对学业成就有一定的预测效度。

K-ABC 的构想效度主要是通过因素分析来检验的。最初有些人认为,心理加工量表中的分测验仅仅测量记忆和空间技能,然而,后来的一些研究结果表明,该量表在 g 因素上的负荷量与 WISC-R 大体相当,即主要测量的是一般智力。考夫曼和坎普豪斯(Kaufman & Kamphaus, 1984,转引自 R. W. Kamphaus,2001)在一项对 K-ABC 的因素分析研究中共提取出三个因素,他们把这三个因素分别命名为继时性加工、同时性加工和学业成就。不久,基思等人(Keith et al.,1985)在一项探索性因素分析中也获得类似的结果。不过,威尔逊等人(Wilson et al.,1985)所做的一项验证性因素分析表明,在上述三因素结构中只有继时性加工和同时性加工因素有很强的数据支持,而学业成就因素获得数据支持的力度很弱。

5. 评价

以认知心理学、神经心理学等最新成果作为测验编制的理论基础,使测验编制与心理学研究的发展同步,这是值得称道的。在施测过程中尽量减少语言文字的使用,使该测验能适用于听觉障碍、言语障碍、情绪障碍、智力障碍及学习障碍儿童等。整套测验分为心理加工量表(相当于智力量表)和成就量表两部分,便于用来对学习障碍儿童做诊断。测验任务有意思、容易施测也是本测验的两大优点。

不过,自 K-ABC 发表以来,其成就量表就受到较多的质疑。一些人认为,它测量的东西其实和心理加工量表差不多,都是一般智力。还有一些人认为,它更像一个能力倾向测验,而不是成就测验,用"成就量表"这个名称是不合适的。除此之外,有人还发现,对某些年龄段的儿童来说,一些分测验的难度跨度太小,容易产生地板效应或天花板效应。

(二) KABC-Ⅱ

考夫曼儿童成套评估测验第二版(KABC-Ⅱ)发表于 2004 年,将适用年龄范围扩展为 3 岁~18 岁 11 个月。与 K-ABC 仅基于鲁利亚神经心理学模式的第二机能理论(同时性—继时性加工)相比,KABC-Ⅱ 不仅加入了鲁利亚模式的第三机能理论(计划),更加入卡特尔—霍恩—卡洛尔智力层次结构理论,因此具有双重理论基础,测验构成也发生了一些变化。在鲁利亚模式下,测验由继时性加工量表、同时性加工量表、计划能力量表和学习能力量表四个部分组成;在卡特尔—霍恩—卡洛尔理论模式下,测验由短时记忆量表、视觉加工量表、流体推理量表、长时存储和提取量表、晶体智力量表/常识量表五个部分组成。除了晶体智力量表的分测验是卡特尔—霍恩—卡洛尔理论模式所特有的,其他分测验均是两个模式共有的,只是由于理论基础不同,因素名称有所不同。使用者可以根据受测者的情况选择相应的模式:对于来自主流文化与语言环境的受测者,或超常儿童,或具有学习障碍、情绪和行动障碍、智力障碍的儿童,可以选择卡特尔—霍恩—卡洛尔模式;而如果受测者来自非主流文化(对其而言,晶体智力可能不是衡量受测者认知能力的有效指标),或语言能力有限,或具有听力障碍,可以选择鲁利亚模式,该模式强调大脑的认知加工能力,不考察儿童从学校获得的先行知识和经验。

1. 测验的构成

KABC-Ⅱ所包含的量表及分测验如下。

(1) 继时性加工量表/短时记忆量表(Gsm)

- 字词顺序分测验　主试说出一串常见物品的名称,要求受测者按同样的顺序从图片中指认出来。在后面的题目中,有一些干扰选项,比如颜色名称,以增加难度。
- 数字记忆分测验　主试说出一串由2~9位数字组成的数字,要求受测者按同样顺序复述。
- 手部动作分测验　要求受测者按照同样的顺序做出主试先前示范过的一系列手部动作。

(2) 同时性加工量表/视觉加工量表(Gv)

- 走捷径分测验　主试呈现一个棋盘状网格,上面布置有一些岩石和杂草状的障碍物,要求受测者移动玩具狗,寻找最快的路径(最少步数)到达放有骨头的位置。
- 三角形分测验　要求受测者用若干三角形(一面为蓝色,一面为黄色)拼成某个规定的图案。在更简单的题目中,三角形可以替换为其他彩色的形状。
- 概念思维分测验　受测者观察4~5张的一组图片,指出哪一张图片与其他图片具有不同特征。比如有些题目只呈现一张有意义的图片,其他图片都是抽象图形。
- 辨认面孔分测验　主试呈现1~2张面孔图片后,要求受测者从一组照片中选出刚才见过的面孔。
- 完形组合分测验　受测者看过一张未画完的墨迹画后,命名或描述画中的物品或动作。
- 数积木分测验　要求受测者数出图片中有多少积木块。
- 图形推理分测验(5~6岁)　呈现一组有逻辑的图片刺激,当中缺少一张图片,要求受测者从一排4~6个选项中选择正确的图片来填补空缺部分。大多数题目都是抽象的几何图形,也有些题目使用有意义的刺激图片。
- 完成故事分测验(5~6岁)　用一组图片来呈现故事,但当中缺少了一些图片。要求受测者从一堆图片中选择正确的图片来完成故事,并将其放在正确的位置上。

(3) 计划能力量表/流体推理量表(Gf)

- 图形推理分测验(7~18岁)　呈现一组有逻辑的图片刺激,当中缺少一张图片,要求受测者从一排4~6个选项中选择正确的图片来填补空缺部分。大多数题目都是抽象的几何图形,也有些题目使用有意义的刺激图片。
- 完成故事分测验(7~18岁)　用一组图片来呈现故事,但当中缺少了一些图片。要求受测者从一堆图片中选择正确的图片来完成故事,并将其放在正确的位置上。

(4) 学习能力量表/长时存储和提取量表(Glr)

- 无意义命名分测验　主试呈现一些鱼、植物、贝壳的图片,教给孩子一些无意义的命名,要求受测者在听到名字时指出相应的图片。
- 延时无意义命名分测验　进行"无意义命名"测验后,在15~25分钟后,要求受测者听到名字时指出相应的图片。
- 画谜学习分测验　主试教给孩子一些与特定的画相联系的词汇或概念,要求受测者大声说出由这些画谜组成的短语或句子。
- 延时画谜学习分测验　进行"画谜学习"测验后,在15~25分钟后,要求受测者说出由这些画谜组成的短语或句子。

(5) 晶体智力量表/常识量表(Gc)(卡特尔—霍恩—卡洛尔模式特有)

- 字谜分测验　主试呈现一个具体或抽象概念的一些特征,要求受测者指出相应的图片或命名这个概念。
- 表达性语言分测验　要求受测者命名图片中的物体。
- 言语知识分测验　提出一个问题,要求受测者从6张图片中选择正确的一张来代表答案(语言词汇)。

KABC-Ⅱ在编制分测验的过程中,减少了言语指令和回答,且文化性内容也有所减少,这对于来自不同文化背景、语言能力有限的受测者来说更加公平。测验题目更加新颖有趣,对于年幼儿童更有吸引力,且易激发儿童的最优表现。测验也新增了一些更加容易或更有难度的题目,以减少地板效应和天花板效应。

2. 施测与记分方法

KABC-Ⅱ共有18个分测验,分为核心测验和补充测验两类。对于不同年龄段,核心测验和补充测验的组成有所不同,而且组成的非言语分测验也不同。比如3岁组只有4个非言语分测验,但4~6岁组则有5个非言语分测验。每个分测验对于不同年龄段的孩子,起始题目不同。使用时,需要根据受测者的情况进行选择。一般来说,在鲁利亚模式下测验需要25~55分钟;卡特尔—霍恩—卡洛尔模式下测验需要25~70分钟。

有些分测验是按照0或1记分,有些分测验则是根据答案进行不同赋值,比如回答准确记2分。施测后可以获得各分测验的原始分数,可将其转换为量表分数、百分等级和年龄当量。鲁利亚模式还会提供一个心理加工指数(Mental Processing Index,MPI),卡特尔—霍恩—卡洛尔模式会提供一个流体—晶体指数(Fluid-Crystallized Index,FCI)。两个模式还将非言语量表单独划分出来,提供非言语指数(Non Verbal Index,NVI)。

获得分数后,使用者根据选择的模式对分数进行相应的解释。除了分析MPI、FCI和NVI之外,还可以进行一定的比较。如学习能力量表中,可以比较及时学习与延迟学习的差异;通过学习能力量表和常识量表的分数对比,可以比较流体智力与晶体智力之间的差异。此外,由于KABC-Ⅱ与考夫曼教育成就测验第二版共同建立常模,有助于分析儿童的优势与劣势,进一步分析儿童能力与成就之间的差异。

3. 常模团体的抽样

测验编制者采用分层随机抽样法抽取常模样本,常模样本由3025名儿童组成,严格按照2001年美国人口普查数据进行抽样,分层变量包括年龄、性别、地域、种族和父母的受教育程度等。常模样本分为18个年龄组,每组100~200个受测者。

4. 信度和效度

测验手册提供了内部一致性系数和再测信度系数的有关数据。在3~6岁组,分测验的内部一致性系数分布在0.69~0.92之间,MPI和FCI的信度系数分别为0.95和0.96。在7~18岁组,分测验的内部一致性系数分布在0.74~0.93之间,MPI和FCI的信度系数分别为0.95和0.97。KABC-Ⅱ是一个相当稳定的测量工具,MPI在3~5岁组、7~12岁组和13~18岁组的再测信度系数分别为0.86、0.89和0.91,FCI在这三个年龄组的再测信度系数分别为0.90、0.91和0.94。学习能力/长时存储和提取量表的稳定性系数分布在0.76~0.81之间,继时性加工/短时记忆量表的稳定性系数分布在0.79~0.80之间,同时性加工/视觉加工量表的稳定性系数分布在 0.74~0.78 之间,计划/流体推理量表的稳定性系数分布在 0.80~0.82 之间,常识/晶体智力量表的稳定性系数分布在 0.88~0.95 之间。

测验手册还提供了有关构想效度和效标关联效度的信息。在构想效度方面,验证性因素分析结果表明,相对拟合指数均超过 0.99,表明测验结构符合理论构想。在效标关联效度方面,KABC-Ⅱ的 MPI 和 FCI 与韦克斯勒儿童智力量表第三版(WISC-Ⅲ)和第四版(WISC-Ⅳ)、韦克斯勒学龄前和学龄初期儿童智力量表第三版、伍德科克—詹森心理教育成套测验第三版(WJ-Ⅲ)之间的相关系数分布在 0.71~0.91 之间;与考夫曼教育成就测验第二版的整体成就标准分数之间的相关系数平均数为 0.75 和 0.79,与韦克斯勒个人成就测验第二版、皮博迪个人成就测验修订本之间的相关系数平均数为 0.71 和 0.75。KABC-Ⅱ的常识/晶体智力量表与 WJ-Ⅲ和 WISC-Ⅳ的言语量表之间的相关性显著高于其他非言语量表的相关系数。

5. 评价

KABC-Ⅱ基于鲁利亚与卡特尔—霍恩—卡洛尔两种理论模式进行编制,使用者可根据受测者情况选择相应的模式施测并解释分数,更具有灵活性,且可提供更丰富的信息,但遗憾的是,KABC-Ⅱ只评估了卡特尔—霍恩—卡洛尔理论的 5 个因素,没有评估其他重要的认知能力,如听觉加工能力和加工速度,因此,如果要获得完整的卡特尔—霍恩—卡洛尔模式的所有因素结果,可能还需要辅助使用其他测验。KABC-Ⅱ部分分测验的信度系数不够理想,还有待提高。

四、希—内学习能力倾向测验

(一)希—内学习能力倾向测验

早在 20 世纪一二十年代,美国心理学家平特纳(R. Pintner)等人就已尝试将比内智力量表应用于听障儿童,但不太成功。直到韦克斯勒智力量表发表以后,人们才开始针对这个特殊人群的特点,专门设计一些非言语量表来评估他们的智力。在这些用于听觉和言语障碍儿童的智力量表当中,希—内学习能力倾向测验是最具有代表性的一个。

为了有效地评估听障儿童的智力,1941 年美国内布拉斯加州立大学的希斯基(M. Hiskey)教授专门为听障儿童编制了一套非言语智力测验,即希—内学习能力倾向测验(Hiskey-Nebraska Test of Learning Aptitude,H-NTLA)。1955 年,他又发表了用标准化口语指令施测的听力正常儿童的常模。1966 年,希斯基对该测验做了一次修订,在修订本中同时制订了听障儿童常模和听力正常儿童常模。

H-NTLA 共包括 12 个分测验,有 166 道题。所有的题目全部用操作的方式来施测。如果用于听力正常的儿童,也可以用口语的指导语来施测。每位受测者的测试时间大约为 45~50 分钟。听力正常儿童的测验结果一般用离差智商表示,听障儿童的测验结果则用学习年龄(learning age)或学习商数(learning quotient)表示。整套测验适用于 3~17 岁的儿童。

1966 年,测验编制者对 H-NTLA 进行了标准化。常模团体是根据美国 1960 年人口普查的资料,用分层随机抽样的方法抽取来的,分别由 1 079 名听障儿童和 1 074 名听力正常儿童组成,年龄分布在 2.5~17.5 岁之间。

在测验手册中报告了该测验的分半信度。总的来说,它的分半信度是比较好,各年龄组的分半信度系数都达到 0.90 以上。有人以 41 名听障儿童为被试,考察了该测验间隔 1 年的再测信度,计算得的稳定性系数为 0.79。

在效度方面,测验编制者以听力正常儿童做被试,考察了该测验与其他几个著名智力测验的效标关联效度,结果是,与 WISC 的相关系数为 0.82,在小年龄受测者中与 S-B 的相关系数为 0.86,在大年龄受测者中与 S-B 的相关系数为 0.78。1988 年,费尔普斯和布兰扬(Phelps & Branyan)又以 31 名年龄在 6~10 岁之间的听障儿童为被试,检验了该测验的效标关联效度,结果是,与 WISC-R 操作量表的相关系数为 0.66,与 K-ABC 非言语量表的相关系数为 0.57。

评价:H-NTLA 是目前用于评估听障儿童智力最好的量表之一。测验材料均为非文字的,比较容易引起受测者的兴趣。测验手册中提供了手势语的指导语和听障儿童常模,各测验项目基本上无时间限制,因此特别适合于听障儿童。其信度和效度资料显示,该测验的测量学性能较好。不过,该测验的常模已经很旧了,需要重新修订。另外,新近发表的一些听障者人智力测验,如莱特国际操作量表修订本(Leiter International Performance Scale-Revised),其测量学性能也比较好,人们对 H-NTLA 的热情也因此有所下降。

(二)希—内学习能力倾向测验中国修订本

1989 年,曲成毅等人发表了 H-NTLA 在我国山西省修订的研究报告。从 1991 年起,由山西医学院和中国聋儿康复中心牵头,组织了全国协作组在全国抽样,1997 年发表了基于全国样本所做的修订报告,并将修订本命名为希—内学习能力倾向测验中国修订本,简称 H-NTLA-CR。

H-NTLA-CR 适用于 3~17 岁的儿童。有两套指导语,一套是手势语的,用于听障儿童;另一套是口语的,用于听力正常的儿童。该测验基本保留了原测验的结构和题目。由 12 个分测验组成,每个分测验所测量的内容如下。

- **穿珠** 分为随意穿珠子、参照模式穿珠子和记忆模式穿珠子三部分。依据穿珠的个数或能完成最难的模式序号记分,最高分记为Ⅶ。主要测量手眼协调能力和记忆力。

- **记颜色** 要求受测者拿出与主试所呈现颜色相同的颜色条。共 19 题,每题以 0 或 1 记分,满分为 19 分。主要测量辨别颜色及在很短的时间里记住所呈现的不同颜色和顺序的能力。

- **辨认图画** 共 7 页图画,每页有 5 幅图,另有 22 张单张图片,为配对使用,其中的一张用于练习。要求受测者找出与主试所出示的图画一样的图片。共 7 题,每题以 0、1、2 或 3 记分,满分为 21 分。主要测量知觉辨认和理解图片关系的能力。

- **看图联想** 有一本图册,共 14 页,每页有两张图画和一个空白处(图 8-7)。另有 14 套图片,每套 4 张,要求受测者找出与主试所呈现的图画相匹配的一张放到空白处。共 14 题,每题以 0 或 1 记分,满分为 14 分。主要测量思维联想的能力。

- **折纸** 要求受测者重复主试做过的一系列折纸动作。共 9 题,每题以 0 或 1 记分,满分为 9 分。主要测量手眼协调能力和记忆力。

- **短期视觉记忆** 有 7 个序列的图画和 18 张单张图片。要求受测者凭记忆从一系列图画中找出与刚出示的那张图片一样的图画。共 9 题,第 1~2 题以 0 或 1 记分,第 3~9 题以 0、1 或 2 记分,满分为 16 分。主要测量注意力及在短暂的时间里记住图片排列顺序的能力。

- **摆方木** 在一本图册上有 15 幅图案,要求受测者用 9 块方木摆出与所出示的图案一样的模型。模型 1~5 以 0 或 1 记分,模型 6~14 以 1、2 或 3 记分,满分为 32 分。主要测量空间定向及手眼协调能力。

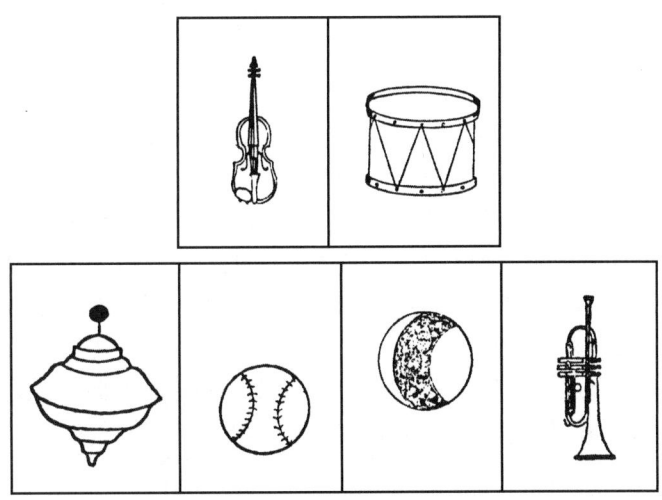

图 8-7 H-NTLA-CR 的题目样例

- 完成图画 共 28 张图,其中第 1 张图用于练习。每张图上都有某一缺少的部分或细节,要求受测者把图画中缺少的部分补画上。共 27 题,每题以 0 或 1 记分,满分为 27 分。主要测量知觉想象和分析与综合的能力。

- 记数字 要求受测者摆出与主试刚才出示的数字系列一样的系列。共 8 题,每题以 0、1 或 2 记分,满分为 16 分。主要测量在短时间里记住所出示的不同数字和顺序的能力。

- 迷方 要求受测者将大小不等的若干红色小木块摆成一个大的方木块。每摆成一个大的方木块记 1 分,速度快、颜色正确有加分。共 7 题,每题以 0、1、2 或 3 记分,满分为 21 分。主要测量把若干有色的方木块拼成一个大的完整立方体的能力。

- 图画类同 共 12 页图画,每页分上下两组,上面一组有两幅供类推分析用的图画,下面一组的左边有一幅图,右边是空白,要求受测者通过类比推理从每套(5 张)图片中选择一张合适的放在空白处。共 12 题,每题以 0 或 1 记分,满分为 12 分。主要测量理解图片关系及类比推理的能力。

- 空间推理 共 10 套图画,每套图画中有一个几何图案和四组几何图形,其中的一组能组合成目标图案。要求受测者找出能组合成目标图案的那组几何图形。共 10 题,每题以 0 或 1 记分,满分为 10 分。主要测量空间知觉、分析和综合的能力。

H-NTLA-CR 的听障儿童常模团体是根据 1990 年全国人口普查的资料,采用分层整群抽样的方法抽取来的。受测者来自全国六大行政区,共 21 个省、市、自治区。学龄前阶段的受测者主要来自聋儿语训部,学龄阶段的受测者主要来自当地的聋校。所有受测者均为语前聋,双耳听力损失均在 70dB 以上。从 3~17 岁划分成了 15 个年龄组,每个年龄组大约抽取了 100 名受测者,总共为 1758 人。听力正常儿童的常模团体则由来自山西省 10 个城市的 1074 名听力正常的儿童组成。这个常模团体也是用分层整群抽样的方法抽取而来的,基本符合山西省各城市的规模、父亲职业、学校类型等方面的人数比例。

在信度方面,修订者先以 68 名听力正常的 9 岁儿童和 77 名听力正常的 15 岁儿童为对象,检验该测验的分半信度,计算得分半信度系数为 0.824 和 0.887(曲成毅等,1989)。后来以 136 名听障儿童为对象,间隔一个月的时间施测了两次 H-NTLA-CR,计算得该测验的稳定性系数为 0.841;12 个分测验的分半信度系数分布在 0.5~0.9 之间;整个测验的分半信度系数为 0.927(3~8 岁)和 0.854(9~17 岁);评分者信度系数为 0.981(曲成毅等,1997)。

在效度方面,研究者用学习成绩作为效标,计算得 244 名听障儿童的学习商数与语文、数学及总成绩的相关系数分别为 0.139、0.135 和 0.208。246 名听力正常儿童的智商与语文、数学成绩的相关系数 0.269 和 0.34。以班主任的智力评定为效标,906 名听障儿童的学习商数与智力等级之间相关系数为 0.44,264 名听力正常儿童的智商与智力等级之间的相关系数为 0.434。以 41 名听力正常的儿童为测验对象,计算得该测验与 WISC-CR 的效标关联效度为 0.771。上述相关系数均达到了显著性水平。

评价:H-NTLA-CR 是国内第一套专门为听障者修订的智力测验。该测验已在全国范围内抽样,制订了标准化的听障儿童常模。从信度和效度的检验结果来看,该测验已达到心理测量学的要求,适合在我国听障儿童中使用。

五、盲人学习能力倾向测验

给盲人实施智力测验遇到的最大障碍是他们看不见眼前的事物,于是,有人将一些著名的智力测验改编成用口语或盲文来施测,以便于评估盲人的智力。最早发表的盲人智力测验基本上都是根据比内智力量表改编来的。1942 年海耶斯(S. P. Hayes)发表了根据斯坦福—比内智力量表改编的海耶斯—比内智力量表。后来,有人把韦克斯勒智力量表也改编成能为盲人使用的量表。韦克斯勒智力量表的盲人版实际上是把操作量表去掉,把言语量表中一些不适合盲人使用的题目换成适合使用的题目。再后来,才开始出现专门为盲人编制的智力量表。

盲人学习能力倾向测验(Blind Learning Aptitude Test,BLAT)是纽兰(T. E. Newland)为评估盲人学习能力或智力而专门设计的量表,于 1969 年正式发表。该量表已在美国 6~20 岁的普通儿童中标准化,但它主要用于 6~12 岁的视障儿童(Luftig,1989)。

BLAT 的特点是:①题目以浅浮雕的形式呈现;②测验中的点和线比盲文读物更容易辨别;③除了指导语,所有的测验材料都是非言语的;④不要求受测者口头回答;⑤题目基本为以点和线构成的各种图形。

BLAT 主要测量辨别、概括、序列、类比推理、完成图画、完成矩阵 6 种能力,测验结果用学习商数表示。

BLAT 的常模团体由 961 名视障儿童组成。受测者按所在地域、年龄、性别、种族、社会经济地位的不同,用分层随机抽样的方法抽取而来。抽样结果基本符合美国 1960 年的人口普查资料。

以这 961 名盲童为受测者计算得的内部一致性系数为 0.93;以 7 个月的间隔对 93 名 10~16 岁的儿童前后各实施一次测验,计算得再测信度系数分布在 0.87~0.93 之间。另外,某些研究者检验了该测验的效度,结果表明:①该测验的分数随着受测者年龄的增长而逐渐提高;②与韦克斯勒儿童智力量表中的言语量表分数有显著的相关;③和受测者的学习成绩也有一定的相关。

在美国用于评估视障儿童智力的各种量表当中,盲人学习能力倾向测验是编制得比较好的一个量表,但到目前为止这个量表还没有被引入我国。

六、托尼非言语智力测验

托尼非言语智力测验(Test of Nonverbal Intelligence,TONI)是个别施测的、以非言语形式评估一般智力和流体智力的测验,由布朗、舍本诺和约翰逊(L. Brown, R. J. Sherbenou, S. K. Johnsen)三人共同编制。最先发表于1982年,在1990年和1997年分别做了两次修订,上海还曾经对TONI-3中文版进行试测。现今最新版本为第四版(TONI-4),发表于2010年,适用年龄范围扩展为6岁~89岁11个月。TONI-4主要评估智力中的抽象推理和问题解决能力。编制者提出可用这个测验来评估受测者的一般智力功能和能力倾向,识别智力缺陷,形成评估假设和确认干预方法的有效性等。由于采用非言语形式,受测者主要通过确认图形之间的关系来解决问题,因此,该测验可用于评估具有语言、听力或动作障碍的受测者,或者跨文化、跨语种的群体。

1. 测验的构成

TONI-4 有两个版本:A 和 B,每个版本有 60 题(比第三版增加了 15 题)。A 版本的题目在测验图册的一面,B 版本题目在另一面;两个版本不可交替使用,确定使用哪个版本后就需要完成该版本的所有题目。每道题都由一系列抽象图形组成,图形具有形状、位置、方向、旋转、渐变、大小、移动等一个或多个属性。图形序列中间缺少一个图形,要求受测者从备选项中选出正确的答案以放入空缺位置。图形具有的属性越多,题目就越难。主要有 5 种类型题目:简单匹配、类推、分类、交叉和渐变。

(1) 简单匹配　所有图形具有相同的属性,如都是一个正方形。

(2) 类推　图形的横排或纵列,和另一横排或纵列的关联性相同。该关联性有以下几种变化:

- 相等　完全相同的图形,如第一排的 2 个图形相同,第二排的 2 个图形也应该相同。
- 相加　图形因为增加了新属性而发生改变,如第一列图形加上第二列图形得到第三列图形。
- 相减　图形因为减少一个或多个属性而改变,如第一列图形减去第二列图形得到第三列图形。
- 改变　图形的某一个或多个属性发生变化,如数量由 1 个变为 2 个。
- 渐变　在两个或多个图形之间具有相同的变化,如每一列图形越来越大。

(3) 分类　题目中的图形是答案中的图形组合的一部分。

(4) 交叉　由横排和纵列的图形组成新的图形。

(5) 渐变　在两个或多个图形之间有相同的连续变化,如位置由上逐渐往下。

2. 施测和记分方法

TONI-4 提供了言语和非言语的指令,使用者可以根据情况进行选择。测验的前 19 题是为 6~9 岁的儿童设计的,后面 41 题是为 10 岁以上的受测者设计的。开始测验时,受测者可以回答练习题,以确保能够理解题意,练习题不记分。然后,6~9 岁的儿童以及患有智力障碍或练习后仍有困难的受测者从第一题开始做起,其余受测者可以从第 20 题开始。测验一般可在 15 分钟内完成,回答正确记 1 分,回答错误记 0 分。最后获得原始分数,可转换为标准分数(平均分 = 100,标准差 = 15)、百分等级和年龄当量。

3. 常模团体的抽样

常模团体由来自 31 个州的 2272 名受测者组成,依据美国人口普查数据进行分层随机抽样,分层变量包括年龄、性别、种族、地域、父母的受教育水平和社会经济地位等。常模数据在 2005 年秋季到 2008 年春季进行收集。测验过程中,有 77% 的受测者使用了英语口语指令。

4. 信度

测验手册报告了内部一致性系数、再测信度、复本信度和评分者一致性系数。在内部一致性系数上,每个年龄段的 α 系数均超过 0.92,A 版本的信度系数分布在 0.94~0.97 之间,B 版本的信度系数分布在 0.93~0.97 之间。在再测信度上，A 版本的信度系数为 0.88（学生组）和 0.82（成人组），B 版本的信度系数为 0.93（学生组）和 0.84（成人组）。复本信度系数分布在 0.67~0.89 之间。测验具有很高的评分者一致性系数，为 0.99。

5. 效度

研究者提供了内容效度、效标关联效度的有关信息。在内容效度上，研究者考察了题目的难度和区分度。A 版本的平均难度分布在 0.28~0.83，区分度分布在 0.45~0.66。B 版本的平均难度分布在 0.27~0.83，区分度分布在 0.48~0.69。这个结果支持了测验的内容效度。在效标关联效度上，TONI-4 与 TONI-3 的相关系数为 0.74。在预测效度上，TONI-4 与三个学校成就测验的相关系数分布在 0.55~0.78 之间。

6. 评价

TONI-4 以非言语形式评估受测者的一般智力，施测简单易操作，适用年龄范围广，适合具有语言、听力或肢体障碍的特殊需要群体使用。测验的信度较好，但由于编制者提供的效度证据较为有限，其有效性还有待进一步验证。

七、雷特国际通用操作量表修订本

雷特国际通用操作量表修订本（Leiter International Performance Scale - Revised, Leiter - R）发表于 1997 年，由罗伊德和米勒（Roid & Miller）联合编制。其最早版本（LIPS）发表于 1929 年，是用非言语方式评估智力的最早测验之一，使用超过 65 年。在 1950 年，亚瑟（Arthur）修订了常模，发表了该测验的调整版（AALIPS）。这两个版本都是通过让受测者操作木质积木来进行的，修订本则进行了改良，采用轻薄型的纸质卡片来施测，且为彩色版本。Leiter - R 由于不需要言语或书写，因此被广泛应用于有听力障碍、脑瘫、沟通障碍的群体。

1. Leiter - R 的构成

Leiter - R 可用于 2 岁~20 岁 11 个月受测者的评估，测验由推理、视觉化、记忆和注意力 4 个量表组成，共包括 20 个分测验。

（1）推理量表

- 分类分测验　要求受测者对物体或几何图形进行分类。
- 顺序分测验　要求受测者识别出在一定顺序后的答案。
- 重复模式分测验　图形按照一定的顺序进行重复，要求受测者选出合适的图形填补在空缺处。
- 形状类推分测验　要求受测者确认几何形状，完成矩阵类推。

（2）视觉化（空间）量表

- 配对分测验　要求受测者对题目和答案之间的卡片进行配对。
- 图形—背景关系分测验　要求受测者选择合适的图形镶嵌在背景中。
- 完形分测验　向受测者随机呈现图形的各个部分，要求受测者选出这些部分组成的完整图形。
- 图像内容分测验　要求受测者利用视觉提示来确认从一大张图像上移走的某一小部分图像。
- 折纸分测验　向受测者呈现一个展开的物体的二维图像，要求受测者选出折叠后的物体图像。
- 图形旋转分测验　向受测者呈现一个物体,要求受测者辨别出旋转后的物体图像。

（3）记忆量表
- 即刻再认分测验　向受测者同时呈现5张图片5秒,然后拿走图片后再重新呈现,要求受测者识别出缺少了哪一张。
- 延时再认分测验　在20分钟后,要求受测者识别出在即刻再认分测验中呈现的图片。
- 关联配对分测验　在5~10秒内,向受测者呈现成对的物体,然后拿走物体图片,要求受测者对每一对进行关联配对。
- 延时配对分测验　在20分钟后,要求受测者对关联配对分测验中呈现的物体进行配对。
- 顺序记忆分测验　主试按一定顺序指出物体图片,要求受测者记下顺序并按同样顺序指出物体图片。
- 反序记忆分测验　主试按一定顺序指出图片,要求受测者按照相反顺序指出图片。
- 空间记忆分测验　向受测者呈现由卡片组成的矩阵,要求受测者记下卡片的位置,并将卡片放在空白矩阵内合适的位置。
- 视觉编码分测验　要求受测者根据规律匹配图形/几何图形与数字。

（4）注意力量表
- 维持注意分测验　向受测者呈现一堆图片,要求受测者辨别出一样的图片并标记出来。针对2~5岁组、6~10岁组和11~21岁组,有3个平行版本,且难度逐渐增加。
- 分散注意分测验　要求受测者分散注意力,关注一堆移动的图片并进行分类。

2. 记分方法

每个分测验的原始分数可以转换为标准分数、年龄当量和年级当量,还可组成4个量表的合成分数和全量表IQ。此外,还可以获得简易筛查IQ、简易ADHD筛查量表IQ、简易超常筛查量表IQ。

3. 常模团体的抽取

在1993~1995年,研究者先进行了一次测验标准化。常模团体由550名儿童组成,其中325名要么具有沟通障碍或认知障碍,要么是小语种受测者。基于这些受测者的表现,编制者对部分分测验题目进行了重新设计,并再次进行标准化。新常模样本由1800名普通儿童和725名特殊需要儿童/青少年组成,依照1993年美国人口普查数据进行分层随机抽样,分层变量包括性别、种族、父母受教育程度、地域等。

4. 信度和效度

编制者提供了内部一致性系数的有关信息,大多数信度系数低于0.80,但绝大多数IQ和合成分数的信度系数则超过0.80。在效度上,测验对于不同群体具有区分度。普通儿童的IQ平均分为101,小语种（英语为第二外语）儿童95分,听觉障碍儿童94分,认知障碍儿童56分,超常儿童115分。Leiter-R的简易版IQ与WISC-Ⅲ的全量表IQ的相关系数为0.83。这说明Leiter-R可以跨越语言障碍,准确地评估出语言能力有限的儿童的真实水平;可以有效地区分出智力超常和智力障碍的儿童,能有效测量一般智力。

5. 评价

Leiter-R采用非言语的方式,从推理、视觉化、记忆和注意力4个领域来测量一般智力,可用于具有语言、听力、沟通障碍的特殊需要群体。IQ和合成分数的信度较好,但分测验的信度还有待提高,且提供的效度信息很有限。测验常模过旧,需要更新。

八、戴斯—纳格利尔里认知评估系统

戴斯—纳格利尔里认知评估系统(Das – Naglieri Cognitive Assessment System,DN – CAS)是基于 PASS 模型理论而创建的一套个别施测的智力评估系统。最先发表于 1997 年,由戴斯、纳格利尔里等人共同编制。于 2014 年发表了第二版(Cognitive Assessment System – Second Edition,CAS – 2),适用年龄范围为 5 岁~18 岁 11 个月。

1. DN – CAS 与 CAS – 2 的构成

认知评估系统由计划、注意、同时性加工、继时性加工 4 个量表组成。每个量表下有 3 个分测验,共有 12 个分测验,需要 40~60 分钟完成。若从每个量表下选择 2 个分测验,则组成基本/简易版评估系统,共有 8 个分测验,需要 30~40 分钟完成。

DN – CAS 由以下量表和分测验组成:

(1)计划量表　评估受测者制订、选择和使用策略解决问题的能力。

● 数字匹配分测验　共有 4 页,每页呈现 8 行数字,要求受测者在相同的 2 个数字下标记下划线。

● 计划编码分测验　共有 2 页,每页有一组 7 行 8 列的代码。在页码上方有个图例,说明字母与简单代码之间的关系,比如 A = OX,B = XX,C = OO 等,要求受测者按照一定的对应关系连接这些字母。

● 计划连接分测验　呈现一组数字,要求受测者按照一定的顺序连接起这些数字,如 1 – 2 – 3 等。

(2)注意量表　评估受测者的注意选择和分配的能力,要求受测者在一定时间内关注认知活动以及抵抗干扰。

● 表达性注意分测验　呈现斯特鲁普(Stroop)任务(字义对字体颜色的干扰效应)的变式,有 2 个版本,一个适用于 7 岁以下的儿童,一个适用于 8 岁以上的儿童。

● 接受性注意分测验　包含 2 个单独任务,任务 1 的目标为找出完全相同的字母组合,如 BB,但不是 Bb。任务 2 的目标为找出具有相同音的字母组合,如 Bb,但不能是 Ab。

● 寻找数字分测验　呈现不同形式的数字刺激,要求受测者按照指令做出选择性反应。

(3)同时性加工量表　评估受测者根据一定的关系将零散的刺激组合成连贯的整体的能力。

● 非言语矩阵分测验　类似渐进矩阵,要求受测者根据图形变化进行推理。

● 言语空间关系分测验　评估受测者对空间关系和语言逻辑的理解。向受测者呈现 6 幅按照一定空间排列的画作,并提出一个问题,如"指出圆形左边的三角形",要求受测者完成任务。

● 图片记忆分测验　向受测者呈现二维或三维的几何图形 5 秒,然后展示一张更大、更复杂的几何图形,要求受测者在大图中找出刚才看到的二维或三维的几何图形。

(4)继时性加工量表　评估受测者察觉和记忆的能力。其中 5~7 岁的受测者采用字词顺序、句子重复和语速 3 个分测验,8 岁以上的受测者采用字词顺序、句子重复和句子提问 3 个分测验。

● 字词顺序分测验　主试读出一些字词,要求受测者按照同样顺序复述字词。

● 句子重复分测验　主试读出一个句子,要求受测者复述,共有 20 题。

● 句子提问分测验　主试读出句子并对句子提问,要求受测者回答。

- 语速分测验(5~7岁) 共有8道题,要求受测者重复说出3个常见单词,语速要越来越快,直到说完10次停下。

CAS-2的量表和分测验组成与DN-CAS基本相同,但在继时性加工量表上有所不同,删去了语速测验,新增了"视觉数字广度"测验。针对5~7岁的受测者,采用字词顺序、句子重复和视觉数字广度3个分测验。针对8岁以上的受测者,则采用字词顺序、句子提问和视觉数字广度3个分测验。

2. 记分方法

由施测CAS-2获得每个分测验的原始分数后,可将其转换为标准分数(平均分=10,标准差=3)及百分等级;通过测验分数的组合还可获得4个量表分数和全量表分数(平均分=100,标准差=15),并可转化为百分等级。在4个量表之间,可进行一定的比较,了解个体在认知过程中的强势与弱势。此外,还可获得执行功能A(不含工作记忆)、执行功能B(含工作记忆)、工作记忆、言语指数和非言语指数5个合成分数。

3. 常模团体抽样及信度和效度

常模团体由1342名儿童和青少年组成,群本比例基本符合美国的人口普查数据。测验手册提供了CAS-2信度和效度的有关信息。全量表信度系数为0.95,4个量表的信度系数分布在0.86~0.93;简易版全量表的信度系数为0.94,4个量表的信度系数分布在0.86~0.93之间。测验还报告了有言语语言障碍、学习障碍、ADHD、焦虑症、阿斯伯格综合征和超常儿童的效度信息。研究发现,CAS-2能很好地预测个体的成就水平。

4. 评价

CAS强调对认知过程的评估,自发表之日起就得到了广泛关注,第一版已被翻译为多国语言进行使用。测验的信度和效度较好,有助于提高对特殊需要儿童诊断的有效性及评价干预效果。

九、中国3~6岁儿童发展量表

20世纪三四十年代,随着智力测验的广泛应用,对婴幼儿发展的评估问题越来越受到教育、心理及临床工作者的重视。1940年,美国耶鲁大学的格塞尔(A. Gesell)发表了世界上享有盛名的格塞尔发展量表(Gesell Developmental Schedules)。在20世纪60年代,弗兰肯伯格和多兹(W. K. Frankenburg & J. B. Dodds)编制并发表了丹佛发展筛选测验(Denver Developmental Screening Test, DDST)。随后,韦克斯勒学龄前和学龄初期儿童智力量表、贝利婴儿发展量表(Bayley Scales of Infant Development)、麦卡锡儿童能力量表(McCarthy Scales of Children's Ability, MSCA)和布雷泽尔顿新生儿行为评估量表(Brazelton Neonatal Behavioral Assessment Scale, NBAS)也相继发表。

上面提到的这些量表,有一些如WPPSI、DDST、MSCA等已经在中国标准化。不过,随着我国心理学的发展,国内的学者已不满足于修订国外的量表。从20世纪80年代中后期开始,国内的一些学者开始自己研制标准化测验并陆续发表研究成果。中国3~6岁儿童发展量表就是一个由我国学者自行研制的有代表性的幼儿发展量表。

1985年,在北京师范大学张厚粲教授的主持下,中国3~6岁儿童发展量表的研制工作正式启动。到1992年10月通过专家鉴定为止,历时7年。下面介绍该测验的构成、施测方法、常模团体的抽样、信度和效度等。

(一) 中国 3~6 岁儿童发展量表的构成

该量表由智力发展量表和运动发展量表两部分组成，共有 16 个项目。每个项目所测量的主要内容如下。

1. 智力发展量表

- 看图命名 主试出示图片，要求受测者在 5 秒钟内用恰当的词汇对图片上的景或物命名。有 10 张图片，分为 10 个题目，正确回答一题记 1 分，满分为 10 分。主要测量视觉辨认、记忆力和语言能力。

- 量词使用 主试出示图片，要求受测者在 5 秒钟内准确使用量词说明图上有多少东西。有 9 张图片，其中一张图片用于练习，分为 8 个题目，正确回答一题记 1 分，满分为 8 分。主要测量视觉辨认和使用量词的能力。

- 看图补缺 主试出示图片，要求受测者在 10 秒钟内指出图画中缺少的部分。有 10 张各缺少一个主要部分的图片，分为 10 个题目，正确回答一题记 1 分，满分为 10 分。主要测量观察力、记忆力及区分本质特征与非本质特征的能力。

- 语言理解 主试出示图片并说出一个含有特定空间词汇的句子，要求受测者在 10 秒钟内根据对句子的理解找到相应的图画。有 7 幅图画，分为 7 个题目，正确回答一题记 1 分，满分为 7 分。主要测量理解空间关系和语言的能力。

- 按例找图 主试呈现图例后，要求受测者根据每组图片中几种图形间的关系，在 10 秒钟内从备选的小图中找到应放在空白处的图形。有 11 张图片，其中的一张是图例，分为 10 个题目，正确回答一题记 1 分，满分为 10 分。主要测量视觉辨别能力、图形比较、想象力、分析概括及类比推理的能力。

- 袋中摸物 要求受测者从一个装有各种小物品的布袋中一个一个地取出主试指定的物品。分为 8 个题目，每题限时 20 秒。正确回答一题记 1 分，满分为 8 分。主要测量对物体形状、大小、软硬等物理特性的认知与分类、词语理解、触摸觉和手的灵巧性等。

- 拼摆图形 由两部分组成：第一部分要求受测者照图纸拼出图形；第二部分要求受测者在看过摆好的图形之后，凭记忆用彩色积木照样摆出图形。两部分各有题目 6 道，每题限时 30 秒。正确回答一题记 1 分，满分为 12 分。主要测量视—动协调能力、色彩分辨能力、记忆力、分析与综合能力和空间知觉能力。

- 数数算算 共有 16 个题目，分为三类：第一类由第 1~4 题组成，主要测试儿童对数的认知；第二类由第 5~9 题和第 11 题组成，都是计数题；第三类由第 10 题和第 12~16 题组成，都是计算题。每题限时 10 秒。正确回答一题，第 1~12 题记 1 分，第 13~16 题记 2 分，满分为 20 分。主要测量数概念、数量推理和计算能力。

- 分析错误 主试呈现图片后，要求受测者指出图上的人有哪些地方做得不对(图 8-8)。有 6 幅图画，分为 6 个题目，每题限时 20 秒。正确回答一题记 1 分，满分为 6 分。主要测量观察力、记忆力和道德判断能力。

- 社会常识 要求受测者回答 8 个有关日常生活的常识问题。每题限时 30 秒。正确回答一题记 1 分，满分为 8 分。主要测量对日常生活用具、场所以及行为规范正确认知的能力。

- 人物关系 主试出示图片后，要求受测者指出图中人物的特征和关系。有两张大图片，

图8-8 中国3~6岁儿童发展量表的题目样例

共提出14个问题。每题限时10秒。前8个问题,正确回答一题记1分,后6个问题,正确回答两题记1分,满分为11分。主要测量对人物性别、年龄、职业等特征的认知以及对人物关系的判断能力。

上述11个项目中的第1、2、4项构成语言能力分测验,第3、5、6、7、8项构成认知能力分测验,第9、10、11项构成社会认知能力分测验。

2. 运动发展量表

- 单脚站立　要求受测者单脚站立,记录所能坚持的时间。最低分为0分,最高分为5分。主要测量儿童的平衡能力。
- 立定跳远　要求受测者从起点线使劲往前跳,记录所能跳的距离。最低0分,最高5分。主要测量儿童的爆发力。
- 左跳右跳　要求受测者双脚同时起跳,往一条直线的左边、右边来回不停地跳,不要踩在线上。该项目限时20秒。主要测量儿童动作的灵活性。
- 蹲蹲站站　要求受测者先蹲下,再站直,又蹲下,再站直。该项目限时20秒。最低分为0分,最高分为5分。主要测量儿童的耐久力。
- 快捡小豆　先将小筒里黄豆倒在筒盖上,要求受测者把黄豆一粒一粒地捡到小筒里。该项目限时20秒。最低分为0分,最高分为5分。主要测量儿童的手眼协调能力和手部动作的灵敏度。

(二)施测方法

首先,要按照测验手册中的指导语对受测者逐项地进行测试。然后,将前11个项目的分数相加,求得智力发展量表的原始分数;将后5个项目的分数相加,求得运动发展量表的原始分数;将智力发展量表与运动发展量表的分数相加,求得整套量表的总分。最后,根据受测者的实足年龄和各项原始分数查测验手册中的原始分数与百分等级的换算表,即可对受测者的总体发展状况和智力及运动方面的发展水平做出评估。

(三) 常模团体的抽样

本量表的常模团体是用阶段分层抽样的方法从全国六大行政区的18座城市的幼儿中抽取的。受测者的年龄分布在3岁~6岁6个月之间,总人数为2368人,男女各半。其中,5岁前每3个月划分为一组,5岁后半岁为一个年龄组,共分为12个年龄组。此外,分层变量还包括性别、家长文化程度、地区与城市级别等,并适当考虑家长的职业。所得样本的各层比例基本符合1986年公安部编制的全国县市人口的统计资料。

(四) 信度和效度

编制者用再测法(前后测间隔两周)检验了本量表的信度,所得的稳定性系数为0.893。分别计算4个分测验的分数与总分的相关来检验量表的内部一致性,所得的内部一致性系数在0.708~0.953之间。这些数据均表明,该量表具有很高的可靠性。

在效度方面,编制者先后做了以下四方面的检验:①分析了量表分数的发展趋势,发现不同年龄儿童的各项测验成绩随年龄的增长而提高;②计算了量表分数与中国比内测验分数的相关系数,结果为0.603;③计算了量表分数与教师评定的相关系数,结果为0.740;④分别在项目和分测验两个层次上进行了因素分析,从智力发展量表的11个项目中抽取出了6个公因子(命名为社会认知能力、观察力、注意力、综合概括能力、计算能力和语言表达能力),从整套量表的4个分测验中抽取出2个公因子(命名为言语认知能力和运动操作能力),符合编制者的理论构想。

(五) 评价

中国3~6岁儿童发展量表是一套由国内学者自己编制的幼儿发展量表。它以心理学理论为基础,幼儿教育的实践经验为依据,参考了大量国内外现有的婴幼儿发展量表,其内容效度较高。它的结构合理,测量项目丰富,测验材料有趣,从信度和效度的检验结果来看,也达到了心理测量学的要求,因此,适于在我国推广使用。不过,测验手册中提供的常模资料还不够丰富,在重新修订时需要制定多样化的常模,以便于发挥该量表更大的作用。

第三节　团体智力测验

团体智力测验是由一个主试(有时需配备几个助手)在同一时间内对许多受测者同时进行智力测量的测验,像瑞文推理测验、古迪纳夫—哈里斯绘人测验、团体儿童智力量表等均属于这一类测验。与个别智力测验相比,团体智力测验的最大特点就是施测效率高,特别适合于用来进行大规模的智力筛查。不过,由于对受测者的行为无法有效控制,另外,不易观察和记录受测者测验时的行为,所以测量结果以及分数的解释往往不够准确。

一、瑞文推理测验

瑞文推理测验,又叫作瑞文渐进图阵,是由英国心理学家瑞文编制的。1938年瑞文根据斯皮尔曼的g因素理论首先编制和发表了瑞文标准推理测验(Raven Standard Progressive Matrices, SPM),该测验主要用于普通人群。后来瑞文将这个测验的难度向高低两端扩展,分别于1941年和1947年发表了瑞文高级推理测验(Raven Advanced Progressive Matrices, APM)和瑞文彩色推理测验(Raven Color Progressive Matrices,CPM)。APM 主要用于智力水平高的成人,CPM 主要用于幼儿、老年人及智力有缺陷的人。这三套测验组合起来,可以测量和评估 5.5 岁以上的各种智力发展水平的受测者。

SPM 是由一系列图形组成的,分为五组,每组 12 道题,总共有 60 道题。整套测验包含两种题型,一种是题干为右下角被挖掉一块的大图形,选项为包括被挖掉的那一块在内的 6 个小图形;另一种是题干为缺少一个图形的图形矩阵,选项为包括所缺少的那个图形在内的 6~8 个小图形(图 8-9)。测验时,受测者根据大图形或图形矩阵的规律,从所提供的选项中选择一个适当的图形填入大图形或图形矩阵的空缺中。这套测验适用于 5.5 岁至老年。

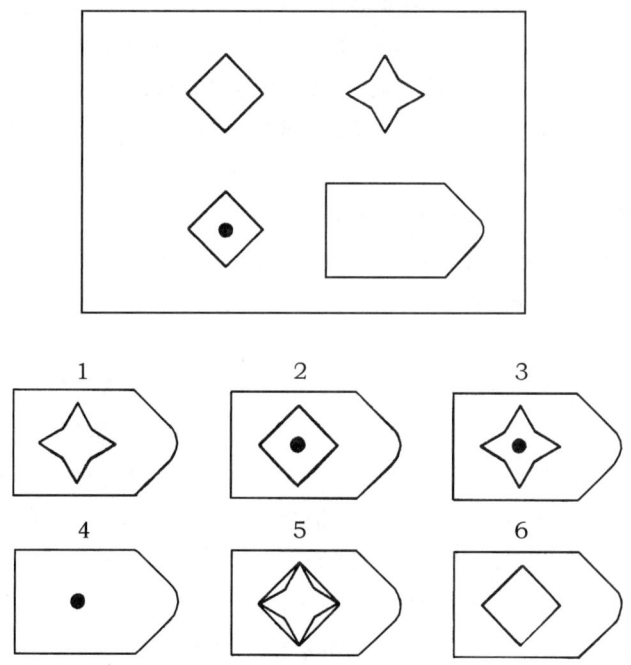

图 8-9 瑞文推理测验的题目样例

自从 SPM 发表以来,该测验被广泛地应用于不同的人群,结果发现,智力水平高的成人的得分往往集中在分数分布的高端,大约有三分之二的题目对他们缺乏鉴别力。为了对这一类人更好地进行区分,于是,瑞文编制了高级推理测验。APM 由两组题目组成,第一组有 12 道题,主要用于练习,第二组有 36 道题,用于正式测验。这套测验主要用于评估优秀成人如大学生、高级技术人员、管理人员等的智力活动的效率。

CPM 由一系列彩色图形组成,分为三组,每组 12 道题,总共有 36 道题。这套测验的题型与 SPM 十分相似,只是由于上了颜色,更容易引起受测者的兴趣,使年幼的儿童注意力更集中。另外,这套测验的难度水平降低了,因此,对智力水平比较低的受测者有很好的鉴别力。CPM 适用于 5~11 岁的儿童及智力有缺陷的成人。

瑞文推理测验自问世以来就受到世界许多国家的心理学工作者的关注,对它所做的研究非常多。据美国心理测验年鉴第八版的报道,当时有关瑞文推理测验的研究已将近 700 项。下面仅对有关测验信度和效度的研究做一个简单的介绍。

英国、美国、加拿大、新西兰、挪威、刚果、中国香港等国家和地区的研究者曾用再测法、分半法、库德—理查逊法等检验了瑞文推理测验的信度，所得的信度系数多数在 0.70~0.90 之间。

有研究者对挪威、瑞典和丹麦的 5000 名 6~8 岁的儿童实施了 CPM，并计算该测验分数与学业成就测验分数的相关，所得的效标关联效度分布在 0.4~0.6 之间。有研究者计算了 SPM 与比内智力量表和韦克斯勒儿童智力量表分数的相关，所得的相关系数在 0.54~0.86 之间。还有一些研究者用因素分析法考察了瑞文推理测验的构想效度，结果很不一致，有人发现该测验在 g 因素上的负荷量非常高，而有人发现该测验在其他因素如空间能力、语言能力上也有较高的负荷量。

1985 年，张厚粲教授将 SPM 介绍到我国，并主持了该测验的修订工作。修订后的测验称为瑞文标准推理测验中国城市修订本，修订报告于 1989 年发表。

瑞文标准推理测验中国城市修订本基本保留了原测验的题目及测验的结构和施测方法。这套测验施测时无严格的时间限制，一般来说用 30~40 分钟就可以完成。所有的题目一律按 1 或 0 记分，将五组题目的得分加起来可以获得原始分数。根据受测者的实足年龄和原始分数查常模转化表即可确定与该分数相对应的百分等级，进而评估他的智力发展水平。

瑞文标准推理测验中国城市修订本的常模团体是由来自全国大、中、小城市的 5 108 名受测者组成的，其中男女受测者各约占二分之一。受测者的年龄分布在 5.5 岁~70 岁以上。这些受测者按年龄分组，各年龄组的受测者结构基本符合根据 1982 年全国人口普查资料计算得的各项比例。

该测验在中国标准化时已进行了信度和效度的检验，其分半信度为 0.95，再测信度为 0.82（相隔 15 天）和 0.79（相隔 30 天）。与韦克斯勒儿童智力量表中国修订本的言语智商、操作智商和总智商的相关分别为 0.54、0.70 和 0.71。与高考语文、数学和总分的相关分别为 0.29、0.54 和 0.45。这些数据表明，瑞文标准推理测验中国城市修订本具有较高的可靠性和有效性。

1989 年，华东师范大学的李丹教授将 CPM 和 SPM 合并成联合本，制订了城市常模和农村常模。1992 年，北京师范大学的陈帼眉教授制订了 CPM 的幼儿常模。1993 年，北京师范大学特殊教育研究中心制订了 SPM 的北京地区听障儿童常模。这些测验的修订工作为瑞文推理测验在中国的广泛使用起到了有力的推动作用。

评价：瑞文推理测验的优点是比较多的。①它的施测和记分程序十分简便，分数也易于解释。②适用的年龄范围很宽，受测者可以是幼儿，也可以是老人。③测验对象不受文化、种族、语言，以及是否有听力、语言、肢体障碍等的限制。④它既可以团体施测，也可以个别施测。不过，该测验只适于用来做智力筛查，不适于对特殊儿童进行精确的诊断和分类，使用时应注意它的局限性。

二、古迪纳夫—哈里斯绘人测验

古迪纳夫—哈里斯绘人测验（Goodenough - Harris Drawing Test）最初是由美国明尼苏达大学的古迪纳夫（F. L. Goodenough）编制的，发表于 1926 年。1963 年美国人哈里斯（F. L. Harris）在做了大量研究的基础上发表了这个测验的修订本。后来日本的小林重雄和城户氏也做了大量的研究工作，提出了 50 项评分法。1979 年上海第二医科大学将此测验引入我国。1985 年首都儿科研究所作为全国儿童智能研究协作组成员之一，发表了该测验（命名为绘人智能测验）在北京地区的修订报告。下面就以北京地区修订本为例，简要介绍绘人智能测验。

绘人智能测验适用于4~12岁的儿童。其施测方法是:首先,让家长填写基本情况表(表8-5),这些材料供解释测验结果时参考。然后,让受测者按自己脑子里想的人画一张全身的人像,可用橡皮擦,时间不限,但一般都能在10~20分钟内完成。在受测者画完人像以后,主试要按照测验手册中提供的评分标准及评分样例(表8-6和图8-10)进行评分,并根据受测者的实足年龄和原始分数查智商转化表,得到他的智商。最后,根据以下标准评价儿童的智力:

高智能	130 ≤ IQ
中上智能	115 ≤ IQ < 130
中等智能	85 ≤ IQ < 115
中下智能	70 ≤ IQ < 85
低智能	IQ < 70

表8-5 绘人智能测验纪录纸

编号:_____

姓名:_____ 性别:_____ 独生 非独生 散居 集体
出生史:第_____胎 足月:_____个月 早产 过期产 双胎
出生体重:_____克
分娩方式:_____ 窒息:无 有_____分
重要疾病史:_____
父:姓名_____ 职业_____ 文化程度_____
母:姓名_____ 职业_____ 文化程度_____
联系方法:_____
就诊原因:_____
记事:

测查日期:_____年_____月_____日
出生日期:_____年_____月_____日
年 龄:_____年_____月_____天
评 分:
能 力 商:
测 查 者:

表8-6 绘人智能测验的评分标准

(1)头	轮廓清楚,什么形状都可得分,无轮廓者不给分。
(2)眼	有眼即可。点、圈、线均可得分。只画一个眼的给半分。
(3)下肢	能画出下肢,形状不论。线状也行。一定要有两条腿。如果并拢在一起,也必须能看出是两条腿。若画穿长裙的女孩,只要腰与足之间有相当距离能代表下肢部位,也可记1分。
(4)口	能画出口来,形状无关。部位不正无关,但必须在脸的下半部。
(5)躯干	有躯干即可,形状不论,卧位也可。
(6)上肢	形状不限,只要能表达是胳膊,没有手指也可。
(7)头发A	不限发丝形状,只要有就行,一根也可。

(续表)

(8)鼻	有鼻,形状不限,只画鼻孔的算第37项得分,本项无分。
(9)眉毛或睫毛	眉毛或睫毛有一种即可。
(10)上下肢的连接A	上、下肢的连接大致正确。从躯干出来。
(11)耳	必须有双耳,形状不论,但不能与上肢混同。侧面者画一只即可,正位只画一只的算半分。
(12)衣着1件	有衣、裤、帽子之一即可。仅画纽扣、衣兜、皮带等也可以。
(13)躯干长度	躯干要有轮廓。长度要大于宽度。在纵、横的最长部位比较,长宽相等者不给分。
(14)颈	有颈部,形状不限,能将头与躯干分开即可。
(15)手	有手能与臂区别。手指数目及形状无关。
(16)上下肢的连接B	双上肢都从肩处或在相当于肩处连接,下肢由躯干下部伸出来。
(17)头发B	在头的轮廓之上画有头发,比第7项好些。完全涂抹也可。
(18)颈的轮廓	清楚地画出头与躯干连接的颈的轮廓。只画一根线的不给分。
(19)眼的比例	眼的长度大于眼裂之开阔度,双眼一致。
(20)下肢比例	下肢的长度要大于宽度,下肢长于躯干,但不到躯干的2倍,下肢左右长度不同时,以长的一侧记分。
(21)衣着,2件	衣着有2件以上。例如有帽子及皮带,或上衣和鞋等,是不透明的。能将身体遮盖起来,分不清是身体还是衣服的不能给分。裤、裙、衬衫、腰带、发辫束带、项链、表、指环、镯子、烟斗、香烟、伞、手杖、鞋、袜、手套、笔记本、手提箱、书包等都可以算。
(22)全部衣服不透明	齐全地画出衣裤或裙子,不透明。(第12和第21项必须都得分)。
(23)双瞳孔	双眼均画有瞳孔(黑眼珠),眼轮廓内有明显的点或小圆圈。
(24)耳的位置和比例	耳的长大于宽,侧位时有耳孔。耳的大小适当,要小于头横径的1/2。双耳要一致。
(25)肩	画出肩的轮廓,角形或弧形均可。上肢必须有轮廓,与肩部连接正确。
(26)眼的方向	瞳孔的位置两眼应一致,视线正确。
(27)上肢比例	上肢长大于宽。上肢要长于躯干,手向下垂时不能超过膝部。如膝盖位置不清楚时,以腿的中点算。上肢左右长度不同时,以长的一侧评分。
(28)手掌	画有手掌,能将手指与胳膊区别开。
(29)手指数	两手必须各有5指,形状无关。
(30)头的形状	头形正确,不能是简单的圆形或椭圆形。
(31)躯干的形状	正确地画出躯干的形状,而不是简单的椭圆形或方形或三角形,躯干长度大于宽度,要有双肩,比例基本正确。
(32)上下肢轮廓	上下肢有轮廓,与躯干连接处不应变细。
(33)足跟	有明显的足跟轮廓。画出鞋的后跟也可。正位时鞋画得正确就可给分。
(34)衣着,4件以上	如帽子、鞋、上衣、裤、领带、皮带、袜及各种装饰品等,画有4件或4件以上。
(35)足的比例	下肢和足都有轮廓,足的长度比厚度大,足的形状不论。足长应是下肢的1/10以上、1/3以下。
(36)指的比例	全部手指有轮廓,长大于宽,形状正确,其中如有一个手指头不画清楚轮廓也不给分。
(37)鼻孔	鼻有鼻孔,如只画鼻孔也可以,侧位有个凹窝即可。
(38)拇指	拇指与其他指分开,短于其他指,位置正确。
(39)肘关节	必须以某种形式表示出有肘关节,角形或弧形均可。画单侧也行。

(续表)

(40)下颌及前额	是眉毛以上及鼻以下部位,要接近面部的1/3,侧位有轮廓也可。
(41)下颌	清楚地表示出下颌,侧位时也要明确。正位时在口以下有明显的下颌部位。
(42)画线 A	线条要清楚、干净。应该连接的地方都连接。不画无用的交叉、重复线条或留有空隙。
(43)鼻和口的轮廓	鼻和口皆有轮廓,口有上唇及下唇,鼻不能画成直线、圆或方形。
(44)脸	脸部左右对称,眼、耳、口、鼻等均有轮廓,比较协调。若为侧位,头、眼比例要正确。
(45)头的比例	头长是躯干的1/2以下,身长的1/10以上。
(46)服装齐全	服装齐全,穿着合理,符合身份。
(47)下肢关节	显示膝关节,如跑步的姿势等,正位时须表示出膝盖。画单侧亦记分。
(48)画线 B	虽然第42项已给分,如果线条清晰、美观,有素描风格,画面整洁的可再给1分。
(49)侧位 A	侧位时,头、躯干以及下肢都应是正确侧位。
(50)侧位 B	比第49项更进一步。

引自:张家健、高振敏,《儿童智能测验与培养》,北京:科学出版社,1989年,第273~275页。(略有改动)

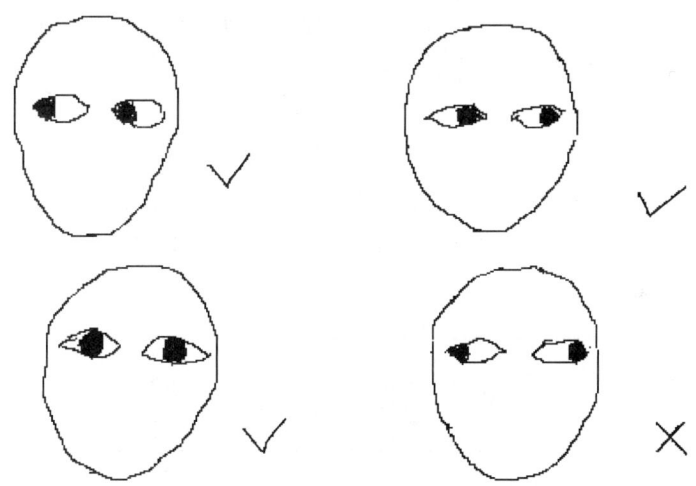

图8-10 绘人智能测验第26项的评分样例

绘人智能测验的常模是根据北京市区的6 062名4~12岁儿童的测量数据制订的,其中男童为3 088名,占50.9%,女童为2 974名,占49.1%。从4~6.5岁,每半岁为一个年龄组,从7~12岁,每一岁为一个年龄组。每个年龄组的人数包括328~647人不等。

该测验在北京地区修订时已检验了信度和效度。让两名测查者对284名不同年龄的儿童进行评分,各项目得分的一致率为93.3%。另外,随机抽查5岁、8岁、11岁各20名儿童,相隔一周进行两次绘人智能测验,各年龄组儿童项目得分的一致率平均为84%,这些数据表明该测验有较高的信度。将绘人智能测验(北京地区修订本)与韦克斯勒学前儿童智力量表同时测查130名儿童,所获得的两个智商分数的相关系数为0.56;将绘人智能测验与丹佛发展筛选测验同时测查217名儿童,两种诊断结果的一致率为77.4%,表明该测验有较高的效标关联效度。但绘人智能测验与学龄儿童的算术和语文成绩无显著相关($r = 0.02 \sim 0.32$),所以,该测验不能用于预测学习成绩。

评价:古迪纳夫—哈里斯绘人测验及其修订本的施测过程十分有趣,方法简便易行,不需要复杂的工具和指导语,受测者能在很短的时间内完成。但是,它们都属于筛查性测验,其测量结果不够精确,不能全面地反映儿童的智能(如没有涉及语言表达能力、计算能力等),评分也比较主观,对于善于绘画或缺乏绘画技巧的儿童也不适用,因此,在应用上受到一定的限制。

古迪纳夫—哈里斯绘人测验及其修订本可用于评估听觉障碍儿童的智力。不过,该测验目前尚无听觉障碍儿童常模,因此,解释测验分数时应谨慎。

三、团体儿童智力测验

团体儿童智力测验(the Group Intelligence Test for Children,GITC)由华东师范大学的金瑜教授编制,于1996年发表。鉴于传统的比内式智力测验仍有应用价值,我国的中小学对于大规模快速施行的团体智力测验有非常迫切的需求,金瑜在参考韦克斯勒儿童智力量表的结构和编制方法的基础上编制了这套量表。

GITC适用的年龄范围是9~18岁的中小学生。整个测验由语言量表和非语言量表两部分组成,共有10个分测验,其中常识、类同、算术、理解、词汇5个分测验属于语言量表,辨异、排列、空间、译码、拼配5个分测验属于非语言量表。采用纸笔测验的方式,所有的题目均为多项选择题的格式,即从五个选项中选一个最恰当的作为答案(图8-11)。各分测验、语言量表、非语言量表及全量表的题目数见表8-7。

测验一开始有一个总指导语,各分测验开始之前又有一个分测验指导语,通过阅读指导语,受测者就能了解测验的要求。每个分测验的施测时间规定为6分钟,做完整个测验大约需用1小时20分钟。测验完毕,根据受测者的原始分数和实足年龄就可以通过查常模表来确定他的语言IQ、非语言IQ和全量表IQ。

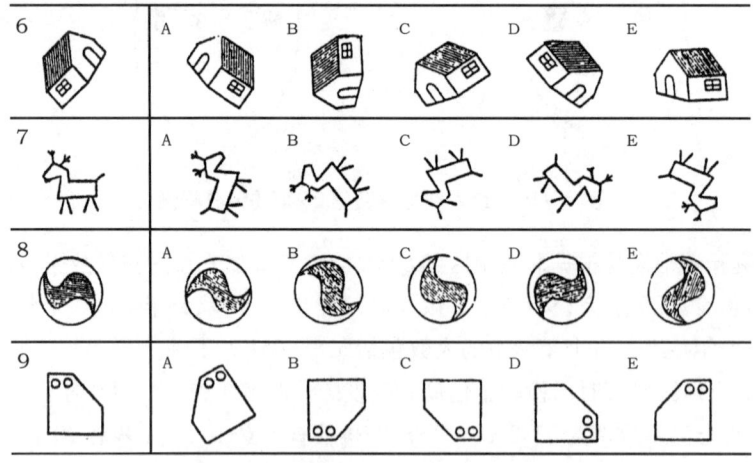

图8-11 团体儿童智力量表分测验的题目样例

表 8-7 团体儿童智力测验的题目组成

语言量表		非语言量表		全量表的题目数
分测验	题目数	分测验	题目数	
常识	38	辨异	26	
类同	32	排列	13	
算术	20	空间	30	292
理解	32	译码	34	
词汇	50	拼配	17	
合计	172	合计	120	

GITC 已制订上海市区常模和全国城市常模。全国城市常模的受测者来自东北、西北、西南、华北、华中和华东六大区的 19 个大中小城市。每个城市大约抽取了 200 名受测者,总人数为 3 916 人。从 9~18 岁,共分为 10 个年龄组,各个年龄组的人数及性别构成见表 8-8。

表 8-8 GITC 全国城市常模样组被试人数、年龄、性别分布

年龄组	总人数	男	女	性别不详
9.5	375	183	192	
10.5	390	194	195	1
11.5	388	193	194	1
12.5	397	202	195	
13.5	412	219	193	
14.5	406	203	203	
15.5	400	195	205	
16.5	390	201	189	
17.5	396	206	190	
18.5	362	190	171	1
总数	3916	1986	1927	3

引自:金瑜,《心理测量》,上海:华东师范大学出版社,2001 年,第 342 页。

对 GITC 的信度检验采用了两种方法。第一种方法是求分半信度系数。对 10 个分测验、语言量表、非语言量表和全量表分别计算两半测验的相关系数,校正后的 10 个分测验的信度值分布在 0.61~0.96 之间,语言量表、非语言量表和全量表的信度值分别为 0.97、0.97 和 0.98。第二种方法是求内部一致性系数。用库德—理查逊第 20 号公式计算测验的内部一致性系数,结果显示,10 个分测验的内部一致性系数分布在 0.59~0.93 之间,语言量表、非语言量表和全量表的内部一致性系数分别为 0.97、0.95 和 0.98。这些数据表明 GITC 具有较高的稳定性和可靠性。

对效度的检验采用了三种方法。第一种是因素分析。对 GITC 进行因素分析,结果表明,10 个分测验对 g 因素的负荷量都在 0.68 以上。第二种方法是求 GITC 与韦克斯勒儿童智力量表的相关系数,结果是这两个测验总智商的相关系数为 0.60,语言智商的相关系数为 0.62,非语言智商的相关系数为 0.46。第三种方法是计算 GITC 总智商、语言智商和非语言智商与班主任对受测者的智力评定的相关系数,所得相关系数分别为 0.59、0.56 和 0.64。这些检验结果均表明该测验具有较高的效度。当然,这里提供的证据还是比较有限的,这个测验的准确性和有效性还需要更多的研究来证明。

第9章 学业成就的评估

大多数特殊儿童因生理或心理上的缺陷而出现学业不良问题,学业成就的评估必然是特殊儿童心理评估的一个重要组成部分。在学业成就的评估中目前所采取的主要手段是实施成就测验,因此,在这一章里,我们首先对成就测验作一个总体的描述,然后对最常用的综合成就测验和单科成就测验分别予以介绍。

第一节 成就测验的性质、种类与作用

一、成就测验的性质

成就测验(achievement test),又称为教育测验或学科测验,是测量学生在学习阅读、拼写、书面表达、数学、常识、社会、历史、地理、物理、化学等课程或经过某种专门训练之后所获得的知识和技能的系统程序。

在教育领域里成就测验是使用最频繁的一类测验。和智力测验相比,成就测验具有以下几方面的特点:

第一,成就测验侧重于测量个体通过系统的学习而获得的某种专门的知识和技能,包括阅读技能、书写技能、计算技能、科学和文化知识等。智力测验则侧重于测量个体通过系统和非系统的学习而发展的一般能力,包括感知、注意、记忆、空间想象力、分析、综合、判断和推理能力等。

第二,成就测验一般直接评估受测者对某些学业技能的掌握状况,例如,是否学会了两位数的加法,是否理解并会默写本学期所教的所有生词等等。而智力测验往往是一种间接的评估,即通过分析受测者在某个与智力有内在联系的行为样本中的表现,推断他的智力发展状况。

第三,成就测验的内容通常要紧扣教学大纲,否则,用它来评估受测者对某种课程内容的掌握情况就失去了意义。由于不同地区、不同年级所教的课程或内容存在很大的差异,因此,从一个地区到另一个地区,从一个年级到另一个年级,成就测验的内容会有很大的差异。而与之相比,智力测验的内容则具有跨地区、跨年级的广泛适用性。

第四,在效度检验方面,成就测验强调内容效度,而智力测验更强调构想效度。成就测验所测量的内容范围一般比较具体明确,而且这类测验十分强调尽可能地贴近所要测量的内容,因此,检验这类测验的内容效度是非常有必要的。智力测验所要测量的东西比较抽象模糊,不同的编制者往往根据不同的理论来编制测验,所以,在鉴定这类测验的质量时,检验它们的构想效度更为恰当。

第五,成就测验与教学实践的联系非常密切,评估人员一般要根据成就测验的结果制订个别化教育计划,调整原来的教学内容和进度,或改进已有的教学方法等等。而智力测验对教育教学通常只发挥间接的作用。

二、成就测验的种类

成就测验的种类是十分繁杂的,很难一一列举。下面只介绍四种最常见的分类方法。

(一)标准化成就测验与非标准化成就测验

标准化成就测验是指由心理和教育测量专家、学科专家以及有经验的教师根据测验的编制原理和方法共同编制而成的测验。这类测验的编制有比较固定的程序,一般来说,首先,要确定测量目的并制订编题计划。标准化成就测验的编题计划通常是一份双向细目表,其中一向为所测学科的章节内容,另一向为教育目标,包括知识、理解、应用、分析、综合和评价。然后编写题目,进行题目的试用和分析。在这个环节里要确定每道题的难度和区分度,为题目的筛选和编排提供客观的依据。其次,要将题目汇编成测验,对测验进行标准化。在这个阶段,编制者必须通过对常模团体的代表性取样建立标准化的常模,为确定受测者在团体中的相对地位,为特殊儿童的鉴别和分类提供参照标准。最后,进行测验质量鉴定,编写测验使用手册。在这个环节里要检验测验的信度和效度。如果信度和效度太低,就要重新编制或修改题目,对测验重新标准化;如果信度和效度已达到心理测量学的要求,就可以编写测验使用手册并推广使用。一些应用范围很广的测验,像斯坦福系列成就测验、加里福尼亚成就测验、韦克斯勒个人成就测验等都属于这类测验。

非标准化成就测验一般没有常模,没有经过试用与分析,也没有信度和效度方面的检验数据。其编制和实施过程带有比较大的随意性,因此,测量结果是否准确和可靠需要测验编制者和使用者凭经验来判断。不过这类测验的编制方法简单,编制周期短,使用方便灵活,与教学大纲的内容一般都非常贴近,所以在学校里被频繁地使用。教师自编的课堂测验都属于这类测验。

(二)常模参照成就测验与标准参照成就测验

常模参照成就测验指的是已经建立了常模,可以根据常模解释测验结果的成就测验。这类测验一般属于标准化测验,所以具有标准化测验的基本特征。除此之外,这类测验往往涵盖比较广泛的内容,重视将受测者与常模团体中的其他人做比较等等。这类测验主要用于学习障碍儿童的鉴别和教育安置。

标准参照成就测验是指根据特定的教学目标解释测验结果的测验。大多数标准参照测验是没有常模的,也没做过信度和效度的检验,因此不属于标准化测验。然而,这类测验在教学中是非常有用的,可用于诊断受测者在学习中存在的问题,为制订个别化教育计划、评价教育效果提供依据。例如,1983年格林和梅尔(Guerin & Maier)编制了一份小学一至六年级学生应该掌握的数学技能的顺序表(表9-1),评估人员可以根据表中所列的教育目标来编制测验,评估受测者的数学成就水平。

表9-1 小学生应该掌握的数学技能的顺序表

年级	应该掌握的技能
幼儿园	会机械地数到10；按顺序用整数；开始了解基数和序数；开始认识数字；会点数；会把一堆东西加起来得总和。
一年级（上）	会机械地数到100；会读、写50以内的整数；知道十位数的值；知道几堆东西相等或不相等；知道"+""-"和"="符号的含义；知道加法和减法的意义相反；会解缺少加数的计算题；会做含有"0"的减法题。
一年级（下）	会机械地数100以上的数；会两个两个地数、五个五个地数、十个十个地数；知道奇数和偶数；了解"&"的含义；会读、写100以内的整数；开始明白1/2、1/3、1/4的含义；会做20以内的加法题；只有2~3个加数时，会做100以内不用进位的两位数的加法题；会用两位数减去20以内的数或20、30。
二年级（上）	知道百位数的值；当有3~4个加数（总和在100以内）时，会做不用进位的两位数加法题；会做不用借位的两位数的减法题；明白除法就是将一个整体分成几个相等的部分。
二年级（下）	会一个、两个、五个、十个、一百个地数，数到999；知道奇数和偶数；会读、写1000以内的整数；会用代数符号表示数；会进位（退位）；会做十位数需借位，百位数是0的减法题；会做得数在25以内，乘数为2、3、4和5的乘法题；知道X和Y的含义；会做被除数在25以内，除数为2、3、4和5，可以用口诀来算的除法题。
三年级（上）	会算、写1000以内的数；知道千位数的值；知道与1/2、1/4和1/3相等的分数；认识Ⅰ至Ⅻ的各种罗马数字；会做需进位的三位数加法题；会做20以内的减法题；知道厂用来表示除法运算。
三年级（下）	会读、写钱币上各种元和分的数字；会四舍五入；知道1/6、1/8的含义；认识Ⅰ至XXX的各种罗马数字；会做得数为7位数字的加法题；会做分母相同，和小于1的分数加法题；会做需借位，有4~7位数的减法题；会做9×9以内的乘法题；不管有没有进位，会做两位数或三位数与一位数相乘的乘法题；会做9×9以内的除法题。
四年级（上）	会读、写10000以内的整数；认识Ⅰ至C的各种罗马数字；明白1/2、1/4和1/3各为整体的几等分；在几堆东西中哪些与1/2、1/4和1/3的概念相同。
四年级（下）	会读、写一百万以内的整数；知道百万位数的值；学会分子、分母的名称；会用两位数乘以两位数；会做除数是两位数的除法题；知道分数由哪几部分构成；知道1/5、1/7、1/9的含义。
五年级（上）	知道假分数和带分数之间的关系；会写假分数和带分数；会做有2~6个加数的3或4位数的加法题；会做有相同分母的分数的加法题；会做有相同分母的分数和带分数的减法题；会用三位数乘以两位数；会用有5~9位数的数除以一个两位数。
五年级（下）	了解小数和位数；会做10为底的分数加法题；会做分母不相同的分数加法题；会做5位数的减法题、分数的减法题、带分数减去整数的减法题；某个数乘以100的倍数。
六年级（上）	学会用指数表示数字；理解幂、平方、立方等概念；会做分母不相同的分数加减法题；会做乘数是三位数的乘法题；会做分数与真分数、整数和假分数相乘的乘法题；会做分数的除法题。
六年级（下）	知道百分数与比率、分数和小数之间的联系；会做正数和负数的加法题；会做小数与10为底的分数相乘的乘法题；会做10为底的分数的除法题。

引自：J. C. Witt et al.，(1995)，*Assessment of child*，Iowa；Wm. C. Brown Communications，Inc.，pp.254~256.

(三) 筛查性成就测验与诊断性成就测验

筛查性成就测验是指以筛选"低成就儿童"为目的的测验。虽然对这类测验的信度和效度一般要求不太严格，但是在选择筛查性成就测验时，评估人员应该注意以下几点：①测验测查的内容与本校教学大纲的内容十分贴切；②常模团体包含了所要评估的那一类儿童；③测验的信度和效度符合心理测量学的基本要求。

诊断性成就测验是为诊断学习困难，发现教学问题，调整教学计划或制订补救计划而编制的测验。例如，为了诊断学生的数学错误类型而编制的测验就属于这一类（表9-2）。

表9-2 数学错误类型诊断测验题目举例

加法运算：

$$(1)\ \begin{array}{r}57\\+\ 28\\\hline 715\end{array}\qquad(2)\ \begin{array}{r}33\\+\ 86\\\hline 119\end{array}\qquad(3)\ \begin{array}{r}65\\+\ 49\\\hline 1014\end{array}$$

错误类型：上面三道计算题中，(2)是正确的，(1)和(3)是错误的。受测者把个位数与十位数的计算分割开了，没有把个位数的进位带入十位数的计算中。

减法运算：

$$(1)\ \begin{array}{r}72\\-\ 35\\\hline 43\end{array}\qquad(2)\ \begin{array}{r}33\\-\ 86\\\hline 53\end{array}\qquad(3)\ \begin{array}{r}69\\-\ 52\\\hline 17\end{array}$$

错误类型：上面三道计算题中，(3)是正确的，(1)和(2)是错误的。不管是个位数的计算，还是十位数的计算，受测者总用大的数减去小的数。

乘法运算：

$$(1)\ \begin{array}{r}52\\\times\ 4\\\hline 208\end{array}\qquad(2)\ \begin{array}{r}33\\\times\ 7\\\hline 271\end{array}\qquad(3)\ \begin{array}{r}65\\\times\ 3\\\hline 245\end{array}$$

错误类型：上面三道计算题中，(1)是正确的，(2)和(3)是错误的。受测者把与个位数相乘所得的积该进位的数与乘数相加后，再乘以十位数。例如，在(2)中，受测者把$3\times 7=21$，该进位的数为2加7后，再乘以3等于27，写在十位数和百位数上。

除法运算：

$$(1)\ \begin{array}{r}64\\\div\ 8\\\hline 9\end{array}\qquad(2)\ \begin{array}{r}36\\\div\ 4\\\hline 8\end{array}\qquad(3)\ \begin{array}{r}13\\5\overline{)155}\\\underline{155}\\0\end{array}$$

错误类型：上面三道题都算错了。(1)和(2)的计算结果表明，受测者不会熟练地运用乘法口诀求商；(3)的计算结果表明，受测者尚未掌握这种竖式除法。

除了上述三种分类外，还可以根据测量的是多学科还是单学科分为综合成就测验和单科成就测验（详见本章第二节和第三节）。

三、成就测验的作用

成就测验在特殊儿童心理评估中扮演着重要的角色，其作用主要体现在以下几方面：

(一)有助于筛查出特殊儿童

如果没有采取特别的教育措施,大多数特殊儿童都会表现出某方面或全面的学业不良。例如,阅读障碍儿童、重听儿童主要表现在语文成绩差,数学学习障碍儿童主要表现在数学成绩差,智力障碍、有严重情绪和行为障碍的儿童则表现为各科成绩都很差。通过日常的考试和较正式的测验,可以把有可能存在障碍的儿童筛选出来,再通过进一步的评估确定他们是不是特殊儿童,如果是,应该属于哪一类特殊儿童。由此可见,成就测验在特殊儿童的早期发现中起着重要的作用。

(二)有助于鉴别学习障碍儿童

学习障碍儿童的主要特征是个体的学业成就显著地低于其智能预计达到的水平。如果某位受测者的智力正常,而他的学业成就显著地低于同龄儿童的平均水平,那么他就有学习障碍。学习障碍的种类是很多的,有阅读障碍、拼写障碍、数学计算障碍和数学推理障碍等等。要鉴别不同类型的学习障碍儿童,就需要使用不同的成就测验。由此可见,对特殊儿童进行精确的诊断和分类,离不开成就测验。

(三)根据特殊儿童的成就水平予以适当的安置

根据我国的义务教育法,儿童到了一定的年龄就应该上学读书。目前我国特殊儿童的教育安置形式主要有三种:一是上特殊学校,二是进入普通学校的特殊班,三是到普通学校随班就读。不管采取哪一种安置形式,都要以有利于儿童的发展为前提。如果采取了特殊教育措施,某些儿童的成就水平仍远远落后于普通班级的平均水平,那么,就应该考虑把这些儿童转入特殊班或特殊学校。当然,也可以把学业成就水平远远高于班级平均水平的特殊班或特殊学校的学生转入普通班或普通学校。另外,在学生的分班或分组时也要考虑他们的成就水平。例如,有些特殊儿童在入学前上过幼儿园,他们与没有上过幼儿园的儿童在知识和技能水平上存在较大的差异,在分班时要予以考虑。在教学过程中,一部分学生对新知识和新技能的掌握速度比较快,而另一部分学生掌握得比较慢,也可以根据他们的成就水平进行分组教学。

(四)确定教学的范围和先后顺序

在义务教育阶段,特殊儿童也要学习多种课程,每一门课程同样包括丰富的内容。如何使教学内容适合每一位特殊儿童,这需要通过成就测验来了解儿童的基本学习情况,例如,哪些教学内容他已经学会了,哪些教学内容还没有掌握,哪些是他的强项,哪些是他的弱项等等。成就测验所提供的信息不仅可以用来确定下一阶段教学的范围,而且还可以为顺序性比较强的学科,如数学,安排教学的先后顺序。

(五)制订个别化教育计划

特殊儿童之间的个体差异是非常巨大的,因此,为他们提供的教学必须因人而异。目前特殊教育领域的专家学者基本上已达成共识,即为了使教学能够顺利地进行,同时也为了确保教学的质量,在教学之前应该为每个特殊儿童制订一份个别化教育计划。在个别化教育计划中教师不仅要提出教学的长期目标和短期目标,而且还要通过对儿童已有知识和技能的详细分析,确定具体的教学内容、方法及相关的特殊教育服务。所以,实施成就测验是很有必要的,它可以为个别化教育计划的制订提供大量且有用的信息。

（六）监控特殊儿童在课程学习上的进步

在教学过程中实施成就测验，不仅可以给特殊儿童提供更多练习的机会，促进学习的迁移，还可以经常地检查特殊儿童在课程学习中与目标还有多大的差距，发现学习中存在的问题，及时地调整教学内容和教学方法，促使特殊儿童有更快的发展。

（七）评价教学大纲的适当性

在课程结束时实施成就测验，一方面可以评价开学之初制订的教学大纲是否适当，另一方面，还可以为学校的管理以及课程研究提供依据。一般来说，如果某个教学大纲的教学效果优良，那么以后在大致相同的情况下可以使用该大纲；如果教学效果很差，就要分析是教师的教学态度和教学能力差造成的，还是所安排的教学内容和教学方法不当造成的。如果是教师的问题，那么在该教师的任用上要重新考虑；如果是教学内容和教学方法方面出现了问题，那么就要通过研究予以改进，使该大纲在以后的教学中能产生更好的效果。

第二节 综合成就测验

综合成就测验是指同时测量多个学科或内容领域的测验。由于这种测验一次测量了多个学科或领域，其总分可以概括性地反映受测者的一般成就水平。另外，利用分测验和领域分数可以进行各科或各领域成就水平的比较。不过，如果想对受测者在某一学科或领域取得的成就进行深入、细致地分析，最好再进行单科成就测验，因为单科成就测验一般包括了某一学科或领域中数量较多的题目，因此，对该学科或领域能够进行较精确的测量和评估。本节先介绍几个最著名的综合成就测验，下一节介绍单科成就测验。

一、皮博迪个人成就测验修订本

皮博迪个人成就测验（Peabody Individual Achievement Test，PIAT）是邓恩和马克沃特（Dunn & Markwardt）二人共同编制的，最早发表于1970年。1988年马克沃特对PIAT做了一次修订，修订本简称为PIAT-R，1998年又重新制订了常模。该测验原来的适用年龄范围是幼儿园至12年级，新制订的常模将适用年龄范围扩展至22岁。PIAT-R属于个别施测的常模参照测验，主要用于评估数学、阅读、拼写，以及在学校里学到的一般知识。该测验在特殊教育领域中有非常广泛的应用，这里只着重介绍1998年的修订本。

1. 测验的构成

PIAT-R由一般知识、阅读材料识别、阅读理解、数学和拼写5个分测验构成，另外还有一个备用的分测验，即书面表达分测验。各分测验的题目数、测验方式及内容如下。

- 一般知识 共有100题。用口头提问的方式问一些有关科学、社会科学、美术和体育方面的问题，要求受测者口头回答。
- 阅读材料识别 共有100题。要求受测者识别26个字母，读出各种单词的读音。
- 阅读理解 共有82题。要求受测者先默读写在一页纸上的句子，然后从另一页纸上的四幅画中选一幅最能反映该句子意思的画。

- 数学　共有100题。要求受测者匹配、区分和辨认数字,解几何题等。
- 拼写　共有100题。要求受测者从四个选项中选择某个特定的字母或单词,或者从四个选项中把拼写正确的单词选出来。
- 书面表达　共有两级水平。第一级水平适用于幼儿园儿童和一年级的学生,要求受测者仿写字母和单词,写自己的名字,听写字母和单词。第二级水平要求受测者看图写故事。

2. 施测和记分方法

PIAT-R 的施测和记分时间大约为 1 个半小时。受测者获得的每个分测验的原始分数要转换成年龄当量、年级当量、百分等级、标准分数(平均数=100,标准差=15)和标准九分数。把阅读材料识别与阅读理解的原始分数相加,可以获得阅读总分。书面表达的分数不计入总分,只单独报告标准九分数。另外,阅读总分和测验总分(前5个分测验分数的总和)也要转换成多种导出分数。

3. 常模样本的抽取

本次常模的重新修订,样本超过了3 000人。分层随机抽样时所采用的分层变量包括种族、地区和父母的文化水平等。

4. 信度和效度

在信度方面,编制者计算了标准化样本中每个年龄组在每个分测验上的信度系数。PIAT-R 的分半信度和内部一致性系数都是不错的,大多数信度系数高于0.90。稳定性系数稍低,不过将近三分之二的统计数据也超过了0.90。书面表达分测验的信度系数是单独计算的,其信度系数值低于其他分测验。

在测验使用手册中编制者只讨论了该测验的内容效度,没有提供有关效标关联效度和构想效度的检验数据。

5. 评价

PIAT-R 是一个有良好结构设计的标准化成就测验。大多数分测验具有很高的信度,不过,该测验的效度还需要检验,书面表达分测验的信度和效度也需要提高。

该测验适用于学习障碍、行为障碍、轻度智力障碍、听觉障碍、语言障碍或运动障碍学生,不适用于有视觉障碍的学生。

二、斯坦福系列成就测验第十版

斯坦福系列成就测验第十版(Stanford Achievement Test Series, Tenth Edition, Stanford 10/SAT-10)于2004年发表,用于评估受测者在不同学业领域的成就发展水平。该系列还为全盲或只有部分光感的学生提供了盲文版测验,为视障学生提供了大字版测验,为听障学生提供了特殊版测验。

SAT-10 由斯坦福早期学校成就测验(Stanford Early School Achievement Test, SESAT)、斯坦福成就测验(Stanford Achievement Test, SAT)和斯坦福学业技能测验(Test of Academic Skills, TASK)三部分组成,均为团体施测测验。SESAT 适用于幼儿园儿童至一年级学生,分为2个水平;SAT 适用于一到九年级学生,分为8个水平;TASK 适用于九到十二年级的学生,分为3个水平。

1. 测验的构成

SAT-10 共包括16个分测验。

- 声音和字母　评估受测者的早期阅读技能——匹配两个开头或结尾发音相同的单词、识别字母、匹配读音与字母。
- 单词学习技能　评估受测者对单词的解码技能和识别声音与字母拼写的相互关系的能力。
- 辨认单词　评估受测者辨认单词的能力,让受测者将听到或看到的单词与某一张图片相匹配。
- 理解句子　评估受测者理解简单句的能力。
- 阅读词汇　评估受测者的词汇知识和学习策略,主要考察受测者对同义词(一般词汇知识)、多义词(根据上下文来确定词义)的知识以及使用文章线索来猜词义的能力。
- 阅读理解　在1年级水平,要求受测者根据两句话故事的描述选择一张符合的图片、完形填空完成句子、阅读段落回答问题。在2年级及以上水平,要求受测者阅读短文后回答问题,涉及对文章的理解、重要分析和阅读技能的使用。
- 数学　评估受测者应用数学技能解决问题的能力。该测验和数学应用、数学计算分测验的题目均是根据全美国数学教师委员会对学校数学的标准来制定的。
- 数学应用　评估受测者应用数学技能解决问题的能力。
- 数学计算　评估受测者的数学计算能力(不可使用计算器)。
- 语言　有两种形式——传统语言和综合语言。传统语言评估受测者的语言技巧和语言表达,如大小写、标点符号、句子结构;综合语言评估受测者运用语言技巧来构思、写作和编辑的熟练程度。
- 拼写　评估受测者识别拼写错误的能力。向受测者呈现一个句子,其中有3~4个单词用下划线标记,要求受测者选出拼写错误的单词。
- 听力词汇　主试读出句子,要求受测者回答句子中单词的意思。
- 听力理解　主试读一段短文,受测者可做笔记,要求受测者理解和分析短文内容。
- 环境　评估受测者对自然环境和社会环境概念的理解。
- 科学　评估受测者对物理学、自然科学、生命科学等的理解,测验题目根据全美国科学教育标准来制定。
- 社会科学　评估受测者对历史、地理、政治和经济学的知识,以及根据图表解释数据的能力。

SAT-S10共分为13个水平,每个水平有5~10个分测验。表9-3呈现各水平所包含的分测验。

2. 施测和记分方法

如果施测全套成就测验,一般需要2小时15分钟~5小时30分钟;如果只施测部分测验,则需要1小时41分钟~3小时54分钟。

施测后,获得的原始分数可转化为标准九分数、年级当量、百分等级等。

3. 常模团体的抽取

常模团体由36万人组成,在2002年的春季和秋季收集数据,其中春季常模样本有25万人,秋季常模样本有11万人。采用分层随机抽样的方法选取样本,分层变量包括种族、社会经济地位、社区类型(城市、郊区和农村)、公立/私立学校等,基本符合美国人口数据特征。此外,针对听觉障碍学生的特殊版本也提供了特殊常模数据。

表 9-3　SAT-10 各水平的分测验组成

分测验	幼儿园1	幼儿园2	1	2	3	4	5	6	7	8~9	10	11	12
声音和字母	√	√											
单词学习技能			√	√	√	√							
辨认单词	√	√	√										
理解句子		√	√										
阅读词汇				√	√	√	√	√	√	√	√	√	√
阅读理解				√	√	√	√	√	√	√	√	√	√
数学	√	√											
数学应用			√	√	√	√	√	√	√	√	√	√	√
数学计算			√	√	√	√	√	√	√	√	√	√	√
语言				√	√	√	√	√	√	√	√	√	√
拼写				√	√	√	√	√	√	√	√	√	√
听力词汇	√	√											
听力理解			√	√	√								
环境	√	√	√										
科学				√	√	√	√	√	√	√	√	√	√
社会科学				√	√	√	√	√	√	√	√	√	√

引自：J. Salvia, J. E. Ysseldyke, S. Bolt (2007). Assessment: in Special and inclusive education (10th ed). Boston: Houghton Mifflin Company, p394

4. 信度和效度

测验手册提供了每个水平的内部一致性系数和复本信度系数。全套成就测验的内部一致性系数分布在 0.69~0.97 之间，其中超过 400 个数据中只有 25 个系数低于 0.80。复本信度系数分布在 0.63~0.93 之间。若只施测部分测验，简短版测验的内部一致性系数分布在 0.59~0.96 之间。

SAT-10 的题目由专家根据一定的课程标准进行制订和筛选，并在不同的文化群体中试测过，具有一定的内容效度。该版本与第九版的成就测验的相关系数分布在 0.60~0.90 之间。

5. 评价

SAT-10 既是常模参照测验，又是标准参照测验。测验具有较好的信度和效度，可用于筛查性评估。该系列测验还专门为视觉障碍和听觉障碍学生制订了特殊版本和特殊常模，能够有效评估这些特殊学生的学业成就。但个别分测验的信度较低，还有待提高；而且提供的效度数据有限，有待提供更多的心理测量学数据予以说明。

三、加里福尼亚成就测验第五版

加里福尼亚成就测验（California Achievement Tests, CAT）由一组团体施测的常模参照测验组成，用于评估幼儿园儿童至 12 年级的学生。1993 年该测验进行了第 5 次修订，修订本简称为 CAT-5。下面着重介绍这个修订本。

1. 测验的构成

CAT-5 由两套测验构成，一套是调查测验，另一套是全套测验。全套测验分为 13 个水平，各水平之间有一定的重叠。调查测验只包含全套测验中10个水平的题目。另外，在CAT-5中还包含了一个"定位"测验，用于确定受测者应当接受哪一个水平的测验。

CAT-5的内容分为阅读/语言艺术、数学和补充内容三大领域。阅读/语言艺术包括视觉辨认、字词分析、词汇、理解、拼写、语言技巧和语言表达7个分测验；数学包括数学计算、数学概念与应用两个分测验；补充内容包括研究技能、科学和社会研究3个分测验。各水平所包含的分测验如表9-4。各分测验评估的主要内容如下。

表9-4 CAT-5中的每个水平所包含的分测验

分测验	幼儿园	10	11	12	13	14	15	16	17	18	19	20	21/22
视觉辨认	√												
字词分析（幼儿园水平的声音辨认）	√	√	√	√	√								
词汇	√	√	√	√	√	√	√	√	√	√	√	√	√
理解	√	√	√	√	√	√	√	√	√	√	√	√	√
拼写				√	√	√	√	√	√	√	√	√	√
语言技巧				√	√	√	√	√	√	√	√	√	√
语言表达				√	√	√	√	√	√	√	√	√	√
数学计算				√	√	√	√	√	√	√	√	√	√
数学概念与应用	√	√	√	√	√	√	√	√	√	√	√	√	√
研究技能						√	√	√	√	√	√	√	√
科学				√	√	√	√	√	√	√	√	√	√
社会研究				√	√	√	√	√	√	√	√	√	√

引自：J. Salvia, J. E. Ysseldyke. (1995). *Assessment: in Special and inclusive edcation*. Boston: Houghton Mifflin Company, p422.

- 视觉辨认　评估受测者辨认主试说出的单个字母，认识同一个字母的大写和小写的能力等。
- 字词分析　评估受测者的解码技能及根据字词结构准确发音、了解词义的能力等。
- 词汇　评估受测者对词义的理解。要求受测者将单词准确地归类，了解它的同义词、反义词、多种含义等。
- 理解　评估受测者从句子和短文中了解字面意义和引申意义的能力。
- 拼写　评估受测者找出句子中拼写不正确的字词的能力。
- 语言技巧　要求受测者编辑一篇文章，测量他运用大写、小写和标点符号的能力。
- 语言表达　评估受测者组织句子和短文的能力。
- 数学计算　评估受测者解答有关整数、分数、小数和代数式的加、减、乘、除计算题的能力。
- 数学概念与应用　评估受测者理解和应用各种数学概念的能力。
- 研究技能　评估受测者查找并利用各种信息的能力。
- 科学　评估受测者对科学用语和概念的理解以及运用探究方法的能力等。
- 社会研究　评估受测者对地理、历史、政治学、经济学和社会学等社会科学的研究和了解。

2. 施测和记分方法

用CAT-5的全套测验对幼儿园水平的受测者施测大约需要1个半小时，对14～21/22水平的受测者施测大约需要5小时；用调查测验施测的时间最多不超过3小时。

测验的原始分数要转换成年级当量、标准九分数、百分等级、正态曲线等值分数和标准分数。

3. 常模样本的抽取

CAT-5 有三套常模，一套是在冬季抽取的，常模样本由 4 161 名学生组成；一套是春季抽取的，常模样本由 115 888 名学生组成；还有一套是秋季抽取的，常模样本由 109 825 名学生组成。修订者在抽取常模样本时考虑了学校所在地区、社区类型（城市、郊区和农村）、学区大小和社会经济地位等分层变量，不过，在测验使用手册中没有提供具体的数据资料。

4. 信度和效度

在测验使用手册中修订者报告了每个分测验在每个水平上的内部一致性系数。全套测验的内部一致性系数一般都在 0.80 以上，而在调查测验中一些分测验的内部一致性系数低于 0.80。

在效度方面，修订者只报告受测者在 CAT-5 上的得分随着年龄的增长而增长，该测验与认知技能测验、学习能力倾向测验之间存在相关。

5. 评价

CAT-5 属于标准化的常模参照测验，所评估的内容十分广泛。有多种常模可以选择，因此，为使用者提供了很大的便利。不过，该测验目前还缺乏足够的信度和效度方面的证明，这个测验最好只用于团体之间的比较。

四、韦克斯勒个人成就测验第二版和第三版

韦克斯勒个人成就测验（Wechsler Individual Achievement Test, WIAT）是个别施测的常模参照测验，最早发表于 1992 年。2001 年重新修订，修订本（第二版）称为 WIAT-Ⅱ，用于评估幼儿园儿童至 12 年级的学生（5~19 岁）。第三版（WIAT-Ⅲ）发表于 2009 年，在第二版的基础上进行了三方面的调整：①增加了早期阅读技能、口头阅读流畅性、数学流畅性 3 个新测验；②丰富了听力理解、口语表达和书面表达分测验的形式与题目；③改进了记分规则并更新了常模，将适用年龄范围扩展为 4 岁~50 岁 11 个月。

（一）WIAT-Ⅱ

1. 测验的构成

该测验主要涉及口语表达、听力理解、书面表达、基本阅读技能、阅读理解、数学计算、数学推理等 7 个领域，共包括 9 个分测验。这些分测验的题目数及内容如下。

- 读单词　共有 131 题。评估基本的识字能力，例如，看懂单词，知道单词开头和结尾的发音，把声音和字母联系起来等。
- 阅读理解　共有 140 题。要求受测者先读短文，然后口头回答短文下面的理解题。
- 假字解码　共有 55 题。要求受测者用构词技巧读一份无真正意义的词表。
- 数字运算　共有 54 题。评估受测者进行加、减、乘、除、代数、几何等基本数学运算的能力。对于年龄小的受测者，只要求辨认数字、数数等。
- 数学推理　共有 67 题。让受测者完成需要运用数学知识的任务，用说、指点或写的方式回答问题。
- 拼写　共有 53 题。评估受测者听写单词的能力。
- 书面表达　共有 17 题。要求受测者写出 26 个字母、单词、句子、短文和作文等。
- 听力理解　共有 41 题。评估受测者听懂单词和句子的能力。

- 口语表达　共有15题。要求受测者重复主试说过的句子,流利地说出单词,复述短文,发出指令等。

2. 施测和记分方法

用 WIAT-Ⅱ 对幼儿施测需要 30~50 分钟,对年龄较大的学生施测大约需要 1 小时。

各分测验的原始分数要转换成标准分数、百分等级、年龄当量、年级当量、标准九分数、正态曲线等值分数、四分位分数和十分位分数。将读单词、阅读理解和假字解码的分数相加,可获得阅读合成分数;将数字运算和数学推理的分数相加,可获得数学合成分数;将拼写与书面表达的分数相加,可获得书面语言合成分数;将听力理解与口语表达的分数相加,可获得口头语言合成分数;将所有的分测验分数相加,可获得测验总分。这些合成分数也要转换成各种导出分数。

3. 常模团体的抽取

WIAT-Ⅱ 有两套常模,一套是年龄常模,由 2 950 名学生组成;另一套是年级常模,由 3 600 名学生组成。修订者根据 1998 年美国人口普查的资料用分层随机抽样的方法来抽取常模样本。所采用的分层变量包括种族、地区、父母文化水平和性别等。

4. 信度和效度

修订者用三种方法检验了该测验的信度。首先采用的是分半法,结果是,分测验的信度系数基本上都在 0.80 以上,合成分数的信度系数(除口头语言为 0.88 外)都在 0.90 以上。其次采用的是再测法,所得的分测验的稳定性系数大多数在 0.80 以上,合成分数的稳定性系数都在 0.90 以上。另外修订者还检验了测验的评分者信度,结果是,阅读、口头语言和书面语言三个合成分数的评分者信度系数分别为 0.94、0.96 和 0.85。

在效度检验方面,修订者计算得 WIAT-Ⅱ 与广域成就测验第三版的相关系数分布在 0.52~0.80 之间,与皮博迪图片词汇测验第三版的相关系数分布在 0.44~0.75 之间。另外,阅读合成分数与学校中的阅读考试分数的相关系数为 0.42,数学合成分数与数学考试分数的相关系数为 0.44,书面语言合成分数与拼写考试分数的相关系数为 0.57,口语合成分数与英语考试分数的相关系数为 0.24。

5. 评价

WIAT-Ⅱ 属于个别施测的常模参照测验,其信度很高。该测验与韦克斯勒系列智力量表一起制订常模,因此,有助于确定个体的智力与学业成就的差异,为学习障碍儿童的鉴别提供可靠的依据。

不过,目前该测验还缺乏有关效度方面的有力证据,其有效性还需要在研究和实践中做进一步的检验。

(二)WIAT-Ⅲ

1. 测验的构成

WIAT-Ⅲ 共包括 16 个分测验。

- 听力理解　包含接受性词汇和口语理解两种形式。接受性词汇要求受测者选出与听到的单词相符的图片,口语理解要求受测者听一段短文并回答相关问题。
- 口语表达　包含表达性语言、口语词汇流畅性和复述句子三种形式。表达性语言要求受测者根据图片或所描述的定义说出符合的单词;口语词汇流畅性要求受测者在有限的时间内连续说出词汇,如在1分钟内尽可能多地说出动物的名称;复述句子要求受测者重复主试说出的句子。
- 早期阅读技能　包含命名字母、字音联系、音位意识和单词阅读理解四种形式。命名字母要求受测者读出字母发音;字音联系要求受测者根据读音选出正确的字母;音位意识要求受测者辨别字母之间音位的区别,如哪一个单词与其他单词押韵不同(hat,mat,sun);单词阅读理解要求受测者根据听到的词汇选择合适的图片,如哪一张图片代表"on"(在……上面)。
- 读单词　要求受测者快速、准确地读出单词,单词难度逐渐增加。
- 假字解码　要求受测者运用构词技巧读出无意义的单词。
- 阅读理解　要求受测者阅读一段短文后口头回答问题,涉及识别单词、理解单词的字面意义与引申意义等。
- 朗读流畅性　要求受测者快速、准确地读出一篇文章。
- 字母书写流畅性　要求受测者在30秒内按字母表顺序快速、准确地写出字母。
- 拼写　评估受测者听写单词的能力。
- 句子写作　要求受测者按照一定的要求仿写句子,如将两句合并为一句,或用某个词造句。
- 短文写作　要求受测者在一定时间内写一篇文章,如描述你最喜欢的游戏并说出3个喜欢的理由。
- 数学问题解决　评估受测者的基本数学概念、几何、代数及解决应用题的能力。
- 数字运算　评估受测者进行数数、加减乘除、几何、代数等基本运算的能力。
- 数学流畅性(加法)　要求受测者在1分钟内准确快速计算加法题。
- 数学流畅性(减法)　要求受测者在1分钟内准确快速计算减法题。
- 数学流畅性(乘法)　要求受测者在1分钟内准确快速计算乘法题。

2. 施测和记分方法

对于不同水平的受测者,施测WIAT-Ⅲ需要35~104分钟。每个水平的受测者开始的题目不同,如果前3题有1题得0分就需要返回做前面题目,连续有4道题得0分则停止测验。每个分测验获得原始分数后,可以转换为标准分数、百分等级、标准九分数、年龄当量、年级当量等。

不同的分测验之间相互组合还可以获得合成分数,如下表9-5所示。在实际使用中,如果只需要测量某一方面能力,可只施测相应测验,以节省时间和精力。

表9-5　WIAT-Ⅲ的分测验组合

领域	分测验组合	适用年级
口语	听力理解、口语表达	幼儿园前~12年级
阅读	读单词、假字解码、阅读理解、口头阅读流畅性	1~12年级
基本阅读	读单词、假字解码	1~12年级
阅读理解和流畅性	阅读理解、口头阅读流畅性	2~12年级
书面表达	字母书写流畅性、拼写、句子写作、短文写作	幼儿园~12年级
数学	数学问题解决、数字运算	幼儿园~12年级
数学流畅性	数学流畅性(加法、减法、乘法)	1~12年级

3. 常模抽样和信度

WIAT-Ⅲ的常模团体由3 000名学生和成人组成。不同年级水平,各分测验的分半信度系数分布在 0.58~0.90 之间；不同年龄水平，各分测验的分半信度系数分布在 0.58~0.88 之间。

4. 评价

WIAT-Ⅲ是常模参照测验，其内容覆盖了 2004 年美国《障碍者教育促进法案》(*Individuals with Disabilities Educatoon Impvovement Act*, IDEIA)中的 8 个成就领域，可用于评估个体学业成就上的优势与弱势；可以识别学习障碍，为教育服务和教育安置的决策提供依据；以及为制订个别化教育计划提供有效信息。但编制者所提供的信度、效度数据太少。

五、考夫曼教育成就测验第二版和第三版

考夫曼教育成就测验(Kaufman Test of Educational Achievement, K-TEA)属于个别施测的常模参照测验，由考夫曼夫妇(Kaufman & Kaufman)二人编制。考夫曼教育成就测验第二版(KTEA-Ⅱ)发表于 2004 年，有两个版本：一个是完整版，适用年龄范围为 4 岁 6 个月~25 岁，可用于诊断性评估；另一个是简易版，适用年龄范围为 4 岁 6 个月~90 岁，可用于筛查和转介前评估。考夫曼教育成就测验第三版(KTEA-Ⅲ)发表于 2014 年，将适用年龄范围扩展为 4 岁~25 岁 11 个月，适用于幼儿园前到十二年级以上的学生。其测验内容符合美国各州课程共同核心标准，覆盖了《障碍者教育促进法案》(IDEIA)中的 8 个学业成就领域及《美国精神疾病诊断和统计手册(第五版)》(DSM-Ⅴ)中的障碍领域，可用于诊断学习障碍学生。

(一) KTEA-Ⅱ

1. 测验的构成

KTEA-Ⅱ完整版可评估阅读、阅读相关技能、数学、书面语言和口头语言五个领域，共有 14 个分测验。其分测验和样题如表 9-6 所示。

KTEA-Ⅱ简易版只评估阅读、数学和书面语言三个领域，其中阅读领域包括字母和单词识别、阅读理解两个分测验；数学领域包括计算和应用题两个分测验；书面语言包括书面表达和拼写两个分测验。

2. 施测和记分方法

KTEA-Ⅱ完整版适用于幼儿园前到十二年级以上的受测者。对于不同年级和年龄的受测者，KTEA-Ⅱ的施测时间从 30~80 分钟不等。施测后，获得的原始分数可转化为标准分数(平均数=100，标准差=15)、年龄当量、年级当量、百分等级、正态曲线等值分数和标准九分数等。不同领域之间可进行比较，分测验还可组成听、说、读、写 4 个领域的组合分进行比较，评估受测者在各学业领域上的强项和弱项。测验还提供了错误分析方法，帮助主试和受测者了解为何出现这样的表现，有助于制订个别化教育计划。此外，KTEA-Ⅱ与 KABC-Ⅱ共建常模，可以进行能力与学业成就之间差异的深度比较。

简易版施测一般需要 20~30 分钟，与考夫曼简易智力测验第二版(Kaufman Brief Intelligence Test, Second Edition, KBIT-Ⅱ)共建常模(26~90 岁)，可进行能力与学业成就之间差异的比较。

(二) KTEA-Ⅲ

1. 测验的构成

与第二版相比，KTEA-Ⅲ增加了 4 个全新测验，并将部分测验内容进行了扩展与调整，现有 19 个分测验，有两个平行版本(A 和 B)。其分测验和样题如表 9-7 所示。

表9-6 KTEA-Ⅱ完整版分测验及样题

领域	分测验	样题
阅读	字母和单词识别	要求受测者大声读出字母和单词。如:"shut"这个单词是什么? 计时情况下要求受测者在1分钟内尽可能多地读出单词。
	阅读理解	①要求受测者选出符合单词含义的图片或按要求做出相应的动作。如:闭上眼睛。 ②要求受测者阅读短文回答问题。如:为什么很难抓住袋鼠?
阅读相关技能	语音意识	①押韵:要求受测者说出一个与目标单词押韵的词汇,或是从几个单词中识别出不押韵的词汇。如:以下哪个单词与其他单词不同? tool,pool,brick,stool。 ②发音匹配:要求受测者根据读音选出合适的尾音或是相应的词汇。如:以下哪个单词尾音与cars相同? hat,house,toys。 ③合音:要求受测者将音节合并成为一个单词。如:将sun和shine组成sunshine。 ④切分音节:要求受测者将单词分为几个音节说出来。如:将pancake说成pan和cake。 ⑤删去音节:要求受测者按要求读出单词。如:读"plate"这个单词时不要发出/t/。
	快速自动化命名	要求受测者在30秒内快速命名图片、颜色或字母。如:快速命名蓝、黑、黄、红、白……
	流畅性——语义和语音	要求受测者在30秒内尽可能多地说出词汇。如:回想你看到过的动物并快速说出来;尽可能多地说出首音发/m/的单词。
	定时单词识别	要求受测者在1分钟内尽可能多地读出单词。如:读出sit,make,am,saw,one,this……
	无意义词汇解码	要求受测者应用构词技巧读出无意义词汇。如:读出ep,paf,zor,het。
	定时无意义单词解码	要求受测者在1分钟内尽可能多地读出无意义单词。
数学	数学概念和应用	评估受测者的数学概念、问题解决和分析推理能力,包括数字、关系、运算、分数、小数、时间、金钱、表格、图形、空间以及更高级的数学概念。如:假定每个盒子可以放16朵花,现在有486朵花,放满每个盒子后还剩多少朵花?
	数学计算	评估受测者的计算能力,包括数数、加减乘除、分数和假分数、小数、代数等式与不等式、平方根、单项式、二项式等。如:$5x+36=2x$,求x值。
书面语言	书面表达	有4个水平,要求年幼学生写出故事中的字母、单词或句子,年长学生需要写出句子和短文。如:描述图中的情景。
	拼写	评估受测者听写单词的能力。如:听写as,while,know等。
口头语言	听力理解	要求受测者听完一个故事后口头回答问题。如:回答"Esteban做了什么恶作剧?"
	口语表达	要求受测者看图片口头回答问题。

表9-7 KTEA-Ⅲ的分测验组成与适用年龄和年级范围

领域	分测验	描述	适用年龄	适用年级
阅读	字母和单词识别	要求受测者识别出字母和单词,难度逐渐增加。	4~25岁	幼儿园前~12年级以上
	阅读理解	有3种类型的题目:①要求受测者选出符合单词含义的图片;②要求受测者读一段简单的描述并做出相应的动作;③要求受测者阅读短文并回答问题。最难的题目要求受测者重新排列5个句子使之组成一个连贯的短文,然后回答相关问题。	4~25岁	幼儿园前~12年级以上
	默读流畅性	要求受测者在2分钟内尽可能快地默读句子并判断对错。	6~25岁	1~12年级以上
	阅读词汇	①要求受测者从3个单词中选出与图片和目标词汇相同含义的单词;②要求受测者从句子中选出与目标词汇相同含义的单词。	6~25岁	1~12年级以上
阅读相关技能	语音加工	要求受测者口头回答与声音有关的问题,如押韵、发音匹配、合音、切分音节、删去音节。	4~25岁	幼儿园前~12年级以上
	物体命名灵活性	要求受测者在2次有限时间内尽可能快地命名图片中的物体。	4~25岁	幼儿园前~12年级以上
	字母命名灵活性	要求受测者在2次有限时间内尽可能快地读出大小写字母。	5~25岁	幼儿园~12年级以上
	联想流畅性	要求受测者在60秒内尽可能多地说出某个分类的词汇。	4~25岁	幼儿园前~12年级以上
	单词识别流畅性	要求受测者在2次15秒时间内尽可能快地读出单词。	6~25岁	1~12年级以上
	无意义词汇解码	要求受测者应用构词技巧读出无意义词汇,难度逐渐增大。	6~25岁	1~12年级以上
	解码流畅性	要求受测者在2次15秒时间内尽可能快地读出无意义单词。	8~25岁	3~12年级以上
数学	数学概念和应用	要求受测者口头回答日常生活中的数学问题,包括数字、运算、分数、小数、时间、金钱、数据分析以及更高级的数学概念。	4~25岁	幼儿园前~12年级以上
	数学计算	要求受测者尽可能多地完成数学计算题,包括数数、加减乘除、分数与小数、代数和平方根。	5~25岁	幼儿园~12年级以上
	数学流畅性	要求受测者在60秒内尽可能多地完成加减乘除的计算题。	6~25岁	1~12年级以上

(续表)

领域	分测验	描述	适用年龄	适用年级
书面语言	书面表达	①要求幼儿园前和幼儿园的小朋友仿写和听写字母、单词和句子;②对于1年级以上的学生,为受测者提供了与其年级相符的故事情节,要求受测者完成一定的任务,如听写句子、补充标点和大小写、填空、完成句子、合并句子、书写复杂句子和一篇短文。	4~25岁	幼儿园前~12年级以上
	拼写	要求受测者听写字母和单词。	5~25岁	幼儿园~12年级以上
	书写流畅性	要求受测者看图写句子,在5分钟内尽可能多地完成题目。	7~25岁	2~12年级以上
口头语言	听力理解	要求受测者听完句子(由主试读出)或短文(播放录音)后,口头回答问题。	4~25岁	幼儿园前~12年级以上
	口头表达	要求受测者口头说出句子来描述图片内容。随着难度提高,要求句子中要出现特定的词汇;最难时要求句子以某个短语或词汇开始。	4~25岁	幼儿园前~12年级以上

这些分测验除了可组成阅读、阅读相关技能、数学、书面语言和口头语言五大领域外,还可组合成不同的领域,如下表所示。在实际使用过程中,如果不需要施测完整版 KTEA-Ⅲ,可根据需要单独选择某一领域或某几个领域的分测验进行施测,以节省时间和精力。其分测验和样题见表9-8。

表9-8 KTEA-Ⅲ分测验组成的不同领域

领域	分测验
学业技能	阅读:字母和单词识别、阅读理解 数学:数学概念和应用、数学计算 书面语言:书面表达、拼写
声音—符号	语音加工、无意义词汇解码
解码	字母和单词识别、无意义词汇解码
阅读理解	阅读理解、词汇理解
阅读流畅性	词汇识别流畅性、解码流畅性、默读流畅性
口语流畅性	联想流畅性、物体命名灵活性
口头语言	联想流畅性、听力理解、口头表达
字形加工	拼写、字母命名灵活性、单词识别流畅性
学业流畅性	书写流畅性、数学流畅性、解码流畅性
理解	阅读理解、听力理解
表达	口头表达、书面表达

2. 施测和记分方法

KTEA-Ⅲ的原始分数可转换为标准分数(平均数=100,标准差=15)、年龄当量、年级当量、百分等级、正态曲线等值分数、标准九分数等。不同领域的分数之间可进行比较,以评估受测者在学业成就上的强项与弱项。测验还提供了错误分析方法,可为老师和临床人员提供有效的干预建议,并且可用于评估干预效果。在同一领域内的分测验之间也可进行比较,如理解领域包含阅读理解和听力理解分测验,这两个分测验的比较可用于确定某方面存在的问题。

3 常模抽样、信度和效度

KTEA-Ⅲ制订了新常模,分为年龄常模和年级常模,从2011年7月~2013年6月收集数据。年龄常模由3 000人组成,从4岁~25岁11个月;年级常模由2 600名学生组成,从幼儿园前到12年级。两个平行版本(A和B)同时标准化,常模样本各占总数的一半。

测验手册提供了有关信度和效度的信息。测验还提供 KTEA-Ⅲ 与 KABC-Ⅱ、DAS-Ⅱ (Differential Ability Scales - Second Edition)的相关系数。

(三)评价

考夫曼教育成就测验容易施测和记分,题目新颖有趣,易吸引学生的兴趣。其内容紧扣现代课程标准,覆盖了 IDEIA 和 DSM-Ⅴ 的成就领域,可用于诊断学习障碍儿童。测验的结构合理,可提供受测者的成就水平,分析各学业成就领域的强项和弱项,有助于为教师、家长、临床人员提供干预建议,并跟踪和评估干预效果。

六、都市成就测验第七版和第八版

都市成就测验(Metropolitan Achievement Tests,MAT)是一个团体施测的标准化测验,其初版发表于20世纪30年代。1992年贝罗等人(Balow,Farr & Hogan)修订并发表了都市成就测验第七版(MAT-7),2002年又发表了都市成就测验第八版(MAT-8)。这两套测验用于评估受测者在阅读、语言、数学、科学和社会研究领域的学业成就,其适用范围是幼儿园到12年级的学生。

(一)MAT-7

1. 测验的构成

该测验所评估的内容涉及阅读、数学、语言、科学和社会研究等五个领域,共分为14个水平,包括以下12个分测验:

- 单词辨认　用于测量受测者辨认单词中所包含的元音、辅音及结构的技能。
- 词汇理解　评估受测者对单词意义的理解。
- 阅读理解　评估受测者对细节和顺序的认识,推断大意,理解因果关系,了解中心思想,分析人物,引出结论的能力。
- 前阅读　评估受测者的听觉辨别力、视觉辨别力以及辨认字母的能力。
- 概念和问题解决　用于评估受测者选择和运用问题解决策略的能力。
- 程序　类似于传统的计算题和应用题。
- 数学　评估受测者对数字、单位、形状、钱币等基本概念的理解和运用。
- 前写作　评估受测者的拼写技能、最基本的写作知识等。
- 语言　评估受测者的听力理解及写作的能力。

- 科学　评估受测者的科学知识及探究能力。
- 社会研究　评估受测者从地理、历史、经济学、政治学、社会学、人类学、心理学等课程的学习中学到的知识。
- 研究技能/思维技能　评估受测者利用各种资源收集信息,恰当地分析和运用所获得的信息的能力。

2. 施测和记分方法

对于各个不同水平的受测者,MAT-7 的施测时间在 1 小时 35 分钟~4 小时 10 分钟不等。

该测验的原始分数要转换成年级当量、百分等级、标准九分数、量表分数、正态曲线等值分数等。

3. 常模团体的抽取

在 1992 年的春季和秋季,修订者分别为该测验制订了常模。在春季常模样本中包括了 10 万名学生,在冬季常模样本中包括了 7.9 万名学生。这两个样本都是根据 1990 年美国人口普查的统计数据来确定各层人数比例的。所采用的分层变量包括地区、种族、社会经济地位和社区类型(城市与农村)等。

4. 信度和效度

计算结果表明,该测验在各水平上的复本信度和内部一致性系数大多数都在 0.80 以上。受测者在测验上的得分随着测验水平的提高而提高,表明该测验具有一定的构想效度。

5. 评价

MAT-7 是一个标准化的成就测验,其信度和效度的检验结果支持它用于筛查性评估。然而,由于修订者提供的信度和效度方面的资料十分有限,该测验用于诊断性评估需谨慎。

(二) MAT-8

1. 测验的构成

MAT-8 分为 14 个水平,包括以下 13 个分测验:

- 声音与文字　只在前 5 个水平施测,用于评估受测者的音位意识、辨认字母和单词、文字概念和句子阅读的能力。
- 词汇理解　评估受测者从文章中提取意义的能力、词汇知识和理解词汇的策略。
- 阅读理解　评估受测者对段落的理解与思考。
- 开放式阅读　让受测者读一段短文,回答 9 个开放式问题,如描述中心思想、理解相互关系、做判断等。
- 数学　只在前 2 个水平和最高水平施测,评估受测者的数学知识、问题解决能力、数学计算和推理能力。测验题目根据美国数学教师委员会标准进行编制。
- 数学概念和问题解决　评估受测者应用数学策略来解决问题和评估结果的能力,包括数与运算,图形、关系和代数,几何,数据统计,问题解决 5 个部分。
- 数学计算　评估受测者的数学计算能力,涵盖加、减、乘、除四种运算。
- 开放式数学　根据一个主题,要求受测者回答 9 道题,如计算、推理和问题解决。
- 语言　在低年级水平,要求受测者根据听到的信息来辨别词汇和理解单词、句子或段落含义;在高年级水平,评估受测者的构思、写作和编辑的能力。

- 拼写　评估受测者识别拼写错误的单词的能力。
- 开放式写作　评估受测者的6种写作技能——写作的中心思想,组织与连贯性,词汇的选择,句子的使用,语法,写作技巧。
- 科学　评估受测者在物理学、生物学和自然科学领域的基本知识和概念,以及探究技能。
- 社会研究　评估受测者在历史、地理、政治学、经济学和人文科学领域的基本知识和概念。

2. 施测和记分方法

对于不同水平的受测者,施测 MAT-8 一般需要1小时30分钟~4小时35分钟不等。施测后,获得的原始分数可以转换为量表分数、百分等级、标准九分数、年级当量、正态曲线等值分数等。

3. 常模团体的抽取

在1999年秋季和2000年春季进行了 MAT-8 的标准化,其中秋季常模样本有8万人,春季常模样本有6万人。根据1990年和1995年的人口普查数据进行分层随机抽样,分层变量包括地域、种族、社区类型(城市、郊区、农村)和社会经济地位等。

4. 信度和效度

测验报告了内部一致性系数和再测信度系数。在13个水平上,各分测验的内部一致性系数普遍超过0.80,只有个别分测验低于0.80,其中阅读理解分测验的信度系数显著高于其他测验。在不同水平上分测验的再测信度系数分布在0.43~0.91之间。

在效度上,MAT-8 是根据现有学校课程标准进行编制的,且由不同文化的群体试测并删去有偏见的题目,具有一定的内容效度。

5. 评价

MAT-8 既是常模参照测验,又是标准参照测验,适用于幼儿园到12年级的学生。常模团体较大,信度和效度较好,可用于筛查性评估,但是有关效度的资料非常有限,还需要用进一步的心理测量学数据来说明。

七、布里根斯诊断性检测表

布里根斯诊断性检测表(Brigance Diagnostic Inventory, BDI)由早期发展诊断性检测表、基本技能诊断性检测表、必要技能诊断性检测表和基本技能综合检测表组成。早期发展诊断性检测表发表于1991年,适合于7岁以下的儿童;基本技能诊断性检测表发表于1977年,适合于幼儿园儿童~6年级的学生;必要技能诊断性检测表发表于1981年,适用于4~12年级的学生;基本技能综合检测表(修订本)发表于1999年,适用于幼儿园儿童~9年级的学生。这四套测验都属于个别施测的标准参照测验,下面分别予以介绍。

(　)早期发展诊断性检测表

早期发展诊断性检测表(Diagnostic Inventory of Early Development, DIED)由以下11个分测验组成:

- 前行走运动技能　共有4个技能系列,包括仰卧、俯卧、坐立和站立。
- 大动作　共有10个技能系列,包括行走、跑、跳等。
- 精细动作　共有6个技能系列,包括眼部动作、手指和手的操作技能等。
- 自理技能　共有11个技能系列,包括吃饭、穿衣服、脱衣服、大小便等。

- 言语和语言技能　共有 11 个技能系列,包括听懂别人说的话,对别人说的话做出反应,认识图片词汇等。
- 一般知识和理解　共有 9 个技能系列,包括了解身体各部位,知道不同的颜色和形状,会使用常用物品等。
- 社会和情绪技能　共有 3 个技能系列,包括一般情绪发展、游戏等。
- 准备度　共有 4 个技能系列,包括视觉辨别,背诵 26 个字母,认识大小写字母等。
- 基本阅读技能　共有 10 个技能系列,包括听觉辨别,看懂数字和常用符号等。
- 书写技能　共有 7 个技能系列,包括写字,写简单的句子等。
- 数学能力　共有 12 个技能系列,包括数数,认识钱币等。

(二)基本技能诊断性检测表

基本技能诊断性检测表(Diagnostic Inventory of Basic Skills,DIBS)主要用来确定受测者的教育目标,或者监控这些目标的完成情况。它由以下四部分组成:

- 准备度　包括辨别颜色,认识身体各部位,认识数字和大小写字母,会写字母,听懂指令等 24 项技能。
- 阅读　包括单词识别,字词结构分析,朗读和短文阅读等 33 项技能。
- 语言艺术　包括书写草体字,使用大小写和标点符号,查字典,以及听、说、读、写等 20 项技能。
- 数学　包括数数,小数的加、减、乘、除运算,认识钱币,会看时间,面积和体积的计算等 64 项技能。

(三)必要技能诊断性检测表

必要技能诊断性检测表(Diagnostic Inventory of Essential Skills,DIES)用来评估受测者在日常生活中必须掌握的技能,由学业技能和实用技能两部分组成。

- 学业技能部分　共包括 20 个分测验,即朗读、阅读理解、实用字词识别、识字年级水平、字词分析、查阅资料、看懂图表、书写、填表、拼写、数字、数学年级水平、整数计算、分数、小数、百分数、数字运算规则、测量、长度单位和数学词汇。
- 实用技能部分　共包括 6 个分测验,即健康与安全、职业、钱币与金融、旅游与交通、食品和服装、沟通与电话。

(四)基本技能综合检测表

基本技能综合检测表(Comprehensive Inventory of Basic Skills – Revised,CIBS – R)的题目主要来自 DIBS 和 DIES,共包括 154 个技能系列,组成以下 22 个分测验:准备度、言语、识字年级水平、朗读、阅读理解、听觉辨别、实用字词识别、字词分析、查阅资料、看懂图表和地图、拼写、书写、数学年级水平、数字、数字运算规则、整数计算、分数与混合运算、小数、百分数、文字题、长度单位和数学词汇。

(五)评价

BDI 的内容十分丰富,它与其说是一组测验,不如说是一个跟中小学课程联系非常紧密的题库。评估人员可以用它来检测受测者,尤其是有轻度或中度智力、学习和行为障碍的受测者的学业成就水平,发现他们学习中的困难和障碍,为制订补救计划提供依据。

不过，由于在 BDI 的使用手册中编制者没有提供有关常模、信度和效度方面的数据，因此，它属于非标准化的测验，其可靠性和有效性还有待于证明。另外，BDI 的检测结果一般用"掌握""未掌握"表示，也不便于将受测者与其他人做比较。

八、伍德科克—詹森成就测验

伍德科克—詹森成就测验（Woodcock – Johnson Test of Achievement, WJACH）最早发表于 1977 年，它原来是伍德科克—詹森心理教育成套测验（Woodcock – Johnson Psychoeducational Battery, WJ）中的一部分。1989 年伍德科克等人（Woodcock, McGrew & Mather）将 WJ 拆分成两个独立的测验，一个是认知能力测验（WJ – RCOG），另一个是成就测验（WJ – RACH），这不仅扩大了测量范围，而且提高了测验的诊断能力。2001 年又发表了它们的最新修订本，即伍德科克—詹森认知能力测验（第三版）（WJ – Ⅲ – COG）和伍德科克—詹森成就测验（第三版）（WJ – Ⅲ – ACH）。目前 WJ – Ⅲ – ACH 已成为心理和教育工作者最广泛使用的个人成就测验之一，下面就重点介绍这个测验。

1. 测验的构成

WJ – Ⅲ – ACH 共有 22 个分测验，分成阅读、数学、书面语言、口语和学业知识等五大领域，各领域所包含的分测验及样题见表 9 – 9。

2. 施测和记分方法

该测验的施测时间为 1～1.5 小时。如果只施测前 12 个最基本的分测验，大约需要 1 小时；如果把所有的分测验都做完，需要再加上半个小时的时间。

各分测验和各领域的原始分数要转换成年龄当量、年级当量、标准分数（平均数 = 100，标准差 = 15）、百分等级、标准九分数、正态曲线等值分数和 T 分数等。

3. 常模样本的抽取

WJ – Ⅲ – ACH 的常模样本由来自全美的近 9 000 人组成，年龄范围从 24 个月～95 岁以上。学前散居儿童样本包括 1 143 人（2～5 岁）；幼儿园至 12 年级样本包括 4 783 人；大学生样本包括 1 165 人；非在校的成人样本包括 1 843 人（14～95 岁以上，不在中学或大学读书）。常模样本用分层随机抽样的方法抽取，分层变量包括地区、社区大小、性别、种族、社会经济单位、大学的性质、大学的类型、成人的教育水平、成人的就业状况、成人的职业等。

4. 信度和效度

在测验使用手册中伍德科克等人报告了各年龄段的受测者在每个分测验和领域得分的信度系数。除了拼音、标点符号与大小写这两个分测验外，各分测验的分半信度系数的中位数都在 0.80 以上；各领域的分半信度系数的中位数在 0.85～0.98 之间。

在效度方面，修订者提供了有关效标关联效度的检验数据。WJ – Ⅲ – ACH 的阅读理解部分与 K – TEA、WIAT 的相应部分的相关系数分别为 0.81 和 0.79，与 PIAT 等著名成就测验之间也存在显著相关。

5. 评价

WJ – Ⅲ – ACH 的适用年龄范围非常广，常模样本具有代表性。由于和 WJ – Ⅲ – COG 一起建立常模，因此，便于分析和比较受测者的认知与学业成就之间的差异。测验的题目覆盖了学校中所教的主要内容，而且具有很高的信度。该测验可用于评估学习障碍、行为障碍及轻度智力障

表 9-9 WJ-Ⅲ-ACH 的 22 个分测验及样题

领域	测验名称	样题
阅读	测验 1:字母—单词识别	发出单个字母或单词的读音,如:g,r,cat,palm,officiate。
	测验 2:阅读流畅性	快速阅读并理解简单的句子,如:天是绿的。
	测验 9:理解短文	默读一段短文,然后填空,如:The boy_off his bike。
	测验 13:造字	依照英语拼音规则读假字,如:flib。
	测验 17:理解单词	说出同义词/反义词/类比推理。
	测验 21:语音意识	说出和某个词如"cat"押韵的词;把某个词如 cat 的某个音,如/k/去掉,发这个词的音;用一个音替代另一个音;按倒序发某个词的音。
数学	测验 5:计算	做计算题,如:3+8=?
	测验 6:数学流畅性	速算个位数的加、减、乘法计算题。
	测验 10:应用题	解应用题,如:比尔有 7 块钱,买球花了 3.95 元,买梳子花了 1.2 元,他还剩多少钱?
	测验 18:数量概念	运用数学概念并分析数量关系,如:图片中有几只鸭子?把 126 _____ 120 中间的那个数填上。
书面语言	测验 7:拼写	说出某个字,要求拼写出来,如:horn。
	测验 8:书写流畅性	当呈现三个词和一张图片时能迅速生成句子。
	测验 11:造句	按不同的要求写出句子。
	测验 16:编辑	修改拼音、标点符号、大小写及单词使用上的错误。
	测验 20:拼音	将假字按英语拼音规则写出来,如:barches。
	测验 22:标点符号与大小写	正确地运用大小写及标点符号,如:把"九月"写为 September。
口语	测验 3:故事回忆	听一段短文,然后回忆所听到的内容,如:"玛莎去商店买东西。当她到那里的时候发现忘带购物单了。她买了鸡蛋、牛奶和面粉。她回到家时,发现其他的东西都买了,就是没买黄油。"
	测验 4:理解指令	听到一段语言指令之后指出物体在图片中的什么位置。
	测验 14:图片词汇	给图片上熟悉程度不同的物品命名,如:图片中某个人正握着一把锤子。
	测验 15:口语理解	听一段话,然后把最后缺少的字词补上,如:"毫无疑问,这本小说的复杂程度超过当代的许多_____。"
	测验 12:故事延时回忆	在 30 分钟到 8 天内回忆测验中所呈现的故事的内容。
学业知识	测验 19:学业知识	回答与生物学、物理学、历史、地理、政治、经济学、美术、音乐和文学等课程有关的问题。

碍儿童等的学业成就。

其缺点是施测方法比较复杂。对年幼儿童是否适用还有待证明。目前还缺乏较全面的信度和效度的检验资料。

第三节 单科成就测验

除了综合成就测验,在学校里经常还要对学生实施单科成就测验。所谓单科成就测验,是指用来测量受测者学习某一科目或接受某项专门训练后的成效的测验。使用这类测验,虽然不易对受测者在各科目的成就间进行比较,不过由于同一科目内所包含的题目较多,有助于对受测者在某一学科或某项专门训练上的成就进行深入的分析。下面从数学、语文这两个学校里的主要学科中选择几个有代表性的测验予以介绍。

一、基玛斯诊断性数学测验

基玛斯诊断性数学测验是康诺利(A. J. Connolly)为评估轻度智力障碍儿童的数学学业成就而设计的,后来被推广应用于所有有数学学习困难的儿童。该测验最早发表于1971年,原名叫作基玛斯诊断性算术测验(KeyMath Diagnostic Arithmetic Test,KeyMath)。1988年康诺利对它进行了第一次修订,改名为基玛斯基本数学诊断性检测表(修订本)(KeyMath – Revised:A Diagnostic Inventory of Essential Mathematics,KeyMath – R),并于1998年重新制定了该测验的常模。2007年,康诺利修订并发表了基玛斯诊断性数学评估第三版(KeyMath 3 Diagnostic Assessment,KeyMath – 3DA)。与之前版本相比,KeyMath – 3DA更新了测验题目并增加了新内容,以匹配全国数学教师委员会提出的5个数学内容标准和5个数学加工标准;将适用年龄范围扩展为4岁6个月~21岁11个月,适合于幼儿园~12年级的学生。

(一) KeyMath – R

在特殊教育领域里,KeyMath – R是最受欢迎的诊断性数学测验之一。该测验需要个别施测,适用于幼儿园至九年级的儿童。虽然该测验属于常模参照测验,但是它也包含了许多标准参照测验的特征。其用途主要有以下四个:①制订教学计划;②进行学生之间的比较;③评价学习进步;④评价课程效果。

1. 测验的构成

KeyMath – R有A、B两个复本,每个复本都包含了258道题。每个复本的题目组合成三个不同的领域:基本概念(整数、有理数、几何)、运算(加、减、乘、除、心算)和应用(度量、时间和金钱、估算、解释数据、问题解决)。共有13个分测验,每个分测验包含3~4个项目。

2. 施测和记分方法

每个复本测验的施测时间大约为1个小时。所获得的分测验分数要转换成百分等级和量表分数(平均数=10,标准差=3)。测验总分和领域分数要换算成标准分数(平均数=100,标准差=15)、正态曲线等值分数、标准九分数、百分等级、年龄当量和年级当量。

分数的解释从以下几方面进行:

(1)用年龄当量和年级当量说明测验的总体表现。
(2)分析基本概念、运算和应用三个领域的表现。
(3)分析13个分测验分数的剖析图,说明受测者的优势和劣势。
(4)分析每道题的得分,说明受测者已掌握的技能和未掌握的技能。

3. 常模样本的抽取

KeyMath – R的常模样本由来自美国16个州的1 798名幼儿园至八年级的学生组成。用分层随机抽样的方法抽取,分层变量包括地区、年级、性别、社会经济地位及种族。每个年级的样本构成又参照美国的人口比例。

4. 信度和效度

(1) 信度

在该测验的使用手册中首先报告了测验的复本信度系数。所有分测验的复本信度值都在 0.85 以下，不过，三个领域的复本信度系数分布在 0.80~0.88 之间，测验总分的信度系数大约为 0.90。其次报告的是分半信度系数。测验总分的分半信度系数在 0.90 以上，三个领域的分半信度系数分布在 0.70~0.90 之间。

(2) 效度

检验数据表明，该测验的平均分随着年级的提高而提高。内容效度根据编制者如何构思和编制测验来判断。

修订者计算了该测验与艾奥瓦基本技能测验及基本技能综合测验中数学分测验的相关，结果是，与前者的相关系数在 0.30~0.60 之间，与后者的相关系数在 0.40~0.60 之间。

5. 评价

KeyMath-R 的标准化基本上是恰当的。三年级以下只有总分是可靠的，而三年级以上总分、领域及分测验分数都很可靠。该测验提供的效度资料比较有限。

(二) KeyMath-R (常模更新版)

1998 年，康诺利重新制订了该测验的常模。适用年龄范围扩大到从幼儿园到十二年级学生。

1. KeyMath-R (常模更新版) 的构成

KeyMath-R (常模更新版) 由基本概念、运算和应用三大领域构成，每个领域所包含的分测验及题目数如下：

- 基本概念 (66 题)　数数 (0~9、0~99、0~999、0 至更大的数字) 共包括 24 题，有理数 (分数、小数和百分比) 共包括 18 题，几何 (空间关系、平面图形、透视、三维图形) 共包括 24 题。
- 运算 (90 题)　加 (算式和基本事实、运算法则：整数、有理数相加) 共包括 18 题，减 (算式和基本事实、运算法则：整数、有理数减法) 共包括 18 题，乘 (算式和基本事实、运算法则：整数、有理数相乘) 共包括 18 题，除 (算式和基本事实、运算法则：整数、有理数除法) 共包括 18 题，心算 (算一串数字、整数、有理数) 共包括 18 题。
- 应用 (102 题)　度量 (比较、非标准的单位、标准的单位：长度、面积，标准单位：重量、容积) 共包括 24 题，时间和金钱共包括 24 题，估算 (整数和有理数、度量、运算) 共包括 18 题，解释数据 (图、表格、概率和统计) 共包括 18 题，问题解决 (解决常规问题，理解非常规问题，解决非常规问题) 共包括 18 题。

2. 结果的解释

首先，将分测验的原始分数转换成量表分数 (平均数 = 10，标准差 = 3)、标准九分数和百分等级。其次，将各大领域及整个测验的分数转换成标准分数 (平均数 = 100，标准差 = 15)、年龄当量、年级当量、标准九分数和百分等级。

对测验结果的解释也按从一般到具体，即从总分、三大领域、分测验到题目的顺序来进行。

3. 常模样本的抽取

KeyMath-R (常模更新版) 的题目与 KeyMath-R (1988 年版) 相同。常模样本的人数超过了 3 000 人。抽取常模样本时，修订者考虑了地区、种族、家长的文化水平等分层变量。

4. 信度和效度

修订者报告了该测验的复本信度和分半信度系数。总分的复本信度、总分和领域的分半信度系数都达到了心理测量学的要求,而分测验和领域分数的复本信度系数都低于0.85。

在测验使用手册中,修订者只是简要地讨论了该测验的内容效度,没有提供有关的检验数据。

5. 评价

KeyMath – R(常模更新版)将适用年龄范围扩大了,但是测验的内容没有做相应的变化,因此,该测验用于10~12年级是不太恰当的。另外,在重新修订时,没有进行有关信度和效度的检验,这是比较令人遗憾的。

(三) KeyMath – 3DA

1. 测验的构成

KeyMath – 3DA 有 A、B 两个复本,每个复本包含了 372 道彩色测验题目,每三个月可轮换施测,以评估受测者的学习进步。每个复本各有10个分测验,用来评估以下3个数学领域:

- 基本概念(概念知识) 包含5个分测验:记数,49题;代数,39题;几何,36题;测量,40题;数据分析和概率,40题。
- 运算(计算技能) 包含3个分测验:心算与估算,40题;加减法计算,35题;乘除法计算,31题。
- 应用(问题解决) 包含2个分测验:问题解决基础,27题;问题解决应用题,35题。

2. 施测和记分方法

根据不同的年级水平,施测 KeyMath – 3DA 需要 30~90 分钟不等。先施测记数分测验,不同的年级水平开始测试的题目有所不同;再测试其他分测验,其开始测试的题目依据记数分测验的结果而定。连续4道题答错则停止该测验。

每个分测验的原始分数可转换为量表分数(平均数=10,标准差=3)、年级当量和年龄当量。分测验组成的各领域分数和全量表分数可转换为标准分数(平均数=100,标准差=15)、年级当量、年龄当量和百分等级等。不同领域之间可进行比较,以评估受测者在数学学习中的强项与弱项。测验结果还与干预效果评估相关联,提供相关的指导,帮助受测者提高基本数学能力。

3. 常模团体的抽取

常模团体由两部分组成:年龄常模包含3630人,涵盖从4岁6个月~21岁11个月的受测者;其中的3105人组成年级常模,涵盖从幼儿园~12年级的受测者。数据在2006年3~12月进行收集,依据美国2005年人口普查数据进行分层随机抽样,分层变量包括性别、种族、地域、社会经济地位、父母受教育水平等。其中在4岁6个月~18岁11个月的常模样本中还包括了一定比例的学习障碍、言语语言障碍、智力障碍、情绪行为障碍、发展迟缓、其他障碍(视障、听障、孤独症等)的受测者。

4. 信度

测验提供了分半信度、复本信度和再测信度系数。在幼儿园~5年级水平上,A复本的各领域和全量表的分半信度系数分布在0.85~0.95之间,B复本分布在0.87~0.96之间;在6~12年级水平上,A复本的各领域和全量表的分半信度系数分布在0.89~0.98之间,B复本分布在0.89~

0.97 之间。其中,只有应用领域的分半信度系数低于 0.90,其他领域和全量表的分半信度系数均超过 0.90。施测 A 和 B 复本,各领域和全量表的复本信度系数分别为 0.94、0.93、0.88 和 0.96。测验的再测信度很高,各领域和全量表的再测信度系数分别为 0.95、0.93、0.93 和 0.97。

5. 效度

测验在编制过程中已进行了敏感性评估,排除了性别、种族、地域和文化背景的差异。测验提供了内部一致性系数和效标关联效度的有关信息。在不同年级水平上,各领域与全量表之间的一致性系数分布在 0.84~0.98 之间;除了幼儿园~2 年级上,全量表与运算领域的一致性为 0.84 外,其余均超过 0.90。KeyMath-3DA 与 KTEA-Ⅱ的相关系数分布在 0.68~0.88 之间;与 Keymath-R/NU 的相关系数分布在 0.74~0.93 之间;与艾奥瓦基础技能测验(Iowa Tests of Basic Skills,ITBS)的相关系数分布在 0.75~0.79 之间。

KeyMath-3DA 还能有效区分出超常儿童和学习障碍儿童。

6. 评价

KeyMath-3DA 是个别施测的常模参照测验,其测验内容依据全美数学课程标准而制订,能够有效地评估受测者的基本数学能力。测验的信度和效度较好,能够为受测者提供可靠的信息,了解受测者的优势与劣势,制订干预计划并持续地评估干预效果。

二、斯坦福诊断性数学测验

(一) 斯坦福诊断性数学测验第三版

1985 年贝蒂等人(Beatty,Gardner,Madden,Karlsen)发表了斯坦福诊断性数学测验的第三版(Stanford Diagnostic Mathematics Test-3,SDMT-3)。该测验既可以个别施测,又可以团体施测;既可以当作常模参照测验,也可以当作标准参照测验。适用于 1~12 年级的学生。

1. 测验的构成　SDMT-3 共包括四级水平,分别用红、绿、棕、蓝四种不同的颜色标明:

- 红——适用于 1.5~4.5 年级和低成就的小学生。
- 绿——适用于 3.5~6.5 年级和低成就的小学生。
- 棕——适用于 5.5~8.5 年级和低成就的小学生。
- 蓝——适用于 7.5~12 年级和低成就的初中生。

每个水平都由以下三种分测验组成:

- 数字系统与数数　具体内容包括认识数字,理解数字的性质等。
- 计算　包括用加、减、乘、除法运算等。
- 应用　运用数学的基本原理解决实际问题。

2. 施测和记分方法　施测时间为 1.5~2 小时。

分数最后要转换成百分等级、标准九分数、年级当量、量表分数。

3. 常模样本的抽取　修订者采取分层随机抽样法抽取了美国 37 个学区的 38 000 名学生作为常模样本。该样本的构成比例符合 1970 年美国人口普查的统计数据。抽取样本时修订者考虑了社会经济地位、注册学生人数、地区等分层变量。

4. 信度和效度

(1) 信度　编制者按年级计算了各分测验和总分的内部一致性系数。对于总分,除了 4 年级的两个复本分别为 0.89 和 0.88 之外,其余的内部一致性系数均在 0.90 以上。在分测验的 84 个内部一致性系数中,有 4 个低于 0.80,50 个在 0.80~0.90 之间,剩下的 30 个都等于或高于 0.90。因此,该测验的大多数分测验都能用于对个人做教育方面的决策。

(2) 效度　内容效度取决于测验与课程内容之间的吻合程度。编制者没有说明测验题目是如何选定或编制的,所以无法判断该测验的内容效度。

SDMT-3 与 2~8 年级学生在斯坦福成就测验对应的分测验和总分的相关系数分布在 0.64~0.89 之间。

5. 评价

SDMT-3 既可以个别施测,又可以团体施测;既是常模参照测验,又是标准参照测验。教师可以用这个测验诊断学生的数学学习困难,学校行政人员可以用它评估教学大纲的效果。不过,在测验使用手册中没有详细地描述常模样本的取样情况。分测验的信度不高,整个测验的效度如何也要根据测验的内容与正在使用的教学大纲是否贴切来定,因此,测验的信度和效度还有待于提高。

(二) 斯坦福诊断性数学测验第四版

1. 测验的构成

斯坦福诊断性数学测验第四版(SDMT-4)于 1996 年发表,适用于 1~12 年级的学生。该测验共包括六级水平,分别用红、橙、绿、紫、棕、蓝六种不同的颜色标明:

- 红——适用于 1.5~2.5 年级。分为两部分:在概念与应用部分,共有 32 道多项选择题和 30 道自由应答题,主要测量受测者在数数、问题解决、图表、几何和测量等方面的知识;在计算部分,共有 20 道多项选择题和 20 道自由应答题,主要测量整数的加法和减法。
- 橙——适用于 2.5~3.5 年级。所包含的题目类型和数量与红色水平相同。
- 绿——适用于 3.5~4.5 年级。在概念与应用部分,所包含的题目类型和数量与红色水平相同;在计算部分,共有 20 道多项选择题和 2 道自由应答题,主要测量整数的加法、减法、乘法和除法。
- 紫——适用于 4.5~6.5 年级。所包含的题目类型和数量与绿色水平相同。不过,在概念与应用部分加入了概率和统计的内容。
- 棕——适用于 6.5~8.5 年级。所包含的题目类型和数量与紫色水平相同。
- 蓝　适用于 9.0~12.5 年级。所包含的题目类型和数量与紫色水平相同。

2. 记分方法

测试完毕,评估人员可以将各水平上的原始分数转换成量表分数、百分等级、标准九分数、年级当量及进步指数等。

3. 常模样本的抽取

在本次修订中,修订者用分层随机抽样的方法在全美范围内抽取了将近 88 000 名学生组成常模样本。

4. 信度和效度

该测验的内部一致性系数基本都在 0.90 以上,复本信度系数大多数在 0.80 以上,评分者信度系数都在 0.97 以上,但缺少有关效度检验的数据。

5. 评价

SDMT-4 属于有良好结构设计的标准化测验,可用于诊断受测者在数字概念、计算和应用方面的强项和弱项。由于该测验目前还缺乏有关效度检验的数据,因此,它适于用来做团体之间的比较,而不适于用来确定个体的教学目标。

三、斯坦福诊断性阅读测验

(一)斯坦福诊断性阅读测验第三版

斯坦福诊断性阅读测验(Stanford Diagnostic Reading Test,SDRT)由卡尔森、麦登和加德纳(Karlsen, Madden & Gardner)设计,最早发表于1966年。1974年他们对该测验进行了一次修订,1984年发表了该测验的第三版(SDRT-3),1996年发表了该测验的第四版(SDRT-4)。SDRT既是常模参照测验,又是标准参照测验;既可以个别施测,又可以团体施测。

1. 测验的构成

SDRT有红、绿、棕和蓝四级水平。

- 红——适用于1年级末~2年级及3年级以上的低成就学生。
- 绿——适用于3年级末~4年级及5年级以上的低成就学生。
- 棕——适用于5年级末~8年级及9年级以上的低成就学生。
- 蓝——适用于9年级末~12年级学生。

每个水平有测验G和测验H两个复本,每个测验所包含的内容如表9-10所示。

表9-10 斯坦福诊断性阅读测验的内容

(1)词汇听觉辨别:主试读一个词,受测者找同义词。在红、绿、棕色水平上测试。在红色水平上,受测者只需将字与图片匹配。

(2)字音听觉辨别:评估受测者听相似和不同声音的字的能力。只在红、绿水平上测试。在红色水平上,受测者只需辨别开头和结尾有相同声音的字。在绿色水平,受测者辨别开头、中间和结尾有相似的声音的字。

(3)语音分析:评估受测者辨别字母—声音关系的能力。在红、绿、棕和蓝色水平上测试。

(4)结构分析:评估对音节、前缀、词根和混合的使用。只在绿、棕色水平上测试。

(5)字词阅读:评估识字的技能。受测者需要找到最能代表图片的字词。只在红色水平上测试。

(6)阅读理解:在红色水平上,受测者只需读出句子,找到最能代表图片的字词;在绿色水平上,评估对上下文及短文的理解;在棕色和蓝色水平上,评估对短文的字面理解和引申意义的理解。

(7)速度:评估阅读速度。只在棕色和蓝色水平上施测。

2. 施测和记分方法

编制者建议,施测红色或绿色水平的时间最好不要超过75分钟。施测棕色水平的时间在103~123分钟之间。施测蓝色水平的时间在96~116分钟之间。

常模参照分数有百分等级、标准九分数、年级当量和量表分数。

标准参照分数用"+"和"-"表示。如果受测者在某项技能上已达到事先规定的分数线(掌握分数),就可以得一个"+",否则记"-"。

3. 常模样本的抽取

SDRT的标准化程度是非常高的。常模样本由55个学区的3.1万名学生组成。分层变量包括社会经济地位、在校学生数、地区及一些人口学变量。

4. 信度和效度

在信度方面,四个水平的内部一致性信度系数皆高于0.90。复本信度系数分布在0.85~0.94之间。

在效度方面,编制者首先研究了美国大多数学校在教学生阅读技能时所使用的教材,在此基础上编写测验题目,因此该测验具有内容效度。另外,该测验与斯坦福成就测验中的阅读分测验有很强的相关,在红色水平上,相关系数为0.67~0.88;在绿色水平上,相关系数为0.68~0.87;在棕色水平上,相关系数为0.69~0.87;在蓝色水平上相关系数为0.64~0.74。

5. 评价

(1) 优点　①标准化程度很高;②有很高的信度。效度需要根据地方教材的内容来判断。总之,该测验是一个非常优良的诊断阅读问题的评估工具。

(2) 缺点　受测者用哪一个水平的测验合适比较难确定。

(二) 斯坦福诊断性阅读测验第四版

1. 测验的构成

SDRT-4测量阅读中的四种主要成分:词汇、语音分析、理解和浏览。有六级水平:

- 红色——适用于1年级中~2年级中。
- 橘黄色——适用于2年级中~3年级中。
- 绿色——适用于3年级中~4年级中及学业成就低的5年级以上学生。
- 紫色——适用于4年级中~6年级中。
- 棕色——适用于6年级中~8年级9个月。
- 蓝色——适用于9年级中~12年级中。

在每个水平都要实施若干测验,内容包括词汇听觉辨别、字音听觉辨别、理解、阅读速度、语音分析和结构分析。

前三个水平无复本,后三个水平才有复本。

2. 施测和记分方法

原始分数要转换成百分等级、标准九分数、年级当量和量表分数。

3. 常模样本的抽取

用分层随机取样的方法在全国范围内取样,共抽取了6万名学生。

4. 信度和效度

该测验的内部一致性信度系数一般在0.80以上,许多在0.90以上。复本信度系数分布在0.62~0.88之间。

在测验手册中对测验的内容效度进行了讨论。该测验与先前的版本有很高的相关,说明它具有一定的效标关联效度。

四、伍德科克阅读掌握测验

在特殊教育领域里,伍德科克阅读掌握测验(Woodcock Reading Mastery Tests, WRMT)是最受欢迎的常模参照诊断性阅读测验之一。该测验最早发表于1973年,1987年进行了一次修订,其修订本简称为 WRMT-R。1998 年，AGS 又对该测验的常模重新做了修订。2011 年伍德科克阅读掌握测验第三版（WRMT-Ⅲ）正式发表，将适用年龄范围扩展为 4 岁 6 个月~79 岁 11 个月，适用于幼儿园~12 年级的学生。新版保留了 WRMT-R（常模更新版）的形式和结构，修订了 5 个分测验，并增加了 4 个分测验，从准备度、基本技能和阅读理解三方面评估受测者的阅读能力。

（一）WRMT-R

1. 测验的构成

WRMT-R 有 G、H 两个复本，不过，只有 G 中包含了视—听学习和字母辨别两个分测验。

WRMT-R 包括 6 个分测验，分为准备度、基本技能和阅读理解三个领域。准备度领域包括视—听学习（133 题）、字母识别（51 题）两个分测验和一个补充的字母检核表（63 题）。基本技能领域包括识字（106 题）、构字（45 题）两个分测验。阅读理解领域包括字词理解（146 题）和短文理解（68 题），见表 9-11。

表 9-11 WRMT-R 的分测验

（1）视—听学习（只包含在 G 中）：从伍德科克—詹森心理教育成套测验中复制而来。该分测验测量在学习阅读的任务中形成视觉刺激与口头反应之间联系的能力。受测者先学一个视觉符号不熟悉的词汇，然后用这些符号将句子翻译成英文。

（2）字母识别（只包含在 G 中）：测量识别以各种方式呈现的 26 个字母的能力。

（2A）补充的字母检核表。

（3）识字：测量受测者一眼就认出印在纸上的单个字词的能力。

（4）构字：要求受测者读非句子中的字词或非常低频的字词。这个分测验测量受测者将语音和结构分析的规则运用于不熟悉的字词中的能力。

（5）字词理解：包括反义词、同义词和类比推理三个分测验。测验中的词汇来自普通读物、科学与数学、社会研究、人文科学四个方面。

（6）短文理解：测量受测者阅读短文及识别用克漏字技术删掉的字词的能力。

2. 施测和记分方法

WRMT-R 适用于 5~75 岁。施测时间大约为 45 分钟。

原始分数最后要转换成年龄当量、年级当量、百分等级、正态曲线等值分数和标准分数（平均数 = 100，标准差 = 15）。

3. 常模样本的抽取

1987 年的常模样本由来自美国各地的 6 089 名从幼儿园~75 岁的受测者组成。分层变量包括性别、种族、宗教信仰、职业、收入、地区。各项比例符合 1980 年美国人口普查的数据。

1998 年的常模样本包括 3 000 多人，分层变量包括种族、地区、家长的教育水平等。

4. 信度和效度

1987 年对该测验进行修订时计算了每个年级各分测验的分半信度系数，所得的值一般在 0.80~0.95 之间，整个测验的分半信度系数值分布在 0.97~0.99 之间。内部一致性系数分布在 0.84~0.99 之间。

在效度方面没有提供有关内容效度的具体数据。该测验与皮博迪个人成就测验、艾奥瓦基本技能测验中的阅读分测验的相关系数都在 0.80 以上。

1998 年重新制订该测验的常模时，计算得所有的分测验和测验组的分半信度系数均在 0.90

以上，整个测验的分半信度系数高达 0.99。

该测验与伍德科克—詹森心理教育成套测验中的阅读测验的效标关联效度分布在 0.25～0.91 之间。

5. 评价

总之，WRMT-R 的信度和效度已达到做有关个人安置和教学决策时的基本技术要求。其缺点是施测和记分比较繁琐。

(二) WRMT-Ⅲ

1. 测验的构成

WRMT-Ⅲ 共有 9 个分测验，其中语音意识、听力理解、快速自动化命名、口语阅读流畅性为新测验。WRMT-Ⅲ 的分测验组成如表 9-12 所示：

表 9-12 WRMT-Ⅲ 的分测验

领域	分测验	描述
准备度 (3 个分测验)	字母识别	17 题，评估受测者识别大小写字母的能力。
	语音意识	33 题，评估受测者对语言的音位元素的意识，这是阅读前的关键技能，包括 5 个部分： 首音匹配：要求受测者指出或说出与目标词汇首音相同的字词。 尾音匹配：要求受测者指出或说出与目标词汇尾音发音相同的字词。 押韵：要求受测者说出与目标词汇押韵的字词。 合音：要求受测者说出合并音节后的发音。 缺音：要求受测者说出目标词汇缺少某个音后的发音。
	快速自动化命名	36 题，评估受测者命名熟悉刺激的速度和准确性，包括 4 个部分：物体、颜色、数字、字母。
基本技能 (2 个分测验)	识字	46 题，要求受测者读出字词，难度逐渐提高。
	构字	26 题，要求受测者读出无意义字词，难度逐渐提高。
阅读理解 (2 个分测验)	字词理解	86 题，评估受测者在同义词、反义词和类比推理三方面的阅读词汇。其中同义词 23 题，反义词 23 题，类比推理 40 题。
	短文理解	要求受测者阅读短文，理解后进行完形填空。
口语阅读流畅性		评估受测者整合阅读技能的流畅性，包括解码、表达和措辞等。
听力理解		27 题，评估受测者理解口语的能力，包含对字面意义和引申意义的理解。

整体阅读技能由基本技能领域、阅读理解领域和口语阅读流畅性分测验组成。WRMT-Ⅲ 还提供了 A 和 B 两个复本，可通过每三个月轮流施测来监控受测者的进步情况，并减少练习效应。

2. 施测和记分方法

对于不同年龄和年级水平的受测者，WRMT-Ⅲ 的施测时间 15～45 分钟。施测分测验时，如果连续 4 题得 0 分则停止测验。

施测后,各分测验的原始分数可转换为标准分数、百分等级、年级当量和年龄当量,还可获得准备度、基本技能、阅读理解和整体阅读能力的组合分数。测验还提供了听力理解、短文理解、语音意识、构字、识字和口语阅读流畅性的错误分析方法。

3. 常模抽样、信度和效度

WRMT-Ⅲ的标准化在2009年7月~2010年6月进行。常模团体由两部分组成:年龄常模3 360人,其中2 600人组成了从幼儿园~12年级的年级常模。样本根据美国人口普查数据进行分层随机抽样,分层变量包括性别、种族、社会经济地位、地域等。

WRMT-Ⅲ是个可靠的测验,在整体阅读能力的平均信度系数为0.97。测验还提供了WRMT-Ⅲ与WRMT-R/NU、KTEA-Ⅱ、WIAT-Ⅲ、WJ-Ⅲ等测验的阅读部分的相关系数。

4. 评价

WRMT-Ⅲ是个别施测的常模参照测验,可确定受测者在阅读能力上的强项和弱项,有助于帮助教育工作者制订干预计划,也可为教育安置和教育服务决策提供有效信息。但该测验的使用手册中提供的信度和效度信息比较有限。

五、书面语言测验第三版和第四版

书面语言测验(Test of Written Language, TOWL)由哈米尔和拉森(Hammill & Larsen)二人编制和修订,初版发表于1983年,第三版(TOWL-3)发表于1996年,适用于7~17岁的学生,主要用来确定受测者书面语言的强项和弱项,诊断在书面表达方面所存在的问题。2008年,哈米尔和拉森发表了书面语言测验第四版(TOWL-4),将适用年龄范围调整为9岁~17岁11个月,并提供了两个复本(A和B)。和之前的版本不同,TOWL-4将测验分为两大领域:有意性写作和自然写作。自然写作评估受测者自由写作的能力,而有意性写作要求受测者使用特定的词语或用法来写作的能力。

(一)TOWL-3

1. 测验的构成

TOWL-3共包括以下8个分测验:

- 词汇　共有28题,要求受测者用主试提供的字词(如,夜晚)写句子。
- 拼写　共有18题,和第三个分测验一起施测和记分。
- 表达方式　共有18题,检查受测者所写的一系列句子,看是否有拼写、标点符号、大小写错误等。
- 逻辑性的句子　共有22题,给受测者一些无意义的句子,让他改写成有意义的句子。例如,让他把"艾比正在读收音机"改写成"艾比正在读书"或者"艾比正在听收音机"。
- 合并句子　共有25题,给受测者几个简单的句子,让他合并成一个长句。
- 上下文的惯用法　让受测者写一篇记叙文,然后从大小写、标点符号、拼写三个方面,根据12条标准(例如,在句子的开头是否用大写符号,引用某个人的话是否有引号等)来评分。
- 上下文的语言　让受测者写一篇记叙文,然后从句子结构、语法和词汇等方面,根据14条标准来评分。
- 记叙文的结构　从受测者在记叙文中表现出的对叙述、情节、顺序、主题等写作手法的运用,根据11个标准来评分。

2.施测与记分方法

该测验既可以个别施测,也可以在小团体中施测。施测时间为30~45分钟。

各分测验的原始分数要转换成量表分数(平均数=10,标准差=3)和百分等级。测验的总分要转换成平均数为100、标准差为15的标准分数。

3.常模样本的抽取

哈米尔和拉森从美国的19个州抽取了大约2 200人构成常模样本。抽样时考虑了种族、地区、宗教信仰、社区类型等变量,各项比例基本符合1990年美国人口普查的统计数据。

4.信度和效度

修订者从内部一致性、复本信度、再测信度和评分者信度四个方面检验了该测验的可靠性。经过计算得,各分测验的内部一致性系数分布在0.70~0.90之间,整个测验的内部一致性系数在0.90以上;各分测验的复本信度系数分布在0.71~0.90之间,整个测验的复本信度系数在0.83~0.93之间;各分测验的稳定性系数分布在0.75~0.87之间,整个测验的稳定性系数在0.86~0.89之间;评分者信度系数都在0.80以上。

该测验与数学、阅读和常识测验的效标关联效度在0.40~0.70之间。

5.评价

该测验是一个为评估书面语言而专门设计的量具,其总分的信度基本符合心理测量学的要求,但分测验的信度不够理想。尤其是效度,还缺乏证明其有效性的证据,因此,该测验在使用时需谨慎。

(二)TOWL-4

1.测验的构成

TOWL-4由7个分测验组成,用于评估受测者写作的惯用法、语言技巧和构思。惯用法是指标点符号、拼写等的使用规则;语言技巧是指语法、语义的运用;构思是指创作出合乎逻辑的、连贯的、有上下文语境的写作材料。

(1)有意性写作:包含5个分测验。

- 词汇　要求受测者用目标词汇写句子。
- 拼写　评估受测者听写句子的能力。
- 标点符号　检查受测者听写的一系列句子中是否有标点符号和大小写错误。
- 逻辑性的句子　给受测者一些无意义的句子,要求受测者改写成有意义的句子。
- 合并句子　要求受测者将几个短句合并成一个长句。

(2)自然写作:包含2个分测验。给受测者一些图片,要求受测者看图写故事。故事按照两个维度进行评分,每个维度作为一个分测验。

- 上下文的惯用法　评估受测者使用恰当的语法规则、技巧和惯用法的能力,如标点符号、拼写等。
- 故事写作　评估受测者的写作质量,如词汇、情节、散文、角色变化、是否吸引读者等。

2.施测与记分方法

TOWL-4是个别施测测验,也可改编为团体施测版本,施测时间大约为60~90分钟。

每个分测验的原始分数可以转换为标准分数(平均数=10,标准差=3)和百分等级。测验还可获得2个领域分数和1个全量表分数:有意性写作合成分数、自然写作合成分数和整体书写能力合成分数。这些合成分数可转换为平均数为100、标准差为15的标准分数和百分等级。

3. 常模团体的抽取

常模团体由两部分组成:一部分由美国4个地区的977名受测者组成,另一部分由1 229名志愿者组成。平均每个年龄水平约有受测者200人,但在个别年龄水平上受测者较少。常模样本基本接近2005年美国人口普查中的学生数据,符合性别、地域、种族、家庭收入、父母受教育水平、障碍类型等比例。

4. 信度

测验提供了内部一致性系数、稳定性系数和评分者一致性系数的信息。在每个年龄和年级水平上,各分测验的内部一致性系数有80%高于0.80,其中词汇、标点符号和拼写这3个分测验的一致性最高,逻辑性句子和故事写作2个分测验的一致性最低。有意性写作和整体书写能力的一致性系数均超过0.95,自然写作的一致性系数介于0.70~0.80之间。各分测验的稳定性系数也有80%超过0.80,同样,有意性写作和整体书写能力的稳定性系数高于自然写作的稳定性系数。随机挑选了41份受测者答题报告让不同的评分者进行评分,几乎所有评分者一致性系数均超过了0.90(除了故事写作外),这说明TOWL-4的记分标准足够的清晰明确。

5. 效度

研究表明,随着年龄和年级的提高,受测者的TOWL-4得分也逐渐提高。学习障碍儿童和言语语言障碍儿童的TOWL-4分数低于普通儿童,但差异并不显著。

在效标关联效度上,TOWL-4与书面语言观察量表(Written Language Observation Scale)、阅读观察量表(Reading Observation Scale)、阅读理解测验第四版(Test of Reading Comprehension - Fourth Edition)的相关系数分布在0.34~0.80之间。

6. 评价

TOWL-4有助于评估受测者在书写能力上的强项与弱项,可用于监控受测者的书写能力发展,但分测验的信度和效度不够理想,有待加强。由于学习障碍、言语语言障碍儿童的分数与普通儿童的差异并不显著,因此测验不可用于诊断性评估,解释时需谨慎。

六、小学国语默读诊断测验

小学国语默读诊断测验由台湾学者艾伟和杨清二人合作编制,适用于小学4~6年级的学生。该测验的内容包括以下四个方面。

1. 提取大意

主要测量受测者略读的能力。例如,在测验一中有这样一道题:

一只乌鸦口渴得很,看见地上有一个水瓶,它想喝瓶里的水,但是瓶口长,水很浅,喝了好久,就是喝不着。忽然它想出了一个法子,去衔了许多小石子,一块一块地放进瓶里去。水就升了上来,乌鸦才喝了一个痛快。

问:这只乌鸦——

(1)真蠢笨　　(2)真糊涂　　(3)真聪明　　(4)真胆大

答案:(3)

2. 记住细节

主要测量受测者精读的能力。例如,在测验二中有这样一道题:

小泥人过生日,大家来送礼。姐姐送小鱼,哥哥送小鸡,妹妹送小球,弟弟送小笛。泥人不说话,只是笑嘻嘻。

问:哥哥送的是——

(1)小笛　　　(2)小鱼　　　(3)小鸡　　　(4)小球

答案:(3)

3. 概览全章,理出纲领

主要测量受测者从错综复杂的文字叙述中理出一个系统纲领或找出因果关系的能力。例如,在测验三中有这样一道题:

一天,木兰忽然看见军帖,知道国家遭外人欺侮,要征兵抵抗,她的父亲是被征的一个,木兰在这时,好不着急。因为父亲已经年老,不能出去打仗;自己又没有哥哥可以替代父亲应征。想来想去,只好穿了男装,亲自去为国出力。

问:在括号内填写事情发生的先后次序——

(　　)知道父亲也被征,(　　)知道国家遭外人欺侮,(　　)打算改穿了男装亲自去打仗,(　　)看见军帖。

4. 推敲含义

主要测量受测者对字面后面的意义的理解。例如,在测验四中有这样一道题:

一群老鼠在洞里开会,讨论防御猫的办法。有一只老鼠站起来提议道:"今天晚上我们趁猫睡的时候,在它的脖子上拴上一个铃铛,以后它来的时候,我们从远处听到铃声,就可以及早躲藏起来了。"其余的老鼠听了一齐鼓掌赞成。接着主席问道:"那么今晚哪一位给猫拴铃铛去呢?"大家听了,你望着我,我望着你,一句话也说不出来。

问:这篇故事的意思是说:

(1)开会容易闭会难　　　(2)计划容易实行难

(3)开会发言要踊跃　　　(4)晚上出门太危险

答案:(2)

第10章　言语和语言障碍的评估

第一节　语言与言语

语言(language)是一种复杂的符号系统,由音韵、构词法、语法、语义、语用五种要素组成。音韵是指语言的语音系统,包括单独的语音(如 a、o、e、i、b、p、m、f),以及语音与语音结合的规则(例如,在汉语中声母一定要与韵母结合)。构词法是指由部首组成字,以及由字组成词的规则。例如,"明"是由"日"和"月"这两个部首组成的,而"公""民"两个字可以组成"公民"一词。语法是字词组合成句子的规则。例如,"我们昨天看了一场电影"这句话是符合语法规则的。如果句子中的词汇不按语法规则排列,譬如,把这句话说成"电影一场昨天看了我们",这个句子所要表达的意思就不清楚了。语义是指单个字词、语句的含义,以及词句所引申的意义(例如,"这个不法商贩的心真黑")。语用是指语言的运用与沟通目的及情境有密切的关系。在这五个要素中,音韵、构词法和语法使语言具有了某种规范化的形式,语义使语言具有了一定的内容,而语用使语言的使用符合特定的情境,从而达到沟通的目的。

言语(speech)则是人们运用语言进行交际或思考的心理过程。在交际活动中,交际的双方要轮流充当语言的表达者和接受者。在思考过程中,个体只需在内心与自己进行对话。

言语有两种形式:一种是口头形式(听和说),另一种是书面形式(阅读和书写)。在言语活动中,说话和书写属于言语的表达过程,而听对方说话和阅读属于言语的理解过程。

语言和言语是有区别的。语言是一种社会现象,它是人们在长期的生活实践中逐渐形成的一种用于交际和思维的工具。言语则是一种心理现象,不同的个体在言语活动中都会表现出个人的特性。语言和言语又是有密切联系的。言语活动需要靠语言来支撑,如果没有语言这个符号系统,人们就很难进行交际。反过来,言语活动对语言也有作用。如果没有言语活动,语言就不能发挥交际和思维工具的作用,也不可能在不断运用的过程中发展和完善。由于二者有如此密切的联系,所以许多人(包括一些学者)把语言和言语看成是可以互换的术语,不对二者进行严格区分。

第二节 言语和语言障碍的定义及其分类

一、定义

观察听觉障碍、智力障碍、孤独症、学习障碍儿童的言语行为,一般会发现,这些儿童有一个共同的特点,即他们都存在不同程度的言语缺陷。例如,有相当多的听觉障碍儿童和孤独症儿童完全没有口头表达能力;智力障碍儿童说出的话常常词不达意;一部分学习障碍儿童无法理解书面语言。这些言语行为的缺陷属于什么性质?它们能不能称得上是言语或语言障碍?要回答这些问题,我们首先应该对言语和语言障碍有一个明确的界定。

范里珀(Van Riper,1978)给言语障碍下的定义是:"和常人的言语偏离甚远,以致惹人注意,干扰了信息交流,甚至使说话人或者听话人感到苦恼的言语异常。"由范里珀的定义可以看出,言语障碍指的是个体在言语表达方面明显地偏离常态。这个定义对我国特殊教育界的影响比较大,目前国内特殊教育界基本上都采用了这个言语障碍的定义。

由范里珀的定义可以推断,当一个人发生言语障碍时,他的言语行为会表现出以下全部或大部分特征:①和常人的言语有明显的不同;②引起别人的注意;③让自己或听话人感到不舒服;④妨碍言语交际的正常进行。

我国学者哈平安(1998)指出,在某些特殊的情况下,一个人的言语行为即使表现出异常,也不能认为有言语障碍。一种情况是,使用不同语言的人,言语行为当然是不相同的。另一种情况是,使用同一种语言的人,如果所用的方言不同,他们的言语行为也是不一致的。还有一种情况是,处于语言习得阶段的儿童,其言语能力尚处于不完善阶段,自然存在很多缺陷。因此,他在《病理语言学》一书中给言语障碍下了一个更为严密的定义:已经完成了口语能力习得的、使用同一方言的人之间进行言语交际时,如果其言语行为引起别人的注意,会使人感到不舒服,妨碍言语交际的正常进行,那就得认为是言语障碍了。

什么是语言障碍呢?根据美国言语语言听力学会(Amtrican Speechlanguage - Hearing Assoliation, ASHA)的定义,语言障碍实际上指的是个体在运用语言的过程中所表现出的语言学知识系统达不到他的年龄应该达到的标准的状况。语言障碍不仅包括个体在言语表达方面的缺陷,而且还包括在言语理解方面的缺陷。

二、分类

关于言语和语言障碍的分类问题,目前尚有争议。国内学者一般采取两种分类方法:一种是把言语障碍和语言障碍合并,统称为言语障碍(或交往障碍),而后再分为构音障碍、声音障碍、口吃和语言障碍四大类;另一种是把言语障碍和语言障碍分开,前者再分为构音障碍、声音障碍、口吃三大类,后者分为失语症和语言发展迟缓两大类。在这里,我们采用后一种分类方法。下面简要介绍各类言语和语言障碍的主要表现及产生的原因。

(一)构音障碍

构音障碍,又称为发音障碍,指的是发音器官在发某个或某些元音音位、辅音音位或声调音位的语音时发生异常。

构音障碍是最常见的言语障碍之一,其表现形式主要有以下四种。

(1)增音　即增加不应该有的音素。例如,将"三"(sān)发成"sāng";将"害怕"发成"hài pià"。

(2)漏音　说话时漏掉了某个或某些应该有的音素。例如,将"剪刀"(jiǎn dāo)发成"jiǎn āo",漏掉了/d/这个音素;将"月亮"(yuè liàng)发成"yuè yàng",亮的发音中漏掉了/l/这个音素。

(3)歪曲　把一个音位发成该语音系统中没有的音位而出现走音现象,如将"s"发成齿音/θ/(舌尖顶在牙齿之间)或边音/s/(空气从舌两旁挤出)。

(4)替换　把一个音位发成该语音系统中的另一个音位,例如,把"电视"(diàn shì)发成"tiàn shì",/d/音被/t/音所替换;将"满意"(mǎn yì)发成"mǎi yì",/ǎn/音被/ǎi/音所替换。

构音障碍产生的原因是多种多样的,有解剖、生理方面的原因,也有心理和环境方面的原因。能引起构音障碍的解剖和生理方面的原因主要包括唇裂、腭裂、舌系带短、上下齿咬合不良、软腭麻痹、发音器官肌肉运动不协调等。心理方面的原因主要包括不同程度的听觉障碍、语音分辨能力差、发音器官的运动觉障碍、听觉记忆广度过窄、发育迟缓、情绪障碍等。另外,如果在音位习得阶段,儿童处在不利于习得正确发音的语言环境中,也容易引起构音障碍。

(二)声音障碍

声音障碍是指说话的音高、音量或音质出现异常。

1. 音高异常

即说话的频率过高、过低、平直、突变等,声音与说话人的年龄、性别等不相符。例如,一个成年男性仍像一年级小学生那样用很尖的声音说话就会被认为不正常;而一个女性用很低的嗓音说话,也会让人觉得不舒服。此外,如果说话的音调平直而单调,缺少起伏变化,这种情况也属于音高异常。

造成声音过高的原因之一是因职业需要不得不提高嗓音,久而久之便成为一种习惯。另一种原因是有些男孩没有能够顺利地通过变声期,因而成年以后还继续保持儿童时期的嗓音。声音过低往往是由声带疾病引起的,如声带麻痹、声带慢性水肿、声带长息肉等。不过,也有功能性的原因,例如有些女性喜欢模仿男人说话的声音,因而说话的声音可能很低沉。

2. 音量异常

是指说话的音量过小或过大,以致让听话人听不清话语或感到不舒服的情况。第一种常见的音量异常为失音,即喉部完全发不出声音来。造成失音的主要原因是一些人因为喉部肿物而做了喉全切手术。也有一些人是因为情绪紧张或焦虑而导致失音的。

第二种音量异常为声音过弱,让听话人感到要把话语听清楚很费劲。说话声音细小通常没有器质性的原因,而可能由说话人性格上的缺陷所引起,如过于自卑、胆小、缺乏安全感等。也有可能是由发声方法不当造成的。

第三种音量异常为声音过大,让听话人感到声音震耳,不舒服。说话声音过大的人可能有听觉障碍,他们为了使自己能听清楚话语,所以说话时提高了嗓门。也有一些人并没有器质性的原因,但由于长期工作在充满噪声的环境中,或者缺乏教养,因而形成了一种大声说话的习惯。

3. 音质异常

包括说话时鼻音过重或缺乏鼻音共鸣、有嘶哑声、呼吸声等异常情况。

如果说话时软腭不能正常地关闭鼻腔通道,气流会从鼻腔或同时从口腔和鼻腔通过,就会导致鼻音过重。造成软腭功能障碍的原因通常是腭裂、软腭麻痹、脑瘫、脊髓灰质炎等。当鼻腔通道部分或完全堵塞,通过鼻腔的气流不足时,说话的声音就会缺乏鼻音共鸣。造成鼻腔通道堵塞的原因主要是患重感冒、扁桃体肿大、鼻炎等。如果说话时声带的振动出现了异常,那么发出的声音常常会有嘶哑声或呼吸声。嘶哑声主要是由大声喊叫引起的。不过,声带发炎、声带长瘤,或长时间使用嗓子等也能引起嘶哑声。呼吸声主要由声带麻痹或声带发炎引起。

(三) 口吃

口吃是一种典型的言语流畅性障碍,表现为口吃者不能顺畅地把各言语成分依次说出来。具体来说,口吃的特征包括以下几个方面。

在某些音素或音节的发音上有重复、拖长、发音费力、有发音动作而发不出声音、不该停顿时有停顿等现象。例如,把"我们"发成"我—我—我们"或"我——们"。虽然普通人说话时偶尔也会重复某些词或词组,有时会把一些音拖长,但是这些现象发生的频率很低,而且一般不发生在特定的音素或音节上。普通人能自然流畅地说出一连串的话语,而口吃者常常需要用力才能发出某些音来。有些口吃者似乎预感到自己会口吃,说话时常伴有紧张。由于口吃者有这样一种紧张的心态,所以他们有时越想发好一个音,可能越发不出那个语音来。

一些消极情绪如恐惧、焦虑、羞愧、沮丧等与口吃紧紧相连。口吃者通常把口吃看成自身的一种缺陷,因而总担心被别人发现和嘲笑。许多口吃者在日常生活中不愿意多说话,如果有可能,他们还尽量避免说话,在课堂上或学校的集体活动中他们从不主动发言。在言语交际中一旦发生口吃,他们会感到羞愧、沮丧,并有无助感。这些不良的情绪有时会严重地困扰口吃者,影响他们的人生目标及心理发展。

当发生口吃或预感到将要发生口吃时,许多口吃者有挣扎和回避的行为。例如,当言语不流畅时一些口吃者会紧握双拳、闭眼、皱眉、张口伸舌、挥动手臂、拍腿、跺脚等,似乎要竭尽全力把话说顺畅,但是往往适得其反。为了掩饰自己的口吃,一些口吃者还用意思相近的话代替可能会引发口吃的词语,例如,把"今天我值日"这句话换成"今天轮到我打扫卫生"。

口吃产生的原因是比较复杂的,至今尚未有定论。不过,研究者根据已经获得的证据提出了以下几种推测。

(1) 口吃产生于发音系统的功能性障碍。可能有遗传方面的原因,也可能是由后天的病变或损伤造成的。例如,一些研究者发现,口吃人群中一些人有家族史,并且男性口吃的发生率明显高于女性,由此推测,口吃是由遗传因素造成的。另有一些研究者通过观察运动性失语症患者的言语行为,发现在这些人当中有相当一部分人有口吃,由此认为,大脑损伤会导致口吃。

(2) 通过模仿而习得。持这种观点的人认为,有些儿童观察到别人的口吃,出于好奇,他们有意模仿了这些人的说话方式,由于没有得到及时、恰当的纠正,逐渐地便养成了口吃的习惯。一些口吃儿童的家长也报告说,孩子的口吃是跟某部电影或周围的某个人学来的。

(3) 由环境施加过度的压力造成的。有些儿童在成长过程中出现了暂时性的口吃现象,家长没有给予正确的指导,而是严厉地批评和训斥,使儿童在心理上产生很大的压力。周围一些人的嘲笑也会使儿童对说话产生紧张和恐惧感。紧张和恐惧感会加重口吃,口吃又让儿童说话更紧张,这样就形成了一种恶性循环,儿童暂时性的口吃便成为一种言语障碍。

(四)失语症

失语症是一种由脑部病变或创伤引起的获得性语言信号处理的障碍。获得性指的是个体的语言运用能力已发展但后来又发生障碍。失语症具有以下几个重要特征:①有器质性的原因,它主要由脑部炎症、脑血管疾病、外伤等引起;②在语言能力已经有了一定的发展之后才出现语言运用能力丧失,所以它是发生在年龄较大儿童或成人身上的一种获得性障碍;③发生在言语理解和表达的核心环节上,即在大脑将声音或字形信号转化为意义(观念)或将意义(观念)转化为支配发音或书写活动的神经冲动的环节上发生障碍。

目前,人们一般把失语症分为感觉性失语症和运动性失语症两大类。感觉性失语症是指发生于言语理解过程的语言信号处理能力的丧失,而运动性失语症是指发生于言语表达过程的语言运用能力的障碍。这两类失语症既可以发生在口语上,也可以发生在书面语上。它们的具体言语症状如下。

(1)感觉性失语症 有些失语症患者在口语理解方面存在障碍。他们虽然听觉正常,但是听不懂别人所说的话。在行为上他们通常表现为不注意听别人在说什么;对别人的提问不予以回答;对别人说的话没有反应或表露出不解的神情;不遵从别人的言语指令;答非所问等等。

另有一些失语症患者在阅读理解方面存在障碍。这些人虽然看得见文字,却不能正确理解其中的含义。这类障碍可以发生于阅读过程中的不同环节,例如,字形向意义转换的环节、字形向声音表象转换的环节,或者是声音表象向意义转换的环节。在一般情况下人们很难断定障碍究竟发生在哪个环节,不过,如果患者在朗读时经常出现音近字的混淆,那就可以推测患者在字形向声音表象转换的环节上有障碍;如果患者在朗读时发生关联词的混淆,那就可以推测在字形或声音表象向意义转换的环节上有障碍。

(2)运动性失语症 运动性失语症的表现形式也是复杂多样的。我国学者哈平安(1998)根据自己多年的研究,对口语表达中失语症的言语症状进行了分析,归纳为以下九种情况:觅词困难、迂回表达、言语错语、语法缺失、杂乱语、刻板言语、持续言语、偶然性言语和模仿言语。

在书面语表达方面,我国另有学者根据说汉语的患者的临床表现,将书写障碍的表现总结为以下八类:完全性书写障碍、构字障碍、书写惰性现象、象形写字、写字过多、书写错乱、镜像书写和文字语法缺失。

(五)语言发展迟缓

当某个儿童的语言理解和表达技能的发展明显低于同龄的普通儿童所能达到的水平时,就可以说他的语言发展迟缓。

导致语言发展迟缓的原因有很多,例如,大脑损伤、听觉障碍、智力障碍、教育处境不利、情绪障碍、病弱等。在这里只谈其中的两种。

1. 听觉障碍

听觉障碍对儿童语言发展的影响是不言而喻的。过去,人们常说"十聋九哑"这句话,意思是说,如果一个人完全听不到声音,那么一般来说他也不可能开口说话。虽然目前利用现代的科学技术,通过系统的语言训练,已经可以使听障儿童发展口语能力,但即便如此,有严重听觉障碍的儿童在语义、语法和语用的发展上仍然会存在一定的缺陷。

2. 智力障碍

智力障碍对儿童语言发展所产生的影响也是极其显著的。一般来说,智力障碍儿童的语言发展水平都明显低于同龄的普通儿童。他们的语言发展迟缓主要表现在以下几方面:

(1)词汇量少　由于受智力水平的限制,他们难以掌握抽象的概念,因而无论在语言理解还是在表达上其能力都是非常有限的。例如,智力障碍儿童无法理解诸如"民主""信息化""概率"之类的概念,因此,在言语交往中他们就不会使用这些词汇。

(2)不会运用有复杂语法结构的句型　当句子中词与词之间的关系比较复杂时,他们理解起来就会有困难。智力障碍儿童在言语交往中一般也只用简单的句型。

(3)语言运用不当或不灵活　智力障碍儿童常常会说出一些不完整或不符合语法规则的话,让人难以听懂。例如,有个智力障碍儿童想告诉老师,奶奶昨天给他买了一条新裤子,他对老师说:"奶奶裤。"而对于一些有引申意义的话,例如,"你们就像早上八九点钟的太阳",他们一般理解不了。

除此之外,还有少部分智力障碍儿童完全没有言语能力。

第三节　言语和语言障碍的评估方法简介

对言语和语言障碍的评估主要采用的是测验法。目前可用于评估言语和语言障碍的量表数量非常多,有用于对构音障碍、声音障碍、口吃、失语症或语言理解等做专项评估的,也有用于对语言发展水平做综合性评估的。本节介绍几套在国内外最有名、最具有代表性的量表。

一、皮博迪图片词汇测验

皮博迪图片词汇测验(Peabody Picture Vocabulary Test,PPVT)是一套个别施测的常模参照测验,可用来测量受测者的词汇理解能力。该测验由邓恩夫妇(L. M. Dunn & L. M. Dunn)于1959年首次提出。1981年,他们对这套量表进行了第一次修订(称为PPVT-R);1997年又进行了一次修订(称为PPVT-Ⅲ);2007年进行了第三次修订,发表了皮博迪图片词汇测验第四版(PPVT-Ⅳ)。

(一)PPVT-R

1. 测验的组成

PPVT-R由175张图板构成,共有350个对应的词汇,组成了L型和M型两个系列(各有175个词汇)。由于受"图片与词汇匹配"这种测试方式的限制,这些词汇主要为名词、动词和描述性的词汇。

2. 施测和记分方法

PPVT-R的施测方法非常简单,主试口头说出要测的一个词汇,并出示一张画有4幅图画的图板,让受测者指出与该词汇意义相一致的那幅图画来。受测者的回答若与答案相符的就得1分,反之得0分。所有题目得分的总和即为原始分数。根据受测者的年龄可以把这些原始分数转换成语词能力的量表分数(平均分=100,标准差=15)、年龄当量、百分等级和标准九分数。

该测验的施测时间为10~15分钟。适用年龄范围是2岁6个月~40岁。

3. 常模样本的抽取

在制订 PPVT-R 常模的过程中,采用分层随机抽样法共抽取了两个全国性的样本:一个由4 200名2岁6个月~18岁的儿童和青少年组成,另一个由828名19~40岁的成人组成。儿童样本的分层变量包括年龄、性别、地区、父母职业、宗教和社区大小等。成人样本的分层变量包括年龄、性别、地区和职业等。两个样本的各项人数比例与美国1970年的人口普查数据接近。

4. 信度和效度

(1)信度 在 PPVT-R 的使用手册中报告了该测验的分半信度系数、稳定性系数和等值性系数。在L型上儿童样本的分半信度系数分布在0.67~0.88之间,成人样本的分半信度系数分布在0.80~0.85之间;在M型上儿童样本的分半信度系数分布在0.61~0.88之间。儿童样本的稳定性系数分布在0.52~0.92之间,等值性系数分布在0.73~0.91之间。

(2)效度 在该测验的使用手册中没有报告有关效度方面的数据。

1990年,我国华东师范大学的桑标和缪小春教授对 PPVT-R 进行了修订。经检验,这个修订本的分半信度系数为0.99(n=100),稳定性系数为0.938(间隔2周左右)。该测验与李丹等修订的瑞文测验的相关系数为0.472(n=60,其中5岁组儿童25名,8岁组儿童35名),与语文成绩的相关系数为0.535(8岁组儿童35名),与数学成绩的相关系数为0.464(8岁组儿童35名)。最后,他们从上海市区3岁6个月~9岁的儿童中抽取了600名儿童作为常模样本,分成10个年龄组,制订了上海市区常模。

(二)PPVT-Ⅲ

1. 测验的组成

PPVT-Ⅲ也有A型和B型两个系列,每个系列由204张图板组成,在每张图板上都画有4幅图画(图10-1)。

2. 施测和记分方法

该测验的施测和记分方法与 PPVT-R 基本相同。适用年龄范围是2岁6个月~老年。施测时间大约为20分钟。

3. 常模样本的抽取

PPVT-Ⅲ的常模样本由来自美国的3 500多名2岁6个月~90岁以上的受测者组成。该样本的分层变量包括年龄、性别、地区、宗教和教育水平等。样本中的各项人数比例与美国1994年的人口普查数据接近。

4. 信度和效度

(1)信度 经过第二次修订,该测验的分半信度系数已达到0.92以上;等值性系数分布在0.88~0.96之间;稳定性系数分布在0.91~0.93之间。

(2)效度 在新编制的测验使用手册中对该测验的效度进行了详细的讨论。概括地说,已有的研究数据表明该测验具有良好的效标关联效度。

5. 评价

PPVT-Ⅲ的设计优良,在信度和效度方面远远超过其他同类测验。其测验方式生动有趣,施测简便,评分客观快速,有两套平行的测验可以替换使用。不仅可以用于评估儿童及成人的词

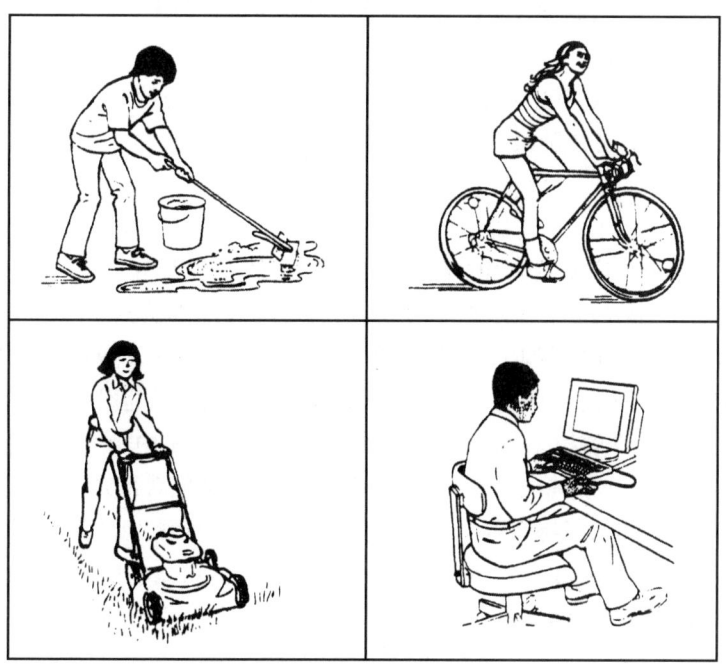

图 10-1　PPVT-Ⅲ的题目样例

汇理解能力,而且还能作为智力障碍儿童的筛查工具。该测验目前是国际特殊教育界最广泛使用的言语能力测验。

(三)PPVT-Ⅳ

1. 测验的组成

PPVT-Ⅳ有 A 型和 B 型两个系列,每个系列各有 228 道题,共有 456 道题。测验词汇的范围扩大了,包含了 20 种内容领域词汇,如工具、蔬菜、动作等。每道题目都经过了经典项目分析和 Rasch 项目分析,根据题目的难度、区分度、偏差度、信度和每个年龄段的原始分数范围来决定是否采用。最终保留了 340 道 PPVT-Ⅲ的题目,新增了 116 道题。题目图板上均为彩色图片,更加吸引受测者。

测验的适用年龄范围为 2 岁 6 个月~90 岁以上,适合于从幼儿园~12 年级的学生。

2. 施测和记分方法

PPVT-Ⅳ很容易施测,主试说出一个词汇,要求受测者从每道题图板上的 4 幅画中选出与该词汇含义相同的那幅画。测验题目分为 12 个刺激组,根据受测者的年龄水平或能力水平选择不同的刺激组开始测验,需要 10~15 分钟。如果在某个刺激组中做错超过 8 题,则停止测验,不需要全部做完题目。

测验的原始分数为从 0 到最高级别刺激组的总题数减去错误的题数。原始分数可转换为标准分数(平均值=100,标准差=15)、百分等级、正态曲线等值分数、标准九分数、年级当量、年龄当量等。

测验还提供了 3 种特殊评估报告:①诊断分析报告,即根据题目在内容和词性上的划分,分析受测者在接受性语言上的强项与弱项,为其提供干预建议;②轮流施测 A 型和 B 型测验,可评估受测者的进步情况;③PPVT-Ⅳ与表达性词汇测验第二版(Expressive Vocabulary Test, second edition,EVT-Ⅱ)共建常模,有助于直接对受测者的接受性语言和表达性语言进行比较分析。

3. 常模团体的抽取

常模团体由两部分组成,其中年龄常模包含3 540人,年级常模包含2 003人。常模样本根据美国人口普查数据进行分层随机抽样,分层变量包括年龄、性别、种族、地域、社会经济水平、受教育情况等。

4. 信度和效度

测验手册提供了分半信度系数、内部一致性系数、复本信度系数和再测信度系数的有关信息。A型和B型在各年龄段和年级水平上的分半信度系数平均值为0.94和0.95。A型的内部一致性系数分布在0.87~0.97之间,B型的内部一致性系数分布在0.89~0.97之间。复本信度系数分布在0.87~0.93之间,平均值为0.89。测验的再测信度系数也分布在0.87~0.93之间。

PPVT-Ⅳ与EVT-Ⅱ的相关系数平均值为0.82,与PPVT-Ⅲ的相关系数为0.84,与口语综合评估测验(Comprehensive Assessment of Spoken Language)也呈现高相关。

该测验的编制者还提供了特殊需要人群(包括言语和语言障碍、听觉障碍、学习障碍、智力障碍、超常儿童、情绪行为障碍和注意力缺陷多动障碍)与普通人群之间表现差异的数据。结果表明,PPVT-Ⅳ可以用于筛查特殊需要人群。

5 评价

PPVT-Ⅳ是个别施测的常模参照测验,可用于评估受测者的接受性语言表现。测验的标准化程度高,信度和效度很好,还包含了特殊需要人群数据。测验与EVT-Ⅱ共建常模,有助于对受测者的接受性语言和表达性语言进行比较,能够更全面地了解受测者的言语能力及发展水平。

二、表达性词汇测验

表达性词汇测验(Expressive Vocabulary Test,EVT)是一套个别施测的常模参照测验,由威廉姆斯(Kathleen T. Williams)于1997年编制并发表,用于评估受测者的表达性词汇和词汇提取能力。编制者在2007年进行了第一次修订,发表了表达性词汇测验第二版(EVT-Ⅱ)。该测验的适用年龄范围为2岁6个月~90岁以上,适合于从幼儿园~12年级的学生。

1. 测验的构成

EVT-Ⅱ有两个复本,A型和B型。每个复本都有190道测验题,难度逐渐增加。主试出示一张图片并提问,要求受测者用一个词语来描述图片(命名),或者说出图片代表的词汇的同义词,或者回答其他问题。测验内容覆盖了从学前到成年的表达词汇范围,包含了20个内容领域(如动作、蔬菜、工具等)、词性(名词、动词等)、家庭和学校词汇等。测验图片均为彩色,更能吸引受测者。

2. 施测和记分方法

对于不同年龄的受测者,测验开始的题目有所不同。施测EVT-Ⅱ一般需要10~20分钟,这取决于受测者的词汇储备。

测验的原始分数可转换为标准分数(平均值=100,标准差=15)、百分等级、正态曲线等值分数、标准九分数、年级当量、年龄当量等。

测验还提供了3种特殊评估报告:①诊断分析报告:根据题目在内容和词性上的划分,分析受测者在表达性语言上的强项与弱项,为其提供干预建议;②轮流施测A型和B型测验,可评估受测者的进步情况;③与PPVT-Ⅳ共建常模,有助于对受测者的接受性语言和表达性语言进行比较分析。

3. 常模团体的抽取

EVT-Ⅱ与PPVT-Ⅳ共同建立常模,其中年龄常模包含3 540人,年级常模包含2 003人,根据美国2004年人口普查数据进行分层随机抽样。在2～18岁年龄段内还有特殊需要群体(包括言语语言障碍、智力障碍和发展迟缓、学习障碍、情绪行为障碍、注意力缺陷多动症、孤独症等)的代表性样本。

4. 信度

测验提供了分半信度系数、内部一致性系数、复本信度系数和再测信度系数的有关信息。在各年龄水平上,A型的分半信度系数平均值为0.94,内部一致性系数分布在0.88～0.97之间;B型的分半信度系数平均值为0.93,内部一致性系数分布在0.89～0.97之间。在各年级水平上,两个复本的分半信度系数平均值都为0.93,A型的内部一致性系数分布在0.86～0.96之间,B型的内部一致性系数分布在0.89～0.97之间。复本信度系数分布在0.83～0.91,平均值为0.87;再测信度系数平均值为0.95,分布在0.94～0.97之间。

5. 效度

编制者表示,测验题目是根据9本以上相关领域的参考书编制的,代表了20个内容领域,具有一定的内容效度。EVT-Ⅱ与PPVT-Ⅳ的相关系数平均值为0.82,与EVT的相关系数为0.81。测验还可用于筛查特殊需要群体,如言语语言障碍、听力障碍、智力障碍、学习障碍、情绪行为障碍、超常儿童等。

6. 评价

EVT-Ⅱ是个别施测的常模参照测验,可用于评估受测者的表达性语言表现。与PPVT-Ⅳ共建常模,有助于对受测者的接受性语言和表达性语言进行比较,能够更全面地了解受测者的言语能力。测验的信度和效度较好,达到心理测量学的要求,可用于筛查表达性语言问题,识别言语语言障碍群体。该测验不要求阅读和书写,还适用于无法阅读或书写困难的个体。

三、伊利诺伊心理语言能力测验

伊利诺伊心理语言能力测验(Illinois Test of Psychological Abilities,ITPA)是一套个别施测的常模参照测验,用于测量儿童在理解、加工和产生言语和非言语性语言的能力。ITPA最先发表于1961年;1968年柯克和麦卡锡(S. A. Kirk, J. McCarthy & W. Kirk)修订编制并发表了第二版;2001年,汉米尔、马瑟和罗伯茨(D. Hammill, N. Maher & R. Roberts)修订并发表了第三版(ITPA-3),可用于评估5岁～12岁11个月儿童的口语和书面语言的能力。下面简要介绍ITPA和ITPA-3。

(一) ITPA

1. 测验的组成

ITPA由10个必测的分测验和2个备选的分测验组成。各分测验的题目数和所测的内容如下。

(1) 必测分测验

● 听觉感受　共有50题。评估儿童从口头呈现的语言材料中抽出意义的能力。由于该分测验只测量感受过程而不是表达过程,所以,所有的题目只需受测者用言语、点头或摆手回答"是"或"不是"。例如:"狗吃东西吗?""转盘会打哈欠吗?"

- 视觉感受　评估儿童从熟悉的图片中获取意义的能力。例如,每次出示一张刺激图片和一组备选图片,让儿童将刺激图片与备选图片中的同类图片做匹配。
- 听觉联想　共有42个用言语呈现的句子完成题。测量儿童将用言语呈现的概念联系起来的能力。这个分测验主要测量听觉感受过程,而不是言语表达过程。例如,"我用锯子切割;我用＿＿＿＿捣碎。""狗有毛发;鱼有＿＿＿＿。"
- 视觉联想　共有42题。给儿童出示一幅要测的图画,在它的四周有4幅备选的图画,让他指出哪一幅画与中间的那幅图画有关联。
- 言语表达　共有4个儿童熟悉的物品(球、方木、信封和纽扣)。每次出示一个物品,让受测者说出所了解的有关这个物品的所有方面。
- 动作表达　共有15幅常见物品的图片,每次出示1幅,让儿童用手势恰当地表达意思,例如,拨电话或弹吉他等。
- 语法填充　共有33题。评估儿童利用口语中的其他信息,自动地掌握语义并进行语法变换的能力。在念某道题时,要出示描绘这句话所表达意思的图片。每道题都由一个完整的句子和一个不完整的句子组成。例如,"这条狗喜欢叫;他正在那里＿＿＿＿。"
- 视觉填充　共有4张图板,每张图板中包含了十四五个特定物品的图像。评估儿童从一幅不完整的视觉图像中辨认常见物品的能力。这些物品的图像被暴露的程度各不相同,要求儿童在30秒钟内找到并指出那是个什么物品。
- 听觉序列记忆　评估儿童凭记忆复制无意义数字序列的能力。数字序列的长度由2个数字增加到8个数字。与韦克斯勒儿童智力量表修订本中的背数分测验不同的是,该分测验以每秒2个的速度呈现数字。例如,"6-3""4-1-9-5"。
- 视觉序列记忆　评估儿童凭记忆复制无意义数字序列的能力。数字序列的长度由2个数字增加到8个数字。每个数字序列呈现5秒钟,然后让儿童以同样的顺序摆放对应的数字条。

(2)备选分测验

- 听觉填充　共有30题。评估儿童将所听到的声音信号中被漏掉的部分进行补充,生成一个完整的单词的能力。例如,"airpla""tephone"。
- 声音组合　以0.5秒的间隔依次说出每个单词的每一个读音,然后让儿童说出是哪一个字或词。例如,"电—灯""苹—果"。

2. 施测和记分方法

主试先按测验手册中的指导语逐题施测和记分,然后将各分测验的原始分数转换为量表分数(平均数=16,标准差=6)和心理语言年龄当量,最后计算受测者的心理语言商数(平均数=100,标准差=15)。

该测验适用于2岁4个月~10岁3个月的儿童。

3. 常模样本的抽取

ITPA的常模样本由美国威斯康星州963名年龄从2岁7个月~10岁1个月的儿童组成。这些受测者全部来自中产阶级家庭,智力和学业成就基本上都处于中等水平。

4. 信度和效度

(1)信度　对于不同的年龄组,12个分测验的稳定性系数(5个月间隔)的中位数分布在0.29~0.74之间,整个测验的稳定性系数的中位数为0.77;12个分测验的内部一致性系数的中位数分布在 0.60~0.88 之间,整个测验的内部一致性系数的中位数为 0.90。

(2)效度 在测验使用手册中没有提供有关该测验的构想效度和效标关联效度的检验资料,因此,无法证明它的有效性。

5. 评价

ITPA 曾是人们常用的语言能力测验。近年来由于它的常模标准化比较差,同时又缺乏信度和效度方面的数据支持,它的地位逐渐被其他测验所取代。

(二)ITPA-3

1. 测验的构成

ITPA-3 由口头语言和书面语言两部分组成,每部分各有 6 个分测验,共由 12 个分测验组成。分测验组成及样题见表 10-1。

表 10-1 ITPA-3 的分测验构成及样题

领域	分测验	描述	样题
口头语言	语义 口语类推	主试说出一个由四部分组成的类推,其中缺少一个部分,要求儿童回答。	鸟:飞;鱼:___(游)。
	语义 口语词汇	主试描述某个特定的属性,要求儿童用一个具有该属性的名词回答。	某个有屋顶的东西——(房子)。
	语法 填词	主试说出一序列的字(词),要求儿童回答最后一个字(词)。	大、更大、___(最大); 小、更小、___(最小)。
	语法 复述句子	主试说出一个句子,语法正确但没有意义,要求儿童复述句子。	红花是聪明的。
	语音 删减发音	要求儿童从给定词汇中删减一个单词、音节或读音后进行发音。	Weekend 去掉 end 发音;somewhat 去掉 what 发音。
	语音 押韵序列	主试说出一系列押韵的词汇,要求儿童复述;词汇长度逐渐增长。	noon,soon,moon……
书面语言	理解 句子排序	儿童默读一系列句子后,将句子进行排序,组成一个合乎逻辑的段落。	1 我去学校。2 我起床。3 我穿衣服。排序为:2-3-1。
	理解 书面词汇	要求儿童在形容词后写出一个合理的名词。	如:一个破的___(镜子/花瓶……)。
	词汇识别 视觉解码	要求儿童读出不规则单词(其拼写与发音不具有规律)。	如 would,recipe,should,eight 等。
	词汇识别 听觉解码	要求儿童大声读出虚构的动物名称。	如 yang,flant 等。
	拼写 视觉拼写	儿童持有一张词汇清单,清单上的词汇可能缺少某一部分。主试一个接一个地大声读出这些单词,要求儿童写出单词的缺少部分。	如主试说"said",儿童看到印有"s__d",然后写出"ai"。
	拼写 听觉拼写	主试大声读出规则的无意义词汇,要求儿童写出单词。	听写单词。

如表 10-1 所示,这 12 个分测验可组合成语义、语法、语音、理解、词汇识别、拼写 6 个领域,每个领域由 2 个分测验组成。此外,视觉解码和视觉拼写 2 个分测验可组成视觉—符号加工领域;听觉解码和听觉拼写 2 个分测验可组成听觉—符号加工领域。

2. 施测和记分方法

施测 ITPA – 3 需要 45～60 分钟。获得的分测验原始分数可转换为标准分数（平均数 = 10，标准差 = 3）、百分等级、年龄当量和年级当量。此外，还可组成 11 个合成分数：一般语言合成分数（所有 12 个分测验组合）、口头语言合成分数、书面语言合成分数，以及语义、语法、语音、理解、词汇识别、拼写、视觉—符号加工、听觉—符号加工这 8 个特定领域合成分数。合成分数可转化为平均数为 100，标准差为 15 的标准分数。

通过分测验以及合成分数之间的比较，可以确认儿童在语言发展上的强项和弱项；区分在语言解码（阅读和拼写假字的能力）上存在困难的儿童以及在拼写上存在困难的儿童；根据口头语言和书面语言之间的差异分数，还可用于诊断读写困难儿童（具备足够的口语能力，但字词识别和拼写能力差）。

3. 常模团体的抽取

常模团体来自于美国 27 个州的 1 522 名 5 岁～12 岁 11 个月的儿童，样本在性别、地域、种族、父母受教育水平、家庭收入、居住地类型（农村/城市）等分层变量上符合美国 1999 年和 2000 年人口普查的比例。每个年龄段有 138～239 名受测者。

4. 信度和效度

对于不同的年龄组，12 个分测验的内部一致性系数分布在 0.75～0.97 之间；合成分数的 α 系数普遍均超于 0.90；一般语言合成分数、口头语言合成分数和书面语言合成分数的 α 系数甚至高于 0.96。测验的再测信度系数也较高，绝大多数高于 0.90。

测验手册提供了 ITPA – 3 与 WJ – R、TOLD – 3 初级版以及语音加工综合测验（Comprehensive Test of Phonological Processing, CTOPP）的效标关联效度。ITPA – 3 的口头语言合成分数与各测验的相关系数普遍高于 0.80；书面语言合成分数与各测验的相关系数分布在 0.74～0.86 之间。编制者还进行了验证性因素分析，结果符合测验的理论构想。所有分测验与年龄也呈现中度或高度的相关，符合语言发展规律。

5. 评价

ITPA – 3 是一套适用于 5 岁～12 岁 11 个月儿童的个别施测的常模参照测验，可用于评估儿童的口头语言和书面语言能力。测验的信度和效度较好，可用于确认儿童语言发展的强项和弱项，识别在口语和书面语言存在迟滞的儿童，尤其是诊断读写困难儿童。

四、语言发展测验

语言发展测验（Tests of Language Development, TOLD）最早发表于 1977 年。1982 年哈米尔和纽科默（D. D. Hammill, & P. L. Newcomer）二人对这套测验进行过一次修订，1997 年对它做了第二次修订并发表了语言发展测验第三版（TOLD – 3）。语言发展测验第四版（TOLD – 4）发表于 2008 年，与第三版相比，第四版对个别分测验进行了重新命名，删减或增加了分测验，增加了合成分数，更新了常模，并且中级版的适用年龄范围扩展到 8 岁～17 岁 11 个月。下面简要介绍 TOLD – 3 和 TOLD – 4。

（一）TOLD – 3

1. 测验的组成

TOLD – 3 由两个测验组成，一个是语言发展测验的初级版，适用于 4～8 岁的儿童；另一个是语言发展测验的中级版,适用于 8 岁 6 个月 ~ 12 岁的儿童。

TOLD-3 的初级版主要用于测量受测者对音韵、语法和语义的掌握情况,包括以下 9 个分测验,其中有 3 个是补充的分测验。
- 图片词汇　共有 30 题,评估对单词的理解。
- 关系词汇　共有 30 题,评估对字词之间相似性的理解。
- 口语词汇　共有 28 题,评估给单词下定义的能力。
- 语法的理解　共有 25 题,评估对句子结构的理解。
- 句子模仿　共有 30 题,评估生成恰当句子的能力。
- 语法填充　共有 28 题,评估做词型变换的能力。
- 词语辨别(补充)　评估区别声音的能力。
- 音素分析(补充)　评估把单词分解为较小的音素单元的能力。
- 单词构造(补充)　评估正确地用单词说话的能力。

TOLD-3 的中级版主要测量受测者对语法和语义的掌握情况,包括以下 6 个分测验:
- 句子合并　共有 25 题,评估用两个以上的简单句子合并成一个复杂句子的能力。
- 图片词汇　共有 54 题,评估对双词短语描述的图片的识别能力。
- 单词排序　共有 23 题,评估将一系列随机呈现的单词组成句子的能力。
- 一般理解　共有 24 题,评估将三个有关联的词汇(如火星、金星和冥王星)抽取出关系的能力。
- 语法理解　共有 38 题,评估理解句子语法结构的能力。
- 改错　共有 30 题,评估修改荒谬的句子的能力。

2. 施测和记分方法

TOLD-3 的初级版和中级版均属于个别施测的常模参照测验。首先,要依照测验的指导语逐题施测,然后对照测验手册中的标准答案进行记分,即可获得每个分测验的原始分数。接着要对照常模表,将各分测验的原始分数转换成年龄当量、百分等级和标准分数(平均数 = 10,标准差 = 3)。最后,将分测验分数进行适当的组合和换算,就可以求得语法、语义、听、说及言语能力的商数。

3. 常模样本的抽取

该测验初级版的常模样本由来自美国 28 个州的大约 1 000 名 4~8 岁的儿童组成,而中级版的常模样本则由来自美国 23 个州的 779 名 8 岁 6 个月 ~ 12 岁的儿童组成。两个样本的各项人数比例基本符合美国 1990 年人口普查的统计数据。

4. 信度和效度

(1) 信度　初级版的各分测验的内部一致性系数分布在 0.80~0.90 之间,整个测验的内部一致性系数在 0.90 以上;中级版的各分测验及整个测验的内部一致性系数都在 0.90 以上。两个测验的稳定性系数基本上都在 0.80 以上。

(2) 效度　用青少年和成人语言测验(第三版)的分数作为效标,计算得这两个测验的效标关联效度在 0.80~0.90 之间;而用班克森语言测验(第二版)的分数作为效标,计算得这两个测验的效标关联效度在 0.75~0.91 之间。

5. 评价

TOLD-3 的初级版和中级版从理解和表达两个方面测量了儿童语言发展的若干重要成分如

语法、语义和音韵等,这为评估儿童语言发展的强项和弱项、诊断缺陷、制订训练方案提供了非常有用的信息。这两个测验的信度是比较高的,但效度方面的证据显得不足,还需要通过更多的研究来予以证明。

(二)TOLD-4

1. 测验的构成

TOLD-4 主要从语言特征和语言系统两个维度来评估受测者的语义、语法、听力、组织、口语和整体语言等 6 种语言能力。此外,初级版还测量了音韵能力。

TOLD-4 初级版包含以下 9 个分测验,其中 6 个为核心测验,3 个为补充测验。

- 图片词汇　评估受测者对口语单词的理解(语义和听力)。
- 关系词汇　评估受测者对单词之间关系的理解以及口头表达能力(语义和组织)。
- 口语词汇　评估受测者对常见单词下定义的能力(语义和口语)。
- 语法理解　评估受测者对句子意义的理解(语法和听力)。
- 句子模仿　评估受测者模仿并生成句子的能力(语法和组织)。
- 词法填充　评估受测者识别、理解和使用常用构词法的能力(语法和口语)。
- 词语辨别(补充)　评估受测者识别口语发音之间的区别(音韵和听力)。
- 单词分析(补充)　评估受测者把单词分成较小的音韵单元的能力(音韵和组织)。
- 单词构音(补充)　评估受测者清晰发音的能力(音韵和口语)。

TOLD-4 中级版包括以下 6 个分测验。

- 句子合并　要求受测者将两个以上的简单句合并成一个复杂句子(语法和口语)。
- 图片词汇　要求受测者指出与主试说出的双词短语相符的图片(听力和语义)。
- 单词排序　要求受测者将一系列随机呈现的单词组成一个完整的、语法正确的句子(语法和组织)。
- 关系词汇　要求受测者陈述 3 个词汇之间的关系(语义和组织)。
- 词法理解　要求受测者判断句子语法正确与否(听力和语法)。
- 多重含义　要求受测者说出单词所代表的多重含义(语义和口语)。

2. 施测和记分方法

TOLD-4 是个别施测的常模参照测验。施测初级版的核心测验部分需要 35~50 分钟,补充测验部分大约需要 30 分钟;施测中级版测验需要 35~50 分钟。

由初级版和中级版的分测验获得原始分数后,可转换为标准分数、年龄当量、百分等级和 6 个语言能力合成分数。其中整体语言能力包含所有分测验。初级版虽然测量了音韵能力,但实施与音韵有关的分测验是为了更好地判断儿童所存在的特定问题,它们并不参与合成分数的计算。

3. 常模团体的抽取

TOLD-4 初级版的常模团体由来自美国 4 个地区的 1 108 名儿童组成,中级版的常模团体由 1 097 人组成。两个样本的各项人数比例基本符合美国 2005 年人口普查数据,分层变量包括性别、年龄、种族、地域、障碍类型、家庭收入、父母受教育程度等。

4. 信度

TOLD-4 初级版的各分测验的 α 系数均超过 0.80,其中有 7/9 的值超过 0.90;合成分数的 α

系数平均值超过0.90。在4~6岁组和7~8岁组上,测验的再测信度系数普遍超过0.80,合成分数的再测信度系数普遍超过0.90。结果表明,TOLD-4初级版符合心理测量学的标准,是个可靠的测验。

中级版的各分测验的α系数平均值超过0.90,合成分数的α系数也超过0.90,甚至更高。在8~12岁组和13~17岁组,分测验的再测信度系数均超过0.80,合成分数的再测信度系数也都超过0.90。测验的评分者一致性系数均超过0.90。TOLD-4中级版也符合心理测量学的标准,可用于筛查和诊断性评估。

5. 效度

测验手册提供了效度的有关信息。编制者详细说明了测验所依据的语言发展理论以及各个分测验是如何根据这些理论来编制的,以此证明该测验具有构想效度。TOLD-4初级版与WISC-Ⅳ的言语理解合成分数有中度相关。TOLD-4中级版与其他口语、阅读和书写测验也呈现较高的相关性。

6. 评价

TOLD-4是个别施测的常模参照测验,初级版适用于4岁~8岁11个月的儿童,中级版适用于8岁~17岁11个月的儿童。该测验的信度较高,但效度的实证数据较为有限。该测验可用于评价儿童在语言能力上的强项与弱项,识别出在语言能力上显著低于普通儿童的特殊儿童,还可用于监控儿童口语方面的进步。

五、口语和书面语言量表

1995年,卡罗—伍尔福克(E. Carrow-Woolfolk)编制并发表了口语和书面语言量表(Oral and Written Language Scales, OWLS),用于评估个体的整体语言能力和在听、说、写上的表现,适用于3~21岁的受测者。后来,编制者对测验进行了修订,发表了第二版OWLS-Ⅱ,可评估个体的听、说、读、写能力,为个体提供更加全面准确的语言能力评估。下面简要介绍这两版测验。

(一) OWLS

1. 测验的构成

OWLS由以下3个分测验组成。

- 听力理解 评估受测者对口语的理解。有111题,主试读出一个动词,要求受测者从4张图片中选择符合其含义的图片。
- 口头表达 评估受测者理解和使用口语的能力。有96题,主试出示图片并说出一个动词,要求受测者口头回答问题、补充句子或造句。
- 书面表达 评估受测者的书面语言能力,包括惯常用法(拼写、标点符号等)、句法(修饰语、短语、句子结构等)和有意义的交流(内容适当、通顺、组织等)。该分测验适用于5~21岁的受测者,要求受测者根据要求书写。

2. 施测和记分方法

OWLS是个别施测测验,施测听力理解分测验需要5~15分钟,口头表达分测验需要10~25分钟。

分测验的原始分数可转换为标准分数(平均值=100,标准差=15)、年龄当量、正态曲线等值分数、百分等级和标准九分数。测验还可获得2个合成分数：口语合成分数、书面语言合成分数。

3. 常模团体的抽取

常模团体由1985人组成，基本符合1991年美国人口调查的统计数据，分层变量包括年龄、性别、种族、地域和社会经济地位。

4. 信度

在听力理解分测验上的内部一致性系数分布在0.75~0.89之间，口头表达分测验的内部一致性系数分布在0.76~0.91之间，口语合成分数的内部一致性系数分布在0.87~0.94之间。书面表达测验的内部一致性系数分布在0.77~0.89之间。口头表达分测验和口语合成分数的再测信度系数分布在0.58~0.85之间，书面表达分测验的再测信度系数分布在0.66~0.83之间。结果表明，OWLS的信度较好，符合筛查工具要求，但不可用于诊断性评估。

5. 效度

测验手册提供了小样本的效度数据：书面表达分测验与KTEA、PIAT-R、WRMT、PPVT具有一定的相关；口语表达分测验、听力理解分测验与TACL-R、KABC、PPVT等也存在一定的相关。

6. 评价

OWLS可用于评估个体的听、说、写能力。信度符合筛查工具标准，但不可用于诊断性评估。测验效度较好，但样本容量小，还需要更多数据予以说明。

(二) OWLS-Ⅱ

与第一版相比，OWLS-Ⅱ除了增加新题目、更新常模、使用彩色图片、改进记分方法外，主要还进行了两方面的调整：①增加了阅读理解分测验，用于识别影响阅读理解的语言因素，以更全面地评估个体的听、说、读、写能力，提供更加准确的语言能力评估信息；②增加了平行复本，通过定期轮流施测两个复本，可以监控个体的进步情况，为评估干预效果提供依据。

OWLS-Ⅱ由4个分测验组成：听力理解和口头表达分测验适用于3岁~21岁11个月的受测者；阅读理解和书面表达分测验适用于5岁~21岁11个月的受测者；每个分测验都对语义、语法、语用和超语言(supralinguistics)这4种语言成分进行了测量。

施测听力理解分测验需要10~20分钟，口头表达分测验和阅读理解分测验各需要10~30分钟，书面表达分测验需要15~30分钟。测验的原始分数可转换为标准分数(平均值=100，标准差=15)、百分等级和年龄当量。测验还可获得口语、书面语言、接受性加工、表达性加工和整体语言加工5个合成分数。

评价：OWLS-Ⅱ可用于评估个体的听说读写能力，对语言能力的评估更加全面准确，可用于识别学习障碍或语言障碍的学生。测验复本的使用，有助于监测个体的进步。

六、语言行为里程碑评估和安置计划

语言行为里程碑评估和安置计划(Verbal Behavior Milestones Assessment and Placement Program, VB-MAPP)是由桑德伯格(M. L. Sundberg)编制的，发表于2007~2008年，是评估和跟踪孤独症儿童或其他发展障碍儿童的语言和社交能力的有效工具。VB-MAPP以斯金纳的语言行为分析理论为基础，基于大量的实践经验(行为分析师、言语治疗师、作业治疗师、特教老师和孤独症儿童家长的意见以及现场测试的反馈)进行修订，已广泛应用于孤独症儿童评估领域。

1. VB-MAPP 的理论基础

VB-MAPP 是基于斯金纳 1957 年提出的语言行为分析理论而编制的。斯金纳认为，语言是一种获得性行为。与其他行为的习得一样，语言行为也受动机、刺激、反应和结果的影响。因此，有别于传统的语言分析单元（如词汇、短语、句子等），语言行为的分析单元是：动机/刺激→反应→结果。学习语言，重要的是要学习如何恰当地说话以及对说话者的语言刺激做出合适的反应。诚然，语言的产生是基于一个假定的认知加工系统（如编码、解码和存储）或是生物学基础，而非环境变量（非语言）。然而，语言的形式和功能也是评估和学习语言的重要部分：语言的形式是指语言反应的结构和形态，包括音素、词素、专业词汇、句法、语法和语义；语言的功能是指语言反应的产生原因。

斯金纳提出，语言行为包括以下 8 种基本的语言操作性反应：

- 要求　说话者用来提出他所需要的或想要的要求。例如，当想要鞋子时说："请给我鞋子。"
- 命名　说话者通过某种感官接触到物体、动作、事件等时，对此进行描述或命名。例如，看到鞋子时说："鞋子。"
- 互动语言　说话者根据他人的语言行为进行特定的回应，即回答问题或与他人交流。例如，其他人问："你脚上穿着什么？"回答："鞋子。"
- 语言模仿　说话者重复他人的言语行为。例如，听到他人说"鞋子"，他也重复说"鞋子"。
- 动作模仿　与语言模仿类似，主要用于手语的学习和教学中，模仿他人的手语动作。例如，别人打出"鞋子"的手语，他模仿这个动作。
- 阅读　阅读书面文字。例如，看到"鞋子"几个字时，读出"鞋子"。
- 书写　书写文字和拼写单词。例如，听到"鞋子"时，写出"鞋子"。
- 听者反应　听从指令或回应他人的要求。例如，别人要求他指出鞋子（卡片），他触摸有鞋子图案的卡片。

斯金纳认为，语言就是说话者和听话者之间使用上述 8 种基本的语言操作性反应进行互动的过程。

2. VB-MAPP 的特点

现有的语言评估工具主要有两类：接受性语言评估和表达性语言评估。这些测验对于评估特定的语言障碍是有效的，但无法覆盖所有语言能力领域。比如，有的孩子可能在表达性单词测验中表现很好，分数接近实际生理年龄，但在语言运用中却表现出有别于普通儿童的方式。而 VB-MAPP 关注基本的语言操作性反应，注重说话者和听话者之间使用言语操作性反应进行互动的过程，改变了以往对孤独症儿童和其他发展障碍儿童的评估方式，不仅为语言评估提供了另一个框架，也为日常语言学习提供了新的干预结构。

VB-MAPP 的使用，不仅可确认儿童语言能力的基线水平，了解其与普通儿童之间的差距，还可识别出阻碍儿童学习语言的障碍所在。这两方面信息的获得，可为儿童 IEP 目标的制订、语言干预课程的设计、教育安置、教学策略等提供有效信息，切实将评估与干预相结合，发挥评估的最佳效果。

3. VB-MAPP 的构成

VB-MAPP 由 5 部分组成，提供了儿童表现的基线水平、障碍评估、技能习得跟踪系统和干预指导。

（1）VB-MAPP 里程碑评估　用于评估儿童言语及相关能力的现有水平。里程碑是指在某个时点上普通儿童发展的最低值，但特殊需要儿童需要很大的努力才能达到的水平。共包括 170 个言语行为里程碑，可分为 16 个技能领域和 3 个水平（0~18 个月，18~30 个月，30~48 个月），每个水平内的每个技能领域有 5 个里程碑，表 10-2、表 10-3、表 10-4 分别描述了各水平的技能和里程碑。其中，早期语言模仿领域使用了芭芭拉·埃施（Barbara E. Esch）编制的早期语言模仿技能评估测验（Early Echoic Skills Assessment，EESA）作为其分测验。

（2）VB-MAPP 障碍评估　用于评估阻碍孤独症儿童和发展迟缓儿童学习语言的关键原因。障碍评估提供了 22 种常见原因：教学控制（逃避要求）、行为问题、语言方面的缺陷（要求、命名、匹配、听者反应、互动语言）、模仿缺陷（语言模仿、动作模仿）、提示依赖、泛化、连续猜词、视觉扫描缺陷、不能区分情境、低动机或非典型动机、反应弱化动机（失去兴趣）、自我刺激、发音障碍、强迫行为、强化物依赖、注意力缺陷、社交技能缺陷。通过确认这些障碍，临床人员可为儿童制订更加有效的干预策略，提供有效学习。

（3）VB-MAPP 任务分析和技能跟踪系统　将 16 个技能领域进一步分解为 1000 多个技能并按照里程碑发展顺序进行排序，这是基于 30 多年实践反馈不断修订的，可为语言学习提供更加全面、发展性的课程指导。

（4）VB-MAPP 转介评估　包含 18 个评估领域，有助于确认儿童是否可在较少受限制环境下学习。评估领域可分为三类：①涉及语言、社交和学业水平的信息，包括 VB-MAPP 里程碑总分、障碍分数、消极行为和教学控制、教室常规和集体能力、社交能力和社会活动、独立学业表现；②涉及学习类型的有关信息，包括泛化能力、强化物范围、技能使用率、新技能保留、自然环境学习、迁移；③涉及自我料理技能、适应性和自我管理的信息，包括对变化的适应性、自发行为、自我管理休闲时间、一般自我料理技能、如厕技能、饮食技能。

（5）VB-MAPP 安置指导和 IEP 目标　与评估结果一一对应。指导手册为技能评估中的 170 个里程碑进行了详细解释，并提供了根据结果如何制订 IEP 目标的具体建议。这些指导与建议有助于设计者平衡整个干预计划，确保干预计划包含所有必需内容。

4. 施测及测验材料

VB-MAPP 可以在教室、家庭或社区进行施测，评估人员根据里程碑要求准备适合儿童的测验材料进行评估。所要准备的材料有：

所有水平都需要的材料：秒表、铅笔、数据记录表、适合孩子的强化物（如儿童喜欢的零食、玩具和活动等）。

(1) 水平 1 的材料

- 图片：孩子熟悉的人、宠物和日常物品。
- 常见物品：孩子日常接触到的物品，如牙刷、杯子、球、充气玩具等。
- 嵌入式拼图：2~3 个，适合 1~3 岁儿童。
- 积木：4 块，标准大小，任何颜色。
- 图画书：2~3 本，适合儿童的发展年龄。
- 套圈和套圈底座：1 个。
- 组成球的拼图：1 幅。

(2) 水平 2 的材料

- 可以促使儿童提出要求的物品,如有火车轨道却没有火车。
- 图画书。
- 成对的物品或图片:25 对,用于与样本匹配,如 2 把汤匙、2 辆玩具车、2 双鞋。
- 相同形状物品组:用于分类(相同形状、不同颜色),如正方形、圆形、三角形等。
- 同类物品组(不完全对应):如篮球和足球。
- 相似图片组:用于匹配,25 张,如 3~4 张猫的图片后跟着 1 张狗或松鼠的图片。
- 相似物品组:用于与样本匹配,25 组,如 3~4 把汤匙排列后有 1 把叉和刀。
- 艺术和手工用品:铅笔、图画用纸、横格纸、剪刀、胶水、串珠、项目排序。
- 嵌入式拼图:4~5 个,适合 1~3 岁儿童。
- 独自活动时的玩具:如火车、娃娃等。
- 假装游戏和社交游戏的道具:如茶座、仿真食物、娃娃、纸板箱等。

(3)水平 3 的材料
- 有颜色和形状的卡片:5 组用于描述语和匹配。
- 图画书:用于描述语。
- 积木卡片:25 个模型、彩色积木,用于排序。
- 数字卡片:从 1~10。
- 大小物品:6 组,用于形容词和数学概念,如婴儿鞋和成人穿的鞋。
- 长短物品:6 组,用于形容词和数学概念,如长吸管和短吸管、长铅笔和短铅笔。
- 用于数数的小物品、多和少:10 个,如黄豆等。
- 一些形容词的物品:如轻的和重的、热的和冷的、湿的和干的。
- 字母卡:看图说词。
- 横格纸和铅笔。
- 有社区角色的图片或图书:如警察、护士、医生、消防员、老师。
- 独自活动的玩具:如拼图、火车和轨道、娃娃家和娃娃、艺术和手工材料等。
- 假装游戏和社交游戏的道具:如茶座、仿真食物、娃娃、纸板箱等。
- 儿童剪刀、胶水、蜡笔和纸。
- 儿童衣服或装扮娃娃:有拉链、子母扣、纽扣、带子、尼龙搭扣。
- 适合年龄的活动书:迷宫、图片搜索等。

5. 分数与 IEP 目标设计

VB-MAPP 可获得三部分的分数:里程碑评估分数、障碍评估分数和转介评估分数。这些分数可为安置策略和 IEP 目标的制订提供有效信息。

(1)里程碑评估分数 每一题前面有 3 个空格,用于记录多次测验的结果。题目按照各自的标准进行评分:0、1/2 分和 1 分。具体见表 10-2、表 10-3 和表 10-4。每个技能领域的分数相加为该领域的总分,最后所有领域的分数相加则得到里程碑能力总分。为了更加直观地反映儿童的表现,还需要将分数转换为方格涂色:每个方格代表一题,0 分则空白,1/2 涂上一半的方格,1 分涂满整格。

从分数和涂色表中可了解到 4 方面的信息:儿童的总体水平、不同能力之间的差距、儿童相对的强项和弱项。利用这些信息制订 IEP 目标时:如果是儿童的弱项,需要特别关注,可选择 2~

3个目标以帮助儿童获得该项技能;如果是儿童的相对强项,仍需要继续进步,可根据IEP的强度,每年选择1~2个目标进行。在制订年度目标时,可适当移动1~2个里程碑目标以获得更恰当的目标。

(2)障碍评估分数　22种障碍问题中,如果某一障碍得3~4分,说明这已经成为一个持续问题或严重问题;如果某一障碍得1~2分,说明只是个中度问题或偶然问题。因此,在设计IEP时,必须减少那些持续问题和严重问题,这也会促进儿童达到里程碑目标。对于那些中度问题或偶然问题,可能不需要专门设置IEP,但需要时刻关注以防止障碍问题恶化。

(3)转介评估分数　三类评估领域分数可为IEP制订提供不同信息。第一部分涉及语言、社交和学业水平的信息,可用于了解学生的能力水平能否适应不同环境下的学习;第二部分涉及儿童的学习类型,可了解学生在不同程度的融合环境下能否取得成功;第三部分涉及自我料理、适应性和自我管理的信息,可了解什么程度的最小受限制环境适合儿童获得成功。基于这三方面的信息,可为教育安置提供指导:完全独立的环境;大部分时间独立及小部分时间融合的环境;小部分时间独立和大部分时间融合的环境;融合环境伴随特殊的调适。

6. 评价

VB-MAPP是个别施测的标准参照测验,是近年来广泛应用于孤独症领域的语言评估工具。与其说它是个测验,不如说它是一种方法,用于指导评估者根据斯金纳的语言行为分析理论对孤独症儿童的语言行为进行评估,以了解儿童的基线水平、存在的障碍问题和转介信息,从而制订出更有针对性的干预策略和IEP计划。

表10-2　水平1的技能和里程碑评估示例

技能	里程碑评估	分数标准
要求	1-1 在非肢体辅助(如声音示范、手势示范)下,能够提出2个要求(使用词语、手语或图片交换沟通系统)。	1分:2个要求;1/2分:1个要求
	1-2 在没有辅助下提出4个要求(可以提问:"你想要什么?"),但孩子可以看到想要的东西。	1分:4个要求;1/2分:3个要求
命名	1-1 命名2个强化物。	1分:2个命名;1/2分:1个命名
	1-2 命名5个物品。	1分:5个命名;1/2分:3个命名
听者反应	1-1 在5次谈话中会看着说话的人。	1分:5次;1/2分:2次
	1-2 听到别人叫自己名字时会有回应(如转头、看着对方),5次。	1分:5次;此题无1/2分
视觉匹配	1-1 有3次对于移动的物品进行追踪3秒。	1分:2次;1/2分:1次
	1-2 有2次成功地抓住物品。	1分:2次都能抓住物品;1/2分:需要更多次才能抓住2次
独立游戏	1-1 在30分钟的观察内可以玩和探索物品1分钟,如看玩具、摁按钮等。	1分:持续1分钟;1/2分:持续30秒
	1-2 在30分钟的观察内能够自己玩5个不同的物品。	1分:5个;1/2分:3个

（续表）

技能	里程碑评估	分数标准
社交行为和社会活动	1-1 在30分钟内听到熟悉的声音时能微笑,5次。	1分:5次；1/2分:2次
	1-2 在1小时的观察中能表达想要被抱或一起玩,2次。	1分:2次；1/2分:1次
动作模仿	1-1 听到"这样做"时,能模仿做出2个大动作。	1分:2个动作；1/2分:1个动作
	1-2 听到"这样做"时,能模仿做出4个大动作。	1分:4个动作；1/2分:3个动作
早期语言模仿（EESA测验）	1-1 模仿至少2个发音,在EESA上至少得2分。	1分:2个发音；1/2分:1个发音
	1-2 模仿至少5个发音,在EESA上至少得5分。	1分:5个发音；1/2分:3个发音
自发口语	1-1 平均每小时自发发出5个音。	1分:5个音；1/2分:2个音
	1-2 平均每小时自发发出10个音,有5种不同的发音。	1分:5种发音；1/2分:3种发音

表10-3　水平2的技能和里程碑评估示例

技能	里程碑评估	分数标准
要求	2-6 在没有辅助下对20种不在场但却需要的物品提出要求,可提问:"你需要什么?"	1分:20个要求；1/2分:10个要求
	2-7 对其他人提出5个帮助活动进行的动作要求。	1分:5个要求；1/2分:2个要求
命名	2-6 当被问"这是什么"时,能对50个物品进行命名。	1分:50个物品；1/2分:30个物品
	2-7 当被问"我在做什么"时,能对20个动作进行命名。	1分:20个动作；1/2分:10个动作
听者反应	2-6 在散乱的8个一组物品或图片中,根据指令对50个不同的物品或图片进行选择。	1分:50个；1/2分:35个
	2-7 在要求下,做出20个指定动作。	1分:20个动作；1/2分:10个动作
视觉匹配	2-6 在散乱的6个一组物品或图片中,匹配25对相同物品。	1分:25对；1/2分:15对
	2-7 根据10种不同的颜色和形状进行分类。	1分:能按10种不同颜色和形状分类；1/2分:能按5种不同颜色和形状分类
独立游戏	2-6 寻找5个喜爱的玩具的配件或缺失部分。	1分:5个；1/2分:2个
	2-7 独立演示5个玩具或物品的正确功能。	1分:5个；1/2分:2个
社交行为和社会活动	2-6 在30分钟的观察中主动发起2次与同伴的互动。	1分:2次互动；1/2分:1次互动
	2-7 在1小时观察内自发对同伴提出5次要求。	1分:5次；1/2分:2次

（续表）

技能	里程碑评估	分数标准
动作模仿	2-6 当听到"这样做"时,模仿做出 20 个动作。有其他干扰选项,如同时给出马、猫、老虎的图片,评估人员做出猫跳的动作,要求孩子模仿。	1 分:20 个动作；1/2 分:10 个动作
	2-7 当听到"这样做"时,模仿做出 20 个不同的精细动作。	1 分:20 个动作；1/2 分:10 个动作
早期语言模仿（EESA 测验）	2-6 模仿至少 50 个发音,在 EESA 上至少得 50 分。	1 分:50 个发音；1/2 分:40 个发音
	2-7 模仿至少 70 个发音,在 EESA 上至少得 70 分。	1 分:70 个发音；1/2 分:60 个发音
听者反应（功能、特征和类别）	2-6 一组 3 个物品或图片（其中 2 个非食物或饮料）,要求根据填空"你吃……"和"你喝……"选出 10 种不同的食物和饮料。	1 分:10 种；1/2 分:5 种
	2-7 一组 5 个物品或图片,要求根据功能、特征或类别的填空选择正确的答案,共 25 题。	1 分:25 题；1/2 分:12 题
互动语言	2-6 完成 10 个不同类型的口语填充。	1 分:10 个；1/2 分:5 个
	2-7 当被问"你叫什么?"时,能回答自己的名字。	1 分:不需要提示能回答；无 1/2 分
教室常规和集体能力	2-6 以小组形式坐在一起吃点心或午餐（需要手势或语言的提示）,但没有不恰当行为 3 分钟。	1 分:3 分钟；1/2 分:1 分钟
	2-7 在只有一次语言提示下,能收拾好物品、排队并站到桌子前。	1 分:1 个提示；1/2 分:需要更多提示
语言结构	2-6 儿童说出的 25 个单词或比划的手语能被熟悉儿童的成人所理解。	1 分:25 个；1/2 分:12 个
	2-7 每天能说出 25 个不同的双词组或手语。	1 分:25 个；1/2 分:12 个

表 10-4　水平 3 的技能和里程碑评估示例

技能	里程碑评估	分数标准
要求	3-11 在 1 小时观察中自发提出问题 5 次,使用"什么""谁""哪里"。	1 分:5 次；1/2 分:2 次
	3-12 在 5 个不同情境中没有辅助下能够恰当地提出停止不喜欢的活动、不参与或拿走讨厌的东西的要求。	1 分:5 个情境；1/2 分:2 个情境
命名	3-11 对 5 个不同物品从颜色、形状和功能进行混合命名,共 15 个回合。	1 分:15 个回合,3 个属性；1/2 分:10 个回合,2 个属性
	3-12 命名 4 个方位词（里面、外面、上面、下面）和 4 个人称代词（我、你、我的、你的）。	1 分:4 个方位词,4 个人称代词；1/2 分:总共可命名 4 个词汇

（续表）

技能	里程碑评估	分数标准
听者反应	3-11 在6个一组的类似刺激中，根据要求选择4个颜色和4个形状。	1分:4个颜色,4个形状；1/2分:2个颜色,2个形状
	3-12 能够按照6个不同的方位词和6个不同的人称代词的指令做出相应要求。	1分:6个方位词,6个人称代词；1/2分:3个方位词,3个人称代词
视觉匹配	3-11 在书中或自然环境下按要求匹配25组不同物品。	1分:25组；1/2分:12组
	3-12 在散乱的10个一组物品或图片中，按要求匹配25组物品，每组包含3个类似刺激。	1分:25组；1/2分:12组
独立游戏	3-11 在5个场合下自发参与假装或想象游戏。	1分:5个场合；1/2分:2个场合
	3-12 能够为2个活动练习动作以获得更好效果，如一直投篮。	1分:2个活动；1/2分:1个活动
社交行为和社会活动	3-11 在观察中自发与同伴合作完成一个活动2次。	1分:2次；1/2分:1次
	3-12 在1小时观察中自发向同伴提问5次，使用"谁""什么""哪里"。	1分:5次；1/2分:2次
书写能力	3-11 使用书写工具模仿10个书写动作。	1分:10个动作；1/2分:5个动作
	3-12 独立描写5个不同的几何形状，笔保持在描红的0.6厘米内。	1分:0.6厘米；1/2分:1.2厘米
阅读能力	3-11 能正确命名至少15个大写字母，或听到时能正确指出。	1分:15个字母；1/2分:5个字母
	3-12 能正确命名至少15个小写字母，或听到时能正确指出。	1分:15个字母；1/2分:5个字母
听者反应（功能、特征和类别）	3-11 一组10个物品或图片（每组含有3个类似刺激），要求根据功能、特征或类别任务选择正确的答案，共50题。	1分:50题；1/2分:25题
	3-12 根据形容词和功能、特征、类别的组合从书中或自然环境选择合适的物体或图形，共50题。	1分:50题；1/2分:25题
互动语言	3-11 一天内自发地对别人的话语产生25次互动回应。	1分:25次；1/2分:12次
	3-12 按要求能够回答250个不同的互动式问题。	1分:250个；1/2分:150个
教室常规和集体能力	3-11 在语言提示下使用厕所。	1分:至少5个小组情境下,语言提示；1/2分:可能需要其他提示
	3-12 在3人以上的小组中，不需要提示能够回应5个小组指令或问题。	1分:5个；1/2分:2个

技能	里程碑评估	分数标准
数学能力	3-11 能正确命名1~10,或听到1~10时能正确指出。	1分:10个;1/2分:5个
	3-12 能正确数数1~10,用数字数物品。	1分:正确数到10;1/2分:数到5
语言结构(语法和句法)	3-11 能表达至少20个不同的复数。	1分:20个;1/2分:10个
	3-12 一天内至少10次正确使用过去时和将来时。	1分:10次;1/2分:5次

改编自:Mark L. Sundberg. (2008). *VB-MAPP Instruction Manual*. California: AVB Press.

七、学前儿童语言障碍评量表

台湾学者林宝贵和林美秀于1993年编制并发表了学前儿童语言障碍评量表。这套量表主要用于评估3~5岁11月的学前儿童的口语理解能力、表达能力及构音、声音、语言流畅性等情况。

(一)量表的组成和记分标准

该量表由语言理解和口语表达两个分测验组成。第一个分测验共有30题,第二个分测验共有32题。这两个分测验所包括的具体内容和记分标准见表10-5。

表10-5 学前儿童语言障碍评量表的构成及记分标准

语言理解分测验的评量项目	理		解
(1)"你先点点头再把眼睛闭起来。"(内容、次序皆对)	1	0	无反应
第(2)题至第(15)题用图卡1测试:			
(2)"报纸在哪里?指指看。"(报纸)	1	0	无反应
(3)"苹果、香蕉、牛奶在哪里?"(3/3)	1	0	无反应
(4)"我喜欢吃苹果,猴子喜欢吃什么?指指看。"(苹果或香蕉或牛奶)	1	0	无反应
(5)"指一指在苹果下面的东西。"(手套)	1	0	无反应
(6)"这里有没有小狗?"(没有)	1	0	无反应
(7)"这里有没有飞机?"(没有)	1	0	无反应
(8)"可以戴在手上的是哪一个?"(手套)	1	0	无反应
(9)"你只要指出手套和香蕉,其他的不要指。"(手套、香蕉)(2/2)	1	0	无反应
(10)"你不要指苹果和报纸,你只要指牛奶。"(牛奶)	1	0	无反应
(11)"这些哪一个是黄色?"(香蕉)	1	0	无反应
(12)"把水果统统指出来。"(香蕉、苹果)(2/2)	1	0	无反应
(13)"指一指在中间的东西。"(牛奶)	1	0	无反应
(14)"哪些是红色?"(苹果、牛奶盒)(2/2)	1	0	无反应
(15)"指一指在报纸上面的东西。"(香蕉)	1	0	无反应
第(16)题至第(19)题用图卡2测试:			
(16)"我指雨伞,你指草莓。"(草莓)	1	0	无反应
(17)"你先指耳朵,再指蝴蝶。"(耳朵、蝴蝶)(2/2)	1	0	无反应

(续表)

语言理解分测验的评量项目	理	解	
(18)"雨伞的旁边是什么?"(蝴蝶)	1	0	无反应
(19)"老虎的左边是什么东西?"(耳朵)	1	0	无反应
(20)"你的左脚在哪里?"	1	0	无反应
(21)"你的右手在哪里?"	1	0	无反应
第(22)题至第(28)题用图卡3测试:	1	0	无反应
(22)"哪一个人在玩皮球?"(小丑)			
(23)"哪一个图是发生车祸了?"(车祸)	1	0	无反应
(24)"哪一个人和小动物在玩?"(小朋友)	1	0	无反应
(25)"哪一个是工程?"(工程)	1	0	无反应
(26)"哪些人在工作?"(工程)	1	0	无反应
(27)"哪一个是存钱用的?"(小猪)	1	0	无反应
(28)"车祸很好玩对不对?"(不对)	1	0	无反应
(29)"小华好胖,小朋友好瘦,谁比较胖呢?"(小华)	1	0	无反应
(30)"火车就要开了"就是"火车开走了","对不对?"(不对)	1	0	无反应

语言理解共30分,评量结果得_____分,□无反应

口语表达分测验的评量项目	声	音	
(1)"你叫什么名字?你今年几岁?你家里有些什么人?"	□正常	□异常	□无反应
(2)"你从1数到10。"	□正常	□异常	□无反应
(3)"你说'a——',越长越好。"	□正常	□异常	□无反应
评量结果:	□正常	□异常	□无反应

				口语表达	构 音
第(4)题至第(7)题用图卡1测试:					
(4)"这是什么?"(苹果)				P/ing	G
(5)"这是什么?"(香蕉)				X/iang	J
(6)"这是什么?"(牛奶)				N	ai
(7)"这是什么?"(报纸)				B/ao	Zh
第(8)题至第(15)题用图卡2测试:					
(8)"这是什么?"(肥皂)				F/ei	Z
(9)"这是什么?"(机器人)				Q/i	R/en
(10)"这是什么?"(蝴蝶)				H	D/ie
(11)"这是什么?"(雨伞)				u	S/an
(12)"这是什么?"(耳朵)				e	d
(13)"这是什么?"(老虎)	1	0	无反应	l	u
(14)"这是什么?"(草莓)	1	0	无反应	c	m
(15)"这是什么?"(卡车)	1	0	无反应	K/a	Ch/e
第(16)题请用图卡1测试:					
(16)"这是什么?"(手套)	1	0	无反应	Sh/ou	T
(17)"香皂是做什么用的?"(和清洁或卫生有关者)	1	0	无反应	错误音共____个	

（续表）

			声调	□正常 □异常
(18)"你用什么说话?"(嘴巴)	1	0		无反应
(19)"过马路的时候要注意什么?"(和交通安全有关者)	1	0		无反应
(20)"如果不小心踩到别人的脚要说什么?"(和道歉或问候有关者,如对不起、很痛吗?)	1	0		无反应
(21)"老虎有几只脚?"(四只)	1	0		无反应
(22)"卡车是做什么用的?"(和载物有关者)	1	0		无反应
(23)"你用什么画图?"(和画图的用具有关者,如铅笔、蜡笔等)	1	0		无反应
(24)"小明和妈妈要去动物园玩,他们想要坐车去,爸爸就开车送他们去车站。"				
①"小明要和谁去玩?"(妈妈)	1	0		无反应
②"他们要去哪里玩?"(动物园)	1	0		无反应
③"他们想要坐什么去玩?"(坐车)	1	0		无反应
④"谁送他们去车站?"(爸爸)	1	0		无反应
⑤"他们怎么去车站?"(爸爸开车)	1	0		无反应
第(25)题至第(31)题用图卡4测试:				
(25)"他们在做什么?"(指钓鱼,捞鱼者)	1	0		无反应
(26)"他们三个人在做什么?"(指拉绳的三个人)	1	0		无反应
(27)"他们三个人怎么了?"(指右边三个人)	1	0		无反应
(28)"她在做什么?"(指跳绳的女孩)	1	0		无反应
(29)"他们怎么了?"(指翻船的人)	1	0		无反应
(30)"他们二个人在做什么?"(指湖里的二个人)	1	0		无反应
(31)请小朋友从头到尾再说一遍图卡4的故事。			语畅	语调
评量标准:内容是否切题?	1	0		
内容是否有顺序性?	1	0	□正常	□正常
是否至少有一个句子是完整的?	1	0	□异常	□异常
故事是否有情节、内容?	1	0	□无反应	□无反应
(32)请你说一个"三只小猪"的故事。(若受测者不熟悉本故事,可由其他故事代替)			语畅	语调
评量标准:内容是否切题?	1	0	□正常	□正常
内容是否有顺序性?	1	0	□异常	□异常
是否至少有一个句子是完整的?	1	0	□无反应	□无反应
故事是否有情节、内容?	1	0		
口语表达共30分,评量结果得_____分,□无反应			□正常 □异常 □无反应	□正常 □异常 □无反应

引自:林宝贵,《语言障碍与矫治》,台北:五南图书出版公司,1994年。(略有改动)

(二)常模样本的抽取

这套量表的常模样本来自台湾地区,由839名3~5岁的学前儿童组成,其中男童420名,女童 419 名。

(三) 信度和效度

经检验,该量表的信度系数分布在 0.84~0.99 之间。而以张正芬和钟玉梅编制的学前儿童语言发展量表分数为效标,所计算得的效标关联效度值分布在 0.76~0.85 之间。

八、语言障碍儿童诊断测验

语言障碍儿童诊断测验是林宝贵教授编制的另一套语言障碍儿童筛查测验,发表于 1986 年。该测验为个别施测的测验,适用于幼儿园儿童和小学生,以及年龄较大的特殊学校的学生。这套测验由以下四个分测验组成。

- **语言理解力分测验** 共有 6 道题。测验材料为 2 张图板,每张图板上画有 4 幅图(图 10-2)。施测时先向受测者出示一张图板,然后逐题问这些问题,例如,"这些图画里面哪一个是洋娃娃?"让受测者用手指出是哪一幅图画。

图 10-2 语言障碍儿童诊断测验的题目样例

- **耳语声辨别力分测验** 共有 6 道题。测验材料也为 2 张图板,每张图板上画有 4 幅图。施测时先让受测者用画册把脸遮起来,然后用耳语声问:"三轮车在哪里?"让受测者用手指出所说的是哪一幅图画。
- **发音分测验** 共有 7 道题。测验材料为 7 组图片,每组图片分为上半页和下半页两部分(表 10-6)。施测时先将某一页码的上半页的图片出示给受测者看,问他:"这是什么?"如果他能正确地发音,就不用给他看下半页的图片,而是让他看下一个页码的上半页的图片。如果发现他的发音有问题,就让他看下半页的图片,一个一个地问他:"你知道这是什么吗?"以便诊断他的发音错误。

表 10-6　发音分测验的图片名称

上半页的图片	下半页的图片
(1) 苹果	瓶、门、笔、狗、口、猴
(2) 铅笔	毛笔、钢笔、鸡、猩猩、钱
(3) 电视机	灯、汤、牛、李子、狮子、桌子、虫子、肉
(4) 伞	坐、4、草、3、糖、人、藤
(5) 刀子	猫、狗
(6) 儿童	2、鹅
(7) 飞机	灰鸡、黑鸡、叶子、杯子

- 表达能力分测验　共有6道题,每道题用一张图板来施测。先给受测者出示一张图板,然后提出下列问题:"这幅图画的是什么?""他们在做什么?"等等。尽可能让受测者在自由、轻松的气氛中回答所提的各种问题。主试要注意观察和记录受测者是否有口吃、声音异常、表达能力发展迟缓等现象。

九、聋儿听力语言康复评估系统

1995年,中国聋儿康复研究中心的孙喜斌教授和袁海军根据《全国聋儿康复评估提纲草案》和《五级康复标准》,结合聋儿听觉发育、汉语语音及聋幼儿言语特点,编制了一套聋儿听力语言康复评估系统。该评估系统由两部分组成:一个是听觉能力评估,另一个是语言能力评估。下面就对这两部分内容做一简单的介绍。

(一) 听觉能力评估

对聋儿听觉能力的评估包括以下两个方面。

1. 音频补偿效果的评估

在一个安静的房间,使用便携式临床助听效果测试器或便携式听力计,对聋儿配戴助听器后对不同频率的音响做出的应答反应进行测试,从而确定他所获得的助听效果。

2. 听觉功能的评估

用一系列图片,从以下9个方面对聋儿的听觉功能和语言发展状况进行测评。

(1) 自然环境声识别　共有20张图片,分成4组,每组包括5张图片,其中有1张为测试图片,其余4张为陪衬图片。例如,第一组包括"女人笑声""火车鸣笛声""鞭炮声""牛叫声"和"打鼓声"5张图片,其中的"鞭炮声"为测试图片,其余的4张都作为陪衬。施测时主试与受测者并排而坐,用录音机播放测试音,让试儿根据听到的声音指出相对应的图片。

(2) 语音识别　首先是韵母的识别,共有75张图片,分成25组,每组包括3张图片,其中有1张为测试图片,其余2张作为陪衬。例如,某一组包括"鼻""白"和"拔"3张图片,其中的"拔"是测试图片,其余2张用来做陪衬。然后是声母识别,也有75张图片,分成25组。每组包括3张图片,其中有1张为测试图片,其余为陪衬图片。例如,某一组包括"白""柴"和"埋"3张图片,其中的"柴"是测试图片,其余的2张用来做陪衬。测试方法与自然环境声识别的测试方法相同。

(3) 数字识别　共有5组随机编排的阿拉伯数字,每组由5张单个数字的卡片组成,其中有

1张为测试卡片,其余的4张为陪衬卡片。例如,某一组数字由"5""3""6""4""8"组成,其中的"4"是测试卡片,其余的4张都作为陪衬。测试方法与自然环境声识别的测试方法相同。

(4)声调识别　首先是同音单音节声调识别,共有10组测听词和4张标有不同声调符号的卡片。用录音机播放某个测试音后,让受测者指出刚才听到的是哪一个声调。然后是双音节声调识别,共有25对图片,受测者根据听到的声调指出相对应的图片。

(5)单音节词(字)识别　由难易程度相等的两套图片组成,每套包括35张图片,分为7组,每组有5张图片,其中的1张为测试图片,其余的4张为陪衬图片。例如,某一组图片包括"马""盆""鸟""哭"和"房",测试图片为"盆",其余的图片都作为陪衬。可根据受测者实际言语能力选用听说复述法或听话识图法进行测试。前一种方法要求受测者重复刚听到的声音,后一种方法与自然环境声识别的测试方法相同。

(6)双音节词识别　由两套图片组成,每套包括30张图片,分为6组,每组有5张图片,其中的1张为测试图片,其余4张为陪衬图片。例如,某一组图片包括"飞机""气球""苹果""公鸡"和"电灯",测试图片为"苹果",其余的图片都作为陪衬。测试方法与单音节词(字)识别的测试方法相同。

(7)三音节词识别　共有25张测试图片,分成5组,每组包括5张图片,其中1张为测试图片,其余4张为陪衬图片。例如,某一组图片包括"鸡吃米""抬苹果""骑木马""助听器"和"踢足球"5张图片,测试图片是"踢足球",其余的图片都作为陪衬。测试方法与单音节词(字)识别的测试方法相同。

(8)短句识别　共有20个短句,分成4组,每组包括5个短句,每个短句配一张图片。例如,第3组的第2个短句是"小兔抬土"(图10-3)。测试方法与单音节词(字)识别的测试方法相同。

图10-3　聋儿短句识别能力测试方法举例

(9)选择性听取　与双音节词识别、短句识别共用词表。测试方法是用经过标定的双声道收录机将信/噪比调至10分贝以上,让受测者在自然环境噪声中识别双音节词或在音乐背景声中识别短句。

(二)语言能力评估

对聋儿语言能力的评估包括以下六个方面。

1. 语音清晰度

在语音清晰度的测试中使用聋儿听觉功能评估中的双音节词表（共有30张图片）作为测试工具。施测前，先将测试人员分为三个级别：一级测试人员包括聋儿家长、语训教师；二级测试人员包括其他聋儿家长、其他语训训练者或直接为聋儿服务的人员；三级测试人员包括普通儿童的家长、不直接为聋儿服务的人员。施测时，5名测试人员（一级1名、二级2名、三级3名）背对受测者，主试选择20张图片依次呈现，让受测者认读，由测试人员根据受测者的发音，尽可能地分辨其语义并做好记录，然后与正确答案做对照。将5名测试人员正确分辨语义的数目加起来并进行简单的计算，即可获得聋儿的语音清晰度。

2. 词汇量

在词汇量的测试中以词汇等级测试词表作为测试工具。该词表共有1600个词，分成四个等级，分别对应于1岁、2岁、3岁和4岁的词汇水平。例如，第一级包括"爸爸、妈妈、大象、飞机"等词汇；第二级包括"太阳、公园、医院、熊猫、气球、商店"等词汇；第三级包括"自来水、洗衣机、牙膏、脸盆、花园、柳树"等词汇；第四级包括"沙漠、森林、舞蹈、学校、字典、广告"等词汇。语训教师或家长根据受测者已经掌握词表中的单词数来计算他的词汇量。

3. 模仿句长

这个分测验使用了四套不同长度的句子和提示卡片，其中第一套包括"马""牛""苹果""西瓜"等单词句，对应于1岁的语言水平；第二套包括"小朋友""哥哥画画""奶奶买豆腐"等短句，对应于2岁的语言水平；第三套包括"我自己穿衣服""小朋友端来一盆水"等稍长的句子，对应于3岁的语言水平；第四套包括"小萍给妈妈搬凳子""桌子上摆着包子、馒头和面包"等长句子，对应于4岁的语言水平。施测时主试先出示一张卡片，并说出用于测试的句子，然后让受试者模仿说出。如果受测者能正确模仿，则表明他的语言已达到相应的年龄水平。

4. 听话识图

这个分测验使用了四套难度不同的语句和图片，每一套又包括三组不同的语句和图片。例如，在第二套的第1组中包括了"工人""农民""医生""解放军"和"训练者"等单词和图片；在第三套的第2组中包括了"小猫在桌子上面""小猫在桌子下面""小猫在桌子后面""小猫在抽屉外面""小猫在抽屉里面"等短语和图片。从第一到第四套分别对应于1岁、2岁、3岁和4岁的语言水平。施测时主试先出示一组图片并描述其中一张的内容，然后让受测者指出相应的图片。该分测验主要用来测量受测者的语言理解能力。

5. 看图说话

这个分测验使用了四套难度不同的语句和图片，从第一到第四套分别对应于1岁、2岁、3岁和4岁的语言水平。施测时主试先出示一张卡片，并讲述它的内容，然后让受测者复述。根据受测者复述的内容、语句的完整度、语言的流畅度和自然与否确定他的语言水平。该分测验主要用来测量受测者的语言表达能力。

6. 主题对话

这个分测验也使用了四套图片，从第一到第四套分别对应于1岁、2岁、3岁和4岁的语言水平。施测时主试先出示一张图片，并根据图中的内容提出问题，然后要求受测者一一回答。主题对话分测验主要用来测量受测者的语言运用能力。

十、儿童语言发育迟缓检查法

儿童语言发育迟缓检查法是1990年中国康复研究中心根据日本语言发育迟缓委员会编制的"语言发育迟缓检查法"修订而成的。由于该检查法主要用于评估受测者建立符号与指示内容关系(sign – significant relation)的能力,所以又称为S – S法。S – S法适用于因各种原因而导致语言发育水平处于婴幼儿阶段的儿童。

(一)语言发育水平的阶段划分

该检查法将语言发育水平划分成五个阶段,通过一系列的检查,可以确定受测者达到了哪个阶段。

第一阶段:事物、事物状态理解困难阶段。此阶段儿童尚未掌握语言,并且对周围的事物及其状态难以理解。他们的行为大多数为无目的性的。

第二阶段:事物的基础概念阶段。此阶段儿童仍未掌握语言,但是,他们开始了解常用物品的功能和事物的某些状态。此阶段又可以细分成以下三个发育水平:

• 水平1:此阶段儿童开始能根据事物的功能进行操作。例如,能将电话听筒放到耳边假装打电话,能用鼓槌敲鼓。

• 水平2:此阶段儿童能辨别若干成对事物之间的联系和区别,并在规定的范围内进行比较和配对。例如,先出示电话、鼓和茶杯,然后给受测者一个鼓槌,让他将鼓槌与其中的某个物品配成一对。

• 水平3:此阶段儿童能够从几个选择项中将与示范项有关的成对事物选择出来。例如,将听筒、鼓槌和茶杯给受测者,然后出示茶壶,让受测者选择与之配对的那个物品。

第三阶段:事物的符号阶段。此阶段儿童开始建立符号与指示内容之间的联系。这个阶段又可以细分成以下两个发育水平:

• 水平1:此阶段儿童开始理解手势符号的意思,学会运用手势符号来表达事物。例如,给受测者一顶帽子,然后拍拍玩具娃娃的头,看他是否会将帽子戴在玩具娃娃的头上。

• 水平2:此阶段儿童能够将言语符号与事物联系起来,开始理解言语符号,并学会用言语符号表达事物。例如,给他出示"鞋""面包""象"和"汽车"4张图片,问他:"哪一个是面包?"

第四阶段:组句(语言规则)初级阶段。此阶段儿童能够用2~3个词组成句子来描述事物和事物的状态。这个阶段又可以细分成以下两个发育水平:

• 水平1:此阶段儿童开始学习把两个词组合成句子,用来描述事物和事物的状态。例如,他们能理解什么是"大的帽子""红色的鞋"等,也会用这样的句子来表达。

• 水平2:此阶段儿童能够理解三个词组成的句子,例如,他们能理解什么是"大的黄色的帽子"等,也能用这样的句子来描述事物和事物的状态。

第五阶段:组句(语言规则)高级阶段。此阶段儿童能够理解和使用一些结构更为复杂的句子。这个阶段也可以细分成两个发育水平:

• 水平1:此阶段儿童能够理解和使用具有可逆性的句子,即能够把主语和宾语颠倒一下位置表示不同的意思,例如,能够把"猫追鸡"这句话改说成"鸡追猫"。

• 水平2:此阶段儿童能够理解"被"字句型所表达的意思,例如,能理解"小鸡被猫追赶着"

这句话的含义。

(二)儿童语言发育迟缓的检查顺序和内容

儿童语言发育迟缓的检查共包括操作性课题、符号与指示内容关系、基础性过程和日常生活交流态度四个方面,以下是其检查顺序和内容。

- 操作性课题的检查　具体内容包括投小球、延迟反应、形状辨别、积木和描线等项目。
- 符号与指示内容关系的检查　具体内容包括第二阶段的机能性操作、匹配和选择,第三阶段的手势符号和言语符号,第四阶段的前预备检查、二词句和三词句,第五阶段的语序和"被"字句型的检查。
- 基础性过程的检查　具体内容包括模仿和听觉记忆广度等项目。
- 日常生活交流态度的检查　具体内容包括对他人行动的注视,视线交流,对他人的指示、问候、招呼的反应,向他人表达意愿,感情起伏的表现,提问—回答关系,特征性言语等项目。

(三)诊断方法

该检查法设定了各项目的合格标准和各阶段的通过标准,并提供各年龄普通儿童应该通过哪些项目的参考标准。将对受测者的各项检查的结果与这些标准做对照,就可以诊断他的语言发育属于正常,还是属于迟缓。若语言发育迟缓,那么迟缓的程度如何,哪些方面的发育相对较好,哪些方面的发育相对较差等等。

十一、汉语言语流畅度诊断测验

汉语言语流畅度诊断测验是中国大陆学者徐方根据国外的同类测验修订而成的,用于诊断口吃患者。该测验的具体内容和方法见表 10-7。

这套测验可以专门用来诊断说汉语的口吃患者,但遗憾的是,和国内许多心理与教育测验一样,该测验没有进行有关信度和效度方面的检验,也没有制订常模。

表10-7　汉语言语流畅度诊断测验的内容和方法

姓　名_____　出生日期_____　年龄_____
矫治师_____　填表日期_____　每分钟口吃次数_____
口吃类型:□单字重复　　□多字重复　　□拖延　　□言语重复

时间(秒)	口吃次数	
		A
		B
		C
		D
		E
		F
		G
		H
		I
		J
		总计

自　己　说:1."从1数到20"(年龄小的孩子可以少数一些)。
　　　　　2."背一首诗"或"说一首歌谣"。
跟　　　读:(跟测验人员学,每次一个字、词或短语) 花鸟　房子
　　　　　汽车　长颈鹿　拖拉机　我看电视　天下雨了
　　　　　饺子很好吃　他爱打篮球　虚心使人进步　骄傲使
　　　　　人落后　自己的事自己做　我的病已经完全好了
朗　　　读:(年龄小的孩子可以选用适合他的简单一些的材料)
　　　　　"大声朗读"(1分钟)。
看图说话:(用10张看图识字卡)
　　　　　"看图说话,每张图用一两个字来表达"。
自言自语:(测验人员及其他人离开现场)
　　　　　"请你随便说点什么,可以谈任何一个话题"(1分
　　　　　钟)。
说一段话:"给我讲讲你最近看的一个电视节目或电影"(1分
　　　　　钟)。

提问:"你叫什么名字？你在哪儿工作或在哪儿上学？你在单位或学校都做些什么？
　　你的父亲/爱人是做什么的？你家有几口人？他们都是谁？请问我五个问题。"
对话:测验人员与口吃者对话(2分钟)。
打电话:(儿童可不做这项)假如给一位朋友或亲戚打电话,跟他聊(1分钟)。
观察他在其他场合的言语情况。
观察口吃者在诊室以外的其他场合与人交谈的情况(1分钟)。
地点:_____　　谈话对象:_____
口吃总次数:_____
总时间(分):_____
每分钟口吃次数:_____
测验时的口吃表现与平时的口吃情况之比较:
　　　　　　　1　　　2　　　3　　　4　　　5
备注:_____

引自:陈云英,《残疾儿童的教育诊断》,北京:科学出版社,1996年,第184-185页。

第 11 章 知觉和动作的评估

第一节 知觉、动作和知觉—动作概述

一、定义

所谓知觉,指的是理解由感觉器官接收来的信息的过程。有机体对事物的感知主要依赖两样东西:一是刺激的物理特性;二是有机体组织信息的方式。作用于感觉器官的外界刺激具有各种各样的物理特性,例如,视觉刺激具有大小、形状、颜色、明亮度和空间关系等物理特性,听觉刺激具有频率、响度、声音的相似性和差异性等物理特性。经过信息加工,包含有不同物理特性的外界刺激会获得不同的意义。感觉信息的组织则依赖于有机体已储存信息的性质和数量、概念系统和认知发展水平等。一般来说,当有机体遇到熟悉的刺激时,他会把接收来的信息与已储存的同类信息作比较,认识这个刺激;当遇到不熟悉的刺激时,往往把接收来的信息与已储存的信息中最接近的那一类信息进行比较,试图辨认这个刺激。

按照接收信息的感觉器官不同,知觉可以分为视知觉、听知觉、嗅知觉、触知觉、味知觉、运动知觉等多种类别,但在教学和评估中一般把重点放在视知觉和听知觉两方面。

动作是指由身体肌肉控制的运动,包括精细动作和大动作两大类。精细动作是指由身体的小肌肉控制的运动,包括手和手指的灵巧性,如写字、绘画、剪纸、拧开瓶盖、粘贴等。大动作是指由身体的大肌肉控制的运动,包括行走、跑、跳、投掷、攀爬等。

在许多情况下,知觉和动作是分不开的。有机体接收了外界的信息,通常会在中枢神经系统中进行加工,然后根据需要以适当、完整、有组织的方式做出动作反应。有机体将信息的知觉转变为动作反应的能力就叫作知觉—动作统合能力。将输入信息的知觉与动作输出协调起来的基本心理过程包括视知觉—动作(即眼手协调能力)、听知觉—动作、触知觉—动作的统合等。如果有机体无法将输入信息的知觉与动作输出协调起来,他就有知觉—动作统合失调。

二、评估的意义

在日常生活中人们的许多活动都需要知觉和动作技能,例如,刚要横穿马路时,看见前方亮着红灯就应该停止脚步;听到别人跟自己打招呼,要予以回应。在学校里,学生的一些学习活动,如学拼音、写字、跳绳、打乒乓球等也需要知觉和动作技能。然而,一些人由于这样或那样的原因,知觉和动作技能有缺陷或不协调,给生活和学习带来了很大的困难,因此,需要通过评估

和训练予以补偿。

早在20世纪初,德国心理学家魏太默、考夫卡和科勒(M. Wertheimer, K. Koffka & W. Kohler)就开始研究人类的知觉规律。不过,最早把知觉和动作研究应用于评估实践的是戈尔茨坦、沃纳和斯特劳斯(Coldstein, Werner & Strauss)和他们的追随者。20世纪20年代,戈尔茨坦对在第一次世界大战中大脑受到损伤的士兵进行了研究。他发现,有脑损伤的人会表现出谨小慎微、保守、图形—背景混淆等特征。30年代,沃纳和斯特劳斯研究因车祸、枪伤以及类似的事故而导致脑损伤的成人所显示出的病理性行为,也发现了一系列能将脑损伤患者与普通人加以区分的行为特征。受他们的影响,一些学者开始编制和使用知觉、动作或知觉—动作统合测验来诊断脑损伤患者。

后来,沃纳和斯特劳斯的同事、学生如柯克(S. Kirk)、克鲁克香克(W. Cruickshank)等把研究兴趣逐步转向那些没有脑损伤却表现出学业不良的儿童,于是,知觉、动作和知觉—动作统合测验被用来诊断学习障碍儿童。

近年来,不少研究发现,虽然知觉、动作和知觉—动作统合失调与学习障碍之间存在显著相关,但是相关的程度是非常低的。这些研究结果使人们将知觉、动作和知觉—动作统合测验用于评估学习障碍儿童的热情有所减退。不过,一些学者认为,知觉、动作和知觉—动作统合能力的评估和训练仍然是非常有必要的。一方面,它对部分因知觉、动作或知觉—动作统合失调而导致学习困难的儿童有一定的补偿作用;另一方面,它们是儿童适应社会的重要能力,如果这些方面有缺陷,也需要尽早实施干预和补偿。在下面这一节里,就简要地介绍几个目前最常用的知觉、动作和知觉—动作统合测验。

第二节 常用知觉、动作和知觉—动作测验简介

一、班达视觉动作完形测验及其修订本

班达视觉动作完形测验(Bender Visual Motor Gestalt Test, BVMGT)是班达(L. Bender)为区分脑损伤与非脑损伤患者而编制的,最早发表于1938年。该测验属于视知觉—动作统合测验,适用于5~11岁的儿童。

(一)BVMGT

1. 测验的组成

BVMGT由9张图片组成,在每张图片上画的是一个抽象图案(图11-1)。这些图案均来自魏太默为说明完形心理学原理而设计的图形,所以称为完形测验。

2. 施测和记分方法

主试按顺序每次出示一张图片,让受测者照样子画在一张16开的空白纸上。本测验无时间限制,不过一般用10~20分钟就能完成。

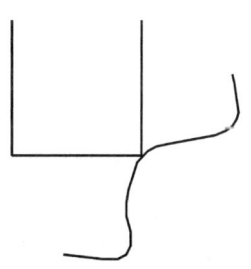

图11-1 班达视觉动作完形测验的题目举例

BVMGT 有多种记分方法，目前用得最多的是科皮兹（E. M. Koppitz）在 1975 年修订该测验时提出的记分方法，即按以下四类错误来记分：

（1）改变形状　总共 10 分。在画图 A、1、3、5、6、7 和 8 时，受测者若把图形画得太大或太小，角画成弧线，圆圈画成破折号或点，或改变形状，就每个错误记 1 分。

（2）旋转　总共 8 分。在照样图 A、1、2、3、4、5 和 8 描画时，图形旋转了 45°以上，就每个错误记 1 分（图 11－2）。

（3）缺乏统整性　总共 9 分。在照样图 A、2、3、4、5、6 和 7 描画时，若无法将需要连接的部位连接上，或两条线交叉的位置不正确，不会画交叉线，多描或少描圆点，就每个错误记 1 分（图 11－2）。

（4）固着　总共 3 分。在画图 1、2 和 6 时，若增加或延长某个单元的数量，就每个错误记 1 分。

测验分数越高，表示视觉—动作协调能力越差。测验的原始分数最后要转换成年龄当量和百分等级。

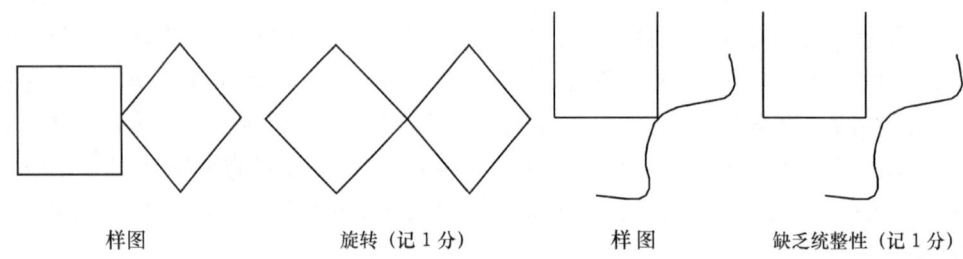

图 11－2　班达视觉动作完形测验的记分方法举例

3. 常模样本的取样

1975 年科皮兹为 BVMGT 重新制订了常模。该常模样本由 975 名儿童组成，其中 86% 是白人，8.5% 是黑人，4.5% 是墨西哥和西班牙人，1% 是东方人。这个样本的代表性略好于以前的样本，然而，由于进行分层随机抽样时没有考虑更多的分层变量，所以这个常模样本并非标准化样本。

4. 信度和效度

科皮兹概括了以往有关 BVMGT 的信度和效度的研究结果，发现该测验的评分者信度系数分布在 0.79～0.99 之间，中位数为 0.90；稳定性系数分布在 0.50～0.90 之间，中位数为 0.71。

在 54 项效标关联效度的研究中，该测验与成就测验的相关系数分布在 －0.13～－0.58 之间，中位数为 －0.23（因为 BVMGT 的分数越高表示视觉—动作协调能力越差，所以为负相关）。在另外的 8 项研究中，该测验与智力测验的相关系数分布在 －0.19～－0.60 之间，中位数为 －0.22。

5. 评价

班达视觉动作完形测验是目前最常用的知觉动作统合测验之一。由于该测验的内容简单、施测方便，所以，它的应用十分广泛。不过，从已有的信度和效度的研究结果来看，该测验的稳定性是比较低的，效度方面也缺乏有力的证据，因此，它用于诊断脑损伤、情绪障碍和智力障碍不一定准确。另外，该测验的常模已经过时了，能否用于原始分数的转换也是值得怀疑的。评估人员在使用该测验时一定要认识它的局限性，不能夸大其功能。

（二）BVMGT-2

2003年，布兰尼根和德克尔（Decker & Brannigan）对班达视觉动作完形测验进行了修订并发表了班达视觉动作完形测验第二版（BVMGT-2）。与第一版相比，第二版增加了7张图片，还增加了3个补充测验，以便更全面地提供有关个人视觉动作熟练度和神经心理学功能的信息。该测验的适用年龄范围为4~85岁，并制订了新常模。

1. BVMGT-2的构成

BVMGT-2由一个核心测验（临摹测验）和3个补充测验组成。

- 临摹测验　主要为第一版测验内容，主试每次出示一张图片，要求受测者照着图形画在纸上。有两组图形，一组为8岁以下的儿童设计，共13个图形；一组为8岁以上的受测者设计，共12个图形。这两组图片有8张图形是相同的，测验无时间限制。

- 回忆测验　施测完临摹测验且收走测验图片后，要求受测者尽可能多地回忆起刚才所见到的图形并画出来。测验无时间限制。

- 动作测验　共有4题，每题有3个图形。要求受测者用一笔连贯地连接图形上的点画出轮廓，不能中途停下，必须在4分钟内完成。

- 知觉测验　共有10题，要求受测者从一列图形中选出与目标图形相匹配的图形，在4分钟内完成。

2. 记分方法

测验有两种记分方法：测验手册提供的记分方法和科皮兹-2记分系统，目前尚未有对两种记分方法进行比较的研究。

测验手册指出，对于临摹测验和回忆测验，根据受测者画出的图形采用五级评分（0~4分）：0分表示完全不像；1分表示有一点像；2分表示一般像；3分表示比较像；4分表示完全相像。所获得的原始分数可转换为标准分数（平均分=100，标准差=15）和百分等级。对于动作测验和知觉测验则采用"通过/失败"的记分方式，最后分数以百分等级表示。

科皮兹-2记分系统由雷诺兹（Reynolds）于2007年修订并发表，专门为BVMGT-2设计，用来记录出现视觉—动作困难的次数和程度。该系统为5~7岁的儿童和8岁以上的受测者提供了不同的记分表格，详细描述了每道题的评分样例，并增加了情绪指标记录。获得的原始分数可以转换为标准分数（平均数=100，标准差=15）、T分数和Z分数。系统还记录了受测者的完成时间，用时短可以反映有关计划能力和冲动性的表现。

3. 常模团体的取样

常模团体由4 000名4~85岁的受测者组成。对于学前和学龄儿童，样本在年龄、种族、地域、父母受教育程度上具有代表性。但对于常模整体，由于排除了英语能力有限者、严重感觉沟通障碍者、脑外伤者、严重行为情绪障碍者以及在学校超过50%的时间需要特殊教育服务支持的学生，样本所包含的特殊需要人群比例低于人口普查数据比例，不能代表特殊需要群体。

4. 信度

测验手册提供了临摹测验的内部一致性系数和稳定性系数。4~20岁的受测者在临摹测验上的内部一致性系数均超过0.80，且大多数高于0.90，这说明BVMGT-2是个可靠的测量工具。5~7岁儿童在测验上的再测信度是0.77，8~17岁学生的再测信度是0.76。稳定性系数略低，测验不够稳定。

测验还提供了评分者一致性系数。5个有经验的评分者单独给30个案例评分,在临摹测验上的一致性分布在0.83~0.94之间,在回忆测验上一致性系数分布在0.94~0.97之间。1个有经验的评分者和1个没经验的评分者单独给60个案例评分,在临摹测验和回忆测验上的一致性系数分别为0.85和0.92。

遗憾的是,测验手册没有提供有关动作测验和知觉测验信度的数据。

5. 效度

测验手册详细解释了16张图片的选择用意,以此说明测验的内容效度。因素分析也发现可以从临摹测验中提取出一个因子。且受测者在临摹测验上的表现呈现7岁前快速增高,然后增速减缓但持续增高到15岁,进入平稳期直至40岁,之后开始下降,其发展趋势符合年龄的增长变化。

测验手册还提供了BVMGT-2与其他测验的效标关联效度。临摹测验、回忆测验与视觉—动作统合发展测验的相关系数分别为0.55和0.32。临摹测验与WJ-Ⅲ的相关系数分布在0.22(基本阅读)到0.43(数学推理)之间,与WIAT-Ⅱ的相关系数分布在0.18(口头语言)到0.42(书面语言)之间,与SB-5的相关性分布在0.47(言语IQ)到0.51(非言语IQ)之间,与WISC-Ⅲ的相关系数分布在0.31(言语IQ)到0.62(操作IQ)之间。相比之下,回忆测验与这些测验的相关系数较低,但呈现相同的趋势,与数学、非言语IQ、操作IQ的相关性较高。

在临摹测验和回忆测验上,超常儿童的分数显著高于普通儿童,有智力障碍、学习障碍、孤独症或ADHD的儿童的分数显著低于普通儿童。测验可识别出障碍群体,但尚没有证据表明测验在诊断分类上的准确性。

测验没有提供有关动作测验和知觉测验的效度数据。

6. 评价

BVMGT-2是个别施测的常模参照测验,可用于筛查视觉动作知觉困难的受测者,适合于作为神经心理学功能缺陷的筛查工具,但测验的稳定性和效标关联效度较低,使用时需谨慎。目前缺乏动作测验和知觉测验的信度和效度证据,有待更多心理测量学的数据说明。

二、南加利福尼亚感觉统合测验

南加利福尼亚感觉统合测验(Southern California Sensory Integration Tests, SCSIT)是艾尔斯(J. Ayers)于1975年编制并发表的,用于评估儿童的感觉和动作技能。

1. 测验的组成

SCSIT由7个独立的测验组成:

- 艾尔斯空间测验　用于测量空间视觉化能力。
- 南加利福尼亚图形—背景视知觉测验　用于测量图形—背景知觉。
- 南加利福尼亚动觉和触觉测验　用于测量动觉、形状触摸觉、手指辨别力、触觉刺激的定位能力等。
- 南加利福尼亚动作准确度测验　用于测量动作的准确度。
- 南加利福尼亚知觉—动作测验　用于测量感觉—动作统合能力。
- 南加利福尼亚眼球震颤测验　用于测量前庭系统的功能。

- 颈部反射抑制姿势测验　用于测量强直的颈部反射。

2. 施测和记分方法

这套测验适用于4~10岁的儿童。在施测过程中，所有的测验都不用受测者阅读文字材料或做出言语反应。每个测验的施测时间为20~60分钟。

根据题目的性质不同，有4种记分方法：

- 完成某项任务所花的时间。
- 在"通过或未通过"的题目上未通过的数目。
- 根据正确的表现打分。
- 对速度慢和失误给予惩罚分。

将各题目上的得分加起来，即可获得测验的原始分数。这些原始分数最后要转换成标准分数。

3. 常模样本的取样

SCSIT的常模样本全部取自加利福尼亚州4~11岁的儿童。每个测验的样本人数从280~1000人不等。

4. 信度和效度

在测验使用手册中测验编制者报告了每个测验的稳定性系数（1周的间隔）。例如，图形—背景视知觉测验的稳定性系数分布在0.37~0.52之间；动觉和触觉测验的稳定性系数分布在0.01~0.75之间。

在效度方面，有关的研究报告非常少。

5. 评价

与班达视觉动作完形测验相比，SCSIT的测量范围更广泛。它不仅测量了视觉—动作的统合能力，而且还测量了触觉、动觉和动作的统合能力等。不过，这套测验的施测方法复杂，记分比较主观，因而导致测验的信度比较低。另外，这套测验的常模样本还缺乏代表性，其效度也有待于检验。

三、视觉—动作统合发展测验及其修订本

视觉—动作统合发展测验(Developmental Test of Visual – Motor Integration, VMI)是一个和班达视觉动作完形测验相类似的测验，由比里(K. E. Beery)编制。该测验最早发表于1967年，1982年、1989年和1997年先后进行过三次修订，1997年的修订本为该测验的第四版，简称为VMI – 4，用于评估3~18岁儿童的视知觉与精细动作的统合能力。

(一) VMI – 4

1. 测验的组成

VMI – 4包括低龄版和完整版两个版本。低龄版的测验材料是18张图片，完整版是27张图片。每张图片上都印有一个几何图案。

2. 施测和计分方法

该测验的低龄版用于3~8岁儿童，完整版用于3~18岁儿童。施测时，主试依次呈现每一张图片，让受测者照样子画在一张白纸上。每个受测者的施测时间为15~20分钟。

每道题都按通过或未通过记分。测验的原始分数最后要转换成百分等级和标准分数。

3. 常模样本的取样

VMI-4 的常模样本由 3000 多名 3～18 岁的儿童组成。该样本是用分层随机抽样的方法抽取的,分层变量包括民族、地区、社会经济地位等。

4. 信度和效度

在信度方面,据修订者的报告,VMI-4 的分半信度系数的中位数为 0.79,稳定性系数的中位数为 0.81,评分者信度系数为 0.93。

在效度方面,修订者报告的是以前几个版本的研究资料。已有研究表明,视觉—动作统合发展测验的效标关联效度分布在 0.37～0.82 之间。

5. 评价

VMI-4 也是一个目前常用的常模参照知觉动作统合测验,可用于诊断儿童的视知觉与精细动作的统合失调。该测验的信度略高于班达视觉—动作完形测验,但效度有待进一步证明。

(二) VMI-5

2004 年,比里等人(Keith E. Beery, Norman A. Buktenica, & Natasha A. Beery)修订了 VMI-4 并发表了第五版(VMI-5)。与第四版相比,VMI-5 将适用年龄范围扩展为 2 岁到成人,将刺激图片增加为 30 张,并添加了视知觉和动作协调两个补充测验。测验编制者认为,视觉—动作统合与视知觉、手指—手部动作协调是不同的领域。个体在视觉—动作发展统合测验上表现不理想,可能是还没有学会统合或协调,也有可能是因为视知觉或动作协调能力上存在困难。因此,施测补充测验可以帮助确认个体是哪一方面存在问题,为转介、干预提供更有效的信息。

1. 测验的构成

VMI-5 包括完整版和低龄版两个版本,题目从简单到复杂,难度逐渐增加。低龄版测验适用于 2～8 岁儿童,共有 21 张图片,要求受测者照着图片将图形画在纸上。完整版测验则适用于 2 岁以上到成人,共有 30 张图片。该测验新增加的两个补充测验的构成是:视知觉测验:共 30 题,要求受测者从 3 张图片中选出与目标图形相同的图片。动作协调测验:共 30 题,要求受测者用铅笔沿着图形的轮廓画出图形,中间不能断开。

2. 施测和记分方法

VMI-5 可以个别施测,也可以团体施测;对于补充测验建议个别施测。低龄版和完整版的 VMI 各需要 10～15 分钟,每个补充测验需要 5 分钟。测验容易施测,记分简单,按"通过/不通过"记分,测验手册中详细解释了每道题的评分标准。连续 3 题没通过则停止测验。

通过的题目数量为测验的原始分数,可转换为年龄当量、年级当量、标准分数、量表分数、标准九分数和百分等级。

3. 常模团体的取样

测验在 2003 年进行标准化,常模团体由 2 512 名 2～18 岁儿童组成。样本的选取是通过联系学校心理学家和学习障碍专家而随机选择专业机构的受测者,大约有来自 23 个儿童养育机构、幼儿园或学校参与了标准化过程。最终样本在年龄、性别、种族、地域和社会经济地位上接近美国人口数据特征,但由于地区限制,并不清楚样本是否能够准确代表中产阶级、东部地区等人口特征。

4. 信度和效度

VMI-5 是个可靠的测验。测验的内部一致性系数分布在 0.76～0.91 之间,中位数为 0.85。

对 6~10 岁儿童进行再测,视觉—动作发展统合测验、视知觉测验和动作协调测验的再测信度分别为 0.87、0.84 和 0.83。测验的评分者一致性系数很高,分布在 0.92~0.98 之间。

测验手册详细解释了对题目图片的选择,并提供了 VMI-5 与 DTVP-2 的临摹测验、广域视觉动作能力测验(Wide Range Assessment of Visual-Motor Abilities)的绘画测验之间的相关系数。VMI-5 与成就测验有中度相关,与非言语智力的相关系数高于与言语智力的相关系数。

5. 评价

VMI-5 题目比 BVMGT-2 多,测验的信度较好,是测量个体视觉—动作统合能力的可靠测验,可用于筛查评估,但效度资料有限,有待于心理测量学数据的进一步说明。

(三) VMI-6

2010 年,比里等人再次修订了视觉—动作发展统合测验,更新了 2~18 岁儿童常模,发表了视觉—动作发展统合测验第六版(VMI-6),并将适用年龄范围扩展为 2 岁~99 岁 11 个月。儿童常模由 1 737 人组成,于 2010 年进行标准化;成人常模由 1 021 名 19~100 岁的成人组成,于 2006 年进行标准化,尚未更新到最新版本。

VMI-6 的内容没有变化,但补充了最新的医学、神经心理学等领域的重要研究结果。测验手册还提供了 0~6 岁儿童的年龄常模数据,涉及大动作、精细动作、视觉、手眼协调能力各领域的发展里程碑标准,帮助家长更好地了解孩子现有的发展水平和发展目标。

四、视知觉发展测验及其修订本

视知觉发展测验(Developmental Test of Visual Perception, DTVP)是弗罗斯蒂等人(M. Frostig, P. Maslow, W. Lefever & J. Whittlesey)为评估儿童的视知觉动作统合能力而编制的。该测验最早发表于 1964 年,1993 年哈米尔等人(D. D. Hammill, N. A. Pearson & J. K. Voress)对它做了一次修订,其修订本为视知觉发展测验第二版,简称为 DTVP-2。

(一) DTVP-2

1. 测验的组成

DTVP-2 由以下 8 个分测验组成。

- 眼—手协调　共有 4 题,要求受测者在 4 个逐渐变窄,变弯曲的带状图形上画线。
- 临摹　共有 20 题,要求受测者照图片的样子画简单图形。
- 空间关系　共有 10 题,要求受测者连接某些点,把主试事先出示的某个图案复制出来。
- 空间位置　共有 25 题,要求受测者从 3~5 个经过旋转的图形中找到能还原为原样的那张图(图 11-3)。
- 图片—背景　共有 18 题,要求受测者从若干交叠在一起的图形中找到两个或两个以上隐蔽在其中的指定图形。
- 视觉填充　共有 20 题。先出示一个完整的图形(刺激),然后让受测者从若干未画完的图形(选项)中找到一个和刺激相同的图形来,如果它画完的话。
- 视觉—动作速度　共有 128 个没有填写符号的图形(包括大圆圈、小圆圈、大方块和小方块 4 种),要求受测者按照事先设定的规则填上相应的符号。
- 图形恒常性　共有 20 题,每题包含一个刺激(几何图形)和若干选项,让受测者找出两个

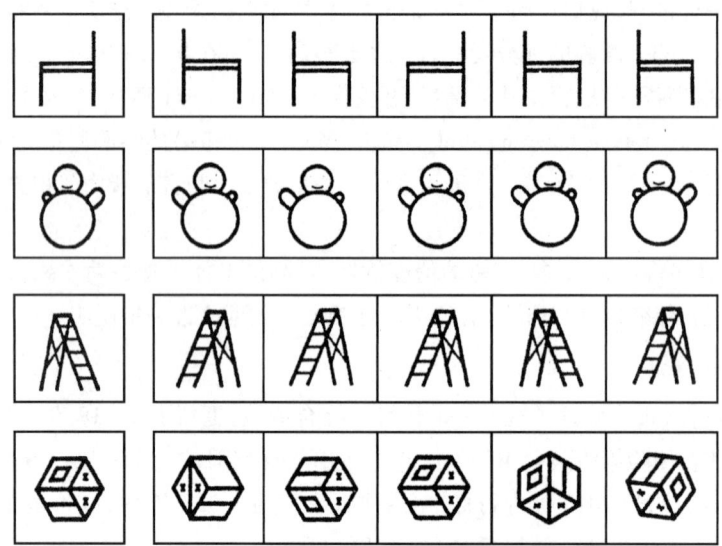

图 11-3 视知觉发展测验的题目举例

和这个几何图形形状相同的选项来(不管颜色、大小和旋转的角度)。

2. 施测和记分方法

先按每个分测验的记分规则记分。然后,将分测验的原始分数转换成年龄当量、百分等级、正态化的标准分数(平均数=10,标准差=3)。最后,将 8 个分测验的分数加起来,计算得一般视知觉商数(平均数=100,标准差=15);将 4 个不需要画画的分测验分数加起来,计算得去动作视知觉商数;将 4 个需要动作的分测验分数加起来,计算得视知觉—动作统合能力商数。

该测验适用于 4~10 岁的儿童。每位受测者的施测时间为 30~60 分钟。

3. 常模样本的取样

DTVP-2 的常模样本由来自美国 12 个州的 1 972 名儿童组成。大约 3% 的受测者为残疾儿童。从种族、宗教、性别、居住地等的构成情况来看,该样本基本符合美国 1990 年人口普查的统计数据。

4. 信度和效度

(1) 信度 各分测验的内部一致性系数分布在 0.80(视觉填充)~0.97(空间关系)之间,总分的内部一致性系数分布在 0.93~0.98 之间;以两个星期的间隔求得各分测验的稳定性系数分布在 0.71~0.86 之间,总分的稳定性系数分布在 0.89~0.95 之间。

(2) 效度 DTVP-2 的编制者认为该测验具有很高的内容效度,因为它严格按照经典的视知觉理论和研究来编制。另外,在测验使用手册中还报告了该测验的效标关联效度和构想效度。DTVP-2 的分测验与其他同类测验的相关系数分布在 0.27~0.95 之间。该测验与年龄存在显著相关,而且因素分析的结果也支持编制者的理论构想。

5. 评价

DTVP-2 是一个标准化的常模参照测验,可有效地评估 4~10 岁儿童的视知觉及视知觉—动作统合能力。和班达视觉动作完形测验相比,它的测量范围更广,信度和效度更高,常模更新且具有代表性。该测验目前已被广泛应用于视知觉问题的诊断和干预效果的评价。

(二) DTVP-3

2013年,哈米尔等人修订并发表了视知觉发展测验第三版(DTVP-3)。与第二版相比,新版测验只由其中的5个分测验组成:眼—手协调、临摹、图片—背景、视觉填充和图形恒常性,适用年龄范围扩展为4岁~12岁11个月。

该测验只需30分钟即可完成。分测验的原始分数可以转换为标准分数、百分等级和年龄当量。将眼—手协调测验和临摹测验的分数相加,可得到视觉—动作统合合成分数;将另外三个测验的分数相加,可获得去动作视知觉合成分数;所有分测验的分数之和为一般视知觉合成分数。合成分数均没有出现地板效应或天花板效应。

DTVP-3是个可靠的测量工具,所有分测验的信度均高于0.80,合成分数的信度甚至都超过0.90,但目前测验手册中提供的效度信息比较有限,有待于进一步收集数据予以说明。

五、听觉辨别测验

听觉辨别测验(Auditory Discrimination Tests,ADT)由韦普曼(J. M. Wepman)编制,用于测量儿童对只有一个音素有差别的单词的区分能力。该测验最早发表于1975年,1987年雷诺兹(W. M. Reynolds)对其进行了一次修订。下面介绍修订本(ADT-2)。

1. ADT-2的组成

该测验有1A型和2A型两个版本。这两个版本各由30对不相同和10对相同的单词组成。在30对不相同的单词中,有的是开头的辅音有差别,有的是中间的元音或末尾的辅音有差别。

2. 施测和记分方法

当主试念每对单词时,不让受测者看测验上的字,也不让看口型,而让他回答"相同"或"不相同"。对30对不相同的单词能辨别出有差异的数目,即为该测验的原始分数。如果对不相同的单词回答"不相同"的数目少于10,或者对相同的单词回答"相同"的数目少于7,测验分数就无效。该测验的原始分数最后要转换为百分等级、T分数和5点量表分数(即很好、中上、中等、中下和很差)。

该测验的适用年龄范围是4~8岁,每位受测者的施测时间大约为5分钟。

3. 常模样本的取样

ADT-2的常模样本由1 885名儿童组成,用分层随机抽样的方法抽取而得,其分层变量包括性别、年龄、宗教、家长职业、社区大小和地区等。该样本基本符合当时美国的各项人口比例。

4. 信度和效度

在测验使用手册中,修订者报告了该测验的信度和效度。在信度方面,1A型的内部一致性系数的中位数为0.75,2A型的内部一致性系数的中位数为0.79。

在效度方面,ADT-2与各种语言测验、智力和学业成就测验的相关系数分布在-0.82~0.85之间。另外,在测验所测量的年龄范围内,分数随着年龄的增长而增长。

5. 评价

ADT-2的内容简单,施测省时、省力,它是目前最有名的听知觉测验之一。不过,该测验的信度和效度都不理想,不适宜在正式的评估中使用。

六、戈德曼—弗里斯托—伍德科克成套听觉技能测验

戈德曼—弗里斯托—伍德科克成套听觉技能测验（Goldman – Fristoe – Woodcock Auditory Skills Test Battery，GFW Battery）是戈德曼等人（R. Goldman，M. Fristoe & R. W. Woodcock）编制的，发表于1974年。该测验属于个别施测的常模参照测验，用于评估儿童的各种听觉技能。

1. 测验的组成

GFW Battery 由以下4个测验组成。

- GFW 听觉选择性注意测验　包括4个分测验，共有110题。主要测量受测者在不同类型（安静、有电风扇的噪声、饭馆的嘈杂声和说话声）和信/噪比的声音背景下，注意特定的听觉刺激（某个单词）的能力。

- GFW 听觉辨别测验　包括三个部分，每个部分各有100题。主要测量受测者分辨特定的语音之间差异的能力。例如，分辨"b"与"p""b"与"v""b"与"m"和"b"与"d"之间的差异。

- GFW 听觉记忆测验　包括3个分测验。第1个分测验共有110题，测量受测者辨认某个单词曾经说过还是没有说过的能力；第2个分测验共有16题，测量受测者听完一段录音后记住要点的能力；第3个分测验共有14题，测量受测者记住录音播放顺序的能力。

- GFW 听觉声音—符号测验　包括7个分测验。第1个分测验共有55题，主要测量受测者复述主试说出的某些无意义单词的能力；第2个分测验共有30题，主要测量受测者听了录音机一个一个地播放若干音素后知道所念的是什么单词的能力；第3个分测验共有28题，主要测量受测者听了由两三个音素组成的无意义单词后辨认并复述第一个、中间或最后一个音素的能力；第4个分测验共有33题，主要测量受测者把2~7个单音联结起来，读出单词的能力；第5个分测验共有55题，主要测量受测者在不熟悉的听觉与视觉刺激之间建立对应关系的能力；第6个分测验共有70题，主要测量受测者拼读无意义单词的能力；第7个分测验共有50题，主要测量受测者根据录音机播放的声音拼写无意义单词的能力。

2. 施测和记分方法

GFW Battery 的适用年龄范围是3岁至成年。根据评估目的的不同，主试可以实施其中的某个测验，也可以实施所有的测验。如果只实施某个测验，那么大约需要15分钟；如果实施所有的测验，大约需要1个小时。按照测验使用手册中的记分规则记分，即可获得原始分数。根据不同年龄的常模，还可以将这些原始分数转换成标准分数、百分等级、标准九分数和年龄当量。

3. 常模样本的取样

这套测验的常模样本来自加利福尼亚、佛罗里达、缅因和明尼苏达4个州，受测者的年龄范围是3~80岁。除了普通人的常模外，测验编制者还从学校中抽取了一些有轻度言语和学习问题学生和中、重度智力障碍学生制订了特殊常模。不过，在测验使用手册中编制者没有对取样方法及结果做详细的说明。

4. 信度和效度

（1）信度　测验编制者只报告了这套测验的分半信度系数。对于3~8岁的受测者样本，各测验的分半信度系数分布在0.76~0.97之间；对于9~18岁的受测者样本，各测验的分半信度系数分布在0.46~0.96之间；对于19岁以上的受测者样本，各测验的分半信度系数分布在0.73~0.97之间；对于轻度残疾儿童样本，各测验的分半信度系数分布在0.74~0.98之间；对于

中、重度残疾儿童样本,各测验的分半信度系数全部在 0.93 以上。

(2)效度 普通受测者与残疾受测者的比较研究显示,轻度残疾的受测者在各个测验和分测验上的得分都低于普通的受测者,不过,在听觉辨别测验和听觉声音—符号测验的第 1 个分测验上轻度残疾的受测者与普通受测者之间的差异不显著;而智力障碍受测者在所有的测验和分测验上的得分都显著地低于普通的受测者。

5. 评价

GFW Battery 测量了听觉的选择性注意、辨别力、记忆力和声音—符号关系,所获得的结果是十分丰富的,这有助于对受测者的听觉问题以及与听觉问题有关的学习困难进行全面的评估。不过,从常模样本的选取、信度和效度的检验结果来看,这套测验的标准化程度还不够高,因此,它目前还不适合在正式的评估中使用。

七、布鲁因宁克斯—奥泽里特斯基动作熟练度测验及其修订本

布鲁因宁克斯和奥泽里特斯基动作熟练度测验(Bruininks - Oseretsky Test of Motor Proficiency, BOTMP)是一个个别施测的常模参照测验,由布鲁因宁克斯和奥泽里特斯基二人共同编制,发表于 1978 年。该测验用于评估儿童的运动功能发展的水平。

(一) BOTMP

1. 测验的组成

BOTMP 分为三部分,由以下 8 个分测验组成。

第一部分:大动作能力

- 奔跑速度和灵活性分测验 只有 1 道题,用于测量受测者在短程的穿梭跑中保持很快的速度的能力。
- 平衡分测验 共有 8 题,测量受测者在站立和移动时保持身体平衡的能力。
- 两侧协调分测验 共有 8 题,测量双手和双脚在同时或不同时活动中的协调能力。
- 强度分测验 共有 3 题,测量会用胳膊、腿和腹部肌肉来完成任务的能力。

第二部分:大动作与精细动作能力

- 往上爬的协调分测验 共有 9 题,测量把视觉追踪与胳膊、腿、手指等的动作协调起来的能力。

第三部分:精细动作能力

- 反应速度分测验 只有 1 道题,测量用手停住某个移动的视觉刺激的速度。
- 视觉—动作控制分测验 共有 8 题,测量完成若干纸笔测验任务时的手—眼协调能力。
- 向上爬的速度和灵活性分测验 共有 8 题,测量既快速又灵活、准确地移动胳膊和手的能力。

2. 施测和记分方法

该测验适用于 4 岁 6 个月~14 岁 6 个月的儿童。每位受测者的实施时间为 45~60 分钟。施测前主试先要了解受测者的优势胳膊和优势腿在哪一侧,施测时要使用工具箱里准备的材料(图 11-4),按照测验的指导语逐条进行测试。

根据题目的性质不同,有四种记分方法:①完成某项任务所用的时间;②在规定的时间内完

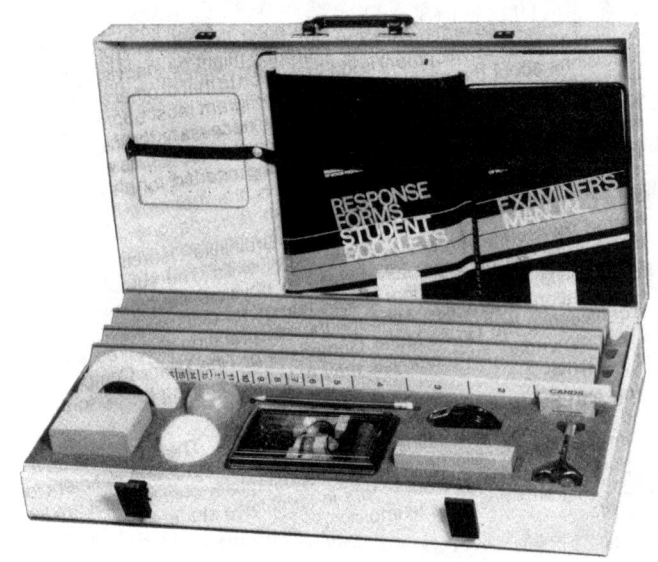

图 11-4 BOTMP 的测试工具

成任务的数量;③出错的数量;④是否达到通过标准。按照这些记分方法和规则记分,就可以获得各分测验的原始分数。与各年龄的常模作比较,这些原始分数可以转换成标准分数。然后,要把各部分分测验的标准分数加起来,求大动作、精细动作和全量表的组合分数。最后,这些组合分数要用百分等级、标准九分数和年龄当量表示。

3. 常模样本的取样

BOTMP 的编制者用多阶段分层抽样的方法抽取了 765 名儿童组成常模样本。其分层变量包括年龄、性别、种族、地区和社区大小等。该常模样本的各项人数比例与美国 1970 年人口普查的统计数据接近。

4. 信度和效度

在信度方面,编制者选取了一个二年级样本和一个六年级样本进行测验稳定性的检验。以 7~12 天的间隔前后各施测了一次,计算得各分测验的稳定性系数分布在 0.58~0.89 之间(二年级)和 0.29~0.89 之间(六年级);各组合分数的稳定性系数分布在 0.77~0.89 之间(二年级)和 0.80~0.87 之间(六年级)。

在效度方面,编制者通过对运动发展理论和研究与该测验内容的关系的分析论证了该测验的内容效度和构想效度。另外,计算各分测验分数与受测者生理年龄的相关,结果是相关系数都非常高。将非残疾儿童与学习障碍儿童、智力障碍儿童的分数进行比较,其结果也证明该测验具有一定的效度。

5. 评价

BOTMP 是目前比较全面地评估儿童动作技能发展的常模参照测验之一。它可以为评估者提供有关大动作、精细动作和一般动作技能发展方面的测量数据,因此,在动作技能的评估和训练中是一个有用的工具。

不过,该测验的信度和效度还没有达到心理测量学的技术要求,还需要不断地修订和完善。

（二）BOT-2

2005年,编制者对测验进行了修订,发表了布鲁因宁克斯—奥泽里特斯基动作熟练度测验第二版(BOT-2),将适用年龄范围扩展为4岁~21岁11个月。测验更新了部分题目,任务更加有趣,容易吸引学生的注意力;而且采用新的图板形式的施测方式,更容易操作,非常适合于物理治疗师、作业治疗师、特殊教育专家等使用。

1. 测验的构成

测验由8个分测验组成,共53题,可分为精细动作和大动作两部分:

第一部分:精细动作能力

- 精细动作准确性　7题,如切出一个圆圈、连接各点等。
- 精细动作统合　8题,如临摹一颗星星或一个正方形等。
- 手灵敏性　5题,如移动硬币、分类卡片、把木块串在一起等。
- 上肢协调　7题,如投球砸中目标、接球等。

第二部分:大动作能力

- 两侧协调　7题,如开合跳、用手拍脚等。
- 平衡　9题,如走直线、单腿站立等。
- 奔跑速度和灵活性　5题,如往返跑、单腿跳等。
- 力量　5题,如立定跳远、仰卧起坐等。

2. 施测和记分方法

BOT-2的施测较为灵活,个体可以选择施测完整版测验,需要45~60分钟,或是选择需要的动作领域单独施测。

分测验的原始分数可以转换为标准分数、百分等级和年龄当量。通过分测验的组合,还可获得7个合成分数:精细动作能力部分可以获得精细手部控制合成分数、手部协调合成分数和精细动作合成分数;大动作能力部分可以获得身体协调合成分数、力量与敏捷度合成分数和大动作合成分数;所有分测验分数之和可以得到整体动作合成分数。

3. 评价

BOT-2是广泛使用的动作熟练度测验,可分析个体在动作能力上的强项与弱项。临床研究表明,该测验可有效评估高功能孤独症、阿斯伯格综合征、发展性协调障碍和轻度和中度智力障碍人群的动作技能。

八、普度钉板测验

普度钉板测验(Purdue Pegboard Test,PPT)由蒂芬(J. Tiffin)编制,发表于1948年。该测验用于评估手的灵巧性,既可以个别施测,也可以团体施测。

1. 测验材料、施测和记分方法

PPT的测验材料包括一块带有四个凹槽和两排孔眼的木板、若干秃头钉、垫圈和项圈(图11-5)。

让受测者舒服地坐在高度适宜的桌子旁,桌上摆放着测验用的钉板。钉板的四个凹槽位于远端,最靠左和最靠右的凹槽各盛放25根秃头钉,中间靠右的那个凹槽盛放20个项圈,靠左的

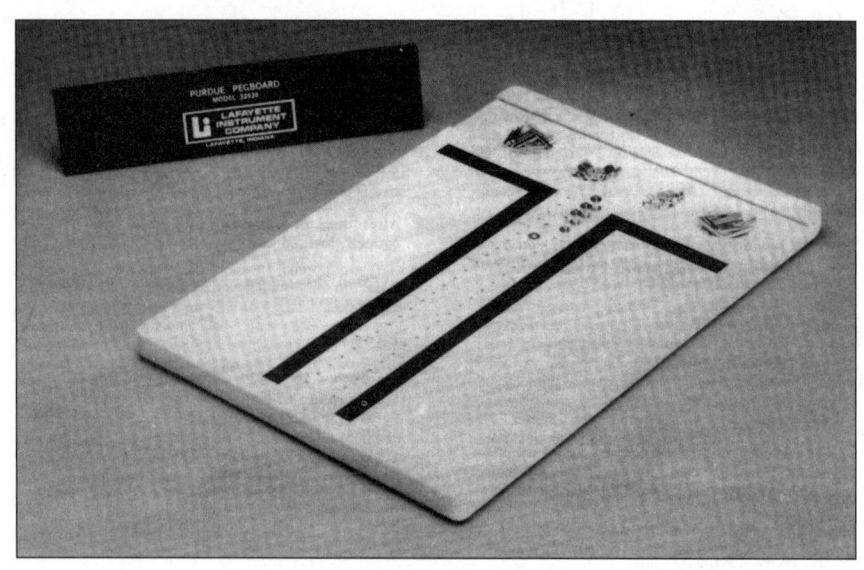

图 11-5　普度钉板测验的测试工具

那个凹槽盛放 40 个垫圈。

当各项准备工作已经就绪，对受测者说："这个测验要看你用手工作做得多快、多准确。每项测试开始之前，我都会告诉你要做什么，然后让你做一些练习，保证你知道该做什么。"

● 右手测验　指导语："每次用右手从右边的凹槽中取一根钉子，从右排最上面的孔开始把钉子插在孔里（演示一下，并把钉子留在孔里）。好，现在你来试一试。在测验过程中如果钉子弄掉了，不要去捡它，你可以再取一根钉子继续往下插。"纠正受测者出现的错误，解答他提出的各种问题。在受测者已经插了四五根钉子后，说："停。把已插上的钉子放回原处。当我说'开始'时，从最上面这个孔开始，把钉子尽可能快地插入孔里，直到我说停为止。预备，开始！"从说"开始"起计时，30 秒钟一到就喊"停止"。记录受测者已插上钉子的数目，即为他的右手测验的原始分数。

● 左手测验　指导语与右手测验大致相同。

● 双手测验　指导语："这一次，要同时用双手来做测验。用右手从右边的凹槽中取一根钉子，用左手从左边的凹槽中取一根钉子。从最上面一排开始，把钉子插进左右两个孔里。好，现在你来试一试。"在受测者已经插了四五根钉子后，说："停。把已插上的钉子放回原处。当我说'开始'时，要从最上面这一排孔开始，把钉子尽可能快地插入孔里，直到我说停为止。预备，开始！"从说"开始"起计时，30 秒钟一到就喊"停止"。记录受测者已插了几排钉子，即为他的双手测验的原始分数。

● 右手+左手+双手测验　这个测验不需要施测。测验分数 = 右手测验的原始分数 + 左手测验的原始分数 + 双手测验的原始分数。

● 装配测验　指导语："用右手从右边的凹槽中取一根钉子，插进最上面一排右边的这个孔里，然后用左手从左边的凹槽中取一个垫圈，放在钉子上面。再用右手取一个项圈，放在垫圈的上面，用左手取一个垫圈，放在项圈的上面，这就组装完了第一个零件。这个零件由钉子、项圈和垫圈组成。把垫圈放在项圈的上面后,立即开始组装第二个零件。好,现在你来试一试。"在受测者组装了几个零件后,说:"停。把已插上的钉子、垫圈、项圈放回原处。当我说'开始'时,你要从最上面右边这个孔开始,把钉子尽可能快地插入孔里,直到我说停为止。预备,开始!"从说"开始"起计时,60秒钟一到就喊"停止"。记录受测者已组装了几个零件,装配测验的原始分数等于已组装的零件数乘以4,再加上最后一个没有组装完的零件的钉子、垫圈和项圈数。

通过查常模表,可以将这5项测验的原始分数转换成百分等级。

2. 常模样本的取样

在PPT的使用手册中,编制者提供了该测验的若干特殊常模,包括装配工人常模、缝纫工人常模、服务人员常模、普通儿童常模、智力障碍儿童常模、学习障碍儿童常模等。

3. 信度和效度

测验编制者的检验结果表明,如果每个测验只施测一次,那么该测验的稳定性系数分布在0.60~0.76之间;如果每个测验施测三次,该测验的稳定性系数分布在0.82~0.91之间。

在效度方面,已有的研究表明,受测者在PPT上的得分与他以后的工作业绩有显著的相关。

第 12 章 适应行为的评估

适应行为的评估实践起源于对智力障碍儿童的诊断和训练。随着智力障碍儿童的定义、诊断标准、教育和训练研究的逐步深入,适应行为的概念、评估工具以及有关的研究也越来越受到人们的重视。近一二十年来,不仅适应行为的概念变得越来越明确,而且评估所用的量表也逐渐增多,质量在逐步提高。适应行为的评估、训练和研究不再局限于智力障碍儿童的研究领域,已逐步扩展到其他特殊儿童的研究领域,乃至整个儿童心理与教育的研究领域。

第一节 适应行为的一般概念

一、适应行为的定义

早在 19 世纪,人们已把适应行为(adaptive behavior)的缺陷看成是智力障碍者的主要特征,并依此来诊断智力障碍。不过,那个时候适应行为的概念是非常模糊的,泛指生活自理能力和与他人相处的能力。

第一个给适应行为以高度重视并进行系统研究的是美国文兰训练学校的校长道尔(E. A. Doll)。在 20 世纪 30 年代,道尔已深刻地认识到把社会适应能力(后来称为适应行为)作为诊断智力障碍的重要性,开始探讨社会适应能力评估的方法。他于 1941 年提出,智力障碍的诊断标准应该包括社会适应能力差、智能低下、发育迟滞、不成熟、具有体质上的起因和基本上不可治愈等六条,其中,社会适应能力差或社会成熟度低是一条最为重要的标准。经过十多年深入、系统的研究,1953 年,他给社会适应能力下了一个比较明确的定义。他认为,社会适应能力是指人类有机体保持个人独立和承担社会责任的功能。这个定义对后来提出的各种适应行为的定义都有极其重要的影响。

道尔的主张后来被美国智力缺陷学会所采纳。1961 年,希伯(R. Heber)代表美国智力缺陷学会给适应行为下的定义是:适应行为主要是指个体适应环境中的各种自然要求和社会要求的效能。在这个定义中,希伯以"适应行为"这个词取代了"社会适应能力"这个词,以"效能"取代"功能",反映了他对适应行为的本质的看法,即适应行为不是由先天决定的,而是后天习得并可以改变的行为。随着社会条件、社会要求的改变及个人能力的提高,个体的适应行为会有所改善。

1973 年,美国智力缺陷学会指定以格罗斯门(H. J. Grossman)为首的专业委员会对智力障碍的定义重新进行修订。修订后的定义更加强调适应行为评估的重要性,并把适应行为定义为个人承担起他所在文化群体中对他这个年龄期望承担的个人及社会责任的程度。1977 年和 1983

年格罗斯门又两度对这个定义做了审定。审定后的定义措辞稍有改动,但基本意思没有改变。从格罗斯门的定义可以看到它对希伯定义的继承性,即强调适应行为与社会文化背景有关,不同的社会有不同的行为准则。此外,格罗斯门还强调适应行为具有发展的性质,即不同年龄的儿童有不同的适应标准。他指出,在婴幼儿时期,适应水平主要从感觉运动技能、沟通技能、生活自理技能和初步的社会化技能的发展上表现出来。在这些技能的习得方面如果出现迟缓或停滞,就会给儿童的适应带来困难。从儿童期到青年初期,虽然生活自理技能、沟通技能的发展对儿童青少年的适应仍十分重要,但基本学习技能、对周围环境的推理判断能力及参加集体活动和处理人际关系所必需具备的社会技能已成为这个阶段适应的主要特征或内容。从青年晚期到成年,适应行为则主要从履行社会职责及职业表现方面表现出来。格罗斯门的定义对世界卫生组织(WHO)乃至世界各国有关适应行为的定义都有极深远的影响。

1984年,斯帕罗(S. S. Sparrow)等人对适应行为提出了一些新的看法。他们认为,适应行为是指按个人生活和社会生活的要求独立处理各种日常事务的行为。它不是指某种潜能,而是指日常生活中的一般表现。如果一个人具有某种潜能或能力,但在需要发挥作用的时候没有发挥出来,那么他的适应行为也是有缺陷的。

1992年,拉克逊(R. C. Luckson)等人代表美国智力落后学会对智力障碍及相关术语的界定进行了第九次修订。他们把适应行为细分为由沟通、自我照顾、居家生活、社交技能、社区利用、自我指导、健康与安全、功能性学业技能、休闲与工作等10项技能构成。

2002年,该学会对智力障碍及相关术语进行了第十次修订,提出适应行为应包括以下三方面的技能:
- 概念性技能　包括语言的理解和表达、钱的概念、自我定向等。
- 社会性技能　包括处理人际关系、责任心、自尊、遵守规则、服从法律、自我保护等。
- 实践性技能　包括个人日常生活技能和职业技能,如吃饭、穿衣、大小便、做家务、使用交通工具等。

通过回顾适应行为概念的产生及演变过程,我们可以从以下几方面来把握这个概念。

首先,适应行为是指个人保持生活独立并承担一定社会责任的行为。它既以一定的生理成熟和认知发展为前提,又是在社会化的过程中逐步习得的行为。一个人不能或没有按社会的要求去掌握一定的行为,或按社会的要求做出适当的表现,他就有适应的障碍。

其次,适应行为是具有年龄特征的。这里包含有两层意思,第一层意思是指随着年龄的增长适应行为会变得越来越复杂,另一层意思是指社会对不同年龄的儿童有不同的行为要求,因此,适应行为的缺陷要根据儿童的年龄来进行判断。

另外,依生活条件、文化背景的不同,社会对儿童提出的适应要求也是不同的,因此根据我国的具体情况对适应行为进行深入、细致的研究,并编制出适合我国使用的适应行为评估量表是很有必要的。

二、适应行为与智力的关系

目前,许多国家和地区已把智力测验和适应行为的评定作为智力障碍儿童诊断及各类特殊儿童心理评估与训练的主要内容,智力与适应行为的关系问题因此引起心理和教育工作者很大的兴趣,有关的研究逐渐增多。智力和适应行为究竟是什么关系?二者完全等同?无关?包含关系？抑或是交叉关系？由于智力和适应行为都属于某种复杂的理论构想，对这些问题目前还无法做出明确的回答。为了初步地了解二者的关系，让我们先来分析它们之间有什么不同之处，再分析它们之间有什么相似的地方。

已有的研究表明，适应行为和智力之间有以下几方面的区别：①适应行为主要涉及个体的日常行为，而智力通常被认为是抽象思维能力及某些认知能力。②适应行为强调个体生活中的非学术方面的表现，既包括校内的，又包括校外的，但更侧重于校外的行为表现；而智力更侧重于校内的学术能力。③适应行为强调某些能力的运用是否适当，而智力更强调个体是否具有这些能力。④适应行为常因文化背景、环境的不同而不同，具有相对性和波动性；而智力比较有稳定性和一致性。

二者在测量方式上也有不同。①适应行为量表一般测量的是受测者在日常生活中的典型表现，而智力测验测量的是受测者在解决问题的过程中的最高表现。②智力测验通常采取与受测者面对面的方式，在严格控制的条件下施测；而适应行为的评定一般通过与熟悉受测者的人（第三者）的访谈来进行，施测条件相对比较宽松。③实施完智力测验之后，通常要报告一个综合的评估结果（如 IQ）；而做完适应行为量表之后，可以不报告综合的评估结果，只报告各分量表，甚至各条目的分数。

虽然适应行为与智力之间存在种种差异，但是二者之间也存在某些共同点或相似之处。①一些学者像斯腾伯格、桑代克、韦克斯勒、皮亚杰等认为，智力的实质就是适应；另有一些学者像卡尔斯沃斯等认为，智力实际上包含两种特性：一种是认知过程；另一种是适应环境的能力（郭伯良，1997）。②大量的实证研究表明，适应行为量表分数与智力测验分数之间存在显著的相关。尽管相关系数依所用量表、测量方式、受测者类型及样本异质性的不同而不同，但是一般的结果在 0.40～0.60 之间，属于中等强度。

由此可见，适应行为和智力是两个既有联系又相对独立的概念和评估领域。

第二节　常见适应行为量表简介

一、AAMR 适应行为量表及其修订本

（一）ABS – SE 和 ABS – SE2

AAMR 适应行为量表（AAMR Adaptive Behavior Scale，ABS）是目前国际上最著名、应用最广泛的两大适应行为量表之一。最早的版本发表于 1969 年，由尼海拉（K. Nihira）等人在美国智力缺陷学会资助下编制的。1981 年，兰伯特（N. Lambert）等人对其进行了一次重大的修订，取名为 AAMR 适应行为量表—学校版（ABS – SE）。1993 年，兰伯特等人又对该量表进行了一次修订，新量表简称为 ABS – SE2。

1. ABS – SE

（1）量表的构成　ABS – SE 由两部分组成：第一部分主要评估受测者的一般适应能力，包括 56 个条目；第二部分主要评估不良的适应行为，包括 39 个条目。整套量表共有 95 个条目。

ABS-SE 所包括的领域、子领域及条目数见表 12-1。

（2）施测和记分方法　ABS-SE 适用的年龄范围是 3 岁 3 个月～17 岁 2 个月。施测时，主试将题目逐条念给熟悉受测者的人（如父母、老师）听，在他们报告有关的情况之后，对受测者的行为表现做出评定。对每位受测者的测评大约需要 30 分钟。

将各领域的条目分数加起来，即可得每个领域的原始分数。如果评估结果用于制订教学计划，各领域的原始分数要转换成百分等级，以便判断受测者在各领域能力的高低。如果评估结果用于诊断智力障碍，那么原始分数必须先转换成为个人生活自立、社会生活自立、个人—社会责任心、个人调节和社会调节五种因素的组合分数，再计算各因素分数、比较分数（即总分）的量表分和百分等级。

表 12-1　ABS-SE 的领域、子领域及条目数

第一部分	第二部分
1. 独立生活能力—— 进食(4)；使用厕所(1)；清洁(3)；仪表(2)；管理衣物(1)；穿脱衣服(2)；外出(2)；其他独立生活能力(2)	10. 攻击行为(5)
	11. 反社会与社会行为(6)
	12. 对抗行为(6)
2. 身体发育—— 感觉发展(2)；运动发展(4)	13. 可信赖行为(2)
	14. 退缩(3)
3. 经济活动—— 用钱与预算(2)；购物能力(2)	15. 特殊癖好(2)
	16. 人际交往方式(1)
4. 语言发展—— 表达(5)；理解(2)；社交语言发展(2)	17. 不良的说话习惯(1)
	18. 不良的行为习惯(4)
5. 数字和时间(3)	19. 活动水平(1)
6. 就业前工作表现(3)	20. 症状性行为(7)
7. 自我管理—— 主动性(2)；坚持性(2)；业余时间安排(1)	21. 药物服用情况(1)
8. 责任心(2)	
9. 社会化(7)	

注：括号里的数字为各领域、子领域所包含的条目数。

（3）常模抽样　该量表的常模样本全部来自加利福尼亚州和佛罗里达州，由 6 523 名 3～17 岁的受测者组成。编制者在抽样时，尽量使不同种族（黑人、白人、西班牙人及其他种族）和居住地（城市、郊区和农村）的人数比例符合美国的实际情况。此外，还分别制订了普通儿童、轻度智力障碍儿童和中度智力障碍儿童常模。

2. ABS-SE2

（1）量表的构成　ABS-SE2 与 ABS-SE 在结构、内容、施测与记分方法上有许多相似之处，不过，在各领域所包含的条目数、第二部分所评估的领域方面做了比较大的调整。ABS-SE2 所包含的领域、子领域及条目数见表 12-2。

表 12-2　ABS-SE2 的领域、子领域及条目数

领域和条目数	因素
第一部分	1. 独立生活能力(24) 2. 身体发育(6) 3. 经济活动(6) 4. 语言发展(10) 5. 数字和时间(3) 6. 职前/职业活动(3) 7. 自我管理(5) 8. 责任心(3) 9. 社会化(7)	1. 个人生活自立 2. 社会生活自立 3. 个人—社会责任心
第二部分	10. 社会行为(7) 11. 服从(6) 12. 可信赖行为(6) 13. 刻板和多动行为(5) 14. 自虐行为(3) 15. 社会约束(4) 16. 不良的人际交往行为(6)	4. 社会调节 5. 个人调节

引自：J. Salvia, J. E. Ysseldyke, (1995), *Assessment: in special and inclusive edcatio*, Boston: Houghton Mifflin Company, p629.

(2) 常模抽样　在该量表的使用手册中提供了两套常模，一套根据智力障碍群体的样本数据制成，另一套根据普通人群的样本数据制成。智力障碍样本由来自美国 40 个州的 2 074 名 3~21 岁的智力障碍人士组成，普通样本则由来自美国 44 个州的 1 254 名 3~18 岁的普通人组成。两套样本的地区、种族、性别等构成比例基本符合抽样时美国的实际情况。

(3) 信度和效度　在信度方面，该量表的编制者报告了内部一致性系数、稳定性系数和评分者信度系数。根据不同年龄的智力障碍样本数据计算得的第一部分各领域的内部一致性系数分布在 0.81~0.98 之间；第二部分各领域的内部一致性系数分布在 0.80~0.96 之间；五个因素的内部一致性系数全部在 0.90 以上。根据不同年龄的普通样本数据计算得的第一部分各领域的内部一致性系数分布在 0.79~0.97 之间；第二部分各领域的内部一致性系数分布在 0.80~0.98 之间；五个因素的内部一致性系数基本上都在 0.80 以上。

以两个星期的间隔对 45 名 9~11 年级的情绪障碍学生前后各施测一次，计算得第一部分各领域的稳定性系数分布在 0.42~0.79 之间；第二部分各领域的稳定性系数分布在 0.72~0.89 之间；五个因素的稳定性系数分布在 0.61~0.84 之间。

另外，让教师和教辅人员对 50 名情绪障碍学生分别进行评定，计算得第一部分各领域的评分者信度系数分布在 0.51~0.92 之间；第二部分各领域的评分者信度系数分布在 0.55~0.88 之间；五个因素的评分者信度系数分布在 0.53~0.80 之间。

在效度方面，给 30 名智力障碍学生同时施测 ABS-SE2 和适应行为调查表(ABI)，计算 ABS-SE2 第一部分分数与 ABI 分数的相关。结果是：大多数相关在中度以上；而第二部分分数与 ABI 分数的相关大多数不显著。另外，将 ABS-SE2 用于智力障碍和非智力障碍群体中，结果显示，该量表能对两类儿童做有效的区分。这些数据均表明该量表的第一部分具有效标关联效度。

分别计算第一和第二部分分数与年龄的相关,结果是,第一部分分数与年龄存在显著的相关,而第二部分分数与年龄的相关比较弱。这些数据表明,该量表具有一定的构想效度。

(4)评价　　ABS-SE2 是 AAMR 适应行为量表的最新修订本。经过本次修订,其常模抽样比以前更具有代表性,信度和效度的研究也更加充分。该量表的最大优点是评估内容全面,施测方法简单,有全国普通人群常模和智障群体常模。不足之处是该量表的稳定性和评分者一致性还有待进一步提高。

(二)中华适应行为量表

台湾学者徐享良根据美国智力落后学会 1992 年颁布的适应行为的定义,于 1998 年编制并发表了这套适应行为量表。

1. 量表的构成

中华适应行为量表也由两部分构成:第一部分有 200 题,分为 10 个分量表,每个分量表有 20 题;第二部分有 50 题,分为 2 个分量表,一个为独处不良适应分量表,有 15 题;另一个为人际不良适应分量表,有 35 题。中华适应行为量表的各分量表名称及所包含的特定能力见表 12-3。

表 12-3　中华适应行为量表分量表及其特定能力

第一部分

一、沟通能力	2. 社交技巧	4. 学校安全
1. 口语沟通能力	3. 参与能力	5. 社区安全
2. 非口语沟通能力	4. 两性关系	八、实用知识
二、自理能力	五、社区活动	1. 语文知识
1. 饮食	1. 认识社区环境	2. 数学知识
2. 穿脱衣服	2. 维护社区环境	3. 自然知识
3. 个人卫生	3. 使用社区资源	4. 社会知识
4. 生活习惯	六、自我指导	九、休闲活动
三、居家生活	1. 认识自我	1. 休闲活动技能
1. 家事处理	2. 遵守规章	2. 安排休闲活动
2. 居家安全	3. 适应环境	3. 欣赏与创造休闲活动
3. 设备应用	4. 肯定自我	十、职业活动
4. 经济生活	七、安全卫生	1. 基本工作技能
5. 家庭结构	1. 生理卫生	2. 工作知识
四、社会技能	2. 心理健康	3. 工作态度
1. 人际关系	3. 两性教育	

第二部分

一、独处不良适应　　　　二、人际不良适应

引自:王亦荣等,《特殊儿童鉴定与评量》,台北:师大书苑,2000 年,第 391 页。

2. 施测和记分方法

该量表由熟悉受测者平时表现的老师填写。第一部分采取五级记分法。例如,以行为出现的频率来评分,其标准是:从未见到该行为,记 0 分;很少见到该行为,记 1 分;偶尔见到该行为,记 2 分;时常见到该行为,记 3 分;每次都见到该行为,记 4 分。

第二部分按两种方式记分。首先,按发生频率记分,分为四级,其标准是:从无此项不当行

为,记0分;偶尔有此项不当行为,记1分;时常有此项不当行为,记2分;总有此项不当行为,记3分。然后,按强度记分,分为三级,其标准是:此项行为表现和缓,记1分;此项行为表现相当强烈,记2分;此项行为表现极为强烈,记3分。将各题的频率得分乘以强度得分,所得的乘积就是该题的得分。

将各分量表的题目分数加起来即可得分量表的原始分数。分量表的原始分数要分别转换成百分等级或标准分数(平均数=100,标准差=15),并绘制剖析图。最后按照表12-4标准对分数做解释。

3. 常模抽样

该量表的常模样本取自台湾地区的中小学、启智学校和教养院,包括普通中学10所,普通小学10所,启智学校2所和教养院1所。常模样本的总人数为1 292人,智力障碍常模样本的总人数为495人。受测者的年龄范围是5~15岁,分为11个年龄组,每组男女各半。

表12-4 中华适应行为量表适应行为水平的分级标准

标准分数	百分等级	第一部分分级标准	第二部分分级标准
130以上	98以上	非常优良	显著异常
120~129	91~97	优良	异常
110~119	75~90	中上	靠近异常
90~109	26~74	中等	与一般人相似
80~89	10~25	中下	与一般人相似
70~79	3~9	发展迟缓	无异常行为
69以下	2以下	发展极为迟缓	无异常行为

4. 信度和效度

(1)信度 经检验,第一部分各分量表的克伦巴赫α系数分布在0.90~0.98之间,第二部分各分量表的克伦巴赫α系数分布在0.82~0.99之间,这些数据表明各分量表具有很高的内部一致性。对86名5~15岁的受测者以两星期的间隔前后各施测一次,计算得第一部分各分量表的稳定性系数分布在0.88~0.96之间,第二部分各分量表的稳定性系数分布在0.81~0.97之间,表明各分量表的稳定性基本符合心理测量学的要求。另外,在该量表的使用手册中还提供了各年龄组在各分量表上的标准误。

(2)效度 测量结果显示,第一部分各分量表的平均数随着年龄的增长而增长,而第二部分各分量表的分数年龄趋势不明显,这种结果符合理论构想。以1 289名普通班学生、333名启智班学生和162名启智学校和教养院学生为测试对象,求得三组学生在12个分量表上的平均数,对三组学生在各分量表上的平均数进行差异的显著性检验,结果均达到了0.001的显著性水平,这表明该量表具有效标关联效度。用因素分析法探讨该量表的因素结构,结果发现,第一部分由3个因素构成,第二部分由2个因素构成,与以往的一些研究结果一致。

5. 评价

中华适应行为量表是目前台湾地区标准化程度最高的适应行为量表。它以AAMR的适应行为理论为依据,参照了若干优良的适应行为量表编制而成,具有较高的内容效度。实际检验的结果也表明该量表具有良好的心理测量学的性能。另外,在量表的使用手册中还提供了详细的施测说明和台湾地区常模,为量表在该地区的有效使用提供了便利。

(三)儿童适应行为量表

1. 量表的构成

1996年,北京师范大学的韦小满对ABS-SE进行了修订,新量表取名为儿童适应行为量表。

儿童适应行为量表由两部分组成。第一部分主要评估一般适应能力,由动作发展、语言发展、生活自理能力、居家与工作能力、自我管理和社会化等6个分量表组成;第二部分主要评估不良的适应行为,由攻击行为、反社会行为、对抗行为、不可信赖行为、退缩、刻板与自伤行为、不适当的人际交往方式、不良的说话习惯、不良的口腔习惯、古怪的行为、多动和情绪不稳定等12个分量表组成。该量表的结构和内容见表12-5。

表12-5 儿童适应行为量表的结构和内容

第一部分 适应能力

第一项 动作发展

(一)粗大动作

第1条 身体平衡(只圈一项)

能双脚踮脚尖站10秒钟	5
能单脚站立2秒钟	4
不用扶可站稳	3
扶东西能站立	2
不用支撑可坐稳	1
不具有上述能力	0

第2条 行走与跑跳(圈出所有符合项目)

独走自如	1
双手扶栏杆上下楼梯	1
不抓扶手自己上下楼梯	1
双脚交替着走下楼梯	1
能跑且很少摔倒	1
双脚并跳	1
单脚跳	1
不具有上述能力	0

第3条 手臂的控制力(圈出所有符合项目)

能抓住跳动的篮球或排球	1
手举过肩把球扔出	1
一只手端起杯子	1
不具有上述能力	0

(二)精细动作

第4条 手的控制力(圈出所有符合项目)

用拇指和食指拿起小物品(如扣子、花生米等)	1
打开和盖上有螺口的瓶盖	1
用方积木块搭五层高	1
模仿画"口"形	1
用剪子剪出"○"形	1
用钥匙打开明锁	1
不具有上述能力	0

第二项 语言发展

(一)言语理解

第5条 理解语音(只圈一项)

听课时注意力一般能保持15分钟以上	5
听故事时注意力一般能保持15分钟以上	4
理解简单的指令(如"把……拿过来""坐下"等)	3
问他的五官在哪里,能正确指出来	2
叫他的名字时,能知道是叫自己	1
叫他的名字时,不知道是叫自己	0

第6条 理解复杂的指令(圈出所有符合项目)

理解含有介词的指令(如"……在……之上""……在……的后面"等)	1
理解含有先后顺序的指令(如"首先……,其次……"等)	1
理解包含某些条件、要求的指令("如果……,就……;如果不……,就……"等)	1
不具有上述能力	0

(续表)

第7条 阅读(只圈一项)		能准确说出自己的性别	1
能基本读懂成人报纸、一般小说和杂志	5	能准确说出自己的出生日期(包括年、月、日)	1
能读懂用词及情节不复杂的小说或文章(普小四、五年级水平)	4	能准确说出自己的住址	1
能读懂简单的小故事或连环画上的文字说明(普小一、二年级水平)	3	能准确说出自己的通信地址(包括住址、邮编或电话)	1
能看懂5种以上的指示牌(如汽车站牌、"男厕所""女厕所""危险""禁止入内"等)	2	不具有上述能力	0
认识十几个字(数字除外)	1	第13条 交谈(只圈一项)	
认识不足10个字或一个字也不认识	0	能和别人谈论某个长远计划及实施办法	4

(二)语言表达

第8条 发音清晰度(圈出所有符合项目)		能和别人谈论家中或学校里的某些事情	3
说话慌张,越讲越急促	1	会使用"您好""请""谢谢"等礼貌用语	2
说话结巴,不该停顿的时候有停顿	1	和他说话时有简单应答	1
说话声音很低很弱,耳语般地难以听见	1	不具有上述能力	0
说话很慢,很吃力	1		
语音清晰、流畅	0		
不会发音说话	4		

第三项 生活自理能力

(一)饮食

第9条 词的使用(只圈一项)		第14条 使用餐具(只圈一项)	
能较准确地用动词描述身边的事情	4	熟练地用筷子夹碟子里的菜	5
描述事情时能说出主要人或物的名称	3	熟练地用筷子吃自己碗里的饭菜	4
能说出10个熟悉物体的名称	2	能用筷子吃自己碗里的饭菜但有些溢洒	3
能说两三个简单的词(如"爸爸""妈妈""灯灯"等)	1	熟练地用调羹吃碗里的饭菜	2
几乎无词语	0	能用调羹吃碗里的饭菜但有些溢洒	1
		用手抓饭进食,或靠别人喂	0

第10条 句子的使用(只圈一项)		第15条 获取食物(只圈一项)	
有时能使用含有连词的复合句子(诸如"因为……,所以……""……,并且……""虽然……,但是……"等)	3	会做简单的饭菜(炒鸡蛋、煮米饭等)	4
能用疑问词提问题(诸如"为什么""怎么样""是什么"等)	2	会上食堂、食品店或饮食店等购买食物	3
只会用简单陈述句讲话	1	无需他人指点能在家里找到食物	2
说话不成句或只会用非语言方式表达	0	饥饿时会向别人要东西吃	1
		不会用语言表达饥饿和获取食物	0

第11条 书写(只圈一项)		第16条 喝水或饮料(只圈一项)	
能写条理较清楚,用词比较得当的书信或小文章	5	能将暖壶里的水倒入杯中	4
会写留言便条、记事条或借条等	4	一只手拿杯喝水或饮料而不洒	3
能写出40个不同的字(数字除外)	3	双手拿杯喝水或饮料不洒	2
能写出十几个不同的字(数字除外)	2	双手拿杯喝水或饮料有些洒落	1
会写自己的名字	1	无他人帮助不能用杯喝水或饮料	0
不会书写	0		

(三)综合语言能力

(二)大小便

第12条 (圈出所有符合项目)		第17条 大小便训练(圈出所有符合项目)	
		需要大小便时能自己上厕所(地点恰当)	1
		解便前自己解开裤子	1
		便后正确使用手纸	1
		便后自己穿好裤子	1
		无上述能力	0

第18条 大小便自理(只圈一项)

(续表)

白天和晚上独自上厕所从不出问题(如弄脏衣裤、摔倒、排便地点不当等)	4
白天独自上厕所从不出问题	3
白天独自上厕所偶有问题出现	2
白天独自上厕所经常出问题	1
不会自己上厕所	0

(三)衣着

第19条 穿衣脱衣(只圈一项)

完全会自己穿衣服(包括雨衣等)	5
在语言提示下完全会自己穿衣服	4
在语言提示下会穿上和脱下所有的衣服,但拉链、纽扣和按扣需他人帮助方可解和系	3
在他人协助下会穿、脱大部分衣服	2
当别人给穿衣服时会伸胳膊或伸腿以配合	1
完全依赖别人	0

第20条 穿鞋脱鞋(圈出所有符合项目)

穿鞋子时不会把左右穿错	1
无需帮助会自己系鞋带	1
无需帮助会自己解鞋带	1
无需帮助会穿上无鞋带的鞋(拖鞋除外)	1
无需帮助会脱下无鞋带的鞋(拖鞋除外)	1
不具有上述能力	0

第21条 穿着打扮(圈出所有符合项目)

无他人帮助就不会找合体的衣服穿	1
若无提醒,常常会把衣服的反面当正面穿或扣子扣错	1
若无提醒,衣服有明显破洞仍穿在身上	1
若无提醒,衣服脏了不会换下来	1
不能根据当天的活动(如上课、郊游、运动、劳动等)选择穿合适的鞋	1
不能根据不同场合(正式与非正式、在家、出门做客或户外运动等)选择穿合适的衣服	1
不能根据天气变化情况(天热或天冷、天晴或下雨)穿戴不同的衣物(如增减衣服,戴草帽,穿雨衣等)	1
没有上述问题	0
事事依赖别人	7

(四)个人卫生

第22条 洗手洗脸(圈出所有符合项目)

能自己准备洗脸或洗手水	1
能用肥皂洗手	1
能用清水洗手洗脸	1
会拧干毛巾	1
会用毛巾擦干手和脸	1
不具有上述能力	0

第23条 洗澡(只圈一项)

自己准备洗澡水、洗澡用具及换洗衣服并完成洗澡	5
无帮助可自己洗擦整个身体,但洗澡水等需别人准备	4
在提示下可较好地洗擦整个身体	3
在帮助下可自己洗擦部分身体	2
洗澡时能试着自己打肥皂	1
完全依靠别人洗擦身体	0

第24条 卫生习惯(圈出所有符合项目)

能每天自己洗头、洗脸或刷牙	1
头发脏了自己会主动去洗	1
手、脚或身上脏了自己会主动去洗	1
指甲长了自己会剪	1
定期主动更换内衣内裤	1
懂得用手纸或手帕擦鼻涕	1
完全依赖别人	0

(五)睡眠

第25条 睡眠习惯(圈出所有符合项目)

困倦时主动上床睡觉	1
无需提醒会脱衣服睡觉	1
根据天气冷暖情况选择适当的被褥	1
不尿床	1
起床后会主动穿上外衣	1
不具有上述能力	0

(六)外出

第26条 方位感(只圈一项)

走出离家或学校方圆几里路的地方不迷路	3
在学校附近走动不迷路	2
能独自在家或教室附近活动	1
一走出家或教室就迷路	0

第27条 交通(圈出所有符合项目)

能根据十字路口的交通信号过马路	1
在没有交通信号的地方能留意来往的车辆过马路	1
能自己乘公共汽车、电车或地铁直达常去的地方(如学校)	1
即使中途需换车,也能自己乘公共汽车、电车或地铁到常去的地方	1
能自己乘公共汽车、电车或地铁到陌生的地方	1
不具有上述能力	0

(续表)

（七）综合自理能力

第 28 条　其他自理能力（圈出所有符合项目）

衣服湿了会自己换下来	1
躲开传染病患者	1
躲开危险物（如利器、火炉、电源插座等）	1
能自己上医院或卫生所看病	1
会购买邮票邮寄信件	1
会接电话	1
会打电话	1
不具有上述能力	0

第四项　居家与工作能力

（一）家务劳动

第 29 条　做饭做菜（只圈一项）

能做三四个家常菜	3
能做一些简单的饭菜，如炒鸡蛋、煮饭，或煮面条等	2
会热已经做好的饭菜	1
不具有上述能力	0

第 30 条　照料衣物（圈出所有符合项目）

能按吩咐自己洗袜子、手帕等	1
能把换下的衣服洗干净	1
鞋脏时能主动擦洗鞋子	1
主动把干净的衣服叠放整齐	1
不具有上述能力	0

第 31 条　收拾房间（圈出所有符合项目）

能按吩咐把玩具或学习用具收拾整齐	1
每天主动把玩具或学习用具收拾整齐	1
能按吩咐用抹布擦家具，擦得干净	1
能按吩咐去扫地，扫得干净	1
能按吩咐铺床叠被，基本整齐	1
每天主动铺床叠被，基本整齐	1
会倒垃圾	1
不具有上述能力	0

第 32 条　其他家务（圈出所有符合项目）

就餐前能按吩咐准备碗筷	1
用餐后能按吩咐收拾饭桌	1
能洗碗筷，洗得干净	1
能洗玻璃杯，洗得干净	1
不具有上述能力	0

（二）数与计算

第 33 条　数与计算（只圈一项）

能做两位数的加减法（如 72 - 29 = ?）	5
能点数十个以上的物品（手指点到的与数到的一致）	4
机械地由 1 数到 10	3
能点数两个物品	2
能区别"多"与"少"	1
完全没有"多"和"少"及数的概念	0

（三）钱的理解与使用

第 34 条　钱的理解（只圈一项）

能单独上街购物，正确地找零钱（1 元以上）	4
能单独上街购物，正确地找零钱（1 元以内）	3
能说出常用硬币、纸币的面值	2
懂得钱的作用，但不理解面值	1
不懂钱的作用	0

第 35 条　预算（圈出所有符合项目）

能为一个特别的目的攒钱	1
为每月的开销（伙食费、车费、书本费等）做预算	1
为每天的花销（早餐费、饮料费等）做预算	1
有计划地花钱	1
控制自己的大项开支	1
不具有上述能力	0

第 36 条　替别人购物（只圈一项）

能到几家商店购买几种不同的物品	4
能到一家商店购买一种物品	3
不用仔细交代会简单购买	2
需仔细交代才会简单购买	1
不能被派出去买东西	0

第 37 条　为自己购物（只圈一项）

能给自己买衣物	5
能给自己买衣物附件（扣子、手套等）	4
无需帮助会买简单的东西（糖果、饮料等）	3
稍加关照能买东西	2
在严密监督下能买东西	1
不能购物	0

（四）时间概念与利用

第 38 条　理解钟点（圈出所有符合项目）

能看钟表说出几点（误差不超过十分钟）	1
理解时间间隔，例如 9 点半至 10 点半	1
懂得同一时间的不同表达方法，如"9:15"可表示为"九点一刻"等	1
正确地指出"上午"和"下午"	1
能把钟点与各种活动或事件联系起来	1

(续表)

不具有上述能力	0

第39条 理解日期(圈出所有符合项目)

能说出现在是什么季节(春、夏、秋、冬)	1
能说出一星期有几天	1
能说出一个月有几天	1
能说出一年有几个月	1
能说出今天是星期几	1
能说出现在是几月份	1
能说出今年是哪一年(××年)	1
能说出今天是几月几号	1
能把日期与各种活动或事件联系起来	1
不具有上述能力	0

(五)就业前工作表现

第40条 工作技能(只圈一项)

能胜任需使用机器的工作(如缝纫、车间的工作等)	3
能使用工具(如锤子、螺丝刀等)进行简单修理	2
能胜任简单的工作(如简单的园丁工作、擦地板、倒垃圾等)	1
任何工作都干不了	0

第41条 上学或工作习惯(圈出所有符合项目)

经常未经允许就离开自己的座位或工作岗位	1
若没有不断的鼓励就不能完成任务	1
干活拖拉	1
经常故意迟到、早退或旷课	1
没有上述问题	0

第五项 自我管理

第42条 主动性(只圈一项)

主动、有计划地做自己的大部分事情(如学习、玩耍、劳动等)	3
关心周围发生的事情,主动问别人是否有事情要做	2
只有别人派去做某件事情(如扫地、收拾玩具)时他才会去做	1
不去做指派的事	0

第43条 坚持性(圈出所有符合项目)

很容易就变得灰心丧气	1
一件事情未做完很快又转做另一件事情	1
需要不断鼓励才能把事情做完	1
没有上述问题	0

第44条 自制力(圈出所有符合项目)

想买或想要的东西,通过说服可以不买或不要	1
到时间自己主动用餐,学习,睡觉	1
到别人家做客很听话(如不撒娇磨人,不乱翻乱动)	1
当爸爸妈妈说星期天或××节日带他去玩或送他礼物时,能够等待	1
饮食适度,对食欲有适当的控制力	1
不喝生水,不吃脏东西	1
在人多的地方(如商店里)不喊叫或哭闹	1
一次得到很多零花钱(如压岁钱)不乱花	1
不具有上述能力	0

第45条 保管个人财物(只圈一项)

极其可靠,总能照看好个人的财物	3
相当可靠,通常能照看好个人的财物	2
不可靠,很少照看好个人的财物	1
完全无责任心,不能照看好个人财物	0

第46条 一般责任心(只圈一项)

做事极其认真负责,吩咐的事总能完成	3
做事比较认真负责,吩咐的事一般会努力去完成	2
做事不太认真负责,不能保证吩咐的事一定会去做	1
毫无责任心,一点也不负责任	0

第47条 业余时间安排(只圈一项)

业余时间的活动安排相当复杂(如和朋友外出参观游览,自己上夜校或各种特长班)	3
有业余爱好(如绘画、集邮或下棋等)	2
业余时间的活动安排比较简单(如看电视、听收音机等)	1
不具有上述能力	0

第六项 社会化

第48条 认识和了解别人(圈出所有符合项目)

见到熟悉的人会表示亲近	1
知道父母的姓名、年龄和职业	1
除家里人外,还了解其他人的情况(如职业、住址及和自己的关系等)	1
会用名字和同学或邻居打招呼(三人以上)	1
能说出人的外貌特征(如高矮胖瘦、头发长短等)	1
能说出偶尔见过面的人的名字	1
不具有上述能力	0

第49条 关心别人(圈出所有符合项目)

对别人的事情表现出兴趣	1

(续表)

项目	分值	项目	分值
为别人照看好财物	1	对别人的交往要求无响应	0
需要时给予指点或处理别人的事情	1	第52条　参加集体活动（只圈一项）	
体谅别人的难处，不强求于人	1	组织开展集体活动（作为发起人和组织者）	3
关心别人的喜怒哀乐	1	积极自觉地参加集体活动（主动参与）	2
无上述表现	0	若受到鼓励会参加集体活动（被动参与）	1
第50条　帮助别人（只圈一项）		极少参加集体活动	0
主动给别人提供帮助	2	第53条　合作与分享（圈出所有符合项目）	
有求于他时愿帮助人	1	与别人共用或共玩的东西不独占	1
从不帮助人	0	能把自己的东西借给别人	1
第51条　与他人交往（只圈一项）		在游乐场所能按大人的指示排队等候	1
在玩耍或集体活动中主动与别人交往	3	会玩"争上游"、象棋等规则复杂的游戏	1
能与别人有短时间的交往（如展示自己的玩具、衣物，或提供某些物品）	2	遵守游戏或比赛规则，输了不发脾气	1
对别人的交往要求能被动响应	1	无上述表现	0

第二部分　适应不良的行为

第七项　攻击行为

第54条　威胁或实施武力	偶尔	经常
用语言威胁人	1	2
用表情、手势吓唬人	1	2
用脏话骂人	1	2
向别人吐唾沫	1	2
推、抓或捏别人	1	2
揪别人的头发或耳朵	1	2
咬人	1	2
踢、打或猛拍别人	1	2
向别人投掷东西	1	2
卡别人的脖子	1	2
拿东西打人	1	2
伤害小动物	1	2
没有上述问题	0	0
其他（特别的问题）	1	2

第55条　毁坏自己的财物	偶尔	经常
撕扯或咬自己的衣物	1	2
弄脏自己的书籍、衣物或其他物品	1	2
撕毁自己的杂志、书籍或其他物品	1	2
没有上述问题	0	0
其他（特别的问题）	1	2

第56条　毁坏他人的财物	偶尔	经常
撕扯或咬别人的衣物	1	2
弄脏别人的书籍、衣物或其他物品	1	2
撕毁别人的杂志、书籍或其他物品	1	2
没有上述问题	0	0
其他（特别的问题）	1	2

第八项　反社会行为

第57条　干扰别人的活动	偶尔	经常
喜欢给人找麻烦	1	2
干扰别人的活动（如挡道等）	1	2
搅乱别人正在做的事情（如做作业）	1	2
搅乱别人正在使用的物品（如棋、扑克牌等）	1	2
从别人手中抢夺物品	1	2
没有上述问题	0	0
其他（特别的问题）	1	2

第58条　不考虑他人	偶尔	经常
在公共场合随意改变室温让人觉得不舒服（如冬天开电扇，夏天关窗等）	1	2
电视、收音机或录音机的声音开得过大	1	2
当别人正在看书或休息时制造噪声	1	2
说话声音过大	1	2
伸开四肢躺在别人需要用的地方	1	2
没有上述问题	0	0
其他（特别的问题）	1	2

第59条　对别人的财物不尊重	偶尔	经常
借别人的东西不归还	1	2

(续表)

	偶尔	经常
未经允许使用别人的财物	1	2
丢失别人的东西	1	2
损坏别人的物品	1	2
随便拿别人的东西	1	2
没有上述问题	0	0
其他(特别的问题)	1	2

第九项　对抗行为

第60条　不遵守规章制度	偶尔	经常
对规章制度不满,但通常还能遵守	1	2
买东西时不排队(加塞儿)	1	2
不遵守交通规则(如骑车闯红灯、不走人行横道)	1	2
在不许吃东西的场合(如上课时)吃东西	1	2
拒绝参加必须参加的活动(如课间操、开会等)	1	2
没有上述问题	0	0
其他(特别的问题)	1	2

第61条　不听从指导或命令	偶尔	经常
一听到命令就心烦	1	2
装聋,不听从指导	1	2
不留意指令	1	2
拒绝做已安排的事情	1	2
拖了很长时间才去做分派的事情	1	2
做与要求相反的事	1	2
没有上述问题	0	0
其他(特别的问题)	1	2

第62条　不守时或缺席	偶尔	经常
在指定的地点参加活动时迟到	1	2
借故上厕所或外出等离开后不返回	1	2
未经允许离开教室或某项活动	1	2
不参加日常的活动(上课、课间操等)	1	2
未经允许离开校园	1	2
没有上述问题	0	0
其他(特别的问题)	1	2

第63条　在集体活动中表现不佳	偶尔	经常
谈论无关的话题从而打断了集体讨论	1	2
不遵守游戏规则从而影响了游戏或比赛	1	2
调皮捣蛋,干扰集体活动	1	2
上课或开会时不坐在座位上	1	2
没有上述问题	0	0
其他(特别的问题)	1	2

第十项　不可信赖行为

第64条　欺骗或偷东西	偶尔	经常
说谎话为自己开脱	1	2
在游戏、作业或考试中作弊	1	2
编造假情况	1	2
骗人	1	2
偷拿别人桌面上的东西	1	2
偷拿别人抽屉、口袋或书包里的东西	1	2
没有上述问题	0	0
其他(特别的问题)	1	2

第十一项　退缩

第65条　懒散	偶尔	经常
用一种姿势坐或站立很长时间	1	2
除了呆坐着看人便无所事事	1	2
坐在椅子上就睡着了	1	2
整天躺在床上或沙发上	1	2
对任何事情似乎都不感兴趣	1	2
没有上述问题	0	0
其他(特别的问题)	1	2

第66条　退缩	偶尔	经常
对周围的事情似乎一无所知	1	2
难以接近或与之接触	1	2
情感冷淡无反应	1	2
目光呆滞	1	2
表情单一	1	2
没有上述问题	0	0
其他(特别的问题)	1	2

第67条　羞怯	偶尔	经常
在团体活动中不敢出头露面	1	2
与人交往时胆小、害羞	1	2
畏惧不熟悉的人	1	2
喜欢一个人活动	1	2
没有上述问题	0	0
其他(特别的问题)	1	2

第十二项　刻板与自伤行为

第68条　有刻板的行为	偶尔	经常
不停地敲击手指	1	2
用手背不停地敲击下颌	1	2
不停地叩脚	1	2
不停地转动盘子、轮子或圆环等	1	2

(续表)

项目	偶尔	经常
不停地拍打,抓挠或搓擦身体	1	2
不停地摇晃身体的某个部位	1	2
把头摇过来晃过去	1	2
没有上述问题	0	0
其他(特别的问题)	1	2

第69条　有自伤行为　　　偶尔　经常

项目	偶尔	经常
咬伤自己的手	1	2
咬伤自己的嘴唇	1	2
用力敲打自己的头或脸	1	2
用力撞墙或硬的家具	1	2
没有上述问题	0	0
其他(特别的问题)	1	2

第十三项　不适当的人际交往方式

第70条　人际交往方式不适当　　　偶尔　经常

项目	偶尔	经常
说话时离对方的脸太近	1	2
对着别人的脸打呵欠	1	2
冲着别人打嗝	1	2
搂抱别人,显得过于亲热	1	2
舔别人	1	2
不该碰别人时触摸别人	1	2
紧挨着人	1	2
没有上述问题	0	0
其他(特别的问题)	1	2

第十四项　不良的说话习惯

第71条　有不良的说话习惯　　　偶尔　经常

项目	偶尔	经常
歇斯底里地傻笑	1	2
冲着别人大声说话或喊叫	1	2
大声地自言自语	1	2
莫名其妙地笑	1	2
哼唱或发出令人不舒服的噪声	1	2
一遍又一遍地重复一个词或一句话	1	2
学别人说话	1	2
没有上述问题	0	0
其他(特别的问题)	1	2

第十五项　不良的口腔习惯

第72条　有不良的口腔习惯　　　偶尔　经常

项目	偶尔	经常
流口水	1	2
咬指甲	1	2
吸吮或咬手指头或身体其他部位	1	2
咬衣服或其他不能吃的东西	1	2
吃不能食用的东西(如泥土)	1	2
什么东西都放在嘴里	1	2
没有上述问题	0	0
其他(特别的问题)	1	2

第十六项　古怪的行为

第73条　古怪的动作　　　偶尔　经常

项目	偶尔	经常
踮着脚尖走路	1	2
头呈歪斜姿势	1	2
嘴巴张悬着	1	2
习惯性地挺着肚子	1	2
没有上述问题	0	0
其他(特别的问题)	1	2

第74条　古怪的习惯和偏好　　　偶尔　经常

项目	偶尔	经常
什么东西都拿来嗅一嗅	1	2
什么东西都塞进衣服口袋或鞋子里	1	2
从自己的衣服上扯出线来	1	2
收藏和穿戴奇怪的物品(如瓶盖、大头针等)	1	2
无目的地收藏各种物品(包括食品)	1	2
喜欢坐或睡在某个固定的地方	1	2
喜欢坐在震动物旁	1	2
害怕别人触摸	1	2
害怕上下楼梯	1	2
没有上述问题	0	0
其他(特别的问题)	1	2

第十七项　多动

第75条　有多动的倾向　　　偶尔　经常

项目	偶尔	经常
不停地变换活动	1	2
活动无明确的目的	1	2
不停地动来动去,坐立不安	1	2
坐不下来	1	2
没有上述问题	0	0
其他(特别的问题)	1	2

第十八项　情绪不稳定

第76条　对待挫折反应不良　　　偶尔　经常

项目	偶尔	经常
将自己的过错归于别人	1	2
遇到一点挫折就后退不前	1	2
遇到一点挫折就不高兴,发脾气	1	2
遇到一点挫折就烦躁不安	1	2

没有上述问题	0	0	在日常生活中表现出不安或害怕	1	2
其他(特别的问题)	1	2	似乎无法控制情绪	1	2
第77条　发脾气	偶尔	经常	对一些并不可怕的人和事夸大其辞	1	2
又哭又叫	1	2	没有上述问题	0	0
一边摔东西或用力关门一边跺脚	1	2	其他(特别的问题)	1	2
一边大喊大叫一边跺脚	1	2	**第十九项　服用药物的情况**		
一边大喊大叫一边在地上打滚	1	2			
没有上述问题	0	0	**第79条　药物的使用**	偶尔	经常
其他(特别的问题)	1	2	使用镇静剂	1	2
第78条　有其他情绪不稳定的迹象	偶尔	经常	使用止痛药	1	2
无正当理由的的情绪波动	1	2	使用抗痉挛药	1	2
做恶梦	1	2	使用兴奋剂	1	2
睡着时哭叫	1	2	没有上述问题	0	0
无正当理由地哭喊	1	2	其他(特别的问题)	1	2
哭闹时呕吐	1	2			

2. 施测和记分方法

该量表的适用年龄范围是3~16岁。施测和记分方法与ABS-SE类似,即主试把题目逐条念给受测者的父母或老师听,在他们报告有关情况之后,对受测者的行为表现做出评定。

在解释结果时,评估人员需要将总分及各领域的原始分数转换成百分等级和标准分数,以便判断受测者在各领域能力的高低。受测者在各条目上的得分情况也可以作为制订个别化教学计划的依据。

3. 常模抽样

儿童适应行为量表制订了三套常模:①智力障碍儿童常模,由北京市的2所智力障碍幼儿园、2所培智学校的245名智力障碍幼儿和学生组成;②城市儿童常模,由北京市的4所普通幼儿园、1所普通小学、1所普通中学的1 210名幼儿和学生组成;③农村儿童常模,由北京附近农村的1所普通幼儿园、3所普通小学、1所普通中学的1 126名幼儿和学生组成。各年龄组的男女人数大体相等。

4. 信度和效度

在信度方面,首先检验了各分量表的内部一致性,结果是,根据三个常模样本数据计算得的第一部分的克伦巴赫α系数分布在0.86~0.89之间,第一部分各分量表的克伦巴赫α系数分布在0.65~0.93之间;第二部分的克伦巴赫α系数分布在0.84~0.89之间,第二部分各分量表的克伦巴赫α系数分布在0.35~0.78之间。这些数据表明,第一部分的内部一致性较好,而第二部分的一些分量表的内部一致性还有待于提高。

让家长和老师同时对58名智力障碍学生进行评定,然后计算二者的一致性,所得的一致率为90.1%,表明该量表的评分者信度较高。

在效度方面,对智力障碍儿童与普通儿童在各分量表上的得分进行差异的显著性检验,结果显示,大多数分量表对这两类儿童都有很强的区分力。

根据小学生、中学生样本数据分别计算第一部分总分、第二部分总分与瑞文测验分数的相关系数,结果是,小学生的相关系数分别为$0.35(P<0.05)$和$-0.40(P<0.01)$,中学生的相关系数分别为$0.22(P<0.05)$和$-0.29(P<0.01)$,这些数据表明该量表符合理论构想。

另外,用主成分分析法对量表的第一和第二部分分数分别进行因素分析。在第一部分6个分量表中,从三个常模样本的数据中都提取出了一个共同因子。在第二部分12个分量表中,从城市普通儿童、城市智力障碍儿童、农村普通儿童样本数据中分别提取出了2个、3个和2个共同因子。与一些研究者的研究结果比较类似。

二、文兰社会成熟量表及其修订本

(一)文兰社会成熟量表

1935年,美国文兰训练学校的道尔发表了由他本人编制的文兰社会成熟量表(Vineland Social Maturity Scale, VSMS)。这个量表是世界上第一个标准化的适应行为量表。

VSMS由8个分测验组成,共有117个条目,适用的年龄范围是0~25岁(具体内容见表12-6)。1965年,道尔对VSMS进行了一次修订,新量表仍沿用原来的名称。

表12-6 文兰社会成熟量表的构成

分量表	示例
1. 一般自理	头部平衡(0~1岁);自己表示要求大小便(2~3岁)
2. 进食自理	在帮助下能用杯子喝水(0~1岁);坐在桌边自如地进餐(9~10岁)
3. 穿衣自理	脱袜子(1~2岁);在帮助下能洗浴(5~7岁)
4. 行走	无需帮助能上下楼梯(1~2岁);独自远离家门(18~20岁)
5. 职业	使用工具(8~9岁)
6. 交往	叫喊、笑(0~1岁);会打电话(10~11岁)
7. 自我管理	白天能在无监督的情况下自由进出(15~18岁)
8. 社会化	接近熟悉的人(0~1岁);提高福利水平(25岁以上)

(二)文兰适应行为量表

1984年,斯帕罗(S. S. Sparrow)等人对文兰社会成熟量表进行了一次重大的修订,新量表取名为文兰适应行为量表(Vineland Adaptive Behavior Scales, VABS)。

1. VABS的构成

VABS由三套表构成:第一套称为调查表,包含297个条目,用于评估一般适应能力;第二套称为扩展表,包含577个条目(其中277个条目与调查表中的条目完全相同),用于评估更广泛、更具体的适应行为;第三套称为课堂评定表,共有244个条目(大约80%的条目与调查表相同),用于评估儿童在课堂中的适应行为。每套表都涉及沟通、日常生活技能、社会化和运动技能四个领域。另外,在调查表和扩展表里,还把不良适应行为作为参考项目。下面就以课堂评定表为例,对VABS的内容做一具体的介绍。

课堂评定表所测量的领域及包含的条目如表12-7所示(每个子领域只列6条)。

表12-7 VABS课堂评定表的结构和内容

Ⅰ.沟通领域

- 理解

(1)明白"不要"的意思(例如,停止某项正在进行的活动或表示知道应该停止某项活动)。　　2　1　0

（续表）

(2)明白"对"或"好"的意思(例如,微笑或继续进行某项活动)。	2	1	0
(3)能听懂至少10个字词(例如,当问他"你的书在哪儿?"时,会把书拿起来)。	2	1	0
(4)至少能按要求准确地指出身体的一个主要部位(如头、脸、眼睛、鼻子、嘴、胳膊和大腿)。	2	1	0
(5)能按要求准确地指出身体的所有主要部位(包括头、脸、眼睛、鼻子、嘴、胳膊、大腿、手、脚、手指、肘关节、牙齿、耳朵、舌头、颈、膝关节、脚趾、肚子和头发)。(不记1分)	2	1	0
(6)当面发出指令时,能注意听。	2	1	0

- 表达

(1)听到大人的声音,几秒钟之内能模仿这些声音(例如,模仿发"卟卟""妈妈""哇哇"等。如果受测者能说出字词来,就记2分)。	2	1	0
(2)用手势恰当地表达"是的""不对""我想要……"。	2	1	0
(3)让他做选择时能用言语或手势表示偏好(例如,问他:"你想去商店还是看电视?")。	2	1	0
(4)在没有提示的情况下至少能说出20种熟悉的物品名称。(不记1分)	2	1	0
(5)至少能说出50个认识的字。(不记1分)	2	1	0
(6)至少能说出100个认识的字。(不记1分)	2	1	0

- 书面语言

(1)会背诵字母表中所有的字母(可以按顺序背诵,也可以不按顺序背诵。如果受测者唱《ABC歌》,而不说字母,就记1分)。	2	1	0
(2)认识字母表中所有印刷的字母(包括大写的和小写的)。	2	1	0
(3)能读懂至少3个常见的指示牌(例如,"请进""推""休息室"和"慢走"等。如果受测者通过形状或符号认识指示牌,但读不懂上面的字,就记1分)。	2	1	0
(4)至少能默读或朗读10个字词。	2	1	0
(5)能给听众读简单的故事(例如,《戴帽子的猫》或《小熊》)。	2	1	0
(6)自觉地去读书(强调有兴趣并主动地选一本书来读)。	2	1	0

Ⅱ. 日常生活技能领域

- 个人

(1)会咂或嚼饼干(包括烤面包片或全麦饼干等。饼干可以由别人拿着)。	2	1	0
(2)能吃固体食物(例如,煮熟的蔬菜、肉末和苹果。不管食物是否容易嚼烂,如果受测者会咀嚼和吞咽,就记2分)。	2	1	0
(3)无需帮助,会用杯子喝水(喝水时可以有些溢洒)。	2	1	0
(4)会用吸管喝水。	2	1	0
(5)无需帮助,会开水龙头接水喝(可以帮受测者从高高的碗柜里拿出一个玻璃杯,让他站在椅子上去够水龙头)。	2	1	0
(6)能自己用调羹吃饭(允许有些溢洒)。	2	1	0

- 家庭

(1)在要求下能帮着做一些家务活(例如,摆家具)。	2	1	0
(2)在要求下能把自己的东西拿走(不用告诉他该放到什么地方)。	2	1	0
(3)在要求下无需帮助,能把干净的衣服收起来(如果受测者只会把衣服挂在衣架上,或者只会把叠好的衣服放在衣柜里,就记1分)。	2	1	0
(4)在要求下能自己整理床铺(如果需要帮忙铺床单或者把枕头放进枕套里就记1分)。	2	1	0
(5)无需帮助和提醒,能自己整理床铺并定期更换床上用品。(不记1分)	2	1	0
(6)在要求下无需帮助,能扫地、擦地或吸尘。	2	1	0

(续表)

- 社区
  (1) 明白烫手的东西是危险的。 2 1 0
  (2) 明白搭陌生人的车或拿陌生人的食物、钱等是不安全的(受测者用口语表示明白就可以记
      2 分,不需要真的遇见过陌生人)。 2 1 0
  (3) 即使有他人陪伴,横穿马路之前也会看左右两边。 2 1 0
  (4) 自己独自横穿马路时会看左右两边。 2 1 0
  (5) 看绿灯亮了才横穿马路,不闯红灯。 2 1 0
  (6) 无需帮助和提醒,坐机动车时能系安全带。 2 1 0

Ⅲ. 社会化领域

- 人际关系
  (1) 表现出有让父母、照料者或其他熟悉的人高兴的欲望(例如,送礼物或帮忙做事等)。 2 1 0
  (2) 自称高兴、难过、恐惧和愤怒等(例如,说:"我很难过。") 2 1 0
  (3) 能模仿大人的简单动作,如鼓掌、挥手再见、模仿模特的样子等。 2 1 0
  (4) 当一件事情发生几小时之后能模仿这件相对复杂的事情(例如,受测者模仿擦地、钉
      钉子、擦干碟子等。) 2 1 0
  (5) 能模仿以前曾听到大人说过的话(例如,受测者让一个玩具娃娃给另一个玩具娃娃打电
      话,说:"霍妮,我在家呢。") 2 1 0
  (6) 能至少提起两个熟悉的人的称呼(例如,"妈妈""爸爸"、名或者姓)。 2 1 0

- 玩耍和闲暇时间
  (1) 独自或者与别人一起玩玩具或其他东西。 2 1 0
  (2) 拿常见的生活用具来玩(如罐子、调羹、饭盒等)。 2 1 0
  (3) 对别人做的事感兴趣。 2 1 0
  (4) 和别人玩非常简单的交往游戏(例如,藏猫猫或握手等)。 2 1 0
  (5) 至少和别人一起参加了一个游戏或活动(如拔河或玩球)。 2 1 0
  (6) 独自或者与别人一起进行复杂的装扮性活动(例如,假装学校里的活动,或者其他有不止
      一个角色和步骤的活动)。 2 1 0

- 应酬
  (1) 在想要某样东西时,无需提醒,会说:"请给我……"(如果需要暗示受测者,对他说:"你
      该说什么?"就记 1 分;如果直接提醒受测者说"应该说请给我……",就记 0 分)。 2 1 0
  (2) 嘴里有食物时不说话。 2 1 0
  (3) 不用别人告诉,懂得餐桌上的礼仪(例如,嚼食物时把嘴合上,说"请用",不拿别人面前的
      食物,嘴里有食物时不说话等)。(不记 1 分) 2 1 0
  (4) 当被介绍给陌生人时会做出恰当的反应(例如,说:"你好,见到你很高兴。")。 2 1 0
  (5) 恰当地结束谈话。例如,说"我还会见到你的"或者"跟你谈话很愉快"。 2 1 0
  (6) 遵守学校的规章制度(例如,排队站好,不乱说话,不在礼堂里乱跑等)。 2 1 0

Ⅳ. 运动技能领域

- 大运动
  (1) 走路平稳,无需帮助或搀扶,能走到别处去。 2 1 0
  (2) 能两脚并步上楼梯(受测者可以用扶手。如果受测者由别人搀扶着上楼梯,就记 0 分)。 2 1 0
  (3) 能两脚并步下楼梯(受测者可以用扶手。如果受测者由别人搀扶着下楼梯,就记 0 分)。 2 1 0
  (4) 无需帮助,能两脚交替着下楼梯(受测者可以用扶手)。 2 1 0

（续表）

(5) 跑步平稳,并能改变速度和方向(例如,玩捉人游戏或边跑边试图去接球)。	2	1	0
(6) 跃过小东西(如小木棍或小玩具等)。	2	1	0
• 精细动作			
(1) 会拧开和盖上瓶盖,没把瓶子或瓶盖弄掉。	2	1	0
(2) 用不少于5块积木搭一个三维的结构造型(该造型必须有高、宽和深度,象征某样东西,如房子或大桥,受测者必须说出搭的是什么,才能记2分)。	2	1	0
(3) 用不少于6块拼板拼一个不用插入的版图(如拼板玩具等)。(不记1分)	2	1	0
(4) 会推开或拉开各种门(如碗柜的门、冰箱的门、推拉门等)。	2	1	0
(5) 会转动和拉门的把手把门打开。	2	1	0
(6) 会开各种锁(如门上的、车上的、日记本上的和珠宝箱上的锁等)。	2	1	0

2. 施测和记分方法

VABS 的调查表适用于0~18岁,施测时间为20~60分钟;扩展表也适用于0~18岁,施测时间为60~90分钟;课堂评定表适用于3~12岁,施测时间在20分钟左右。

该量表采用半结构性访谈法,由受测者的家长、老师或照料过受测者生活的人提供有关的信息,测验人员完成所有条目的评定。

大多数条目按0、1或2记分。如果受测者完全不具有某种能力或几乎不表现出某种能力,就记0分;偶尔表现出某种能力或表现出一部分能力,记1分;常常表现出某种能力,记2分。有些条目只按0或2记分,0和2分的意义与上同。

各领域的原始分数和量表总分需要转换为标准分数(平均数=100,标准差=15)、百分等级和年龄当量。最后,要确定适应水平。如果各领域的原始分数和量表总分高于平均分2个标准差,其适应水平就为高;高于平均分1~2个标准差,其适应水平为较高;在平均分上下1个标准差之间,其适应水平为适中;低于平均分1~2个标准差,其适应水平为较低;低于平均分2个标准差,其适应水平就为低。

3. 常模抽样

调查表和扩展表都在美国全国范围内抽取了常模样本,共3 000名受测者,年龄分布在0~18岁11个月之间。该样本的分层变量包括地区、社区大小、性别、种族、家长教育水平等,各项人数比例符合1980年美国人口普查的统计数据。此外,还建立了若干特殊人群的补充常模,包括住在养护机构里或不住在机构里的智力障碍成人常模、住在机构里的情绪障碍儿童常模、视觉障碍儿童常模、听觉障碍儿童常模等。课堂评定表的常模样本也从全国范围内抽取,大约为2 000名儿童,年龄分布在3岁~12岁11个月之间。

4. 信度和效度

(1) 信度 测验编制者首先计算了调查表和扩展表的分半信度系数。在调查表中,各年龄组的沟通领域的分半信度系数分布在0.73~0.94之间;日常生活技能领域的分半信度系数分布在0.83~0.92之间;社会化领域的分半信度系数分布在0.78~0.94之间;运动技能领域的分半信度系数分布在0.70~0.95之间;在量表总分的分半信度系数中,最低的也达到了0.89。在扩展表中,各年龄组的沟通领域的分半信度系数分布在0.84~0.97之间;日常生活技能领域的分半信度系数全部在0.90以上;社会化领域的分半信度系数分布在0.88~0.97之间;运动技能领域的分半信度系数分布在0.83~0.97之间;量表总分的分半信度系数都分布在0.93以上。

然后,计算调查表的稳定性系数。各年龄组在沟通领域的稳定性系数分布在 0.80~0.98 之间;日常生活技能领域的稳定性系数分布在 0.87~0.96 之间;社会化领域的稳定性系数分布在 0.77~0.92 之间;运动技能领域的稳定性系数大多未达到 0.90。

课堂评定表的信度是用克伦巴赫 α 系数估算的。各年龄组在沟通领域的克伦巴赫 α 系数分布在 0.88~0.95 之间;日常生活技能和社会化领域的克伦巴赫 α 系数分布在 0.91~0.96 之间;运动技能领域的克伦巴赫 α 系数分布在 0.77~0.84 之间;量表总分的克伦巴赫 α 系数都在 0.95 以上。

(2) 效度　VABS 的使用手册中报告了多种效度检验的结果。①通过对编制过程的分析,可以认为该量表具有较高的内容效度。②量表分数与受测者年龄存在显著的正相关,表明该量表具有一定的构想效度。与智力测验及其他适应行为量表如 VSMS 和 AAMR-ABS 分数有适度的相关,也证明它具有构想效度。③VABS 能将天才儿童、孤独症儿童、智力障碍儿童、情绪障碍儿童等与普通儿童进行区分,表明它具有较高的效标关联效度。

5. 评价

VABS 是文兰社会成熟量表的修订本,可用于系统地评估一个人从出生到 18 岁的个体适应性和社会适应性。它制订了标准化的全国常模和若干个特殊常模,为该量表的广泛使用提供了便利。总体而言,VABS 的领域分数和量表总分的信度、效度都比较高。不过,在某些年龄段,某些领域和子领域的内部一致性和稳定性还有待于进一步提高。

(三) 文兰适应行为量表第二版

2005 年,斯帕罗等人再次修订了量表,发表了文兰适应行为量表第二版(VABS-Ⅱ 或 Vineland-Ⅱ)。这个新版本由 4 套表组成:调查访谈表、扩展访谈表、教师评估用表和家长/监护人评估用表,将适用年龄范围扩展为 0~90 岁(教师评估用表的适用年龄范围扩展为 3 岁~21 岁 11 个月),可用于诊断性评估、制订教育干预计划和监测学生的进步。

1. VABS-Ⅱ 的构成

每套表都由 4~5 个领域组成:沟通、日常生活技能、社会化、运动技能以及适应不良行为/问题行为。其中,沟通、日常生活技能和社会化 3 个领域与美国智力与发展障碍协会提出的概念性技能、实践性技能和社会性技能相对应。适应不良行为/问题行为领域为可选测验,有助于更加全面地了解个体行为。以下简要介绍调查访谈表和家长/监护人评估用表的信息。

调查访谈表共有 413 题,采用半结构访谈形式,由测验人员向熟悉受测者的家长、老师或照料者了解信息而进行评估;家长/监护人评估用表共包含 433 题,采用量表形式,由家长/监护人自行填写。两套表在领域和分测验上大致相同(名称上略有不同,见表 12-8)。

扩展访谈表的结构相似,但有更多题目,可进行更深层次的访谈以获得更多辅助信息,对于 0~5 岁儿童或低功能个体尤为适用。教师评估用表为量表形式,由教师评估学生在学校、幼儿园或结构化环境下的行为表现。

2. 施测和记分方法

VABS-Ⅱ 由 4 套表组成,测验时只需选择一套表完成即可。测验编制者建议,以诊断决策为目的,优先选择访谈表;以制订计划或评估进展为目的,或时间有限,或评估人员无法到达现场(远距离),可采用量表形式的家长评估用表和教师评估用表。一般情况下,施测调查访谈表需 20~60 分钟,扩展访谈表需 25~90 分钟,施测家长/监护人评估用表需要 20~60 分钟,教师评估用表只需20分钟。

表12-8 调查访谈表和家长评估用表的结构

调查访谈表			样题	家长/监护人评估用表		
领域	子领域	题量		题量	子领域	领域
沟通	/	/	听到名字时能回答	20	听和理解	沟通
	表达沟通	54	饿了会哭;能说出家庭住址	54	说	
	书面表达	25	认出自己的名字;写商业邮件	25	阅读和书写	
日常生活技能	个人日常生活技能	41	能张嘴吃食物;预约牙科检查;记录用药量	41	照顾自己	日常生活
	家庭日常生活技能	24	小心烫的物体;准备午饭;清理玩耍空间;完成日常清洁	24	照顾家庭	
	社区日常生活技能	44	与熟人打电话;预算每月花费;有一份工作	44	社区生活	
社会化	人际关系	38	能注视妈妈的脸;单独去约会;表达两种以上情绪;识别他人的喜欢和不喜欢;发起交谈	38	交际能力	社交技能和人际关系
	玩耍和闲暇时间	31	和朋友晚上出去玩;和父母玩游戏;计划有趣的活动并安排	31	玩耍和闲暇时间	
	应对技能	30	尊重合作者;为错误道歉;会说谢谢;控制自己的情绪	30	适应	
运动技能	大运动	40	抬头15秒;骑自行车2米;抓住3米外飞来的网球	40	大运动	体能运动
	精细动作	36	拿玩具;使用键盘打字10行;捡起小物品;握笔正确	36	精细动作	
适应不良行为	内隐的不良行为	11	过于依赖;避免社会交往	36	内隐的不良行为	适应不良行为(1)
	外显的不良行为	10	冲动;行为不当		外显的不良行为	
	其他适应不良行为	15	吸大拇指;旷课;喝酒		其他适应不良行为	
	危险行为	14	从事不合适的性行为;自伤;过于沉溺于某种物品或活动,没有意识到身边发生的事情	14	危险行为	问题行为(2)

每道题按0、1、2和DK计分:2=常常,1=有时,0=从来没有,DK=不知道。如果子领域中有2题为DK,则该子领域不计分。每个子领域获得的原始分数可以转换为量表分数(平均数=10,标准差=3)、年龄当量、标准九分数和适应水平。子领域分数相加转换为领域分数和适应行为复合分,领域分数和适应行为复合分可转换为标准分数、百分等级和适应水平。

3. 常模抽样

研究发现,调查访谈表和家长/监护人评估用表这两种评估方式可能产生不同的结果(分数之间不可转换),但测验还是共用了一套常模。常模团体由 3 695 名受测者组成,在种族、地域和家长/监护人的受教育水平上具有代表性。但 0~2 岁、4~4.5 岁、19~21 岁和大于 31 岁的年龄组样本略小,每组少于 100 人。

4. 信度

测验手册提供了 19 个年龄组的内部一致性系数。其中有 18 个年龄组在适应行为复合分上的内部一致性系数均超过 0.90;在领域分数上的一致性略低,有 2/3 的值大于 0.90。适应不良行为领域的内部一致性最低,只有个别分值超过 0.90。

在稳定性系数上,测验报告了 6 个年龄段的再测信度。绝大多数年龄段在适应行为复合分的稳定性超过 0.90;领域分数的稳定性略低,只有不到一半的值超过 0.90;子领域的稳定性更低,只有个别值超过 0.90。适应不良行为领域的稳定性系数分布在 0.72~0.89 之间。

调查访谈表在适应行为领域的评分者一致性系数分布在 0.40~0.60 之间;在适应不良行为领域的评分者一致性系数分布在 0.44~0.83 之间。家长评估用表在适应行为领域的评分者一致性系数分布在 0.60~0.80 之间;在适应不良行为领域的评分者一致性系数分布在 0.32~0.81 之间。

5. 效度

测验手册提供了内容效度和效标关联效度的有关信息。在内容上,测验剔除了第一版中存在性别、社会经济地位和种族歧视的题目,但对题目的选择说明比较含糊。因素分析的结果符合各领域和子领域的理论构想,且原始分数也呈现出稳定、预期的适应行为发展模式。研究发现,智力障碍儿童在适应行为复合分和领域分数上显著低于普通儿童。VABS-Ⅱ与第一版的相关系数分布在 0.65~0.94 之间,与适应行为评估系统第二版(ABAS-2)具有中等相关。

6. 评价

VABS-Ⅱ是个别施测的常模参照测验,可得到可靠的适应行为复合分,以评估受测者的适应水平。采用他评方式,可应用于特殊需要群体。研究发现,VABS-Ⅱ可识别出智力障碍、孤独症、发展迟缓等特殊需要个体。但各领域、子领域以及适应不良行为领域的信度还有待提高。目前尚没有证据说明 VABS-Ⅱ对制订计划和监督学生进步具有有效性。尤其是不同的评估方式共用一套常模,在使用时需要谨慎。

(四)儿童社会适应行为评定量表

1980 年,日本学者三木安正把文兰社会成熟量表引进日本,对其进行了修订,这个修订本取名为 S-M 社会生活能力检查表。该量表共有 130 题,题目分成六大类,即:生活自理、行走、职业、沟通、社会化、自我管理,适用于出生 6 个月~14 岁的儿童。

我国大陆学者左启华于 1988 年对三木安正的 S-M 社会生活能力检查表进行了修订,其修订本取名为婴儿—初中生社会生活能力量表。这套量表共有 132 题,适用于婴儿至初中年龄段的儿童。

杭州大学心理系教授汪文鋆在参考文兰社会成熟量表以及其他适应行为量表的基础上编成了儿童社会适应行为评定量表。该量表发表于 1992 年。下面着重介绍这一套量表。

1. 量表的构成

儿童社会适应行为评定量表(表 12-9)由 6 个分测验构成,每个分测验所包含的条目数分别为 26、14、15、17、16 和 16。下表中对每个分测验各用 6 个条目示例。

表12-9　儿童社会适应行为评定量表的构成

Ⅰ．生活自理
(1) 用匙　　　　能用匙吃饭吗？
(2) 欲便　　　　白天要大小便时能告诉大人吗？
(3) 告痛　　　　身体有伤痛时会告诉大人吗？
(4) 洗手　　　　能自己洗手并把手擦干吗？
(5) 穿短裤　　　能自己穿有松紧带的短裤吗？
(6) 上厕　　　　自己会上厕所吗？

Ⅱ．运动
(1) 搀扶上　　　在他人搀扶下，能上下台阶吗？
(2) 扶杆下　　　能扶着楼梯栏杆独自上下吗？
(3) 上楼　　　　能独立自如地上下楼梯吗？
(4) 跑步　　　　平路上跑步不会跌倒(疲劳范围内)吗？
(5) 骑童车　　　会骑童车吗？
(6) 走路　　　　能独立连续行走一千米左右吗？

Ⅲ．作业
(1) 想象　　　　有自己想象出来的游戏动作吗？(如推小椅子当汽车开)
(2) 粘贴　　　　会按照简单要求粘贴图形吗？
(3) 饭务　　　　能按别人的吩咐，做吃饭前的准备工作(如搬凳子、分发碗筷等)或吃完饭后的收拾工作吗？
(4) 拧盖　　　　能拧开小瓶的螺纹盖子吗？
(5) 画形　　　　能够照着样子画出圆形、三角形或长方形吗？(○△⑩，能大致画出一个即行)
(6) 剪图　　　　能用剪刀剪出上述简单图形吗？(剪出一个即行)

Ⅳ．交往
(1) 姓名　　　　会说自己的姓名吗？
(2) 需要　　　　会用短语表示自己的需要吗？(如"吃饼干""吃饭饭")
(3) 遵命　　　　能懂得简单的指令，去完成某个任务吗？(如按要求把某个物品拿来或放好，或交给某人)
(4) 家长名　　　会说家长的姓名吗？
(5) 再见　　　　在适当的时刻，不用提醒能说"再见""谢谢"等文明用语吗？
(6) 见闻　　　　能简单地叙述自己的所见所闻(如看电影或看电视后)吗？

Ⅴ．社会化
(1) 合群　　　　喜欢和小朋友在一起吗？
(2) 娃娃家　　　会玩"过家家"(或称"娃娃家")的游戏吗？
(3) 游戏　　　　会参加较大集体的游戏(如"丢手帕"等)吗？
(4) 同唱　　　　愿意与同伴一起唱歌或跳舞吗？
(5) 借还　　　　能与小朋友互相借用与归还玩具吗？
(6) 同情　　　　周围熟悉的人有病痛时，知道同情与关心吗？(如告诉大人、探望或其他帮助)

Ⅵ．自我管理
(1) 管物　　　　能收拾保管好自己的物品吗？
(2) 服从　　　　在集体活动时，能听从指挥不擅自离开吗？
(3) 劝说　　　　能听从大人劝说，不过分坚持个人要求吗？(如不强要某件物品等)
(4) 上午　　　　能区分上午与下午吗？
(5) 安静　　　　在上课时，能基本上保持安静吗？
(6) 起床　　　　早上能按时主动地起床吗？(一经唤醒能立即起床也算通过)

2. 施测和记分方法

该量表的评估对象为 3~7 岁儿童。施测时,要求受测者的家长或老师等按量表内容提供有关信息,做出回答。对每位儿童的施测大约需要 20 分钟。

当 6 个分测验的条目全部回答完毕,先计算各分测验答"是"的条目数,即可获得每个分测验的原始分数;然后查常模转换表,将各分测验的原始分数转换成等值量表分(平均数 = 10,标准差 = 2),并计算 6 个分测验等值量表分的总和,即得全量表分;最后根据全量表分及受测者所在的常模团体,查表 12-10 确定社会适应行为的发展水平。

表 12-10 3~7 岁儿童社会适应行为发展水平等级划界标准(城市常模)

等级	年龄				
	3 岁	4 岁	5 岁	6 岁	7 岁
超优 (Z>2.0)	79 以上	78 以上	78 以上	78 以上	79 以上
优等 (2.0≥Z>1.4)	78~73	77~72	77~72	77~72	78~72
中上 (1.4≥Z>0.7)	72~67	71~66	71~66	71~66	71~66
中等 (0.7≥Z>-0.7)	66~55	65~54	65~54	65~55	65~54
中下 (-0.7≥Z>-1.4)	54~48	53~48	53~48	54~49	53~48
临界 (-1.4≥Z>-2.0)	47~43	47~43	47~43	48~45	47~42
轻度缺陷 (-2.0≥Z>-3.3)	42~32	42~32	42~32	44~34	41~31
中度缺陷 (-3.3≥Z>-5.0)	31~17	31~17	31~18	33~20	30~16
重度缺陷 (Z=-5.0)	16~	16~	17~	19~	15~

3. 常模抽样

儿童社会适应行为评定量表的常模样本取自浙江省 3~7 岁儿童,其地域分布和性别比例基本符合浙江省 1987 年人口抽样调查的数据。从 3~7 岁,每一岁为一个年龄组,共分成五个年龄组。在城市样本中,每个年龄组抽取了 60 名儿童,总共抽取了 300 名儿童;在农村样本中,每个年龄组抽取 75 名儿童,总共抽取了 350 名儿童。

4. 信度和效度

(1)信度 测验编制者以 3~10 天的间隔,用这套量表对 73 名 4~6 岁的儿童前后施测了两次,计算得该量表的稳定性系数为 0.83。

另外,让两位不同的信息提供者对 71 名 4~6 岁的儿童分别进行评定,计算得该量表的评分者信度系数为 0.85。

(2)效度 用这套量表对杭州市儿童福利院 22 名 3~7 岁儿童进行测试,结果显示,智力缺陷程度不同的儿童在该量表上所得的分数差异极其显著($P<0.01$),即表明这套量表具有较高

的效标关联效度。

对27名智力正常的5岁儿童实施本量表以及比内测验和绘人测验,结果显示,本量表与两个智力测验有中等程度的相关($r1 = 0.52, r2 = 0.50$)。另外,从各年龄组的平均分来看,本量表的分数会随年龄的增长而增长。这些检验结果均表明,这套量表具有构想效度。

5. 评价

儿童社会适应行为评定量表是一套专门为评估3～7岁儿童的社会适应行为而编制的量表。从测验使用手册中报告的有关该量表的信度和效度检验结果来看,一些技术指标已达到心理测量学的要求。测验编制者还研订了浙江省常模,因此,它可以应用于该地区该年龄段的儿童。

不过,该量表的常模抽样及适用的年龄范围是十分有限的,这必将影响它在全国范围内的广泛应用。

三、适应行为评估系统及其修订本

适应行为评估系统(Adaptive Behavior Assessment System, ABAS)是一套比较新的,由哈里森和奥克兰(P. L. Harrison & T. Oakland)于2000年编制成的适应行为量表。它的适用年龄范围在5～89岁之间。

(一) 适应行为评估系统

1. ABAS的构成

根据美国智力与发展障碍协会(1992)提出的适应行为评估的框架,哈里森和奥克兰把ABAS的评估内容设定为沟通、社区利用、功能性学业技能、居家/学校生活(在家长用表中为居家生活,在教师用表中为学校生活)、健康与安全、休闲、自我照顾、自我管理、社会技能和工作技能(只用于有工作的个体)等十大技能领域。

ABAS包括三套量表:家长用表共有232道题,用于5～21岁的受测者;教师用表共有193道题,用于5～21岁的受测者;成人调查表主要由护理人员填写,共有239道题,用于16～89岁的受测者。

2. 施测和记分方法

实施每套量表需用15～20分钟,分数换算再用5～10分钟。题目按技能领域来组织。每题按四级记分:0表示不具有某种行为;1表示有某种行为,但从未在需要时表现出来;2表示有时能在需要时表现出来;3表示总能在需要时表现出来。把各领域的得分加起来即可得原始分数。再把原始分数转换成标准分数(平均数 = 10,标准差 = 3)、一般适应技能总分(平均数 = 100,标准差 = 15)、百分等级、年龄当量和一般适应技能总分的置信区间。

3. 常模抽样

ABAS的常模样本是根据1999年美国人口普查资料计算得的各项比例抽取而来的,由5 270名5～89岁的受测者组成。常模样本的分层变量包括地区、父母的受教育水平、性别和种族等。

4. 信度和效度

(1) 信度 教师用表的稳定性系数是非常高的,10个技能领域中有9个的稳定性系数在0.90以上。一般适应技能总分的稳定性系数高达0.97。

家长用表的稳定性系数大多也很高。沟通技能领域的稳定性系数为0.79,是最低的,其余均在0.80以上。家长用表的一般适应技能总分的稳定性系数高达0.96。

教师用表的评分者信度系数一般在0.80～0.90之间,一般适应技能总分的评分者信度系数为0.94。而家长用表的评分者信度系数比较低,有几个技能领域的评分者信度系数只略高于0.60。家长用表的一般适应技能总分的评分者信度系数只有0.83,勉强达到心理测量学的要求。

(2)效度　测验编制者在因素分析的基础上提出了适应行为的单因素模型,因而支持了一般适应技能总分的使用。另外,测验使用手册中还报告了大量有关该量表的效标关联效度。例如,教师用表的一般适应技能总分与文兰适应行为量表的相关为0.82。ABAS与韦克斯勒智力量表、斯坦福—比内智力量表等的相关系数一般在0.40～0.55之间,也证明了该量表具有较高的构想效度。

5. 评价

(1)优点　ABAS是目前最新发表的适应行为量表之一。它严格按照美国智力与发展障碍协会制订的评估标准来编制,因此,具有较高的内容效度。它的施测和记分方法都比较简便。在测验使用手册中提供了多种类型的常模表,为特殊儿童的诊断、训练和评价提供了方便。

(2)缺点　在家长用表中,有几个技能领域的评分者信度系数偏低。ABAS的效度还有待进一步的研究证实。在该量表以后的修订中还应该为各类儿童分别建立常模,以便扩大应用范围。该量表目前尚未在中国标准化。

(二)适应行为评估系统第二版

2003年,编制者发表了适应行为评估系统第二版(ABAS-Ⅱ)。修订后的测验可适用于低年龄儿童,增加了2个适用于0～5岁儿童的量表,适用年龄范围扩展为0岁～89岁11个月。ABAS-Ⅱ共由5套量表组成:家长用表(0～5岁)、家长用表(5～21岁)、教师/照顾者用表(2～5岁)、教师用表(5～21岁)、成人用表(16～90岁)。其中成人用表可由成人自行评估,或由主要照料者进行评估。

1. ABAS-Ⅱ的构成

与第一版相同,ABAS-Ⅱ由十大技能领域组成:沟通(如:清晰说话)、社区利用(如:在公共场所找到卫生间)、功能性学业技能(如:从1数到20)、健康与安全(如:安全使用剪刀)、居家或学校生活(如:拖地板)、休闲(如:邀请其他人到家里玩)、自理照顾(如:用肥皂洗手)、自我管理(如:当有不同意见时能控制自己的脾气)、社会技能(如:请求别人帮助时会用"请")和工作技能(如:很好地完成某项任务)。这十大技能领域与美国精神病学会颁布的《精神障碍诊断及统计手册》(DSM-Ⅳ-TR)所描述的十种适应行为相对应,且与美国智力与发展障碍协会提出的适应行为三大领域,即概念性技能、社会性技能和实践性技能相一致。

在0～5岁用表中还增加了运动技能领域(如:跑步,没有摔倒)。除了教师用表(5～21岁)中有3个测验只有15、16、17题外,每个技能的题量普遍超过20题。

2. 施测和记分方法

施测每套量表需要15～20分钟。题目按技能领域来组织,每题按4级记分:0表示不具有某种行为;1表示有某种行为,但从未在需要时表现出来;2表示有时能在需要时表现出来;3表示总能在需要时表现出来。把各技能领域的分数相加即可得到原始分数,可转换为量表分数(平均数=10,标准差=3)。技能领域还可组成4个合成分数:概念性技能分数、社会性技能分数、实践性技能分数和一般适应能力合成分数(GAC)。这些合成分数可转换为标准分数(平均数=100,标准差=15)、年龄当量和百分等级。

测验还提供了专门的ABAS-Ⅱ干预计划和记分软件,可解释各个技能分数和适应水平,进行强项和弱项分析,与IQ分数进行比较,在题目水平上提供干预计划并监测进步情况等。

3. 常模抽样

测验在1998~2002年进行标准化,不同版本的常模团体有所不同:对于5岁以上的受测者,常模团体与第一版相同;5岁以下的儿童,增加了新常模样本,符合2000年美国人口普查数据。整个常模样本由31个年龄组组成,每个年龄组样本量在100~250人之间。

4. 信度和效度

对于不同用表,ABAS-Ⅱ各技能领域的内部一致性系数基本都超过0.90。一般适应能力合成分数的一致性相当高,分布在0.98~0.99之间,再测信度大多也高于0.90。

测验手册提供了构想效度和效标关联效度的有关信息。因素分析结果验证了该测验的3因素模型(概念性技能、社会性技能、实践性技能),符合理论构想。11个技能领域之间的相关分布在0.40~0.70之间,说明这些技能领域既相关又独立。技能领域与各自的合成分数之间的相关系数分布在0.55~0.78,与GAC的相关系数分布在0.64~0.82;各因素的合成分数与一般适应能力合成分数的相关系数分布在0.78~0.93之间。

ABAS-Ⅱ与VABS的相关系数分布在0.70~0.84之间,与独立行为量表修订本的相关略低,与儿童行为评估系统(BASC)的适应行为合成分数的相关系数为0.80,与外显的问题行为的相关系数为-0.49,与内隐的问题行为的相关系数为-0.39,与行为问题指数的相关为-0.66。该测验与韦氏各年龄段的智力量表的相关系数分布在0.40~0.50之间。

5. 评价

ABAS-Ⅱ是唯一同时参照美国智力与发展障碍协会提出的三大领域和DSM-Ⅳ-TR提出的十大技能领域编制的适应行为测验,可用于筛查、诊断或为教育安置及服务决策提供有效信息。该测验的信度和效度较高,是个可靠的测验,但常模有待进一步更新。

四、独立行为量表及其修订本

独立行为量表(Scales of Independent Behavior,SIB)是由布鲁因宁克斯、伍德科克、韦瑟曼和希尔(Bruininks,Woodcock,Weatherman,Hill)共同编制的,于1984年发表。它是一个个别施测的常模参照测验,适用年龄范围是从婴儿至成人,可用于智力障碍儿童的鉴别、安置和教学监控中。

(一)SIB

1. 测验的构成

SIB共包含14个技能分测验,分为运动技能、社会交往与沟通技能、个人生活技能和社区生活技能4个领域。其中:运动技能领域由大动作和精细动作2个分测验组成;社会交往与沟通技能领域由社会交往、语言理解和语言表达3个分测验组成;个人生活技能领域由吃饭和做饭、大小便、穿着打扮、个人自我照顾、居家技能5个分测验组成;社区生活技能领域由时间和守时、金钱和价值、工作技能、家/社区定向4个分测验组成。此外,SIB还包含4个不良适应行为分测验,即一般不良适应行为、内隐的不良适应行为、社交不良适应行为和外显的不良适应行为分测验。

2. 施测和记分方法

SIB用结构性访谈法和检核表施测,需要45~60分钟。把题目念给家长、老师或其他熟悉受测者情况的人听,让他们从下面4个选项中选择一项回答:
- 即使提醒,也从未出现或几乎没有出现过该行为。
- 能做,但做得不好,出现该行为的频率大约为1/4;可能需要提醒。
- 做得比较好,出现该行为的频率大约为3/4;可能需要提醒。
- 做得很好,总会出现该行为;无需提醒。

技能分测验的原始分数可换算成年龄当量、百分等级和标准分数(平均数为100,标准差为15)。不良适应行为分测验的原始分数可换算成标准九分数、不良适应行为指数和严重水平分数。

3. 常模抽样

SIB的常模样本由1 700多名受测者组成,受测者的年龄分布在出生3个月~44岁之间。测验编制者在抽取常模样本时尽量使样本符合美国人口普查中获得的地区、社区大小、性别、种族及社会经济地位等各项人数比例。

4. 信度和效度

(1)信度 测验手册中报告了量表、各领域和每个分测验的分半信度系数,结果在0~0.95之间。一些分测验出现了分半信度系数为0的情况,原因是在一些低年龄组和高年龄组中出现了地板效应(都得0分)或天花板效应(都得满分)。4个领域的分半信度系数大多比较高,其中,运动技能领域的信度在0.64~0.93之间;社会交往与沟通技能领域的信度在0.85~0.93之间;个人生活技能领域的信度在0.85~0.95之间;社区生活技能领域的信度在0.67~0.94之间。根据13个年龄组的原始分数计算量表总分的分半信度系数,结果都在0.95以上。

根据两个年龄组(6~8岁组和10~11岁组)的数据计算各技能分测验、各领域、量表总分及不良适应行为指数的稳定性系数,结果是:6~8岁组的各分测验的稳定性系数分布在0.67~0.94之间,10~11岁组的稳定性系数分布在0.51~0.88之间;运动技能领域的稳定性系数比较低,其余各领域的稳定性系数均高于0.90;两个年龄组的量表总分的稳定性系数分别为0.87和0.96,不良适应行为指数的稳定性系数分布在0.75~0.90之间。

该量表跨评分者的一致性也是很高的,评分者信度系数都在0.90以上。

(2)效度 计算SIB的各领域分数与AAMR适应行为量表(S2)的各因素分数的相关系数,结果表明,该量表的效标关联效度在0.59~0.91之间。分析受测者在量表上的得分情况,结果显示适应技能随着年龄的增长而增长,表明该量表具有构想效度。此外,有人比较了智力障碍儿童、听觉障碍儿童与普通儿童在该量表上的得分情况,结果也表明,该量表能对智力障碍儿童、听觉障碍儿童和普通儿童做有效区分。

5. 评价

(1)优点 SIB的题目覆盖面较广,因而内容效度较高。该量表具有很高的效标关联效度和构想效度,量表总分的信度也非常高。此外,测验手册中还提供了多种常模,便于使用者根据自己的需要进行选用。

(2)缺点 一些分测验的信度比较低;记分方法相对来说比较复杂;尚缺乏各类特殊儿童的常模;该量表目前还没有在中国标准化。

(二) SIB-R

1996年,编制者发表了独立行为量表的修订本(SIB-R),适用年龄范围为婴儿~90岁。测验可用于识别缺乏独立性的个体,提供教学目标,为教育安置或服务提供有效信息。

1. 测验的构成

与原版相似,该测验由适应行为和适应不良行为两部分组成。其中适应行为包括259题,分为以下4个领域,14个分测验。

- 运动技能　大动作、精细动作。
- 社会交往和沟通技能　社会交往、语言理解、语言表达。
- 个人生活技能　吃饭和做饭、大小便、穿着打扮、个人生活照顾、居家技能。
- 社区生活技能　时间和守时、金钱和价值、工作技能、家/社区定向。

适应行为部分有3个版本:完整版、简短版和早期发展版。完整版包含所有14个分测验;简短版由其中40题组成,一般用于筛查评估;早期发展版也由40题组成,适合对学前儿童或严重障碍者进行评估。

适应不良行为由以下3个分测验组成:

- 内隐的不良行为　如自伤、奇特的刻板行为、退缩、漠视等。
- 外显的不良行为　如伤害他人、破坏财物、攻击行为等。
- 社交不良行为　如无礼冒犯行为、不合作行为等。

2. 施测和记分方法

适应行为部分按0~3计分,分测验分数可组成领域分数,领域分数合并成一个整体分数,即独立性分数。

- 0分:即使提醒也从未出现或几乎没有出现过该行为。
- 1分:能做,但做不好,出现该行为的频率大约为1/4;可能需要提醒。
- 2分:做得比较好,出现该行为的频率大约为3/4;可能需要提醒。
- 3分:做得很好,总会出现该行为;无需提醒。

适应不良行为按频率和强度计分,采用5分制。频率的5分制:1分表示少于一个月一次;2分表示一个月1~3次;3分表示1周1~6次;4分表示1天1~10次;5分表示每小时超过1次。强度的5分制以0开始:0分表示不严重,不成为一个问题;1分表示轻度,成为轻微问题;2分表示中度,是中等问题;3分表示重度,是严重问题;4分表示极其严重,成为危险问题。各分测验分数可组成一般适应不良分数。

原始分数可转换为标准分数、百分等级和年龄当量。

3. 常模抽样

常模团体由两部分组成:第一版的常模1 764人和新增加的样本418人,共2 182人,年龄为3个月到90岁,来自15个州60个城市。样本接近1990年美国人口普查数据,在性别、种族和社区大小等特征上具有代表性。

4. 信度

测验手册提供了3~11个月、1岁、2岁、3岁、4岁、5~7岁、8~9岁、10~12岁、13~19岁、20~90岁这10个年龄组在每个分测验上的内部一致性系数,分布在0.40~0.96之间,有15%的值超过 0.90。领域的信度略高一些,分布在 0.67~0.97 之间,超过一半的值大于 0.90;独立性分数的内部一致性系数超过 0.90。简短版的内部一致性系数只有 1 个年龄段超过 0.90,早期发展版只有一个年龄段低于 0.90。

测验对 6~13 岁的 31 名儿童进行再测。分测验的稳定性系数分布在 0.83~0.94 之间,绝大多数分值超过 0.90;领域和独立性分数的稳定性均超过 0.90。简短版稳定性为 0.97;适应不良指数和一般适应不良分数的稳定性稍低,但也在 0.80 以上。

测验还提供了 4 个关于评分者一致性的研究,分别是父亲和母亲对普通儿童评分、教师和教师助手评估中度智力障碍儿童、教师和教师助手评估中重度发展迟滞儿童、教师和教师助手评估 2~5 岁儿童。分测验的评分者一致性系数分布在 0.58~0.96 之间;独立性分数的评分者一致性最高,大多数高于 0.90;一般适应不良分数的评分者一致性较低,普遍在 0.80 左右。

5. 效度

研究发现,SIB-R 的独立性分数随着年龄增长而增高,测验具有一定的构想效度。采用早期发展版测验对 30 名存在障碍或发展落后的儿童施测,这些特殊需要儿童的分数明显低于普通儿童分数。

SIB-R 与第一版高度相关,与 ABS-2 的相关系数分布在 0.33~0.86 之间,一般适应不良分数与问题行为检核表修订本具有一定的相关。

6. 评价

SIB-R 的独立性分数最为可靠,可用于识别缺乏独立性的个体。测验可有效测量个体的适应行为,但对于适应不良行为的解释仍需谨慎。常模由旧版样本和新增加样本组成,不能很好地代表人口特征,需要更新。个别分测验的内部一致性系数太低,且测验手册没有提供大于 13 岁儿童的稳定性系数,有待进一步说明。

五、适应行为调查表

适应行为调查表(Adaptive Behavior Inventory, ABI)是由布朗和利(Brown & Leigh)编制的,发表于 1986 年。该量表属于常模参照测验,适用于 6 岁 0 个月~18 岁 11 个月的儿童和青少年。

1. ABI 的构成

ABI 由以下 5 个分测验组成。

- 自我照顾技能 共有 30 题,内容涉及从学校里的某个地点走到另一个地点、自我修饰、了解社会服务机构等。
- 沟通技能 共有 30 题,内容包括口头表达自己的需要、用文字描述抽象的思想观点等。
- 社交技能 共有 32 题,内容包括叫出他人的名字、与他人分享、充当组织者及团队的领导等。
- 学业技能 共有 30 题,内容涉及辨认 26 个字母、认识自己的名字、会做笔记、解复杂的数学题等。
- 职业技能 共有 28 题,内容包括守时、监督他人的工作等。

2. 施测和记分方法

这套量表也用结构性访谈法施测,访谈对象为教师。实施每个分测验需花 5 分钟,做完整套量表大约需要半小时。

每道题都按四级记分：如果受测者不表现出某种行为,就记0分；开始表现出某种行为,记1分；时常表现出某种行为,记3分；已经掌握了某种行为,记4分。

每个分测验的原始分数都要转换成百分等级和标准分数(平均数为100,标准差为15)。

3. 常模抽样

该测验的使用手册中提供了两套常模,一套适用于普通儿童,另一套适用于智力障碍儿童。

普通儿童的常模样本由来自美国24个州的1 300名5岁0个月~18岁11月的受测者组成。该样本的性别、种族、社会经济地位、地区等各项比例符合1980年美国人口普查的数据。

智力障碍儿童的常模样本也由来自上述地区的1 100名同一年龄范围的智力障碍儿童组成。该样本的性别和各IQ水平的人数比例大致符合1980年美国人口普查的数据。

4. 信度和效度

(1)信度　测验编制者先将普通常模样本中相邻的年龄组合并(例如,5岁组与6岁组合并,7岁组与8岁组合并,等等),然后计算每个年龄水平(共7个)的受测者在5个分测验上的分数及测验总分的内部一致性系数。所获得的35个分测验的内部一致性系数分布在0.86~0.97之间,其中25个内部一致性系数高于0.90。各年龄水平总分的内部一致性系数全部高于0.90。

用39名年龄由5~18岁的普通儿童和56名年龄由6~18岁的智力障碍儿童估算稳定性系数。无论是分测验分数还是测验总分,所算得的稳定性系数全部在0.90以上。

(2)效度　目前能收集到的有关该量表的效度资料非常少。测验编制者只大致描述了该量表与教师的判断、AAMR适应行为量表、文兰适应行为量表的相关,相关系数一般在中高水平。此外,测验编制者还报告了该量表与学业成就、智力测验、年龄的相关,以及各分测验之间的两两相关。

5. 评价

(1)优点　ABI的组成结构简单,施测方法简便易行,具有很高的信度。有专门为智力障碍儿童制订的常模,可用于对这类儿童的鉴别、安置、教学计划的制订及教学效果的评价。

(2)缺点　ABI的效度还有待于进一步证明。另外,测验编制者应该为其他类型的特殊儿童分别制订常模。该量表目前尚未引入我国。

六、生活适应能力检核手册

生活适应能力检核手册是一套生活能力的综合评估工具,由台湾学者王天苗编制,于1987年发表。其适用对象为中、重度智力障碍儿童、情绪和行为障碍儿童及多重障碍儿童等。

1. 生活适应能力检核手册的构成

生活适应能力检核手册由以下7个分测验组成。

• 自理能力　共有201题,包括吃(分为使用汤匙、吃固体食物、使用筷子、使用刀叉、用餐、其他6小项)、喝(分为用杯喝、用吸管、倒水、使用饮水器4小项)、如厕(分为意愿表示、厕前准备、如厕、便后处理、厕所辨识5小项)、穿、脱、清洗与卫生(分为洗手、洗脸、擦鼻涕、刷牙、洗澡、洗头、梳理头发、修指甲、其他9小项)等6项内容。

• 社会性能力　共有139题,包括安全(分为室内、室外、危险警觉、事故处理4小项)、社交人际(分为仪容姿态、活动参与、待人态度3小项)、环境适应(分为适应新环境、容忍、责任、自信、诚实、认识自己与环境6小项)及特殊行为等4项内容。

- 知动能力　共有350题,包括感官知觉(分为触觉、味嗅觉2小项)、听觉(分为辨别与理解、记忆2小项)、视动协调(分为视知觉、视觉记忆、抓拿、插放、堆叠、穿串、腕力7小项)、大动作(分为基本动作:颈、滚翻、坐、爬、站、走、跑、跳、平衡,体能活动:整队、徒手体操、平衡木活动、球类活动、垫上活动、跳绳活动、呼啦圈活动、单杠活动、游泳、其他)等4项内容。
- 语言能力　共有90题,包括发音前能力、发音、表达(分为非口语、基本语句、复述/描述、社交会话4小项)等3项内容。
- 基本学科能力　共有356题,包括注意力、阅读(分为辨认、认读、读法、阅读理解、阅读习惯5小项)、书写(分为握笔与姿势、仿写、自己写3小项)、数学(分为基本概念:对应、形状、大小、颜色、其他,数:唱数、点数、数概念、认数、写数、序数、加减、乘除、分数、小数、百分比,量与实测:长度、重量、容量、温度、时间、钱币)等4项内容。
- 休闲能力　共有112题,包括音乐与韵律(分为节奏律动、听音、哼唱歌曲、操作简单乐器、音乐欣赏5小项)、美劳(分为绘画、着色、黏土造型、剪贴、拼摺、编结、其他7小项)等2项内容。
- 居家与工作能力　共有106题,包括居家技能(分为购物、炊事、清扫、清理衣物、园艺5小项)、工作能力(分为职业技能、工作态度与习惯、认识工作、其他4小项)等2项内容。

2. 施测和记分方法

在实施本测验时,可逐项或者选择适当的项目对受测者的能力状况进行观察和评定。若受测者"已达成"该项目,就在该项目右边的方格内划"√";若受测者"未达成"该项目,则在该项目右边的方格内划对角线,并在左上角记录本次评估的日期,待该项目在教学和训练后经评估"已达成"时,再在右下角记录"已达成"的日期。最后,把所有已达成的项目汇总在4张圆形图上。

3. 评价

生活适应能力检核手册是一种目标参照测验,其内容与教学内容有直接的联系,施测方法十分简便。通过该测验的实施,可以全面、系统地评估受测者的生活适应能力,为适应技能缺陷的诊断、教学计划的制订,以及教学效果的评估等提供依据。

不过,该测验的使用手册中没有提供有关测验的信度、效度及常模的资料,因此,它不能用来鉴别智力障碍儿童。

七、社会适应能力评定量表

2004年,韦小满和唐春梅就适应行为的重要方面——社会适应能力编制了一套社会适应能力评定量表。

这套量表由家庭适应能力评定量表、学校适应能力评定量表和社区适应能力评定量表组成,每个量表均包含与人际相关的社会适应能力、与环境/事务相关的社会适应能力和与自我相关的社会适应能力三个分量表。每个量表和分量表所包含的具体条目见表12-11、表12-12和表12-13。

表 12-11　家庭适应能力评定量表的结构和内容

Ⅰ　与人际相关的社会适应能力			
A 认知——A1 认识家人及朋友	能说父母的姓名	0　1　2	
	能说父母的工作单位和电话	0　1　2	
	能说父母的职业	0　1　2	
	能区分家人的性别	0　1　2	
	会称呼亲戚朋友	0　1　2	
A2 认识关系	知道自己与直系亲属之间的关系	0　1　2	
	知道自己与旁系亲属之间的关系	0　1　2	
B 情感——B1 理解	能觉察家人的情绪变化	0　1　2	
	看到父母难过时会说安慰的话	0　1　2	
	看到父母快乐时也表现出快乐	0　1　2	
B2 表达	主动向父母表达爱或感激	0　1　2	
	喜怒哀乐等情感表达与情境相符	0　1　2	
C 行为——C1 礼貌	回家或离家时主动与家人打招呼	0　1　2	
	会礼貌待客	0　1　2	
	不随便打断别人说话	0　1　2	
C2 交流/交往	能与家人进行言语交流	0　1　2	
	能完整地叙述老师所讲的各种事项	0　1　2	
	会向家人表达自己的想法和意愿	0　1　2	
	对亲朋好友表示友好	0　1　2	
C3 合作/分享	能与家人一起娱乐游戏	0　1　2	
	把自己喜爱的东西与家人分享	0　1　2	
C4 关心	能关心家人的健康	0　1　2	
	主动帮家人处理一些力所能及的事情	0　1　2	
	不妨碍家人工作或休息	0　1　2	
	不提过分要求	0　1　2	
	能正确回应家人的关心	0　1　2	
Ⅱ　与环境/事务相关的社会适应能力			
A 认知——A1 认识居住环境	能说出自己家的住址和电话号码	0　1　2	
	认识自己的家门	0　1　2	
	了解家里的布局,知道家里常用物品的功能	0　1　2	
B 情感——B1 责任感	能主动分担一部分家务	0　1　2	
	外出时能够向家人报告自己的行踪	0　1　2	
	有维护家庭秘密的意识	0　1　2	
	不把家里的财务状况告诉陌生人	0　1　2	
	家里的财物不随便送给别人或被别人拿走	0　1　2	
	父母不在家时不让陌生人进家门	0　1　2	
	离开家时会锁好门	0　1　2	
C 行为——C1 遵守规则	能听从父母的指令	0　1　2	
	跟父母说实话	0　1　2	
	不打人、不骂人	0　1　2	
	不随便拿家里的钱和物	0　1　2	

(续表)

		能保持家里干净整齐	0	1	2
		做事有始有终	0	1	2
		吃饭定时定量	0	1	2
		有良好的作息习惯	0	1	2
		有良好的卫生习惯	0	1	2
		养成勤俭节约的习惯	0	1	2
	C2 处理事务	会做一般的家务,如扫地、擦地板、整理房间等	0	1	2
		认识钟表并会掌握时间	0	1	2
		能独立完成家庭作业	0	1	2
		遇到紧急情况(如火灾、被盗等)会打求助电话	0	1	2
		遇到解决不了的困难时会向家人求助	0	1	2
		会处理家庭中的小矛盾	0	1	2
Ⅲ 与自我相关的社会适应能力					
A 认知——A1 自我认知		知道自己是家庭中的一员	0	1	2
		了解自己在家中所应有的权利和义务	0	1	2
		有自我认同感	0	1	2
		能说明自己的业余爱好	0	1	2
B 情感——B1 自尊/自信		对家里的一般事务能大胆地发表意见	0	1	2
		敢于尝试新事物	0	1	2
		与客人交谈时谈吐大方	0	1	2
C 行为——C1 自我照顾		生活能自理	0	1	2
		能独自安排休闲娱乐活动	0	1	2
		能根据自己的需要或兴趣决定做某件事	0	1	2
		出门时会照镜子整理仪容	0	1	2
	C2 自我保护	喝水或洗澡时会小心,不被烫着	0	1	2
		会使用煤气灶或煤炉	0	1	2
		能小心地使用尖刀、小刀等利器	0	1	2
		会安全使用药物	0	1	2
		不用湿手触摸电源开关	0	1	2
		不攀爬高楼的阳台	0	1	2
		衣服湿了会马上脱掉	0	1	2
		不吃腐烂变质的食物	0	1	2
		身体不舒服会告诉父母	0	1	2
		出现紧急情况时会自救	0	1	2
	C3 情绪控制	情绪稳定	0	1	2
		保持良好的情绪状态	0	1	2
		能接受父母的大多数批评	0	1	2

表 12-12　学校适应能力评定量表的结构和内容

I 与人际相关的社会适应能力					
A 认知——A1 认识他人	能说出本班同学的名字	0	1	2	
	能说出老师的姓/名字	0	1	2	
	能区分他人的性别	0	1	2	
A2 理解他人	能遵从老师的言语指令	0	1	2	
	能领会老师的手势、眼神等基本的非言语表达方式	0	1	2	
	能辨认别人的喜、怒、哀、乐等基本的表情	0	1	2	
	能对别人的喜、怒、哀、乐做出一定的反应	0	1	2	
	能对别人的困难和问题表示同情	0	1	2	
	能安慰别人	0	1	2	
	能体谅别人的难处,不强求于人	0	1	2	
	能关心别人的事情	0	1	2	
	会玩角色扮演游戏	0	1	2	
A3 评价他人	能说出同学的优点	0	1	2	
	能够称赞他人的品质或成绩	0	1	2	
	能以恰当的方式向别人提出意见	0	1	2	
B 情感——B1 合群/孤独	与人交往时表现出快乐	0	1	2	
C 行为——C1 合作	能根据集体的要求行动	0	1	2	
	能与同伴共同完成一项任务	0	1	2	
	能在集体活动中遵守规则	0	1	2	
C2 分享	活动中能与同学分享材料	0	1	2	
	能借给同学自己的物品	0	1	2	
	爱惜借来的物品并按时归还	0	1	2	
	使用别人的物品前先提出请求	0	1	2	
C3 礼貌	别人打招呼时能积极回应	0	1	2	
	能主动向老师问好	0	1	2	
	能使用"您好""谢谢""请"等礼貌用语	0	1	2	
C4 冲突解决	对别人的攻击行为采取离开、求助等恰当的方法处理	0	1	2	
	拒绝别人请求时有礼貌	0	1	2	
	与别人发生矛盾时不说带有攻击性的话或打人	0	1	2	
	同学之间发生矛盾能出面劝阻	0	1	2	
C5 助人	能应别人的要求帮助别人	0	1	2	
	主动地帮助别人	0	1	2	
C6 交谈/交往	与人交谈时眼睛能看着对方	0	1	2	
	与人交谈时能保持适当的距离	0	1	2	
	能掌握交谈规则,轮流发言	0	1	2	
	会写简短的文章和便条	0	1	2	
	能清楚地叙述一件事情	0	1	2	
	能表达自己的意愿、需要	0	1	2	
	不冲着别人打哈欠、打喷嚏、打嗝等	0	1	2	
	不随便触摸别人	0	1	2	
	不冲着别人大声喊叫或傻笑	0	1	2	
	坐、立、走姿势正确	0	1	2	

(续表)

		能主动与同学交往	0	1	2
		能对别人的话做出应答	0	1	2
		能应要求参加集体活动	0	1	2
		能主动参加集体活动	0	1	2
		能在集体活动中担任组织者	0	1	2
	C7 求助	遇到危险情况能向老师报告	0	1	2
		遇到问题或困难能向老师求助	0	1	2
Ⅱ 与环境/事务相关的社会适应能力					
A 认知——A1 认识学校环境和重大事件		能说出学校的名称	0	1	2
		能说出学校的地理位置	0	1	2
		能说出学校各地点的名称和用途	0	1	2
		能独自在学校内及附近活动	0	1	2
		能说出自己的班级及位置	0	1	2
		识别男女公厕标记	0	1	2
		知道重大节日	0	1	2
		了解学校举办的重要活动	0	1	2
B 情感——B1 责任感		认真对待别人的嘱托,努力完成	0	1	2
		损坏公物时主动报告老师	0	1	2
		做错事时主动承认并愿意受罚	0	1	2
		不将自己的过错归于别人	0	1	2
	B2 集体荣誉感	能主动为班集体做事情,如传递、分发、收交学习、生活用品	0	1	2
		能为代表班级/学校参加活动而高兴	0	1	2
		能为其他同学为班级取得荣誉而高兴	0	1	2
C 行为——C1 爱护学校环境		保持桌椅四周的清洁	0	1	2
		正确处理自己不需要的东西,如吃剩的食物	0	1	2
		用完水后能关好水龙头	0	1	2
		能按要求打扫卫生	0	1	2
		不采摘学校花草	0	1	2
		不乱写乱画	0	1	2
	C2 遵守规则	不迟到、早退或旷课	0	1	2
		遵守课堂纪律	0	1	2
		集体活动时能遵守规则,如排队等待	0	1	2
		能看管好自己的东西	0	1	2
		能按老师的要求完成学习任务	0	1	2
		能根据老师的指示在各种课堂活动之间进行转换	0	1	2
		不故意大声说话	0	1	2
		不莫名其妙大笑	0	1	2
		不随便干扰别人的活动	0	1	2
		不故意妨碍别人,如挡道	0	1	2
		不威胁别人	0	1	2
		不骂人	0	1	2
		不伤害别人的身体	0	1	2

(续表)

	不会未经允许便离开某项活动或学校	0 1 2	
	不偷拿别人的东西	0 1 2	
	不说谎骗人	0 1 2	
Ⅲ 与自我相关的社会适应能力			
A 认知——A1 生理自我	能照镜子整理仪容	0 1 2	
	保持手、脸干净	0 1 2	
	衣着整洁	0 1 2	
	能说出自己的性别	0 1 2	
	能说出自己基本的身体部位	0 1 2	
	身体不舒服时会告诉老师	0 1 2	
	能说出自己的生日	0 1 2	
A2 社会自我	能评价自己与同学的关系	0 1 2	
	能评价自己与父母的关系	0 1 2	
	能评价自己与老师的关系	0 1 2	
A3 能力自我	能说出自己擅长做的事	0 1 2	
	能说出对未来的打算	0 1 2	
	能说明自己的喜好	0 1 2	
	能够自己做决定	0 1 2	
B 情感——B1 自尊/自信	能在众人面前大胆发言	0 1 2	
	能主动接受新任务	0 1 2	
	能尽力独立完成事情,不轻易依赖别人	0 1 2	
	有一定的进取心	0 1 2	
	对自己有积极的评价	0 1 2	
C 行为——C1 坚持性	做完一件事后再做另一件事	0 1 2	
	不轻易灰心	0 1 2	
	完成事情的过程中不需要不断的鼓励	0 1 2	
C2 自制力/延迟满足	饮食适度	0 1 2	
	能为了更好的结果而等待	0 1 2	
	活动后能立刻安静等候指示	0 1 2	
	上课铃响后能马上进教室	0 1 2	
C3 情绪表达与控制	能用言语描述自己的情感或内心感受	0 1 2	
	遇到挫折能不发脾气	0 1 2	
	能接受合理的批评和建议	0 1 2	

表 12–13 社区适应能力评定量表的结构和内容

Ⅰ 与人际相关的社会适应能力			
A 认知——A1 认识他人	认识社区里经常见面的人	0 1 2	
	知道社区里的各类工作人员的职责	0 1 2	
A2 分辨关系	能明白上下级关系和同事关系	0 1 2	
	会分辨社会距离(远近亲疏)	0 1 2	
B 情感——B1 理解	能体察他人的情绪	0 1 2	
	能了解别人的意图、态度	0 1 2	

（续表）

	做事时能考虑别人的感受	0 1 2	
C 行为——C1 交谈/交往	能主动和人交谈	0 1 2	
	愿意并立刻回答别人的问话	0 1 2	
	能与邻居友好交往	0 1 2	
	能和不同性格的朋友一起玩	0 1 2	
	会交朋友	0 1 2	
C2 礼貌	见到熟人会打招呼	0 1 2	
	到别人家里做客能有礼貌	0 1 2	
	有礼貌地拒绝不愿做的事	0 1 2	
	对异性表现适宜举止	0 1 2	
C3 分享/合作	能与他人分享所有物	0 1 2	
	能与别人合作完成一项任务	0 1 2	
C4 关心/帮助	会关心他人	0 1 2	
	在他人需要时能提供适当的帮助	0 1 2	
	尊敬长辈	0 1 2	
	不欺负弱小	0 1 2	
C5 诚实/守信	待人真诚	0 1 2	
	信守诺言	0 1 2	
Ⅱ 与环境/事务相关的社会适应能力			
A 认知——A1 认识居住环境	认识自己所在社区的名称	0 1 2	
	熟悉自己的居住环境	0 1 2	
	了解社区里的各种服务设施	0 1 2	
	认识公共场所的标识，如人行横道、公共厕所等	0 1 2	
	认识主要的交通标志	0 1 2	
A2 了解社区活动	知道社区活动中心的地点	0 1 2	
	知道社区活动的时间安排	0 1 2	
	能区分健康与不健康的娱乐活动	0 1 2	
B 情感——B1 热爱社区	爱护社区里的公用设施	0 1 2	
	保持公共环境的卫生	0 1 2	
	关心社区里发生的事	0 1 2	
B2 工作愿望	有工作的愿望和热情	0 1 2	
C 行为——C1 独立活动	能在社区的一定范围内独立活动	0 1 2	
	能独自到商店购物	0 1 2	
	能独自乘公交车上学或回家	0 1 2	
	能独自乘坐出租车回家或去目的地	0 1 2	
C2 利用社区	会利用社区的各种服务设施，如邮局、餐厅、美发厅、银行、医院、电影院等资源	0 1 2	
	会利用社区的健身器材	0 1 2	
C3 参加社区活动	积极参加社区的一般性活动	0 1 2	
	主动参加社区的公益性活动，如回收废旧电池	0 1 2	
	能参与一两项休闲活动，如打扑克、下跳棋等	0 1 2	
C4 处理事务	外出办完事后能主动回家	0 1 2	
	迷路时会想办法解决	0 1 2	

(续表)

	注意交通安全	0 1 2
	会打公用电话	0 1 2
	遇事会找警察	0 1 2
	遇事冷静思考,不慌张	0 1 2
	遇到紧急情况会报警或果断处理	0 1 2
	遇到困难会寻求帮助	0 1 2
	会避开危险物,如电线	0 1 2
	会保护隐私	0 1 2
	能保管好自己的钱财物品	0 1 2
	遇到火情懂得逃生	0 1 2
	自己或别人受伤,会告诉成人	0 1 2
	对陌生人能保持警惕性	0 1 2
	不受坏人挑唆	0 1 2
C5 遵守规则	服从社区领导的管理与指挥	0 1 2
	遵守交通规则	0 1 2
	遵守活动规则,如轮流玩	0 1 2
	遵守公共秩序,如买东西排队,在公共场所不大声喧哗等	0 1 2
	不打人,不骂人	0 1 2
	不扰乱别人的工作	0 1 2
	不偷拿别人的东西	0 1 2
	不损坏公物	0 1 2
	损坏物品能主动赔偿	0 1 2
	遵守社会的行为规范,如不随便吐痰、大小便等	0 1 2
	能准时赴约	0 1 2
Ⅲ 与自我相关的社会适应能力		
A 认知——A1 自我认知	知道自己是社区中的一员	0 1 2
	知道自己的权利和义务	0 1 2
B 情感——B1 自尊/自信	对自我价值有积极评价	0 1 2
	相信自己能够独立完成任务	0 1 2
C 行为——C1 仪表	能保持仪表整洁	0 1 2
	穿着打扮能与所在场合相协调	0 1 2
C2 自主性	能表达个人的想法和愿望	0 1 2
	保持个人的良好爱好	0 1 2
	能自己决定参与的活动项目	0 1 2
C3 自我保护	懂得保护自身利益	0 1 2
	遭到别人攻击,会保护自己	0 1 2
	生病时知道就医	0 1 2
C4 情绪控制	不随便发脾气	0 1 2
	保持乐观愉快的情绪	0 1 2
	正确对待别人的批评	0 1 2
	能接受合理的指责	0 1 2
	能接受善意的玩笑	0 1 2
	能用纪律约束自己的行为	0 1 2

第13章 问题行为的评估

第一节 问题行为的概念

在学校或在家里,老师和家长有时会观察到有些孩子很容易被激怒,不仅如此,他们还爱挑衅、好嫉妒,不快乐,有伤人毁物行为,难以与其他人建立友好的人际关系。在特殊教育领域里,这样的孩子一般被认为或多或少地出现了情绪和行为问题。

一、问题行为的定义

问题行为(behavior problem),又叫行为问题、行为异常、行为障碍、情绪障碍等,至今还没有一个为人们普遍接受的定义。心理和教育工作者从各自不同的研究角度给它下定义,例如:

柯克(1972)指出,行为异常指的是与年龄不相适宜的偏离行为,它显著地妨碍儿童的成长与发育,妨碍他人的生活。

朴永馨等人(1995)认为,情感和行为障碍具有以下几方面的特点:①学习困难,但又没有智力、感觉和健康等方面的原因;②不能与同龄人及教师建立并保持一种良好和谐的人际关系;③在正常情况下做出不恰当的行为或情感反应;④持续的不高兴或有抑郁情绪;⑤出现与个人或学校适应不良有关的身体疾病、疼痛或恐惧。

池丽萍、王耘(2002)把问题行为界定为违反社会公认的正常儿童青少年行为规范和道德标准以及在情绪或社会适应方面不成熟的行为。

吕勤等(2003)认为,儿童的问题行为是儿童发展过程中的一种常见现象,主要表现在攻击反抗、违纪越轨、焦虑抑郁、孤僻退缩以及各种身体不适等方面。

尽管各种定义所强调的方面有很大差异,但是这些定义基本上都包含了以下四层含义:

第一,问题行为指的是显著不同于同龄普通人的行为;

第二,该行为问题长期存在;

第三,因不符合社会和文化的期望而无法为人们接受;

第四,会对自己和他人产生不利的影响。

二、问题行为的分类

儿童的问题行为有各种各样的表现,研究者们在探讨其内涵的同时也试图对各种行为表现进行概括和分类,不过,至今还没有形成统一的认识。下面就介绍几种比较有代表性的分类。

(一)路特等人的分类

1967年,英国心理学家路特(M. Rutter)将问题行为分成两大类:第一类叫作A行为(Antisocial Behavior),即违纪行为或反社会行为,包括毁坏自己和他人的物品、不听管教、说谎、欺负弱小和偷东西等;第二类叫作N行为(Neurotic Behavior),即神经症行为,包括肚子痛、呕吐、烦恼、害怕新事物和新环境、拒绝上学、有睡眠障碍等。

将问题行为分为两大类是一种非常实用的做法,至今仍被许多学者所采纳。例如,在1991年最新出版的阿肯巴克儿童行为量表的使用手册中,美国心理学家阿肯巴克(T. M. Achenbach)也将问题行为分为两大类,一类叫作内隐问题行为,包括体诉、退缩、焦虑/抑郁、社交不良、思维障碍和注意力不集中六个维度;另一类叫作外显问题行为,包括违纪行为和攻击行为两个维度。又如,1998年,雷诺兹和坎普豪斯(Reynolds & Kamphaus)在编制儿童行为评估系统的家长评定量表时也将问题行为分为内隐的和外显的两大类,后者包括攻击性、注意力问题、品行问题和多动四个维度,前者包括焦虑、抑郁、行为怪异、退缩和体诉五个维度。不过,在编制教师评定量表时根据儿童在学校中的行为特点,将问题行为分为外显问题行为、内隐问题行为、校内学习问题和其他问题四类(详见下一节)。

(二)奎伊的分类

1983年,美国心理学家奎伊(H. C. Quay)把问题行为划分为以下六类(Witt et al. ,1995):

- 行为失常　对权威人物充满敌意、破坏财物、少有罪恶感、好吵架滋事、好责难他人等。
- 社会化攻击　深夜游荡不归、参加不良帮派、离家出走、逃学等。
- 注意力缺陷/不成熟　注意广度有限、注意力不集中、易分心、遵从指令有困难等。
- 焦虑/退缩　自卑、胆怯、害羞、过敏、紧张、容易受到伤害、压抑、退缩等。
- 精神病行为　不停地重复说过的话、鹦鹉学舌、表达不切实际的想法。
- 多动　不安、坐立不定、扭动不停、烦躁、无法放松。

(三)林幸台的分类

1992年,台湾学者林幸台将性格及行为异常分为五大类(汤盛钦,1998)。

- 人际关系问题　无法与同学或教师建立和保持良好的人际关系,经常与同学打架、发生口角、攻击老师、乱发脾气、不与同学来往、任意指责或批评同学等。
- 行为规范问题　即违规犯过或反社会行为。如无故迟到、缺席、逃学、说谎、偷窃、易怒、破坏行为、考试作弊、不守规则或伤害别人等。
- 抑郁情绪问题　经常有不快乐或沮丧的情绪。如对活动不感兴趣、自伤、愁眉苦脸、悲观、对自己的事情漠不关心、情绪低落或退缩等。
- 焦虑情绪问题　即因过度焦虑导致明显的身体不适、恐惧反应或强迫行为。如容易紧张、易因焦虑引起生理反应(呕吐、头昏等)、坐立不安、影响教室内的活动、不断重复同一动作、情绪激动、动作过度夸张、过度的恐惧反应等。
- 偏畸习癖　如经常吸吮拇指、啃指甲、作异性打扮、沉迷于游戏机和色情书刊影片、吸毒或嗜异味物品等。

近年来,在问题行为的分类和评估上出现了两种比较明显的趋势,一种是把各种问题行为看成是一个不服从社会规范的症候群,对其进行综合性的评估(林向英,2005);另一种是针对每一具体的行为做功能性行为评估,并在此基础上实施干预。

第二节　几种常用的儿童行为评定量表简介

对儿童问题行为的评估主要采用的是测验法,即通过用一些标准化的行为量表对儿童的行为进行系统的评定,从而判断儿童是否存在行为问题及存在什么性质的问题等。下面介绍几种目前比较常用的儿童行为评定量表。

表 13-1　康纳斯行为评定量表

（家长用表）

儿童姓名_____ 性别_____ 年龄_____ 填表日期_____ 填表人_____

请在每个项目右边按不同程度打勾(√)。请填齐全部项目。

项目	程度				项目	程度			
	无	稍有	相当多	很多		无	稍有	相当多	很多
1. 某种小动作(如咬甲、吸手指、拉头发、拉衣服布毛)					25. 做事有始无终				
					26. 感情易受伤害				
					27. 欺凌别人				
2. 对大人粗鲁无礼					28. 不能停止重复性活动				
3. 在交朋友或保持友谊上存在问题					29. 残忍				
4. 易兴奋,易冲动					30. 稚气或不成熟(自己会的事要人帮忙,依缠别人,需别人鼓励、支持)				
5. 爱指手画脚									
6. 吸吮或咬嚼(拇指、衣服、毯子)					31. 容易分心或注意力不集中成为一个问题				
7. 容易或经常哭叫					32. 头痛				
8. 脾气很大					33. 情绪变化迅速剧烈				
9. 做白日梦					34. 不喜欢或不遵从纪律或约束				
10. 学习困难									
11. 扭动不停					35. 经常打架				
12. 惧怕(新环境、陌生人、陌生地方、上学)					36. 与兄弟姐妹不能很好相处				
13. 坐立不定,经常"忙碌"					37. 在努力中容易泄气				
					38. 妨碍其他儿童				
14. 破坏性					39. 基本上是一个不愉快的小孩				
15. 撒谎或捏造情节									
16. 怕羞					40. 有饮食问题(食欲不佳、进食中常跑开)				
17. 造成的麻烦比同龄孩子多									
18. 说话与同龄儿童不同(像婴儿说话、口吃、别人不易听懂)					41. 胃痛				
					42. 有睡眠问题(不能入睡、早醒、夜间起床)				
19. 抵赖错误或归罪他人					43. 其他疼痛				
20. 好争吵					44. 呕吐或恶心				
21. 噘嘴和生气					45. 感到在家庭圈子中被欺骗				
22. 偷窃									
23. 不服从或勉强服从					46. 自夸和吹牛				
24. 忧虑比别人多(忧虑孤独、疾病、死亡)					47. 让自己受别人欺骗				
					48. 有大便问题(腹泻、排便不规则、便秘)				

引自:汪向东、王希材、马弘.《心理卫生评定量表手册〈增订版〉》[M]. 北京:中国心理卫生杂志社,1999年12月。(略有改动)

一、康纳斯行为评定量表及其修订本

康纳斯行为评定量表(Conners' Rating Scales,CRS)最早发表于 1969 年,经过 30 多年的应用及反复修订,如今已成为评估儿童问题行为(尤其是多动症)时广泛使用的量表之一。

(一)康纳斯行为评定量表

1. 量表的构成

康纳斯行为评定量表,亦译作康纳斯儿童行为问卷,由家长用表、教师用表及家长教师用表构成,主要用于评估儿童的品行问题、学习问题和多动性。家长用表最早发表于 1970 年,共有 93 题,1978 年修订时确定为 48 题(表 13-1);教师用表最早发表于 1969 年,共有 39 题,1978 年修订时确定为 28 题(表 13-2)。另外,1978 年量表编制者还发表了教师用表简化版,共有 10 题(表 13-3)。

表 13-2　康纳斯行为评定量表
(教师用表)

项目	无	稍有	相当多	很多	项目	无	稍有	相当多	很多
1. 扭动不停					15. 易兴奋,易冲动				
2. 在不应出声的场合制造噪声					16. 过分要求教师的注意				
3. 提出要求必须立即得到满足					17. 好像不为集体所接受				
4. 动作粗鲁(唐突无礼)					18. 好像容易被其他小孩领导				
5. 暴怒及不能预料的行为					19. 缺少公平合理竞赛的意识				
6. 对批评过分敏感					20. 好像缺乏领导能力				
7. 容易分心或注意力不集中成为问题					21. 做事有始无终				
8. 妨碍其他儿童					22. 稚气和不成熟				
9. 做白日梦					23. 抵赖错误或归罪他人				
10. 噘嘴和生气					24. 不能与其他儿童相处				
11. 情绪变化迅速和激烈					25. 与同学不合作				
12. 好争吵					26. 在努力中容易泄气(灰心丧气)				
13. 能顺从权威					27. 与教师不合作				
14. 坐立不定,经常"忙碌"					28. 学习困难				

表 13-3　康纳斯行为评定量表
(教师用表简化版)

项目	无	稍有	相当多	很多
1. 活动过多,一刻不停				
2. 兴奋激动,容易冲动				
3. 惹恼其他儿童				
4. 做事不能有始有终				
5. 坐立不安				
6. 注意不易集中,容易分心				
7. 必须立即满足其要求,否则容易灰心丧气				
8. 容易哭泣、喊叫				
9. 情绪变化迅速剧烈				
10. 勃然大怒,或出现意料不到的行为				

2. 施测和记分方法

先让父母或教师在每一条目最符合受测者实际情况的程度(无、稍有、相当多或很多)上画钩。然后,将各条目的评定结果转换成用分数表示,即"无"转换成 0 分,"稍有"转换成 1 分,"相当多"转换成 2 分,"很多"转换成 3 分。再将量表中的条目按因子归类,并计算各因子的原始分数。例如,家长用表中的 48 个条目可归纳为品行问题、学习问题、心身障碍、冲动—多动、焦虑和多动指数六个因子,其中第 10、25、31 和 37 条归为第二个因子(学习问题),将受测者在这 4 个条目上的分数加起来,就可以得到该因子的原始分数。最后,根据受测者的年龄和性别查常模表,计算各因子的 Z 分数。若 Z 分数大于 2,就表明受测者存在行为问题。

这套量表已被翻译成中文,在国内的一些研究和临床工作中应用。

(二)康纳斯行为评定量表修订本

1. 量表的构成

康纳斯行为评定量表修订本(Conners' Rating Scales – Revised,CRS – R)于 1997 年正式发表。这套修订本由家长评定、教师评定和自我评定三种量表组成,每一种量表有一个完整版和一个简化版。此外,还有两个补充量表,一个为多动指数家长评定量表,另一个为多动指数教师评定量表。各个量表所包含的条目数及分量表名称见表 13 – 4。

表 13 – 4　康纳斯行为评定量表修订本的分量表和条目数

量表名称	条目数	分量表名称
康纳斯家长评定量表(完整版)	80	对立 认知问题/注意力不集中 多动 焦虑/胆怯 挑剔 社交问题 心身障碍
康纳斯教师评定量表(完整版)	59	对立 认知问题/注意力不集中 多动 焦虑/胆怯 挑剔 社交问题
康纳斯自评量表(完整版)	87	家庭问题 情绪问题 品行问题 认知问题/注意力不集中 脾气控制问题 多动
康纳斯家长评定量表(简化版)	27	
康纳斯教师评定量表(简化版)	28	
康纳斯自评量表(简化版)	27	
多动指数家长评定量表	10	
多动指数教师评定量表	10	

2. 施测和记分方法

家长评定量表和教师评定量表都适用于3~17岁的儿童和青少年,而自我评定量表只适于12~17岁的青少年。完整版的施测时间为15~20分钟,简化版为5~10分钟,多动指数评定量表大约为5分钟。

CRS-R的所有量表均按0、1、2和3记分。把各分量表的条目分数加起来,即可得到分量表的原始分数。根据受测者所在年龄及性别常模团体的平均分和标准差就可以将各分量表的原始分数转换成T分数。

3. 常模抽样

家长评定量表的常模样本由2 482人组成,来自美国和加拿大的200个抽样点。其中,白人占83%,美国黑人占4.8%,西班牙人占3.5%,亚洲人占2.2%,美国土著占1.1%,其他占4.9%。

教师评定量表的常模样本由1 973人组成,来自美国的45个州,加拿大的10个省。其中,白人占78%,美国黑人占10.2%,西班牙人占5.8%,亚洲人占1.6%,美国土著占1.5%,其他占2.8%。常模样本不包括特殊教育班里的学生。

4. 信度和效度

家长评定量表(完整版)的各分量表的内部一致性系数分布在0.73~0.94之间。除了社交问题分量表外,其余各分量表的稳定性系数分布在0.47~0.85之间。教师评定量表(完整版)的各分量表的内部一致性系数也比较高,分布在0.77~0.96之间。各分量表的稳定性系数分布在0.47~0.88之间。

在效度方面,有研究者用不同的受测者样本对该量表进行了因素分析,其结果有力地支持了该量表的结构。

5. 评价

在儿童问题行为评估领域,CRS-R是一套较新的量表,反映了该领域的最新研究成果。该量表非常容易填写和记分。所包含的内容覆盖了注意力缺陷多动障碍(ADHD)的全部症状,因此,能够比较全面地评估该症状。不过,该量表的信度和效度还需要进一步的检验。

这套量表目前还没有在中国标准化。

二、阿肯巴克实证评估系统

阿肯巴克儿童行为量表及相关量表是由阿肯巴克和他的同事瑞斯寇拉(Achenbach & Rescorla)一起编制的,目前已成为教育实践和研究领域内广泛使用的评估个体的情绪和行为功能的测量工具。现在,这个系列成为阿肯巴克实证评估系统(Achenbach System of Empirically Based Assessment,ASEBA)的重要组成部分。ASEBA可评估跨越整个年龄段(1.5岁~90岁以上)的个体的行为功能,已被翻译为69国语言进行使用。

对于1.5岁~18岁的儿童,ASEBA包含8个量表:儿童行为量表CBCL/1.5-5(适合于1.5~5岁)、照料者—教师评定量表C-TRF(适合于1.5~5岁)、CBCL/6-18(适合于6~18岁)、教师评定量表TRF(适合于6~18岁)、青少年自评量表YSR(适合于11~18岁)、半结构化临床访谈表第二版SCICA-2(适合于儿童和青少年)、直接观察表DOF(适合于5~14岁)、测验观察表TOF(适合于2~18岁)。这些量表搭配使用,可从不同环境和来源中收集个体的评估资料,有助于分析不同环境下个体行为的强项和弱项,筛查出具有情绪和行为问题的儿童,制订相应的干预计划等。下面着重介绍 CBCL 的 1991 年修订本,以及新版的 CBCL/1.5-5、C-TRF、CBCL/6-18、TRF 和 YSP。

(一) CBCL1991 年修订本

1. 量表的构成

CBCL1991 年修订本由三部分组成:第一部分记录受测者的背景资料,如性别、年龄、年级、种族、父亲职业、母亲职业等;第二部分测量社会能力,由活动性、社交性和校内学习情况三个分量表组成;第三部分测量行为问题,由攻击行为、违纪行为、焦虑/抑郁、体诉、社交不良、注意力不集中、思维障碍和退缩等分量表组成。CBCL 修订本所包含的结构及内容见下表:

表 13-5　阿肯巴克儿童行为量表
（家长用,适用于 4~16 岁儿童）

姓名：　　　性别：男□　女□　年龄：　　出生日期：　　年　　月　　日
年级：　　　种族：
父母职业：(请填具体,例如,车工、鞋店售货员、主妇等)
父亲职业：　　　　　　　　　母亲职业：
填表人：父□　母□　其他人□：　　　　填表日期：　　年　　月　　日

Ⅰ.(1) 请列出你孩子最爱好的体育运动项目(例如,游泳、棒球等)：
　　无爱好□
　　爱好：a.　　　　　b.　　　　　c.
　(2) 与同龄儿童相比,他(她)在这些项目上花去时间多少?
　　不知道　　较少　　一般　　较多
　　□　　　□　　　□　　　□
　(3) 与同龄儿童相比,他(她)的运动水平如何?
　　不知道　　较低　　一般　　较高
　　□　　　□　　　□　　　□

Ⅱ.(1) 请列出你孩子在体育运动以外的爱好(例如,集邮、看书、弹琴等,不包括看电视)
　　无爱好□
　　爱好：a.　　　　　b.　　　　　c.
　(2) 与同龄儿童相比,他(她)花在这些爱好上的时间多少?
　　不知道　　较少　　一般　　较多
　　□　　　□　　　□　　　□
　(3) 与同龄儿童相比,他(她)的爱好水平如何?
　　不知道　　较低　　一般　　较高
　　□　　　□　　　□　　　□

Ⅲ.(1) 请列出你孩子参加的组织、俱乐部、团队或小组的名称：
　　未参加□
　　参加：a.　　　　　b.　　　　　c.
　(2) 与同龄的参加者相比,他(她)在这些组织中的活跃程度如何?
　　不知道　　较差　　一般　　较高
　　□　　　□　　　□　　　□

（续表）

Ⅳ．（1）请列出你孩子有无干活或打零工的情况（例如，送报、帮人照顾小孩、帮人搞卫生等）
　　　没有 □
　　　有：a.　　　　　　b.　　　　　　c.
（2）与同龄儿童相比，他（她）工作质量如何？
　　　不知道　　较差　　　一般　　　较好
　　　□　　　□　　　□　　　□

Ⅴ．（1）你孩子有几个要好的朋友？
　　　无　　　1个　　2～3个　　4个及以上
　　　□　　　□　　　□　　　□
（2）你孩子与这些朋友每星期大概在一起几次？
　　　不到1次　　1～2次　　3次及以上
　　　□　　　　□　　　　□

Ⅵ．与同龄儿童相比，你孩子在下列方面表现如何？
　　　　　　　　　　　较差　　差不多　　较好
　a. 与兄弟姐妹相处　　□　　　□　　　□
　b. 与其他儿童相处　　□　　　□　　　□
　c. 对父母的行为　　　□　　　□　　　□
　d. 自己工作和游戏　　□　　　□　　　□

Ⅶ．（1）当前学习成绩（对6岁以上儿童而言）　未上学□
　　　　　　　不及格　中等以下　中等　中等以上
　a. 阅读课　　□　　　□　　　□　　　□
　b. 写作课　　□　　　□　　　□　　　□
　c. 算术课　　□　　　□　　　□　　　□
　d. 拼音课　　□　　　□　　　□　　　□
　其他课（如历史、地理、常识、外语等）
　e. ____　　　□　　　□　　　□　　　□
　f. ____　　　□　　　□　　　□　　　□
　g. ____　　　□　　　□　　　□　　　□
（2）你孩子是否在特殊班级？
　　　不是　□
　　　是　　□什么性质？
（3）你孩子是否留级？
　　　没有　□
　　　留过　□几年级留级？留级理由：
（4）你孩子在学校里有无学习或其他问题（不包括上面三个问题）？
　　　没有　□有问题　□问题内容：
　　　问题何时开始：
　　　问题是否已解决？
　　　未解决　□
　　　已解决　□何时解决？

Ⅷ．以下是描述你孩子的项目，只根据最近半年内的情况填写。每一项目后面都有三个数字（0、1、2），如你孩子明显有或经常有此项表现，圈2；如无此项表现，圈0。

(续表)

	0	1	2
1. 行为幼稚与其年龄不符	0	1	2
2. 过敏性症状（填具体表现）	0	1	2
3. 喜欢争论	0	1	2
4. 哮喘病	0	1	2
5. 举动像异性	0	1	2
6. 随地大便	0	1	2
7. 喜欢吹牛或自夸	0	1	2
8. 精神不能集中，注意力不能持久	0	1	2
9. 老是想某些事情不能摆脱，强迫观念（说明内容）	0	1	2
10. 坐立不安活动过多	0	1	2
11. 喜欢缠着大人或过分依赖	0	1	2
12. 常说感到寂寞	0	1	2
13. 糊里糊涂，如在云里雾里	0	1	2
14. 常常哭叫	0	1	2
15. 虐待动物	0	1	2
16. 虐待、欺侮别人或吝啬	0	1	2
17. 好做白日梦或呆想	0	1	2
18. 故意伤害自己或企图自杀	0	1	2
19. 需要别人经常注意自己	0	1	2
20. 破坏自己的东西	0	1	2
21. 破坏家里或其他儿童的东西	0	1	2
22. 在家不听话	0	1	2
23. 在校不听话	0	1	2
24. 不肯好好吃饭	0	1	2
25. 不与其他儿童相处	0	1	2
26. 有不良行为后不感到内疚	0	1	2
27. 易嫉妒	0	1	2
28. 吃喝不能作为食物的东西（说明内容）	0	1	2
29. 除怕小学外，还害怕某些动物、处境或地方（说明内容）	0	1	2
30. 怕上学	0	1	2
31. 怕自己想坏念头或做坏事	0	1	2
32. 觉得自己必须十全十美	0	1	2
33. 觉得或抱怨没有人喜欢自己	0	1	2
34. 觉得别人存心捉弄自己	0	1	2
35. 觉得自己无用或有自卑感	0	1	2
36. 身体经常弄伤，容易出事故	0	1	2
37. 经常打架	0	1	2
38. 常被人戏弄	0	1	2
39. 爱和出麻烦的儿童在一起	0	1	2
40. 听到某些实际上没有的声音（说明内容）	0	1	2
41. 冲动或行为粗鲁	0	1	2
42. 喜欢孤独	0	1	2
43. 撒谎或欺骗	0	1	2

(续表)

44. 咬指甲	0 1 2
45. 神经过敏,容易激动或紧张	0 1 2
46. 动作紧张或带有抽动性(说明内容)	0 1 2
47. 做恶梦	0 1 2
48. 不被其他儿童喜欢	0 1 2
49. 便秘	0 1 2
50. 过度恐惧或担心	0 1 2
51. 感到头昏	0 1 2
52. 过分内疚	0 1 2
53. 吃得过多	0 1 2
54. 过分疲劳	0 1 2
55. 身体过重	0 1 2
56. 找不出原因的躯体症状	
a. 疼痛	0 1 2
b. 头痛	0 1 2
c. 恶心想吐	0 1 2
d. 眼睛有问题(说明内容)	0 1 2
e. 发疹或其他皮肤病	0 1 2
f. 腹部疼痛或绞痛	0 1 2
g. 呕吐	0 1 2
h. 其他(说明内容)	0 1 2
57. 对别人身体进行攻击	0 1 2
58. 挖鼻孔、皮肤或身体其他部分(说明内容)	0 1 2
59. 公开玩弄自己的生殖器	0 1 2
60. 过多地玩弄自己的生殖器	0 1 2
61. 功课差	0 1 2
62. 动作不灵活	0 1 2
63. 喜欢和年龄较大的儿童在一起	0 1 2
64. 喜欢和年龄较小的儿童在一起	0 1 2
65. 不肯说话	0 1 2
66. 不断重复某些动作,强迫行为(说明内容)	0 1 2
67. 离家出走	0 1 2
68. 经常尖叫	0 1 2
69. 守口如瓶,有事不说出来	0 1 2
70. 看到某些实际上没有的东西(说明内容)	0 1 2
71. 感到不自然或容易发窘	0 1 2
72. 玩火(包括玩火柴或打火机等)	0 1 2
73. 性方面的问题(说明内容)	0 1 2
74. 夸耀自己或胡闹	0 1 2
75. 害羞或胆小	0 1 2
76. 比大多数孩子睡得少	0 1 2
77. 比大多数孩子睡得多(说明多多少)	0 1 2
78. 玩弄粪便	0 1 2

（续表）

79. 言语问题(说明内容)	0 1 2
80. 茫然凝视	0 1 2
81. 在家偷东西	0 1 2
82. 在外偷东西	0 1 2
83. 收藏自己不需要的东西(说明内容)	0 1 2
84. 怪异行为(说明内容)	0 1 2
85. 怪异想法(说明内容)	0 1 2
86. 固执,绷着脸或容易激怒	0 1 2
87. 情绪突然变化	0 1 2
88. 常常生气	0 1 2
89. 多疑	0 1 2
90. 咒骂或讲粗话	0 1 2
91. 声言要自杀	0 1 2
92. 说梦话或有梦游(说明内容)	0 1 2
93. 话太多	0 1 2
94. 常戏弄他人	0 1 2
95. 乱发脾气或脾气暴躁	0 1 2
96. 对性的问题想得太多	0 1 2
97. 威胁他人	0 1 2
98. 吮吸大拇指	0 1 2
99. 过分要求整齐清洁	0 1 2
100. 睡眠不好(说明内容)	0 1 2
101. 逃学	0 1 2
102. 不够活跃,动作迟钝或精力不足	0 1 2
103. 闷闷不乐,悲伤或抑郁	0 1 2
104. 说话声音特别大	0 1 2
105. 喝酒或使用成瘾药(说明内容)	0 1 2
106. 损坏公物	0 1 2
107. 白天遗尿	0 1 2
108. 夜间遗尿	0 1 2
109. 爱哭诉	0 1 2
110. 希望成为异性	0 1 2
111. 孤独、不合群	0 1 2
112. 忧虑重重	0 1 2
113. 请写出你孩子存在的但上面未提及的其他问题：_____	0 1 2
_____	0 1 2
_____	0 1 2

2. 施测和记分方法

该量表由家长逐条填写。填完一份量表需要 15~20 分钟。

CBCL1991 年修订本的第一部分不记分；第二部分的条目按 0、1、2 或 3 记分；第三部分的条目按 0、1 或 2 记分。把各分量表、社会能力、外显问题行为、内隐问题行为和问题行为量表中的条目得分加起来就是各分量表、量表的原始分数。根据受测者所在年龄和性别常模团体的平均数和标准差,可以将这些原始分数分别转换成 T 分数和百分等级。

3. 常模团体的抽样

常模团体由来自美国 48 个州的 2 368 名儿童和青少年组成。分成三个年龄组,即 4~5 岁组、6~11 岁组和 12~18 岁组。抽样时受测者的年龄、性别、种族、宗教、社区大小和社会经济地位等变量已受到控制。另外,受过心理健康治疗和特殊教育超过 12 个月的儿童也被剔除掉。填表人中 82% 的是母亲,15% 的是父亲,其他人占 3%。

4. 信度和效度

(1) 信度 检验结果表明,各分量表的内部一致性系数的中位数为 0.76,社会能力量表和问题行为量表的内部一致性系数的中位数为 0.92。

阿肯巴克以平均一周的间隔先后用 CBCL1991 年修订本进行测试,计算得的稳定性系数分布在 0.70(活动性)至 0.95(体诉)之间;分别以一年和两年的间隔计算稳定性系数,结果是,各分量表的 r≥0.70(个别分量表除外)。这些数据表明,该量表的信度是很高的。

(2) 效度 经计算,退缩分量表、体诉分量表与是否转介的相关系数分别为 0.66 和 0.52;社交不良分量表、校内学习情况分量表与是否转介的相关系数分别为 0.73 和 0.87;违纪行为分量表、攻击行为分量表与是否转介的相关系数分别为 0.77 和 0.78。由此可见,该量表是比较有效的。

5. 评价

大量的研究均表明 CBCL1991 年修订本具有很高的区分效度。该量表省时省力,容易施测,因此在临床和教育领域有广泛的应用。

不过,该量表是用因素分析法来编制的,各量表和分量表与常用的诊断标准缺乏一一对应关系。另外,第二部分的条目太少,不适于用来评估社会能力。和其他类似的量表相比,它的记分方法也显得比较复杂。

我国学者于 20 世纪 80 年代初将 CBCL 引进,目前该量表已有中国常模。

(二) CBCL/1.5-5

CBCL/1.5-5 发表于 2000 年,是由家长填写的儿童问题行为评定量表,是 CBCL/2-3 的修订本。测验可由家长自己读题填写(要求家长具有小学 5 年级以上的阅读水平),或由评估人员读出题目、家长进行回答。

1. 量表的构成

CBCL/1.5-5 由 7 个分测验组成,共有 100 题,用于评估儿童在近 2 个月内的行为:情绪反应、焦虑/抑郁、体诉、退缩、注意问题、攻击行为、睡眠问题。其中,情绪反应、焦虑/抑郁、体诉、退缩这 4 个分测验组成内隐行为领域;注意问题和攻击行为组成外显行为领域。这些分测验还可根据 DSM-IV 进行分类,即分为情感问题、焦虑问题、广泛性发展问题、注意力缺陷多动问题、对立性违抗问题 5 类。

此外,还要求家长使用语言发展调查表(Language Development Survey, LDS)评估儿童的语言能力。

2. 施测和记分方法

这 100 题按照三级记分:0 分代表不符合,描述不正确;1 分代表有时符合;2 分代表几乎或总是符合。个别题目还要求描述具体细节,如:经常生气(描述):_____。获得的原始分数可转换为百分等级和 T 分数;分测验组合可获得内隐问题行为分数、外显问题行为分数;所有分测验相加还可获得整体问题行为分数。

LDS 为开放式问题,要求家长填写儿童使用的短语长度、词汇数量等。

3. 常模抽样

常模团体由来自美国 40 个州的 700 名儿童组成,个体无智力或身体残疾,父母说英语。抽样时考虑到受测者的年龄、性别的代表性,但对于其他变量的控制情况没有说明。

LDS 的常模样本由其中 278 名儿童组成,分为 3 个年龄组:18~23 个月、24~29 个月和 30~35 个月。

4. 信度和效度

CBCL/1.5-5 的评分者一致性系数分布在 0.48~0.67 之间。再测信度分布在 0.68~0.90 之间,整体问题行为分数的再测信度为 0.90。稳定性系数分布在 0.52~0.76 之间;内部一致性系数分布在 0.66~0.95 之间。研究发现,LDS 的再测信度相当高,7 天间隔的再测信度高达 0.99,2 个月间隔的再测信度为 0.97。

CBCL/1.5-5 的题目是基于大量的研究结果、专家、实践人员和家长进行协商后确定的,具有一定的内容效度。研究证明,CBCL/1.5-5 可识别出有明显情绪和行为问题的儿童。测验手册没有提供 CBCL/1.5-5 的效标关联效度,但提供了 CBCL/2-3 的部分研究结果:与行为检核表(Behavior Checklist,BCL)、学步儿行为筛查工具(Toddler Behavior Screening Inventory,TBSI)、婴儿—学步儿社交和情感评估量表(Infant-Toddler Social and Emotional Assessment,ITSEA)的相关系数分布在 0.56~0.70 之间。LDS 与雷内尔表达性语言量表(Reynell Expressive Language)、贝利心理发展指数(Bayley Mental Development Index)的相关系数分布在 0.56~0.87 之间。

5. 评价

CBCL/1.5-5 施测简单,可用于筛查具有情绪和行为问题的个体。但量表的常模样本较小,信息不完整;效度数据较少,缺少新版测验的效标关联效度;部分量表的信度较低,有待提高。因此,不可单独用于诊断性评估,使用需谨慎。

(三) C-TRF

C-TRF 发表于 2000 年,是由照料者或教师填写的 1.5~5 岁儿童问题行为评定量表,是 C-TRF/2-5 的修订本。

1. 量表的构成

C-TRF 与 CBCL/1.5-5 在结构和内容上十分接近,由内隐行为领域和外显行为领域的 6 个分测验组成,共 100 题:情绪反应、焦虑/抑郁、体诉、退缩、注意问题、攻击行为。不同的是,C-TRF 没有语言发展调查表和睡眠问题分测验。

2. 施测和记分方法

C-TRF 按照三级记分:0 分代表不符合;1 分代表有时符合;2 分代表几乎或总是符合。个别题目还要求描述具体细节。获得的原始分数可转换为百分等级和 T 分数;分测验组合可获得内隐行为分数、外显行为分数;所有分测验相加还可获得整体行为问题分数。

3. 常模团体的抽样

常模团体由两部分组成：CBCL/1.5-5 的 700 人中的 203 人组成的新样本与 1997 年的旧样本，最终包含 604 名女孩和 588 名男孩。测验手册提供了种族、地域、社会经济地位的信息，但没有与美国人口特征做比较。

4. 信度和效度

C-TRF 的评分者一致性系数分布在 0.21~0.79 之间；再测信度分布在 0.57~0.91 之间，整体行为问题分数的再测信度为 0.88；稳定性系数分布在 0.22~0.85 之间；内部一致性系数分布在 0.52~0.97 之间。

C-TRF 的题目是基于大量的研究结果，专家、实践人员和家长的协商以及 TRF 的实际运用确定的，具有一定的内容效度。编制者以整体问题行为分数作为是否转介的指标，研究发现 74.3% 预测正确。

5. 评价

C-TRF 施测简单，可用于筛查具有情绪和行为问题的个体。若与 CBCL/1.5-5 共同使用，可为 1.5~5 岁的儿童提供不同情境下的评估，更加全面地了解儿童的行为表现。但需注意，由于常模由新旧两个样本组成，其代表性受到质疑；且效度数据较少，部分量表的信度较低；因此，不可单独用于诊断性评估，使用需谨慎。

（四）CBCL/6-18

CBCL/6-18 发表于 2001 年，是由家长填写，评估儿童在近 6 个月的情绪和行为表现。

1. 量表的构成

量表由两部分组成：适应行为部分和问题行为部分。适应行为部分共 16 题，用 3 个分测验来评估儿童的参与数量与质量：课外活动（如运动、兴趣、工作等）、社会交往、学校活动。问题行为部分共 113 题，组成 8 个分测验，用来评估儿童的问题行为：焦虑/抑郁、退缩/抑郁、体诉、社交问题、思维问题、注意问题、违纪行为、攻击行为。其中，焦虑/抑郁、退缩/抑郁、体诉这 3 个分测验组成内隐行为领域，违纪行为和攻击行为这 2 个分测验组成外显行为领域。这些分测验还可根据 DSM-IV 进行分类，即分为情感问题、焦虑问题、身体问题、注意力缺陷多动问题、对立性违抗问题、品行问题 6 类。

2. 施测和记分方法

CBCL/6-18 施测简单，只需 10~20 分钟即可完成。适应行为部分按照四级记分：低于平均；平均；高于平均；不清楚。问题行为部分按照三级记分：0 分代表不符合；1 分代表有时符合；2 分代表几乎或总是符合。

获得的原始分数可转换为百分等级和 T 分数；分测验组合可获得内隐行为分数、外显行为分数、整体行为问题分数和整体适应分数。

3. 常模团体的抽样

常模团体由 1 753 名 6~18 岁儿童组成，在地域、种族和社会经济地位上进行了控制，但没有与全国人口特征做比较；样本也排除了近 1 年内接受心理和特殊教育服务的个体。

4. 信度和效度

CBCL/6-18 的评分者一致性系数分布在 0.57~0.88 之间，适应行为的评分者一致性系数中位数为 0.69，问题行为的评分者一致性系数中位数为 0.76。适应行为的再测信度分布在

0.43~0.76之间,内部一致性系数分布在 0.63~0.79 之间。问题行为的再测信度分布在 0.50~0.82 之间,整体行为问题分数的内部一致性系数为 0.97,分测验的内部一致性系数分布在 0.78~0.94 之间。

CBCL/6-18 的题目是基于大量的研究结果以及临床专家、心理学家、精神病学家等的商讨后确定的,具有一定的内容效度。测验与康纳斯家长评定量表的相关系数分布在 0.71~0.80,与 BASC 的相关系数分布在 0.38~0.88 之间。

5. 评价

CBCL/6-18 可全面评估儿童的适应行为和问题行为,内隐问题行为和外显问题行为的划分也有助于确定儿童的情绪和行为问题,但常模的信息不全,部分分测验的信效度也有待提高。总的来说,2001 年的修订本增强了 CBCL 评估系统,使之成为临床和心理学界里最受欢迎的评估工具。

(五) TRF

TRF 发表于 2001 年,是由教师填写的、评估 6~18 岁儿童在学校内的行为表现,要求儿童至少入学 2 个月。

1. 量表的构成

TRF 由三部分组成:学业表现、适应行为和问题行为。在学业表现部分,要求教师对某个领域内儿童的学业成绩按照年级水平进行评分。适应行为部分,要求教师从努力学习、行为恰当、学习、愉快四方面进行评估。问题行为部分,由 113 题组成,分为 8 个分测验:焦虑/抑郁、退缩/抑郁、体诉、社交问题、思维问题、注意问题、违纪行为、攻击行为。其中,焦虑/抑郁、退缩/抑郁、体诉这 3 个分测验组成内隐问题行为领域,违纪行为和攻击行为这 2 个分测验组成外显问题行为领域。这些分测验还可根据 DSM-Ⅳ进行分类,即分为情感问题、焦虑问题、身体问题、注意力缺陷多动问题、对立性违抗问题、品行问题 6 类。

2. 施测和记分方法

学业表现部分按照五级记分:远低于年级水平、低于年级水平、平均、高于年级水平、远高于年级水平。适应行为部分按照七级记分。问题行为部分按照三级记分:0 分代表不符合;1 分代表有时符合;2 分代表几乎或总是符合。

获得的原始分数可转换为百分等级和 T 分数;分测验组合可获得学业表现分数、适应行为分数、内隐问题行为分数、外显问题行为分数和整体行为问题分数。

3. 常模团体的抽样

常模团体由两部分组成:1989 年的样本和 1999 年的样本,共 2 319 人。样本在种族、地域和社会经济地位上进行了一定的控制,但缺乏与全国人口特征的比较数据。

4. 信度和效度

TRF 在适应行为和问题行为部分的评分者一致性系数均值分别为 0.49 和 0.60,在这两部分的再测信度均值都是 0.90。测验的内部一致性系数分布在 0.72~0.97 之间。问题行为的稳定性系数均值分布在 0.62~0.73 之间。

在内容上,TRF 中有 98 题与 CBCL/6-18 相同,其余题目略有不同,并剔除了一些无法区分转介群体的题目,测验具有一定的内容效度。TRF 与康纳斯教师评定量表修订本 CTRS-R 的相关系数分布在 0.77~0.89 之间,与 BASC 的相关系数分布在 0.40~0.87 之间。

5.评价

TRF的结构设计合理,并基于大量的实践数据,可用于评估儿童的学业表现、适应行为和问题行为。但测验的常模由先后相距大约10年的的数据组成,其代表性受到质疑,且部分分测验的信效度还有待提高。

(六)YSP

YSP发表于2001年,是11～18岁青少年对自己的兴趣、情绪情感和行为的自评工具,是1991年版本的修订本。

1.量表的构成

YSP由两部分组成:适应行为和问题行为。适应行为部分包括2个分测验:课外活动(如运动、兴趣等)和社交活动(如有几个朋友、与朋友在一起的时间等)。如果再加上对学业表现的自我评估,还可获得整体能力分数。问题行为部分与CBCL/6-18相似,共包含112题,由8个分测验组成:焦虑/抑郁、退缩/抑郁、体诉、社交问题、思维问题、注意问题、违纪行为、攻击行为。其中,焦虑/抑郁、退缩/抑郁、体诉这3个分测验组成内隐问题行为领域,违纪行为和攻击行为这2个分测验组成外显问题行为领域。这些分测验还可根据DSM-Ⅳ进行分类,即分为情感问题、焦虑问题、身体问题、注意力缺陷多动问题、对立性违抗问题、品行问题6类。

2.施测和记分方法

YSP大约需要15分钟即可完成。适应行为部分按照三级记分:低于平均、平均和高于平均。问题行为也是按照三级记分:0分代表不符合;1分代表有时符合;2分代表几乎或总是符合。获得的原始分数可转换为百分等级和T分数。

3.常模团体的抽样

常模团体由CBCL中11～18岁的儿童组成,共1057人,且排除了在近1年内接受心理和特殊教育服务的个体。

4.信度和效度

YSP的再测信度分布在0.67～0.91之间,适应行为和问题行为的再测信度均值分别为0.88和0.82。分测验的内部一致性系数分布在0.55～0.95之间,适应行为和问题行为的内部一致性系数分别为0.75和0.95。

YSP的题目主要来自CBCL/6-18,根据CBCL/6-18对题目的慎重选择,YSP具有一定的内容效度。测验手册也提供了有关YSP的效标关联效度的信息。

5.评价

YSP是对青少年的适应行为和问题行为的自评量表,可为学生的整体情绪行为状态提供有效信息。不过个别分测验的信度有待提高,效度还需要更多的心理测量学的数据予以说明。

三、儿童行为评估系统第二版

儿童行为评估系统(Behavior Assessment System for Children,BASC)最早发表于1998年,是雷诺兹和坎普豪斯二人共同编制的,由家长评定量表、教师评定量表和个性自陈量表三套量表组成,分别适用于2～5岁、6～11岁和12～18岁的儿童和青少年。2004年,编制者修订并发表了儿童行为评估系统第二版(BASC-2),将适用年龄范围扩展为2～25岁。该评估系统由五套量表组成:教师评定量表(TRS)、家长评定量表(PRS)、个性自陈量表(SRP)、结构化发展史(SDH)和学生观察系统(SOS)。TRS 和 PRS 适用于 2 岁～21 岁 11 个月的个体,SRP 适用于 8～25 岁的个体,SDH 和 SOS 可帮助评估人员获得有用的辅助信息。下面简要介绍 BASC-2 中的各个量表。

(一) TRS

TRS 是由教师填写的量表,用于评估儿童在学校和养育机构内的适应行为和问题行为。它包括结构相似的三套表格,分别适用于 2～5 岁的学前儿童、6～11 岁的儿童和 12～21 岁的青少年,每套表格包含 100～139 题。

1. 量表的构成

TRS 由 10 个问题行为分量表和 5 个适应行为分量表组成,可分为 4 个领域:外显问题行为、内隐问题行为、学校问题行为和适应行为,每个领域包含 3～5 个分量表(表 13-6):

表 13-6　TRS 的组成结构

组合量表/领域	分量表
外显问题行为	攻击性
	多动
	品行问题
内隐问题行为	焦虑
	抑郁
	体诉
学校问题行为	注意力问题
	学习问题
其他问题行为	行为怪异
	退缩
适应行为	适应性
	领导力
	社交技能
	学习技能
	功能性沟通

在 BASC-2 的辅助软件中还提供了 7 个可选的分量表:控制愤怒、欺负、发展性社交障碍、自我情绪调节、执行功能、消极情绪和心理恢复。

2. 施测和记分方法

量表中的条目按照四级评分:从不、有时、经常、总是。施测一套表格需要 10～15 分钟。所有组合量表和分量表的原始分数都可以转换为 T 分数(平均数 = 50,标准差 = 10)和百分等级。其中外显问题行为、内隐问题行为、学校问题行为和其他问题行为可组成行为症状指数 BSI。

3. 常模团体的抽样

TRS 的常模团体由 4 650 名 2～18 岁的儿童组成,在性别、种族、地域、父母受教育水平上接近美国人口普查数据中的比例。测验还挑选了 1 779 名具有情绪、行为或身体问题的儿童来组成临床样本。

4. 信度和效度

各年龄组在分量表上的内部一致性系数均值分布在 0.84～0.89 之间,其中内隐问题行为的一致性最低;组合量表的内部一致性系数均超过0.80。分量表的再测信度系数分布在0.64~0.90之间,组合量表的再测信度系数分布在0.81~0.93之间。分量表的评分者一致性系数分布在0.19~0.82,组合量表的评分者一致性系数分布在0.48~0.81之间。

在效度方面,TRS与阿肯巴克实证评估系统(ASEBA)的相关系数分布在0.60~0.90之间,组合量表的相关性更高些;与康纳斯教师评定量表修订版的相关系数分布在0.26~0.94;与第一版测验高度相关,相关系数均超过0.90。

(二) PRS

PRS是由家长填写的量表,用于评估儿童在社区和家庭环境下的适应行为和问题行为。与TRS相似,它也包括结构相似的三套表格,分别适用于2~5岁的学前儿童、6~11岁的儿童和12~21岁的青少年,每套表格包含134~160题。

1. 量表的构成

PRS在内容和结构上与TRS相似,主要由外显问题行为、内隐问题行为、适应行为以及日常生活活动4个领域组成。BASC-2辅助软件中提供的7个可选的分量表也适用于PRS。

2. 施测和记分方法

量表中的条目按照四级评分:从不、有时、经常、总是。施测一套表格需要10~20分钟。所有组合量表和分量表的原始分数都可以转换为T分数和百分等级。

3. 常模团体的抽样

PRS的常模团体由4 800名2~18岁的儿童组成,在性别、种族、地域、父母受教育水平上接近美国人口普查数据中的比例。测验还挑选了1 975名具有情绪、行为或身体问题的儿童来组成临床样本。

4. 信度和效度

各年龄组在分量表上的内部一致性系数均值分布在0.80~0.87之间,其中学龄儿童的一致性最低;组合量表的内部一致性系数均超过0.80。分量表的再测信度系数分布在0.72到0.88之间,组合量表的再测信度系数分布在0.78~0.92之间。分量表的评分者一致性系数分布在0.53~0.88之间,组合量表的评分者一致性系数分布在0.65~0.86之间。

在效度方面,PRS与ASEBA相关系数分布在0.34~0.77之间,组合量表的相关性更高些,分布在0.67~0.84之间;与康纳斯家长评定量表修订版的相关系数分布在0.41~0.84之间;与第一版的儿童行为评估系统的相关系数分布在0.80~0.95之间。

(三) SRP

SRP是学生的自陈量表,用于自评个体的适应行为和问题行为,包含三套表格:儿童用表(8~11岁)、青少年用表(12~21岁)、青年人/大学生用表(18~25岁)。

1. 量表的构成

SRP由10个问题行为分量表和4个适应行为分量表组成,可分为4个领域,见表13-7。

此外,测验还提供了8个可选用的分量表:寻求感官刺激、酗酒、学校调适、体诉、控制愤怒、自我力量、狂躁和考试焦虑。

2. 施测和记分方法

SRP要求学生对量表中的描述用"对"或"错"进行判断,或按照从不、有时、经常、总是进行四级评分。施测一套表格需要 20~30 分钟。所有组合量表和分量表的原始分数都可以转换为 T 分数和百分等级。SRP 中所有量表组合可获得情绪症状指数(ESI)。

表 13-7 SRP 的组成结构

组合量表/领域	分量表
注意力问题	注意力问题
	多动
内隐问题行为	非典型行为
	控制
	社交紧张
	焦虑
	抑郁
	感觉不足
学校问题行为	对学校的态度
	对教师的态度
个人调适	亲子关系
	人际关系
	自尊
	自立

3. 常模团体的抽样

SRP 的常模团体由 3 400 名 2~18 岁的儿童和 706 名 19~25 岁的大学生组成。儿童样本在性别、种族、地域、父母受教育水平上接近美国人口普查数据的比例;大学生样本没有构成方面的说明。测验还挑选了 1 527 名具有情绪、行为或身体问题的儿童来组成临床样本。

4. 信度和效度

在信度方面,SRP 在各年龄组分量表的内部一致性均值分布在 0.79~0.83 之间,组合量表的内部一致性系数均超过 0.80。分量表的再测信度系数分布在 0.61~0.99 之间,组合量表的再测信度系数分布在 0.74~0.93 之间。

在效度方面,用大学生样本施测所获得的 SRP 与 ASEBA 的相关系数分布在 0.38~0.61 之间,用青少年样本获得的相关系数分布在 0.75~0.80 之间。SRP 与康纳斯—威尔斯青少年自陈量表的相关系数分布在 0.52~0.67 之间。

(四) SDH 和 SOS

SDH 可以采用访谈或问卷形式,获得个体的社会性、心理、发展、教育、医药方面过去经历的有关信息,为诊断性评估提供重要信息。

SOS 也是辅助诊断性评估和监测干预进展的观察工具,要求评估人员在教室内观察儿童在 15 分钟内的适应行为和适应不良行为。记录由 3 部分组成:①关键行为检核表提供了 65 种行为,分为 13 类(4 种积极行为、9 种问题行为),按照从未、有时和经常进行三级评分。评估人员还要指出这种行为是否具有破坏性。②以 30 秒作为间隔,记录间隔后的前 3 秒内是否出现了该行为,在检核表中 13 类行为旁有单独的时间栏进行记录。③记录教师互动情况,包括教师所在位置、教师改变学生行为的方法和额外的有关信息。

SDH 和 SOS 都不是常模参照评估,因此没有提供分数进行比较,但所收集的信息可为诊断提供重要依据,可用于描述个体行为的强项和弱项。

(五)评价

BASC-2 从教师评定、家长评定和自我评定三方面来评估儿童和青少年的适应行为和问题行为,可获得更加全面均衡的信息,用于临床诊断、教育分类、制订计划和教育决策。其内容符合 IDEA 和 DSM-Ⅳ的行为分类,进行探索性和验证性因素分析的结果也证实了每套量表中存在 3~4 个领域分数,测验具有一定的构想效度。测验还提供了临床常模,领域分数的信度较好,但个别分量表的信度还有待提高。

四、儿童期孤独症评定量表

1980 年,邵普勒等人(Schopler et al.)发表了自己编制的儿童期孤独症评定量表(Childhood Autism Rating Scale,CARS)。经过 1988 年的一次修订之后,该量表目前已被广泛应用于孤独症儿童的诊断中。

CARS 包含 15 个分量表,分别是:人际关系、模仿、情感反应、身体使用、与物体的关系、对环境变化的适应性、视觉反应性、听觉反应性、近接受器的反应性、焦虑反应、言语沟通、非言语沟通、活动水平、智力功能和总体印象。每个分量表由正常到极不正常分为四级(分别记为 1 分、2 分、3 分和 4 分),受测者获得哪个等级分数,由他的行为特征决定(表 13-8)。

CARS 的得分范围在 15~60 分之间。如果受测者的分数低于 30,就表明没有孤独症;如果分数在 30~36 之间,表明有孤独症倾向;如果分数≥37,就可确定为有孤独症。

表 13-8 儿童期孤独症评定量表(简缩本)

量表	评定			
	1 正常	2 轻微不正常	3 很不正常	4 极不正常
Ⅰ.人际关系	羞怯、防卫、对人排斥的程度符合其年龄	有时缺少目光对视;有些排斥或回避;过于羞怯;对评估人员缺少反应	比较冷漠,需要强刺激才有回应;以不正常的方式与人接触	极孤僻,冷漠,回避;对评估人员几乎无反应,只有极强的刺激才有回应
Ⅱ.模仿(言语的和动作的)	对言语和动作的模仿符合自己的年龄特征	常能自己模仿,但偶尔需敦促才会模仿或延迟模仿	偶尔会自己模仿,但评估人员需有很大的耐心才能观察到模仿	几乎没有言语或动作模仿
Ⅲ.情感反应	情感反应符合年龄和情境(通过面部表情、姿势和行为举止表示愉快、不愉快和兴趣等)	对情感刺激的变化缺乏适当的反应;情感不是比较抑制,就是比较过分	情感反应很不恰当,不是很弱,就是很过分,或常常与刺激无关	情感极刻板固执,情感反应很少与情境相适宜,不接受评估人员的纠正
Ⅳ.身体使用	身体意识和使用符合其年龄	身体意识和使用有少许怪异(有一些刻板动作,笨拙,缺少协调性)	较明显的功能失调(有特别的手势或体态,端详身体,自伤,摇晃,旋转,手指扭动,用脚尖走路等)	比左边一栏列出的行为表现得更严重、种类更多

(续表)

量表	评定 1 正常	2 轻微不正常	3 很不正常	4 极不正常
V. 与物体的关系	对物体的兴趣、探究和使用符合其年龄	对物体比较缺乏兴趣或物体的使用不太符合其年龄(像婴儿一样把物体搭起来,敲打物体,对发出短促声音的物体着迷,反复开灯关灯等)	对大多数物体明显缺乏兴趣或对某些物体特别着迷,反复把玩(如不停地用手指弹某些东西,旋转轮子,对物品的某一小部分很感兴趣)	对物体的兴趣、探究和使用极不符合年龄(左边一栏列出的行为在此表现得更严重、种类更多)
VI. 对环境变化的适应性	对环境变化的反应符合其年龄	对环境变化有抵抗表现(如保持物品、活动不变或采取同一反应模式,不过能转移注意力)	积极抵抗活动中的变化,有恼怒和阻挠的征兆;进行干预时,难以转移注意力	极力抵抗环境的改变;如果坚持这种改变,他会发脾气
VII. 视觉反应性	和其他感觉系统统合,做出的视觉反应符合其年龄	偶尔需提醒才注视某样东西;较喜欢全神贯注地注视镜像;有时会躲避目光;有时好像目中无物;喜欢亮光	必须经常提醒才看自己做的事情,喜欢注视闪闪发亮的东西,在被催促的情况下也很少有目光对视,目光常常"穿透"所看之人,好像目中无人	几乎不注视任何物体,也不看人;视觉线索的利用方式很古怪
VIII. 听觉反应性	和其他感觉系统统合,做出的听觉反应符合其年龄	有时对听觉刺激或某些声音无反应;反应可能延迟出现;有时刺激必须反复出现才有反应;对无关的噪声过分敏感,受其干扰	对听觉刺激的反应不一致;刺激必须反复出现才引起反应;对某些声音过分敏感(如很容易受惊吓,捂住耳朵)	对声音极其过敏,几乎躲避所有的听觉刺激
IX. 近接受器的反应性	疼痛反应正常,与强度相宜;触觉、嗅觉的探究方式正常,此外还有其他的探究方式	对疼痛较缺乏适宜的反应,或表现出对触觉、嗅觉、味觉等探究方式的喜好;有点像婴儿,喜欢把东西放嘴里	对疼痛明显缺乏适宜的反应或非常喜好触觉、嗅觉、味觉等探究方式	极喜欢触觉探究(把东西放嘴里、舔、摸或磨擦物品),目的是要获得感觉体验而不是了解功能;对疼痛不是一无所知,就是反应过度
X. 焦虑反应	焦虑反应符合年龄和情境(焦虑反应没有延迟出现)	焦虑反应稍不正常	焦虑反应很不正常	焦虑反应极不正常(在施测过程中一直坐立不安或表现出恐惧、退缩等)
XI. 言语沟通	言语水平符合年龄	言语总体水平落后;大多数言语是有意义的,但也保留了一些回声语言	言语贫乏或在一些有意义的言语中夹杂一些不恰当的语言(如回声语言、口号等)	言语严重异常;几乎没有听得懂的话或语言的使用特别和古怪

(续表)

量表	评定			
	1 正常	2 轻微不正常	3 很不正常	4 极不正常
Ⅻ. 非言语沟通	非言语沟通水平符合年龄	非言语沟通总体水平落后;用一些简单或不明确的反应进行沟通,如用手指或去够想要的东西	缺乏非言语沟通(常常不沟通或对非言语沟通做出反应)	非言语沟通的方式特别和古怪,一般难以理解
XIII. 活动水平(运动模式)	活动水平正常(既不多动,也不缺少活动)	有点坐不住或不爱动,但一般还能控制;活动水平对行为稍有些妨碍	十分好动,难以约束,活动带有控制不住的性质,或很不爱动,动作迟缓,评估人员必须做出很大的努力才引起反应	活动水平极不正常(不是控制不住,就是极其冷漠,对任何事情难以引起反应;几乎时时刻刻需要成人监控)
XIV. 智力功能	智力功能正常(无智力障碍迹象)	智力功能轻微不正常(在所评估的各个领域的发展上均有不同程度的迟滞)	智力功能很不正常(一些技能发展迟滞,而一些技能达到或非常接近其年龄水平)	智力功能极不正常(一些技能发展迟滞,而一些技能高于其年龄水平或不同寻常)
XV. 总体印象	无孤独症	少许或轻度孤独症	中度孤独症	重度孤独症

各分量表的评分者信度系数介于 0.55~0.93 之间;全量表的评分者信度系数的均值为 0.71;内部一致性系数为 0.94。

在效度方面,该量表与精神病医生的临床诊断之间的相关为 0.84,与心理医生的判断之间的相关为 0.80。另外,大量的实际应用的情况表明,CARS 是筛查孤独症的有效工具。

五、儿童孤独症筛查量表

北京大学精神卫生研究所的刘靖、王玉凤、郭延庆和贾美香于 2004 年发表了他们编制的儿童孤独症筛查量表。

该量表共包含 17 个项目,其中,社会交互作用维度有 7 项,言语和交流维度有 6 项,兴趣与行为维度有 4 项。各项目的具体内容见表 13-9。

表 13-9 儿童孤独症筛查量表的项目内容

1. 目光对视	10. 自发的行为模仿
2. 对语声的注意	11. 有来有往的谈话
3. 对同龄儿童的兴趣	12. 刻板言语
4. 参与同龄儿童的游戏	13. 人称代词错用
5. 想象性游戏	14. 特殊化兴趣和不寻常怪癖
6. 分享欢乐	15. 刻板重复的游戏方式
7. 不恰当的面部表情	16. 刻板重复的怪异行为
8. 对他人身体的使用	17. 强迫行为和强迫仪式
9. 点摇头	

这些项目采取了 3~5 级的评分方法,评分越高,受测者越具有儿童孤独症的特征;评分越低,受测者的儿童孤独症特征越轻;评分为 0 时,受测者无该项目描述的异常表现。该量表的每个项目、每个评分等级均有详细的描述,要求家长全面回顾儿童的生长发育情况,依据儿童症状最严重时的情况予以评分。如果受测者的量表总分等于或高于 24 分,就被诊断为孤独症儿童。每位受测者的施测时间为 10~20 分钟。

编制者对该量表的信度和效度进行了多方面的检验,结果是:

(1) 在信度方面　①三个因子的评定者信度系数分别为 0.976、0.988 和 0.944,量表总分的评定者信度系数为 0.933;②三个因子的稳定性系数分别为 0.954、0.984 和 0.840,量表总分的稳定性系数为 0.986;③量表的分半信度为 0.969;④除"强迫仪式和强迫行为"项与其他各项间的相关系数为 0.196~0.37 外,其他各项目间的相关系数为 0.444~0.855,说明该量表具有较高的内部一致性。

(2) 在效度方面　①对儿童孤独症组和精神发育迟滞组、儿童孤独症组和普通儿童组、精神发育迟滞组和普通儿童组的各因子评分进行多重比较,结果为差异均达到显著性水平;②对儿童孤独症组和精神发育迟滞组、儿童孤独症组和普通儿童组、精神发育迟滞组和普通儿童组的量表总分进行多重比较,结果为组间的差异也都达到了显著性水平;③因子分析的结果表明该量表的因子结构基本符合原来的构想。

儿童孤独症筛查量表是我国学者自行编制的量表,其结构设计合理,施测方法简便,信度和效度均比较高,可用于我国儿童孤独症的筛查。

六、孤独症儿童行为量表

孤独症儿童行为量表(简称 ABC 量表)是克鲁格等人(Krug et al., 1978)编制的,1989 年北京医科大学的杨晓玲教授将其引进并进行了修订,主要用于孤独症儿童的筛查。

ABC 量表由感觉(S)、交往(R)、躯体运动(B)、语言(L)和生活自理(S)五个分测验组成,共有 57 道题。该量表的项目内容见表 13-10。

表 13-10　ABC 量表的项目内容

编号_____
卡号_____

儿童姓名_____　性别_____　□ 1
年龄_____年_____月_____日　□□ 2~3
父母所在单位_____
填表者姓名_____　与儿童的关系_____
家庭住址或通信处_____　邮编_____
填表人文化程度_____　职业_____
填表日期_____年_____月_____日

填表说明:请仔细逐条阅读以下各条项目,若您的孩子有该项表现则请在项目右格内的数字下面"√";若无此项者则不画;方框后的数字不要画。

(续表)

项 目	S	R	B	L	S	
1. 喜欢长时间的自身旋转			4			□4
2. 学会做一件简单的事,但是很快就"忘记"					2	□5
3. 经常没有接触环境或进行交往的要求			4			□6
4. 往往不能接受简单的指令(如坐下、来这等)				1		□7
5. 不会玩玩具等(如没完没了地转动或乱扔、揉等)			2			□8
6. 视觉辨别能力差(如对一种物体的特征——其大小、颜色或位置等的辨别能力差)	2					□9
7. 无交往性微笑(即不会对人点头、打招呼、微笑)		2				□10
8. 代词运用得颠倒或混乱(如把"你"说成"我"等等)				3		□11
9. 长时间地总拿着某件东西			3			□12
10. 似乎不在听人说话,以致怀疑他有听力问题	3					□13
11. 说话不合音调,无节奏				4		□14
12. 长时间地摇摆身体			4			□15
13. 要拿什么东西,但又不是身体所能到达的地方(即对自身与物体距离估计不足)			2			□16
14. 对环境和日常生活规律的改变产生强烈反应					3	□17
15. 当他和其他人在一起时,呼唤他的名字,他对自己的名字无反应					2	□18
16. 经常做出前冲、旋转、脚尖行走、手指轻掐轻弹等动作			4			□19
17. 对其他人的面部表情或感情没有反应		3				□20
18. 说话时很少用"是"或"我"等词				2		□21
19. 有某一方面的特殊能力,似乎与智商低不相符合					4	□22
20. 不能执行简单的含有介词语句的指令(如把球放在盒子上或把球放在盒子里)				1		□23
21. 有时对很大的声音不产生吃惊的反应(可能让人想到他是聋儿)		3				□24
22. 经常拍打手			4			□25
23. 发大脾气或经常发点脾气					3	□26
24. 主动回避与别人的眼光接触		4				□27
25. 拒绝别人接触或拥抱		4				□28
26. 有时对很痛苦的刺激如摔伤、割破或注射不引起反应	3					□29
27. 身体表现很僵硬,很难抱住(如打挺)		3				□30
28. 当抱着他时,感到他肌肉松弛(即他不紧贴着抱他的人)		2				□31
29. 以姿势、手势表示所渴望得到的东西(而不倾向用语言表示)				2		□32
30. 常用脚尖走路			2			□33
31. 用咬人、撞人、踢人等来伤害他人					2	□34
32. 不断地重复短句				3		□35
33. 游戏时不模仿其他儿童		3				□36
34. 当强光直接照射眼睛时常常不眨眼	1					□37
35. 以撞头、咬手等行为以自伤			2			□38
36. 想要什么东西不能等待(一想要什么就马上要得到什么)					2	□39
37. 不能指出 5 个以上物体的名称(注:能指出 5 个以上则不勾)				1		□40

（续表）

项目					
38. 不能发展任何友谊（不会和小朋友来往交朋友）		4			□41
39. 有许多声音常常盖着耳朵	4				□42
40. 经常旋转碰撞物体			4		□43
41. 在训练大小便方面有困难（不会控制大小便）				1	□44
42. 一天只能提出5个以内的要求（达到或超过5个则不勾）				2	□45
43. 经常受到惊吓或非常焦虑、不安		3			□46
44. 在正常光线下斜眼、闭眼、皱眉	3				□47
45. 不是经常帮助的话，不会自己给自己穿衣				1	□48
46. 一遍一遍地重复一些声音或词			3		□49
47. 瞪着眼看人，好像要"看穿"似的	4				□50
48. 重复别人的问话或回答			4		□51
49. 经常不能意识所处的环境，并且可能对危险的情况不在意				2	□52
50. 特别喜欢摆弄并着迷于单调的东西或游戏、活动等（如来回来去地走或跑，没完没了地蹦、跳、拍、敲）				4	□53
51. 对周围东西喜欢触摸、嗅和/或尝		3			□54
52. 对生人常无视觉反应（对来人不看）		3			□55
53. 纠缠在一些复杂的仪式行为上，就像缠在魔圈内一样（如走路一定要走一定的线路，饭前或睡前或干什么以前一定要把什么东西摆在什么地方或做什么动作，否则就不睡、不吃等）			4		□56
54. 经常毁坏东西（如玩具、家里的一切用具很快就弄破了）		2			□57
55. 在2岁6个月以前就发现该儿童发育延迟				1	□58
56. 在日常生活中至少会用15个但又不超过30个短句来进行交往（注：不到15句也勾）			3		□59
57. 长时间凝视一个地方（呆呆地看一处）	4				□60

该儿童还有什么其他的问题请详述：

总　分：_____

分项分：S_____ R_____ B_____ L_____ S_____

引自：杨晓玲.《儿童精神障碍及行为问题的矫正》[M]. 北京：华夏出版社，1995，pp. 234~237 页。

首先让家长根据孩子近期的表现，在 ABC 量表上每个项目的相应数字上画"√"，然后计算各分测验的分数和量表总分。如果受测者的量表总分等于或高于 31 分，可怀疑患有孤独症；如果受测者的量表总分等于或高于 62 分，可以诊断为患有孤独症。每位受测者的施测时间大约为 15 分钟。

ABC 量表的修订者对该量表的信度和效度分别进行了检验。在信度方面，先随机选取了 20 名孤独症儿童，让他们的父亲和母亲分别用 ABC 量表对其孩子的行为进行评定，计算父母评定的一致性，所获得的一致率为 78.5%；然后，又随机选取了 10 名孤独症儿童，让其父亲或母亲用 ABC 量表对孩子前后进行两次评定，计算这两次评定的一致性，结果为 78.9%。

在效度方面，修订者分别计算了该量表的灵敏度（即真阳性率）和特异性（即真阴性率）。当以总分≥31 分作为界限分时，对于普通人群的灵敏度和特异性均为 100%，而对智力障碍组的灵敏度和特异性分别为100%和66%。当以总分≥62分作为界限分时,对于普通人群的灵敏度和特异性分别为95%和100%,而对智力障碍组的灵敏度和特异性分别为95%和90%。

由此可见,该量表用于鉴别孤独症儿童具有较高的效度,但它的信度还有待于提高。

第三节 功能性行为评估方法简介

对问题行为的评估,除了用各种评定量表判断问题行为本身的性质和严重程度外,还可以通过对有关背景因素的系统分析,找到问题行为产生的原因,从而为制订积极有效的干预计划提供有用的信息。后一种方法就是本节要讨论的功能性行为评估(Functional Behavioral Assessment,FBA)。由于这种方法能明显地提高问题行为干预的效果,近年来越来越受到心理和教育工作者的重视。

一、功能性行为评估的定义

关于功能性行为评估的定义问题目前还有争议,不过,从下面两个比较有影响的观点可以看出它的一些基本内涵。

奥尼尔(R. E. O'Neil,1997)指出,功能性行为评估是识别能有效预测或强化问题行为发生的各种事件的过程。

沃森和斯蒂吉(Watson & Steege,2003)认为,功能性行为评估是由多种方法构成的集合体,这些方法共同的目的是:明确引发与维持行为的具体变量,并以此为基础制订个别化的干预措施。

由此可见,功能性行为评估首先要确定问题行为与一系列变量之间的关系。如果某些变量对问题行为的引发和维持产生了作用,那么这些变量就被认为具有一定的功能,在行为干预时就要加以控制,从而达到预期的目的。已有的研究表明,大多数问题行为的产生、维持或加强既与环境因素(如教师的批评、同学的嘲笑、作业的难度等)有关,又与个体因素(如个人的情感、理解力、表达能力、社会交往能力、先前的学习经验、药物使用情况等)有联系。功能性行为评估一般设法从这两个方面找到问题行为背后某种深层的原因。

其次,它需要用多种方法来收集资料。仅仅依靠一种方法,很难从纷繁复杂的关系中识别某些变量与问题行为之间存在的因果关系。必须用多种方法,从问题行为产生的先导因素、个体的行为反应、问题行为所带来的后果等不同的方面收集资料,提出假设,反复地验证假设,才能准确地把握问题行为的功能及有关的影响因素。

最后,功能性行为评估的最终目的是通过制订和实施有效的干预计划,消除或减轻儿童的问题行为。如果评估只停留在分析问题行为的性质和特点上,不采取一定的对策,那么这样的评估就没有太大意义。

二、功能性行为评估的程序

一般来说,功能性行为评估包括以下四个基本步骤。

(一)清晰地描述问题行为

在功能性行为评估的初期,一般先要对问题行为下操作性定义,即用精确、可观察的指标描述问题行为。例如,用出现的频数、强度描述某种问题行为,或者用持续时间来描述问题行为。然后,用直接或间接的方法收集资料,准确地勾画出问题行为的特征。直接的方法主要指观察法。观察法通常借助观察者的感官来收集信息,用一些表格来记录观察结果。例如,观察某个儿童的发怒行为,可以每周观察5次,每次观察1小时,把一周的观察结果记录在表13-11中。

表13-11 发怒行为一周的观察结果

目标行为:发怒行为

操作性定义:包括下列两种或两种以上的行为反应:大喊大叫、摔门、摔打东西、乱踢东西、跺脚、走路步伐很重、大声哭泣。

方法:用秒表记录发怒行为从开始到结束的持续时间。

结果:4′12″;6′32″;5′44″;8′15″;3′54″;6′23″

平均持续时间:每次5′50″。

间接的方法主要包括查阅儿童在校内的档案记录、查看病历、实施非结构访谈或半结构访谈等。

(二)分析问题行为所带来的后果

每一种问题行为都有其存在的意义,在这个阶段要分析问题行为存在的原因,它要发挥什么功能。

沃森和斯蒂吉认为,问题行为的功能可以概括为三大类:第一类即获得社会关注,加入某项活动或某种切实的利益等。如果儿童通过问题行为得到了这些东西,他的问题行为就会得到正强化。例如,五岁的小芸有一次摔得很重,哭起来了,妈妈听到哭声走过来安慰她。后来她每次摔倒都哭个不停,而每次听到哭声妈妈都会走过来安慰她,妈妈的安慰强化了她的哭闹行为。

第二类功能包括逃避或避免令人不愉快的事件或令人痛苦的情境。如果儿童通过问题行为达到了这些目的,他的问题行为会获得负强化。例如,有一次数学老师让同学们做课堂练习,张明不想做,于是在教室里跑来跑去。老师罚他在讲台边站着,他因此躲过了做课堂练习。后来每当数学老师让大家做课堂练习时,他都会在教室里跑来跑去。能逃避做课堂练习的结果强化了他在教室里跑来跑去的行为。

第三类功能是通过自伤行为、刻板行为和一些习惯性行为,获得感觉上的愉悦。这类行为通常受无意识强化驱使。例如,杨欣是一位孤独症患儿,他平时喜欢咬自己的手臂,以便获得愉快的感觉。

(三)探讨引发或维持问题行为的先导因素

分析问题行为由哪些因素引发或维持,一般先要了解问题行为发生的时间、当时的情境、特定的任务或活动等。具体来说,应该包括以下四个方面。

- 环境因素——声音刺激、视觉刺激、空间大小等。
- 教育因素——活动的类型、任务难度、教学步骤、活动的顺序等。
- 社会因素——人群的特点、人群数量、同伴的干扰行为等。
- 过渡因素——变换活动场地、变换活动时间、变换活动内容、变换教师等。

然后,形成一定的因果假设,并通过实验和观察验证这些假设。例如,假定问题行为是由任务难度引起的,评估人员就可以有计划地布置不同难度的任务,观察和记录儿童行为的变化,从而检验任务难度与问题行为之间的内在联系。表 13-12 记录的就是英语课中向学生布置了低(p=0.90)、中(p=0.70~0.80)、高(p<0.70)三种难度的任务之后,每种难度的任务对某位学生观察 5 分钟,每个观察单元(10 秒钟)内他表现出下座位、叫喊同学的名字、四处张望、看闲书、和旁边的同学说话等目标行为的观察结果(如果目标行为没有出现,就在空格内记"0";如果目标行为出现了,就在空格内画"√")。

表 13-12 的数据表明,该生在执行简单的任务时,表现出目标行为的百分比为 16.7%;在执行中等难度的任务时,表现出目标行为的百分比为 23.3%;在执行高难度的任务时,表现出目标行为的百分比为 46.7%。由此可见,高难度的任务是引发问题行为的先导因素。

表 13-12 任务难度先导因素观察记录表

	1	2	3	4	5	6	7	8	9	10	11	12	13	14	15
难度低 (p=0.90)	0	0	0	0	0	0	√	0	0	0	√	0	0	0	0
中等难度 (p=0.70~0.80)	0	√	√	0	0	0	0	0	0	0	0	0	0	√	0
难度高 (p<0.70)	0	0	0	√	√	0	√	√	0	0	0	0	0	0	√

	16	17	18	19	20	21	22	23	24	25	26	27	28	29	30
难度低 (p=0.90)	0	0	√	0	0	0	0	0	0	√	√	0	0	0	0
中等难度 (p=0.70~0.80)	0	0	0	√	0	0	√	0	0	0	0	0	√	0	0
难度高 (p<0.70)	√	√	0	0	√	0	0	√	0	0	0	0	0	√	√

(四)制订问题行为的干预计划

如果行为评估的目的仅仅是为了对儿童的问题行为做诊断,或者仅仅把儿童安置到某种特殊教育机构中,那么这种评估的意义是十分有限的。只有将评估的结果应用于问题行为的干预过程中,这样的评估才能发挥重要的作用。

近年来,越来越多的特殊教育专家主张把评估与行为干预更加紧密地结合在一起,在评估的基础上对问题行为实施积极行为支持的干预计划。所谓积极行为支持(Positive Behavior Support,PBS),指的是一套帮助个体建立并表现良好的适应行为,消除问题行为的措施。下面就用一个例子来说明如何根据问题行为的评估结果制订积极行为支持的干预计划。

陈磊,9 岁 3 个月,就读于某所培智学校读三年级,曾被医院诊断患有孤独症。经过初步的功能性行为评估,确定他有自伤行为和攻击行为。

他的自伤行为通常在无事可做或上语文课的时候发生。每当老师设法用手去阻止他的自伤行为时,会引发他的攻击行为。

与自伤行为和攻击行为有关的个体因素主要有:社会性技能缺陷、言语理解和表达能力低、休闲活动能力差。

陈磊最喜欢的实物和活动依次是:棒棒糖、斯诺比印章、10分钟的户外活动、玩5分钟电脑游戏、老师的表扬、老师的关注、听5分钟的音乐、画5分钟的画。

进一步的功能性行为分析之后确定,他的自伤行为受无意识强化因素(获得感官刺激)的驱动,攻击行为则受负强化因素(逃避老师与他身体接触)和正强化因素(能继续从事自伤行为)所驱动。

根据上述评估结果,可以针对陈磊的自伤行为提出积极行为支持的干预计划如下:

(1)调整行为的先导因素以减少自伤行为的发生
- 调整日程安排,尽量减少自由活动的时间。
- 调整语文课的教学内容,减少单纯语言教学的时间。
- 用图片或符号提示活动的内容和顺序。
- 用图片或符号与他交流。

(2)发展良好的替代行为
- 培养他积极参与活动的意识和能力。
- 提高他的社会交往技能。
- 提高他的休闲活动的技能。

(3)应用区别性强化技术
- 只要表现出良好的替代行为就予实物或活动奖励(如棒棒糖、玩5分钟电脑游戏等),并将实物或活动奖励逐步过渡到社会性强化(如表扬、关注等)。
- 对自伤行为有意识地忽略。

针对陈磊的攻击行为设计的积极行为支持方案如下:

(1)调整行为的先导因素以减少自伤行为的发生
- 避免用手去阻止他的自伤行为。

(2)发展良好的替代行为
- 培养他积极参与教学活动和其他活动的意识和行为。

(3)应用区别性强化技术
- 有意识地忽略自伤行为。
- 只要他对教学活动或其他活动有视觉、语言和动作的参与,就给予实物、活动或社会性强化。

最后,通过对记录表数据或图形的分析,可以了解干预前后行为的变化,从而评估干预计划的效果。如果效果明显,可继续实施该计划;如果不明显,就要调整该计划,直到实现预期的目标。

大量的研究表明,功能性行为评估能在很大程度上提高行为干预的有效性。美国1997年颁布的公法105-17已明确规定,在制订个别化教育计划之前,必须对儿童实施功能性行为评估。我国的特殊教育工作者也应该尽快掌握这项技术,以便在促进儿童健康发展的过程中发挥更加积极的作用。

Ⅳ 应用篇

第14章 特殊儿童的鉴别

在教育安置、教学、训练或治疗过程中,运用科学的方法和手段评估儿童的发展水平及各种心理缺陷和特长,从而把特殊儿童与普通儿童区别开来的过程叫作特殊儿童的鉴别。

特殊儿童的鉴别在整个教育教学过程中是一项非常重要的工作。一方面,它使家长和老师了解特殊儿童缺陷或特长的性质和程度,有助于为儿童选择一个适当的教育安置方式;另一方面,通过鉴别,教师可以根据儿童心理发展的特点合理安排教学起点、内容、进度和方法,有效地进行教育干预,促进儿童最大限度的发展。所以,在教育教学中应重视这项工作。

特殊儿童的种类很多,由于篇幅有限,不可能一一讨论。在这一章里,我们仅以智力障碍儿童、学习障碍儿童和孤独症儿童为例,介绍在特殊儿童的鉴别中应遵循的原则和方法。

第一节 智力障碍儿童的鉴别

一、原则

智力障碍儿童的鉴别有时看起来似乎很简单,实际上是一项复杂而细致的工作。为了确保鉴别结果准确、可靠,在鉴别过程中一定要遵循科学的原则和方法。

(一) 客观性原则

所谓客观性原则,指的是必须根据客观事实来对儿童做鉴别。负责智力障碍儿童鉴别工作的人员不能只听家长或老师单方面的陈述,或凭自己的一两次观察就做出主观判断,而应该在用科学的方法和手段收集材料以后再下结论。

一般来说,用标准化测验收集有关儿童身心发展水平和特征的材料是最科学的方法,因为在标准化测验的编制过程中对各方面的误差已经进行了严格的控制,因而收集来的材料具有较高的真实性和可信度。例如,在评定儿童智力时通常要使用韦克斯勒儿童智力量表、比内智力量表或瑞文推理测验,这些测验都经过编制人员反复试用和修改,有较高的信度和效度,各项技术指标都达到了心理测量学的要求,所以收集来的数据是准确、可靠的。

不过,我们提倡使用标准化测验并不等于排斥使用其他手段和方法。由于心理测量学的发展历史还比较短,目前已编出来并且质量很高的标准化测验的数量仍十分有限,所以在评估儿童心理发展水平及特点的时候往往还要借助于观察、访谈、作品分析等其他方法。

观察、访谈和作品分析法在各种误差的控制上就不如测验法。例如,用观察法收集和分析材料时,往往受观察者个人知识背景及主观偏见的影响,观察的侧重点和对观察结果的解释因人而异;用访谈法时,如果访谈对象的回忆有偏差,所提供的材料就会有遗漏或不真实。为了很好地发挥这些方法的作用,工作人员必须熟练地掌握有关的方法和技巧之后再加以应用,否则误差太大。另外,这些方法最好不要单独使用,而应该综合起来使用。

(二) 全面性原则

全面性原则指的是收集所有与智力障碍有关的材料,不能仅根据一小部分事实就断然下结论。

对儿童做鉴别时,首先要了解儿童各个方面的情况。既要了解儿童自身的状况,又要了解其所在家庭、学校等生活和学习环境的情况;既了解生理和病理的情况,又了解心理发展状况;既测量认知能力,又测量个性特征;既检查已经具有的能力,又检查存在的缺陷及异常;既要了解儿童的现在,也要了解儿童的过去。只有这样才能全面地了解儿童的身心发展特点,为鉴别及以后的教育和训练提供依据。

其次,要对收集来的各种资料做综合分析。不同类型的特殊儿童在某些方面是很相似的。例如,智力障碍儿童、言语障碍儿童和孤独症儿童基本上都有言语方面的问题,如果只分析儿童的言语发展状况,就很难把这三类儿童区分开来。又比如,智力障碍儿童和学习障碍儿童的学习成绩都比较差,光从学习成绩来考察,就很容易把学习障碍儿童看成是智力障碍儿童。不同类型的特殊儿童又有本质上的不同。例如,言语障碍儿童、学习障碍儿童和一部分孤独症儿童的智力并不差,言语障碍儿童和学习障碍儿童在适应行为方面也没有明显的缺陷。只有对儿童的特征做全面、综合的分析,才能把智力障碍儿童与其他类型的儿童准确地区分开来。

(三) 连续性原则

连续性原则指的是对儿童的观察、测评等要经常不断地进行,应根据新情况随时调整鉴别结果,不可把某次鉴别结果当成永恒不变的定论。

对智力障碍儿童的教育和教学一般是从鉴别开始的。在儿童被鉴别为智力障碍以后,教师就可以根据鉴别结果安排教学内容和教学方法。一些儿童虽然被鉴别为智力障碍,但和其他儿童一样,在教育教学的过程中是在不断发展着的,通过适当的教育教学可以获得最大限度的发展。

如何判断儿童的发展变化?如何检查教学内容和方法是否得当以及最后的教育效果?一种很重要的方法就是每过一段时间对这些儿童做一次鉴别。通过反复地观察和测评,不仅可以随时更换教学内容、方法和进度,而且可以用新的观察和测评检查以前的鉴别结果是否正确。由于目前还没有一种鉴别方法是绝对可靠的,因此这种做法是很有必要的。

(四) 个别性原则

个别性原则指的是对智力障碍儿童的鉴别必须个别进行。

由于病因、所生长的环境、教育经历及年龄等的不同,智力障碍儿童之间的差异是非常大的。例如,由唐氏综合征引起的智力障碍是比较严重的,对儿童言语的损害一般都很明显;而由环境或教育不良引起的智力障碍一般都比较轻,对儿童言语、认知等方面的损害相对来说没有那么严重。对不同年龄、病因、落后程度的儿童就应该采取不同的鉴别方法和策略。

为儿童设计并实施个别进行的鉴别方案很有好处。首先,鉴别的内容更有针对性。例如,如果受测者的年龄比较小,智力障碍程度比较严重,工作人员可以多考察他的感知运动能力、言语及生活自理能力;如果受测者的年龄比较大且智力障碍的程度估计比较轻,则多考察其学习能力、社会交往能力、职业技能等。其次,鉴别的方法更适合于受测者。例如,智力障碍程度很严重的受测者做标准化测验往往比较困难,工作人员可以借助观察或访谈来收集材料。另外,在收集材料的过程中,工作人员有较多的时间接触受测者,了解受测者,这对于最后做出准确的判断以及制订个别教育计划都是有必要的。

(五) 目的性原则

目的性原则指的是对儿童所做的任何鉴别都要有明确的目的。

对智力障碍儿童做鉴别的目的一般有四个:①诊断:即确定儿童的发展是否出现迟滞,如果出现迟滞,其程度和性质如何;②安置:即在诊断的基础上确定儿童应接受何种形式的特殊教育,工作人员应该给儿童的安置提出建设性的意见;③制订教育干预计划;包括教育干预的内容及方法等;④在充分了解儿童的基础上更好地开展教育和教学。教师和家长应该认识到,任何无目的的鉴别不仅是无益的,而且可能是非常有害的。

(六) 教育性原则

教育性原则指的是对智力障碍儿童的鉴别要坚持为教育教学服务这一根本目的。

直到现在,许多家长和老师对鉴别的目的不是弄不清楚就是抱有错误的观念。他们一旦发现孩子在学习方面跟不上其他同学或能力比较差,就带孩子到医院去做鉴别,请大夫诊断一下孩子属不属于智力障碍。医院的一般做法是,先让孩子做一两个测验,然后就像给病人做化验那样检查一下测验分数是否低于某个标准,如果低于标准,就贴上一个智力障碍的标签。

带孩子上医院做检查本身并没有错,问题在于应该如何看待和使用这些测验分数。有些人把测验看成是特殊儿童分类的工具,只需用测验产生一个分数,按分数把儿童标示为某一类,工作也就算做完了。有些人把测验分数看成是绝对准确的,忽视了许多因素会影响测验结果,使分数产生误差。而有些人则把测验结果看成是一成不变的,既然测验结果不可改变,做完测验以后就不会积极地采取措施进行干预。所有这些态度和做法不仅不能改善儿童的智力状况,而且还会给儿童及其家庭带来消极的影响。

鉴别的目的有多种,不管是哪一种,最终的目的是在充分了解儿童的基础上更好地开展教育教学工作,使儿童得到更好的发展。因此,在鉴别中要遵循教育性原则。

二、内容和步骤

(一) 鉴别的内容

为了准确地鉴别某个儿童是不是智力障碍儿童,工作人员需要从多方面收集材料并做出综合的判断。一般来说,除了要评估儿童的智力和适应行为水平外,通常还要分析儿童的生理和病理状况、认知能力、个性特征、学业成就、个体所在家庭、学校及社区的环境状况等。

1. 关于智力测查

智力测查是智力障碍儿童鉴别中的一项基本内容。一般要用标准化智力测验来测查智力。目前国际流行的智力测验有不少,以斯坦福—比内智力测验、韦克斯勒儿童智力量表、瑞文推理测验、考夫曼儿童成套评估测验、绘人测验最为著名。智力测验按性质不同有不同的分类。例如,按年龄不同,可以分为婴幼儿智力测验、学龄儿童智力测验、成人智力测验;按编制的材料不同,可以分为文字智力测验和非文字智力测验;按测试方式不同,可以分为个别智力测验和团体智力测验等。在智力障碍儿童的鉴别中,要根据儿童的年龄和认知水平选择适宜的测验。

2. 关于适应行为的评定

适应行为的评定是智力障碍儿童鉴别中的另一项基本内容。一般要用标准化的适应行为评定量表来测查儿童的适应行为水平,但目前适应行为量表无论在数量上还是在质量上都不如智力测验,所以许多人在智力障碍儿童的鉴别中忽视了对适应行为的评定。这样做是不正确的,违背了智力障碍儿童的定义及鉴别诊断的标准。因此,在制订鉴别计划时一定要把适应行为的评定作为一项重要内容。目前国际上最流行的适应行为量表有文兰适应行为量表、AAMR适应行为量表、独立行为量表、适应行为调查表等。

3. 儿童生长发育史

有关儿童生长发育史的情况包括:该儿童主要由谁抚养,出生后几个月时断奶,几个月时开始用奶瓶喂奶,几个月时自己进食,何时会独坐、自己站立、走路、跑、跳,什么时候能对声音做出反应,发第一声、牙牙学语、说出第一个词、第一句话各在什么时候,什么时候能控制大小便,与其他儿童相比这些情况是慢、一般,还是快。

另外,工作人员还要了解儿童是否曾受过早期干预,上过什么学校(包括一些特殊的训练机构),是否留过级,老师或训练人员对他的评价如何等等。

4. 儿童病史

有关儿童疾病史的材料包括:出生时是否用过产钳助产或出现过窒息,是否为早产儿、过期产儿、低体重儿;是否用过麻醉剂出现麻醉剂中毒等;出生后有没有得过脑膜炎、脑炎、脑脓肿和脑震荡;是否有过一氧化碳或铅、汞中毒;是否甲状腺功能低下或严重营养不良;在幼年时期是否生过大病,如曾经发高烧至40℃久久不退。这些情况都可能造成脑损伤,最终导致智力障碍。

5. 儿童家族病史

对儿童家族病史材料的收集,有助于诊断某些属于遗传性的智力障碍。在收集这方面材料的过程中需要了解的情况有:近亲中是否有人患过癫痫、脑瘫、先天性脑积水、原发性小脑畸形、结节性硬化症、唐氏综合征、18-三体综合征、13-三体综合征、苯丙酮尿症、猫叫综合征、黑蒙性痴呆等。

6. 体检

体检主要指体格检查,具体内容包括对儿童的头围、面容、毛发、眼、耳、口、四肢、皮肤、身高、体重等的检查。儿童在某些方面的异常可以为诊断智力障碍及其产生的原因提供依据。例如,患苯丙酮尿症的智力障碍儿童,毛发一般都比较细,颜色比较浅,尿有霉味。如果一个儿童在其他方面都符合智力障碍的特征,在毛发及尿味方面又具有苯丙酮尿症的特征,就可以初步诊断他为由苯丙酮尿症导致的智力障碍。又如,如果他的头围过大或过小,并有智力功能和适应行为的缺陷,可以诊断他是由脑积水或大脑畸形引起的智力障碍。

7. 学业成绩

如果被鉴别的对象是正在上学的儿童,通常还要了解他的学业成就。这方面的情况一般包括:该儿童最近一段时间的语文成绩、数学成绩和其他科目的成绩;他做过的手工作品、绘画作品、书法作品等;他对上学的态度如何;是否喜欢上学读书;班主任及科任教师对他学习上的总体评价等。

8. 家庭和学校

关于儿童的家庭需了解的情况有:父母亲的年龄、父母亲的职业、父母亲的文化程度、家庭经济状况等;该儿童是否有兄弟姐妹;是否与祖父母、外祖父母或其他亲人同住;父母、祖父母或外祖父母对儿童的态度、教养方式如何;家庭对孩子的抚养态度、教育观念是否一致;家庭是否和睦;家庭对儿童的教育投入多大的时间和精力等。

有关学校的情况包括:学校领导对智力障碍儿童的教育教学的重视程度;班主任的性别、年龄、教龄、教学态度、教学能力和水平等;学校的课程计划及教学的基本情况;学生课外活动、实践活动开展得如何;学校里有关专业人员如心理学工作者、语言治疗师、物理治疗师等的配备情况,辅助教学的情况;学校与家庭、社会联系的密切程度等。

(二) 鉴别的步骤

智力障碍儿童的鉴别通常是按照一定的程序来进行的。

第一步,确定鉴别目的。在这个阶段需要做的事情就是接受家长或教师对儿童进行智力障碍鉴别的请求,确定通过鉴别要达到的目的及需要解决的具体问题。例如,有些家长或老师只希望对孩子做出是或不是智力障碍的诊断,而有些家长和老师希望在诊断的基础上获得专家在安置方面的指导,或者获得有关教育干预的计划、教育教学工作的建议等。家长和老师的要求不同,鉴别工作的重点就有所不同。

第二步,设计评估方案。在此阶段要做以下两方面的事情:

(1) 确定收集什么材料。对每个儿童收集的材料可能是不同的。收集什么材料一般由鉴别目的所决定。

(2) 确定在什么时候、用什么方法和工具收集这些材料。收集材料的方法是很多的,如生理测量法、测验法、观察法、问卷调查法、访谈法、心理实验法、作品分析法、口语报告法等。究竟用什么方法收集材料,要根据鉴别的目的、儿童的特点来确定,收集材料的工具也是如此。例如,目前国内可利用的智力量表就不少,工作人员也要根据鉴别的目的、儿童的特点及现有的条件来确定。收集材料的方法和工具确定以后,将要制订收集材料的时间表。

第三步,实施评估方案。在此阶段要做的事情就是按事先拟订的时间、方法和工具收集多方面的信息。例如,先请心理学工作者或医生给儿童做智力测验和适应行为评定;然后对家长做访谈,了解该儿童的生长发育史、疾病史以及目前在家里的行为表现等;再到学校向班主任老师和校长了解儿童在学校里的情况;最后到医院做体检。

当所要的材料都收集齐全后,接下来要做的事情就是将多方面的信息进行综合整理,运用专业知识对儿童的整体情况进行全面的分析,最后得出结论。

第四步,复查。如果条件许可,应该在适当的时间对鉴别结果进行一次复查。复查时,不一定要重复前面的所有步骤。有时只需要通过课堂观察、教学效果的评估,或重做一两个测验就可以对以前的结论进行检验。

三、个案报告

对某个儿童做出是或不是智力障碍的判断之后,一般要用书面的形式向家长或老师报告。下面就用两个案例说明这类评估报告所包括的主要内容。

(一) 易新的评估报告

1. 背景情况介绍

易新,男,9岁5个月,正在一所普通小学读三年级,是本校的一位老师带他来做评估的。据这位老师介绍,易新的语文、数学、英语等科目的学习都跟不上进度,他的记忆力和语言表达能力都很差,不爱学习,考试经常不及格。和大多数同学的关系一般,有一两个比较好的朋友。他家有三口人,爸爸、妈妈和他。爸爸和妈妈都是饮食店的服务员,平时工作忙,很少照顾他。他的身体发育正常,喜欢参加学校的体育活动。老师带他来做心理评估,目的是要鉴别他是不是智力障碍。

2. 测验结果

按预先设计的评估方案,评估人员在一周内对易新先后实施了韦克斯勒儿童智力量表和儿童适应行为量表,结果如下:

(1) 韦克斯勒儿童智力量表的各分测验量表分及智商

常识	4	填图	10
类同	7	图片排列	7
算术	8	积木	8
词汇	3	拼图	7
理解	6	译码	6

言语智商=73,操作智商=85,全量表智商=76

(2) 儿童适应行为量表的各分测验量表分及适应商数

动作发展	10
语言发展	4
生活自理能力	11
居家与工作能力	9
自我管理	6
社会化	7

适应商数=93

3. 观察和对家长访谈的结果

在施测过程中评估人员观察到,易新是一个与人合作的孩子,基本上能按照主试的指令去做测验。他对操作量表上的题目显得比较有把握,而对词汇、常识和理解等言语量表上的题目显得犹豫不决。他有时会四处张望,有两三次试图离开座位,被评估人员制止了。

测验后,通过与家长的访谈了解到,易新在家里是个懂事的孩子。他的生活自理能力比较强,有时还能帮爸爸妈妈料理一些家务。不过,他做作业的自觉性比较差,做作业的速度很慢,如果没有大人督促,常常完不成作业。

4. 结论和建议

因为易新的智商和适应商数均在70分以上,平时的观察也表明他的适应行为发展得比较正常,所以可以断定他不是智力障碍。他可能有某方面的学习障碍,建议重新设计评估方案,在收集大量可靠的证据之后再下结论。

(二) 任雅的评估报告

1. 背景情况介绍

任雅,女,11岁2个月,正在一所普通小学读四年级,是由家长带来做评估的。据家长介绍,任雅在坐、走、跑、说话、独自大小便以及其他方面的发育比别的孩子迟缓。她的动作笨拙,记忆力差,注意力保持的时间短,注意力不集中,学习成绩很差,不善于与人交往,说话办事不成熟,难以遵从他人的指令。家里有三口人,爸爸、妈妈和任雅。爸爸是一位工程师,妈妈是幼儿园的老师,家庭关系和睦。平时爸爸妈妈都非常疼爱她。这次带她来做心理评估,是想确切地知道她是不是智力障碍。

2. 测验的结果

评估人员在一周内对任雅先后实施韦克斯勒儿童智力量表和儿童适应行为量表,结果如下。

(1) 韦克斯勒儿童智力量表的各分测验量表分及智商

常识	2	填图	4
类同	1	图片排列	3
算术	2	积木	4
词汇	2	拼图	2
理解	3	译码	5

言语智商 = 51,操作智商 = 55,全量表智商 = 52

(2) 儿童适应行为量表的各分测验量表分及适应商数

动作发展	6
语言发展	3
生活自理能力	7
居家与工作能力	4
自我管理	5
社会化	6

适应商数 = 58

3. 观察及对家长、老师访谈的结果

在施测过程中评估人员观察到,任雅常常听不懂主试的提问,或者反应迟缓,或者一直保持沉默。做积木、图片排列、拼图和译码题时动作笨拙。做常识、类同、词汇、理解题时喜欢用手势表达而很少用言语回答。她的注意力保持的时间很短,遇到困难容易放弃。

测验后,通过对家长的访谈评估人员了解到,母亲怀任雅的过程很不顺利,刚怀孕6周就有子宫出血现象,接着发高烧,临近分娩时又出现轻度毒血症。通过剖宫产生下任雅,她出生时体重仅1940克。在出生后的第12天,任雅出现了对牛奶过敏;从第10天到第6周,经常出现呕吐和腹泻。另外,她的心室隔膜有缺口,后来愈合了。2个月时,儿科大夫在做常规检查时曾怀疑她是一个聋儿,4个月时才会抬头,10个月时能坐立,12个月时会爬,拉她能站起,23个月时会走,36个月时能说出10多个单词。

在对教师的访谈中了解到,任雅对抽象概念的理解困难,在学校里常常辨不清方向,做事糊里糊涂的,考试经常不及格,社交和运动技能远远落后于本班的其他同学,容易有挫折感,上课时注意力保持的时间很短,不会把学过的知识应用到新的情境中,常常不能按时完成作业。

4. 查看以往的学校记录

通过检查入学登记表、记分册、平时的考勤记录、以前教师所写的评语等,评估人员了解到任雅7岁时就近上了这所小学的一个普通班级。一、二年级时任雅的成绩就比较差,随着年级的升高,她的成绩越来越差。在本学期的语文和数学课考试中她经常不及格。她喜欢音乐和美术,所以这两科成绩相对比较好。任雅的情绪控制能力非常差,有时因欺负小同学或在班里大哭大闹被老师叫去谈话。

5. 医院的检查结果

医院的检查结果表明,任雅没有视力和听力方面的问题,但她患有苯丙酮尿症,因而导致体格发育不良及严重的智力障碍。

6. 结论和建议

测验、观察、访谈和医学检查的结果均表明,任雅的智力发展和适应行为均有明显的缺陷。根据智力测验和医学检查的结果,可以判断她是一个病因明确的中度智力障碍儿童。因此,建议家长把任雅转入能提供特殊教育的学校或班级中,同时要带任雅到医院接受适当的治疗。

第二节 学习障碍儿童的鉴别

一、原则

在智力障碍儿童的鉴别中所遵循的基本原则同样也适用于学习障碍儿童。除此之外,学习障碍儿童的鉴别还应遵循以下几条原则。

(一) 差异性原则

在许多流行的学习障碍的定义和诊断标准中,一般把个体潜在的学习能力与实际表现出的能力之间的显著性差异作为学习障碍基本的判断标准。例如,根据IQ与学业成就分数之间的差异来诊断学习障碍。也有一些学者提出,可以根据各种认知能力(如知觉、注意、记忆、理解、推理、表达能力等)之间的差异,或者各科成绩(如数学与语文学业成就)之间的差异来鉴别学习障碍儿童。无论哪一种定义和诊断标准,都强调以学业成就水平远低于预期或者各种认知能力发展严重失衡作为鉴别学习障碍的重要依据。

(二) 排他性原则

导致儿童学习成绩远低于预期的原因是非常多的,有智力的、感知觉的、情绪情感的、家庭的或学校方面的原因等等。为了使学习障碍与其他类型的障碍有所区分,大多数学习障碍的定义和诊断标准中都提出了一条排他性原则,即将主要由智力障碍、视觉障碍、听觉障碍、情绪行为障碍或缺乏学习机会而造成的学习困难排除在外。这样,学习障碍儿童就构成了一个特殊的群体,为他们提供的特殊教育服务必须有别于智力障碍、视觉障碍、听觉障碍、情绪行为障碍和教育处境不利的儿童。

(三) 中枢神经系统功能异常原则

目前有关学习障碍产生的生理原因还不十分清楚,然而,许多学习障碍的定义和诊断标准中都明确指出,中枢神经系统功能异常是学习障碍产生的主要原因。因此,在学习障碍儿童的鉴别过程中进行某些医学检查如脑电图、脑干诱发电位的检查是很有必要的。

二、内容和方法

在学习障碍儿童的鉴别过程中需要收集的材料也是多方面的,一般包括平时的考试成绩、行为表现、家庭背景、学校的教学情况、视力检查、听力检查、神经发育检查、标准化学业成就测验分数、IQ 分数和各种认知能力测验分数等。收集材料的方法主要有以下几种。

1. 对家长的访谈

通过对家长的访谈,评估人员可以了解儿童是否具有学习障碍儿童的典型特征。例如,不能安静地坐在某个地方;行动毫无目的、无章法;注意力保持的时间短,容易分心;经常无精打采,心不在焉;与人说话时视线不合;使用剪刀、筷子时动作笨拙,全身的协调能力差;容易冲动,对危险的事情毫无顾忌地去做;容易忘事;容易气馁;不愿做家务;频繁眨眼;胡乱地撒欢儿,大笑不止;反复地进行同一个动作等。此外,还可以了解家庭的结构,家庭成员之间是否和睦,家庭的经济状况,家长的素质,家长的教养态度和教养方式,儿童的生长发育史,受教育的经历,个人病史和家族病史等。

2. 对教师的访谈

通过对教师的访谈可以了解儿童在学校中的一些表现,例如,做事时是否丢三落四,注意力保持的时间短,大动作不协调,精细动作笨拙,经常不按时完成作业,缺乏自信心,朋友很少,缺乏学习动机,左右概念不清,日期、时间概念模糊,不能理解基本的数量概念,朗读课文不流畅,字迹潦草,所写的文章语法错误很多,错别字、漏字现象很严重,对文章的中心思想理解有困难,情绪容易激动,多动,喜欢在课堂上做恶作剧等。另外,还可以了解教师的教育理念、教学态度和教学方式等。

3. 查看以往的学校记录

查阅入学登记表、记分册、已做过的作业、试卷、参加过的各项课外活动、受过的奖励和处罚等,可以了解儿童学习困难的科目,能力和学业成就之间是否有发展不平衡的情况。查看考勤记录,可以了解学习成绩差的部分原因。查看教师以前写过的评语,可以了解儿童的优点和缺点,以及教师的教育水平等。

4. 标准化智力测验

给儿童实施韦克斯勒儿童智力量表。如果他在各分测验上的分数起伏很大,可能预示他有学习障碍。例如,某儿童在韦克斯勒儿童智力量表上的得分如下:

常识	4	填图	1
类同	9	图片排列	3
算术	2	积木	7
词汇	6	拼图	2
理解	2	译码	12

言语智商 = 67,操作智商 = 83,全量表智商 = 72

这种分数模式可能预示他有语言学习障碍。

5. 标准化学业成就测验

给儿童实施标准化的学业成就测验。对学业成就测验结果的分析主要是看受测者的分数是否显著地低于预期,各领域的得分是否均衡等。例如,某位五年级学生的数学分数相当于三年级的水平,而其他各科成绩接近于五年级水平,这就预示她可能存在数学学习障碍。

6. 认知能力测验

一般认为,如果受测者有学习障碍,那么他在短时间内进行信息加工会出现困难。因此,为了确定是否存在这类缺陷或困难,进而鉴别学习障碍儿童,有时会让一些怀疑有学习障碍的儿童做短时记忆测验、知觉测验、知觉—动作统合能力测验等。

7. 医学检查

让儿童到医院做视力和听力检查,可以排除因视力和听力问题而导致的学习困难;而神经系统结构和功能方面的检查结果可以为学习障碍儿童的鉴别提供进一步的证据。

三、个案报告

学习障碍的种类很多,各类学习障碍的评估内容和方法不完全相同。在这里我们用一个案例来介绍一种最新的阅读障碍儿童的鉴别诊断方法。

1. 背景情况介绍

傅立,男,9岁7个月,目前在一所普通小学读三年级。在一次学习障碍儿童的筛查中被发现有阅读障碍,因此,评估人员决定对他做进一步的鉴别诊断。班主任介绍说,傅立上课时注意力不集中,注意力保持的时间很短,记忆力差,语文考试成绩总排在班里的最后几名,不善于与人交往,说话办事不成熟。他家里有三口人,爸爸、妈妈和傅立。父母都是化工厂的工人,家庭关系比较和睦。

2. 测验结果

根据最新的理论,阅读障碍指的是在标准化阅读理解测验上低于平均水平的现象,这种落后并不包括由教育、经验的缺乏或家庭文化环境的不利以及儿童明显的感官缺陷等一些外在因素所造成的阅读落后,它是由儿童的内部因素造成,并表现在解码和理解两种成分上的部分或全面滞后(曹漱芹,2004)。在实际的鉴别过程中,首先需要获取儿童阅读理解和听力理解两个成绩,然后运用线性回归的方法计算出听力理解所预期的阅读理解分数,最终根据以上三项分数来共同诊断阅读障碍儿童。如果儿童的阅读成绩低于平均水平,听力理解成绩达到正常水平,并且其阅读理解分数低于其听力理解所预期的分数(用线性回归方程计算,差异达到一个标准差以上),那么该儿童可以诊断为单纯解码困难的阅读障碍儿童;如果儿童的阅读成绩低于平均水平,听力理解也低于平均水平,并且阅读理解成绩与其听力理解所预期的阅读理解分数相一致(差异未达到一个标准差),那么该儿童可以诊断为单纯理解困难的阅读障碍儿童;如果儿童的阅读成绩低于平均水平,其听力理解也低于平均水平,并且他的阅读理解分数低于其听力理解所预期的分数(差异达到一个标准差以上),那么该儿童可以诊断为混合困难的阅读障碍儿童。

在这种理论指导下,评估人员同时给傅立实施了阅读理解测验和听力理解测验,并计算了听力理解所预期的阅读理解分数,结果如下:

	傅立的分数	常模团体的平均分和标准差
阅读理解	0.49	0.67 ± 0.13
听力理解	0.51	0.62 ± 0.18
预期的阅读理解	0.63	

这些测量数据显示,傅立的阅读理解分数显著地低于平均分(差异大于一个标准差),听力理解分数达到正常(差异未达到一个标准差),其阅读理解分数显著地低于听力理解所预期的分

数,因此,可以初步判断傅立为单纯解码困难的阅读障碍儿童。

接着,评估人员又给傅立实施了语音意识测验、识字量测验和语速测验,结果发现他的语音意识落后于普通儿童,同时表现出识字量少、阅读速度慢、朗读中经常出现语意替代性错误以及过度依赖语境等特点。这些特点符合这类阅读障碍儿童所具有的共同特征。

3. 对语文老师的访谈

通过对语文老师的访谈,评估人员了解了傅立在语文学习中的一些特点。这些特点与上述测验结果基本上是一致的。

4. 医院的检查结果

医院的检查结果表明傅立无视觉和听觉器官的缺陷。

5. 结论与建议

综合从各种渠道收集来的材料可以断定,傅立为单纯解码困难的阅读障碍儿童。因此,建议加强对傅立的语音意识训练,增加词汇量,提高阅读速度,以便消除他的阅读障碍。

第三节 孤独症儿童的鉴别

一、原则

孤独症儿童的鉴别也遵循和智力障碍儿童的鉴别相类似的一些原则。除此之外,它还要遵循以下两条原则。

(一)双重障碍原则

按照美国精神医学学会2013年提出的鉴别标准(DSM-5,2013),只有在发育早期同时出现显著的社会交往障碍和狭窄、刻板的行为和兴趣的儿童才可以诊断为孤独症谱系障碍儿童。

孤独症儿童的社会交往障碍是非常明显的,他们所表现出来的特征与患有社交焦虑的儿童的特征比较类似,不过,后者一般不存在言语和非言语沟通障碍及象征性游戏障碍。

孤独症儿童的某些症状与其他障碍类型的儿童的症状十分相似。例如,孤独症儿童或多或少都存在言语和非言语沟通障碍,这些特征与言语障碍儿童和听觉障碍儿童的某些特征非常相似。然而,言语障碍儿童和听觉障碍儿童不存在刻板行为、狭窄兴趣。

据研究表明,大约75%的孤独症儿童伴随有智力障碍。然而,这类孤独症儿童与单纯的智力障碍儿童是有区别的,因为后者没有表现出明显的社会交往障碍。

另外,孤独症儿童的某些特征如活动过度、注意力容易分散、好冲动等与多动症儿童非常相似,而身体协调能力差、手脚不灵活、精细动作发展迟缓等与有运动障碍的儿童比较类似。

为了将孤独症儿童与其他障碍类型的儿童加以区分,在鉴别孤独症儿童时一定要遵循上述三重障碍的原则。

(二)及早鉴别原则

孤独症产生于个体生命历程的早期。已有的研究表明,及早地鉴别孤独症儿童并实施早期干预,不仅可以提高教育干预的效果,而且可以缩短家长迷茫、自责、痛苦和遭受挫折的时间(Cumine, Leach, Stevenson, 2000)。

然而,豪林和穆尔(Howlin & Moore,1997)对英国孤独症协会的大约1 300名家长会员所做的调查结果表明,目前孤独症儿童被鉴别出来的平均年龄大约为6岁。家长一般在孩子18个月时才注意到孩子的发展问题,又过了六七个月才开始带孩子去看医生,而在2岁左右给孩子做鉴别的大约只有7.8%。大多数家庭从担心孩子有问题到带孩子去做鉴别,一般会拖延4年多的时间。

孤独症儿童的鉴别之所以出现滞后的现象,一方面是由于孤独症的症状与多种障碍的症状存在交叉重叠,评估人员在鉴别孤独症儿童时不敢轻易下结论;另一方面,大多数家长总是抱有侥幸的心理,不愿面对孩子患有孤独症的事实,这样就延误了孩子早期鉴别和早期干预的时间。

孤独症是一种终身的障碍,不过早期鉴别和早期干预可以促进儿童某些优势的发展,同时又有助于避免派生障碍的产生。因此,一旦发现孩子有孤独症的迹象,就应该尽早去做鉴别,尽早地实施教育干预。

二、早期鉴别的内容和方法

早期鉴别孤独症儿童所需收集的材料一般包括家庭背景、个人病史、家族病史、平时在家里的表现、在托儿所或幼儿园的表现、听力和神经发育检查的报告、各种标准化测验的报告等。以下是主要的收集材料的方法和具体内容。

1. 对家长的访谈

家长和孩子生活在一起,平时有许多观察孩子的机会,因此对家长的访谈可以获得许多有价值的信息。

在对家长的访谈中,首先应该了解家庭的基本情况,如家长的职业、家长的文化程度、家庭经济状况、家庭是否和睦、家长对孩子的教养态度、教养方式、对孩子的教育投入了多少时间和精力、父系和母系三代中有无神经和精神疾病以及智力障碍者等等。

其次,了解孩子的出生和生长发育史,如是否足月生,顺产还是难产,有无窒息、缺氧,什么时候开始翻身、坐、爬、站、走、跑、跳,什么时候开始发音、说话,什么时候进入托儿所、幼儿园,接受过什么治疗和训练等。

最后,可以围绕社会交往、社会性沟通和游戏行为三大主题,了解在最近一段时间里孩子的表现,例如,可以问家长孩子是否有下列问题。

(1)关于社会交往
- 当你和孩子谈话或一起做事时,他会看着你。
- 当你看某件东西时,他会跟随你的视线。
- 估计你要把他举起时,他会抬起胳膊配合。
- 如果你冲他笑,他会报以微笑。
- 当你到托儿所或幼儿园接他时,他若看见你会冲你微笑。
- 会摆手说"再见"。
- 会把感兴趣的东西拿给你看。
- 有时会逗你玩,例如,给你递过来某件物品,不一会儿又拿走。
- 当他用手指指某件东西时会回头来看你。
- 他会看你或冲你发出某种声音,以便引起你的注意。

- 高兴时试图让你也跟着高兴。
- 你要抱他时,他会让你抱。
- 能与你和其他小朋友分享玩具、活动和零食。
- 你高兴时他跟着高兴。
- 有人不高兴时他试图给予安慰。
- 不高兴时,如果轻声地和他说话,他能安静下来。
- 脸上会显示内疚、惊讶、不满意等不同的情绪状态。
- 能读懂别人脸上的表情。
- 主动拥抱家庭成员。
- 当遇见不熟悉的人时显示出害羞或焦虑。
- 看见有人冲他走过来,他的脸上会显示焦虑、痛苦的表情。
- 他会经常四处张望,看爸爸妈妈是否在身边。
- 在游戏(如玩球)中懂得轮换。

(2)关于社交性沟通

- 通过某种方式(如声音、手势或领你去等)让你知道他想要什么东西。
- 叫他的名字时有反应。
- 会看你一下,然后看他想要的东西,再看你,让你知道他想要什么。
- 用手指指点,表示他想要某件东西。
- 会顺着你指的方向看某件东西。
- 会点头表示"是",摇头表示"不"。
- 当你和他谈话时,会用声音表示愿意和你谈话。
- 会用清晰的话语来表达。
- 反复地说曾听到过的某些短语。
- 反复地说他从电视上听到过的广告词。
- 反复地说同一件事情。
- 代词使用混乱,例如,他说"你想吃苹果"的意思是"我想吃苹果"。
- 对爸爸妈妈正在做的事情表现出兴趣。

(3)关于游戏或活动的表现

- 对新玩具表现出兴趣。
- 有自己特别喜爱的玩具和图书。
- 玩玩具的方式恰当,例如,在地板上推某个玩具汽车,假装正在开汽车。
- 喜欢闻、咬东西,或者斜眼看东西。
- 用火车、卡通人物玩装扮性游戏。
- 和其他小孩一起玩装扮性游戏。
- 喜欢玩捉迷藏的游戏。
- 对来家里玩的小孩表示感兴趣。
- 加入其他小朋友的游戏(如玩球)中。
- 对玩具的某些部位感兴趣,例如,把汽车翻过来,转动它的轮子。

- 喜欢把物品(例如,瓶盖儿)排成一排。
- 如果他的常规发生了细微的变化,他会感到不安。
- 建立自己的常规,例如,每次从托儿所或幼儿园出来,都要去对面的小卖部走一趟。
- 总按固定的方式做事,例如,出门之前总要按某种顺序摸一遍家具。
- 对普通的声音(如电冰箱的启动声)有痛苦的反应。
- 扭动手或手指,如扇动手掌或用手指轻轻地敲击下颌。
- 踮脚尖走路,或者以其他古怪的姿势走路。

2. 对托儿所或幼儿园老师的访谈

如果这个孩子已入托儿所或幼儿园,那么通过对老师的访谈,也可以获得不少有用的信息。在访谈中,可以问老师孩子是否有下列问题:

(1) 关于社会交往
- 只能容忍非常熟悉的人接近自己。
- 只接近非常熟悉的人。
- 弄不明白别人是怎么想的。
- 对某些物品的亲密程度胜过对老师和其他小朋友。
- 把人当成达到目的的手段,例如,让老师帮他拿够不着的物品。
- 不愿意参加集体活动,即使在熟悉的环境中也缺乏社交意识。
- 对家庭成员缺少依恋,很少到他们那里寻求安慰。
- 对同伴似乎毫无意识,对他们常常很冷漠。
- 脸上的表情平淡、"很疏远",避免目光对视。
- 对简单的社会规则或习俗搞不明白。
- 用拒绝交往的方式获得别人的注意。
- 不会通过交往与其他小朋友建立联系。
- 对他来说,轮换是件很难的事情。

(2) 关于社交性沟通
- 言语发展得很慢,甚至根本就没有发展。
- 不会以说话作为沟通的手段。
- 如果有语言,所用的语言常常脱离实际而不管沟通目的是什么。
- 像鹦鹉学舌那样说话。
- 曾经有语言,后来又"丧失"了语言能力。
- 极少使用眼神来沟通。
- 几乎不理解手势,或者不会用手势来沟通。
- 虽然会用手指指点,但只用这种手势来表示需要,而不是用来交流经验。

(3) 关于游戏或活动行为
- 常常做一些刻板的动作,如拍手和扭动身体。
- 经常抗拒新的体验。
- 象征性游戏的能力发展比较迟缓。
- 常常关注不寻常的细节。

- 无目的地做一些重复性的活动。
- 表现出一些强迫性的行为。
- 如果他所熟悉的常规被打乱了,他会感到很难受。
- 可能会把某种常规强加给他人。
- 经常出事故,但对疼痛不敏感。
- 喜欢的活动极其有限。
- 对字母和数字一直非常着迷。
- 对感兴趣的活动能全神贯注。
- 很难把注意力转移到不想做的事情上。
- 每天都按常规生活,这些常规若被破坏,就会发脾气。

3. 查看以往的病历

孤独症的产生有一定的生理原因,通过查看以往的病历,评估人员可以了解是否存在可能的致病原因,从而证实自己的判断。

查看病历时,首先要了解孩子是否患过重大的先天性疾病,如代谢病、心脏病等;然后,了解是否患过中枢神经系统的疾病,如脑外伤、颅内出血、脑肿瘤、缺氧、中毒等等;最后了解发病时的情形、治疗过程及治疗效果等等。

4. 实施标准化测验

为了鉴别孤独症儿童,评估人员要给被评估者实施一系列的标准化测验,通常包括孤独症儿童筛查或诊断量表、标准化智力测验、标准化学业成就测验、适应行为量表和知觉—动作统合能力测验等。

5. 医学检查

让家长带孩子去医院做检查。检查的项目一般包括体格检查(如测查身高、体重、头围大小和肌力等)、听力检查、染色体检查,以及神经系统的检查(如脑电图、脑核磁、脑干诱发电位、脑CT)等。

三、个案报告

1. 背景情况介绍

田小丽,女,5岁1个月,目前在上一所普通幼儿园,由她的妈妈带来做评估。她妈妈说,在田小丽2岁左右时就观察到她的语言发展比同龄的孩子迟缓,性格孤僻,对人冷漠,注意范围狭窄,有各种行为问题,希望带她来做一次全面的评估,以便鉴别她是不是孤独症儿童。

2. 对家长访谈的结果

田小丽的妈妈说,怀她的时候曾出现过先兆流产,她比预产期提前1个月出生,出生时体重为2 300克,出生后由父母抚养。

从出生后的第9个月开始到现在,田小丽经常感冒,犯中耳炎。带她去医院做听力检查,结果表明,她的右耳有轻度听力损失。不过,她的视力正常。

她的发展很不平衡,大动作发展似乎比较正常,但精细动作和语言发展非常缓慢。她在出生后第10个月时会说第一个单词,但到第18个月时只会说4个单词,2岁时才开始说句子。她的发音还算清楚,但说话的方式和其他孩子不太一样。4岁6个月时带她去一家康复机构接受语言治疗,一直延续到现在。

田小丽喜欢唱歌,自己的一些事情能自己做。有时别人跟她说话,她像耳聋一样听不见。平时她喜欢自己一个人玩,不愿和其他小朋友在一起。她的注意范围十分狭窄,容易冲动,爱发脾气,需要父母给予很多的关注。

3. 对老师访谈的结果

田小丽的老师说,她是个可爱的孩子,记忆力很好,会唱不少歌曲,不过,她也表现出许多奇怪的行为。每天的大多数时间里她都自己一个人待着,自言自语,或者对着无生命的东西说话。她喜欢一遍又一遍地重复从成人那里听到的话。她不和其他小朋友玩。当班里的小朋友叫她时,她会显得不自在,有时会突然应一声。她喜欢咬自己的衣角和坐垫。有时未经老师允许离开教室。她不会画画,只会在纸上划道道,或者用一种颜色涂满一整页纸。老师手把手地教她画画,效果会好一点儿。有时即使老师这样教她,她也不好好学。

她平时在幼儿园里几乎不和其他人有情感交流,不会做和她年龄相仿的游戏(比如过家家),需要老师给予很多的关注,情绪时好时坏,缺乏自信心。

4. 观察和测验的结果

田小丽由妈妈带到测验室,在那里评估人员对她实施了两天的测验。第一次见到陌生人,她显得非常焦虑,因而总缠着妈妈。妈妈在测验室里陪她待了一会儿,直到她比较平静以后才离开。测验刚开始时,田小丽还是有点儿紧张的,快结束时她才和评估人员建立起友好的关系。

在施测过程中她的注意力很分散,评估人员很难把她的注意力集中到测验材料上来。她一会儿闹着玩玩具,一会儿坐在地板上,脸冲着墙,什么事都不干。若问她问题,她不予以回答,因为她根本没有注意听别人问了她什么问题。后来,她一遍又一遍地说:"田小丽,该上学了。"评估人员很难把她的注意力转移到该做的事情上来。让她做她感到难以完成的事情时这种情形最容易发生。还有一次,未经评估人员允许她就起身离开了测验室。

第二次施测时田小丽比第一次配合多了。她和评估人员在一起时没有那么焦虑了。但是,她还是比较容易分心,要评估人员紧盯着她才肯做测验。

评估人员一共给田小丽实施了五套标准化测验。她在中国3～6岁儿童发展量表上的得分如见表14－1。

表14－1 田小丽在中国3～6岁儿童发展量表上的分数

	原始分数	百分等级
智力	43	<5
运动	6	<5
总分	49	<5

由表14－1可见,她的智力、运动和总体发展水平的百分等级都在5以下,即远远落后于同龄儿童的平均水平。这个测验结果与她的妈妈及老师的反映是一致的。

她在视觉—动作统合发展测验(VMI)上共获得79分,百分等级为8,属于比较低的水平。她的妈妈和老师在访谈中也提到过,她的精细动作如绘画、写字等发展得比较差。

她在伍德科克—詹森成就测验上的得分见表14－2。

表 14-2　田小丽在伍德科克—詹森成就测验上的分数

	原始分数	百分等级
字母—单词识别	65	1
应用题	69	2

表 14-2 中的数据表明,她的基本阅读和数学技能也远远落后于普通儿童的平均水平。评估人员用儿童社会适应行为评定量表对她的适应行为进行了评定,结果如表 14-3。

表 14-3　田小丽在儿童社会适应行为评定量表上的分数

	原始分数	量表分
生活自理	17	9
运动	10	8
作业	7	8
交往	9	7
社会化	7	6
自我管理	10	10
全量表		48（中下水平）

表 14-3 中的数据显示,她的适应行为的总体发展水平低于同龄儿童的平均水平,但仍属于正常范围。她在适应行为的各领域发展不平衡,社会化、交往的分数非常低,而生活自理、自我管理的分数已达到或接近普通儿童的平均水平。

最后,评估人员让田小丽的妈妈和老师分别填写了阿肯巴克儿童行为量表(CBCL)。他们的评定结果均表明,田小丽存在严重的社交不良、注意力不集中、思维障碍和退缩等问题。

5. 结论与建议

通过对上述评估材料进行仔细的分析,最后可以断定田小丽为孤独症儿童。由于她的适应行为分数在智力障碍范围之外,不满足智力障碍的诊断标准,因此,不能把她诊断为智力障碍儿童。

基于评估中所发现的问题,对田小丽的教育提出建议如下:

- 为她提供结构化的教学,以便减少环境的变化给她带来的焦虑。
- 由于她在有人监督的情况下才能学到一些东西,因此,可以先对她实施个别化教学,逐渐地再过渡到小组教学。
- 教给她一些具体、实用的知识和技能。
- 把教学任务分解成细小的单元,并且按适合于她的步调来进行教学。
- 对所教的知识和技能要反复地练习。
- 所布置的作业应该符合她的智力和学业水平。
- 多安排一些她喜欢的活动(特别是在团体活动中)。
- 学校和家庭之间要经常保持联系,以便在学校里获得奖励的行为在家里也获得奖励。
- 创设一些情境让其他孩子跟她玩,以便通过观察和社会交往逐步地实现社会化。

第15章 个别化教育计划的制订

为了使所有的残疾儿童都获得免费、适当的公立教育,1975年11月美国国会颁布了《所有残疾儿童教育法》,要求特殊教育必须遵循六条基本原则,即:①零拒绝;②非歧视性评估;③个别化教育计划;④正当程序;⑤最少受限制的环境;⑥家长参与。这样,"个别化教育计划"一词首次出现在美国的法律中。40年来,随着该法令的推广实施,制订个别化教育计划已成为残疾儿童教育教学的一个重要环节。

在制订个别化教育计划的过程中需要大量地使用评估手段和方法,因此,通过本章的介绍,可以从另一个侧面了解特殊儿童心理评估在特殊教育中的应用。

第一节 个别化教育计划概述

一、定义

个别化教育计划(简称IEP)指的是根据每一个残疾儿童的身心特点和教育需要制订的有助于个体最大限度发展的教育方案。

一份编制良好的个别化教育计划应该具有以下几方面特性和功能:

(1)是一份具有法律约束力的书面协议 按照法律的规定,教师在给残疾儿童实施教育教学之前,必须和有关的专业人员及家长共同拟订一份包括教育目标、教育内容、相关服务、评价方法等在内的书面协议,以保证残疾儿童能够获得适当的教育。学校的校长、教师、专业人员和家长等一旦在这份协议上签字,它就具有法律效力。如果校方不按协议上的要求提供教育和服务,家长就可以到法院提请诉讼。

(2)是开展特殊教育教学的指南 在个别化教育计划中首先要根据残疾儿童身心特点和教育需要提出具有现实可能性的长期目标,然后确定每一阶段的具体目标和任务、相关的服务,教师就可以按计划选择适当的教材、教法和教学速度,一步一步地开展教学活动,最终实现预期的教育目标。

(3)是特殊教育管理的工具 在个别化教育计划中安排了一系列的评价活动。通过这些评价活动,教师可以了解残疾儿童学习的情况,及时调整自己的教学方法和教学速度;学校管理人员可以根据评价结果判断教师的教学能力,做出适当的人事安排;上级领导部门可以检查学校的教学质量和管理水平,督促学校改进教学和管理工作。

(4)是建立普通教育与特殊教育之间联系的纽带 特殊教育遵循的一条基本原则是把残疾

儿童安置在最少受限制的环境里。当残疾儿童到普通学校随班就读时,不仅要学习普通教育的课程,而且还要学习专门为他设计的特殊教育的课程。如何把普通教育和特殊教育的课程很好地结合起来,使残疾儿童能够获得最大的收益,这就需要制订一份个别化的教育计划。

(5)是家长与学校之间沟通的渠道　在个别化教育计划的制订过程中需要家长积极地参加有关的会议,提供心理评估所需的信息,表达对孩子的教育期待等。通过校长、教师、专业人员和家长等有关人员面对面地讨论和协商,共同确定符合残疾儿童身心特点和教育需要的教育目标、相关服务及评价方法。在该计划的实施过程中,校方还要经常地向家长报告进展情况,争取获得家长的支持和配合,共同谋求残疾儿童最好的发展。

二、基本构成

根据美国1997年颁布的《残疾人教育法修正案》的有关规定,一份完整的个别化教育计划应包括以下几项基本内容。

1. 有关儿童目前的教育成就水平的说明

目前的教育成就水平指的是在制订个别化教育计划时,儿童的心理发展和学业成就实际达到的水平。对目前的教育成就水平的说明一般包括:①儿童的身心发展和在各学科领域的发展水平;②儿童的残疾如何影响他参与普通教育计划。

2. 长期教育目标和短期教学目标的确定

长期教育目标,亦称为年度目标,是指根据儿童目前的教育成就水平确定的在学年结束时期望达到的教育目标。它包括:①在学年结束时儿童参与普通教育计划所应达到的教育目标;②根据儿童的特殊需要提出的其他教育目标。短期教学目标是指在实现长期教育目标的过程中儿童必须达到的各阶段的教学目标。

3. 为儿童提供各种特殊教育、相关服务、辅助设施,以及对教师、行政人员提供支持的说明

特殊教育是指为了达到一般的和特殊的教育目标而使用特别设计的课程、教材、教法、组织形式和设备等对特殊儿童实施的教育。

相关服务是指为了使特殊教育产生明显的效果而提供的发展性、矫正性及其他适当的支持性服务,包括言语病理学服务、听力学服务、心理学服务、物理治疗、职业治疗、娱乐、残疾儿童的早期鉴别和评估、咨询服务、以诊断或评估为目的的医学服务、学校卫生服务、校内社会工作服务及家长咨询和训练等。

辅助设施是指在教育教学中所需使用的各种辅助器材,如助听器、扩音器、放大镜、有声图书和假肢等。

对教师、行政人员提供的支持包括有关残疾及对教学可能产生影响的知识介绍、积极行为干预方法的培训等。

4. 如果儿童不能参与普通教育计划中的活动,应对不能参与的情况做出具体的说明。

5. 对州政府和学区举办的在校学生学业成就评估进行调整的说明

如果州政府或学区为了使残疾儿童能够参与本地区举行的学业成就评估而对这些评估进行了适当的调整,应对调整的情况做具体说明;如果个别化教育计划委员会决定不让该儿童参加此类评估,则要说明理由并提出某种替代的评估方法。

6. 特殊教育和相关服务起止时间、频数、地点和持续时间的确定

对第3条中所提出的各项教育和服务开始实施和结束的日期、每周的频数、实施地点和持续时间的说明。

7. 对转衔服务计划的说明

对年满14岁的儿童,应说明他需要哪些转衔服务的课程(如汽车修理工的培训课程);对年满16岁的儿童,应说明提供转衔服务的时间、转衔服务的机构和联系方式等。另外,在儿童达到法定毕业离校的年龄前至少一年提出申明,该儿童已经接到了接受哪些转衔服务的通知。

8. 对评价标准、评价程序和评价方法的说明

对第二条中已确定的长期教育目标和短期教学目标,要说明教育评价的标准、程序和方法,以及如何把评价结果定期报告给家长。报告的内容必须包括:①儿童已取得了多大的进步;②儿童目前已取得的进步是否足以实现为他制订的年度目标。

第二节 个别化教育计划的制订过程

个别化教育计划的制订过程包括确定个别化教育计划委员会的组成人员、编写个别化教育计划草案和形成正式文件三个环节,下面分别予以介绍。

一、确定个别化教育计划委员会组成人员

当某个儿童被鉴别为特殊儿童,学校的校长或特殊教育的负责人必须尽快确定个别化教育计划委员会组成人员的名单,并在30天内召开第一次会议,明确每个成员的职责、个别化教育计划编写完成的时间和表决方式(是举手表决,还是由委员会主席决定)。

个别化教育计划委员会一般由两部分人组成:一部分是基本成员,另一部分是根据儿童的残疾类型安排的其他成员。

基本成员通常包括普通班教师、特殊教育教师、学校行政人员、学校心理学家和家长。以下为基本成员的职责。

- 普通班教师——介绍儿童在普通班级学习的表现;提供课程设计所需的资料;参与制订长期教育目标和短期教学目标;指出儿童参与普通教育计划的能力和限制。
- 特殊教育教师——提供与儿童的残疾有关的资料;指出儿童参与特殊教育计划的能力和限制;指出在个别化教育计划中必须考虑的特殊教育需要;参与对评估结果的解释。
- 学校行政人员——负责校内人员的协调和资源的调配;与校外服务机构或提供服务的个人建立联系。
- 学校心理学家——实施评估并解释评估的结果;说明儿童的特殊教育需要;指出儿童所需相关服务的类型和程度。
- 家长——说明家长参与的能力和限制;参与制订长期教育目标和短期教学目标;提出儿童所需相关服务的意见。

根据儿童的残疾类型安排的其他成员包括由家长或校方指定的具有某种残疾专业知识的人员、地方教育主管部门的代表和提供相关服务的人员(如言语治疗师、物理治疗师、作业治疗师、职业康复顾问和社会工作者等)。如果需要,高年级残疾儿童也可成为该委员会的成员。这部分

人的职责主要是把基本成员所不具备的较深的专业知识和技能及校外的资源带到个别化教育计划的制订中。

委员会主席一般从基本成员中产生，可以由校长指派，也可以从委员会成员中选举产生。委员会主席的职责包括主持会议；协调委员会成员的活动；与家长沟通；促进团体计划的落实；帮助做一些决定；监督会议记录过程；保证正当程序的有效执行。

二、编写个别化教育计划草案

在明确了各自的职责之后，委员会成员就要着手编写个别化教育计划草案。其编写的步骤和方法如下。

（一）确定目前的成就水平

儿童目前的成就水平是根据心理评估结果来描述的。因此，在确定目前的成就水平之前首先应该对儿童实施全面的心理评估（具体的方法可参阅有关章节）。

为了确保心理评估的公平性和准确性，在实施心理评估的过程中应该注意以下几点。

- 用儿童平时使用的语言（如地方话）和习惯的沟通方式（如口语、手势语或盲文等）来实施测验。
- 所使用的测验要符合测量目的并已证明具有很高的信度和效度。
- 主试必须是受过相关培训的专业人员，并且在施测过程中没有改变测验的程序和指导语。
- 不能仅测量智商，还应该实施其他测验、观察和调查，以便全面地了解儿童的特殊教育需要。
- 对于感觉、动作或言语有障碍的儿童，所选用的测验应该能准确地反映他们的潜能和成就水平，不能因为有这些障碍而影响他们的测验分数，除非测验的目的就是测量这些障碍。

在实施完心理评估之后，接下来要用简明、准确和可操作的语言来描述在具体的学科和非学科领域儿童的知识和技能的发展水平及受残疾影响的情况。

在学科领域，一般要说明儿童在语文、数学、常识、音乐、美术、劳动等课程中规定要学的哪些内容已经掌握了，哪些还没有掌握。例如，在数学的学习中，儿童会做不需要进位的3位数与3位数的加法题，但还不会做需要进位的加法题；在语文的学习中，儿童会听写第2册第1~5课的所有生词，但还不会用这些生词造句。

在非学科领域，一般要说明儿童的健康状况、感觉和动作技能的发展状况、智力、语言和适应行为（例如，生活是否能自理，是否遵守学校中的各项规定，是否会处理学校和家庭中的人际关系等）的发展状况。

为了突出重点，在描述儿童目前的成就水平时应注意以下几点。

- 指出普通教学计划中某个阶段规定要学的内容和与有效地适应学校和家庭环境有关的内容。
- 既要分析儿童在每个领域中发展得比较好的方面，又要说明发展得比较薄弱的方面。例如，在非学科领域里，虽然儿童的感觉和动作技能发展得比较好，但在描述他目前的成就水平时不能只说明这方面的情况，还要说明他发展得比较差的语言能力方面。
- 这一部分所描述的内容应该和个别化教育计划中其他部分的内容有一定的联系。也就是说，如果这部分指出了儿童的阅读技能缺陷，那么在其他部分相应地应该有教学目标、具体的教育措施和相关服务等。

- 如果某些领域的资料不足或不够具体,无法用可操作的语言进行描述,那么一定要继续做评估,以便获得更全面、更详细的信息。

(二)分析特殊教育需要,拟订长期教育目标

根据目前的成就水平,个别化教育计划委员会成员可以分析儿童的特殊教育需要,并拟订长期教育目标。

长期教育目标反映了教师和家长对残疾儿童通过一年的教育教学所能达到的新的成就水平的估计和期待。在拟订长期教育目标时,各委员会成员要考虑以下几个问题:①儿童以前的成就水平是什么?②目前的成就水平是什么?③所拟订的长期教育目标是否具有实现的可能性?④亟需满足的特殊教育需要是什么?⑤为实现长期教育目标需要投入多少教学时间?

通过比较以前的和目前的成就水平,可以了解儿童在哪些方面取得了进步,哪些方面没有取得进步;哪些方面进步比较快,哪些方面进步比较慢;哪些教育或环境因素对学习起到了促进作用,哪些因素没有对学习产生影响等等。在拟订教育目标时,可以把重点放在外界因素能够产生积极影响的方面,在进步比较快的领域把期望值定得高一点,而在进步比较慢的领域期望值定得低一点。

教育目标能否在规定的时间内实现也是一个必须考虑的问题。由于残疾儿童的成就水平远远落后于普通儿童,而且随着年龄的增长这种差距会越拉越大,因此,一定要选择那些实际可行的,符合儿童社会适应和职业发展需要的教育目标。例如,如果某个智力障碍儿童还没有掌握整数的加减法,就打算教他小数的乘除法,这肯定会白白浪费时间。

在选择了若干长期教育目标之后,委员会成员还要确定哪些教育目标是需要优先考虑的。一般先把教育目标由简单到复杂排列一个顺序,然后把最基本的知识和技能作为优先考虑的教育目标。在儿童打下了一定的基础之后,再考虑学习复杂的知识和技能。

完成教育目标所需的时间对长期教育目标的拟订也有很大的影响。一般来说,目标定得越高,所需的教学时间就越长。委员会成员可以根据教学时间的多少来拟订长期教育目标,也可以按照各个教育目标的重要性来分配时间。如果长期教育目标比较重要或定得比较高,所需的教学时间比较长,那么长期教育目标的数量就应该少一些。

(三)确定短期教学目标

在儿童目前的成就水平与为他拟订的年度目标之间制订若干细小的阶段目标,即可获得短期教学目标。

个别化教育计划的编制目的是给教师提供一个一般性的指导,为编写教学计划、开展教学活动提供依据。因此,个别化教育计划中的短期教学目标与教学计划中的教学目标之间有紧密的联系,同时又有区别。

个别化教育计划中的短期教学目标也用于描述教师和家长期望儿童在某个领域和某个规定的时间内实现的东西。但是,和教师个人编写的教学目标不同,个别化教育计划中的教学目标通常是按周、月或季度来设计的,而教学计划中的教学目标已进一步细化为每天或每周拟完成的具体任务。另外,在教师个人编写的教学计划中要说明具体的教学方法、教学用具和教学活动等,而在个别化教育计划中一般不包括这些细节。

由于短期教学目标是一些阶段性的目标,因此,在制订短期教学目标时一般采用任务分析

法。所谓任务分析,就是把一项任务分解成若干按顺序排列的小任务的过程,它包括任务分解、描述和排序等环节。具体的做法有以下两种。

1. 逆向分析法

大多数年度目标都可以分解为若干按顺序发展的组成部分。如果从某个年度目标开始向儿童目前的成就水平方向逐步降低教学任务的难度水平,依次确定各阶段的教学目标,这种方法就是逆向分析法。例如,假设某个年度目标是"掌握需进位的两个两位数相加的计算法",记为水平 A;在儿童掌握 A 之前,他必须先学会需进位的一个两位数加一个一位数,记为水平 B;在掌握 B 之前,他必须先学会不用进位的两个两位数相加,记为水平 C;在掌握 C 之前,他必须先学会不用进位的一个两位数加一个一位数,记为水平 D;在掌握 D 之前,他必须先学会不用进位的两个一位数相加,记为水平 E。假设 E 是儿童目前的成就水平,那么对任务 A 的分解到此就可以结束了。

有些年度目标不太容易进行任务分解。在这种情况下可参照布鲁姆的认知领域教育目标分类系统进行分解,即把认知领域的教育目标由高到低划分为评估、综合、分析、应用、理解和知识六个层次,每个层次又分成若干水平。

对已确定的短期教学目标要用具体、可观测的行为来描述,即说明儿童在每个阶段要学会做什么,掌握的标准是什么。例如,假设某个年度目标是"能根据钟表指针所在的位置说时间",短期教学目标可以定为:①能正确地说出时间,如 9 点 37 分,11 点 23 分,4 点 58 分,三次测试,正确率为 100%;②能以 5 分为单位说出时间,如 6 点 15 分,2 点 45 分,12 点 35 分,三次测试,正确率为 100%;等等。

用可观测的行为描述完所有的短期教学目标之后,还要依由简单到复杂的顺序把它们呈现出来。

2. 正向分析法

另一种制订短期教学目标的方法是从儿童目前的成就水平开始向年度目标的方向逐渐提高教学任务的难度水平,依次确定各阶段的教学目标,即为正向分析法。例如,假设某个年度目标是"能用电子秤测量物品的重量",那么短期教学目标可以确定为:有轻重的概念,记为水平 A;知道把物品平稳地放在秤盘上,记为水平 B;认识常用的重量单位,如克、千克等,记为水平 C;能看懂电子秤上显示的数字并说出物品的重量,记为水平 D;知道重量单位之间如何换算,如 1 千克 =1000 克,记为水平 E;能用多种重量单位来说明所测量的那个物品的重量,记为水平 F。

正向分析法的一个特点是可以先不列出年度目标。从目前的成就水平开始编制短期教学目标,当所列出的教学任务刚刚占满一年的时间,那么最后列出的那个教学任务就是年度目标。

当然,也可以先列出年度目标。用正向分析法将年度目标分解为一系列短期教学目标之后,如果发现完成这些短期教学目标需要一年以上的时间或不需要一年的时间,可以调低或调高年度目标的难度水平。

(四)确定相关的服务

为了确保特殊教育的质量,在教学过程中通常还需要给残疾儿童、教师和家长提供与教学有关的服务,包括各种发展性的、矫正性的和支持性的服务。在个别化教育计划的制订过程中必须对所需相关服务的种类、数量和时间、由谁提供相关服务、各种相关服务之间的协调等予以明确的说明。

1. 所需相关服务的种类

相关服务的种类主要有以下几种。

(1)言语/语言治疗　当儿童有言语或语言方面的障碍时,一般建议他接受该项服务。该服务包括语言理解或表达的训练,构音障碍、声音障碍和流畅性障碍的矫治等。这种矫治可以是个别的,也可以是小组进行的。

(2)物理治疗和作业治疗　如果儿童有身体或运动方面的障碍,一般建议他接受物理治疗和作业治疗。物理治疗一般需要使用某些特殊的设备进行身体锻炼,以便改善儿童整个身体的功能和力量;而作业治疗一般集中在精细动作的训练,如练习写字,用剪子剪东西、拧瓶盖等。

(3)艺术治疗　该项服务可以提高儿童的创造力、精细动作技能、休闲活动能力、情绪调节能力等。

(4)音乐治疗　该项服务可以提高儿童的主动性、社交性、言语和沟通能力、情绪调节能力等。

(5)心理咨询　该项服务可以帮助家长和教师了解某种残疾的性质,如何开展家庭教育,如何获得社会支持,如何调节情绪等。

儿童、教师和家长需不需要相关服务、需要哪些相关服务与残疾儿童的类别、教育安置形式以及安排了什么课程有关。一般来说,像盲、聋、肢体残疾、孤独症等障碍显著的残疾儿童需要相关服务的种类要多一些,而像轻度智力障碍、学习障碍等障碍不十分显著的儿童需要相关服务的种类比较少或不需要相关服务。

目前特殊教育界提倡把残疾儿童安置在最少受限制的环境中,也就是说,尽可能让他们在正常的环境中接受教育。如果把残疾儿童安置在普通学校的普通班级里,那么给普通班教师提供咨询和辅导是非常有必要的,否则,这种教育安置不会取得很好的效果。如果安置在特殊学校里,对于一些比较少见的障碍类型,有时也需要专业人员提供咨询和指导服务。

给儿童安排了哪些课程也决定需要什么种类的相关服务。例如,给听觉障碍儿童安排了语言康复课程,那么相应地要提供听觉评估、助听器配戴、听觉训练、发音训练、家长咨询、教师咨询、作业治疗、心理学服务等相关服务。

2. 所需相关服务的数量和时间

除了说明拟提供哪几种相关服务外,在个别化教育计划中还要说明给儿童提供每种服务的数量和时间。一般先要说明每一种服务开始和停止的日期、每周服务的次数、每次服务的持续时间,然后确定在每周的什么时间提供该种服务。例如,假设准备给某位孤独症儿童实施感觉统合训练,从2015年3月15日开始到6月15日结束,在每周的一、三、五上午进行训练,每次1小时。这些内容都应该在个别化教育计划中写清楚。

一旦确定了每种相关服务开始和结束的日期、每周服务的次数和时间,原则上这些内容是不能更改的,除非经过委员会开会讨论同意。不过,有时在服务总量不变的情况下也可以做一些小的调整。例如,原来在个别化教育计划中准备每周给儿童提供两次咨询服务,分别安排在周二和周五的下午,每次1小时,后来因时间上和其他事情有冲突,提供该服务的人员根据自己的判断,认为把时间调到周一和周四下午,每次1小时,不会影响咨询的效果,他就可以做这样的调整。

3. 由谁提供相关的服务

在个别化教育计划中必须列出残疾儿童所需要的所有的相关服务,不管学校是否有条件提供这些服务。如果学校有条件,一般先由学校自己提供服务;如果没有条件,例如,学校缺少言语治疗师、物理治疗师、作业治疗师等，就要利用社会的资源，以便使儿童获得所需的服务。

如果打算利用校外资源，那么可采取的方式主要有三种。

- 与附近的几所学校共同雇用几位专业人员，让这些专业人员定期到各校提供巡回服务。
- 与某些公共服务机构，如社区医院、心理健康服务中心、肢体残疾儿童康复服务中心等签订长期的合同，本校的残疾儿童就可以到这些机构接受公费的服务了。
- 与某些私立机构，如孤独症儿童评估与训练中心、口吃矫治中心等签订长期的合同，由学校出钱，本校的残疾儿童都可以到这些机构接受某些特殊的服务，如孤独症儿童的诊断、口吃患者的言语矫治等。

4. 各种相关服务之间的协调

确定所需服务的种类、数量、时间和由谁提供服务之后，接下来就要考虑各种服务以及与教学之间的协调问题。

提供与教学有关的服务，其目的是提高特殊教育的效果，因此，各种相关服务的安排必须以促进教育教学为基本的出发点，并且应该注意以下三点：

- 尽量不妨碍教育计划中重要课程的学习。
- 利用课堂教学强化相关服务的效果。
- 建立一种监控服务质量的有效机制。

个别化教育计划委员会成员与其他教育和服务人员之间必须定期交换意见，以便建立良好的沟通关系，使所安排的各项教学和服务产生最大的效益。

(五) 确定教育评价的标准、方法和时间

在个别化教育计划实施了大约一学期或一年时，应该对教育效果进行评价。为了使教育评价成为教育质量管理的有效工具，有关评价标准、评价方法和评价时间在制订个别化教育计划时就应该明确地提出来。

1. 关于评价标准

在制订长期教育目标时，个别化教育计划委员会成员还应确定什么是达到教育目标的标准。如果每个教育目标都用可观测的行为来描述，那么在学期或学年结束时，就可以对这些教育目标的完成情况实施测量和评价了。例如，在语文教学的评价中，词汇掌握的标准可以确定为：给学生呈现从本学年学过的生词中挑选出来的 10 个生词，让他写出词义，正确率达到 100% 为通过。如果儿童把这 10 个生词的词义都正确地写出来了，他就达到了该项评价的标准。

确定每个教育目标的达到标准都需要经过仔细的考虑，因为目标若定得太高了，永远不可能实现，这样的目标是毫无意义的；若定得太低了，通过一学期或一年的学习，儿童没有取得多大的进步，会耽误良好的发展时机。

目前确定评价标准的方式主要有三种：一是正确率，二是完成任务所用的时间，三是正确率加完成任务所用的时间。究竟采用哪一种方式，可以根据教育目标的要求来定。一般来说，如果只强调正确性，就采用第一种；如果只强调速度，就采用第二种；如果既强调正确性又强调速度，就采用第三种。

2. 关于评价方法

评价方法的选定取决于教育目标的性质和儿童的特征。

首先,不同领域的教育目标往往要使用不同的评价方法。例如,认知领域的教学目标通常涉及记忆、理解、应用、分析和综合等技能,所以评价方法一般为标准化成就测验或教师自编测验。例如,为了检查儿童是否已经掌握了两位数的加法,可以让学生做20道两位数的加法题,正确率必须达到80%。

情感领域的教学目标与兴趣、态度、动机、价值观等有关,其评价方法一般为观察法和访谈法。例如,为了改变某个儿童的厌学情绪,必须先通过观察和访谈了解其厌学的程度和原因,然后尽可能地增加学习活动的趣味性,消除导致厌学的原因,最后再通过观察和访谈评价教育干预的效果。

心理动作领域的评价方法一般使用涉及反应时间、运动速度、灵巧性、强度和持久性等内容的心理测验。

其次,在选择评价方法时还要考虑儿童的残疾类型和性格特征等。例如,对于视障儿童、听障儿童和学习障碍儿童等,所用的测验最好没有时间限制;对智力障碍和孤独症儿童最好使用观察法,而不要用自陈量表;对表达能力比较差的儿童不要用口试;对肢体障碍儿童不要用笔试或动作技能测验等。

另外,对于性格孤僻、容易焦虑和无法配合测验的儿童,不宜采用测验法。对这些儿童最好通过直接观察或与家长和教师的访谈来实施评价。

3. 关于评价时间

正式的教育评价一般在学期末或学年即将结束时举行。不过,适当地增加教育评价的次数,可以更好地发挥教育评价在教育教学中的作用。教师每天都可以做课堂小测验,可以观察儿童在学习具体的任务或参加小组活动时的表现。通过这些形成性评价,教师能够监控儿童的进步,保证儿童在学习复杂的知识和技能之前已经掌握了必要的知识和技能。通过这些评价,教师还能掌握有关儿童发展变化的最新、最准确的信息,准确地把握教材和教法,并且可以根据需要调整或修改个别化教育计划。

三、形成正式文件

委员会成员编制完各自负责的那部分内容之后,委员会主席就要召集全体会议,对整个个别化教育计划进行讨论和修改。

出席会议的人员除了教师、家长、学校行政人员、学校心理学家等基本成员外,还应该包括提供相关服务的人员。必要时,也请儿童本人参加会议。

通过仔细的讨论和修改,最后形成一份正式的书面文件。这份文件经家长及其他委员会成员签字后生效。

第三节 个别化教育计划举例

个别化教育计划并无统一的格式,往往因儿童的年龄、残疾类型和安置形式的不同而不同。下面就用一个典型的例子说明个别化教育计划的基本格式。

一、背景情况

学生姓名：邹立　　　　性别：男　　　　出生日期：1996年7月2日
年级：8年级
学校：×××市特殊学校
心理学诊断：中度智力障碍
母亲姓名：赵××　　母亲职业：商店服务员　　母亲文化程度：高中
父亲姓名：邹××　　父亲职业：工人　　　　　父亲文化程度：高中

二、目前的心理发展和成就水平

（一）智力水平

用韦克斯勒儿童智力量表对邹立进行测试，其言语IQ为50，操作IQ为56，总IQ为52。

（二）适应行为水平

用儿童适应行为量表对邹立进行测试，其适应能力的百分等级为3，六大领域的发展水平分别为：

- 动作发展　大动作技能接近于同龄普通儿童，精细动作技能低于同龄普通儿童1个标准差。
- 语言发展　言语理解和综合语言能力低于同龄普通儿童2个标准差，言语表达低于同龄普通儿童3个标准差。
- 生活自理能力　饮食、大小便自理、个人卫生和睡眠低于同龄普通儿童1个标准差；衣着、外出和综合自理能力低于同龄普通儿童2个标准差。
- 居家与工作能力　家务劳动表现接近于同龄普通儿童，就业前工作表现低于同龄普通儿童1个标准差，钱的理解与使用能力低于同龄普通儿童2个标准差，数与计算、时间概念与利用能力低于同龄普通儿童3个标准差。
- 自我管理　低于同龄普通儿童2个标准差。
- 社会化　低于同龄普通儿童3个标准差。

（三）成就水平

- 语文　会写一些笔画少的字，能认读简单文句。
- 数学　会三位数需进位的加法，会三位数需退位的减法，会两位数与一位数相乘的乘法。

（四）其他

经医院诊断，邹立有孤独症倾向。

三、长期教育目标、短期教学目标和评价标准

（一）语文

长期教育目标	短期教学目标	起讫日期
1. 学会《语文》第八册第一单元的生字、生词并理解	1.1 能正确辨认本单元所有的生字、生词	2012.9.6~2012.9.17

课文内容	1.2 能正确读出本单元所有的生字、生词	9.20~9.30
	1.3 能正确抄写本单元大多数生字、生词	9.27~10.15
	1.4 能理解本单元课文内容	9.13~10.29
2. 学会《语文》第八册第二单元的生字、生词并理解课文内容	2.1 能正确辨认本单元所有的生字、生词	11.1~11.12
	2.2 能正确读出本单元所有的生字、生词	11.15~11.26
	2.3 能正确抄写本单元大多数生字、生词	11.29~12.10
	2.4 能理解本单元课文内容	11.8~12.24
3. 学会《语文》第八册第三单元的生字、生词并理解课文内容	3.1 能正确辨认本单元所有的生字、生词	2013.2.28~2013.3.11
	3.2 能正确读出本单元所有的生字、生词	3.14~3.25
	3.3 能正确抄写本单元大多数生字、生词	3.28~4.8
	3.4 能理解本单元课文内容	3.7~4.22
4. 学会《语文》第八册第四单元的生字、生词并理解课文内容	4.1 能正确辨认本单元所有的生字、生词	4.25~5.6
	4.2 能正确读出本单元所有的生字、生词	5.9~5.20
	4.3 能正确抄写本单元大多数生字、生词	5.23~6.3
	4.4 能理解本单元课文内容	5.5~6.20

评价标准:(1)能辨认本单元的生字和生词,正确率为100%。
(2)能读出本单元的生字和生词,正确率在100%。
(3)能抄写本单元的生字和生词,正确率在90%以上。
(4)能理解本单元的课文内容,正确率在80%以上。

评价时间和方法:每教完一个短期教学目标做一次小测验,每教完一个单元做一次单元测验,学期结束时做一次综合测验。

(二)数学

长期教育目标	短期教学目标	起讫日期
1. 学会乘数为两位数的乘法	1.1 能正确计算乘数的个位和十位数都在1~5之	2012.9.6~2012.9.17

	间,无需进位的乘法题	
	1.2 能正确计算乘数的个位和十位数都在 1~5 之间,需进位的乘法题	9.20~10.8
	1.3 能正确计算乘数的个位和十位数都在 6~9 之间,需进位的乘法题	10.11~11.5
2. 学会除数为一位数的除法	2.1 能正确计算除数为一位数且在 1~5 之间的除法题	11.8~11.26
	2.2 能正确计算除数为一位数且在 6~9 之间的除法题	11.29~12.24
3. 学会除数为两位数的除法	3.1 能正确计算除数为两位数且个位和十位数都在 1~5 之间的除法题	2013.2.28~2013.3.18
	3.2 能正确计算除数为两位数且个位和十位数都在 6~9 之间的除法题	3.21~4.8
4. 学会做乘法和除法应用题	4.1 能正确计算乘数为两位数的乘法	4.11~4.22
	4.2 能正确计算除数为一位数的除法应用题	4.25~5.20
	4.3 能正确计算除数为两位数的除法应用题	5.23~6.24

评价标准:(1)能正确计算乘数的个位和十位数都在 1~5 之间,无需进位的乘法题 20 题,正确率在 80% 以上。

(2)能正确计算乘数的个位和十位数都在 1~5 之间,需进位的乘法题 20 题,正确率在 80% 以上。

(3)能正确计算乘数的个位和十位数都在 6~9 之间,需进位的乘法题 20 题,正确率在 80% 以上。

(4)能正确计算除数为一位数且在 1~5 之间的除法题 20 题,正确率在 80% 以上。

(5)能正确计算除数为一位数且在 6~9 之间的除法题 20 题,正确率在 80% 以上。

(6)能正确计算除数为两位数且个位和十位数都在 1~5 之间的除法题 20 题,正确率在 80% 以上。

(7)能正确计算除数为两位数且个位和十位数都在 6~9 之间的除法题 20 题,正确率在 80% 以上。

(8) 能正确计算乘数为两位数的乘法应用题 20 题,正确率在 80% 以上。
(9) 能正确计算除数为一位数的除法应用题 20 题,正确率在 80% 以上。
(10) 能正确计算除数为两位数的除法应用题 20 题,正确率在 80% 以上。

评价时间和方法:每教完一个短期教学目标做一次小测验,学期结束时做一次综合测验。

(三)社会适应能力

长期教育目标	短期教学目标	起讫日期
1. 能主动参加集体活动	1.1 能和同学轮流玩	2012.9.6 ~ 2012.9.24
	1.2 能和两三个同学玩合作性游戏	9.27 ~ 10.8
	1.3 能和两三个同学玩竞争性游戏	10.11 ~ 10.29
	1.4 能主动参加集体活动	11.1 ~ 11.19
	1.5 能参加集体讨论	11.22 ~ 12.17
2. 学会购物	2.1 能辨别各种食品和日常用品	2013.3.7 ~ 2013.3.11
	2.2 会写或看购物清单	3.14 ~ 3.25
	2.3 能自己去附近的超市	3.28 ~ 4.1
	2.4 能在超市里找到自己想买的物品	4.4 ~ 4.22
	2.5 会按照价格付钱	4.4 ~ 4.22
	2.6 能把买好的物品带回家	4.11 ~ 4.22
3. 认识职业	3.1 认识常见的工作种类	4.25 ~ 4.29
	3.2 了解某些工作的内容和所需的能力	5.5 ~ 5.20
	3.3 了解某些工作的环境	5.23 ~ 6.3
	3.4 了解某些工作的职责	6.6 ~ 6.17
	3.5 会选择自己喜欢做的工作	6.20 ~ 6.24

评价标准:观察儿童的日常行为,若经常表现出上述能力即考核通过。

评价时间和方法:每天做观察记录,教完一个短期教学目标做一次评定,学期结束时做一次综合评定。

四、相关服务和辅助性设施

1. 相关服务	起讫日期	每周次数	持续时间
音乐治疗	2012.10.5 ~ 2012.12.20	2	2 小时
作业治疗	2013.3.6 ~ 2013.6.10	2	1 小时

2. 辅助性设施　　无

五、转衔服务

转衔服务机构名称:××鲜花店　　　服务内容:培训插花技能

开始日期:2012年9月20日　　　　结束日期:2012年11月20日

六、计划实施的起讫日期及委员会成员的签名

此个别化教育计划实施的起讫日期:2012年9月1日~2013年7月10日

校长:　张××　

班主任:　陈××　

任课教师:　王××　

学校心理学家:　许××　

家长:　赵××　　　　　　　　　　　　　　　　　　　　日期:2012年7月2日

第16章 教育评价

现代特殊教育越来越离不开教育评价,一方面,它使特殊教育工作者更加明确教育教学的目标;另一方面,它能有效地监控特殊教育的质量。而在教育评价中,心理评估是最重要的组成部分。在这一章里,首先论述教育评价的概念、主要类型、基本模式和一般过程,然后用实例介绍特殊儿童心理评估在教育评价中的应用。

第一节 教育评价概述

一、概念

(一) 定义

1941年,美国俄亥俄州立大学教授泰勒(R. W. Tyler)第一个正式地提出了教育评价(educational evaluation)的概念。他认为:"评价过程实质上是一个确定课程与教育计划实际达到教育目标的程度的过程。"后来人们在这个定义的基础上提出了一些不同的看法。例如,1969年,斯塔弗尔比姆(L. D. Stufflebeam)将教育评价界定为"为决策提供有用信息的过程"。1981年,美国教育评价标准联合委员会对教育评价提出的定义是:"评价是对某些现象的价值,如优缺点的系统调查。"近年来,国内外许多学者认为,教育评价是指在系统、科学地搜集、整理和分析有关信息的基础上,对教育条件、教育过程和教育效果等做出价值判断,从而为教育决策提供依据的过程。

在目前有关教育评价的定义中基本上都包含了以下三层含义。

第一,它是系统、科学地搜集信息的过程。在教育评价中搜集信息是一项非常重要的工作,一般要花费大量的时间和人力、物力。如果搜集的信息不全面、不系统或不准确,那么任何在此基础上做出的价值判断都可能有偏差。

第二,它必须对教育的价值做出判断。由于教育的价值必须从评价对象的客体属性满足评价者的主体需要的程度体现出来,因此,要判断教育的价值,必须明确评价者的主体需要是什么,评价对象所具有的客体属性在多大程度上满足了评价者的主体需要。

第三,它必须为教育决策服务。在教育管理中,管理者经常需要做有关政策制定、教育质量监控和人事安排等方面的决策。在教学过程中,教师要做有关教学内容、教学方法和教学速度的决定。教育评价可以为管理者和教师的科学决策提供依据。

(二) 与心理评估的关系

教育评价与心理评估是两个既有区别又有联系的概念。首先,教育评价与心理评估是有区别的。心理评估是对人的心理特性、发展水平和存在问题的判断和解释，它以事实判断为主，测评的对象通常是人，所涉及的范围一般比较窄；而教育评价是对教育现象进行的一种价值判断，测评的对象不仅包括人，而且还包括教育领域中的许多事物，所涉及的范围一般比较广泛。其次，二者之间又是有密切联系的。对人的心理特性、发展水平和存在问题的判断和解释有时需要参考教材、教法、教育环境等的评价结果。而心理评估往往也包括在教育评价之中，离开对人的心理发展和变化的评估，在许多情况下无法对教育活动的价值做出科学、合理的判断。

二、主要类型

教育评价的种类十分繁杂，由于篇幅有限，在此不能一一列举。下面就介绍几种常见的分类方法和类型。

（一）按评价的内容分类

1. 条件评价

在教育计划实施之前对其可行性的评价。为了使教育计划能够顺利地实施，有时需要对实施条件进行系统的分析和评价。例如，在一份孤独症儿童的个别化教育计划中安排了言语康复和感觉统合训练两项内容，在实施该计划之前，必须了解学校是否具备开展这些活动的条件。如果学校不具备这些条件，那么就要修改原来的计划。又如，某地的教育行政部门打算办一所聋校，在制订该计划之前，也需要了解当地是否具备办这类学校的条件，如有能用手语进行教学的教师和某些特殊的设备等。

2. 过程评价

在教育计划实施过程中对各阶段目标完成情况的评价。通过这种评价，教师可以了解教学是否按预定的计划进行，教学方法、教学手段、教学速度等是否恰当。根据反馈信息，教师可以及时地调节自己的教学。例如，在语文教学过程中，教师通过测验发现某位视障学生对教学内容领会得既快又好，他就可以适当地加快教学速度，提高教学目标，以满足该生学习和发展的需要。又如，在社会适应课程的教学过程中，教师通过评定发现某位智力障碍学生很难完成计划中的内容，就可以适当地调整教学手段和方法。

3. 结果评价

在教育计划实施以后对已取得的教育成就的评价。目的在于检验目标达到的程度，为新的教育目标的制订、资源分配、人事安排、政策制定等提供参考的依据。例如，某地区在普通小学开展轻度智力障碍学生随班就读的教育实验，一年后评价教育实验的效果。经过系统的考察，原先设定的目标均已达到，因此，轻度智力障碍学生到普通小学随班就读的做法可以推广。

（二）按评价的功能分类

1. 诊断性评价

为了使教育计划更有针对性而在教育活动开始之前实施的评价。例如，在新学期或新学年刚开始时给学生实施一系列的测验，就可以了解每位学生的学习能力和知识的准备情况，可以为分班、分组、制订补课计划和个别化教育计划、实施分层教学提供有用的信息。它的特点是能够了解被评价者的现状，发现存在的问题。

2. 形成性评价

为了控制和调节教育活动的方向、速度和内容等而在教育活动进行过程中实施的评价。例如,在语文、数学、常识、康复训练课程的教学过程中,每节课、每周或每个教学单元结束时进行的评价就属于这一类。它的特点是评价内容紧扣近期的教学内容,能够不断地提供反馈信息,及时地修改或调整教育活动计划,从而保证教育目标的实现。

3. 总结性评价

教育计划实施到中期或快结束时为了检验教育的效果而进行的评价。例如,在学期或学年快结束时给学生实施一系列的测验,就可以了解预先设定的学期或学年目标是否已经实现。它的特点是内容覆盖面广,概括化程度比较高,能够鉴定被评价者是否已经掌握了某个领域的知识和技能,或者是否具有某种资格。

(三)按参与评价的主体分类

1. 自我评价

评价者根据一定的标准对自己进行的评价。例如,一些学校的学生每到周五就要根据操行评定标准对自己在一周内的行为表现做操行评定;教师在每学期的期末要对自己的教学思想、教学态度、教学内容、教学方法和效果等进行总结和反思;学校为接受上级部门的督导检查对本校的教学和管理工作进行自查和评价。这种评价活动的优点是比较容易开展,而且也有利于被评价者及时地进行自我反馈与调节。其缺点是缺乏统一的评价尺度,不适于做横向比较。

2. 他人评价

由被评价者以外的组织或个人根据一定的标准对被评价者进行的评价。例如,教育行政部门对学校的检查和督导评价、专家评价、同事之间的评价、学校领导对教师的评价、家长对教师的评价、教师对学生的评价、学生对教师的评价、学生之间的评价等。这种评价的优点是评价结果比较客观,评价标准一致,可以为教育决策提供可靠的依据。其缺点是给被评价者带来比较大的压力,容易产生各种消极的情绪。

三、基本模式

教育评价模式是指在实施教育评价的过程中所采取的相对固定的操作程序和方法。目前教育评价的基本模式有以下四种。

( )泰勒模式

泰勒模式,又称目标导向评价模式,是泰勒于20世纪30年代首先提出的。它以教育目标为中心,通过把教育目标转化为具体、可测量的学习行为,从而客观地评价教育目标的实现程度。该模式的基本步骤如下(陈玉琨,1999)。

- 确定教育方案的目标。
- 根据行为和内容对每个目标加以定义。
- 确定应用目标的情景。
- 设计给出应用目标情景的途径。
- 设计取得记录的途径。
- 决定评定方式。
- 决定获取代表性样本的方法。

泰勒模式是现代教育评价发展史上第一个较为完整的评价模式。由于它逻辑严密，结构紧凑，容易实施，因而被许多人所接受和运用。该模式对后来教育评价理论和实践的发展产生了重大的影响。

(二) CIPP 模式

CIPP 模式，又称决策导向评价模式，是由斯塔弗尔比姆等人于 1966 年提出来的。该模式实际上包含了四种评价活动，即背景评价(context)、输入评价(input)、过程评价(process)和结果评价(product)。背景评价指的是根据社会、政治、经济的大背景来判断所设定的教育目标是否恰当。输入评价指的是在背景评价的基础上，对达到目标所需条件和资源的评价，其实质是对教育计划的可行性和合法性的判断。过程评价类似于形成性评价，指的是对教育计划实施情况的连续不断的检查和反馈。结果评价类似于总结性评价，指的是对目标达到程度的评价。把这四种评价活动的第一个英文字母组合起来，即为 CIPP。由这四种评价活动组合成的一种综合性评价，即为 CIPP 模式。

CIPP 模式将教育目标的合理性作为评价内容之一，因而超越了泰勒模式的局限。在整个评价活动中，既注重结果评价，又重视条件和过程评价，使评价更具有全面性和科学性。不过，该模式涉及面广，需要大量的人力物力支持，如果不具备一定的条件，这种评价是无法实施的。

(三) 目标游离模式

目标游离模式是斯克里文(M. Scriven)于 1967 年提出的。斯克里文等人在考察分析教育活动的实际效果之后，发现教育活动除了收到预期的效果之外，还会收到一些非预期的效果。如果用泰勒模式来评价教育活动，往往会忽视这些非预期的效果。于是，斯克里文主张，在得出评价结论之前不要把教育计划的目的告诉评价者，以有利于评价者搜集各种信息，全面地评价实际的效果。

目标游离模式不受预定目标的限制，因而能全面地考察教育的实际效果。然而，如果评价者事先不了解教育活动的目的，在搜集评价信息时不容易抓住重点。

(四) 应答模式

1973 年，斯塔克(R. E. Stake)提出了应答模式。该模式从教育活动的决策者和实施者的实际需要出发，通过评价者与参与教育活动的各方人员的持续不断沟通，了解他们的愿望，然后对教育决策和教育计划进行修改，从而使教育活动结果满足大多数人的需要。

应答模式直接从实际问题出发，通过评价活动解决教育决策者和实施者之间的分歧，使教育活动满足各种人的需要。不过，这种评价模式在时间和费用上不够经济，不宜经常采用。

第二节　教育评价的一般过程

教育评价虽然有不同的种类和模式，但其过程大体上是相同的，都包括准备阶段、实施阶段、分析和总结阶段。

一、准备阶段

在这一阶段，一般需要做好人员准备和评价方案准备这两方面的工作。

(一) 人员准备

人员准备包括确定评价的组织者和评价者。一般来说,对重大项目的评价,评价的组织者是政府有关部门的官员或某些机构的负责人,评价者是有关领域的专家,评价的内容一般比较全面。而对某个学校的教师或学生实施评价,评价的组织者通常为学校的领导,评价者是学校领导、教师或学生,评价内容多集中在与教学有关的方面。

(二) 评价方案准备

评价方案准备是指在教育评价实施之前拟订一份纲领性文件,内容包括本次评价的目的、内容、范围、方法、手段、程序和预期结果等。

1. 确定评价的目的

教育评价的目的有多种,在制订评价方案时首先要明确本次评价活动的目的究竟是什么。是要判定教学活动是否达到了预期的教学目标,还是要排列名次,选优或罚劣？或者要为某种教育决策提供依据？评价目的不同,评价所涉及的范围和所采用的方法会有所不同。

2. 制订评价的指标体系

在一般情况下,评价者必须依照预期的教育目标对教育活动和效果进行价值判断。一个客观而有效的教育评价需要事先规定一组体现教育目标的、具体的、可测量或观察的指标,这一组指标被称为指标体系。通过它来确定收集信息的方法,编制收集信息的工具,就能基于所获得的信息准确地判断所设定的目标是否已全部实现。由此可见,指标体系的制订是教育评价中一项关键性的工作,其科学性和先进性如何,决定着评价的水平,也决定着评价结果的有效性。

建立评价指标体系是一项政策性、理论性和技术性都很强的工作。为了充分体现这几方面的特点,在拟订指标体系时应该按以下步骤进行。

(1) 设计评价指标　①根据国家或地方的有关政策,确定评价的总体框架。例如,在评价中小学生的质量时,一定要按照国家的教育方针,对学生的德、智、体、美等方面进行全面的评价。②在设计某些重要维度的指标时要以教育学、心理学理论为依据。例如,对学业成就的评价,应该参照布鲁姆提出的教育目标分类体系,从知识、领会、应用、分析、综合和评价六个方面来设计项目;对道德品质的评估,要参考皮亚杰或艾里克森的道德发展理论来设计评价项目。③还要考虑评价对象的特殊性。例如,聋校、盲校和培智学校的任务是不同的,因此,在评价各类学校的教育质量时不能采取完全相同的标准。④通过逐级地分解,把总的目标分解为一组具体的、可测量或观察的指标。

为了提高指标体系的科学性和完备性,在最初设计评价指标时,可以采用头脑风暴法。

(2) 对指标进行筛选　在最初提出的评价指标中总会有一些不重要,有一些交叉重叠,因此必须进行筛选和整合。

目前常用的筛选指标的方法有以下两种:①逻辑论证法,即评价指标体系的设计者,凭借已有的经验和所收集来的资料,对初步拟订的指标进行逻辑论证,决定哪些指标应该保留,哪些指标应该合并或删除。②调查统计法,即运用调查统计的手段来筛选指标。其具体做法是把初步拟订的指标编成一份问卷,发给有经验的专家,请他们对每项指标做出保留或删除的判断,收回问卷后,统计每项指标被保留的百分比,最后按照百分比的高低决定哪些指标应该保留,哪些指标应该删除。

(3) 分配权重系数　对经过筛选保留下来的指标,还要根据它们在评价指标体系中的重要程度分配不同的权重系数。常用的方法有以下几种。

① 专家评定法　用权重系数征求意见表征求若干专家的意见,在专家给出每个指标的权数后,计算平均值并进行归一化处理来确定权数。以下是具体的做法。

第一步:编制权重系数征求意见表(表 16-1)。

表 16-1　指标体系权重系数征求意见表

编号	指标	给予的权数
1	T_1	W_{1j}
2	T_2	W_{2j}
3	T_3	W_{3j}
4	T_4	W_{4j}
5	T_5	W_{5j}
⋮	⋮	⋮
n	T_n	W_{nj}

第二步:把征求意见表发给 K 位专家,让每位专家确定各指标的权重(在 0~10 之间),然后计算 K 位专家在每个指标所给权数的平均值。

$$\overline{W}_i = \frac{\sum_{j=1}^{K} W_{ij}}{K} (i = 1, 2, \cdots, n; j = 1, 2, \cdots, K)$$

第三步:做归一化处理。

设 $\sum_{i=1}^{n} \overline{W}_i = C$,则各指标的权重系数 $W'_i = \frac{\overline{W}_i}{C} (i = 1, 2, \cdots, n)$。

② 专家排序法　让专家按相对重要性对拟订的指标进行排序,通过对比分析确定各指标的权数。以下是具体的做法。

第一步:将各评价指标依从最不重要到最重要的顺序排列。假设最不重要的一项是 T_k。
第二步:设 $T_k = 1$,将各指标分别与该指标比较,看其重要程度是它的几倍,用 m 表示。
第三步:求出权重系数。

设 $C = \sum_{i=1}^{n-1} m_i + 1$,则各指标的权重系数 $W_i = \frac{m_i}{C}$。

③ 德尔斐法　用征求意见表向若干专家征求有关各指标权重的意见,经统计处理后,将汇总的情况反馈给各位专家,再次征求意见。经多次重复后,获得专家较为一致的意见。以下是具体的做法。

第一步:将拟订的指标编成一份征求意见表(表 16-2)。

表 16-2 指标体系权重系数征求意见表

编号	指标	很重要	重要	一般	不太重要	不重要
1	A_1					
2	A_2					
3	A_3					
4	A_4					
5	A_5					
⋮	⋮					
n	A_n					

第二步:请各位专家判断每个指标属于很重要、重要、一般、不太重要、不重要五个等级中的哪一个。

第三步:先计算每个指标所得等级分数的平均值,然后计算每位专家所给的等级分数与平均值的离差。

第四步:将计算结果反馈给专家,同时请在某些指标上所给的等级分数与平均值离差较大的专家做出新的判断。

在反复进行第二至第四步之后,可以获得比较一致的判断。将最后计算得的平均值做归一化处理,即可获得每个指标的权数。

除了上述几种方法外,还有一些常用的分配权数的方法,如对偶比较法、层次分析法、关键特征调查法等。

(4) 确定各指标的评定标准 即规定在各项指标上被评价者必须达到什么要求才能获得什么等级或分数。

评定结果可以用分数表示(如五分制、十分制、百分制等),用等级表示(如优、良、中、差或 A、B、C、D、E 等),也可以用合格、不合格等表示。不管采取哪一种做法,一般都要对各个分数、等级或类别的要求用文字进行描述。例如,在聋校的课堂教学评价中对"优秀"教师的要求可以描述为:①教学目的和内容:目的明确,要求具体适度,内容密度恰当;②教学过程和方法:教学节奏适当,教学形式、方法、手段的运用符合内容需要、学科特点和听障学生实际,启发学生思考,因材施教;③教学基本功:教学条理清楚,教态亲切自然,板书设计合理、规范,课件演示操作熟练,应变能力强;④教学效果:按时完成教学任务,课堂气氛活跃,课堂练习效果好。

3. 确定评价的手段和方法

在设计评价方案时,除了要确定收集有关被评价者信息、资料的手段和方法外,还要确定整理和分析这些信息、资料的手段和方法。另外,还要编制评价过程中所要用的各种观察记录表、评议表、调查问卷、评定量表和访谈提纲等。

目前常用的收集被评价者信息、资料的方法有测验法、访谈法、问卷调查法、观察法、成长记录袋评价法和文献法等。

整理和分析信息、资料的方法主要有两种:①统计分析法,包括各种统计量如算术平均数、中位数、方差、标准差、相关系数的计算,频数分布分析,各种平均数差异的显著性检验,相关分析、回归分析等;②定性描述法,即对所收集的信息、资料进行审核、整理、汇总之后,全面地分析被评价者的优点和缺点,提出改进的建议。

4. 规定实施程序

最后,要明确规定各项评价工作的日程安排,包括确定宣传动员、人员培训、观察、问卷调查、测验和访谈等的实施、数据录入与统计分析、资料汇总、与被评价者交换意见、公布结论等的时间、地点、活动方式、方法、主要参与者和负责人等。

二、实施阶段

在此阶段,一般需要做好以下三方面的工作。

(一)宣传动员

为了能收集到准确、可靠的评价信息,评价的组织者首先要通过召开动员会议、发放宣传材料和学习资料等进行宣传动员,使与教育评价工作有关的各类人员都能认识该项工作的意义,积极、认真地参与教育评价工作。

(二)人员培训

在正式评价之前,评价的组织者还要请有关专家对评价人员进行方法的培训,内容一般包括:

- 学习和了解整个评价工作的基本程序;
- 准确把握每个评价指标的意义和评价标准;
- 学会填写各种表格,如观察记录表、评议表、问卷调查表等;
- 学会使用各种评价工具,如录音机、摄像机、儿童智力量表、记忆广度测试仪、注意分配测试仪等。

(三)正式评价

按设计的评价方案进行。例如,某月某日该实施某项问卷调查,评价的组织者要做好监督和协调工作,以确保调查工作能够高质量地完成。

三、分析和总结阶段

在分析和总结阶段中,需要做好以下几方面的工作。

(一)形成综合评判

形成综合评判是指根据所有评价者的意见,在整体上对被评价者做出一个定量与定性相结合的综合判断。例如,在课堂教学质量的评价中,将各类评价者对具有不同权重系数的各个指标的评分结果综合成一个总评定值,并结合语言文字的描述,形成一个综合性的判断。如果有必要,还可以对被评价者是否达到目标,以及达到目标的程度给予明确的结论(如合格或不合格,达标或未达标,优、良、中或差等)。

(二)分析诊断问题

为了充分地解释、说明综合评判的结论,使被评价者愿意接受评价的结论并积极地改进自己的学习或工作,还需要对被评价者在学习或工作中的长短得失做深入细致的分析评论,找到问题的症结所在,提出改进的建议。例如,在课堂教学质量的评价中,部分学生反映某位教师的语速过快,听他的课比较吃力,在给这位教师的建议中可以要求他讲课时放慢语速。

(三)对评价质量的评价

对评价质量的评价是指根据评价过程中出现的问题,对本次评价工作的质量进行检查、分析和鉴定。例如,对评价方案是否具有科学性、先进性和可行性,宣传动员工作是否富有成效,评价人员的选拔、培训是否得当,方案的实施是否符合事先的规定,各种信息的获得是否具有较高的信度和效度,评价结论是否合理等进行检查、分析和鉴定。

(四)撰写评价报告

撰写评价报告是指将评价过程和结果写成书面报告。评价报告没有固定的格式,常常因评价类型的不同而不同。不过,评价报告的基本内容一般包括本次评价的背景、目的和意义、主要任务、被评价者的基本情况简述、评价方案的制订过程和依据、评价方案的实施过程、对被评价者优点(成绩)和缺点(不足)的定性及定量分析、评价结论、对改进缺点的建议。

(五)向有关方面反馈信息

评价结束时,一般要将评价结果向有关方面反馈。例如,对课堂教学质量的评价,其评价结果应该向教师本人、学校领导和其他教师反馈。向教师本人反馈,能够使他了解自己在教学中有哪些长处,还存在哪些问题,有助于他有针对性地改进自己的教学工作;向学校领导报告评价结果,使他们了解每位教师的工作情况,便于对教学质量实施监控和学校的人事管理;向其他教师报告评价结果,可以促进同行间的互相交流与借鉴。

当然,评价结果还要存档备案,为下一阶段的教学和评价工作提供参考的依据。

第三节 教育评价举例

在特殊教育领域,目前开展的教育评价工作主要涉及两个方面:一是课程本位评价,二是教育项目评价。下面分别用一些实例予以说明。

一、课程本位评价

课程本位评价是指通过系统地实施与教学内容有关的小测验,从而评价学生在课程学习中的进步。

20 世纪 70 年代,明尼苏达大学学习障碍研究所首先提出课程本位的评价方法(Pierangelo & Giuliani,2002)。后来,这种方法被广泛应用于对阅读、数学运算、拼写和书面表达等课程的教学效果的评价中。

课程本位评价一般包含六个基本环节:①分析教材的内容并确定教学的目标;②编制或选购用于评价教学效果的测验;③每周实施 1~2 次测验并记录学生的分数;④将学生每次的得分用折线图表示出来;⑤将学生达到的水平与期望的水平作比较;⑥调整教学的内容和方法,或修改教学目标。

例如,《社会适应能力》第七册第二单元的教学主题是购物。通过对教材内容的分析,确定该单元的教学目标为:

1. 能辨别常见食品和日常用品。
2. 会写或看购物清单。
3. 能自己去附近的超市。
4. 能在超市里找到自己想买的物品。
5. 会按照价格付钱。
6. 能把买好的物品带回家。

教师根据每周的教学内容和教学目标编制 1 个小测验,在周五施测。将学生每次测验的分数记录在 16-3 表中。

表 16-3　学生的测验成绩记录表

	第1周	第2周	第3周	第4周	第5周	第6周	第7周
1. 能辨别常见食品和日常用品	40	60	75	85	80	90	95
2. 会写或看购物清单		25	50	65	70	65	70
3. 能自己去附近的超市			30	50	65	80	90
4. 能在超市里找到自己想买的物品					35	60	55
5. 会按照价格付钱					25	55	50
6. 能把买好的物品带回家						60	80

注:每次测验满分都为 100。

把上表中的数据用折线图表示,见图 16-1。

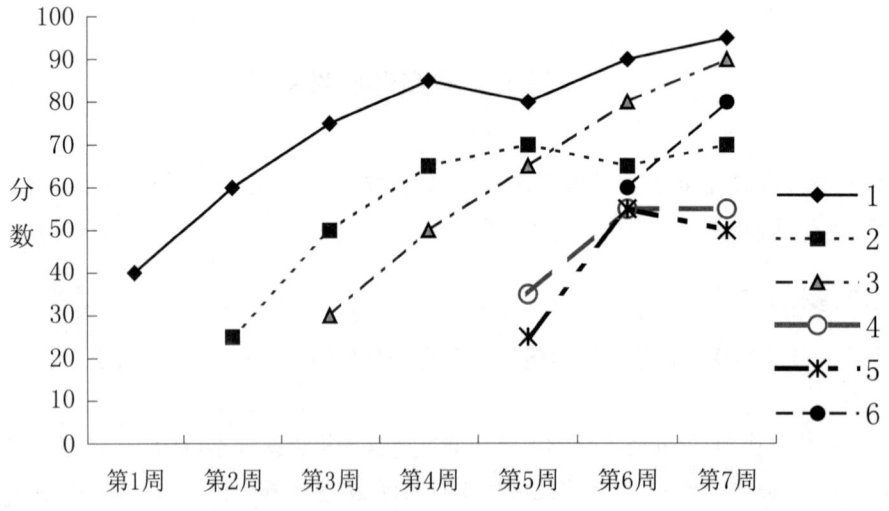

图 16-1　学生购物能力发展折线图

如果把 75 分设定为教学目标的通过标准,那么,该生在第 2、4、5 项内容上尚未达标,因此,需要安排时间进行补救。如果找不到课余时间,那么下一个单元的教学将暂缓进行。

大多数课程本位评价属于形成性评价。研究结果表明,通过实施这种评价,不仅可以激发学生的学习动机,而且能明显地提高他们的学习成绩。

二、教育项目评价

教育项目评价是指通过全面地检查各个项目目标的实现程度,从而评价教育项目的实施效果。

1997年,陈云英、华国栋等人对中国—联合国儿童基金会合作开展的"有特殊教育需要儿童的教育"项目(1994~1995年过渡周期)的实施效果进行了全面的评价。他们采取的步骤和方法是:

第一步:成立项目评价组。项目评价领导小组成员由原国家教育委员会基础教育司特殊教育处的官员、中央教育科学研究所特殊教育研究室的专家组成。在各项目省、项目县相应地也成立了项目评价小组,其成员主要由有关的行政管理人员、专业人员、巡回教师和教师代表组成。

第二步:确定评价对象和评价目标。该项目的评价对象是我国贫困地区的残疾儿童教育状况。该项目的目标是通过将贫困地区的残疾儿童安置在普通小学,适当地调整课程,改进教育教学方法,并提供必要的支持,从而使残疾儿童的身心得到健康发展,进一步提高贫困地区残疾儿童的入学率和巩固率。因此,该项目的评价目标为这些项目目标的实现程度。

第三步:制订评价的指标体系。将上述评价目标逐级分解,最后形成一个三级指标体系。其中的一、二级指标如表16-4所示。

表16-4 "有特殊教育需要儿童的教育"项目的评价指标

一级指标	二级指标
A1 提高了义务教育普及程度	B1 残疾儿童测查准确
	B2 教育安置合理
	B3 入学率提高
	B4 辍学率降低
A2 提高了师资的水平	B5 教师经过挑选和培训
	B6 教师对残疾儿童的态度好
	B7 会制订个别教育计划
	B8 会根据残疾学生情况调整教学内容
	B9 照顾差异,体现合作的课堂教学
	B10 具备对残疾学生辅导与训练的技能
A3 提高学生质量	B11 提高了残疾学生思想心理素质
	B12 残疾学生学业进步
	B13 能力康复
	B14 提高了残疾学生社会适应能力
	B15 全班学生学习成绩有提高
	B16 同学关系团结、和谐
A4 社区及家庭对特殊教育的认识和支持	B17 对有关特教政策法律理解和贯彻
	B18 社区经费物质支持
	B19 有关部门、专家的指导帮助
	B20 家长对残疾子女有正确的教育观念
	B21 家庭积极配合学校教育

第四步：编制各种统计报表，共四套。第一套由两份项目小学填写的统计报表组成，用于收集有关残疾学生和随班就读班级教师的情况；第二套由两份项目乡教委填写的统计报表组成，用于了解项目学校的基本情况和项目学校社区活动开展情况；第三套由两份项目县干部填写的统计报表组成，用于了解县级项目活动开展情况、残疾学生的入学率和辍学率；第四套由四份项目省干部填写的统计报表组成，用于收集项目省普及小学教育情况、省级项目活动开展情况、项目县普及小学教育情况和项目县随班就读师资培训情况等。

第五步：编制各种调查问卷，包括"县项目主任问卷""项目学校校长问卷""项目学校教师问卷"等。此外，还编制了课堂观察记录表、辅导训练观察记录表、社会生活能力评价表、智力评价表、语言评价表和访谈提纲等。

第六步：实施评价方案。主要的活动包括下列几项：①填写统计报表；②听取项目主任的汇报；③实施问卷调查；④召开座谈会；⑤进行课堂和课外观察；⑥进行个别访谈；⑦实施心理测试；⑧查阅档案资料。

第七步：用SPSS统计软件包对收集来的资料进行统计分析，包括频数分析、相关分析、因素分析、多元回归分析和列联分析等。

第八步：对项目取得的成效进行全面总结。从一级指标划分的四个方面来分析和总结：第一个方面，涉及该项目实施以后项目省、县义务教育的普及情况；第二个方面，涉及通过项目培训教师的教育教学水平的提高情况及存在的问题；第三个方面，包括该项目实施以后残疾学生在学业、社会适应能力、思想和心理素质等方面已取得的进步及存在的问题；第四个方面，涉及社区及家庭对特殊教育政策和法规的理解和贯彻情况的分析和总结。

第九步：提出建议。在全面总结已取得的成效之后，评价人员发现，该项目还存在一些问题和不足，例如，巡回教师的日常指导制度还不健全；家长对学校的教育教学工作配合得不够；参与该项目的教师需要更多的指导；残疾儿童随班就读的学校需要更多的支持和帮助等。为了今后在贫困地区能够更好地开展残疾儿童教育工作，评价人员针对上述问题提出了一些建议。

这个教育项目评价属于总结性评价。通过对该项目实施效果的鉴定和经验总结，可以为它的推广应用提供依据。

附录一

中国实用残疾人评定标准(试用)

(中国残疾人联合会[1995]残联组联字第61号 1995年9月15日发布)

一、六类残疾标准

(一)视力残疾标准

1. 视力残疾的定义

视力残疾,是指由于各种原因导致双眼视力障碍或视野缩小,通过各种药物、手术及其他疗法而不能恢复视功能者(或暂时不能通过上述疗法恢复视功能者),以致不能进行一般人所能从事的工作、学习或其他活动。

视力残疾包括两类:盲及低视力。

2. 视力残疾的分级

盲:

一级盲:最佳矫正视力低于0.02;或视野半径小于5度。

二级盲:最佳矫正视力等于或优于0.02,而低于0.05;或视野半径小于10度。

低视力:

一级低视力:最佳矫正视力等于或优于0.05,而低于0.1。

二级低视力:最佳矫正视力等于或优于0.1,而低于0.3。

列表如下:

类别	级别	最佳矫正视力
盲	一级盲	<0.02 – 无光感;或视野<5度
	二级盲	≥0.02 – <0.05;或视野<10度
低视力	一级低视力	≥0.05 – 0.1
	二级低视力	≥0.1 – <0.3

注:1. 盲或低视力均指双眼而言,若双眼视力不同,则以视力较好的一眼为准。
2. 如仅有一眼为盲或低视力,而另一眼的视力达到或优于0.3,则不属于视力残疾范围。
3. 最佳矫正视力是指以适当镜片矫正所能达到的最好视力,或以针孔镜所测得的视力。
4. 视野<5度或<10度者,不论其视力如何均属于盲。

(二)听力残疾标准

1. 听力残疾的定义

听力残疾是指由于各种原因导致双耳不同程度的听力丧失,听不到或听不清周围环境声及言语声(经治疗一年以上不愈者)。

听力残疾包括两类:听力完全丧失;有残留听力但辨音不清,不能进行听说交往。

2. 听力残疾的分级

列表如下:

级别	平均听力损失(dBspl)	言语识别率(%)
一级	>90(好耳)	<15
二级	71~90(好耳)	15~30
三级	61~70(好耳)	31~60
四级	51~60(好耳)	61~70

注:本标准适用于3岁以上儿童或成人听力丧失经治疗一年以上不愈者。

(三) 言语残疾标准

1. 言语残疾的定义

言语残疾指由于各种原因导致的言语障碍(经治疗一年以上不愈者),而不能进行正常的言语交往活动。

言语残疾包括两类:言语能力完全丧失;言语能力部分丧失,不能进行正常言语交往。

2. 言语残疾的分级

一级指只能简单发音而言语能力完全丧失者。

二级指具有一定的发音能力,语音清晰度在10%~30%,言语能力等级测试可通过一级,但不能通过二级测试水平。

三级指具有发音能力,语音清晰度在31%~50%,言语能力等级测试可通过二级,但不能通过三级测试水平。

四级指具有发音能力,语言清晰度在51%~70%,言语能力等级测试可通过三级,但不能通过四级测试水平。

列表如下:

级别	语音清晰度(%)	言语表达能力
一级	<10	未达到一级测试水平
二级	10~30	未达到二级测试水平
三级	31~50	未达到三级测试水平
四级	51~70	未达到四级测试水平

注:本标准适用于3岁以上儿童或成人,有明确病因,经治疗一年以上不愈者。

(四) 智力残疾标准

1. 智力残疾的定义

智力残疾是指人的智力明显低于一般人的水平,并显示适应行为障碍。

智力残疾包括:在智力发育期间,由于各种原因导致的智力低下;智力发育成熟以后,由于各种原因引起的智力损伤和老年期的智力明显衰退导致的痴呆。

2. 智力残疾的分级

根据世界卫生组织(WHO)和美国智力缺陷协会(AAMD)的智力残疾的分级标准,按其智力商数(IQ)及社会适应行为来划分智力残疾的等级。

列表如下:

智力水平	分级	IQ(智商)范围*	适应行为水平
重度	一级	<20	极度缺陷
	二级	20~34	重度缺陷
中度	三级	35~49	中度缺陷
轻度	四级	50~69	轻度缺陷

注:1. *韦克斯勒儿童智力量表;
   2. 智商[IQ]是指通过某种智力量表测得的智龄和实际年龄的比,不同的智力测验,有不同的IQ值,诊断的主要依据是社会适应行为。

(五)肢体残疾标准

1. 肢体残疾的定义

肢体残疾是指人的肢体残缺、畸形、麻痹所致人体运动功能障碍。

肢体残疾包括:

脑瘫:四肢瘫、三肢瘫、二肢瘫、单肢瘫

偏瘫

脊髓疾病及损伤:四肢瘫、截瘫

小儿麻痹后遗症

后天性截肢

先天性缺肢、短肢、肢体畸形、侏儒症

两下肢不等长

脊柱畸形:驼背、侧弯、强直

严重骨、关节、肌肉疾病和损伤

周围神经疾病和损伤

2. 肢体残疾的分级

以残疾者在无辅助器具帮助下,对日常生活活动的能力进行评价计分。日常生活活动分为八项,即:端坐、站立、行走、穿衣、洗漱、进餐、入厕、写字。能实现一项算1分,实现困难算0.5分,不能实现的算0分,据此划分三个等级。

重度(一级)

完全不能或基本上不能完成日常生活活动(0~4分)。

(1)四肢瘫或严重三肢瘫。

(2)截瘫、双髋关节无主动活动能力。

(3)严重偏瘫,一侧肢体功能全部丧失。

(4)四肢均截肢或先天性缺肢。

(5) 三肢截肢或缺肢(腕关节和踝关节以上)。

(6) 双大腿或双上臂截肢或缺肢。

(7) 双上肢或三肢功能严重障碍。

中度(二级)：

能够部分完成日常生活活动(4.5~6分)。

(1) 截瘫、二肢瘫或偏瘫，残肢有一定功能。

(2) 双下肢膝关节以下或双上肢肘关节以下截肢或缺肢。

(3) 一上肢肘关节以上或一下肢膝关节以上截肢或缺肢。

(4) 双手拇指伴有食指(或中指)缺损。

(5) 一肢功能严重障碍，两肢功能重度障碍，三肢功能中度障碍。

轻度(三级)：

基本上能够完成日常生活活动(6.5~7.5分)。

(1) 一上肢肘关节以下或一下肢膝关节以下截肢或缺肢。

(2) 一肢功能中度障碍，二肢功能轻度障碍。

(3) 脊柱强直；驼背畸形大于70度；脊柱侧凸大于45度。

(4) 双下肢不等长大于5cm。

(5) 单侧拇指伴食指(或中指)缺损；单侧保留拇指，其余四指截除或缺损。

(6) 侏儒症(身高不超过130cm的成人)。

列表如下：

级　别	程　　度	计　分
一级(重度)	完全不能或基本上不能完成日常生活活动	0~4
二级(中度)	能够部分完成日常生活活动	4.5~6
三级(轻度)	基本上能够完成日常生活活动	6.5~7.5

注：下列情况不属于肢体残疾范围：

1. 保留拇指和食指(或中指)，而失去另三指者。
2. 保留足跟而失去足前半部者。
3. 双下肢不等长，小于5cm。
4. 小于70度驼背或小于45度的脊柱侧凸。

(六) 精神残疾标准

1. 精神残疾的定义

精神残疾是指精神病人患病持续一年以上未痊愈，同时导致其对家庭、社会应尽职能出现一定程度的障碍。

精神残疾可由以下精神疾病引起：

(1) 精神分裂症；

(2) 情感性、反应性精神障碍；

(3) 脑器质性与躯体疾病所致的精神障碍；

(4) 精神活性物质所致的精神障碍；

(5)儿童少年期精神障碍;

(6)其他精神障碍。

2. 精神残疾的分级

对于患有上述精神疾病持续一年以上未痊愈者,应用"精神残疾分级的操作性评估标准"评定精神残疾的等级:

(1)重度(一级):五项评分中有三项或多于三项评为2分。

(2)中度(二级):五项评分中有一项或两项评为2分。

(3)轻度(三级):五项评分中有两项或多于两项评为1分。

列表如下:

社会功能评定项目	正常或有轻度异常	确有功能缺陷	严重功能缺陷
个人生活自理能力	0	1	2
家庭生活职能表现	0	1	2
对家人的关心与责任心	0	1	2
职业劳动能力	0	1	2
社交活动能力	0	1	2

注:无精神残疾:五项总分为0或1分。

二、六类残疾的检查方法

(一)视力残疾的检查方法

1. 视力检查

视力检查主要以测远视力为准,采用小数视力记录法。为了检查方便,可将视力表的0.1及0.3之E字剪下,做成硬纸板卡,检查者可随身携带。

检查方法:检查应用此二卡,在足够明亮处被检查者与视力卡相距5米,遮盖一眼看0.3卡,E字方向任意调换,若有一眼能看到0.3,即不属视力残疾人。若被检查者不能分辨0.3卡,则用针孔镜矫正再看,若仍不能分辨0.3卡,则改用0.1卡,若好眼通过矫正能看到0.1卡,则属二级低视力。若被检查者好眼通过矫正在5米距离看不到0.1,则嘱被检查者向前移动,每向视力表移动1米,则由0.1减去0.02,即患者视力为0.08,如被检者向视力表移动2米,则视力为0.06(0.1-0.02×2),属一级低视力。移动3米为0.04,为二级盲,以此类推。也可以根据以下公式计算:视力 = 0.1×被检眼与视力表距离/5

矫正方法:定残标准必须为最佳矫正视力,为了调查方便,可用串镜或针孔镜进行矫正,串镜是由不同屈光度的正及负球镜镶嵌在木制的镜框上,被检者在5米不能看到0.3时,应用此镜进行矫正,但这必须由有一定的眼科知识的医生进行,简单的方法用针孔镜,当被检查者在5米看不到0.3时,将针孔镜置于眼前进行矫正。针孔镜的制作方法简便,应用一易拉罐空筒剪一圆片,中间扎一0.5~1mm直径的孔即可。

儿童视力的检查:对于较年长儿童可用儿童视力表,制作方法及检查方法同上述。年幼儿童可用实物估算,用以下公式计算:视力 = [1.5/实物大小(m)]×[实物距离(m)/5]

婴幼儿则根据其能否追随目标及外眼情况来确定残与非残。

2. 视野检查

(1) 对照法:被检查者与检查者对坐或对立,彼此相距1米,两眼分别检查。检查右眼时,被检查者遮盖左眼,检查者闭合右眼,同时嘱被检查者注视检查者的左眼,然后检查者伸出手指或视标于检查者与被检查者中间,从上下左右各不同方向由外向内移动,直到检查者自己看见手指或视标时即询问被检查者是否也已看见,并嘱其看见视标时立即告之,以此来估计被检查者的视野。

(2) 视野卡法:用白色硬纸板卡,标出10度视野范围,被检查者与卡片相距1米,嘱其遮盖一眼,注视10度视野卡中央注视点,询问被检查者是否能看到10度视野范围。若不能看到则属于盲(指双眼),若一眼能看到则不属于视力残疾人。

3. 伪视力残疾鉴别

在检查视力或测量视野时,如怀疑被检查者有作假情况,当请眼科专业医师鉴定。

(二) 听力残疾的检查方法

1. 测试环境要求

裸耳听力测试应在测听室进行,对耳聋定残普查亦可在安静房间内(本底噪声<50dBA)进行,室内应限制非测听人员入内。言语识别率测试在普通安静房间内进行,用当地人发音,其言语声约70dBSPL(正常说话声),房间本底噪声小于50dBA。

2. 评定方法

(1) 行为测听法:通过观察受试者对不同频率、不同刺激声强的听性行为反应,来判断其听力损失。

(2) 言语识别率测试:用听话识图法识别双音节词,测试者在受试者好耳侧并排而坐,间距半米,测试者(当地人)用正常言语声发音,注意避开受试者视觉,通过观察受试者对双音节词的正确识别率,确定其言语识别率。

测试用具:汉语双音节词测听图卡。

3. 计算公式

平均听力损失:指(A)500Hz、(B)1000Hz、(C)2000HZ 听力损失分贝数之和的均值。

注:1. 纯音听力测试,在安静房间每个频率连续测试3次,其中有2次测试结果相同方可确认听力残疾等级,结合言语识别率测试结果,对照听力残疾分级标准评定等级。

2. 言语识别率测试,可选用与本方案配套的汉语双音节词测试图片及测听录音磁带,对方言地区可选用当地人发音。音量应控制在正常言语声(约70dBSPL)。

3. 对无言语能力的听力残疾者,要以行为测听结果做为评定依据。对有一定听辨言语能力的受试者,以言语识别率的测试结果作为主要依据,如行为测听结果与言语识别率的残疾级别相差一级,要以言语识别率的级别作为残疾等级。如二者相差两个等级以上,行为测听结果可向言语识别率级别靠近一个等级,再确定听力残疾级别。

(三) 言语残疾的检查方法

1. 测试环境要求

测试需要在安静房间内进行(本底噪声<55dBA),非测试人员禁止围观,消除一切使被试者紧张的心理因素。

2. 评定方法

(1) 语音清晰度测试:对被试者发音状况做出评价。为使测试结果更近实际,本测试采用三级人员测试方法,即依测试人员与被试者接触密切程度分为三个级别:一级测试人员为直接接触;二级测试人员为间接接触;三级测试人员为无接触。测试人员听力正常无耳科疾病。1名主试人员和4名测试人员(一级1名,二级1名,三级2名)共同参加测试,测试者背对被试者,主试者抽取25张图片依次出示,让被试者认读,测试人员根据被试者的发音,分辨其语义并做好记录,然后与主试者对照正确答案,最后将4名测试人员记录的正确数累加,即可算出被试者的语音清晰度。

测试用具:汉语双音节词测试图片。

(2)言语表达能力测试:用看图说话或主题对话测试法,进行言语表达能力测试。

看图说话:主试者与被试者面对而坐,主试者首先从一级测试题库中抽取一张图片向受试者出示,并讲述其内容,讲完后要求受试者复述,根据其是否能正确理解及表达语意及言语的流畅程度评定能否通过该级测试,如不能正确复述则另抽取一张图片测试,在每一等级测试中,如有一次通过则认为该级通过,可依次进入下一等级测试,若连续3次不能正确理解表达语意则停止测试,可按言语残疾分级标准确定等级。

测试用具:看图说话等级测试图卡。

主题对话:根据被试者的实际生活环境,借用其现有的家具、玩具及各种生活用具,设计适当的生活场景进行测试。依测试内容的难易程度分为四个等级。测试者依次提问要求被试者回答,如能正确回答3个或3个以上的问题则通过该级测试,可进入下一个等级测试。如回答少于3个问题则不通过该级测验。依标准确定其残疾等级。

测试用具:主题对话等级测试图片。

注:1. 单独使用语音清晰度测试可对构音障碍进行评定。
2. 当语言清晰度与言语表达能力评价结果处于不同等级时,其最后残疾等级的确定应该着重考虑言语的表达能力,如相差一个等级时,以言语表达能力的等级为准。如相差两个以上等级,语音清晰度级别可向言语表达能力的级别靠近一个数量级确定其等级。
3. 言语表达能力等级测试图片包括看图说话和主题对话两部分。测试主试者可依实际情况选择测试项目,如看图说话和主题对话可任选其一,两项测试方法虽略有不同,但均可反映被试者的言语表达能力。

(四)智力残疾的检查方法

同时采用智力测验和适应行为评定两种方法进行检查。

1. 智力测验

采用以下智力量表:

(1)0~6岁北京—盖塞尔量表(简式);

(2)6~18岁中国韦氏儿童智力量表(简式)。

2. 适应行为评定

采用以下评定量表:

(1)6个月~14岁婴儿—初中生社会生活能力量表(修订版);

(2)成人智力残疾评定量表。

注:1. 智力残疾的检查只能测量某一时期智力的某种表现,而不能预测人的智力发展。
2. 测试人员必须经过严格培训,并经与主试者的一致性检验,考核合格后,才能独立开展工作,以保证智力测验的科学性。

3. 注意测验资料的保密性,测验结果只供有关人员和部门参考。

(五) 肢体残疾的检查方法

1. 视诊检查

(1) 观察患者步态有无异常;

(2) 观察肢体畸形程度。

2. 下肢长度检查

用皮尺测量髂前上棘至内踝距离,或股骨大粗隆至外踝距离。肢体挛缩不能伸直的,可分段测量。

3. 驼背及脊柱侧凸程度的测量

需在 X 光片上测定。

(六) 精神残疾的检查方法

采用"精神残疾分级的操作性评估标准"进行检查。各项评分,除去与知情人交谈,同时应结合对病人的观察和必要的交谈询问以确定五项的评分。

指导语:(与知情人交谈)

以下五个问题,是对病人社会功能的评价。请您根据他(她)最近一个月的情况结合与病前的比较给予回答:

1. 个人生活自理能力

本条评定病人近一个月内个人生活料理情况,比如是否按时休息、个人卫生习惯(比如洗脸、洗澡、理发、刮胡子)、梳妆打扮、衣着整洁、住处卫生、主动进餐、二便料理等情况。

0 分——与病前差不多,或偶有小问题。

1 分——确有功能缺陷。需要督促或协助,已经给他人增加了负担。

2 分——严重功能缺陷。绝大部分或全部生活料理需由他人照管,给别人造成很大负担。

2. 家庭生活职能表现

本条评定病人近一个月内在家庭日常生活中,能否做到他(她)最起码应该做的事。比如与家人一起吃饭,分担部分家务劳动,与家人一起看电视,搞卫生,参与家庭事务讨论,修理家用物品,对家庭必要的经济支持等等。

0 分——与病前差不多,或仅有轻微异常。

1 分——确有功能缺陷。不履行义务,或每天在家中呆坐至少两小时。做什么事都很被动。

2 分——严重功能缺陷。几乎不参与家庭活动,不料理家务。

3. 对家人的关心与责任心

本条评定病人在近一个月内,对待配偶、父母、子女或同住亲属有无亲密感情与责任心,能否与他(她)们相互交往、交换意见,有无情感上或生活上的关心与支持。是否关心孩子的抚养教育,关心家庭成员的进步与前途,关心家庭今后的发展与安排。对未婚病人还应该了解他(她)择偶的态度。

0 分——与病前差不多,或仅有轻微异常。

1 分——确有功能缺陷。夫妻间或与其他家庭成员很少交谈与关心,对子女缺乏关怀,对家庭安排缺乏关心。

2分——严重功能缺陷。与家人经常争吵或在家不理任何人。对孩子完全不管。对家庭的将来一点也不考虑。未婚者对择偶态度不可理解。

4. 职业劳动能力

本条评定近一个月病人病前掌握的职业技能(指在职人员)学习能力(指学生)或家务劳动(指病前无职业,已休学待业或离退休者)水平有否下降。是否按常规行事,按时上下班,按时到校学习,家务劳动是否因精神病已受到影响。

0分——无异常,或只有些小问题。

1分——确有功能缺陷。不能按时上下班。职业工作已降低档次,学习成绩或家务劳动水平下降。也包括因精神病待业、病休及休学、病人已可恢复工作或学习,尚待安排者。

2分——严重功能缺陷。因精神病症状明显而不能工作与学习,不能料理家务。

5. 社交活动能力

本条评定病人近一个月内与人们交往与参与社会活动的情况。包括:对同事、同学、亲友、邻居以及与生活工作等需要接触但不一定熟悉的人(如汽车售票员、商店售货员……)的接触与交往情况。主动走亲访友情况,主动逛商店、购物、去娱乐场所活动等情况。

0分——与病前差不多,或仅有轻微异常。

1分——不主动接触他人,不主动外出活动,但经过反复劝说与鼓励尚能接触与参与。

2分——严重的社会性退缩,终日独处,拒不与人交往,拒绝参与任何社交活动,劝说无效。

附录二

心理测验管理条例[①]

第一章 总则

第1条 为促进中国心理测验的研发与应用,加强心理测验的规范管理,根据国家有关法律法规制定本条例。

第2条 心理测验是指测量和评估心理特征(特质)及其发展水平,用于研究、教育、培训、咨询、诊断、矫治、干预、选拔、安置、任免、就业指导等方面的测量工具。

第3条 凡从事心理测验的研制、修订、使用、发行、出售及使用人员培训的个人或机构都应遵守本条例以及中国心理学会《心理测验工作者职业道德规范》的规定,有责任维护心理测验工作的健康发展。

第4条 中国心理学会授权其下属的心理测量专业委员会负责心理测验的登记和鉴定,负责心理测验使用资格证书的颁发和管理,负责心理测验发行、出售和培训机构的资质认证。

第二章 心理测验的登记

第5条 凡个人或机构编制或修订完成,用以研究、测评服务、出版、发行与出售的心理测验,都应到中国心理学会申请登记。

第6条 登记是心理测验的编制者、修订者或其代理人到中国心理学会就其测验的名称、编制者(修订者)、测量目标、适用对象、测验结构、示范性项目、信度、效度等内容予以申报,中国心理学会按照申报内容备案存档并予以公示。心理测验登记的申请者应当向中国心理学会提供测验的完整材料。

第7条 测验登记的申请者必须确保所登记的测验不存在版权争议。凡修订的心理测验必须提交测验原知识产权所有者的书面授权证明。

第8条 中国心理学会在收到登记申请后,将申请登记的测验在中国心理学会的有关刊物和网站上公示3个月。3个月内无人对版权提出异议的,视为不存在版权争议;有人提出版权异议的,责成申请者提交补充证明材料,并重新公示(公示期重新计算)。

第9条 公示的测验内容包括但不限于测验的名称、编制者(修订者)、测量目标、适用对象、结构、示范性项目、信度和效度。

第10条 对申请登记的测验提出版权异议需要提供有效证明材料。1个月内不能提供有效证明材料的版权异议不予采纳。

第11条 中国心理学会只对登记内容齐备、能够有效使用、没有版权争议的心理测验提供登记。凡经过登记的心理测验,均给予统一的分类编号。

[①] 注:引自《心理学报》2015年第11期,47卷,1418。

第三章 心理测验的鉴定

第12条 心理测验的鉴定是指由中国心理学会指定的专家小组遵循严格的认证审核程序对测验的科学性、有效性及其信息的真实性进行审核验证的过程。

第13条 心理测验只有获得登记才能申请鉴定。中国心理学会只对没有版权争议、经过登记的心理测验进行鉴定，只认可经科学程序开发且具有充分科学证据的心理测验。

第14条 中国心理学会每年受理两次测验鉴定的申请。

第15条 鉴定申请材料包括但不限于以下内容：测验（工具）、测验手册（用户手册和技术手册）、记分方法、计分方法、测验科学性证明材料、信效度等研究的原始数据、测试结果报告案例、信息函数、题目参数、测验设计、等值设计、题库特征等内容资料。

第16条 对不存在版权争议的测验，中国心理学会组织专家在3个月内完成鉴定。

第17条 鉴定工作程序包括初审、匿名评审、公开质证和结论审议4个环节。

(1) 初审主要审核鉴定申请材料的完备程度和是否存在版权争议。

(2) 初审符合要求后进入匿名评审。匿名评审按通讯方式进行。参加匿名评审专家有5名（或以上），每个专家都要独立出具是否同意鉴定的书面评审意见。无论鉴定是否通过，参与匿名评审专家的名单均不予以公开，专家本人也不得向外泄露。

(3) 匿名评审通过后进入公开质证，由鉴定申请者方面向鉴定专家小组说明测验的理论依据、编修或开发过程、相关研究和实际应用等情况，回答鉴定专家小组成员以及旁听学人对测验科学性的质询。鉴定专家小组由5名以上专家组成，成员由中国心理学会聘任或指定。

(4) 公开质证结束后进入结论审议。鉴定专家小组闭门讨论，以无记名方式投票表决，对测验做出科学性评级。科学性评级分A级（科学性证据丰富，推荐使用）、B级（科学性证据基本符合要求，可以使用）、C级（科学性证据不足，有待完善）。

第18条 为保证测验鉴定的公正性，规定如下：

(1) 测验的编制者、修订者和鉴定申请者不得担任鉴定专家，也不得指定鉴定专家；

(2) 为所鉴定测验的科学性和信息真实性提供主要证据的研究者或者证明人不得担任鉴定专家；

(3) 参加鉴定的专家应主动回避直系亲属及其他可能影响公正性的测验鉴定；

(4) 参与鉴定的专家应自觉维护测验评审工作的科学性和公正性，评审时只代表自己，不代表所在部门和单位。

第19条 为切实保护鉴定申请者和鉴定参与者的权益，参加鉴定和评审工作的所有人员均须遵守以下规定：

(1) 不得擅自复制、泄露或以任何形式剽窃鉴定申请者提交的测验材料；

(2) 不得泄露评审或鉴定专家的姓名和单位；

(3) 不得泄露评审或鉴定的进展情况和未经批准和公布的鉴定或评审结果。

第20条 对于已经通过鉴定的心理测验，中国心理学会颁发相应级别的证书。

第四章 测验使用人员的资格认定

第21条 使用心理测验从事职业性的或商业性的服务，测验结果用于教育、培训、咨询、诊断、矫治、干预、选拔、安置、任免、指导等用途的人员,应当取得测验的使用资格。

第22条 测验使用人员的资格证书分为甲、乙、丙三种。甲种证书仅授予主要从事心理测量研究与教学工作的高级专业人员,持此种证书者具有心理测验的培训资格。乙种证书授予经过心理测量系统理论培训并通过考试,具有一定使用经验的人。丙种证书为特定心理测验的使用资格证书,此种证书需注明所培训使用的测验名称,只证明持有者具有使用该测验的资格。

第23条 申请获得甲种证书应具有副高以上职称和5年以上心理测验实践经验,需由本人提出申请,经2名心理学教授推荐,由中国心理学会统一审查核发。

第24条 申请获得乙种和丙种证书需满足以下条件之一:
(1)心理专业本科以上毕业;
(2)具有大专以上(含)学历,接受过中国心理学会备案并认可的心理测量培训班培训,且考核合格。

第25条 心理测验使用资格证书有效期为4年。4年期满无滥用或误用测验记录,有持续从事心理测验研究或应用的证明(如论文、被测者承认的测试结果报告,或测量专家的证明),或经不少于8个小时的再培训,予以重新核发。

第26条 中国心理学会对获得心理测验使用资格的人颁发相应的证书。

第五章 测验使用人员的培训

第27条 为取得心理测验使用资格证书举办的培训,必须包括有关测验的理论基础、操作方法、记分、结果解释和防止其滥用或误用的注意事项等内容,安排必要的操作练习,并进行严格的考核,确保培训质量。学员通过考核方能颁发心理测验使用资格证书。

第28条 在心理测验培训中,应将中国心理学会颁布的心理测验管理条例与心理测验工作者职业道德规范纳入培训内容。

第29条 培训班所讲授的测验应当经过登记和鉴定。为尊重和保护测验编制者、修订者或版权拥有者的权益,培训班所讲授的测验应得到测验版权所有者的授权。

第30条 培训班授课者应持有心理测验甲种证书(讲授自己编制的、已通过登记和鉴定的测验除外)。

第31条 中国心理学会对心理测验使用资格的培训机构进行资质认证,并对培训质量进行监控管理。

第32条 通过资质认证的培训机构举办心理测量培训班需到中国心理学会申报登记,并将培训对象、培训内容、课时安排、考核方法、收费标准与详细培训计划及授课人的基本情况上报备案。中国心理学会坚决反对不具有培训资质的培训机构或者个人举办心理测验使用培训。

第33条 培训的举办者有责任对培训人员的资质情况进行审核。

第34条 培训中应严格考勤。学员因故缺席培训超过1/3以上学时的,或者未能参加考核的,不得颁发资格证书。

第35条 培训结束后,主办单位应将考勤表、试题及学员考核成绩等培训情况报中国心理学会备案。凡通过考核的学员需填写心理测量人员登记表。

第36条 中国心理学会建立心理测验专业人员档案库,对获得心理测验使用资格者和专家证书者进行统一管理。凡参加中国心理学会审批认可的心理测量培训班学习并通过考核者,均予颁发心理测验使用资格证书,列入中国心理学会专业心理测验人员库。

第六章 测验的控制、使用与保管

第37条 经登记和鉴定的心理测验只限具有测验使用资格者购买和使用。未经登记和鉴定的心理测验,中国心理学会不予以推荐使用。

第38条 为保护测验发展者的权益,防止心理测验的误用与滥用,任何机构或个人不得出售没有得到版权或代理权的心理测验。

第39条 凡个人和机构在修订与出售他人拥有版权的心理测验时,必须首先征得该测验版权所有者的同意;印制、出版、发行与出售心理测验器材的机构应该到中国心理学会登记备案,并只能将测验器材售予具有测验使用资格者;未经版权所有者授权,任何网站都不能使用标准化的心理量表,不得制作出售任何心理测验的有关软件。

第40条 任何心理测验必须明确规定其测验的使用范围、实施程序以及测验使用者的资格,并在该测验手册中予以详尽描述。

第41条 具有测验使用资格者,可凭测验使用资格证书购买和使用相应的心理测验器材,并负责对测验器材的妥善保管。

第42条 测验使用者应严格按照测验指导手册的规定使用测验。在使用心理测验结果作为诊断或取舍等重要决策的参考依据时,测验使用者必须选择适当的测验,并确保测验结果的可靠性。测验使用的记录及书面报告应妥善保存3年以备检查。

第43条 测验使用者必须严格按测验指导手册的规定使用测验。在使用心理测验结果作为重要决策的参考依据时,应当考虑测验的局限性。

第44条 个人的测验结果应当严格保密。心理测验结果的使用须尊重测验被测者的权益。

第七章 附则

第45条 对于已经通过登记和鉴定的心理测验,中国心理学会协助版权所有者保护其相关权益。

第46条 中国心理学会对心理测验进行日常管理。为方便心理测验的日常管理和网络维护,对测验的登记、鉴定、资格认定和资质认证等项服务适当收费,制定统一的收费标准。

第47条 测验开发、登记、鉴定和管理中凡涉及国家保密、知识产权和测验档案管理等问题,按国家和中国心理学会有关规定执行。

第48条 中国心理学会对违背科学道德、违反心理测验管理条例、违背《心理测验工作者的道德准则》和有关规定的人员或机构,视情节轻重分别采取警告、公告批评、取消资格等处理措施,对中国心理学会权益造成损害的予以法律追究的权力。

第49条 本条例自中国心理学会批准之日起生效,其修订与解释权归中国心理学会。

中国心理学会
2008年1月

附录三

心理测验工作者职业道德规范[①]

凡以使用心理测验进行研究、诊断、安置、教育、培训、矫治、发展、干预、选拔、咨询、就业指导、鉴定等工作为主的人,都是心理测验工作者。心理测验工作者应意识到自己承担的社会责任,恪守科学精神,遵循下列职业道德规范:

第1条 心理测验工作者应遵守《心理测验管理条例》,自觉防止和制止测验的滥用和误用。

第2条 心理测验工作者必须具备中国心理学会心理测量专业委员会认可的心理测验使用资格。

第3条 中国心理学会坚决反对不具有心理测验使用资格的人使用心理测验;反对使用未经注册或鉴定的测验,除非这种使用出于研究目的或者是在具有心理测验使用资格的人监督下进行。

第4条 心理测验工作者应使用心理测量学品质好的心理测验。

第5条 心理测验工作者有义务向受测者解释使用测验的性质和目的,充分尊重受测者的知情权。

第6条 使用心理测验需要充分考虑测验结果的局限性和可能的偏差,谨慎解释测验的结果和效能,既要考虑测验的目的,也要考虑影响测验结果和效能的多方面因素,如环境、语言、文化、受测者个人特征、状态等。

第7条 应以正确的方式将测验结果告知受测者。应充分考虑到测验结果可能造成的伤害和不良后果,保护受测者或相关人免受伤害。

第8条 评分和解释要采取合理的步骤确保受测者得到真实准确的信息,避免做出无充分根据的断言。

第9条 应诚实守信,保证依专业的标准使用测验,不得因为经济利益或其他任何原因编造和修改数据、篡改测验结果或降低专业标准。

第10条 开发心理测验和其他测评技术或测评工具,应该经由经得起科学检验的心理测量学程序,取得有效的常模或临界分数、信度、效度资料,尽力消除测验偏差,并提供测验正确使用的说明。

第11条 为维护心理测验的有效性,凡规定不宜公开的心理测验内容如评分标准、常模、临界分数等,均应保密。

第12条 心理测验工作者应确保通过测验获得的个人信息和测验结果的保密性,仅在可能发生危害受测者本人或社会的情况时才能告知有关方面。

[①] 注:引自《心理学报》2015年第11期,47卷,1418。

第13条 本条例自中国心理学会批准之日起生效,其修订与解释权归中国心理学会心理测量专业委员会。

中国心理学会
2015年5月

附录四

正态分布表

（曲线下的面积 P 与纵线高度 Y）

Z	Y	P	Z	Y	P	Z	Y	P
.00	.39894	.00000	.40	.36827	.15542	.80	.28969	.28814
.01	.39892	.00399	.41	.36678	.15910	.81	.28737	.29103
.02	.39886	.00798	.42	.36526	.16276	.82	.28504	.29389
.03	.39876	.01197	.43	.36371	.16640	.83	.28269	.29673
.04	.39862	.01595	.44	.36213	.17003	.84	.28034	.29955
.05	.39844	.01994	.45	.36052	.17364	.85	.27798	.30234
.06	.39822	.02392	.46	.35889	.17724	.86	.27562	.30511
.07	.39797	.02790	.47	.35723	.18082	.87	.27324	.30785
.08	.39767	.03188	.48	.35553	.18439	.88	.27086	.31057
.09	.39733	.03586	.49	.35381	.18793	.89	.26848	.31327
.10	.39695	.03983	.50	.35207	.19146	.90	.26609	.31594
.11	.39654	.04380	.51	.35029	.19497	.91	.26369	.31859
.12	.39608	.04776	.52	.34849	.19847	.92	.26129	.32121
.13	.39559	.05172	.53	.34667	.20194	.93	.25888	.32381
.14	.39505	.05567	.54	.34482	.20540	.94	.25647	.32639
.15	.39448	.05962	.55	.34294	.20884	.95	.25406	.32894
.16	.39387	.06356	.56	.34105	.21226	.96	.25164	.33147
.17	.39322	.06749	.57	.33912	.21566	.97	.24923	.33398
.18	.39253	.07142	.58	.33718	.21904	.98	.24681	.33646
.19	.39181	.07535	.59	.33521	.22240	.99	.24439	.33891
.20	.39104	.07926	.60	.33322	.22575	1.00	.24197	.34134
.21	.39024	.08317	.61	.33121	.22907	1.01	.23955	.34375
.22	.38940	.08706	.62	.32918	.23237	1.02	.23713	.34614
.23	.38853	.09095	.63	.32713	.23565	1.03	.23471	.34850
.24	.38762	.09483	.64	.32506	.23891	1.04	.23230	.35083

(续表)

Z	Y	P	Z	Y	P	Z	Y	P
.25	.38667	.09871	.65	.32297	.24215	1.05	.22988	.35314
.26	.38568	.10257	.66	.32086	.24537	1.06	.22747	.35543
.27	.38466	.10642	.67	.31874	.24857	1.07	.22506	.35769
.28	.38361	.11026	.68	.31659	.25175	1.08	.22265	.35993
.29	.38251	.11409	.69	.31443	.25490	1.09	.22025	.36214
.30	.38139	.11791	.70	.31225	.25804	1.10	.21785	.36433
.31	.38023	.12172	.71	.31006	.26115	1.11	.21546	.36650
.32	.37903	.12552	.72	.30785	.26424	1.12	.21307	.36864
.33	.37780	.12930	.73	.30563	.26730	1.13	.21069	.37076
.34	.37654	.13307	.74	.30339	.27035	1.14	.20831	.37286
.35	.37524	.13683	.75	.30114	.27337	1.15	.20594	.37493
.36	.37391	.14058	.76	.29887	.27637	1.16	.20357	.37698
.37	.37255	.14431	.77	.29659	.27935	1.17	.20121	.37900
.38	.37115	.14803	.78	.29431	.28230	1.18	.19886	.38100
.39	.36973	.15173	.79	.29200	.28524	1.19	.19652	.38298

Z	Y	P	Z	Y	P	Z	Y	P
1.20	.19419	.38493	1.65	.10226	.45053	2.10	.04398	.48214
1.21	.19186	.38686	1.66	.10059	.45154	2.11	.04307	.48257
1.22	.18954	.38877	1.67	.09893	.45254	2.12	.04217	.48300
1.23	.18724	.39065	1.68	.09728	.45352	2.13	.04128	.48341
1.24	.18494	.39251	1.69	.09566	.45449	2.14	.04041	.48382
1.25	.18265	.39435	1.70	.09405	.45543	2.15	.03955	.48422
1.26	.18037	.39617	1.71	.09246	.45637	2.16	.03871	.48461
1.27	.17810	.39796	1.72	.09089	.45728	2.17	.03788	.48500
1.28	.17585	.39973	1.73	.08933	.45818	2.18	.03706	.48537
1.29	.17360	.40147	1.74	.08780	.45907	2.19	.03626	.48574
1.30	.17137	.40320	1.75	.08628	.45994	2.20	.03547	.48610
1.31	.16915	.40490	1.76	.08478	.46080	2.21	.03470	.48645
1.32	.16694	.40658	1.77	.08329	.46164	2.22	.03394	.48679
1.33	.16474	.40824	1.78	.08183	.46246	2.23	.03319	.48713
1.34	.16256	.40988	1.79	.08038	.46327	2.24	.03246	.48745

（续表）

Z	Y	P	Z	Y	P	Z	Y	P
1.35	.16038	.41149	1.80	.07895	.46407	2.25	.03174	.48778
1.36	.15822	.41309	1.81	.07754	.46485	2.26	.03103	.48809
1.37	.15608	.41466	1.82	.07614	.46562	2.27	.03034	.48840
1.38	.15395	.41621	1.83	.07477	.46638	2.28	.02965	.48870
1.39	.15183	.41774	1.84	.07341	.46712	2.29	.02898	.48899
1.40	.14973	.41924	1.85	.07206	.46784	2.30	.02833	.48928
1.41	.14764	.42073	1.86	.07074	.46856	2.31	.02768	.48956
1.42	.14556	.42220	1.87	.06943	.46926	2.32	.02705	.48983
1.43	.14350	.42364	1.88	.06814	.46995	2.33	.02643	.49010
1.44	.14146	.42507	1.89	.06687	.47062	2.34	.02582	.49036
1.45	.13943	.42647	1.90	.06562	.47128	2.35	.02522	.49061
1.46	.13742	.42786	1.91	.06439	.47193	2.36	.02463	.49086
1.47	.13542	.42922	1.92	.06316	.47257	2.37	.02406	.49111
1.48	.13344	.43056	1.93	.06195	.47320	2.38	.02349	.49134
1.49	.13147	.43189	1.94	.06077	.47381	2.39	.02294	.49158
1.50	.12952	.43319	1.95	.05959	.47441	2.40	.02239	.49180
1.51	.12758	.43448	1.96	.05844	.47500	2.41	.02186	.49202
1.52	.12566	.43574	1.97	.05730	.47558	2.42	.02134	.49224
1.53	.12376	.43699	1.98	.05618	.47615	2.43	.02083	.49245
1.54	.12188	.43822	1.99	.05508	.47670	2.44	.02033	.49266
1.55	.12001	.43943	2.00	.05399	.47725	2.45	.01984	.49286
1.56	.11816	.44062	2.01	.05292	.47778	2.46	.01936	.49305
1.57	.11632	.44179	2.02	.05186	.47831	2.47	.01889	.49324
1.58	.11450	.44295	2.03	.05082	.47882	2.48	.01842	.49343
1.59	.11270	.44408	2.04	.04980	.47932	2.49	.01797	.49361
1.60	.11092	.44520	2.05	.04879	.47982	2.50	.01753	.49379
1.61	.10915	.44630	2.06	.04780	.48030	2.51	.01709	.49396
1.62	.10741	.44738	2.07	.04682	.48077	2.52	.01667	.49413
1.63	.10567	.44845	2.08	.04586	.48124	2.53	.01625	.49430
1.64	.10396	.44950	2.09	.04491	.48169	2.54	.01585	.49446

Z	Y	P	Z	Y	P	Z	Y	P
2.55	.01545	.49461	3.00	.00443	.49865	3.45	.00104	.49972
2.56	.01506	.49477	3.01	.00430	.49869	3.46	.00100	.49973
2.57	.01468	.49492	3.02	.00417	.49874	3.47	.00097	.49974
2.58	.01431	.49506	3.03	.00405	.49878	3.48	.00094	.49975
2.59	.01394	.49520	3.04	.00393	.49882	3.49	.00090	.49976
2.60	.01358	.49534	3.05	.00381	.49886	3.50	.00087	.49977
2.61	.01323	.49547	3.06	.00370	.49889	3.51	.00084	.49978
2.62	.01289	.49560	3.07	.00358	.49893	3.52	.00081	.49978
2.63	.01256	.49573	3.08	.00348	.49897	3.53	.00079	.49979
2.64	.01223	.49585	3.09	.00337	.49900	3.54	.00076	.49980
2.65	.01191	.49598	3.10	.00327	.49903	3.55	.00073	.49981
2.66	.01160	.49609	3.11	.00317	.49906	3.56	.00071	.49981
2.67	.01130	.49621	3.12	.00307	.49910	3.57	.00068	.49982
2.68	.01100	.49632	3.13	.00298	.49913	3.58	.00066	.49983
2.69	.01071	.49643	3.14	.00288	.49916	3.59	.00063	.49983
2.70	.01042	.49653	3.15	.00279	.49918	3.60	.00061	.49984
2.71	.01014	.49664	3.16	.00271	.49921	3.61	.00059	.49985
2.72	.00987	.49674	3.17	.00262	.49924	3.62	.00057	.49985
2.73	.00961	.49683	3.18	.00254	.49926	3.63	.00055	.49986
2.74	.00935	.49693	3.19	.00246	.49929	3.64	.00053	.49986
2.75	.00909	.49702	3.20	.00238	.49931	3.65	.00051	.49987
2.76	.00885	.49711	3.21	.00231	.49934	3.66	.00049	.49987
2.77	.00861	.49720	3.22	.00224	.49936	3.67	.00047	.49988
2.78	.00837	.49728	3.23	.00216	.49938	3.68	.00046	.49988
2.79	.00814	.49736	3.24	.00210	.49940	3.69	.00044	.49989
2.80	.00792	.49744	3.25	.00203	.49942	3.70	.00042	.49989
2.81	.00770	.49752	3.26	.00196	.49944	3.71	.00041	.49990
2.82	.00748	.49760	3.27	.00190	.49946	3.72	.00039	.49990
2.83	.00727	.49767	3.28	.00184	.49948	3.73	.00038	.49990
2.84	.00707	.49774	3.29	.00178	.49950	3.74	.00037	.49991

(续表)

Z	Y	P	Z	Y	P	Z	Y	P
2.85	.00687	.49781	3.30	.00172	.49952	3.75	.00035	.49991
2.86	.00668	.49788	3.31	.00167	.49953	3.76	.00034	.49992
2.87	.00649	.49795	3.32	.00161	.49955	3.77	.00033	.49992
2.88	.00631	.49801	3.33	.00156	.49957	3.78	.00031	.49992
2.89	.00613	.49807	3.34	.00151	.49958	3.79	.00030	.49992
2.90	.00595	.49813	3.35	.00146	.49960	3.80	.00029	.49993
2.91	.00578	.49819	3.36	.00141	.49961	3.81	.00028	.49993
2.92	.00562	.49825	3.37	.00136	.49962	3.82	.00027	.49993
2.93	.00545	.49831	3.38	.00132	.49964	3.83	.00026	.49994
2.94	.00530	.49836	3.39	.00127	.49965	3.84	.00025	.49994
2.95	.00514	.49841	3.40	.00123	.49966	3.85	.00024	.49994
2.96	.00499	.49846	3.41	.00119	.49968	3.86	.00023	.49994
2.97	.00485	.49851	3.42	.00115	.49969	3.87	.00022	.49995
2.98	.00471	.49856	3.43	.00111	.49970	3.88	.00021	.49995
2.99	.00457	.49861	3.44	.00107	.49971	3.89	.00021	.49995

Z	Y	P
3.90	.00020	.49995
3.91	.00019	.49995
3.92	.00018	.49996
3.93	.00018	.49996
3.94	.00017	.49996
3.95	.00016	.49996
3.96	.00016	.49996
3.97	.00015	.49996
3.98	.00014	.49997
3.99	.00014	.49997

主要参考文献

一、中文部分

[1] 曹漱芹. 汉语阅读障碍的诊断和特征分析[D]. 北京师范大学硕士学位论文, 2004.

[2] 陈丽如. 特殊儿童鉴定与评量[M]. 台北: 心理出版社, 2001.

[3] 陈向明. 质的研究方法与社会科学研究[M]. 北京: 教育科学出版社, 2000.

[4] 陈玉琨. 教育评价学[M]. 北京: 人民教育出版社, 1999.

[5] 陈云英主编. 残疾儿童的教育诊断[M]. 北京: 科学出版社, 1996.

[6] 陈云英, 华国栋. 特殊儿童的随班就读试验——农村的成功经验[M]. 北京: 教育科学出版社, 1998.

[7] 池丽萍, 王耘. 婚姻冲突与儿童问题行为关系研究的理论进展[J]. 心理科学进展, 2002(4).

[8] 戴光英摘译. 美国评估聋童适应行为和社会情感的工具简介[J]. 特殊教育研究, 1997(2).

[9] 戴光英摘译. 美国听觉障碍儿童的语言评估工具[J]. 特殊教育研究, 1997(2).

[10] J. P. 戴斯, J. A. 纳格利尔里, J. R. 柯尔比著. 认知过程的评估——智力的 PASS 理论[M]. 上海: 华东师范大学出版社, 1999.

[11] 邓猛. 学习障碍的定义与检测分析[J]. 特殊教育研究, 1998(4).

[12] 董奇. 心理与教育研究方法(修订版)[M]. 北京: 北京师范大学出版社, 2004.

[13] 龚耀先主编. 心理评估[M]. 北京: 高等教育出版社, 2003.

[14] 顾定倩摘译. 美国用于听障学生的学业能力测验[J]. 特殊教育研究, 1998(2).

[15] 顾定倩编译. 美国聋人智力检测量表[J]. 特殊教育研究, 1997(3).

[16] 顾明远主编. 教育大辞典(第2卷)[M]. 上海: 上海教育出版社, 1990.

[17] 郭伯良. 智力和适应行为的测量及其关系[J]. 中国特殊教育, 1997(2).

[18] 郭为藩等. 特殊儿童心理与教育[M]. 台北: 行为科学社, 1975.

[19] 哈平安, 刘艳虹. 病理语言学[M]. 北京: 北京师范大学出版社, 1998.

[20] 华国栋. 差异教学论(修订版)[M]. 北京: 教育科学出版社, 2007.

[21] 金娣, 王刚编著. 教育评价与测量(修订版)[M]. 北京: 教育科学出版社, 2007.

[22] 金瑜主编. 心理测量[M]. 上海: 华东师范大学出版社, 2001.

[23] 柯克, 加拉赫著. 汤盛钦, 银春铭等译. 特殊儿童的心理与教育[M]. 天津: 天津教育出版社, 1989.

[24] 林宝贵. 语言障碍与矫治[M]. 台北: 五南图书出版公司, 1994.

[25] 林崇德. 学习与发展——中小学生心理能力发展与培养[M]. 北京: 北京教育出版社, 1992.

[26] 林崇德. 教育与发展——创新人才的心理学整合研究[M]. 北京: 北京师范大学出版社, 2002.

[27] 林传鼎, 张厚粲. 韦氏儿童智力量表中国修订本[Z]. 1986.

[28] 林向英. 中等职业学校学生问题行为及自我管理策略研究[D]. 北京师范大学硕士学位论文, 2005.

[29] 刘靖, 王玉凤, 郭延庆等. 儿童孤独症筛查量表的编制与信度、效度分析[J]. 中国心理卫生杂志, 2004(6).

[30]刘颂.特殊教育中分类与标签问题的新动向[J].特殊教育研究,1998(2).

[31]刘玉华,朱源编著.超常儿童心理发展与教育[M].合肥:安徽教育出版社,2001.

[32]吕勤,陈会昌,王莉.儿童问题行为及其相关父母教养因素研究综述[J].心理科学,2003(1).

[33]朴永馨主编.特殊教育学[M].福州:福建教育出版社,1995.

[34]朴永馨.国际流行的一些特殊教育的理论观点[J].特殊教育研究,1998(2).

[35]曲成毅等.Hiskey – Nebraska 学习能力测验山西省城市常模第一次修订[J].心理科学通讯,1989(2).

[36]曲成毅等.希—内学习能力测验在中国聋儿中使用的信度和效度[J].中国心理卫生杂志,1997(2).

[37]桑标,缪小春.皮博迪图片词汇测验修订版(PPVT – R)上海市区试用常模的修订[J].心理科学通讯,1990(5).

[38]山口薰,金子健著.特殊教育的展望——面向21世纪[M].大连:辽宁师范大学出版社,1996.

[39]申继亮,李虹,夏勇,刘立新.当代儿童青少年心理学的进展[M].杭州:浙江教育出版社,1993.

[40]R.J.斯腾伯格著吴国宏、钱文译.成功智力[M].上海:华东师范大学出版社,1999.

[41]孙锋.特殊教育中的分类与标签问题[J].特殊教育研究,2002(3).

[42]汤盛钦主编.特殊教育概论——普通班级中有特殊教育需要的学生[M].上海:上海教育出版社,1998.

[43]D.M.Irwin,M.M.Bushnell 著.王敏旭,阮怡蓉,吕宝平,马惠芬,刘筱燕译.儿童行为观察法[M].台北:心理出版社,1990.

[44]王书荃,张绪扬.韦氏儿童智力量表的理论与应用[M].北京:人民教育出版社,1998.

[45]王穗苹,张卫,莫雷.学习潜能评估:一种动态的智力观[J].心理科学,1997(4).

[46]汪向东,王希林,马弘.心理卫生评定量表手册增订版[M].北京:中国心理卫生杂志社,1999.

[47]王亦荣等.特殊儿童鉴定与评量[M].台北:师大书苑,2000.

[48]魏华忠主编.特殊儿童教育诊断纲要[M].大连:辽宁师范大学出版社,1997.

[48]吴钢.现代教育评价基础[M].上海:学林出版社,1996.

[50]吴海生主编.实用语言治疗学[M].北京:人民军医出版社,1995.

[51]吴明隆.SPSS 统计应用实务:问卷分析与应用统计[M].北京:科学出版社,2003.

[52]肖非主编.智力落后儿童心理与教育[M].大连:辽宁师范大学出版社,2002.

[53]杨晓玲.儿童精神障碍及行为问题的矫正[M].北京:华夏出版社,1995.

[54]杨晓玲,黄悦勤,贾美香,陈寿康.孤独症行为量表试测报告[J].中国心理卫生杂志,1993(6).

[55]张厚粲.韦氏儿童智力量表——第四版(中国版)[Z].2008.

[56]张厚粲,王晓平.瑞文标准推理测验在我国的修订[J].心理学报,1989(2).

[57]郑日昌,蔡永红,周益群著.心理测量学[M].北京:人民教育出版社,1999.

[58]周卫勇主编.走向发展性课程评价——谈新课程的评价改革[M].北京:北京大学出版社,2002.

[59]朱智贤.儿童心理学[M].北京:人民教育出版社,2003.

二、英文部分

[1]Anastasi A.(1988). *Psychological Testing* (6th edition). New York:Macmillan Publishing Company.

[2]Brouwn L., Sherbenou R. J., Johnsen, S. K. Test review:Test of Nonverbal Intelligence – 4 (TONI – 4). *Journal of Psychoeducational Assessment*, 2011, 11.

[3]Brunnert K. A., Naglieri J. A., Hardy – Braz, S. T. (2009). *Essentials of WNV Assessment*. New Jersey:John Wiley & Sons, Inc.

[4] Cumine V., Leach J., Stevenson G. (2000). *Autism in the Early Years: A Practical Guild*. London: David Fulton.

[5] Flanagan, D. P., Kaufman, A. S. (2009). *Essentials of WISC - IV Assessment* (2nd ed). New Jersey: John Wiley & Sons, Inc.

[6] Harrison P. L., Oakland T. (2003), *Adaptive Behavior Assessment System - II*. TX: The Psychological Corporation.

[7] Kamphaus R. W. (2001). *Clinical Assessment of Child and Adolescent Intelligence* (2nd ed). MA: A Pearson Education Company.

[8] Kaufman A. S., Frick P. J. (2002). *Clinical Assessment of Child and Adolescent Personality and Behavior* (2nd ed). MA: A Pearson Education Company.

[9] Kaufman A. S., Lichtenberger E. O. (2002). *Assessment Adolescent and Adult Intelligence* (2nd ed). MA: A Pearson Education Company.

[10] Kaufman A. S., Lichtenberger E. O., Fletcher - Janzen E., Kaufman N. L. (2005). *Essentials of KABC - II Assessment*. New Jersey: John Wiley & Sons, Inc.

[11] Luftig R. L. (1989). *Assessment of Learners with Special Needs*. Massachusetts: Allyn and Bacon.

[12] Mather N., Wendling B. J., Woodcock R. W. (2001). *Essential of WJIII Tests of Achievement Assessment*. New Jersey: John Wiley & Sons, Inc.

[13] Mcloughlin J. A., Lewis R. B. (2001). *Assessing Students with Special Needs*. New Jersey: Prentice - Hall, Inc.

[14] Pierangelo R., Giuliani G. A. (2002). *Assessment in Special Education*. Boston: Pearson Education Company.

[15] Salvia J., Ysseldyke J. E. (1995). *Assessment: In Special and Inclusive Education*. Boston: Houghton Mifflin Company.

[16] Salvia J., Ysseldyke J. E., Bolt S. (2007). *Assessment: In Special and Inclusive education* (10th ed). Boston: Houghton Mifflin Company.

[17] Salvia J., Ysseldyke J. E., Bolt S. (2010). *Assessment: In Special and Inclusive Education* (11th ed). CA: Wadsworth Publishing Company.

[18] Sundberg M. L. (2008). *The Verbal Behavior Milestones Assessment and Placement Program: Instruction Manual*. California: AVB Press.

[19] Swanson H. L. (1989). *Educational and Psychological Assessment of Exceptional Children* (2nd ed). Columbus Merrill Publishing Company.

[20] Taylor R. L. (2003). *Assessment of Exceptional Students* (6th ed). New Jersey: Pearson Education Inc.

[21] Venn J. J. (2000). *Assessing Students with Special Needs*. New Jersey: Prentice - Hall, Inc.

[22] Witt J. C., Elliott, S. N., Kramer, J. J., & Gresham, F. M. (1995). *Assessment of Children*. USA Wm. C. Brown Communications, Inc.

[23] Cognitive - Assessment - System [EB/OL]. [2014 - 11 - 3]. http://en.wikipedia.org/wiki/Cognitive_Assessment_System

图书在版编目（CIP）数据

特殊儿童心理评估/韦小满，蔡雅娟编著. -- 2 版. --北京：华夏出版社，2016.8
（2025.9 重印）
ISBN 978-7-5080-8745-0

Ⅰ.①特… Ⅱ.①韦… ②蔡… Ⅲ.①特殊教育—儿童教育—心理测验
Ⅳ.①G76

中国版本图书馆 CIP 数据核字（2016）第 029745 号

特殊儿童心理评估（第 2 版）

编　　著	韦小满　蔡雅娟
责任编辑	刘　娲
出版发行	华夏出版社有限公司
经　　销	新华书店
印　　刷	三河市少明印务有限公司
装　　订	三河市少明印务有限公司
版　　次	2016 年 8 月北京第 2 版 2025 年 9 月北京第 6 次印刷
开　　本	787×1092　1/16 开
印　　张	26.5
字　　数	660 千字
定　　价	58.00 元

华夏出版社有限公司　地址：北京市东直门外香河园北里 4 号　邮编：100028
网址：www.hxph.com.cn　电话：（010）64663331（转）
若发现本版图书有印装质量问题，请与我社营销中心联系调换。